상담의 실제

시작부터 종결까지

상담의 실제 ^{제8판}

시작부터 종결까지

Harold L. Hackney, Janine M. Bernard 지음

김동민, 김은하, 서영석, 정여주, 최한나 옮김

Professional Counseling: A Process Guide to Helping, 8/e

∑ 시그마프레스

상담의 실제 : 시작부터 종결까지, 제8판

발행일 | 2019년 3월 15일 1쇄 발행

저 자 | Harold L. Hackney, Janine M. Bernard
역 자 | 김동민, 김은하, 서영석, 정여주, 최한나
발행인 | 강학경
발행처 | ㈜ 시그마프레스
디자인 | 강경희
편 집 | 문수진

등록번호 | 제10-2642호
주소 | 서울특별시 영등포구 양평로 22길 21 선유도코오롱디지털타워 A401~402호
전자우편 | sigma@spress.co.kr
홈페이지 | http://www.sigmapress.co.kr
전화 | (02)323-4845, (02)2062-5184~8
팩스 | (02)323-4197

ISBN | 979-11-6226-165-1

역자 서문

『상담의 실제 : 시작부터 종결까지(원제는 *Professional Counseling: A Process Guide to Helping*)』
는 석사 시절 상담을 처음 공부하면서 접했던 책이었다. 그동안 수년을 거쳐 저자들이 이 책
을 새롭게 개정하고 벌써 여덟 번째 개정판이 나온 것을 보면서 저자들의 끊임없는 열정에 감
탄하지 않을 수 없다. 이번에 번역을 위해 이 책을 다시 펼치면서, 처음 이 책을 접했던 그 시
절에는 깨닫지 못했던 이 책의 진가를 새롭게 확인할 수 있었다. 특히나 이제는 상담을 가르치
는 교수자의 입장이 되어 보니 저자들이 상담의 실제 과정을 이 책에 제대로 담아내어 독자들
에게 전달하기 위해 얼마나 많은 고민과 노력들을 했을지 가늠하게 되었다. 시간이 지날수록
좋은 책의 가치는 더욱 빛을 발하기 마련이다. 이번 번역을 통해 그동안 국내의 독자들에게 잘
알려지지 않았던 이 책의 가치가 재조명되기를 바라며, 번역하면서 이 책에 대해 인상적이었
던 점과 번역작업에 대한 개인적 소회를 나눔으로써 역자 서문을 대신하고자 한다.

첫째, 이 책은 명료하다. 전문적 상담은 의미 있고 유용한 작업이지만, 그 과정을 쉽고 명료
하게 풀어서 설명하기는 쉽지 않은 일이다. 명료하게 기술하다가 기계적인 묘사가 되거나, 구
체적으로 설명하려다가 사소한 것에 빠지거나, 인간적인 냄새를 풍기려다가 지나치게 문학적
이거나 추상적이 되어 버릴 수 있다. 그러나 이 책은 상담의 전체적인 과정(process) 속에서 구
체적인 지침을 제공하며, 상담의 과정과 단계에서 해야 할 일들을 분명하면서도 이해하기 쉽
게 제시한다. 아마 이러한 명료함은 저자들의 글쓰기 능력도 중요했지만, 그들의 오랜 상담경
험과 교육 경험이 있었기에 가능했다고 생각한다. 숙성함에서 비롯된 명료함이다.

둘째, 이 책은 통합적이다. 대체로 상담 관련 교재의 저자들은 상담 이론, 상담 관계, 상담
기법을 구별하여 저술한다. 그러다 보니 상담 이론 교재는 상담 과정의 핵심적 내용과 구체적
인 상담 기법 관련 내용을 놓치고, 상담 과정에 초점을 둔 관련 교재는 과정별로 지침을 제공

하기는 하지만 상담 이론이나 상담 기법과의 연결이 아쉬움으로 남기도 한다. 그리고 상담 기법 관련 교재는 기법을 소개하고 연습시키지만 탈맥락적이 되어 버리기 쉽다. 그러나 이 책은 이 세 가지를 절묘하게 아우름으로써 상담 전체를 한꺼번에 조망하게끔 돕는다. 상담 관계의 형성과 유지는 모든 단계에 공통적인 요소로 간주한 후, 상담 과정은 ① 내담자 평가, ② 목표 설정, ③ 전략과 개입의 선택, ④ 종결과 평가로 구분했다. 그리고 상담 이론은 ③단계에서 선택할 수 있는 다양한 관점 중 하나로 소개하고, 상담 기법 및 전략은 제2장 상담의 언어를 비롯한 모든 장에 흡수시켜 설명했다.

셋째, 이 책은 생각하게끔 한다. 상담의 실제 지침을 소개한 교재들이 빠지기 쉬운 함정은 지침을 나열하기에 바쁘다는 것이다. 그러나 이 책은 '의도'의 이해를 촉구하면서 지침을 제공한다. '의도'는 나열된 지침의 이유와 방향성을 알려준다. '의도 없는' 지침은 단순 모방을 요구하지만, '의도 있는' 지침은 상담자의 주도적 결정과 선택을 요구한다. 서문에서 저자들은 독자들이 상담을 '목표가 분명히 보이는 의도적 과정'으로 이해하기를 바라고 있다. 그리고 저자들은 일관되게 이 관점에서 이 책을 저술하고 있으며, 제공하는 지침들도 '의도적 과정으로서의 상담'이라는 관점에서 전달되기를 바라고 있다.

이 책은 상담 실제에 대해 참 명료하고 재치 있으며 맛깔스럽게 쓰였다. 그런 이유에서 역자들은 이 책이 상담을 처음 공부하면서 상담이 진행되는 구체적인 과정에 대해 궁금해하는 학부 학생이나 대학원생에게 매우 적합할 것이라고 생각한다. 심지어 상담 이론과 기법은 배웠지만 이론과 실제를 연결시키기 어려워서 막상 상담을 시작하려고 할 때 막막함을 느끼는 고학년 대학원생들이나 수련생들에게도 크게 도움이 될 것이라 생각한다.

이제 번역을 마무리해서 독자들 앞에 내놓을 수 있게 되어 매우 기쁘다. 이 번역서는 오랫동안 역자들이 함께 했던 노력의 결과이다. 그리고 이 노력의 과정은 고되기도 했지만 참으로 즐겁고 유쾌한 과정이기도 했다. 처음 번역을 위해 만났던 순간부터 마지막 교정 작업에 이르기까지 항상 웃음이 끊이질 않았던 작업이었다. 이 책을 공부하는 독자들에게도 즐거운 마음으로 번역에 임했던 역자들의 긍정적 기운이 전해지길 바란다. 아무쪼록 이 책이 상담을 공부하는 독자들에게 상담의 실제를 위한 유용한 입문서가 되기를 바라며, 이 책의 출판을 맡아주신 ㈜시그마프레스 편집부 직원들에게 감사를 드린다.

2019년 2월
최한나

저자 서문

제8판의 새로운 특징

이번 제8판은 제목을 새롭게 바꾸고 새로운 공저자가 합류했다. 새로운 제목은 이전 제목이었던 전문상담사(*The Professional Counselor*)와는 달리 상담의 과정(process)을 교재의 핵심으로 강조하고자 했다. 이번 판에서 Bernard 박사는 상담 슈퍼비전 분야에서 쌓아 온 전문성을 활용하여, 현재 훈련을 받고 있는 상담사들에게 상담 과정을 어떻게 설명할 수 있는지에 관해 중요한 관점을 제시해주었다. 다른 새로운 판들이 출판될 때처럼, 우리는 조력 과정 고유의 개념들을 강조하고 확장하고자 했다. 전문상담활동은 활기차고 끊임없이 진화하는 영역이다. 이 전문 영역은 훈련받은 상담사들의 임상 실제, 연구자들의 탐구, 그리고 학자들의 깊은 성찰을 통해 성장한다. 따라서 이 책은 우리가 애정을 가지고 있는 전문 영역에서 끊임없이 진화하면서 최근 새롭게 부각된 미묘한 변화들을 반영했다. 이러한 미묘한 변화들은 우리 학생들이 겪는 어려움들을 관찰하고 그들의 질문에 귀 기울이며, 무엇이 그들에게 공명을 일으키는지 관찰하면서 얻은 경험을 반영하고 있다. 이제는 대부분이 밀레니얼 세대를 대표하는 학생들이 때로는 우리가 눈치채지도 못한 방식으로 우리에게 상담 과정에 대한 지식을 제공해준 것은 의심의 여지가 없다. 따라서 독자들의 검토와 헌신적인 학생들과 동료들의 도움 어린 조언을 통해 새롭게 개선된 책이 나올 수 있었다. 이번 판에서 새롭게 추가된 부분은 다음과 같다.

- 상담의 5단계 모델을 수정하여 상담 작업 관계기술을 모든 단계에 포함시킨 4단계 모델로 개정함
- 정신건강센터나 교육기관에서 만날 개연성이 큰 내담자들에게 적용되는 기법과 역량을 보여주기에 좋은 사례 예시를 새롭게 추가하거나 이전 사례를 개정함

- 문화가 어떻게 상담 과정에 스며드는지에 관해 보완함
- 상담을 평가하는 방법을 다룬 새로운 절을 추가함
- '2차적(second-order)' 개입에 관한 소개를 포함한 몇 개의 새로운 절을 추가함
- 개입을 다룬 4개의 장에서 변증법적 행동치료(Dialectical Behavior Therapy)와 동기강화상담
  (Motivational Interviewing) 이론 관련 개입방법을 소개한 절을 새롭게 추가함
- 부록 B에 상담에서 사용할 수 있는 새로운 서류양식들을 추가함

이 책의 특징

대부분의 다른 상담 기본서와 차별화되는 몇 가지 특징을 이 책의 제8판에서도 유지하고자 했으며, 그 특징은 다음과 같다.

- 내담자의 진전을 평가하는 지침을 제공하고 개입계획의 수립을 도우며 목표를 분명히 하는 의도적 과정(intentional processes with an end in sight)으로 상담을 이해하게끔 돕는 4단계 모델
- 네 가지 이론적 접근(정서적, 인지적, 행동적, 체계론적)에서 사례를 평가하는 명료한 지침. 이 지침은 학생들이 상담 이론에서 배운 것을 상담 실제에 적용하는 데 도움을 줄 것임
- 상담 개입을 위한 네 가지 이론적 접근을 최근 인기 있는 두 가지 치료 접근인 변증법적 행동치료와 동기강화상담 이론에 적용함
- 상담에서 문화적 차원을 단순히 인구통계학적인 면과 대응되는 위치성(positionality)의 관점으로 보고자 했을 뿐 아니라, 문화를 좀 더 세심하게 고려한 개입을 강조함. 예를 들면 문화적 측면으로는 '덜' 중요하게 간주되는 요소지만(예 : 도시문화, 군대문화) 문제의 발생에 중요한 역할을 할 수 있는 부분들의 추가(제1장), 개인과 가족의 문화적 차원을 살펴보기 위해 가계도와 같은 평가도구 사용(제6장), 개입과 관련된 모든 장에서 상담에서 문화적 정체성과 현실의 역할을 일깨우면서도 고정관념을 강화하지 않는 방식으로 문화를 언급함(제8~11장)
- 책 전반에 걸쳐 아동 대상 개입과 관련된 절을 제시함
- '의미'를 하나의 상담 주제로 규명하고 영적인(spiritual) 내담자뿐 아니라 그렇지 않은 내담자들에게 이 부분을 다룰지에 대해 제시함
- 각 장마다 상담의 단계와 서로 다른 개입 접근에 대해 내담자들이 반응하는 양상을 논의한 절을 포함함

- 내담자 평가(제5장)와 치료 계획(제7장)을 별개의 장으로 구성해서 학생들이 이 장들을 학습하면서 구체적인 상담 개입들과 연결시킬 수 있도록 도움
- 보험 등 제3의 비용지불인이 가진 영향력을 반영한 치료 계획의 수립, 제3의 비용지불인이 제시하는 기준을 충족시키는 방법을 왜 알아야 하는지에 대한 필요성을 논의함
- 상담 기법들을 잘 요약해서 설명한 유용한 글상자를 모든 장에 제시함
- 상담사례관리 과정을 보여주는 일련의 서류 양식과 지침(부록 B)을 제시함
- 각 장에서 언급된 상담교육 프로그램 인증위원회(Council for the Accreditation of Counseling and Related Educational Programs)의 기준(CACREP, 2016)을 표로 제시함

이 책의 구성

제1장 전문적 상담의 개념에서는 상담의 맥락, 즉 상담의 전문성과 과정을 어떻게 이해할 것인가를 제시했다. 이 장에서는 상담 관계, 긍정적 관계를 촉진하는 조건, 성공적인 상담이 되기 위해 고려할 점, 효과적인 상담사의 특징, 상담효과를 평가하는 방법에 관한 사례를 논의했다.

　제2장에서 우리는 상담의 언어에 관해 탐색했다. 상담사는 어떤 말을 하기에 다른 조력자와 구별되는 것인가? 상담사가 어떤 특별한 방법으로 언어를 사용하는가? 이러한 언어를 사용하는 목적은 무엇인가? 이러한 언어는 내담자에게 어떻게 영향을 끼치는가? 내담자의 목표에 따라 상담사의 언어는 어떻게 변화하는가? 이 장에서는 이러한 기본적인 비음성적, 음성적 기술과 고급 언어 기술을 포함한 전문적 의사소통에 대해 논의했다.

　제3장 상담의 핵심 구조에서는 4개의 발달단계를 거치는 상담 과정에 대해 논의함으로써 이 책의 나머지 장들을 위한 틀을 제시했다. 이 장에서 우리는 상담 과정을 이해하는 방법 중 하나를 제시했는데, 이는 상담 관계를 형성함과 동시에 내담자가 호소하는 문제를 평가(이해)하고, 무엇이 성취될 수 있는지 내담자가 이해하게끔 도우며(목표), 문제의 정의와 목표에 맞게(다양한 개입방법을 사용하여) 회기를 구조화함으로써 상담 관계를 성공적으로 마무리하는 과정으로 이루어진다.

　제4장 상담 관계 형성하기와 유지하기에서는 모든 상담에서 상담 관계가 중요함을 강조했다. 우리는 내담자와 상담 관계를 형성하는 것을 별도의 '단계'로 취급하지 않는데, 그 이유는 상담 관계를 형성하는 일은 모든 단계에 스며들어 있기 때문이다. 이 장에서는 상담이 어느 단계에 있든 긍정적인 상담 관계의 핵심적인 요소를 점검하는 데 도움이 되는 '확인해야 하는 지점'에 대해 논의했다.

제5장부터 제7장까지는 하나의 단위로 간주하는 것이 좋다. 제5장 내담자 문제 평가하기는 내담자들이 자신의 문제를 어떻게 제시하는지, 상담사는 이 과정을 어떻게 촉진하는지 등에 초점이 맞추어져 있다. 상담사가 경청한 내용을 구조화하는 방법으로 접수면접이나 가계도 같은 내용이 여기에 포함된다. 이 단계에서는 내담자가 자신의 문제를 어떻게 이해하고 어떻게 경험하는지에 초점을 두지만, 상담사 역시 이론에 기초한 여과장치를 활용하여 제시된 내용들을 개념화하기 시작한다. 제5장에서는 이러한 내용들은 문제의 구성요소(감정, 인지, 행동, 관계)라는 주제로 간단히 다루었다. 이러한 구성요소들은 이 책의 후반부에 중요하게 다루어질 것이며, 개입방법에 대한 논의가 이루어지는 제8장부터 제11장에서 충분히 논의될 것이다.

제6장 상담 목표 세우기는 독자들로 하여금 목표 설정이라는 중요한 주제에 관해 숙고하게끔 할 것이다. 목표 설정 자체가 평가를 위한 새로운 영역을 열어 가기도 하지만, 목표 설정은 이전 단계에서 완료된 면밀한 평가 이후에 이루어진다. 이 단계야말로 상담 과정이 얼마나 유동적인지 많은 상담사들이 이해하기 시작하는 단계이다.

제7장 전략 수립과 개입방법 선택하기는 앞의 제5, 6장과 개입방법을 다룬 후반부의 장들을 연결하는 장이다. 이 장은 평가와 목표 설정에서 수집된 정보를 활용한 처치계획의 수립에 초점을 둔다. 문제의 구성요소라고 제5장에서 언급되었던 것들이 이 단계에서 틀이 잘 잡혀야지만—감정에 의해 얽힌 문제, 사고 과정의 왜곡 문제, 행동 패턴 문제, 그리고 대인관계나 체계상의 조건 문제—효과적인 개입방법을 선택할 수 있게 된다.

여기까지의 장들은 모든 상담에서 일반적으로 적용되는 기술과 단계에 대한 논의이며, 이것들은 핵심적인 기술과 과정, 혹은 어떤 저자들은 공통요인이라고도 지칭한다. 이에 비해 제8장부터 제11장에서는 특정 이론적 관점이나 영역과 관련된 구체적인 상담작업에 대해 다루었다. 훌륭한 상담사라면 이 장들에 제시된 모든 개입방법에 관해 어느 정도의 전문성을 가지고 있다고 생각하지만, 상담사에 따라서 자신이 좀 더 선호하는 개입방법이 있을 것이라 믿는다.

이 책의 이 지점에서 개입(intervention)이라는 용어를 사용하기 시작하는 것은 다소 의도적이다. 그리고 이 용어는 기술(skill)이나 기법(techinique)과는 달리 정의될 필요가 있다. 앞서 언급했듯이 우리는 기술을 모든 상담의 핵심이라고 간주한다. 상담사의 이론적 관점과 무관하게 효과적인 개방형 질문, 효과적인 반영, 내담자 반응의 요약 등은 모든 상담 과정에 공통적이다. 이에 비해 기법은 개입과 좀 더 유사하며, 어떤 저자는 이 두 용어를 호환하여 사용하기도 한다. 그러나 기법은 매우 구체적인 과정목표를 위해 사용되는 반면 성과목표와 직접 관련되지는 않는다. 예를 들면 어떤 내담자가 상담실에 올 때마다 불안해하기 때문에 상담사는 회기를 시작할 때 내담자에게 이완 훈련을 시킨다고 하자. 이것은 기법을 훌륭하게 사용한 것이긴 하지만 개입이라고 보기는 어렵다.

반면, 개입이라는 용어는 평가 과정이 완료되고 성과목표가 설정된 이후에만 사용되었다. 따라서 개입은 상담 주제에 대한 상담사의 관점에 근거하여 그 주제를 다룰(또는 희망적으로는 해결할) 계획의 일부로 선택된다. 개입은 마치 고급 기술로 보이거나 느껴질 수 있는데(어느 정도 그런 면도 있다), 그것들은 핵심 기술과는 달리 상담사가 어디로 향하고 있는지에 관한 감각을 가지고 있을 때 사용된다. 달리 말하면, 개입이라는 용어는 그것이 내담자의 호소문제를 가능한 효과적이고 의미 있는 방식으로 해결하는 데 도움이 될 것이라고 여겨지는 경우에 사용된다.

제8장에서 제11장은 상담사가 사용하는 중요한 개입의 4개 범주, 즉 정서적 개입, 인지적 개입, 행동적 개입, 체계론적 개입에 따라 구분되었다. 각 장에서 우리는 독자들이 특정 이론적 접근을 기준으로 상담을 이해하도록 했고, 실제로 상담에 적용되는 방식을 보여주는 사례를 제시했다. 서로 다른 범주의 개입에 관해 읽기 전에 아래에 제시한 점들을 고려하기 바란다.

첫째, 이 장들은 각 범주에 속하는 모든 개입들을 소개하지는 않았다. 전문서적이나 인터넷을 찾아보면 특정 군에 속하는 내담자에 대해 차별적으로 접근하는 방식이나 수많은 개입방법들을 어떻게 확장할 수 있을지 등에 대한 다양한 정보를 접할 수 있을 것이다. 우리가 여기에서 제공하는 것은 개입의 몇 가지 표본이거나 상담에서 가장 공통적으로 사용되는 개입들이다. 독자들은 이 장들을 활용 가능한 상담 개입의 전체 목록이 아닌 하나의 시작점이라고 생각해주기 바란다.

둘째, 이 장들은 주요 이론적 접근이나 영역으로 구분되어 있지만, 우리는 상담의 개입들이 이 책에서 제시된 방식보다는 훨씬 유연한 것으로 이해하고 있다. 상담사가 정서를 반영할 수도 있고 사고를 반영할 수도 있는 것처럼, 어떤 특정 개입은 또 다른 영역을 위한 개입에서 쉽게 수정될 수 있다. 우리는 독자들이 상담사로서 경험이 많아질수록 그러한 가능성을 고려할 것을 권장한다.

셋째, 각 장에서도 자주 반복할 점이지만, 우리는 내담자가 주로 사용하는 의사소통방식이 그 내담자를 위한 개입을 선택할 때 고려할 최상의 지향점이라고 믿지 않는다. 예를 들면 어떤 내담자가 감정을 많이 표현할 때 상담사는 그 내담자와의 상담에서 주로 정서 영역에서 작업하고 싶은 유혹에 빠질 수 있다. 하지만 이와 같은 생각이 오류가 될 수도 있다. 내담자가 이미 자신의 감정에 접근하고 있기 때문에 감정을 '통제'하기 위해서는 다른 영역의 탐색이 필요할 수도 있다. 이와 유사하게, 고도로 인지적인 내담자는 인지적인 개입 이상의 어떤 것이 필요할 수 있다. 우리가 강조하고자 하는 것은 내담자의 '강점'이 상담 개입을 선택하는 일차적 기준은 아니라는 사실이다.

우리는 개입과 관련된 장들의 끝부분에 최근 유행하는 두 가지 상담 접근—동기강화상담

(MI : 제8장과 제9장), 변증법적 행동치료(DBT : 제10장과 제11장) — 에 관해 논의했다. 이 두 가지 상담 접근에 관해 충분히 설명하는 것은 우리의 의도도 아닐 뿐 아니라 현실적이지도 않다. 그러나 우리는 서로 다른 상담 접근이 다양한 개입을 활용하는 방법을 생생하게 보여주기 원했고, 특히 DBT의 경우, 상담이 진행되면서 4개의 이론적 지향점으로부터 도출된 개입이 어떤 방식으로 서로 다른 시점에서 사용될 수 있는지 보여주고자 했다.

끝으로 제12장 종결과 평가에서 우리는 상담의 마지막 단계인 종결에 대해서 논의했는데, 종결은 하나의 사건이 아닌 과정으로 다루었다. 성공적인 종결의 요소는 무엇인가? 종결 과정에서 부각되는 윤리적 주제는 무엇인가? 종결의 적절성은 누가 언제 결정하는가? 다른 조력 자원에게 의뢰하는 것이 어떻게 종결 과정의 일부가 되는가? 우리는 종결 단계에서 내담자가 지속적으로 성장하게끔 하기 위해 상담사가 수행해야 할 중요한 과제의 하나인 평가에 대해서도 논의했다.

각 장에는 독자들이 읽었던 정보를 통합할 수 있게끔 돕는 실습과 생각해볼 문제를 위한 질문목록, 그리고 토론을 위한 질문들이 제공되어 있다.

부록 A에는 상담 기술 체크리스트를 포함하여, 복사도 가능하고 피드백을 위한 목적으로 사용할 수 있는 다양한 연습자료들을 제공했다.

부록 B에는 상담 실무에서 공통적으로 사용되는 다양한 서류양식을 제공해서 독자들이 상담 기술을 연습할 때 복사해서 사용할 수 있도록 했다.

차례

제 7 장
전략 수립과 개입방법 선택하기

제 8 장
정서적 개입

제 **9** 장
인지적 개입

199

제 10 장
행동적 개입

제 11 장
체계론적 개입

전문적 상담의 개념

전문적 상담이란?

이 책에서 우리는 독자를 위한 한 가지 야심찬 목표를 가지고 있다. 우리는 이 책을 통해 전문적 상담의 실제 과정에 대해 거의 알지 못하는 상태에서 전문가의 감독하에 첫 내담자를 볼 준비가 되어 있는 상태로 당신을 변화시키기 원한다. 그래서 이 책은 상담의 기본 기술에 대한 설명뿐 아니라 *어떤* 기술을 *언제* 그리고 무슨 목적으로 사용할 것인지를 학습하는 데 도움을 줄 시각도 제공할 것이다. 이런 흥분되는(때로는 두렵기도 한) 여행을 시작하기 전에 *전문적 상담*이라는 용어를 보다 상세히 검토해볼 것이다. 그리고 상담 과정과 관련한 핵심적인 개념과 조건들을 살펴볼 것이다.

이 장의 목적

이 장에서는 상담 과정에 필요한 구체적인 기술을 학습하기 전에 생각해봐야 할 몇 가지 중요한 주제를 다룰 것이다. 이 논의에 있어서 무엇보다 중요한 것은 상담이 맥락 속에서 파악되어야 한다는 것이다. 맥락에 기여하는 요인으로는 지적, 사회적 환경(milieu)이라 할 수 있는 철학, 이론적 전제, 그리고 문화적 현실 등이 있다. 또한 내담자 문제가 평가될 수 있는 여러 방법 및 여러 이론 접근들, 문화, 그리고 시대에 걸쳐 보편적인 상담사 자질에 대해 논의하고자 한다. 우리의 궁극적인 목표는 독자들이 이런 모수들(parameters)에 비추어 스스로를 확인하고, 자신의 생각과 자질이 전문적인 상담사의 그것과 얼마나 합치하는지에 대해 생각해보도록 돕는 데 있다.

이 장의 고려사항

• 당신은 삶을 어떻게 보는가? 사람들에게 일어나는 대부분의 일이 우연히 일어난다고 믿는가, 아니면 '더 큰 계획'과 맞아떨어지는 경향이 있다고 믿는가?
• 인생의 도전이란 상황을 분석하여 그 상황에 대해 성공적으로 반응하는지의 문제인가? 아니면 삶의 상황을 고려했을 때 자신이 될 수 있는 최고의 사람이 되는 것인가?
• 당신은 스스로를 문화적으로 어떻게 기술할 것인가? 문화적 존재로서의 당신에 대해 누구로부터 가장 많이 배웠는가? 문화적으로 당신이 오해받고 있는 부분은 무엇인가?
• 전문인 상담사에게 요구되는 개인적 자질에 대한 설명을 읽는다면, 그 설명은 당신을 어떻게 기술하겠는가? 자신을 바라보는 방식과 잘 부합하도록 그 설명을 편집해보라.

이 장은 상담의 과정에 관한 기술이다. 민감하고 숙련된 사람들은 이런 상담 과정을 통해 어려운 삶의 도전에 대처하려는 사람들, 관계를 변화시키려는 사람들, 또는 자기이해를 하려는 사람들의 삶을 향상시킬 수 있다. 상담을 한다는 것이 당신에게 정확히 어떤 경험일지를 정의하기는 거의 불가능하다 해도, 상담 과정의 몇몇 일반적인 모수들은 확실히 당신 경험의 일부분일 것이다. 상담의 과정을 검토하는 데는 몇 가지 방식이 있다. 이런 방식들은 상담이 무엇인지, 상담이 어떻게 인간이 가진 문제에 적용되는지, 내담자와 내담자의 상황이 그 과정에 어떻게 영향을 미치는지, 그리고 무엇이 성공적인 상담을 구성하는 것인지에 대한 명확한 이해에서 시작된다. 이 장에서는 이런 문제들과 그 밖의 근본적 문제들을 상담 실제와 관련하여 검토할 것이다.

상담이란 무엇인가?

상담은 조력을 제공하는 과정이다. 바로 이런 이유로 신용 상담사, 투자 상담사, 캠프 상담사, 은퇴 상담사 등과 같은 명칭을 듣는다. 이 책에서 제시하는 것은 일반적으로는 정신건강 전문가들이 그리고 보다 구체적으로는 미국상담학회(American Counseling Association) 소속 전문가들이 수행하는 전문 상담에 대한 것이다. 이 책에서는 전문 상담과 상담을 같은 의미로 사용한다. 종종 정신건강기관은 심리치료라는 용어를 사용하는데, 줄여서 치료라고도 한다. 다시 말하지만, 이런 용어 또한 이 책에서 얘기하는 것과 동일한 과정을 지칭한다.

상담이란 삶을 어렵게 하는 것들을 직면하고 이해하도록 내담자를 조력하는 데 필요한 전문 지식, 대인 기술, 그리고 개인 성향을 소유하는 것, 성취할 만한 목표를 설정하여 상황을 개선하도록 내담자를 돕는 것, 그리고 목표를 성취하도록 개입을 제공하는 것의 조합이다. 아마 당신은 '어떤 지식? 어떤 기술? 어떤 성향?'인지를 물을 것이다. 이 장에서 이 각각의 질문에 대해 논의할 것이다. 우리는 여기에 '어떤 내담자?'라는 질문을 추가할 것이다. 왜냐하면 내담자는 개인이 될 수도 있고 집단, 가족, 또는 기관이 될 수도 있기 때문이다. 기관을 내담자로 둔 경우의 예로, 정신건강 상담사가 특정 지역사회의 내담자들에게 보다 편리한 시간대에 서비스를 제공할 것을 기관의 담당자들에게 약속할 때, 또는 학교 상담사가 새로운 심리교육 프로그램을 제공할 때, 상담사가 가치 있다고 평가한 목표에 도달하기 위해 상담 기술을 활용하여 기관 수준에서 개입하는 경우를 들 수 있다. 그러나 대부분의 상담은 특정한 방에 있는 사람들로 한정되는데, 이 방에서는 전문가가 의도적으로 듣고, 문화적·심리적으로 내담자를 이해했는지 확인하며, 내담자의 안녕(well-being)을 향상시킬 결과를 향해 나아간다.

전문적인 상담의 내용은 개인 내부문제와 관계문제 모두를 포함한다. 내부(intrapersonal) 문제는 자기개념 또는 자기패배 습관 문제에서 심각한 정신적 손상까지의 범위에 이를 수 있다. 관계(interpersonal)문제는 내담자와 다른 사람 간 의사소통과 지각적 문제에서 적대성, 공격성, 그리고 타인에 대한 범죄 행위 문제까지의 범위에 이를 수 있다. 이런 문제는 연령대와 발달 단계에 관계없이 나타난다. 이런 문제들은 본질적으로 진단적 성격을 갖는다. 즉 문제는 표현(행동, 감정, 또는 생각)과 맥락(문제를 유지시키는 데 기여하는 것) 모두에서 이해되어야 한다.

마지막으로, 여기서 제시된 정의가 일반적이라 하더라도 전문적인 상담사가 모든 문제에 대한 서비스 제공자가 될 수 있다는 것을 의미하지는 않는다. 상담직 내에는 정신건강 상담사, 결혼 및 가족 상담사, 학교 상담사, 재활 상담사, 목회 상담사, 예술 상담사, 그리고 진로 상담사 등을 포함한 많은 전문 영역이 있다. 각 전문 영역은 특정 기관 내 또는 특정 집단을 대상으로 일하며 특화된 지식에 토대를 두고 있다. 그러나 이런 차이에도 불구하고 실제 상담 과정은 이 책에서 설명하는 관계, 의사소통, 개념화, 그리고 개입 기술이라는 공통적 요소를 공유한다.

왜 상담인가?

열성적인 상담사들에게 인생의 문제는 여러 가지 방식으로 해결될 수 있으며, 상담은 그중 하나에 불과하다는 점을 상기시킬 필요가 있다. 대부분의 사람들은 전문적 상담을 결코 경험해보지 못했다. 그렇다고 이들이 낮은 수준의 삶을 살고 있다고 할 수 있을까? 물론 그렇지 않을 것이다. 많은 사람들은 개인적 자원, 친구와 가족, 또는 종교적 신념 등을 활용하여 인생의 도전에 대처한다. 그러나 이런 자원들에도 불구하고 때때로 숙련된 조력자만이 성장과 도전에 대한 적응을 촉진할 수 있는 지점까지 어려움이 농축될 수 있다.

상담은 변화, 예방, 또는 삶의 향상 기능을 가지고 있다. 변화에 관한 한, 상담은 과도한 스트레스, 불만족, 또는 불행을 느낄 수밖에 없는 삶을 살아야 할 정도의 열악한 상황에 관심이 있다. 예방에 관한 한, 상담은 예측 가능한 사건을 고려한다. 이런 사건은 스트레스를 유발하고, 자신의 심리적 자원을 끌어내며, 궁극적으로 변화하는 삶의 제 세력에 적응할 것을 요구한다. 마지막으로, 상담의 세 번째 기능인 **향상 상담**(enhancement counseling)은 삶의 도전과 예측 가능성 이상의 그 무엇이다. 상담의 한 가지 목표로서 향상은 내담자의 경험을 새롭고 더 깊은 수준의 이해, 감사, 그리고 삶의 여러 가능성에 관한 지혜에 개방하려 한다.

상담의 모수들

상담사는 상담을 변화나 성장으로 또는 과정이나 결과로 이야기할 수 있다. 상담사가 이런 것들을 매우 깊게 파고든다면, 이것들이 심리적 또는 대인관계문제일 뿐 아니라 철학적, 문화적, 심지어는 영적 문제와 관련되어 있다는 것을 알게 될 것이다. 이런 문제와 관심에 대한 상담사의 관점에 따라 상담 면접에서 하고 있는 일의 최소 일부분이 결정된다. 예를 들어 어떤 사람이 인생의 굴곡에 인간이 어떻게 적응하는지에 대한 낙관적인 견해를 가지고 있다고 하자. 상담에서 일어나야 할 일에 대한 이 사람의 견해는 인간 및 그 인간이 어떻게 기능하는지에 대해 비관적인 견해를 가진 사람의 그것과는 확연히 다를 것이다. 만약 어떤 사람이 잘 보호된 또는 절연된 환경에서만 살아 왔다면, 그 사람은 상담을 문화적 차원과는 관련 없는 것으로 볼 것이다. 이때 이 문화적 차원에는 내담자가 알고 있는 모든 것이 기회 빈곤, 적자생존, 그리고 폭력인 극단적인 조건도 포함된다. 만약 어떤 사람이 문제에 대한 주의 깊은 검토와 분석, 의사결정, 결과의 소유 등과 같은 방식으로 문제를 해결한다면, 특히 이렇게 할 충분한 자원을 소유할 만큼 운이 좋았다면, 다른 사람도 그와 유사한 방식으로 문제에 접근할 것이라고 생각할 것이다. 또 다른 사람은 삶을 여러 측면이 있는 모험으로 볼 것이다. 이런 사람은 서둘러 문제를 정의하고, 처방하며, 그래서 상담의 성과를 통제해야 할 필요성을 느끼지 않을 것이다. 다른 한 유형의 사람은 만약 자신이 실수하면 모든 일이 잘못되지 않을까 걱정할 것이다. 이런 사람은 내담자를 위한 '해결책'을 찾고 이를 끝까지 밀어붙일 것이다. 이상의 예는 각 사람들이 상담을 할 때 그 자신이 갖고 있는 세계관이 상담에 어떤 영향을 미치는지 보여준다.

　상담사의 세계관과 동시에 작동하는 것은 내담자가 제시하는 관심사이다. 이런 관심사는 현실에 토대를 둔 것일 수도 있고, 내담자의 잘못된 지각에 의해 편향되거나 불편함 때문에 스스로 만들어낸 것일 수도 있다. 내담자가 낙관주의자 또는 회의주의자로, 대담하거나 신중한 사람으로, 개인적 또는 환경적 자원을 가지고 있거나 그렇지 않은 사람으로 상담에 온다는 것 또한 명백하다. 어떤 경우가 되었건, 상담사는 내담자가 나타내는 매우 넓은 범위의 행동, 태도, 자기개념, 역사, 문화 맥락, 자원, 그리고 감정에 대해 건강한 이해를 가지고 있어야 한다. 달리 얘기하자면, 정상(normal)이라는 용어는 내담자의 맥락에 대한 이해와 분리해서는 별로 유용하지 않을 것이다. 어떤 내담자에게는 아이가 사랑보다는 비난을 받으며 사는 것이 정상일 수 있다. 또 어떤 여성에게는 변덕스럽고 가끔 폭력을 행사하는 남성과 같이 사는 것이 정상일 수 있다. 무망감을 막기 위해 약물을 남용하는 것이 정상일 수도 있다. 이와 같은 것이 내담자에게 정상적으로 여겨지는지에 관계없이 이런 것은 기능적이지 않다. 바로 이 지점에서 상담이 유용할 수 있다. 기능적인 행동이란 역기능을 막고 성장, 문제 해결, 그리고 스트레스 요인을 다루는 능력의 증대와 같은 새로운 가능성을 여는 것이다. 내담자의 개인 관심사를 들을 때, 상담사는 내담자의 삶을 내담자의 관점에서 이해하려 해야 한다. 또한 내담자가 삶을 특정하게 보는 이유도 이해하려 해야 한다. 그렇게 할 때, 상담사는 조력자로서 상담 관계에 참여할 수 있다. 그런 다음에야 내담자도 보다 기능적인 행동으로 나아가기 시작할 수 있다.

앞서 언급했지만, 인간을 환경과 분리해 이해하기는 불가능하다. 아이들은 원가족, 이웃, 또는 또래집단과 분리되어서는 충분히 이해될 수 없다. 성인도 가족, 민족, 사회계급, 신념체계, 또는 직업과 분리되어 이해될 수 없다. 인간은 지적인 자기, 직업적 자기, 정서적 자기, 또는 그 무엇으로 분해될 수 없다. 각 개인은 문화 맥락 내의 생태적 존재이며 생태체계 내에서 타인과 함께 살고 있다. 삶의 공간을 공유하는 타인과 자신의 심리내적 차원은 상호의존적이다. 이러한 상호의존성에 대한 냉철한 이해는 상담사로서 스스로에 대한 이해를 촉진할 것이다. 또한 내담자를 더 건강해지고, 더 나은 선택을 하며, 성장하려는 또는 삶을 향상시키려는 사람으로 이해하는 데도 기여할 것이다.

상담과 철학

이론과 상담 과정 사이의 접점(interface)과 같은 상담의 보다 구체적인 측면으로 들어가기 전에 철학적 관점을 고려해보자. 자신을 철학자로 여기는 사람은 거의 없을 것이다. 그러나 모든 사람은 삶에 대한 철학적 견해를 가지고 있다. 어떤 사람은 삶을 자신이 통제할 수 없는 사건과 경험의 연속으로 볼 것이다. 또 어떤 사람은 삶을 분석하고, 통제하며, 길들여야 할 도전으로 본다. 다른 사람은 성취와 자기향상을 삶의 목적으로 보지만, 또 다른 사람은 삶을 경험해야 할 과정으로 본다. 누가 옳은가? 모두 다 옳다. 삶에 대한 철학적 관점은 다양해서 각 개인이 자신에 가장 잘 맞을 것 같은 관점을 선택할 수 있다.

상담 이론은 일차적으로 4개의 철학적 입장으로부터 도래하였다(Hansen, 2004; Wilks, 2003). 이 중 첫 번째는 본질주의(essentialism)로 인간이란 본질적으로 이성적이며, 이성이 교육의 자연스러운 목적이라고 가정한다. 이런 입장에서는 고전적 사상가들을 이성의 주된 보고로 본다. 이런 관점으로부터 문제 해결자, 분석가, 삶의 패턴을 찾는 사람이 등장한다.

두 번째 철학적 입장은 진보주의(progressivism)라 불린다. 진보주의에서는 '무엇이 작동할 것인가?'에 관심이 있다. 지식은 실험 결과에 토대를 두고 있다. 참인지 여부는 결과를 통해 확인된다. 그리고 가치는 절대적이라기보다는 상대적이다. 이런 관점으로부터 참인지 여부를 가리기 위해 데이터에 기반을 두고 연구하는 사람이 등장한다. 이런 사람은 인간의 문제에 대한 실용적 해결책이 존재한다고 믿으며, 삶의 논리적이며 법칙적인 관계를 추구하는 데 헌신한다.

세 번째 철학적 입장은 실존주의(existentialism)이다. 실존주의는 삶의 의미가 환경이나 사건이 아니라 개인에게 있다고 주장한다. 법칙(진보주의)과 이성적 사고(본질주의)는 개인이 의미를 부여하지 않는 한 의미가 없다. 삶에 대한 이런 견해에 동의하는 사람들은 가치는 실재하며 개인적으로 결정된다고 믿는다. 또한 경험은 법칙적이라거나 예측 가능하다기보다 주관적이라고 믿는다. 개인의 책임이 또한 강조된다. 그래서 인간의 반응은 선택 또는 잠재적 선택의 결과로 간주된다.

마지막으로, 네 번째 입장은 포스트모더니즘(postmodernism)이다. 이 입장은 '무엇이 실재인가?'라는 근본적 질문을 제기한다. 이 질문에 대해서는 내담자 경험 대 외적 현실(또는 보다 구체적으로 어떤 실재가 더 중요한가 — 내담자의 실재, 아니면 내담자가 적응해야 하는 외부 현실?)이라는 측면에서 접근하는 것이 더 적절할 수 있다. 이런 점에서 포스트모더니즘과 실존주의 사이에 유사점이 있지만, 중요한 점은 개인이 자신 외부의 실재에 대해서는 결코 알 수 없기 때문에 개인의 실재에 초점을 두어야 한다는 것이다. 이런 관점에서 실재란 단지 사적인 의미이며, 실재는 경험에 대한 사적 지각 또는 설명을 통해 의미를 획득한다고 믿는 사람이 등장한다.

명백히, 모든 상담사는 이런 관점 또는 약간의 변형된 관점을 가지고 상담을 수행한다. 각 상담사의 철학적 견해는 상담사가 내담자 문제에 어떻게 반응하는지 그리고 그런 문제를 어떻게 다루는지에 반영된다. 유사하게, 내담자 역시 그런 관점 또는 약간 변형된 관점을 가지고 상담에 임하게 된다. 그런 관점은 내담자가 자신의 문제를 어떻게 보는지 그리고 어떤 것을 가능한 해결책이라고 보는지에 반영된다. 이와 같은 사항을 염두에 두면, 도움을 받고자 하는 사람에게 적합한 개입방법을 선택하는 데 도움이 될 것이다.

상담과 이론

상담 이론과 상담 실제를 동시에 학습하고 있건 시차를 두고 학습하건, 이론이 당신의 일과 어떻게 관련을 맺게 될지에 대해 생각해보아야 할 시점이 오기 마련이다. 간단히 말하면, 이론은 뭔가가 어떻게 일어났는지 또는 어떻게 작동하는지를 설명한다. 수많은 상담 이론의 근원이 되는 성격 이론들은 사이케(psyche)가 생겨나서 진화하고 성숙하는 다양한 방식을 정상발달 관점과 역기능 관점 모두에서 설명하려는 노력이다. 상담 이론은 정상발달에 비추어 역기능을 설명하는 것 그 이상이며, 이런 역기능을 교정하기 위해 어떻게 해야 하는지에 대한 아이디어를 제공한다. 달리 얘기하면, 상담 이론은 인간이 어떻게 작동하는지에 대한 가설을 제시할 뿐 아니라 일이 잘 풀리지 않을 때 개입하는 방법에 대한 가설도 제시한다. 많은 상담학도들을 혼란스럽게 하는 것은 서로 다른 이론들이 인간을 다르게 개념화한다는 것이다. 정신건강 관련 분야에 오직 하나의 이론만 존재한다면 아마도 편리할 것이다. 그러나 상황은 그렇지 않다. 그래서 모든 상담사는 현존하는 이론들을 검토해야 하고 어떤 이론 또는 이론 조합이 내담자에게 적합한지 결정해야 한다.

상담치료 맥락 내에서도 400개 이상의 접근법이 확인되고 있다. 이런 접근들의 대부분은 훨씬 적은 수의 이론 주제들을 변형한 것이라 볼 수 있다. 지배적인 이론 접근으로는 **정신역동, 인지/행동, 인본주의, 체계, 포스트모던** 접근을 들 수 있는데, 이들 각각은 목표 성취를 위해 참여자들이 가야 하는 경로와 상담 과정의 지도(map)를 제시해준다. 상담 이론이 상담의 목표가 무엇이어야 하는지를 처방해주는 경우는 드물다. 정상적인 기능, 인간이 변화하는 방식, 그리고 바람직한 결과가 무엇인지에 대한 다양한 대안적인 견해가 존재하기 때문에 서로 다른 이론들이 등장해서 이런 다양한 견해를 반영하고 있다. 좀 더 실제적인 수준에서 보자면, 정보와 관찰한 것을 조직하기 위해, 내담자 문제를 설명하거나 개념화하기 위해, 그리고 내담자에 대한 특정 상담방법을 선택하고 실행하기 위해 이론을 사용한다.

상담사는 여러 이유로 특정 이론을 언급하는 경향이 있다. 어떤 상담사는 상담 과제에 대한 가장 실용적인 설명을 제시하는 이론을 찾는다. 이들은 구체적인 지침을 제공해주는 이론을 요구한다. 다른 상담사는 자신의 인생관과 양립할 수 있는 이론을 찾는다. 즉 인간 본성에 대한 가정이 스스로의 가정과 유사한 이론을 찾는다. 또 다른 상담사는 내담자가 보여주고 있는 문제를 가장 잘 설명하거나 개념화하는 이론을 찾는다. 물론, 한 가지 이론에서 세 가지 목표 모두를 성취하는 것도 가능하다. 그러나 이런 일은 상담사가 충분한 경험을 쌓았을 때라야 나타난다.

수년에 걸쳐, 상담계는 이론가 간 의견이 점점 더 수렴되어 가고 있음을 목격하고 있다. 또한 모든 내담자의 어려움을 설명할 수 있는 단일 이론이 없다는 깨달음도 커 가고 있다. 그 결과 새로운 견해가 등장하고 있다. 즉 이론은 사용자를 위한 것이고, 상담사의 요구에 완전히 맞는 단일 이론이 없을 때는 양립할 수 있는 이론들을 절충하는 것 또한 가능하다는 것이다. 이런 입장을 **절충적** 또는 **통합적** 접근이라 한다. 절충적 접근은 상담사가 필요에 따라 이론을 선택하는 경우이다. 이 접근의 어려움은 여러 이론을 적용하는 데 상담사가 전문적이 되어야 한다는 것이다. Hoffman(2006)은 이를 몇 년에 걸쳐 성취할 수 있는 경지라고 하였다. Hoffman은 많은 실무자들이 통합적 접근을 채택할 것을 제안한다. 이런 통합적 접근은 한 가지 중심 이론을 두고, 필요한 경우 다른 이론을 가져오는 형태를 취한다. Prochaska와

Norcross(2014)는 꽤 많은 상담사들이 통합적 또는 절충적 접근을 선호하고 있다고 보고했다. 이론은 다양하게 존재하지만, 모든 상담에는 공통적으로 존재하는 요인이 있다. 다음은 주요 이론 접근들 모두에서 작동하고 있는 일곱 가지 요인이다.

1. 상담은 내담자의 감정, 사고, 행동, 그리고 맥락에 반응하는 것이다. 기존의 이론 접근은 이 중 한 가지를 강조한다. 그러나 모든 상담사는 탁월한 관찰자가 되어야 하며 내담자에 합류하는 능력, 내담자의 생각과 감정을 드러나게 하는 능력, 그리고 도움이 되는 방식으로 이들에 반응하는 능력 측면에서 숙련되어 있어야 한다.

2. 상담은 내담자의 지각과 감정을 외부의 평가기준과는 상관없이 기본적으로 수용하는 일이다. 달리 얘기하면, 내담자가 어떤 사람이 될지를 고려할 수 있으려면 상담사는 먼저 내담자의 현재 모습을 인정해야 한다. 내담자는 자신의 현재 관심과 현실에 대한 상담사의 이해를 필요로 한다. 이것이 충족된 후에야 내담자는 새로운 방향으로의 성장과 변화를 기대할 수 있게 된다.

3. 상담은 다문화적 경험이다. 이런 인식은 평가, 목표 설정, 그리고 개입방법 선택을 포함한 상담 과정의 모든 측면에 영향을 미친다.

4. 상담에 종사하는 사람들에게 요구되는 직업윤리는 모든 상담에 걸쳐 적용되며, 여기에는 비밀보장, 적절한 감독 받기, 내담자와의 다중관계 피하기, 고지된 동의 등이 포함된다. 모든 상담사는 준수해야 하는 윤리규정에 익숙해져야 한다.

5. 상담에는 내담자 측의 투자(buy-in)가 있어야 한다. 이는 내담자가 강제로 상담에 보내졌을 때 특히 중요하다. 그러나 자발적으로 상담에 왔지만 아직 변화를 향해 완전히 몰입하지 않는 내담자들에게도 중요하다. 그러므로 상담사는 첫 단계에서 내담자에게 제공해야 하는 것을 판매(marketing)하는 데 능숙해야 한다. 이런 판매는 내담자가 몰입하지 않더라도 내담자에게 관심과 존중을 보여주는 형태를 갖거나 내담자의 삶에 변화가 없으면 그 결과가 어떻게 될지에 대해 허심탄회하게 이야기하는 형태를 가질 것이다. 결정된 접근이 무엇이건 상담이 긍정적인 성과를 내려면, 투자가 성취되어야 한다. 만약 그러지 못하면, 상담사는 상담이 상담 과정에 몰입하지 못하는 내담자에게 약한 개입이 될 수밖에 없다는 것을 배울 것이다. 물론 투자 여부를 결정하는 것은 내담자의 권리이고, 강제는 내담자와의 관계를 유지하는 수단으로 적절하지 않다.

6. 일반적으로 말해, 상담사는 자기의 삶에 대한 세세한 정보를 내담자와 얘기하지 않는 보수적인 입장을 취한다. 상담사의 자기노출이 적절할 때가 있긴 하지만, 일반적으로 상담사는 자기에게 초점을 두는 것과 같은 행동으로 관계를 복잡하게 하지 않는다.

7. 모든 상담 접근 이면에 있는 한 종류의 기술은 의사소통 기술이다. 상담사와 내담자는 면

접 과정 동안 공히 계속적으로 음성, 비음성 메시지를 보내고 받는다. 그러므로 의사소통되고 있는 메시지에 대한 민감성과 알아차림은 효과적인 상담사가 되기 위한 중요한 선행조건이다.

상담과 문화

사회는 대인관계에서 문화가 가지고 있는 복잡한 역할에 대해 점점 더 인식해 가고 있다. 더구나 문화 인식은 이미 소개한 이론과 철학에 대한 논의에 빠질 수 없는 부분이 되었다. 내담자가 세상을 어떻게 보는지 들어 보면(종종 그들의 가족이 세상을 어떻게 보도록 가르쳤는지 그리고 세상이 스스로를 어떻게 보도록 가르쳤는지를 반영한다), 문화집단 내에서는 어느 정도의 유사성이 있다는 것을 알게 될 것이다. 상담사로서 당신이 직면하는 도전 중 하나는 세상에 대한 당신의 견해를 반영하지만 동시에 내담자의 세계관과도 양립할 수 있는 이론을 발견하는 것이 된다. 다른 문화집단이 생각하고 느끼는 방식을 주의 깊게 들어 보면, 어떤 것에 대한 자신의 견해가 진화하고 있다는 것을 알게 된다. 상담을 통해 보상받는 것이 있다면, 바로 이것이다.

문화라는 단어를 찾아보면 믿음, 가치, 삶의 방식, 공유된 태도, 도덕, 그리고 특성이라는 단어 또는 구(phrases)가 반복적으로 나타날 것이다. 이런 이유로 상담은 다문화적인 것으로 파악된다. 왜냐하면 대부분의 사람들은 하나 이상의 문화 집단에 속해 있기 때문이다. 한 예로, 당신은 황인종, 천주교 신자, 노동계층 출신, 이성애자 여성 등이 될 것이다. 이 각각의 문화 정체성은 동일한 프로파일을 가진 다른 많은(전부는 아니더라도) 사람들이 공유하고 있는 태도 및 믿음을 포함하고 있다. 당신은 또한 알코올 중독에서 벗어나고 있는 사람으로 AA 문화의 한 구성원일 수 있다. 그리고 스스로를 페미니스트로 정의할 수도 있다. 당신은 당신의 문화 정체성 일부가 다른 사람들보다 더 핵심적으로 스스로에 대한 견해에 작용하고 있다는 것을 알 것이다. 그리고 이런 정체성은 맥락에 따라 변한다. 예를 들면 당신은 스스로를 돕는데 관심이 없는 듯 보이는 내담자와 작업할 때가 되어서야 당신의 노동계층 출신배경(강력한 일 윤리를 포함하고 있음)을 의식하고 있는 자신을 발견할 것이다. 당신이 내담자에게 도움이 되려면 반복적으로 작업(work through)해야만 하는 문화적 '순간'을 당신은 갑작스럽게 경험한다. 이 예에서, 당신이 강력한 직업윤리를 갖추게 된 것은 당신의 성장 과정을 통해 획득한 특권일 수 있다. 즉 성장 과정에서 열심히 일하는 것에 대해 보상을 받았기 때문이다. 만약 그렇지 않았다면 어땠을까? 만약 당신이 옳게 일하고 있을 때조차 당신이 부정적으로 보였다면 또 어땠을까? 이것이 당신 내담자의 문화적 현실일까? 만약 그렇다면, 이런 문화적 차이에 대한 알아차림 덕분에 당신은 적절한 개입 방안을 실행할 수 있게 될 것이다.

요약하면, 상담과 상담사를 위한 함의는 명확하다 — 내담자에 대한 이해와 수용이 일어나려면, 상담사는 문화적 요인들을 먼저 이해해야 한다. 문화적 요인들은 내담자의 세계관을 조형하며, 이후에도 계속적인 영향을 미치기 때문이다. 내담자를 보기 전이라면, 상담사는 자기 자신의 세계관과 이 세계관이 어떻게 형성되어 왔는지를 내담자의 그것을 이해하려 할 때와 동일한 방식으로 이해해야 한다. 상담사와 내담자의 세계관이 서로 많이 다르다고 할 때조차 말이다. 이런 일을 게을리하면 Wrenn(1962)이 문화 밀폐(cultural encapsulation)라고 했던 것에 빠지게 된다. 문화 밀폐에 빠지면, 한 가지 문화적 가정과 고정관념에 따라 현실을 정의하고, 개인 사이에 존재하는 문화적 다양성에 무감각하며, 자신의 관점만이 옳고 타당한 것이라는 견해를 갖게 된다. 상담사가 문화 밀폐에 빠져 잘 기능하지 못한다면, 상담이 멀리까지 갈 수 없을 것이라는 것은 명백하다.

마지막으로, 내담자에게 문화 정체성의 가치가 크면 클수록 상담사에게 그것을 이해받는다는 것은 그만큼 더 중요하다. 그러므로 인종, 성별, 성적 취향, 종교적 정체성, 능력/장애, 그리고 사회계층은 내담자와 정확히 그리고 공감적으로 의사소통하는 데 필수적인 변인이 될 것이다. 즉 우리는 문화와 관련이 덜한 것으로 보이는 변인과 이 변인이 내담자를 이해하는 데 어떻게 도움이 되는지에 대해서도 또한 인식해야 할 것이다. 도시 문화, 기업 문화, Y세대, '괴짜(geek)' 문화, 운동선수 문화 — 이 모든 것은 각각에 내재된 가치와 믿음을 포함하고 있다. 상담사가 시간을 갖고 이들에 대해 학습한다면 상담 관계를 향상시킬 수 있다. 더구나, 정체성과는 관련이 '적어' 보이는 것에도 주목을 하면, 보기와 달리 이것이 내담자가 자신을 보는 방식에 매우 중요하다는 것을 알게 될 것이다.

상담 조건과 그 효과

어떤 내담자는 삶에 있어서 하나의 중요한 결정으로 상담을 받으러 온다. 사회의 일각에서는 개인적 어려움을 약함이나 부적절함과 관련시키지만, 믿을 수 있고, 확신을 주며, 능력 있는 사람을 찾는 과정은 벅찬 도전이다. 다른 내담자는 만성적인 정신건강문제, 잘못된 의사결정의 파장, 학대 상황에서의 생활, 또는 다른 여러 이유로 더 오랜 동안의 상담사(相談史)를 가지고 있다. 많은 내담자들은 상담에 대해 잘 모른다. 만약 내담자가 상담을 처음 경험해보는 경우라면, 내담자는 현재의 상황을 평가할 만한 준비가 되어 있지 않을 것이다. 또한 상담사가 도움이 될 만한 능력을 갖추고 있는지, 그리고 상담 과정에 몰입할지 여부를 판단할 준비가 되어 있지도 않을 것이다. 상담사는 또한 상담에 대한 초기 평가를 해야만 한다. 자신의 기술이 내담자의 호소문제에 적합한 수준인지, 그리고 상담을 통해 내담자의 상황을 개선할 수 있는 지도 결정해야 한다. 어떤 사건이나 조건이 앞으로 맺으려는 관계 및 상담 과정이 성공할 것이라는 신호를 상담사와 내담자 모두에게 줄 수 있을까?

　내담자는 다른 사람으로부터 지지와 이해를 받고, 이전과 다른 더 희망적인 전망을 갖기 시작하며, 타인과의 더 바람직한 관계 수준을 경험하면 용기를 얻는다. 유사하게, 상담사는 성공적인 상담 결과로 이끌 조건들을 수립할 수 있는 능력을 갖추게 되면 강화받는다고 느낀다. 서로 다른 상담 이론들은 다른 종류의 상담 성과를 주장하지만, 대부분의 실무자들은 몇몇 기본적인 상담 성과에 동의한다. 상담이 성공적일 때, 내담자는 종종 다음 네 유형의 성과 조합을 경험한다.

1. **내담자는 문제에 대해 보다 유용한 이해를 개발한다.**　내담자가 문제의 근원을 보다 적절하게 보기 시작하면, 문제 및 그 문제가 드러나는 방식에 대한 더 큰 이해나 통찰을 만들어낸다. 문제를 다르게 이해하는 것 그 자체가 목적은 아니라 해도 중요한 시작점이기는 하다. 내담자의 인식을 증가시킬 수 있는 문제 이해의 네 경로가 있다. 즉 문제와 연관된 느낌과 신체 반응(정서), 내담자가 자신의 문제를 지각하고 설명하는 방식과 관련된 생각(인지), 문제를 경험하는 것과 연관된 행동 패턴, 그리고 문제 발생에 영향을 주거나 영향을 받는 대인관계가 그것이다. 내담자가 문제의 서로 다른 차원을 이해하면 자신의 현실을 보다 분명히 지각할 수 있게 되며, 문제에 관한 자신의 반응을 더 많이 통제할 수 있다는 경험을 하게 될 것이다.

　예　　한국계 미국인 조셉은 현재 대학 재학 중이다. 그는 캠퍼스 내에서 만취한 상태를 보였기 때문에 학생상담센터에서 3회기의 상담을 받아야 했다. 조셉은 평소 과하게 음주를 하지 않지만 여자친구가 이별을 선언했을 때 완전히 취하기로 결심했다는 것을 깨달았다. 그는 일주일 전에 있었던 헤어짐 이후 우울, 상처, 외로움을 느꼈고 사랑받을 만한 존재가 못 된다는 느낌을 가졌다. 그러나 임상적으로 우울증을 의심할 만한 단서(예 : 불면, 몸무게 감소, 고립)를 보여주지는 않았다. 오히려 그의 행동은 세상(그리고 전 여자친구)에게 자신이 위기에 처해 있다는 것을 알리려는 것 같았다. 상담을 통해 조셉은 어렸을 때 엄마의 잔소리에 대한 반응과 현재의 이런 반응이 유사하다는 점을 깨닫기 시작했다. 그는 엄마가 이런 행동을 한 후에는 잘못했다고 느끼고 명백히 손상된 관계를 복원하려 했다고 보고하였다. 다른 말로 하면, 조셉은 대인관계 사건을 다루는 자신의 스타일이 상대방으로 하여금 그 손상을 복원하도록 조종하는 것이라는 점을 이해하기 시작했다. 이런 방법을 통해, 조셉은 관계문제의 초기 이슈나 해결 그 어느 것에도 책임감을 가질 필요가 없었다. 그래서 그의 반응은 감정들, 스스로에게 문제를 설명하는 방식(다른 사람이 한 것으로!), 무책임한 행동(이 경우 캠퍼스에서 음주로 만취함), 그리고 관계를 조종하려는 방식 등으로 나타난다. 상담을 통해 조셉은 또한 자신의 문제 해결 스타일과 그 결과 나타나는 행동 사이의 관계를 이해하기 시작했다. 이런 행동들은 수동성과 무기력을 반영하는 것이었다. 마지막으로 조셉은 엄마와의 상호작용 패턴이 다른 여성들과의 관계를 통제하고 방해한다는 것을 이해하기 시작했다. 이제 조셉은 자신의 문제에 대해 더 명확히 이해하게 되었으므로 그런 패턴을 변화시키는 목표에 몰입할 더 나은 위치에 있게 된다.

2. **내담자는 예전의 문제에 대한 새로운 반응을 획득한다.** 많은 상담 이론가들은 문제에 대한 통찰이나 이해만으로는 내담자에게 충분한 상담 성과가 되지 못한다는 데 동의한다. 내담자는 문제에 대한 이해뿐 아니라 문제 상황에 대해 음성적으로 그리고/또는 행동적으로 더 효과적인 반응을 하는 방법을 획득해야 한다. 그렇지 못하면, 내담자는 비효과적인 대처방법을 되풀이하고, 문제를 경험할 때 문제에 대한 이해와 자신이 하는 행동 사이를 연결하는 데 실패한다.

예   마리아와 후안 부부는 의사소통문제로 상담을 받고 있다. 둘은 문제가 부분적으로 후안이 매우 힘든 환경에서 하루 종일 일하며, 집에 와서는 TV를 보거나 iPad를 하며 혼자 휴식을 취하고 싶어 한다는 데 있다는 것을 깨닫기 시작했다. 그러나 마리아는 어린 자식과 함께 하루 종일 혼자 집에 있었다. 마리아는 후안에게 어른들끼리의 대화를 요구하지만 후안은 그런 마리아를 밀어낸다. 마리아는 분노에 찬 눈물을 흘리며 뒤돌아선다. 이런 시나리오에 나타난 역동을 이해하는 것이 마리아(후안이 자신을 거부하고 있는 것은 아니라는 것을 이해할 수 있을 것이다)와 후안(역으로 마리아는 정당하고 이해할 만한 요구를 하고 있다는 것을 깨달을 것이다) 모두에게 유용할지 몰라도, 이런 이해만으로 그들의 행동 패턴을 바꾸거나 중단시킬 것 같지는 않다. 둘은 하루를 마무리하는 시점에서 발생하는 각자의 요구를 충족시키는 새로운 행동 패턴 또는 상호작용을 만들어내야 한다.

3. **내담자가 자신의 문제와 이슈를 맥락적으로 지각하기 시작한다.** 많은 경우, 내담자는 자신의 문제에 대한 일련의 설명들을 만들어낸다. 그런 설명들은 문화적 요인, 사회적 요인 또는 가족 요인을 포함하고 있다. 중산층 이상의 특권적 관점에서 보자면, 핵심은 내담자가 문제를 '자신의 것으로 소유'하도록 돕는 것이 될 것이다. 소유한다는 것은 내담자가 자신과 자신의 문제, 그리고 그 해결을 자신의 책임으로 받아들이기 시작한다는 것을 의미한다. 그러나 내담자 문제의 근원을 보는 다른 방법 또한 존재한다. 장애, 인종, 또는 종교 등과 같은 이유로 체계적인 차별을 경험해 오고 있는 내담자라면 삶의 변화를 주도할 만한 힘을 가지고 있다고 느끼지 못할 것이다. 어떤 내담자는 차별을 알게 됨에 따

라 경험한 것들에 짓눌리는 것 같으며, 상담을 위한 최소한의 에너지를 짜내기도 어려워하는 것으로 보인다. 다른 내담자는 부당한 취급을 받고 있는 자신의 삶에 화가 나 있다. 또 다른 이들은 현실을 부정하고, 상황이 쉽게 바뀔 것이라는 비현실적인(또는 종종 단순한) 견해를 제시한다. 그러므로 상담사의 목표는 내담자가 자신의 문제에 기여하고 있는 맥락 요소를 이해하도록 돕고, 맥락에 기인한 제약과 기회를 공정하게 평가하며, 상담 과정에서 내담자에게 지지와 존중을 제공하는 것(즉 차별과 제한된 자원이 드러날 때 이를 인정하지만 또한 내담자의 강점에도 말을 건네는 것)이다.

예   다이안은 30세의 백인 여성으로 지역사회 가정폭력센터에서 상담을 받고 있다. 다이안의 사촌이 여기에 오도록 설득하였다. 다이안의 남편 릭은 최근 말싸움 끝에 그녀를 때렸다. 다이안은 그가 전에는 결코 자신을 때린 적이 없다고 상담사에게 얘기한다. 지금까지의 경과를 얘기해보라고 하자, 다이안은 릭이 직장에서 심한 스트레스 상황에 있으며 자신(다이안)이 조금만 잘못해도 화를 낸다고 얘기한다. 그러나 단지 말로만 그렇게 하며 그가 방을 나갈 때 한번 자신의 어깨를 흔들었을 뿐 최근의 사건 전까지는 결코 때리지는 않았다. 다이안은 남편과의 사이에 6개월 된 아기가 있으며, 다이안이 임신하면서 릭의 다정함이 덜해졌다고 보고한다. 자신이 임신 중에 불어난 체중을 유지하고 있어서 뚱뚱하고 별로 아름답지 못하기 때문에 릭의 반응을 이해한다고 상담사에게 이야기한다. 이 경우, 다이안이 릭의 행동을 단지 사적 그리고 대인관계 맥락에서만 보고 있다는 것은 명확하다. 그녀는 성차별주의와 여성 폭력에 대한 사회적 용인이 릭과의 관계에서 어떤 역할을 하고 있는지 아직 인식하지 못하고 있다. 이런 다양한 맥락들과 함께 상담사는 가정 내 여성의 역할 및 상대적 지위에 대해 다이안이 원가족으로부터 학습해 온 바를 또한 알아야 한다. 이런 넓은 맥락에 대한 이해가 없다면, 다이안은 현재 상황에 대해 자기 스스로와 릭의 일 스트레스 탓을 계속할 것이다.

4. **내담자는 효과적인 관계를 어떻게 만드는지 배운다.** 상담실에 찾아오는 많은 사람들에게 효과적이고 만족스러운 대인관계 상호작용은 존재하지 않거나 드물다. 많은 경우 변화는 사회적 지원망에 의해 만들어지기 때문에 내담자가 다른 사람들과 보다 적절한 관계를 만들어 가는 것은 필수적이다. 종종 상담 관계는 이런 일이 일어나는 지렛대가 된다.

예   르네는 고등학교 2학년에 재학 중인 17세 흑인 여학생이다. 르네는 다른 학생과 언쟁 후 학교 상담교사에게 의뢰되었다. 르네는 심각한 비만이었는데, 그 때문에 모든 사람이 자신에게 나쁘게 군다고 얘기한다. 르네는 또한 엄마가 당뇨를 앓고 있기 때문에 살을 빼고 싶지만, 이미 학교는 '실패자'로 가득 차 있기 때문에 이들이 자신을 좋아하든 말든 신경 쓰지 않는다고 말한다. 르네와의 추가적인 면접에서 그녀의 공격성은 고립감 및 거부당했다는 느낌을 싸고 있는 얇은 막이라는 것이 명백해졌다. 이 경우 상담교사는 이중의 도전에 직면해 있어서 다른 전문가의 도움을 요청할 수 있을 것이다. 르네의 문제는 복수의 맥락을 떠올리지 않을 수 없게 한다. 왜냐하면 르네의 몸무게는 최소한 부분적으로 그녀의 가족과 지역사회에 만연해 있는 부적절한 영양과 건강하지 못한 식습관에 기인하기 때문이다. 또한 상담사는 르네가 스스로를 싸고 있는 얇은 막을 벗고 보다 진솔한 존재가 되게 하는 관계를 형성하도록 도와야 한다. 르네와 상담사는 이 작업에 착수한다. 이 문제들에 주의를 기울이지 않으면 많은 변화가 있을 것 같지 않다.

요약하면, 상담은 일반적으로 내담자에게 하나 이상의 그리고 모든 것을 아우르는 결과를 산출한다. 효과적인 변화는 다면적이고 종합적이다. 그리고 문제 원인과 유지 사이의 역동에 대한 더 날카로운 이해, 새로운 통찰, 더 촉진적인 행동 반응, 그리고 더 효과적인 대인관계를 포함한다.

기대 가능한 상담 성과 사례 예시

자넷의 사례

자넷은 35세 백인 여성으로 두 10대 소녀를 돌보는 한 부모이다. 그녀는 12년 동안 자동차 부품 회사의 회계 장부 담당자로 일해 오고 있다. 동료들은 그녀를 분위기 메이커로 생각하고 있다. 직장에서 그녀는 유능감과 편안함을 느낀다. 그러나 집에서 그녀의 자신감은 사라지고, 부모 역할과 '내가 얼마나 못하는지를 보고 있는' 이웃과의 관계에 대해서는 엄청난 회의감을 갖고 있다. 이런 회의감은 또한 부모, 전남편과 그의 가족, 교회, 그리고 다른 사회적 관계에까지 침범해 오고 있다. 그 결과 그녀는 점점 더 많은 시간을 일에 쓰고 있으며, 그래서 일 외의 세상에 대한 그녀의 감정을 더 악화시키고 있다. 이런 감정 때문은 그녀는 탈출할 수 없는 나락에 갇히는 것 같다. 최근 그녀는 소화체계와 관련한 신체 증상, 4~5시간 이상 잘 수 없음, 그리고 끊임없는 실망감을 경험하고 있다.

효과적인 상담 경험을 하게 되면, 자넷은 현실적으로 다음과 같은 변화를 기대할 수 있을 것이다.

- 일을 떠난 스스로에 대해 보다 긍정적으로 지각함
- 만족스러운 작업환경과 집보다는 직장에서 지나치게 많은 시간을 보내는 것 사이의 관계에 대한 인식 증대
- 엄마로서 자신에 대한 보다 객관적인(그리고 좀 더 향상된) 견해
- 한 부모와 성인으로서 자신을 다른 사람들이 어떻게 보는지에 대한 보다 현실적인 견해
- 자신의 신체 증상이 자신의 정서 반응과 관련되어 있음을 인식
- 자기개념을 낮추는 사회적 성 고정관념 인식
- 직장에서, 집에서, 이웃에서, 교회에서, 그리고 다른 사회적 관계에서 경험하고 있는 다양한 '덫'으로부터 스스로를 자유롭게 하는 데 도움이 될 계획
- 딸들과의 관계와 엄마인 스스로에 대한 관점을 강화해줄 딸들과의 상호작용

효과적인 조력자의 특성

상담의 효과에 대한 연구는 상담에 영향을 미치는 요인들의 상대적인 공헌도에 대한 명확한 증거를 보여주지 않는다(Sexton, Whiston, Bleuer, & Walz, 1997). 그럼에도 전문적인 문헌들은 공통적으로 상담사 특성을 상담의 성공에 중요한 것으로 강조하고 있다. 상담사 특성에는 다음과 같은 것이 있다.

- 자각과 이해
- 심리적 건강
- '위치성(positionality)'의 역할 및 문화에 대한 민감성과 이해
- 개방적 태도
- 애매함에 대한 인내
- 명확한 경계
- 역량
- 신뢰성
- 대인 매력
- 윤리적 행동

또 다른 특성으로는 다음과 같은 것들이 있다.

- 공감, 진실, 그리고 수용 능력(Neukrug, 2007)
- 다른 사람의 사적 의미에 대한 믿음(Combs, 1986)
- 다른 사람에게 영향을 미치는 것에 대한 편안함과 힘(Cormier, Nurius, & Osborn, 2013)

자각과 이해

효과적인 상담사가 되는 과정에서 대부분의 상담사에게 좋은 출발점이 되는 것은 건강한 정도의 자기성찰과 자기탐색이다. 다음 네 영역을 검토하고 이해하려 노력해보라.

1. 당신의 욕구에 대한 인식(예 : 주려는 또는 양육하려는 욕구, 타인을 판단하려는 욕구, 사랑받고 싶은 욕구, 존중받고 싶은 욕구, 사람들이 좋아해주기를 원하는 욕구, 타인을 기쁘게 하려는 욕구, 다른 사람들로부터 인정을 받으려는 욕구, 통제하려는 욕구)
2. 당신이 누군가를 도우려는 동기에 대한 인식(예 : 다른 사람을 도움으로써 무엇을 얻는

가? 다른 사람을 도우면 왜 기분이 좋아지는가?)

3. 당신의 느낌에 대한 인식(예 : 행복, 만족, 상처, 화, 슬픔, 실망, 혼란, 두려움)

4. 당신의 개인적 강점, 한계, 그리고 대처 기술에 대한 인식(예 : 당신이 잘하는 일 또는 당신 자신에 관하여 당신이 좋아하는 점, 당신 자신에 관하여 개선이 필요하다고 생각하는 점, 스트레스와 어려움을 다루는 방법)

자각과 이해는 여러 이유로 상담에 중요하다. 첫째, 자각과 이해는 보다 객관적이게 해주고 '사각지대'를 피하는 데 도움이 된다. 사각지대란 당신이 특히, 대인관계 상호작용에서 당신의 어떤 측면을 이해하지 못하기 때문에 발생하는 어려움을 말한다. 그런 어려움 중 하나가 투사이다. 자신의 욕구와 감정을 이해하지 못하는 상담사는 자신의 감정을 내담자에게 투사하고 그 실제 근원을 인지하지 못할 가능성이 높다(예 : "나는 오늘 내담자에게 화가 났다" 대신에 "나는 오늘 무척 화가 난 내담자를 만났다"라고 얘기함). 투사는 이 장의 후반부에서 논의할 어떤 과정의 예다. 이 과정은 역전이라 불리는데, 내담자에 대한 상담사의 정서적 반응을 지칭한다.

자각과 이해는 상담사와 내담자 모두의 더 큰 안전감에 기여한다. 자각과 이해의 부족으로 인해 상담사는 내담자의 메시지를 사적으로 받아들이거나 과잉 대응하고 방어적으로 반응할 수 있다. 예를 들어 내담자가 "상담이 도움이 되기는 할까요?"라고 말한다고 하자. 존중받고 인정받기 원하는 상담사의 욕구는 위협을 받지만 상담사는 이를 인식하지 못한다. 상담사는 내담자의 불확신감에 반응하는 것이 아니라 불안전감이라는 사적 감정으로 반응하고 방어를 소리내어 나타내거나 비음성적 행동으로 나타낼 것이다. 요약하면, 자각과 이해는 자신의 욕구가 터져 나올 순간에 대한 날카로운 인식을 포함하고 있다. 상담사에게 자각과 이해는 또한 자신의 반응을 조절할 능력을 갖추고 있음을 의미하며, 그래서 내담자의 진로를 방해하지 않는다는 뜻이다.

심리적 건강

어느 누구도 상담사가 완벽하다고 기대하지는 않는다. 그러나 상담사는 심리적으로 건강하고 자신의 문제로 방해받지 않을 때 내담자에게 더 도움이 될 것이라는 점은 충분히 예측할 수 있다. 정신건강 서비스 제공자의 심리적 건강에 관한 고전적 연구에서 White와 Franzoni(1990)는 정신과 의사, 심리학자, 그리고 심리치료자들 중 우울, 불안, 그리고 관계문제를 가지고 있는 사람의 비율이 일반인보다 더 높았다고 보고하였다. 심지어는 석사 수준에서 수련 중인 상담사조차 일반인에 비해 더 높은 수준의 심리적 장애를 가지고 있는 것으로 나타났다(White &

Franzoni, 1990).

　불행히도, 어떤 상담사는 자신의 심리적 건강에 문제가 있을 때를 알아차리지 못한다. 이런 이유로 상담사가 내담자와 온전히 함께하기 어렵게 만드는 문제가 있다고 느낄 때 본인이 상담을 받는 것은 바람직한 일로 여겨진다. 우리는 종종 스스로에게 문제가 있는지를 가장 늦게 알게 되기 때문에 적어도 경력을 시작(front end)하는 시점에서는, 그리고 경력의 마지막까지 슈퍼비전을 받는 것이 바람직하다.

'위치성'의 역할 및 문화에 대한 민감성과 이해

앞서 언급했듯이 모든 내담자는 다문화 세상에 살아가며, 우리도 그렇다. 직업으로서 상담은 개인 내부(intrapersonal)를 검토하는 것으로 시작했지만, 심리적 건강을 성취하고 개인으로, 가족으로, 그리고 지역사회로 발전하고 기능하는 데 적절한 것으로 문화적 현실을 포함시키는 데까지 진화했다. 상담사가 좋은 심리적 건강을 유지해야 내담자에게 더욱 도움이 된다는 점은 앞서 살펴보았다. 자신의 다중 문화 정체성과 이런 정체성이 자신의 세계관 형성에 어떻게 작용했는지에 대한 인식이 상담사로서의 효과성에 기여한다는 것 또한 사실이다. 상담사는 내담자의 문화 정체성이 드러나도록 내담자에게 여유를 제공해야 한다는 것도 앞서 살펴보았다.

　또한, 권력(power)과 특권(privilege)이 상담에서 어떻게 작동하는지에 대해 상담사가 인식하는 것도 필수적이다. Alcott(1988)은 위치성(positionality)이라는 용어를 처음 사용한 사람들 중 한 명이다. 위치성에서 보면, 문화 정체성이란 특정한 특성에 대한 기술어(descriptor)라기보다 상대적 위치를 나타낸다. 그러므로 레즈비언 또는 무슬림 또는 (팔이나 다리를) 절단한 사람과 같은 표현은 이런 조건이 삶의 많은 맥락에서 당신을 위치시키는 지점(position)과 관련하여 이루어지는 기술이다. 예를 들어 무슬림은 회교 사원에서 자신의 위치를 공항에서와는 달리 경험할 것이다. 위치에 대한 빈번한 경험은 그것이 특권적인 것이든 무언가 결핍된 것이든 궁극적으로는 자신의 정체성과 섞이게 된다.

　문화, 권력, 특권, 그리고 위치성 개념은 현 시점에서 대부분의 상담 프로그램에 녹아들어 있어서 여러 주제에 대한 논의에서 빠지지 않는다. 여기서 이 책의 목적상 상담사는 문화 정체성과 위치성이 관계 형성, 평가, 그리고 상담 과정의 다른 모든 측면에 주는 함의를 배워야 한다고 말하는 것으로 충분하다. 이것은 상담의 본질적 측면에 대한 도전이지만 상담 성공을 위해 필수적인 것이기도 하다.

개방적 태도

개방적 태도는 내담자와 상담 결과에 영향을 줄 수 있는 고정된 견해 또는 선입견으로부터의 자유를 의미한다. 개방적 태도는 자기 세상 외부의 다른 세상에 대한 인식과 지식을 포함해야 한다. 또한 자신의 내부 세상과 그런 내적 표준, 가치, 가정, 지각, 그리고 신화가 내담자에게 어떻게 투사될 수 있는지에 대한 철저한 이해도 포함해야 한다.

상담에서 개방적 태도는 많은 중요한 기능을 한다. 첫째, 상담사가 자신과는 다른 내담자의 감정, 태도, 그리고 행동을 받아들이게 해준다. 둘째, 광범위한, 심지어는 사회 구성원 대다수가 받아들일 수 없는 또는 불쾌하게 여기는 내담자와 효과적으로 상호작용할 수 있게 해준다. 마지막으로 개방적 태도는 정직한 의사소통을 위한 선결조건이다.

애매함에 대한 인내

상담회기를 진행하는 것은 수입과 지출의 균형을 맞추는 일 같은 것과는 다르다. 그런 일을 아무리 많이 해도 결코 하나의 촘촘한 패키지로 잘 포장된 것 같은 느낌을 가질 수 없을 것이다(그렇게 느낀다 하더라도 그 패키지가 얼마나 빨리 풀어 헤쳐지는지 알 것이다). 그렇다고 상담이 완전히 미스터리한 것은 아니다. 왜냐하면 그렇지 않기 때문이다. 그보다는 상담사가 상담 과정에 완전히 몰입할 때조차 바로 앞에 무슨 일이 있을지 알지 못하는 상황에 대해 건강한 인내를 가지고 있어야 성공적일 수 있음을 의미한다. 달리 얘기하면, 성공적인 상담사는 사람들의 복잡 미묘함에 매혹되고, 결과가 명확하지 않을 때조차 상담 과정에 온전히 몰입한다.

명확한 경계

당신과 내담자 사이에 분명한 경계를 두는 것은 상담사에게 내담자 문제에 관여하지만 동시에 뒤로 물러서서 내담자 및 내담자와의 관계에 무슨 일이 일어나는지를 정확히 관찰할 수 있게 해준다. 이는 Carl Rogers가 '마치~인 것처럼'의 측면을 유지하면서 내담자 문제를 자신의 문제로 경험하는 능력을 공감이라고 한 것과 같다(Rogers, 1957). 명확한 경계를 유지하는 것은 내담자를 위해서도 매우 중요하다. 많은 내담자는 좋은 의도를 가졌지만 때로는 문제의 한 부분이 되기도 하는 친구나 가족 같은 많은 사람들로부터 조언과 의견 폭탄을 받는다. 그러나 상담사는 사적인 관계를 어렵게 하지 않으면서 더 깊은 이해에 필요한 추가적인 눈과 귀를 내담자에게 제공한다.

명확한 경계를 가지고 있을 때, 상담사는 내담자의 특정 행동에 사로잡히거나 역기능적 의사소통 패턴에 말려드는 것을 피할 수 있다. 예를 들면 내담자는 잘 학습된 정교한 계책을 활용하여 자신을 '구하도록' 상담사를 조종하려 한다. 스스로에 대한 명확한 이해를 가지고 있는 상담사는 내담자의 조종을 더 잘 인지하고 치료적으로 적절하게 반응할 것이다.

또한 경계 명확성은 내담자에 대한 부적절한 또는 역기능적 감정이 일어나는 것을 막아준다. 상담사는 관계에서 역전이가 일어날 때를 인지하는 법을 학습해야 한다. 역전이(coun-tertransference)는 내담자에 대한 역효과를 낳는 정서 반응(종종 투사에 기반 한) 또는 치료적 관계에서 상담사 욕구들의 뒤엉킴과 관련이 있다. 역전이가 나타나는 다소 일반적인 방식으로는 내담자를 기쁘게 하려는 욕구, 내담자의 특정 문제에 대한 지나친 동일시, 내담자에 대한 연애 감정 또는 성적 감정이 나타남, 계속 충고하려는 욕구, 그리고 내담자와 친구관계를 형성하고픈 욕구 등이 있다(Corey, 2011). 유능한 상담사는 자신에게 강력한 부정적 혹은 긍정적 감정을 유발하는 내담자를 인식하는 법, 그리고 상담사로 하여금 별로 도움이 되지 않는 반응을 하게 하는 특정한 종류의 의사소통 패턴을 식별하는 법을 점진적으로 배운다.

역량

모든 정신건강 관련 직업 종사자의 윤리기준은 높은 수준의 역량 유지를 요구한다. Egan(2014)에 따르면, 역량(competence)이란 상담사가 도움을 주는 데 필요한 정보, 지식, 그리고 기술을 가지고 있는지 여부를 지칭하며, 그 여부는 행동이 아니라 결과에 의해 결정된다. 상담 직종에 있는 사람들은 임상 기술, 특정 기법을 구사하는 기술, 판단, 다문화 역량, 개인적 효과성은 물론이고 심리적 과정, 평가, 윤리 등의 영역 및 기타 전문적 수행에 적절한 영역에서의 지식이 상담 역량에 포함된다는 데 동의한다.

상담사 역량은 내담자에게 희망과 신뢰를 전달하는 데 필수적이다. 내담자는 상담 경험이 자신에게 잠재적으로 유용할 것이라는 긍정적인 기대를 가져야 한다. 능력 있는 상담사는 더 넓은 범위의 다양한 내담자를 볼 수 있으며 더 넓은 범위의 문제를 다룰 수 있다. 이들은 내담자에게 도움이 될 가능성이 더 높고, 더 신속히 그리고 더 효율적으로 영향을 미칠 수 있다. 때때로 역량은 전문성이라 지칭되기도 한다. 이런 이유로 역량은 사회영향 모델(social influence model)이라 알려진 상담 모델과 자주 연관된다. 사회영향 모델은 다음과 같은 두 가지 기본 가정을 가지고 있다.

1. 조력자는 역량(전문성), 신뢰성, 그리고 매력(호감)을 지칭하는 세 가지 특성으로 구성된 관계를 통해 내담자에게 영향을 미칠 수 있는 토대 또는 힘을 확보해야 한다.

2. 조력자는 내담자의 의견과 행동을 변화시키기 위해 이런 영향력을 적극적으로 활용해야 한다.

이 모델에 대한 많은 증거들은 상담사에 대한 내담자의 존중이 상담사의 전문성 혹은 역량에 대한 지각에 비례해서 증가한다는 점을 시사한다.

신뢰성

우리 대부분은 스스로를 신뢰할 만하다고 생각하고 싶어 한다. 전문적인 상담에서 신뢰성 (trustworthiness)은 의존할 수 있음, 책임감 있음, 윤리기준을 준수함, 예측 가능함 등과 같은 특성을 의미한다. 신뢰할 수 있는 상담사는 내담자의 이야기를 안전하게 지키고, 내담자의 근심에 열정적으로 그리고 돌보는 반응을 하며, 내담자가 정보를 공유한 것을 결코 후회하지 않게 한다. 이 중 마지막에 제시한 것이 핵심이다. 신뢰성은 내담자가 솔직한 생각과 감정을 공유할 수 있는 안전한 공간을 제공한다는 의미를 포함하고 있기 때문이다. 안전(safety)은 비밀보장을 약속하는 것뿐 아니라 가능한 많은 맥락에서 내담자의 세상을 이해하기 위해 열심히 작업하는 것을 포함한다.

많은 내담자들은 과거 자신의 신뢰가 지켜지지 않았던 경험을 가지고 있다. 그래서 우리는 많은 내담자에게 우리를 신뢰해줄 것을 요구한다. 신뢰를 확립하기는 쉽지 않으며 대체로 쉽게 손상될 수 있다. 그래서 치료 동맹에 손상이 발생한다면 그 과정을 멈추고 수리하려 한다. 이를 위해 내담자의 신뢰를 감소하게 한 상황을 검토하고, 양측의 관점과 동기를 공유하며, (희망컨대) 금이 간 곳을 보강하면서 새로운 작업관계를 향해 조금씩 나아간다. 신뢰성의 또 다른 본질적 요인은 한 문장으로 요약될 수 있다. 즉 당신이 할 수 있는 것 이상을 약속하지 말고, 약속한 것은 반드시 지키도록 하라. 신뢰성은 내담자에게 영향을 미칠 수 있는 토대를 마련하는 데 필수적임은 물론이고 내담자에게 자기노출을 하고 삶의 매우 사적인 부분을 드러내도록 격려하는 데도 필수적이다. 상담사가 신뢰를 연기할 수는 없다. 상담사는 신뢰할 만해야 한다.

대인 매력

매력이란 제 눈에 안경과 같다고 할 수 있다. 이 말은 상담에도 적용된다. 내담자가 상담사를 자기와 유사하다고 보거나 상충되는 면이 없다고 보면, 상담사를 매력적이라고 지각한다. 비록 이런 평가가 상담사 처신과 태도라는 선택된 차원, 특히 호감성과 우호성 차원에 토대를 두고 있을 것이지만, 내담자는 종종 이런 평가를 직관적으로 한다. 달리 애기하면, 상담사가 형식적이고, 고루하며, 냉담하거나 무뚝뚝하기보다 현실적이고, 우호적이며, 따뜻해야 한다. 그러나 여기에 한 가지 조건이 있다. 상담사는 자신이 가지고 있는 내담자의 문화 맥락과 역사에 관한 지식을 고려해야 한다. 형식적인 것에 익숙한 가족에게 지나치게 현실적으로 보이는 것은 덜 전문적으로 보일 위험이 있다. 남성 상담사는 추파를 던진다는 인상 없이 여성 내담자를 따뜻하게 대하는 방법을 학습해야 한다. 다양한 내담자를 보기 시작할 때, 슈퍼비전은 알맞은 균형을 학습하는 데 가장 큰 도움이 될 것이다. 대인관계 측면에서 매력적으로 지각되는 상담사는 내담자에게 긍정적인 영향을 미치는 자원이 되며 상담 과정에서 더 큰 자신감과 신뢰를 고취시킬 수 있다.

윤리적 행동

갈등 또는 도전 상황에서 상담사가 행동하는 방식은 다른 상황 모두에 영향을 미친다. 그러나 무엇이 윤리적 행동을 결정하는가? 미국상담학회(ACA)는 다양한 장면과 광범위한 문제 상황에서 상담사가 고려해야 하는 윤리적인 행위에 대한 지침을 확립했다. 윤리적 행위란 일차적으로 이러한 기준을 스스로 결정하여 준수하는 것이다. 그러나 윤리적으로 행동하지 못한 것이 의료과실이나 소송으로 이어질 수 있는 상황이 있다. ACA 윤리기준은 웹사이트(www.counseling.org)에서 찾아 내려받을 수 있다. 상담분과(예 : 학교상담학회, 정신건강상담학회)에 소속한 상담사는 각 분과의 윤리기준 또한 준수해야 한다. 마지막으로, 전국 전문상담사 인증위원회(National Board for Certified Counselors)에서 인증받은 상담사는 그 단체의 규정을 준수해야 한다. 상담사를 위한 모든 윤리기준은 비슷하다. 그러나 자신이 수행하는 업무와 관련된 기준을 모두 읽고, 준수 여부의 책임이 자신에게 있는 기준을 파악하고 있는 것은 여전히 필요한 일이다.

상담을 학습하는 것의 발달적 속성

몇 년 동안 상담 교육자들은 상담을 배우는 경험에 관한 반복적인 논쟁에 참여해 오고 있다. 이 논쟁의 두 진영은 각각 (1) 잠재적 상담사가 이미 상담 기술을 가지고 있지만 이런 기술을 변별하고 내담자에 따라 선별적으로 활용하는 법을 배워야 한다는 입장과 (2) 상담 기술은 특수하게 정의되고, 잠재적 상담사가 처음부터 이런 기술을 가지고 있는지 여부에 상관없이 높은 정도의 성공 확률로 가르쳐질 수 있다는 입장을 가지고 있다. 명백히, 대부분의 상담사 양성 프로그램은 이러한 두 극단 사이 어디에 위치한다. 이런 기술이 후보자의 인성(personhood)에 내재해 있든 양성 프로그램의 교육 과정에 스며들어 있든(또는 둘 다이든) 상관없이 기술이 발달하는 과정에 주목할 필요가 있다.

거의 모든 사람은 훈련되지는 않았지만 '타고난' 상담사 역할을 하는 누군가를 알고 있을 것이다. 그런 사람들은 어릴 때부터 조력자 역할을 해 왔을 것이다. 가족들조차 이들을 갈등조정자, 촉진자, 이해해주는 사람 또는 다른 가족 구성원이 찾아갈 수 있는 사람으로 지목한다. 이런 역할은 기질과 타인의 기대 둘 다로부터 나타난다. 이런 조력자는 민감성, 기술, 그리고 자신감이 시간의 경과와 함께 증가함에 따라 그런 역할을 수행하는 사람으로 나아간다. (이런 조력자 중 일부는 가족에서 영웅 또는 과성취자의 역할을 수행한다. 그러나 이런 역할이 전문적인 상담에 언제나 적절한 것은 아니다.) 상담사 양성 프로그램에 들어오는 학생들은 그 과정이 발달적 경험이라는 것을 알게 된다. 즉 훈련 초기에는 초점이 조력을 위한 사람됨(the person) 및 맥락(the context)이 아닌 다른 전문적 문제에 주어진다. 점진적으로 훈련의 초점은 조력자의 인성적 특성으로 향하고, 그 과정은 더욱 개인적인 것으로 되어 간다. 이때부터 주의가 상담 기술, 즉 효과적인 상담사가 내담자를 볼 때 생각하고 행하는 것으로 향한다. 마지막으로 훈련은 전문적으로 지도감독을 받으며 내담자를 상담하는 임상 경험과 이런 기술들을 통합하기 시작한다.

Loganbill, Hardy, Delworth(1982)는 상담사의 발달 과정에 정체기, 혼란기, 그리고 통합기가 포함된다고 제안하였다. 정체기(stagnation)에서는 상담을 배울 때 전형적으로 이미 확립된 사회적 반응에 의존하는 양상을 보인다(예 : 내담자가 말하는 것을 깊이 듣기보다는 내담자의 기분을 나아지게 하려 노력함). 혼란기(confusion)에서는 상담사가 전문적인 상담 기술을 배우지만 상담 과정을 운영하는 데 있어서는 아직 편안함을 느끼지 못한다. 상담사가 스스로에 대한 더 많은 신뢰를 느끼기 시작하고 상담 과정이 내담자에게 도움이 된다는 것을 알게 되면, 이제 통합(integration)을 경험하기 시작한다. 이런 과정은 천천히 진행된다. 경험으로 판단하건대, 스스로에 대해 인내하며, 피드백에 개방적이고, 기꺼이 위험을 감수하려는(즉 실수를 하지만 그것을 통해 무언가를 배운다) 상담 전공 학생은 반드시 성공한다.

요약하면, 초심 상담사가 기술적으로나 성격적으로 내담자를 볼 준비가 되었다고 느끼는 경우는 거의 없다. 부분적으로 이는 지금까지 학습해 오고 있는 새로운 기술에 대한 자기확신을 얼마나 발달시켰는지의 문제이다. 그러나 또한 인간으로서의 개인적 성장과도 관련되어 있다. 경험 많은 상담사는 내담자와의 상담을 통해 자신과 삶의 과정에 대해 많은 것을 배운다. 각각의 새 내담자는 우리 스스로에게 우리를 달리 소개한다. 많은 경우, 경험은 주목과 탐색의 필요가 있는 적응 및 인생관의 제 측면을 드러낸다. 이렇게 되면, 우리는 점점 더 우리 자신의 강점과 한계점을 인식하게 된다. 효과적인 상담사는 조력에 필요한 자신의 접근을 이런 강점들 주변에 구축한다. 그리고 효과적인 상담사는 자신의 한계점 주변에 성장 경험을 구조화 하려 한다.

요약

이 장에서 우리는 상담 과정의 다양한 모수를 기술하고, 상담 과정을 철학, 상담 이론, 그리고 문화에 관련지려 했으며, 효과적인 상담의 목적을 예시했다. 또한 효과적인 상담사의 주요 특성을 조명했고 상담사가 되기 위해 학습하는 일의 발달적 속성을 강조했다. 상담 관계는 다른 전문적 관계나 사회적 관계 또는 우정과도 다른 특성을 가지고 있다. 상담 관계의 가장 중요한 특성 중 하나는 상담사가 능력 있고 신뢰할 수 있는 방식으로 조력을 제공할 수 있는 훈련된 전문가라는 것이다.

제2장에서는 상담 기술을 검토한다. 구체적으로 상담사와 내담자 사이에 의도적 또는 비의도적으로 발생하는 기본적 의사소통 기술, 그리고 상담 과정과 내담자 경험에 대한 개입으로 상담사가 활용하는 보다 발전된 음성 그리고 비음성 기술을 검토한다.

그리고 제3장에서는 상담 과정에 대한 보다 초점화된 검토를 한다. 이후의 장들은 좀 더 세세히 이 과정을 검토할 것이다. 이 책의 더 큰 의도는 학습 과정에 내재된 기술(skills) 차원을 제시하고, 이 기술들의 암묵적 그리고 명백한 상호작용적 속성을 파악하기 위한 구조를 제시하려는 것이다. 각 장은 학습내용을 통합할 수 있도록 생각해볼 문제와 실습을 제시하면서 끝을 맺는다.

실습

1. 문화 요인과 역전이

두 내담자 사례 기술이 아래에 제시되어 있다. 당신에게 두 가지 과제가 있다. 첫째, 각 내담자에 대한 사례 기술에서 문화 요인을 가능한 많이 찾아보라. 둘째, 둘 중 어느 하나가 보다 강한 정서적 반응을 자극하는가? 이런 반응의 원인을 어디로 귀인하는가? 원하면 당신의 반응을 수업 강사나 다른 수강생과 나눌 수 있다.

A. 벤은 50대 초반의 남성이다. 그는 25년 동안 매우 행복한 결혼생활을 해 오고 있다. 현재 2명의 자녀를 두고 있다. 벤은 20년간 성공적으로 사업을 해 오고 있다. 그러나 최근 그의 사업은 급격히 어려워졌다. 그는 몇몇 종업원을 휴직시켜야 했으며 자신의 수입도 50% 삭감해야 했다. 매일 아침 출근해야 하는 것은 이제 고통스러운 경험이 되었다. 나쁜 뉴스만 들어야 하기 때문이다. 벤은 이렇게 스트레스가 심한 기간 동안 결혼과 사업을 유지할 자신의 능력에 대해 매우 걱정하고 있다.

B. 마거릿은 노년기 여성(70대 후반)이다. 청력이 쇠퇴하기 시작했으며 종종 사람들에게 다시 말해줄 것을 요청한다. 그녀는 또한 지난해에 두 번 정도 넘어졌다. 이로 인해 심각한 정도의 허리 통증을 경험하고 있다. 그녀는 방 두 개짜리 아파트에서 혼자 살면서 기초연금만 받고 있다. 볼일을 보기 위해서는 대중교통을 이용할 수밖에 없다. 그녀는 종종 외로움과 지루함을 호소한다.

2. 효과적인 상담사의 자질

다음에 열거한 9개의 효과적인 상담사의 자질은 이 장에서 이미 기술된 것이다. 짝을 지어서 또는 소집단을 구성해서 각 자질에 대한 당신의 현재 상태에 대해 논의해보라. 예를 들어 당신은 얼마나 개방적 태도를 가지고 있는가? 개방적이 되는 것을 어렵게(또는 쉽게) 하는 요인은 무엇인가? 다른 가치와 생각을 비교적 참을 만하게 하는 요인은 무엇인가? 그리고 난 뒤, 상담사 훈련을 받는 동안 작업이 필요한 몇몇 영역을 규정해보라. 실습 I. B의 마거릿 사례 기술을 보

라. 어떤 요인이 마거릿의 심리적 건강에 가장 큰 영향을 미칠 것이라고 믿는가?

1. 자각과 이해
2. 심리적 건강
3. '위치성'의 역할 및 문화에 대한 민감성과 이해
4. 개방적 태도
5. 애매함에 대한 인내
6. 명확한 경계
7. 역량
8. 신뢰성
9. 대인 매력

생각해볼 문제

1. 상담은 '우정의 구매'라고 기술되어 왔다. 이 말에 동의하는가? 상담이 가까운 친구관계와 어떻게 다르다고 믿는가?

2. 아는 사람 중 효과적인 상담사가 될 자질을 가지고 있는 사람이 있는가? 이런 자질을 어떻게 가지게 되었다고 생각하는가?

3. 당신의 나이, 배경, 그리고 삶의 경험을 고려해볼 때, 내담자가 친구나 가족으로부터 받을 수 있는 것 외에 당신이 내담자에게 제공해야 한다고 생각하는 것은 무엇인가?

4. 당신이 상담사가 되려는 가장 중요한 이유는 무엇인가? 직업으로 상담을 선택한 당신의 이유에 대해 전형적인 내담자는 어떻게 반응하겠는가?

5. 당신은 상담을 받겠는가? 어떤 측면에서 상담이 인간으로서 그리고 상담사로서 당신의 발달에 도움이 되는가? 이 경험을 하고 싶지 않다면 그 이유는 무엇인가?

이 장의 목적

상담사는 무슨 일을 하는가? 상담사는 그 일을 어떻게 하는가? 상담사는 듣고, 말을 한다. 그러고 난 후 뭔가를 더 듣는다. 그러나 이런 간단한 답 이면에는 상담 과정의 복잡함이 도사리고 있다. 이런 복잡함이 없다면, 많은 초심 상담사들이 실제 내담자와의 첫 만남을 앞두고 왜 두려움을 갖겠는가? 그리고 국가 수준의 수련 규정은 왜 존재하겠는가?

상담에서 가장 중요한 핵심 요소는 상담사의 생각이다. 그러나 이 장의 초점은 상담의 관찰 가능한 측면에 있다. 구체적으로, 음성 및 비음성 의사소통을 살펴볼 것이다. 상담사가 상담을 배우면서 획득하게 되는 독특한 유형의 화법이 있다. 어느 정도는 각종 언론매체들이 이런 화법의 전형을 알리고 있다. 고개를 끄덕이며 "음…", "알겠어요", "오늘 어떤가요?", "내가 듣기에…"와 같은 표현들이 여기에 포함된다. 사실상 상담에서 활용되는 화법은 의도적으로 사용되고 포괄적이며 동시에 효과적이라고 할 수 있다. 이 장에서는 내담자와의 상담에서 유용성과 중요성이 잘 밝혀진 음성 및 비음성 기술을 소개한다.

이 장의 고려사항

- 다양한 상담사 반응이 이야기를 어떻게 바꾸는가?
- 침묵은 어떻게 내담자에게 영향을 주는가? 침묵은 어떻게 상담사에게 영향을 주는가?
- 당신이 누군가의 얘기를 듣고 있을 때, 당신은 구체적으로 무엇을 하고 있는가?
- 다양한 인종, 성, 연령집단 간에는 어떤 의사소통 문제가 있는가?

조력자가 되고 싶은 사람 모두가 상담을 할 수 있는 것은 아니다. 누구나 다 타인의 말을 잘 듣는 것은 아니다. 모든 사람이 다 타인으로 하여금 자신의 생각과 감정을 나누도록 도울 수 있는 것도 아니다. 모든 사람이 다 30분 또는 40분 또는 50분(절대로 있을 수 없다!) 간 얘기를 지속적으로 할 수 있는 것도 아니다. 소수의 천부적으로 상담사 재능을 가지고 태어난 사람만이 이런 일을 할 수 있는 것은 아니다. 유능한 상담사란 내담자가 탐색하고 위험을 감수할 수 있도록 돕는 기술을 습득한 사람이다. 또한 유능한 상담사는 내담자가 오래된 자신의 신념에 도전하여 새로운 신념을 생성하게 하는 조력 기술을 습득한 사람이다. 조력 기술은 상담사와의 긍정적인 관계와 내담자의 안전이라는 맥락 내에서 이루어지는 기본적인 의사소통 기술과 보다 높은 수준의 상담 기술의 결합이다. 수십 년간 이런 기술은 상담사 기술목록의 일부가 되어 왔으며, 이 기술들이 내담자 행동에 미치는 영향에 대해서도 연구되어 왔다.

상담의 의사소통

본격적인 논의에 앞서 의사소통이란 무엇이며 어떻게 발생하는지에 대해 정의해보자. 사람들의 대화에서(human discourse), 의사소통은 메시지가 (전달자에 의해) 부호화되고 (수신자에 의해) 해독될 때 일어난다. 부호화 기술과 해석의 정확성이 관건이다. 당신과 당신의 내담자는 끊임없이 부호화하고 해독한다. 부호화된 메시지 모두가 의도적인 것은 아니다. 예를 들어 우리의 신체 언어(몸짓)는 말보다 더 시끄럽게 의사소통할 수 있어서 이것이야말로 다른 사람이 듣는 것일 수 있다. 우리의 메시지가 한결같다 해도 수신자가 우리가 의도한 것을 듣는다고 보증할 수 없다. 결과적으로, 부정확하게 구성된 메시지 또는 인지되지 못하거나 잘못 지각된 메시지로 인해 의사소통문제가 발생할 수 있다. 문화 차이가 부호화와 해독에 오류를 가져올 수 있다. 이러한 이유로 상담사는 상담의 초기부터 문화 요소의 영향에 주의를 기울여야 한다.

　상담에서 의사소통은 음성적인 것과 비음성적인 것 모두이다. 처음 상담사와 내담자가 만나는 순간부터 메시지 전달과 의미 추론이 이루어진다. 상담사는 외형적 모습, 초기 행동이나 제스처, 첫 순간의 편안함 혹은 어색함, 음성 표현, 그리고 긴장 혹은 안락한 모습 등을 통해 자기에 대한 정보를 다른 사람에게 전달한다. 첫 만남의 이른 순간, 종종 모호하고 불확실한 의미를 갖지만 둘 다에게 기억될 중요한 여정이 시작된다. 이 순간 상담사는 내담자의 메시지를 해독하고, 편안함을 촉진하며, 내담자가 '조력의 세계'로 들어오기를 격려하는 작업을 개시한다.

　내담자 관점에서 보면, 상담의 시작은 다소 다를 수 있다. 내담자의 초점은 두 방향으로 전개된다. 즉 상담사의 의미를 어떻게 읽고 해석할 것인지가 한 방향이다. 다른 한 방향은 자기 자신의 의미를 어떻게 모니터할 것인지에 대한 것이다. 내담자가 신뢰와 희망을 갖기에는 너무 이른 시기이며, 너무나 취약해서 경고를 무시하기도 어렵다. 초기 상담 관계에서 중요한 것은 당신이 보내고 있는 메시지, 내담자가 보내고 있는 메시지, 그리고 이 두 가지가 전달되고 해독되는 방식에 대한 당신의 민감성이라 할 수 있다.

비음성 상담 기술

비음성 행동이 특히 친밀한 장면에서 의사소통에 어떠한 영향을 미치는지에 대해 많은 연구가 수행되어 왔다. 초기 연구에서는 공간과 거리(예 : 두 사람이 얼마나 먼지 또는 가까운지), 가구 배치(예 : 식당, 술집, 거실에서 테이블에 앉는 위치), 방의 분위기(예 : 전문적인지 혹은 자유로운지), 정서적 온화함, 문화의 영향, 신체적 외양(예 : 무슨 옷을 입었는지), 그리고 대화시의 거리 등이 검토되었다. 의사소통 분야의 선구자인 Birdwhistell(1970)은 사회적 상황에서 의미의 약 3분의 2는 비음성 단서에서 도출된다고 결론 내렸다.

 그렇다면 상담에서 비음성 의사소통의 어떤 측면이 특히 중요하게 작용할까? 지금까지의 연구 결과가 시사하는 바에 따르면, 상담사는 (1) 가구의 위치와 편안함, 그리고 이동 가능성, (2) 상담실이 비밀보장과 전문성을 나타내고 있는지 여부, (3) 얼굴표정, 눈 맞춤, 리듬, 템포, 높낮이, 부드러움과 같은 목소리 특성(준언어), 그리고 (4) "음", "아~"와 같은 소리의 활용에 민감해야 한다. 그러나 이 중 몇 가지는 많은 상담사들이 처해 있는 작업 환경에서는 고려하기 어렵다("편안한 가구? 좋은 말이야"). 그럼에도 불구하고, 작업 환경에 상관없이, 상담사의 역할은 어떠한 수준에서건 내담자와의 의미 있는 상호작용 가능성을 최대화하는 것이다.

상담의 물리적 조건

공간도 중요하고 물리적 장벽 또한 중요하다. 가능하면, 심리적 안전감을 보장할 만큼의 거리는 유지하되 전문적 친밀감을 촉진하도록 내담자와 충분히 가까이 앉도록 하라. 내담자의 나이, 성, 그리고 문화에 따라 얼마나 가까워야 가깝다 할 수 있는지, 얼마나 멀어야 멀다고 할 수 있는지에 차이가 있을 것이다. 만약 상담실에 책상이 있다면, 이 책상을 장벽으로 사용해서는 안 된다. 그리고 내담자가 교장 선생님 사무실로 보내진 듯한 느낌을 받지 않도록 해야 한다. 만약 상담 환경이 이상적인 것과 거리가 멀다면, 다음과 같은 것을 상담사가 분명하게 얘기할 것을 제안한다. "복도가 좀 시끄럽습니다. 하지만 백색 소음기를 작동시키고 있습니다. 그래서 복도에서 사람들이 내는 소리를 들을 수 있지만, 우리가 말하는 것을 밖에 있는 사람들은 들을 수 없습니다.", "우리가 있는 공간이 다소 협소할 수 있습니다. 혹시 불편하신 분이 있다면, 제가 할 수 있는 한 다른 장소를 찾아보도록 하겠습니다.", "지금 이곳이 덥다는 것을 알고 있습니다. 이곳의 열기가 좀 조절되면 좋을 텐데요. 시작하기 전에 차가운 음료를 마셔도 됩니다."

신체 언어

서 있거나 앉아 있는 방식은 그 상황이 얼마나 편안한지에 대한 메시지를 전달한다. 상담실에서 상담사의 신체 움직임, 고개 끄덕임, 얼굴 표정은 특정한 의미를 전달한다. 예를 들어 의자에 등을 기대면서 내담자와 거리를 두고 앉는 것은 회피하고 싶음을 암시한다. 반면, 의자 앞쪽으로 내담자를 향해 앉는 것은 강한 관심을 암시한다. 팔짱을 끼고 있거나 다리를 꼬고 앉는 것은 방어 또는 관여하고 싶지 않음을 나타낸다. 상담사의 몸에서 보이는 긴장은 불안함, 자기의심, 상담 과정에 대한 불편함을 나타낼 수 있다. 반면, 개방적이고 여유로운 자세로 앉아 있는 것은 상담 과정에 대한 편안함을 전달한다.

고개 끄덕임은 상담에서 가장 흔히 볼 수 있는 비음성 행동이다. 이것을 선별적으로 사용하면 내담자 메시지에 대한 수용과 이해를 전달할 수 있다. 그러나 대부분의 상담 기술과 같이 이것 또한 남용될 수 있으며, 그래서 의사소통적 힘을 상실할 수 있다. 심지어 짜증을 유발할 수도 있다. 유사하게, 적절한 미소는 따뜻함과 수용을 나타낼 수 있지만 이 역시 남용될 수 있다.

세상에는 비음성적으로 매우 표현적인 사람이 있는가 하면 거의 마음을 읽기 어려운 사람도 있다. 우리는 이 연속선 위의 어느 지점에 위치한다. 다른 행동과 다르게 이러한 특성은 훈련으로 변화되기 어렵다. 만약 내담자가 당신의 마음을 쉽게 읽을 수 있다고 말한다면, 당신은 내담자가 읽고 있는 것이 바로 당신이 의도한 것이 되게 하고 싶을 것이다. 하지만 마음을 읽기 어려운 사람을 대할 때, 내담자는 자신이 보는 것(그리고 보지 못하는 것)을 설명하기 위해 그 사람으로부터 무엇인가를 읽으려 한다. 어느 경우가 되었든 오해를 최소화하기 위해 자주 확인하고 말을 사용하여 비음성 행동을 보완하는 것이 현명하다.

침묵

의도적 침묵은 상담사가 사용할 수 있는 가장 중요한 기술 중 하나이다. 침묵이 없다면, 내담자는 이야기할 순간을 갖지 못할 것이다. 그러나 침묵은 내담자에게 이야기할 시간을 준다는 의미 이상이다. 침묵은 상담사가 가지고 있는 기술 중 하나이다. 분별력 있게 사용한다면, 상담사는 침묵을 통해 자신이 기대하는 바를 내담자에게 전달해줄 수 있다. 즉 그 메시지는 '당신이 이야기 하기를 원합니다'이다. 침묵은 또한 내담자에게 가벼운 불안을 불러일으킬 수 있다. 매우 긴 침묵은 내담자에게 극단적인 자의식, 불안 또는 화를 유발하는 등 바람직하지 못한 효과를 가져올 수 있다. 대화에서 침묵은 5~10초 정도가 적당하다. 침묵의 몇 가지 잠재적인 효과는 다음과 같다.

1. 내담자에게 새롭게 발견한 통찰과 자각에 대해 생각해보고, 이를 통합할 수 있는 기회를 줄 수 있다.
2. 일련의 논의 또는 탐색을 계속하도록 내담자를 초대할 수 있다.
3. 상담 관계에서 어느 정도 책임을 지는 것이 중요하다는 것을 내담자에게 전달할 수 있다.
4. 자기탐색에 초점을 두도록 내담자를 격려할 수 있다(이 장의 마지막에 있는 '실습 1. 침묵 탐색하기'를 참조하라).

문화적 요소

여러 문화에 걸친 비음성 의사소통의 다양한 효과에 대한 관심이 연구자들 사이에 지속되고 있다. 비음성 행동에 대한 문화의 기여는 일관성 있게 나타나고 있지 않다. 1970년대에는 비음성 의사소통이 횡문화적으로 어떤 의미를 갖는지에 대한 연구가 수행되었다. Ekman(1973)은 얼굴표정이 횡문화적으로 보편성을 갖는다고 결론 내렸다. 그러나 Knapp(1978)은 특정 비음성 제스처에 부여되는 의미는 사실 문화적으로 결정되는 것으로, 그 자체로 보편적인 것은 아니라고 보고하였다. 따라서 상담사는 자신의 비음성 행동이 잘못 이해될 수 있다는 점을 알아야 하며, 작은 단서라도 발견하게 되면 내담자와 함께 확인하는 법을 학습해야 한다. 상담사가 비음성 문화 규범에 관해 책임감을 갖고 배우는 것 또한 중요하다.

서로 다른 문화에서 개인 사이의 공간 및 신체 접촉에 대한 반응이 어떻게 달리 나타나는지는 이미 오랫동안 널리 연구되어 온 또 다른 주제이다. 연구에 따르면, 의사소통할 때 신체적 거리 및 접촉에 어느 정도나 편안함을 느끼는지는 문화에 따라 다르다. 일반적으로 북아메리카, 북유럽, 호주 사람들은 의사소통할 때 상대적으로 더 먼 거리(90~150cm)와 더 적은 접촉을 선호한다. 반면에 라틴, 중동, 남유럽, 아시아 문화권의 사람들은 더 가까운 거리와 신체 접촉을 선호한다(Barnland, 1975; Klopf, Thompson, Ishii, & Sallinen-Kuparinen, 1991; Sussman & Rosenfeld, 1982). 이와 같은 연구 결과가 문화적 요소를 이해하는 데 도움이 되겠지만, 이런 결과를 적용할 때는 신중을 기해야 한다. 왜냐하면 각 문화집단 내에서도 개인차가 있기 때문이다(이 장의 마지막에 있는 '실습 2. 사적 공간/개인적인 편안함'을 참조하라).

요약

이 장에서 배운 비음성 통찰이 상담에 어떤 영향을 미치는지 살펴보자. 첫째, 비음성 의사소통의 효과에 대한 통찰과 인식이 중요하다. 상담의 초기 시기에는 많은 것들이 작동하는데, 이때 내담자는 침묵, 제스처, 자세, 그리고 얼굴표정 등을 매우 민감하게 인식한다. 의사소통 되는 많은 것들이 오류해석 또는 오류의사소통 될 위험을 갖고 있다. 그래서 상담사의 메시지는 의도적이고 명확해야 한다. 둘째, 비음성적 표현은 상담사의 적이 아닌 친구라는 것을 깨닫는 것이 중요하다. 비음성 의사소통은 편안하고, 안전한 작업 환경을 조성하도록 돕는 유용한 요소이다.

상담의 기본적 언어 기술

1960년대와 1970년대에 상담사의 음성 행동은 매우 중요한 연구 영역이었다. 연구자들은 서로 다른 이론적 배경을 갖는 상담 회기들에 걸쳐 공통적으로 나타나는 상담사의 반응 유형 15가지를 제시하였다(Hackney, 1974; Tepper & Haase, 1978; Zimmer & Anderson, 1968; Zimmer & Park, 1967; Zimmer, Wightman, & McArthur, 1970). 이들의 효과는 내담자의 음성적 참여도, 지각된 상담사 공감의 정도, 주제 탐색 수준, 그리고 그 외 다른 효과에 미치는 영향으로 측정되었다. 현재에도 이 반응들은 여전히 핵심적인 기술로 간주되고 있다(Cormier & Hackney, 2012; Hill, 2014; Ivey, Ivey, & Zalaquett, 2014; Okun, 2015; Young, 2012). 각각의 상담사 반응은 상담사와 내담자 사이의 상호작용에서 나타났으면 하는 의도된 결과를 가지고 있다. 많은 상담사 언어 반응(즉 단순 반응, 재진술, 바꿔 말하기, 명료화 등)은 촉진적인 것으로 분류된다. 마치 테니스 선수가 공을 상대방의 코트로 다시 보내는 것처럼 이런 반응은 주제의 초점을 내담자에게 되돌려주는 기능을 한다. 그 결과 내담자, 내담자의 관심, 그리고 내담자 반응에 대한 초점이 계속 유지된다.

단순 반응

상담사는 관심 있는 얼굴표정에서부터 "좋아", "음"과 같은 것을 포함한 짧은 진술에 이르기까지 많은 방법으로 내담자와의 이야기에 관여하고 있음을 나타낸다. 모든 단순 반응들은 내담자가 말하는 것에 대한 관심 또는 주의를 나타내는 데 기여한다. 이 반응은 가끔 사용되면 내담자에게 계속 얘기할 수 있도록 격려하지만, 지나치게 사용되면 오히려 주의를 분산시킨다. 다음 대화에서 내담자는 자신의 고용주와 있었던 일을 기술하고 있다. 상담사는 주로 듣고 있으며, 가끔씩 단순 격려 반응을 한다(기본적 언어 기술-볼드체로 표시).

내담자	어제 고용주의 일진이 안 좋았던 것 같습니다. 제가 막 일을 시작하려는데 그가 다가와서는 퍼붓기 시작했습니다. **[음~]** 그 전날 끝냈어야 하는 일을 끝내지도 못했고, 또 이 일을 얼마나 지연시키고 있는지에 대해서 말입니다. **[오?]** 그런데 말입니다, 저는 그가 지시한 모든 일을 다 완료했거든요. 왜 그랬는지 모르겠어요. 나중에 다시 평정을 되찾고 저에게 사과했어요.

재진술

재진술은 내담자가 언급한 말과 생각을 되풀이하는 것을 말한다. 재진술은 내담자의 메시지에 대한 가장 간단한 반응이다.

내담자	그가 노력하기를 멈추었다면, 저는 무엇을 해야 할까요?
상담사	무엇을 해야 할지 모른다는 말씀이군요.

재진술은 내담자에게 생각해볼 것을 강조하고, 그 말에 주의를 기울이게 한다. 그리고 내담자가 조금 전 언급했던 내용을 다시 고려해보도록 도전의 기회를 제공할 수도 있다. 재진술은 내담자가 과장하거나 가능성을 차단하는 말을 할 때 특히 효과적인 반응이다. 다음 예시를 살펴보자.

내담자	제가 아무리 노력해도 그 사람과는 절대 행복해질 수 없을 거예요.

희망이 없다는 내담자의 심정을 반영해주거나 내담자가 내린 결론에 도전이 될 만한 상담사의 재진술로는 어떤 것이 있을까?

재진술 1	아무리 노력해도.
재진술 2	당신은 절대 행복해질 수 없군요.

재진술 1은 내담자가 자신의 노력에 대해 계속 이야기하도록 격려한다. 재진술 2는 내담자가 자의적으로 사전에 설정한 미래의 불행에 대해 숙고해보도록 초대한다.

바꿔 말하기

바꿔 말하기(paraphrase)는 내담자의 반응을 상담사가 자신의 말로 바꿔서 되돌려주는 것이다. 그렇다고 해서 내담자 메세지에 담긴 의미를 더하거나 **빼는** 것은 아니다. 바꿔 말하기는 내담자의 말이 아닌 상담사의 말을 사용한다는 점을 제외하면 재진술과 거의 동일하다. 따라서 바꿔 말하기는 메시지가 (정확하게) 수신되었다는 것을 나타내지만 동시에 내담자가 한 말을 앵무새처럼 반복하는 것은 피할 수 있게 해준다. 예를 들면 다음과 같다.

내담자	면접을 위해 내일 일찍 퇴근해야 한다는 것이 좀 마음에 걸려요.
상담사	새 일자리를 얻는 일로 일찍 퇴근을 해야 하는지 확신이 없군요.

만약 상담사가 내담자의 말을 잘못 이해한다면, 재진술과 달리 바꿔 말하기는 내담자에게 메시지를 수정할 수 있는 기회를 제공한다. 또한 바꿔 말하기는 내담자가 자신의 메시지를 다른 누군가가 듣는 것과 같이(객관적으로) 들을 수 있게 한다. 그 결과 종종 내담자의 관점에 무엇인가 더 추가된다.

질문하기

질문이란 '누가', '언제', '어디서', '무엇을', '어떻게' 등으로 시작하는 진술문을 말한다. 질문의 방법은 폐쇄형 질문과 개방형 질문이 있다. 질문(때로는 **탐색**으로 지칭된다)은 상황에 따라 달리 사용되며, 다른 결과를 얻는다.

폐쇄형 질문   폐쇄형 질문이란 '예', 혹은 '아니요'와 같은 단답식을 유도하는 질문유형이다. 대부분 초심 상담사들이 상담에서 가장 많이 남용하는 비생산적인 반응이다. 그리고 이 반응은 내담자가 자유롭게 대답하지 못하도록 만드는 주요 원인이 된다. 구체적으로 "약물을 남용하셨습니까?"와 같은 폐쇄형 질문은 정교한 반응을 이끌어내지 못한다. 따라서 폐쇄형 질문은 내담자에게 단순 반응을 하게 하고 상담사의 다른 질문을 기다리게 한다. 이렇게 되면, 회기를 흘러가게 할 전적인 책임을 상담사가 지게 된다. 그러나 구체적 정보가 요구되는 접수면접에서는 폐쇄형 질문이 유용하다. 또한 가끔은 상담사가 내담자의 이야기를 이해하려면 특정한 정보가 필요한데, 이 경우에는 폐쇄형 질문이 적절하다(이 장의 마지막에 있는 '실습 3. 상담사의 다양한 반응 인식하기'를 참조하라). 상담 혹은 접수면접에서 사용될 수 있는 폐쇄형 질문의 예를 살펴보자(볼드체 부분을 집중해서 살펴볼 것).

- 결혼하신 지 **얼마나** 되셨습니까?
- **언제** 남편과 헤어지셨습니까?
- 당신의 예전 상담사는 **누구**였습니까?
- 다음 주 **언제** 다시 만날까요?
- 수면에 어려움이 **있습니까?**

개방형 질문　개방형 질문은 얻고자 하는 정보가 정확히 무엇인지 특정하지 않으면서 정보의 정교화를 요구한다. 이 질문에는 폐쇄형 질문처럼 '예' 혹은 '아니요'로 답할 수 없다. 상담사는 내담자가 문제, 대인관계, 상황 등을 어떻게 인식하는지 이해하기 위해 개방형 질문을 이용한다. 개방형 질문의 예는 다음과 같다.

- 그녀에게 그것을 말하면 무슨 일이 일어납니까?
- 친구들이 어떻게 반응하기를 바랍니까?
- 이런 기분이면 무엇을 합니까?
- 정시에 도착하면, 어떤 일이 일어날까요?

개방형 질문은 내담자가 세상을 어떻게 지각하는지에 대한 통찰과 다양한 정보를 상담사에게 제공한다. 이 외에도 개방형 질문은 어떻게 관찰하고 반응을 어떻게 처리하며, 행동이 감정 및 인지와 어떻게 연결되는지를 내담자에게 가르쳐주는데, 이들 모두 내담자가 습득해야 할 중요한 기술이다.

중단시키기

어떤 내담자의 경우 단지 자신의 이야기를 들어줄 누군가가 필요해서 상담에 오기도 한다. 이런 내담자가 상담에 왔을 때, 상담사가 상담 흐름에 끼어들어 내담자를 제지하는 방법을 모른다면, 내담자가 계속 말하는 상황이 일어날 것이다. 많은 상담사들은 이 같은 상황에서 내담자의 말을 중단시키기 어려워한다. '무례하게' 보일 것을 걱정하기 때문이다. 그러나 이 기술 역시 상담사의 기본 음성 기술 중 하나이다. 만약 제지 하지 않는다면 그 회기는 내담자의 이야기와 이에 대한 상담사의 비음성 표현 혹은 "으음"과 같은 반응으로만 채워질 것이다. 내담자의 말을 중단시켜야 할 정도로 내담자가 말을 많이 하는 이유는 일반적으로 내담자가 그것을 자신에게 기대되는 일이라고 생각하기 때문이다. 따라서 상담사가 해야 할 일 중 하나는 상담 의 과정이 어떤 것인지 내담자에게 가르치는 것이다.

중단시키기는 한 가지 방법으로만 가능한 것이 아니다. 우리는 우리가 말할 차례가 되었을 때 이를 알려주는 몇 가지 단서를 개발하여 사용하고 있다. 우리가 내담자 말의 흐름을 끊고 끼어드는 방법을 배워야 할 때는 이것이 작동하지 않을 때이다. 중단의 예시는 다음과 같다. "제가 중요한 점을 놓치고 있지는 않은지 확인하고 싶습니다. 잠시 제가 지금까지 들은 이야 기를 요약해보겠습니다." 혹은 "당신이 얼마나 당황스러운지 이해가 됩니다. 그리고 저 역시 약간 당황스럽습니다. 중요한 점들을 간단히 살펴보고, 당신이 얘기했던 것에 대해 몇 가지 질 문을 드려도 괜찮겠습니까?" 이런 방법은 상담사가 내담자의 주의를 환기할 수 있을 때 작동 한다. 만약 이 일이 예상보다 어렵다면, 이를 내담자와 공유하고 어떻게 제지하면 좋을지 물어 봐야 한다. 아마도 손짓과 같이 매우 분명한 방법이 제시될 수 있을 것이다. 이런 일이 편하지 않을 수 있지만, 아무 것도 하지 않고 회기를 내담자가 털어놓는 것에 불과한 시간으로 만드는 것보다는 나을 것이다.

명료화하기

이미 언급했듯이, 의사소통은 메시지가 정확히 지각되었을 때 일어난다. 그렇지 않으면 오류 의사소통이 된다. 따라서 상담사는 자신이 듣고 있는 것(해독하고 있는 것)이 내담자가 의사소 통하려고 했던 것(부호화하고 있는 것)인지 내담자에게 가끔 확인해야 한다.

명료화는 재진술과 비슷해 보이지만, 그 의도는 이해와 관심을 전달하는 것 이상이다. 명료 화는 확인 또는 수정을 이끌어내기 위해 활용된다. 명료화는 보통 상담사의 의도를 진술하면 서 시작된다. 예를 들어 상담사가 "제가 정확하게 따라가고 있는지 확인해보겠습니다", "제 가 제대로 듣고 있다면…" 혹은 "제가 이해한 바를 확인하고 싶습니다"와 같이 언급하며 명 료화를 시작할 수 있다. 상담사가 내담자의 의도를 미리 가정하지 않고, 내담자가 필요하면 수 정할 수 있도록 잠정적 반응을 하고 있다는 것에 주목하라.

상담사　　상담을 더 진행하기 전에, 지금까지 제가 이해한 내용이 맞는지 확인해봅시다. 당신 은 다니엘에게 잠시 떨어져 지내면서 생각할 시간이 필요하다고 말하고 싶습니다. 그 러나 이런 말을 하면, 그녀가 잘못 받아들일 수 있습니다. 그래서 당신은 관계에 해를 입히는 위험을 감수하는 것보다 차라리 아무 말도 하지 않으려 합니다. 이것이 맞습 니까?

요약 기본 언어 기술은 상담사가 상담 관계를 형성하는 초기에 빈번히 사용된다. 이 기술이 그 자체로 중요하지만 라포를 형성하고, 공감과 긍정적 존중을 전달하며, 협력관계를 형성하기 위해서는 궁극적으로 고급 기술들과 통합되어야 한다.

상담의 고급 언어 기술

이 기술들을 '고급'이라고 표현했지만, 배우기 어려운 것으로 보지는 않는다. 다만 이 기술들이 상담 과정을 앞으로 나아가게 할 더 많은 가능성을 가지고 있기 때문에 '고급'이라고 표현할 뿐이다. 고급 기술은 논의를 촉진하거나 정보를 유도해내는 것 이상의 의도와 관련이 있다. 이 기술을 활용하여 상담사는 내담자가 자기탐색, 새로운 통찰의 획득, 대안적인 관점의 고려, 목표 설정, 그리고 계획하기로 나아갈 수 있게 한다. 다시 말해 고급 언어 기술은 내담자의 당면 문제만이 아니라 상담사의 상담 계획까지 반영한다. 상담사의 고급 반응 중 첫 번째로 요약을 제시한다.

요약하기

요약은 일반적으로 사건이나 상황에 대한 내담자의 이야기가 끝난 뒤에 따라 나온다. 요약은 내담자가 5분 혹은 전체 회기 동안 말한 내용에 관한 것이다. 요약이 갖는 명확한 한 가지 기능은 상담사가 내담자의 이야기를 잘 따라가고 있다는 것에 대한 확인이 될 것이다. 그러나 요약하기는 더 미묘한 기능도 가지고 있다. 요약은 생각, 감정, 또는 평가에서 모순을 드러내는 내담자 진술들을 하나로 묶을 수 있다. 그리고 한 주제에 대한 논의를 정리하여 새로운 주제 또는 관심사로 넘어가게 해준다. 요약은 항상 선택적이다. 말하자면, 상담사는 상담에서 이루어지는 대화 내용의 모든 세부사항을 수집하려 하는 것이 아니다. 오히려 내담자의 이야기(narrative)에 초점을 둔다.

상담사	당신은 보호 관찰관과의 만남에 대한 심정을 이야기해주었어요. 처음에 당신은 감시에 대해 분노를 느끼고 있었죠. 그러나 그를 기다리는 동안, 이 일을 다시 예전의 삶으로 돌아가기 위한 한 과정이라고 스스로에게 얘기했죠. 그래서 긍정적 태도를 갖게 되었죠. 그러나 정작 그와 만났을 때, 그는 당신에게 관심이 없는 듯이 보였어요. 그것 때문에 매우 실망했죠. 마지막으로 그 보호 관찰관과 만나고 난 뒤, 상황이 나아질 것이며 한 번 더 기회를 가질 수 있을 것이라는 희망을 가졌던 스스로에게 분노가 치

밀었죠. [여기에 이르기까지의 정서적 여정이 함의하는 바를 내담자가 고려해보도록 상담사는 여기서 멈춘다.]

반영

반영은 내담자가 말한 내용 중에서 중요한 핵심만을 포착하려는 것으로 재진술 또는 바꿔 말하기와는 다르다. Carl Rogers는 반영의 대가였다. 그가 내담자에게 해준 반영의 대부분은 간단해 보인다. 그러나 이들 대부분은 내담자가 자기실현 목표에 한층 더 가까이 가게 한 의미를 반영하였다. Carl Rogers의 이러한 기술이 겉으로는 간단해 보이기 때문에 많은 초심 상담사들이 이를 '가장 쉬운' 상담 접근법으로 잘못 생각하고 있다. 그러나 Rogers는 이 기법의 대가라는 점을 기억해야 한다.

어느 누구도 당신이 Rogers처럼 의미 있는 반영을 하리라고는 기대하지 않을 것이다. 적어도 처음에는 말이다. 그러나 감정이나 생각을 어떻게 반영하는지 배우는 것은 상담에서 매우 중요하다. 왜냐하면 반영은 내담자가 더 깊은 수준에서 자신을 이해하도록 돕고, 다른 사람이 자신을 어떻게 경험하고 있는지에 대해서도 이해할 수 있게 해주기 때문이다.

감정 반영 감정 반영은 겉으로 표현된 것 이면의 정서와 접촉하도록 돕는 것이다. 내담자가 정서적인 측면을 이야기해도 회기 내에 명백히 드러나지 않은 다른 감정이 존재할 수 있다. 상담사는 이를 감지해낼 수 있다. 상담사가 이를 정확하게 반영해준다면 더 깊고 명확한 감정탐색으로 이어질 수 있다. 하지만 정확하지 않은 반영을 한다면, 내담자가 수정을 가할 것이다. 상담사는 내담자가 자신의 말에 공명하지 않는다고 느낄 수도 있을 것이다. Rogers는 반영을 위해 종종 비유를 활용하였다. 예를 들어 Rogers는 "저는 당신이 출구를 찾을 수 없는 암흑 같은 방에 갇혀 있다는 느낌을 받았어요"라는 반영을 하였다. 이 반영에서 감정 단어는 없지만, 극심한 공포와 두려움으로 떨고 있는 한 사람을 연상할 수 있다. 단순히 "당신은 지금 두려움과 공포를 느끼고 있군요"라고 하는 것보다 이런 반영이 더 강력할 수 있다.

내담자   아이들의 계속된 싸움에 저는 지쳤어요. 집에 왔을 때 항상 난리였어요. 저를 도와줄 사람이 아무도 없는 것 같아요. 저는 더 이상 참을 수 없다고 말했는데도 눈도 꿈쩍하지 않더군요. 작은 애가 신경 쓰는 것 같아 보였지만, 다른 애들은 전혀 그렇지 않았어요. 더 이상은 견딜 수가 없어요.

상담사   너무 실망한 나머지 절망적인 것 같습니다. 물에 빠져 죽어가는데도 인명구조원은 보이지 않는 것 같은 상황이네요.

내용 반영 내용 반영은 감정 반영과 초점만 다르다. 내용 반영의 목적은 내담자가 의식할 수 있는 것보다 조금 더 멀리 있어서 당장 닿지는 않지만 내담자의 말에 이미 내재되어 있는 의미를 드러내는 것이다. 감정 반영의 예를 보여 주기 위해 활용했던 앞서의 내담자 진술에 대한 내용 반영은 다음과 같다.

> **상담사**　　당신은 한 부모로 혼자 자녀를 양육하고 있군요. 그런데 거의 한계에 다다랐군요. 아이들은 당신이 기대하는 도움을 주지 않고 있고요.

초심 상담사들은 종종 반영을 해석과 혼동한다. 이런 이유로 해석에 대한 설명을 바로 다음에 제시한다.

해석

반영은 내담자가 말하는 것에 대하여 조금 다른 관점(그리고 명확함을 더해주는 것)을 제시하는 것이다. 반면, 해석은 내담자들이 말하는 것 이상의 추가적인 의미를 제공하는 것이다. 상담사가 이런 의미를 제시할 수도 있고 내담자에게 의미 해석을 요구할 수도 있다. 해석을 하거나 해석을 요구할 때, 상담사의 의도는 내담자가 상황, 사람, 또는 과정에 대한 이해나 인식을 다르게 하거나 더 깊이 하도록 하는 것이다. 해석은 상담사가 내담자 이야기의 세부사항을 변경하지 않으면서 동시에 재개념화할 것을 요구하기 때문에 고급 의사소통 기술이라 할 수 있다. 상담사가 해석을 시도할 때, 해석은 내담자가 수용, 수정, 또는 거부할 수 있는 하나의 가능한 의미 또는 추측(speculation)으로 제시되어야 한다. 해석 반응은 질문이나 진술 형태를 가질 수 있다. 해석의 예는 다음과 같다.

> **내담자**　　제가 낸시[딸]와 대화를 하려 하면, 낸시는 곧바로 화를 내고 저를 밀어내요. 거기서 오는 좌절감이 너무 큽니다.

해석할 때 사용 가능한 표현들

- 낸시가 좀 더 독립적이어야 한다고 생각하는 시기가 된 것이 아닐까요?
- 낸시는 이제 스스로 책임을 지며 해 나가려 하는 것 같습니다.
- 낸시의 반응을 예상하기 때문에 너무 과하게 다가가고 있는 건 아닐까요?

상담사가 내담자에게 의미 부여를 하도록 요청할 때는 질문 형태로 이루어진다.

> **상담사**　　당신이 낸시에게 얘기하려 하지만 낸시는 당신을 밀어낼 때, 무슨 일이 일어나고 있

다고 생각하나요? 그것은 당신에게 무슨 의미인가요?

처음에 내담자는 의미를 부여할 수 없을지 모른다. 그러나 그 주제를 더 깊이 탐색해가면서, 상담사는 그 상호작용에서 파악할 수 있는 의미가 무엇인지 다시 질문할 수 있다.

일반적으로 해석은 네 가지 조건을 충족해야 한다.

1. 내담자가 수긍할 수 있을 만큼 논리적인 설명이어야 한다.
2. 사실일 가능성이 높아야 한다.
3. 부정적인 것에서 긍정적인 것으로 관점을 바꿀 수 있어야 한다.
4. 문제를 효과적으로 해결하는 문제 접근법을 내담자에게 제공해야 한다.

해석은 초심 상담사들이 보수적으로 사용해야 하는 기술이다. 그렇지 않으면, 내담자가 특정한 상황에 이르게 된 데 대한 이유를 '추측'하게 되는 위험을 안게 된다. 충분한 시간 동안의 경청과 반영 후에 시도되는 시의적절한 해석만이 상담 과정에 도움이 될 것이다.

격려하기

격려하기는 지지한다는 의미를 갖는다. 즉 지지는 내담자가 무엇인가를 할 수 있는, 또는 특정한 방식으로 느낄 수 있는, 또는 다른 방식으로 사고할 수 있는 기술 또는 잠재력을 가지고 있다는 것을 시사하는 것이다. 언제 그리고 어떻게 사용하는가에 따라 격려하기는 보다 정교한 상담사 언어 반응이 되기도 하고 그렇지 않게 되기도 한다. 여기서 가장 중요한 요소는 타이밍이다. 상담사는 내담자가 달라질 준비가 되어 있지 않은데도 달라질 수 있다고 시사해서는 안 된다. 이렇게 하면 이후 내담자의 실망감 또는 실패감만 높이게 된다. 그래서 내담자가 특정한 방식으로 반응할 수 있는지 그리고 그럴 준비가 되었는지 아는 것이 매우 중요하다. 두 번째로 고려할 점은 내담자가 격려를 통해 상담사가 제안하는 대로 반응한다면, 이런 방향이 내담자에게 차이를 가져오게 할 것이라는 점을 아는 것이다. 그러므로 상담사는 격려가 의도하는 방향으로 내담자가 반응할 수 있고 그렇게 할 준비가 되어 있다는 것, 그리고 이런 방향이 내담자에게 차이를 가져올 것을 아는 것이 중요하다

격려하기 반응은 전형적으로 내담자가 다르게 행동할 수 있는 능력 혹은 잠재력을 가지고 있다고 제시하거나 암시하는 진술로 표현된다. 예는 다음과 같다.

- 의사를 보러 갈 때 같이 동행해줄 수 있는지 그녀에게 물어볼 수 있을 거예요.
- 저는 당신이 스스로 이 문제를 감당할 수 있을 것으로 생각합니다.

- 물론 스케줄 변경을 고려해볼 수 있겠지요.
- 당신은 이제 새로운 직책을 맡을 준비가 된 것 같아요.

다음의 대화에서 내담자는 행동으로 옮기기 위한 계획을 검토하고 있지만 확신하지는 못하고 있다. 이에 대해 상담사는 격려하는 반응을 한다.

내담자	다른 일자리를 찾을까 계속 고민하고 있지만 제가 그 일을 좋아할지, 거기 사람들을 좋아할지 모르겠어요. 새로운 일자리를 잡았는데, 사람들이 저를 싫어하면 어쩌죠?
상담사	당신의 능력과 기술에 가장 잘 맞는 일이 무엇인지를 잘 알게 되면 이 상황을 잘 헤쳐 나갈 수 있을 거예요.

직면 또는 도전하기

초심 상담사들은 내담자를 직면시키는 것을 피하는 경향이 있다. 직면시키는 것은 정중한 행동이 아니라고 배워 왔기 때문이다. 그래서 대부분 상담사는 내담자와의 관계에 손상을 줄까 염려하여 직면하기를 꺼린다. 관계를 형성하는 초기에 너무 일찍 직면을 사용하면 그 효과가 부정적일 수 있다. 그러나 일단 내담자가 상담사를 신뢰할 수 있고 배려하는 존재로 느낀다면, 직면을 상담 과정의 필수적인 부분으로 받아들일 수 있다. 직면은 내담자가 사실이라고 인정할 수 있는 조건에 뿌리를 두고 있을 때 수용될 수 있다.

내담자가 호소 문제의 일부분인 상황, 신념, 또는 감정을 경험하고 있지만 인정하지는 않을 때 **직면**을 사용하면 효과적일 수 있다. 다시 말해, 내담자는 생각과 경험에 있어서 인식하지 못한 사각지대를 가지고 있다. 이런 사각지대로 인해 역기능적 사고와 행동을 지속하게 될 때 문제가 발생한다. 사각지대는 내담자의 이야기 속에서 모순, 생략된 논리(missing logic), 혹은 인식 결여 등을 통해 인지될 수 있다. 내담자가 자신을 내향적인 사람이라고 하면서 외향적인 방식으로 이야기한다면 직면을 사용할 수 있을 것이다. 사람들이 호감을 가질 만한 사람이 아니라고 자신을 기술하지만 지지적인 사람들이 주위에 많이 있다면, 이때도 직면이 적절할 것이다.

종종 직면을 통해 타인의 행동이나 감정을 잘못 해석하는 문제를 다룰 수 있다. 상담사가 직면을 사용할 수 있는 절호의 기회는 내담자가 문제를 어떻게 다루어야 하는지 알지 못할 때, 또는 문제에 압도당했을 때다. 다음은 직면의 예다.

- 셰리! 당신은 토니가 친구가 아니라고, 그리고 그녀를 신뢰하지 않는다고 이야기했어요. 그런데 막상 다시 일이 닥치면 당신은 토니와 함께하네요. 당신은 이를 어떻게 이해하고 있나요?

- 그렉, 당신 말을 듣자면 가족 내에서 공평하게 대우받을 수 있는 길이 전혀 없네요. 정말 그렇게 암담한가요? 당신에게 관심을 가져줄 사람이 정말 아무도 없나요? (가족 내에 그렉에 대한 지지가 존재한다고 상담사가 확신한다면 이러한 방식으로 도전한다.)

즉시성

Fritz Perls(1969/1976)는 상담 상황에서 '지금 여기'를 강조하는 데 기여하였다. 그의 의도는 배경으로 물러났던 심리적 논의를 전경으로 다시 가져와서 이야기하는 것이었다. 유사하게, 즉시성은 상담사가 관찰한 것 중 일반 사회 상황에서라면 얘기하지 않을 것을 드러내 얘기하는 것이다. 그러므로 즉시성은 직면과 같이 사회적 관습에 위반되는 것으로 보이기 때문에 상담사가 배우기 어렵다. 당신이 위태로워 보이는 어떤 사람과 대화한다면, 아무 말이나 하지 않을 것이다. 우리는 어떤 것을 얘기하면 그 사람을 당황하게 할 수 있다고 배워 왔다. 심지어 어떤 행동에 대해서는 알아채지 못했다고 타인에게 확신을 주라고도 배워 왔다. 물론, 상담 상황이 아니라면 이것은 모두 적절하다. 그러나 상담 내에서는 상담사가 관찰한 것을 다루는 것이 최선인 경우가 많다. Cormier, Nurius, Osborn(2013)은 상담사가 즉시성 반응을 하는 세 가지 목적을 제시했다.

1. 당신이 스스로에 대해, 내담자에 대해, 또는 직접적으로 표현되지 않은 관계에 대해 느끼는 뭔가를 드러낸다.
2. 현재 일어나고 있는 관계 혹은 언어 상호작용의 어떤 측면에 대해 피드백을 제공하거나 논의를 한다.
3. 내담자의 자기탐색을 촉진하고, 내담자 자신에게 또는 관계에 초점을 두도록 하는 데 유용하다.

물론 언제 즉시성을 사용할지는 주관적인 판단에 달려 있다. 그러나, 경험을 공유하도록 분명하게 얘기하는 것이 좋다. Jacobs, Masson, Harvill, Schimmel(2012)은 내적인 생각을 외적인 것으로 만드는 것이라고 얘기하였다. 만약 '그녀는 오늘 진실하지 않았어' 혹은 '나의 마지막 말이 너무 직설적이어서 그에게 상처를 주었을지도 몰라'라고 생각한다면, 이를 드러내서 다루는 것이 좋다. 내담자 또는 내담자 말에 대한 정서적 반응을 공유하는 것은 또 다른 종류의 즉시성이다. 다음은 즉시성의 예다.

- 에비, 당신도 알겠지만 지난주 이후로 당신이 어땠는지 몰라 걱정이 되었어요. 그래서 당신

을 만나길 정말 기대했습니다. 무슨 일이 있었는지 궁금했지요.

- 톰, 오늘 좀 달라 보입니다… 새로운 기운, 자신감, 혹은 다른 것이 느껴지네요. 나 혼자 그 렇게 느끼는 건가요? 아니면 상태가 최근 더 나아졌습니까?

- 바버라가 이 기관을 그만두었고, 그로 인해 당신이 저에게 의뢰되었죠. 그것 때문에 당신이 무척 화가 나 있다는 걸 알아요. 이에 대해 좀 더 논의해보려 합니다. 괜찮다면 우리 둘 사 이의 관계에 대해 얘기해보죠. 왜냐하면 저와 함께 있을 때 여전히 조심스러워 하는 모습을 보이기 때문이지요. 제가 인턴이라 6월 말에 떠나야 한다는 것 때문에 그런 것은 아닌지 염 려가 됩니다.

지시 반응

지시 반응은 특정한 방식으로 행동하거나 생각하게 하는 것과 관련이 있다. 지시 반응은 내담자 에게 특정한 기술 또는 사고 반응을 개발하거나 강화하도록 숙제를 내줄 때 주로 사용된다. 지 시 반응은 교수목적의 메시지를 가지는데, 일반적으로 이를 실행하기 위한 계획이 함께 한다. 지시 반응의 예는 다음과 같다.

- 오늘과 다음 회기 사이에 당신이 낙담하고 가라앉기 시작할 때마다 언제, 어디에 있었는지 기록해보세요.

- 이번 주, 당신이 소외감이나 외로움을 느낄 때, 저는 당신이 컴퓨터에서 벗어나 도서관이나 공원, 식료품점 같이 다른 사람들이 있는 곳을 걸었으면 합니다.

- 불안한 느낌이 올라오기 시작하면, 조용한 장소를 찾아서 이완 운동을 해보세요.

정보 제공하기

내담자가 특정 방식으로 행동하거나 생각하기 위해 필요로 하는 정보를 가지고 있지 않을 때, 상담사는 정보를 제공한다. 정보 제공하기는 성격상 교수적인 것이지 조언을 제공하는 것은 아니다. 예를 들어 상담사가 대인관계, 행위, 혹은 계획에 관한 대안들을 제공하려 한다고 하 자. 이때 정보는 예를 들면 서비스 의뢰에 관한 정보, 자가치료를 위한 자료, 진로 정보와 같은 것이 될 수 있다. 하지만 정보 제공하기는 상담사를 관계에서 우위에 있는 사람으로 만들게 되 므로 상담에서 자주 사용되는 것은 아니다. 정보 제공하기의 예는 다음과 같다.

- 만약 당신이 컴퓨터를 통해 '고혈압'을 검색해본다면, 아마 적절한 운동에 대한 좋은 정보를 얻을 수 있을 겁니다.
- 이완 훈련은 높은 불안을 경험하는 사람들에게 도움이 된다고 밝혀졌습니다.
- 효과적인 양육법에 대한 강좌가 있을 예정인데, 도움이 될 것입니다.

요약

상담의 음성, 그리고 비음성 메시지는 단순한 대화 이상이다. 즉 그 메시지는 상담사의 의도와 목적을 반영한다. 그 목적은 상담사가 생각하고 있는 내담자의 욕구나 현재 논의되고 있는 목표에 의해 결정된다. 상담사의 비음성 메시지는 상담 분위기를 활성화하거나 저해할 수 있다. 반면 음성 반응은 보다 의도적인 역할을 한다. 기본 언어 반응이 주로 사용된다(특히 초기에는 주로 이 반응들이 활용된다). 기본 언어 반응은 상담 관계가 지속되는 한 계속해서 유용하다. 고급 언어 반응은 특정한 개입이나 목적과 관련되고, 보다 높은 수준의 기술을 요한다. 또한 시의적절하게 사용하는가에 따라 그 효과가 달라지므로 언제 사용할지에 관한 임상적 판단을 요한다.

표 2.1에는 이 장에서 설명한 16가지 반응이 정리되어 있다. 이 표는 그 반응들이 상담 과정의 다양한 주제 영역과 어떻게 연관되어 있는지 보여준다. 예를 들어 기본 반응인 개방형 질문은 몇 가지 방식으로 활용 가능하다. 말하자면, 개방형 질문은 감정, 사고 과정, 행동 패턴, 혹은 대인관계 등을 탐색하도록 내담자를 초대할 수 있다. 한 가지 위험은 개방형 질문이 지나치게 자주 사용될 수 있다는 것이다. 그래서 다양한 반응을 활용하는 것이 중요하다. 이 16가지 반응 범주는 상담 단계와 개입방법을 다루는 장들에서 보다 자세히 논의된다.

실습

1. 침묵 탐색하기

침묵에 대한 편안함을 탐색하고 확장하기 위한 수단으로, 동료들과 대화를 해보라. 약 10분 동안 무엇이든 이야기해보자. 단, 한 가지 규칙은 각자 상대방에게 반응하기 전에 5~15초 정도 기다리는 것이다.

2. 사적인(개인적인) 공간/개인적인 편안함

한 명의 동료와 함께 당신의 사적인 공간을 정해보자. 처음에 선 상태에서(혹은 앉아서 해도 상관없음) 10발자국(약 3m) 정도 떨어져서 대화를 시작한다. 그러다가 점점 거리를 좁혀 가면서 이야기해본다. 계속 가까이 다가가라. 서로가 너무 가까워서 불편함을 느낄 때까지 다가간다. 그러고 나서 두 사람 모두가 편안하게 느껴지는 최적의 공간을 찾아보라. 이 활동의 함의를 서로 얘기해보라. 사적인 공간에 대한 당신의 선호가 문화적인 것인가? 성별 차이에 따른 것인가? 연령과 관련된 것인가?

3. 상담사의 다양한 반응 인식하기

아래의 상담 반응 목록에 나타난 각 범주들을 활용하여 적절한 반응들을 써보라.

O = 개방형 질문	CL = 폐쇄질문
CR = 명료화하기	R = 재진술
E = 격려하기	IG = 정보 제공하기
IM = 즉시성	C = 직면하기
IJ = 중단시키기	S = 요약하기
RF = 감정 반영	RC = 내용 반영
INT = 해석하기	D = 지시 반응

_____1. 그녀가 _____에 대해 묻는다면 어떻게 반응할 것인가?

_____ 2. 내가 이해했는지 확인해봅시다. 당신은 직업을 바꾸고 싶습니다. 그렇지요?

_____ 3. 당신은 정말 다른 도시로 이사를 가는 것을 원하지 않는군요.

_____ 4. 당신은 시애틀의 물가를 알아볼 수 있을 거예요.

_____ 5. 내게 벨링햄에 사는 친구가 있는데, 그녀는 비싸지 않다고 말했어요.

_____ 6. 급여로 얼마나 받을 수 있을까요?

_____ 7. 당신은 이사 가고 싶다고 말은 했지만, 이사를 위한 어떠한 것도 하지 않고 있어요.

_____ 8. 오늘밤, 나는 당신이 도서관에 가서 _Places Rated Almanac_을 찾아봤으면 합니다.

_____ 9. 당신은 결정 직전까지 갔다가 다시 처음으로 돌아가는군요. 무엇 때문에 그런지 궁금하네요. 이에

대한 당신의 생각은 무엇인지요?

_____ 10. 당신은 지난 몇 분 동안 이것에 대해 얘기하는 것을 점점 더 불편해하고 있는 것 같습니다.

_____ 11. 잠시 멈춰도 되겠습니까? 제가 자세한 사항 몇 가지를 놓치고 있는 것 같군요.

_____ 12. 당신이 예상했던 것보다 훨씬 더 끔찍하군요.

동료와 대답을 공유해보고 차이를 해소해보라.

4. 상담 회기 축어록

10분간 다른 수강생과 모의 상담 역할극을 하고 녹음해 보라. 당신과 내담자가 상담 시간에 했던 말들을 전사하여 축어록으로 만들어라. 그리고 당신의 반응 각각을 분류해 보라. 각각의 반응이 내담자 반응에 미친 영향에 주목하라.

'실습 3. 상담사의 다양한 반응 인식하기'에 대한 피드백

3. 상담사 반응 인식하기 정답

1. O
2. CR
3. R 혹은 P(내담자 진술에 따라)
4. E
5. IG
6. CL
7. C
8. D
9. INT
10. IM
11. IJ
12. R 혹은 P 혹은 RF(내담자 진술에 따라)

표 2.1 상담 분야에서 음성 반응

상담사 반응	정서 영역	인지 영역	행동 영역	대인관계 영역	주의점
단순 강화물	내담자 말 촉진하기	내담자 말 촉진하기	내담자 말 촉진하기	내담자 말 촉진하기	남용될 수 있음
재진술	내담자의 감정에 대한 이야기로 초점 가져오기	내담자의 사고에 대한 이야기로 초점 가져오기	내담자의 행동에 대한 이야기로 초점 가져오기	내담자의 대인관계 패턴으로 초점 가져오기	남용될 경우, 내담자 말을 반복하는 것으로 느껴질 수 있음
바꿔 말하기	내담자가 감정을 다르게 듣도록 하기	내담자가 생각을 다르게 듣도록 하기	내담자가 행동을 다르게 듣도록 하기	내담자가 대인관계를 다르게 듣도록 하기	남용될 수 있음
폐쇄형 질문	감정 영역에서는 별도 도움이 되지 않음	구체적인 생각 파악하기	구체적인 행동/반응 파악하기	구체적인 대인관계 정보 파악하기	남용될 수 있음, 상담사에게 책임을 지움
개방형 질문	감정 탐색	내담자 생각 과정 탐색	내담자 행동 패턴 탐색	내담자 대인관계 탐색	다른 반응들과 함께 통합적인 접근이 필요함
중단시키기	감정에 대한 소용돌이를 보고 중단시키기	사건에 대한 장황한 설명 중단시키기	주의를 분산시키는 또는 도움이 되지 않는 행동 중단시키기	상담사 혹은 다른 사람과 도움이 되지 않는 상호작용 중단시키기	질책함 없이 중단시켜야 함
명료화하기	내담자 감정을 확인하고자 함	내담자 생각을 확인하고자 함	내담자 행위, 행동을 확인하고자 함	내담자의 관계를 확인하고 교정함	내담자의 교정을 들어야 함
요약하기	감정 진술을 서로 연결하도록 돕기	생각들을 연결하도록 돕기	행동 패턴을 확인하게 돕기	대인관계 패턴을 확인하도록 돕기	중요한 요소가 빠질 수 있음
감정 반영	감정에 대한 통찰력을 얻도록 돕기	감정이 생각에 어떤 영향을 미치는지에 대한 통찰 주기	감정이 행동에 어떤 영향을 미치는지에 대한 통찰 주기	감정이 관계에 어떤 영향을 미치는지에 대한 통찰 주기	해석을 피하기, 내담자 준비도에 맞추어 반영의 깊이 조절
내용 반영	사고와 감정 사이의 관계를 볼 수 있도록 돕기	생각에 대한 통찰 주기	생각이 어떻게 행동에 영향을 미치는지에 대한 통찰 주기	사고가 어떻게 관계에 영향을 미치는지에 대한 통찰 주기	해석을 피하기, 흐리게 흐리게 할 수 있음

상담의 기본 음성 반응기술

상담의 고급 음성 반응기술

	감정	사고	행동	관계	주의
해석	감정에 대한 새로운 혹은 대안적 의미 제공하기	사고에 대한 새로운 혹은 대안적 의미 제공하기	행동에 대한 새로운 혹은 대안적 의미 제공하기	관계에 관한 새로운 혹은 대안적 의미 제공하기	지나친 해석을 하지 않도록 조심하기
격려하기	다르게 느낄 수 있는 가능성 알려주기	다르게 사고할 수 있는 가능성 알려주기	다르게 행동할 수 있는 가능성 알려주기	다른 관계를 변화시킬 가능성 알려주기	비현실적일 수 있음
직면/도전하기	감동하는 다른 감정 알려주기	비합리적인 생각 알려주기	자기패배적인 행동 알려주기	비효과적인 관계 패턴 알려주기	너무 이른 시기에 시도될 수 있음, 상담사와 내담자의 협력관계에 달려 있음
즉시성	현재의 느낌을 다루기	현재의 생각을 다루기	현재의 행동을 다루기	현재의 상담사와 내담자 관계 다루기	직면을 위해서만 사용하지 말기, 안전한 분위기에 달려 있음
지시 반응	감정 반응을 교정하기 위해 과제를 줌	사고 패턴을 수정하기 위해 과제를 줌	행동을 수정하기 위해 과제를 줌	대인관계 패턴을 수정하기 위해 과제를 줌	내담자가 따를 준비가 되어 있어야 함
정보 제공하기	감정과 관련된 지원과 정보 제공하기	생각과 관련된 지원과 정보 제공하기	행동과 관련된 지원과 정보 제공하기	대인관계와 관련된 지원과 정보 제공하기	상황이 잘못 이해되면 도움이 되지 않을 수 있음

상담의 기본 언어 유형

생각해볼 문제

1. 오류 의사소통과 성공적인 의사소통의 차이점을 만드는 조건에 대해 논의해보라.

2. 어떤 상담사는 내담자에게 정교화할 것을 요구하는 반면, 다른 상담사는 더 깊은 수준의 탐색으로 이끈다. 이 두 가지 기능을 모두 수행하는 반응 두 가지를 제시해보라.

3. 내담자가 상담에서 다음과 같이 이야기하였다. 별표[*] 로 표시한 각 지점에 적절한 상담사 반응을 해보라. 그리고 그것이 무슨 반응인지 제시하라.

지난 주말 제가 집에 돌아왔을 때, 부모님은 저에게 이제 헤어질 것이고, 아마 이혼[*]을 해야 할 것 같다고 하셨습니다. 그것은 저에게 엄청난 충격이었어요. [*] 그리고 주말 내내 부모님께서 저를 지켜보면서, 제가 어떻게 반응하는지 알고 싶어 했을 것 같아요. [*] 어쨌든 저는 가슴에만 담고, 아무런 반응을 부모님에게 하지 않았어요. 아니, 할 수 없었습니다. 저는 뭐라고 말해야 할지 몰랐어요. [*] 저는 사실, 부모님 사이에 문제가 이전부터 있었다는 걸 알고는 있었지만 이렇게 이혼까지 할 거라곤 전혀 예상 못했어요. 부모님이 저에게 이 짐을 떠넘겼는데 제가 이 상황을 어떻게 해야 할까요? [*] 선생님이라면 어떻게 할 건가요? [*] 토요일 밤까지는 외출해서 집에서 좀 멀리 떨어져 있고 싶었죠. 하루종일 방 안에 박혀서 우는 것 외에는 할 것이 없었기 때문이죠. 저는 친구에게 전화해서 밖에서 함께 시간을 보냈죠. 근래에 그렇게 취해 본 적이 없을 만큼 술을 마셨어요. [*] 일요일 아침, 정말 숙취가 심했죠. 그런데 하필 그때 부모님은 헤어지기를 결심한 이유에 대해서 저와 이야기하고 싶어 했어요. 저는 어떻게 해야 할지 몰라서 그냥 일찍 짐을 싸서 학교로 돌아왔어요.

수강생들과 함께 활용한 반응에 대해 토의해보라. 다른 적절한 반응들을 생각해보고 만약 다른 반응들을 사용되면 이야기가 어떻게 바뀔지 함께 논의해보자.

03 | 상담의 핵심 구조

이 장의 목적

이 장의 궁극적인 목적은 상담 과정의 구조를 제시하고, 나아가 이 구조가 어떻게 상담사가 해야 할 일을 하도록 돕는지 설명하려는 것이다. 상담은 당신과 내담자가 작업 관계를 맺을지 말지를 개별적으로 또는 상호 간 결정해야 하는 바로 그 시점에서 시작한다. 이 시점이 지나면, 문제가 무엇인지, 문제 상황을 변화시키는 데 상담이 어떻게 조력할 수 있을지, 어떤 상담 활동이 바라는 변화를 낳을지, 그리고 마지막으로 언제 상담을 종료할지에 대해 합의해야 한다. 이 장에서는 이런 과정을 내담자의 관점에서 검토할 것이다. 내담자의 관점에는 상담사의 관점과 공통되는 면도 있지만 그렇지 않은 독자적인 면도 있을 것이다.

이 장의 고려사항

- 당신은 새로운 관계에 어떻게 접근하는가? 긴장하는가? 기대가 되는가?
- 사람들이 당신과 처음 만날 때, 당신의 어떤 점을 관찰할 것이라고 생각하는가?
- 처음으로 상담사를 만나는 내담자 역할을 해보자. 상담사가 어떤 사람일 것 같은가? 상담사가 당신이 기대했던 바와 다르다면 어떨 것 같은가? 당신이 흥미를 가질 만한 혹은 당신을 기분 좋게 할 당신과 상담사와의 차이는 어떤 것인가? 당신에게 최소한 처음에는 장벽처럼 느껴지게 할 차이는 어떤 것인가? 이런 질문에 대한 당신의 반응을 설명할 수 있겠는가?
- 대부분의 상황에서 당신은 어느 정도의 구조를 선호하는가? 새로운 상황에서 당신은 어떤 유형의 구조를 필요로 하는가? 상담 관계에서는 어떤 종류의 구조가 당신을 편하게 만드는가? 내담자의 욕구가 당신의 욕구와 다르다면 구조에 대한 내담자의 욕구를 어떻게 수용할 수 있겠는가?

오 랫동안 상담은 구체적인 분석을 허용하지 않는 과정으로 간주되어 왔다. 이러한 이유로 어떤 사람들은 상담을 정의할 수 없는, 신비로운 것으로 생각하기 시작했다. 1970년대 Robert Carkuff, Allen Ivey, Stanley Strong 등과 같은 사람들 덕분에 신비롭게 여겨지던 특성 은 해체되고, 상담에 대한 더욱 구체적인 설명으로 대치되었다.

이 장에서는 어떻게 상담사와 내담자가 만나고 이해를 확립하기 시작하는지를 검토한다. 상 담사와 내담자 사이의 이해는 의미 있고 생산적인 치료 관계를 향해 점진적으로 진화해 간다. 상담의 이런 도구적 요소와 이에 내재해 있는 기술(skills)이 이후의 장들을 위한 개념적 기초로 제시된다.

상담의 과정

상담은 과정으로도 기술된다. 이 꼬리표의 암묵적인 의미는 궁극적인 결론(즉 도움을 요청하 지 않을 수 없게 한 것에 대한 해결)을 향한 점진적인 움직임이다. 이런 움직임은 상담사와 내 담자가 함께 진행해 가는 일련의 단계로 기술될 수 있다. 이 단계는 다음과 같다.

단계 1 : 호소 문제를 평가 또는 정의하고 작업관계 형성을 시도하기
단계 2 : 작업 관계를 유지하는 가운데 **목표**를 설정하기
단계 3 : 작업 관계를 유지하는 가운데 개입을 선택하고 시도하기
단계 4 : 평가와 종결을 계획하고 실행하기

각 단계는 논리적으로 다음 단계로 이어진다. 즉 상담 목표가 설정되기 전에 내담자가 상담 사에게 의뢰되거나 상담사를 찾아온 이유가 확인되어야 한다. 그러나 이 과정이 완전히 직선 적인 것은 아니다. 이전 단계에도 영향을 미치는 새로운 문제가 나타나서 이전 단계로 되돌아 가야 하는 일이 흔히 발생한다. 결론적으로 한 가지 가능한 상담 과정은 다음과 같을 것이다.

평가 → 목표 설정 → 개입 → 목표 설정 → 개입 → 평가 → 목표 설정 → 개입 → 종결

단계들이 다시 반복되지 않는다고 해도 각각은 다음 단계의 부분이 된다. 즉 일단 평가와 관 계 형성이 성취되고 상담사가 목표 설정과 관계 유지에 주의를 기울이고 있다면, 평가는 구체 적인 목표를 설정한다는 관점에서 보다 정교하게 수행될 수 있다. 상담사와 내담자가 평가 단 계로 완전히 되돌아가야 할지 아니면 현재의 문제를 단순히 명료화하는 선에서 그칠 것인지는 전에는 보이지 않았지만 목표 설정 중 분명하게 드러난 것에 달려 있다. 그림 3.1은 상담의 핵

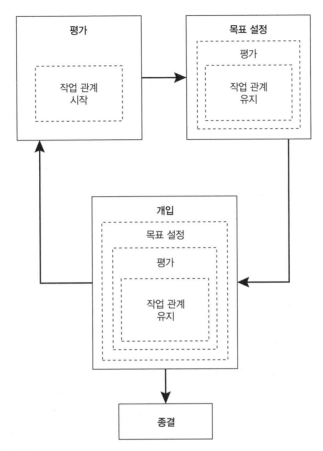

그림 3.1 상담 과정의 단계

심 구조를 시각적으로 나타낸 것이다.

긍정적인 작업 관계 형성하기

상담의 '첫 단계'에 대해 논의하기 전에 성공적인 상담 과정의 토대가 되는 치료적 작업동맹
이라는 개념을 소개하고자 한다. Bordin(1979)은 현재도 활용되고(연구되고) 있는 작업동맹의
3요인 모델을 제안하였다. Bordin의 제안에 따르면, 상담이 성공하려면 상담사와 내담자는 목
표 및 그 목표를 달성하기 위한 과제(개입)에 동의해야 한다. 작업동맹의 세 번째 요소는 상담
사와 내담자 사이의 긍정적인 정서 유대이다. 현재, 우리는 작업동맹의 중요성에 대한 많은 증
거를 가지고 있다(예 : Norcross & Wampold, 2011 참조). 이런 경험적 증거들이 너무나 강력
해서 Castonguay, Constantino, Holtforth(2006)는 다음과 같이 주장한다.

경험적으로, 동맹은 가장 빈번히 연구되는 과정 변인일 것이다. 임상적으로는 동맹은 좋은 상담이 무엇인지에 대한 우리의 개념에 너무나 중요한 위치를 점하고 있어서 상담을 하는 동안 동맹의 질에 대해 관심을 기울이지 않는 것이 비윤리적으로 보일 수 있을 정도이다(p. 271).

Bordin이 얘기했던 내담자와 정서적 유대 형성하기는 긍정적 관계 형성 또는 라포 형성으로도 지칭된다. 상담의 단계와는 달리, 상담사와 내담자 사이의 긍정적 관계는 시작부터 끝까지 명백히 존재해야 한다. 그래서 긍정적 관계의 중요성과 역할에 대한 논의부터 시작할 것이다. 둘째로, 상담의 각 단계에 대해 논의할 때 그 단계에서의 관계역동에 대해 간단히 언급할 것이다. 마지막으로, 내담자와 긍정적인 작업 관계를 형성하고 유지하기 위한 상담 기술의 활용에 대해서는 제4장에서 논의할 것이다.

관계라는 용어는 많은 의미를 가지고 있다. 사랑하는 두 사람 사이의 끈(tie), 가족 내의 동류의식(kinship), 친한 친구 사이의 끈끈함(bond), 그리고 인간과 동물 사이의 이해(understanding) 등이 여기에 포함된다. 상담 장면에서 관계란 존중, 신뢰, 심리적 편안함, 그리고 공유된 목적과 같은 것이 된다. 라포는 당신과 내담자 사이의 대인 접촉에서 나타나는 심리적 분위기(climate)를 지칭한다. 결론적으로, 좋은 라포는 내담자의 긍정적인 심리적 성장을 위한 토대가 된다. 그러나 좋지 못한(poor) 라포는 바람직하지 않거나 심지어는 파괴적인 결과에 이르게 한다.

몇 가지 요인이 이런 심리적 분위기에 영향을 준다. 당신의 개인적 및 전문적 특성, 내담자의 대인관계 역사와 불안 상태 등이 그것이다. 잘 훈련된 그리고 잘 적응된 상담사조차 새로운 내담자를 만날 때면 다양한 도전에 직면한다. 또한 내담자가 이미 가지고 있는 이런 많은 조건이 영향을 줄 수 있다. 예를 들면 다른 사람들에게 도움을 요청해야 하는 상황을 좋아할 사람은 거의 없을 것이다. 그래서 자신이 도움을 필요로 한다고 스스로 인정해야만 할 때 또는 타인에 의해 그것을 인정할 수밖에 없는 상황일 때, 사람들은 두 가지 감정으로 이 상황에 접근한다. 즉 (1) "아마 난 도움이 필요한가봐. 도움을 받으면 기분이 좋아질 거야"와 (2) "내가 이런 상황에 있지 않다면 얼마나 좋을까"가 그것이다. 이런 갈등은 상담의 초기 단계에서 빈번히 발생하며, 특히 평가 단계에서 두드러진다.

내담자가 가지고 있는 다른 조건들은 상급자(authority figure), 연장자, 이성, 다른 문화적 배경을 지닌 사람, 그리고 다른 정신건강 전문가 등과 사적 정보를 공유해본 경험 또는 상호작용해본 경험과 관련이 있다. 제1장에서 이런 요인 중 몇몇을 대인매력, 신뢰성, 유능성, 그리고 문화 요인에 대한 민감성과 이해라는 맥락에서 논의하였다. 문화적으로 그리고 심리적으로 민감한 내담자는 당신의 음성 그리고 비음성 메시지를 읽을 것이며 이에 대한 추론을 할 것이다. 이런 첫인상은 라포 형성에 영향을 준다. 당신과 내담자가 서로에게 보다 편안한 수준에 이르렀을 때 이런 첫인상은 재검토될 필요가 있을 것이다.

　때때로 이런 대인 반응은 매우 중요하며, 상담 과정에 영향을 주거나 상담 과정을 통제할 수도 있다. 이런 일이 일어날 때, 이런 심리역동을 전이 또는 역전이라 지칭한다. 전이(trans-ference)는 내담자가 어떤 특성을 상담사와 연관시킬 때 발생한다. 예를 들면 상담사의 태도가 내담자의 헌신적인 엄마, 요구가 많은 상사, 또는 편협한 이웃을 연상시킨다면, 내담자는 이 상담사가 그런 사람과 비슷하다거나 극단적인 경우, 그런 사람이라고 여긴다. 전이는 긍정적(바람직한 비교)이거나 부정적(바람직하지 않은 비교)일 수 있다. 역전이(countertransference)도 동일한 심리적 조건을 나타낸다. 다만 상상된 특성을 내담자와 연관시키는 것이 상담사라는 것만 다르다. 역전이는 자주 발생하지 않을 것 같지만 실제로는 드물지 않게 발생한다.

문제 평가하기와 긍정적인 작업 관계 시작하기

평가는 명백한 사실을 단순화한 말이라 할 수 있다. 명백한 사실이란 내담자가 상담을 받으러 오거나 의뢰되고 또 상담을 받도록 강제받는 데는 이유가 있다는 것이다. 보통 그 이유는 여러 층을 가지고 있다. 예를 들면 "저는 술에 취하지 않기를 원해요"라는 말은 그 의미가 분명한 것처럼 들린다. 그러나 약물남용을 계속하게 만드는 상황들, 더 건강한 생활양식을 방해하는 것들, 각 내담자가 갖는 개인적 및 환경적 탄력성 ─ 이런 것들 모두가 평가를 더욱 어렵게(그리고 더욱 흥미롭게) 한다. 하나의 결과 목표(즉 술에 취하지 않는 것)는 여전히 동일하다. 그러나 그 목표에 도달하기 위한 상담 과정은 상담사가 처음부터 세심하게 평가를 수행했을 경우 그리고 내담자에 대해 잘 알게 됨에 따라 평가를 수정할 수 있는 경우에만 성공적일 수 있다.

　유사한 맥락에서 Seligman(2004)은 평가 과정이 사람들 각각의 중요성과 독특성을 인정하는 것이어야 한다고 제안하였다. 즉 각각의 사람에게 "당신은 정말 특별하고, 나는 당신을 알기 원해요. 그리고 현재의 당신이 될 수밖에 없었던 이유를 이해하고 싶어요"라고 말하는 것이어야 한다는 것이다. 실제 평가에 있어서는 개인적 편견, 이론이 주는 편향(encapsulation), 특정 문제에 대한 정형화 등이 주는 제약을 피하기 위해 한 가지 이상의 방법으로 문제를 평가하는 것이 중요하다. 여기에는 Seligman의 조언을 실현하는 한 가지 방법으로 내담자의 사회적·문화적 맥락에서 문제를 생각하는 것도 포함된다.

　평가를 의미하는 다른 용어들로는 문제 확인 또는 진단이 있다. 진단이라는 용어의 문제점은 이 용어가 종종 보험회사에 의해 강제된다는 것이다. 또한 이 용어는 특정한 증상들을 유목화한 것에 불과한데, 이것이 평가 과정을 막아 버린다는 것이다. 우리는 진단명이 부여되었을 때조차도 상담사들이 평가 과정에 열려 있어야 한다고 생각한다. 달리 말하면, 진단은 처치를 안내하기 때문에 중요하다. 그러나 진단이 반드시 평가 과정의 끝은 아니다.

평가는 개인으로서의 상담사 및 내담자와 관련이 없는 것이 아니다. 첫째, 평가는 인간 문제에 대한 상담사의 이론적이고 철학적인 견해를 반영한다. 둘째, 평가는 내담자의 상황에 나타난 조건과 이 조건에 대한 상담사의 이해에 의존한다. 셋째, 평가는 내담자의 문화적 참조체제와 이것이 내담자의 세계관에 부과하는 조건에 의존한다(Section E, Evaluation, Assessment and Interpretation, ACA Code of Ethics, 2014, http://www.counseling.org/docs/ethics/2014-aca-code-of-ethics.pdf?sfvrsn=4 참조).

내담자 문제는 다양한 방식으로 개념화될 수 있다. 즉 욕구("내 삶에는 뭔가 빠진 것이 있어, 이것 때문에 삶을 살아가는 데 어려움이 있어"), 스트레스 요인("내 삶에 뭔가 좋지 않은 일이 일어났어. 그것이 내게 스트레스와 혼란을 주고 있어"), 삶의 조건("내가 통제할 수 없는 상황이 내 삶의 행복과 성공을 방해하고 있어), 잘못된 해석("삶에 대한 나의 사고방식이 대안을 생각하지 못하도록 막고 있다는 얘기를 들었어"), 역기능적 사회 패턴("나는 특정 사람들에게는 더 나쁜 사람이야. 그것이 스트레스와 불행의 원인이야"), 또는 좀 더 흔하게는 이 요인들의 조합으로 개념화될 수 있다. 상담 이론들은 이러한 내담자 조건을 정서, 행동, 인지, 또는 체계(systemic)로 분류한다. 달리 말하면, 내담자 문제는 정서적 근원으로부터, 바람직하지 않은 행동 유관성(contingencies), 현실에 대한 인지적 오류표상, 또는 체계적/맥락적 유관성 때문에 발생한다. 물론, 문제가 이 범주 중 어느 하나에만 해당되는 것은 아니다. 그러나 이론은 이들 근원 중 하나를 문제의 출발점으로 제공함으로써 상담사를 돕는다. 더구나 문제는 그 기원과는 관계없이 감정, 걱정, 바람직하지 않은 결과, 두려움, 대인관계의 부재 또는 불만, 또는 불공정한 차별이라는 형태로 나타난다(제5장 참조).

우선, 평가는 정보를 수집하는 시간이다. 당신은 내담자가 소통하는 정보를 받기 위해 모든 의사소통 채널을 열어야 한다. 처음에는 정보에서 어떠한 패턴과 의미도 볼 수 없을 것이다. 그러나 내담자와 계속 작업을 해 나가면 패턴이 나타날 것이다. 그리고 내담자가 어떻게 현실을 지각하고 현실에 영향을 미치려는지 이해하기 시작할 것이다. 당신은 또한 내담자를 더 큰 맥락, 즉 내담자의 환경, 사회적 장면, 또는 관계의 세상에서 보기 시작할 것이다. 그리고 잘 드러나지 않는 미묘한 측면을(이들의 반복이나 서로 간의 비일관성을 통해) 점점 더 명확히 이해하게 되면서 내담자를 어떻게 도울 수 있을지 알게 될 것이다.

평가가 어떻게 수행되어야 할지에 대해서는 의견이 분분하다. 우리 의견은 당신이 따르고자 하는 청사진을 가지고 있어야 한다는 것이다. 그렇지 않으면 세부적인 것들이 평가 과정을 압도할 것이다. 또한 탐색하거나 고려해야 할 중요한 정보를 간과하게 될 것이다. 나아가 평가의 목적, 즉 상담 목표를 설정하기 전 문제의 성격을 결정하고자 하는 일에서 벗어나게 될 것이다. 임상 장면에서 널리 활용되는 평가방법을 제5장에 제시할 것이다.

임상 평가의 과정은 관찰, 질문, 사실들 간 연결 짓기, 정보 기록하기, 그리고 가설 또는 임상적 직감(hunches) 형성하기와 같은 구체적 기술을 필요로 한다. 관찰(observation)은 아래와 같은 사항을 포함한다.

- 내담자의 불안과 불편에 관한 일반적 상태에 주의를 기울이기
- 내담자의 문화 맥락에 대한 감각을 갖기
- 정서적 또는 신체적 역기능을 암시하는 행동에 주목하기
- 내담자가 스스로의 문제를 이해하는 방식 또는 문제에 대해 암시하는 바를 듣기(예 : 자신의 문제를 어떤 사람은 과장하는 반면 다른 사람들은 축소하는 경향이 있다)
- 음성적·비음성적 패턴에 주목하기

한 시점에서는 사소한 것으로 보이는 것이 시간의 흐름에 따라 살펴보면 유의미한 패턴의 일부로 드러날 수 있다. 그래서 내담자의 페르소나에 대한 정신적 주목을 의미하는 관찰은 평가 과정의 중요한 요소이다.

질문(inquiry) 또한 중요하다. 초심 상담사들은 많은 질문을 하지만 후속 질문은 잘 하지 않는 경향이 있다. 반면, 경험이 풍부한 상담사들은 건강, 약 복용, 실망이나 우울, 자기파괴적 생각, 대인 갈등과 같은 특정 주제에 대해 훨씬 세세하게 질문한다. 질문은 더 세세한 것, 사건 이면의 세부사항, 또는 사건이나 상황에 의미를 제공하는 정보를 요구하는 기술이다. 개방형 질문은 과정을 탐색하고, 폐쇄형 질문은 구체적인 것을 요구한다. 이 두 가지 중요한 질문 방식에 대해서는 제2장에서 논의했다.

수집된 정보는 어떤 방식으로든 조직화되어서 기록되어야 한다. 어떤 상담사들은 정보를 얻는 대로 바로 노트에 기록한다. 다른 상담사들은 회기를 녹음 또는 녹화한다. 어떤 상담사는 어느 것도 하지 않지만 회기가 끝나면 곧바로 관찰한 것과 견해(impressions)를 적는다. 정보의 기록은 엄격한 과정이다. 기록이 체계적으로 그리고 지체 없이 되지 않으면, 정보는 상실되고 결국은 쓸모없어진다. 흔히 상담사들은 적절한 시간 내에 기록하지 않아서 이전에 제공된 정보를 사용할 수 없다고 한탄한다.

상담사가 내담자의 호소문제와 관련한 정보를 수집하기 위해 관찰과 질문을 하면 많은 양의 정보를 산출하게 된다. 상담사가 관찰을 잘 할수록 더 많은 양의 자료가 수집된다. 이 정보는 어떤 식으로든 통합되어야 활용될 수 있다. 이런 통합은 어떤 맥락 내에서 수행된다. 그 맥락은 상담 이론이 될 수도 있고, 단순히 상담사가 가지고 있는 삶에 대한 견해가 될 수도 있다. 어떤 것이든 그 과정은 사실들과 사건들을 연결 짓는 것, 사건에 대한 가능한 설명을 구안

해내는 것, 그리고 숙고된(또는 직관적인) 추측을 하는 것을 포함한다. 이런 동화 과정은 많은 양의 정보를 보다 이용 가능한 형태로 응축한다. 이런 가설, 직감, 그리고 숙고된 추측은 다음 단계인 상담 목표 설정하기의 토대가 된다. 여기서, 평가에 다문화적 관점을 도입하는 것이 필수적이다. Pedersen(1991)은 "문화적으로 학습된 기대라는 맥락에서 행동(또는 감정, 인지, 사회체제)이 이해될 때 비로소 자료가 될 수 있다"(p. 9)고 했다. 상담사는 "무엇을 문제라고 생각합니까?" 또는 "당신의 가족은 이 문제를 어떻게 설명합니까?" 또는 "당신 가족과 친구들 사이에서 흔히 발생하는 문제입니까?" 등과 같은 질문을 할 것이다. 여기에 더해 내담자의 문화적 관점에서 사건의 의미를 묻는 후속 질문이 이어지면, 종종 가장 중요한 정보가 산출되기도 한다. 상담사가 맥락에 대한 질문을 잘 하지 않는다는 것은 놀라운 일이다. 제5장에서 평가 과정에 대해 더 자세히 탐색할 것이다.

평가를 하는 동안 긍정적인 작업관계 주도하기 평가는 상담 직후부터 시작된다. 이와 유사하게, 상담사는 처음부터 작업관계를 형성한다. 유능한 상담사는 내담자를 만나기 위한 자기일치(self-congruent) 스타일을 개발한다. 이 스타일은 상담사의 개인 특성과 상담 경험 모두를 반영한다. 라포를 형성하기 위한 정해진 규칙이 있는 것은 아니지만, 이 단계의 상담을 위한 몇몇의 지침과 기술은 존재한다.

관계는 적절한 사회적 기술과 함께 시작된다. 자신을 소개하라. 내담자의 이름을 듣고 기억하라. 내담자에게 자리를 권하고 내담자가 편안해하는지를 살펴보라. 내담자의 이름을 불러라. 내담자가 매우 불안하게 보이면, 일상적 대화를 시도하고, 불안이 사라지기 시작하는지를 보라. 비음성 행동에 주목하고 내담자의 정서 상태를 이해하는 데 이를 활용하라. 내담자가 반응할 시간을 충분히 주도록 하라. 이런 행동은 흔히 주의 기울이기 또는 **경청**이라 지칭된다. 이런 행동은 당신이 내담자 및 내담자가 하는 말에 관심을 가지고 있으며, 말로 표현한 것이나 표현되지 않은 메시지 모두를 이해하려고 노력할 것이라는 점을 내담자에게 전달한다.

평가가 한 회기 내에 완료되지 않는 것처럼 작업관계도 한 번 만나고 형성되지는 않는다. 초기 회기 동안 내담자는 당신에게 편안해지고, 당신을 생각과 감정의 세계로 받아들이기 시작한다. 이런 조건은 상담 관계 형성의 초기 단계를 나타낸다. 특히 이 시점에서 일관성은 중요한 덕목이다. 당신의 행동, 태도, 의견, 과단성(promptness), 세부적인 것에 대한 주의 기울임, 내담자의 개인적·문화적 현실에 대한 인정─내담자들은 이 모든 것에 주목할 것이다. 만약 상담사가 이런 것들에서 일관성을 보여주지 못한다면, 내담자는 상담사를 예측하기 어려운 사람으로 볼 것이다. 또한 함께 있을 때 편해지기 어려울 것이라 생각할 것이다. 상담사와 내담자 사이의 문화적 유사성과 비유사성에 대한 민감성 또한 중요하다. 이제 당신은 사람들이 당신과 다를 수 있는 많은 측면에 매우 민감해질 때가 되었다.

비록 우정과 완전히 같은 것은 아니지만, 상담 관계에는 우정과 공유하는 측면이 있다. 그래서 어떤 내담자에게는 혼란을 일으키기도 한다. 종종 상담사는 관계의 이런 측면이 문제가 된다는 것을 깨닫는다. 이런 문제는 일차적으로 경계의 문제이며 균형 유지를 필요로 한다. 상담사가 전문적인 것에 너무 많은 강조를 두면, 그 역할이 당신 자신이나 내담자에 대해 당신이 느끼는 것과 잘 맞지 않다는 것(진정성의 결여)을 알게 될 것이다. 이런 스펙트럼의 다른 한쪽 끝은 완전히 당신 자신이 되어서 내담자 변화를 촉진하는 데 중요한 관계의 전문적 특성을 희생하고자 하는 유혹이다. 이런 연속선 위에서 균형을 찾아 치료적 동맹을 형성하는 것은 상담 초기 직면하게 되는 도전 중 하나이다. 평가 단계 동안 경계 형성이 잘 되지 못하면 그다음의 모든 단계에 영향을 주게 된다(경계와 관련한 윤리적 지침에 관해서는 ACA Code of Ethics, 2014, Section A.6 Managing and Maintaining Boundaries and Professional Relationships, www.counseling.org/resources/aca-code-of-ethics.pdf 참조).

마지막으로, 어떤 내담자들은 긍정적인 작업관계 형성을 어려워한다. 법적으로 강제받은 내담자의 경우 특히 냉담하고 방어적이며, 심지어 무례하거나 적대적이기까지 할 수 있다. 이런 경우, 두 가지 규칙을 제안한다. 첫째, 예측 가능하게 반응하지 말라. 즉 화를 내거나 좌절을 보이지 말라. 그것보다는 내담자의 상황에 공감해주려 하고, 내담자에 대한 관심을 전달하라. 둘째, 당신을 함부로 대하도록 내버려두지 말라.

요약하면, 긍정적 관계의 시작은 평가 전 또는 후가 아니라 평가 과정 동안에 일어난다. 이러한 이유로 이 시기는 상담의 가장 도전적인 단계가 된다. 왜냐하면 상담사는 두 가지 중요한 과업에 같은 정도의 주의를 기울여야 하기 때문이다. 그래서 우리는 당신이 이 단계를 천천히 진행하기를 권한다. 또한 당신이 내담자에 대해 적정하게 알게 되고, 내담자가 당신을 적정하게 신뢰하기 전까지는 목표 설정으로 서둘러 달려가지 않기를 권한다.

목표를 설정하고 긍정적인 작업 관계 유지하기

목표를 설정하는 일은 상담의 성공에 매우 중요하다. 그러나 일부의 내담자와 심지어는 일부의 상담사조차 이 단계에 저항한다. 어떤 목표를 설정하는 행위는 일련의 상황들, 특정한 행동 방침, 또는 결과에 헌신하겠다는 것이다. 강한 스트레스를 받고 있거나 지남력이 떨어진 내담자의 경우 종종 목표 설정을 어려워한다. 이런 상황에서 목표는 가능한 목표들 중 하나를 설정하는 것이 된다.

왜 목표가 그렇게 중요한가? 답은 간단하다. 목표는 상담이 얼마나 잘 작동하고 있는지 그리고 언제 상담이 종결되어야 할지를 알기 위해서다. 이 질문에 대한 답을 내담자가 하게 하는 것으로 충분하지 않을까? '그렇다'이기도 하고 '아니다'이기도 하다. 내담자는 상담에 대한 반응과 정보의 중요한 원천이다. 그러나 내담자는 자신의 행동과 다양한 결과 사이의 관계에 대해 잘 알지 못하기 때문에 자신이 가고자 하는 곳으로 데려다줄 수 있는 목표는 오직 상담사의 도움으로만 확인된다.

목표는 또한 일종의 가르치는 과정으로서도 중요하다. 일부 내담자들이 가지고 있는 문제점은 한 지점에서 다른 지점으로 어떻게 옮겨 갈 수 있는지에 대해 잘 모르고 있다는 것이다. 예를 들면 어떤 내담자들은 자신이 계속 학대 관계를 떠나지 못하고 남아 있다고 얘기할 것이다. 그러나 이들은 이런 패턴을 아직 명확하게 본 적이 없다. 오직 다음 관계는 다를 것이라는 '희망'만을 가지고 있을 뿐이다. 가능한 한 가지 목표는 철저한 평가를 한 다음, 다른 친밀한 관계가 출현했을 때 주장적인 대인 스타일을 발휘할 수 있도록 일반 관계에서 보다 주장적이 되는 것이다. 이와 유사하게, 타인의 불공정하고 차별적인 행동의 대상이 되고 있는 내담자들에게 목표는 대처나 희망을 갖는 것이 아니라 스스로를 옹호하기 위해 무슨 기술을 필요로 하는지 결정하는 일이 된다.

간단히 얘기하면, 목표를 설정하는 과정은 상담사와 내담자에 의해 상호적으로 정의된다. 상담사는 더 높은 정도의 객관성, 정상 및 비정상 행동에 대한 훈련, 그리고 상담 과정에 대한 경험이라는 이점을 가지고 있다. 내담자는 문제에 대한 경험 및 문제의 역사, 통찰의 잠재성, 그리고 변화를 위해 자신이 노력하고 있다는 인식이라는 측면에서 이점을 가지고 있다. 그래서 내담자는 무슨 일이 일어나야 하는지에 관한 생각과 결정 모두에 관여해야 한다.

목표 설정과 관련한 기술은 기본적으로 세 가지다. 첫째, 상담사는 내담자의 목표를 구체적으로 측정할 수 있는 것으로 번역해야 한다. 앞서 시사했듯이 상담사는 내담자에게 무언가 분명치 않은 것을 지적하고, 상담사와 내담자 모두가 진전을 측정하는 데 도움이 되는 보다 구체적인 성과를 고려하도록 조력해야 한다. 이 과정이 내담자의 목표를 부정하지는 않는다. 오히려 이 과정은 내담자의 서로 다른 삶의 측면이 어떻게 연결되어 있는지를 볼 수 있게 해주는 지도를 제공한다. 예를 들어 어떤 내담자가 더 높은 자존감을 갖기 원한다고 말한다. 상담사의 도움으로(그리고 세심한 평가 후), 내담자는 낮은 자존감을 유지하게 하는 조건들을 확인할 수 있다. 그러면, 이런 조건들은 목표 설정의 대상이 된다. 그리고 적절한 진전이 이루어지면, 더 높은 자존감이 따라와야 한다.

두 번째 기술은 최종 목표, 중간 목표, 그리고 즉시적 목표를 구분하는 것이다. 대부분의 사람들은 최종 목표를 생각한다(예 : "내가 어른이 되면…", "대학을 졸업하면…", "제정신이 들면…", "내가 성공하면 …"). 그러나 최종 목표를 성취하려면 중간 목표("다음 6개월 동안,

… 을 하려고 해”)와 즉시적 목표(“난 내일 … 일을 할 거야”)를 고려할 수 있어야 한다. 중간 목표와 즉시적 목표는 최종 목표를 성취하는 데 필수적인 전략을 제공하며 상담에서 변화를 견인하는 동력이다.

목표 설정 과정의 세 번째 기술은 어떻게 현실적으로 생각할 것인지를 내담자에게 가르치는 것이다. 즉 성취 가능한 목표를 어떻게 설정할 것인지를 내담에게 가르치는 것이 필수적이다. 자녀를 방치해 온 부모가 자녀와 한 번 좋은 만남을 가졌다고 해서 수년간의 방치를 보상할 수 있다고 믿는다면 명백히 실망할 수밖에 없을 것이다. 상담의 일반적인 역할, 특히 충동 통제 문제를 가진 내담자와 작업하는 상담사의 역할은 점점 빨라질 진전에 대해 내담자를 준비시키는 일, 그리고 변화가 천천히 일어날 때 그 실망감을 견딜 수 있도록 지지하는 것이다. 이 부모에게 즉시적인 목표는 자녀에게 5일 동안 연속해서 동일한 시간에 전화를 하는 것이 될 것이다. 이 세 기술을 활용하여 내담자가 현실적인 목표를 설정하도록 돕는 방법을 제6장에 제시했다.

마지막으로, 상담 목표는 한 번 설정되면 변경될 수 없는 것이 아니라는 점을 강조하고자 한다. 새로운 정보 또는 문제에 대한 새로운 통찰이 생겨났을 때 목표는 변경될 수 있다. 때때로 어떤 목표는 부적절한 것으로 확인되는데, 이 목표는 제거되어야 한다. 목표의 주요 기능은 상담사와 내담자에게 방향을 제시하는 것이라는 점을 기억하라.

목표를 설정하는 동안 긍정적 작업관계 유지하기 상담 장면에서 목표 설정은 매우 중요하다. 배의 성능은 물에서 검증될 수 있듯이 상담사와 내담자 사이의 작업관계는 평가에서 목표 설정으로 옮겨 가는 시간이 되어야 검증될 수 있다. 내담자에게 목표에 헌신하도록 요구하는 것은 모든 종류의 전이와 역전이 반응을 자극할 수 있다. 내담자는 “당신은 내 아버지와 똑같아요. 내가 당신이 원하는 대로 할 때만 나를 인정하지요!”와 같은 말에 잠재해 있는 감정을 내적으로 경험할 수 있다. 상담사의 관점에서 보면, 역전이는 “당신은 내가 이전에 가졌던 실패한 관계와 똑같아요. 막상 헌신할 때가 되면 모든 것이 엉망이 되네요”와 같이 표현될 수 있을 것이다.

상담사가 알고 미리 준비해야 하는 것은 목표 설정으로의 이행이 내담자에게 새로운 취약성을 갖게 할 수 있다는 점이다. 그러므로 논의는 첫 회기의 처음 몇 분 동안 만큼이나 공감적이어야 한다. 그리고 내담자의 마음에 일어나고 있는 것에 주의를 기울여야 한다. 이때 감정 반영과 즉시성 반응이 중요하다. 상담사의 목표는 ‘내담자가 가지고 있는 취약성을 이해하며, 이를 극복해 갈 수 있도록 최선을 다해 필요한 지지를 제공하고 있다’는 메시지를 내담자에게 전달하는 것이다. 일반적으로 이 정도면 충분하다. 그러나 이것이 없으면 목표 설정과 이후 단계들은 위험에 처하게 된다.

개입 시작하기와 긍정적 작업 관계 유지하기

좋은 상담사가 해야 할 것에 관해서는 다양한 견해가 존재한다. 이런 견해들은 기본적으로 상담 이론과 관련되어 있다. 제1장에서 보았듯이 다양한 상담 이론이 있다. 이런 이론들은 정보를 조직하고 문제를 정의하는 데, 그리고 목표를 설정하고 개입전략을 선택하는 데 활용된다. 예를 들어 인지행동 상담사는 인지 부조화를 발생시키는 상황이나 고정된 인지 상태를 깨는 상황을 만든다. 다문화 상담사는 내담자의 문화 환경에 대해 이해를 보여주고 그 환경 내에서 스스로의 삶을 책임지도록 돕는다(Ivey, D'Andrea, & Ivey, 2012). 그래서 모든 상담사는 어떤 이론 관점을 갖든 자신만의 상담 계획을 갖는다. 이 계획은 호소문제에 대한 평가, 인간과 변화 과정에 대한 스스로의 견해, 그리고 합의된 최종 목표와 관련되어 있다.

개입에 관해 얘기할 때 실제 문제는 변화와 그 변화가 어떻게 일어나는가 하는 것이다. 상담의 전체 목표는 바람직한 변화를 시도하고 촉진하는 것이다. 그래서 당신과 내담자가 바람직한 목표 또는 결과를 적시할 수 있을 때, 그다음의 논리적 질문은 "우리가 이런 목표를 어떻게 성취할 수 있을까?"가 된다. 제8장부터 제11장까지 상담에서 활용되는 특정한 유형의 개입방법에 대해 논의할 것이다. 우선은 평가와 목표 설정 과정에 기반 해서 상담사가 개입방법을 결정하는 과정을 간단히 살펴보자.

문제를 정의하고 목표를 설정한 후 상담사가 해야 하는 첫 번째 일은 내담자가 이제껏 시도해본 해결 방안이 무엇인지를 질문하는 것이다. 대부분의 경우, 내담자는 전혀 효과가 없었거나 부분적으로 효과가 있었던 방안 한두 가지를 제시할 것이다. 이런 정보는 거부당할 대안을 제안하지 않게 해줄 뿐 아니라 문제 해결자로서의 내담자 자원과 과거 해결 노력에 관한 이해를 제공해준다. 종종, 내담자들은 효과가 있었지만 모종의 이유로 지속할 수 없었던 시도를 보고하기도 한다. 일정 기간 효과적이었던 내담자가 개발한 개입방법은 때때로 보다 효과적인 것으로 수정될 수 있다. 이런 정보들은 문제에 대한 당신의 이해를 넓혀서 해결에 이를 때까지 한 방안을 고수할 수 없는 내담자의 특성까지도 포괄할 수 있도록 해줄 것이다.

내담자가 스스로 시도한 방법이 모두 비효과적이었다고 가정하면, 다음 단계는 목표를 그 특성에 따라 개입방법에 연결시키는 것이다. 어떤 문제를 내담자가 삶의 상황을 어떻게 보는지에 기인한 것으로 본다면, 이 문제를 감소시키려는 목표는 인지 목표로 정의될 수 있다. 즉 인지 변화를 의도하는 개입방법이 고려되어야 한다는 것을 나타낸다. 만약 목표가 내담자의 사회 환경(예 : 가족, 직장, 친구들, 지역사회)과 관련된 것이라면, 상호의존적인 사회체제를 바꾸도록 설계된 개입이 고려되어야 한다. 만약 목표가 상처, 슬픔, 또는 분노와 같은 정서 상태를 다루는 것이라면 목표는 정서에 기반 한 것이 될 것인데, 이 경우 개입방법은 정서적 노출과 탐색을 촉진하는 것이 될 것이다. 그러나 목표가 타인에게 영향을 미치려는 내담자의 행동이나 노력이라면, 목표는 행동에 기반 한 것이 된다. 이때 가장 효과적인 개입방법은 내담자가 보다 성공적인 행동을 성취하도록 설계된 것이 된다. 제8장에서 제11장에 기술된 개입전략들은 내담자 문제의 이런 차원을 중심으로 분류되었다. 제8장은 정서 개입방법을 검토하고, 제9장은 인지 개입방법을 제시하고, 제10장은 행동 변화를 위한 개입방법을 설명하며, 제11장은 체계 변화가 일어나도록 설계된 개입방법을 탐색한다.

이 시점의 상담 과정에서 당신의 이론 선호가 가장 확실히 나타날 것이다(좀 더 이른 단계에서 출현했을 가능성이 더 높지만). 우리 모두는 삶을 바라보는, 선호하는 렌즈를 가지고 있다. 어떤 사람은 감정의 중요성을 강조할 것이다. 다른 사람은 삶을 행동으로 옮겨야 하는 일의 리스트로 바라볼 것이다. 또 다른 사람들은 대부분의 상황에 대한 문화적 함의점을 찾을 것이다. 다른 사람은 삶을 미리 대비하고 해결방안이 모색되어야 하는 일련의 도전으로 볼 것이다. 이런 것들이 이론적으로 보이지 않을지 모르겠지만 실상 이론적이다. 감정 세계를 선호하는 학생들은 인본주의 이론을 선택하고, 문제 해결을 생각하는 학생들은 인지 이론을 선택한다. 여기에 옳고 그른 것은 없다. 문제가 한 가지 이론에 한정되는 경우는 거의 없다는 점을 제외하면 말이다. 일반적으로 문제는 복수의 이론이 동원되어야 평가될 수 있다. 내담자들은 문제를 다루기 위한 오직 한 가지 습관적인 관점을 가지고 있는데, 바로 이것 때문에 이들의 해결책은 성공하지 못한다.

올바른 개입방법을 선택하는 것은 일반적으로 조절의 과정이다. 모든 개입이 모든 내담자에게 효과적이지는 않다. 때때로 완벽한 개입방법이 나중에 완전히 쓸모없는 것으로 드러나기도 한다. 개입방법을 신중히 결정하고, 선택한 개입방법이 작동하지 않으면 전략을 기꺼이 변경하는 태도를 갖는 것이 중요하다. 이런 과정은 신체 문제에 대한 의학적 처치와 유사하다. 하나의 처치가 바라는 반응을 낳지 못하면, 상담사는 대안 처치를 선택하거나 문제를 재평가해야 한다.

개입을 시작하는 데 필요한 네 가지 기술은 다음과 같다.

1. 특정한 개입방법을 활용하는 역량
2. 특정한 개입방법을 적절히 사용하는 것에 관한 지식
3. 이런 유형의 개입에 나타내 보이는 전형적인 반응에 대한 지식
4. 개입에 대한 내담자의 반응을 관찰하는 기술

각각의 개입방법을 활용하는 데 필수적인 기술을 개발하기 위해서는 전문 감독자의 감독아래 안전한 환경에서 연습을 할 수 있어야 할 것이다. 이런 종류의 연습은 상담실습 과목이나 임상현장실습 과목을 통해 할 수 있을 것이다. 개입 실제는 생각보다 더 어려울 수 있다. 전문

감독자의 지도 없이 내담자에게 개입을 시도하는 상담사는 내담자에게 이득을 주기보다는 오히려 해를 끼칠 수 있다.

상담사는 내담자가 특정한 개입에 보통 어떻게 반응하는지를 알고 있어야 하는데, 이는 일반적으로 전형적인 반응의 범위로 표현된다. 이런 일의 목적은 비정상적 반응, 예측할 수 없는 반응, 그리고 그 결과 문제를 경감시키기보다는 더 악화시키는 반응을 알아내는 것이다. 예를 들어 '빈 의자'(제8장에서 논의될 것임)는 대안적인 감정 또는 반응에 대한 자각을 확인하고 확대하도록 내담자를 돕는 데 활용되는 게슈탈트 기법이다. '빈 의자'는 숨겨진 감정 그리고 아마도 두려움을 갖게 하는 감정에 접근할 수 있게 해주는 강력한 기법이다. 때때로 이 기법은 감당할 수 없는 양의 감정을 분출하게 한다. 이 경우, 상담사는 내담자의 반응이 이 개입에 대한 전형적 반응 이상이라는 것을 인지할 수 있어야 한다.

그러나 이런 종류의 극적인 반응보다는 잘 알 수 없는 반응이 더 흔하다. 적절한 기술 없이 개입이 이루어졌기 때문이다. 개입은 악곡을 연주하는 것과 유사하다. 곡에는 템포가 있고 강조되어야 하는 특정한 음이 있다. 개입이 기술적으로 실행되면 상담사가 평가할 수 있는 어떤 일이 일어난다. 그 결과가 목표 도달이든 부분적 도달이든 혹은 상담 과정을 평가 단계로 후퇴시킨 것이든, 개입은 작동한 것이다. 제8장에서 제11장까지 네 가지 주요 이론 범주에 해당하는 개입방법을 제시하기 전에 제7장에서 개입방법의 선택에 대해 좀 더 자세히 논의할 것이다.

개입을 하는 동안 긍정적인 작업 관계 유지하기 개입이 시도되는 시점까지는 상담사와 내담자 간에 매우 견고한 작업동맹이 형성되어 있어야 한다. 사실 개입에서 내담자는 추가적인 노력을 하거나 위험을 감수할 것이 요구된다. 만약 치료적 관계가 약하다면 개입은 성공하기 어려울 것이다. 관계가 적절하다 해도 상담사는 개입을 시도할 때 작업동맹에 주의를 기울여야 한다. 사람들은 상대방이 자신을 당연한 것으로 여긴다고 느끼면 상대방과의 관계를 재고한다. 마찬가지로, 내담자는 개입에서 요구되는 것들이 어렵고 두려울 수 있으며 불편할 수 있다는 것을 상담사가 알아주기 원한다. 상담사는 개입에 대해 설명을 해야 하고, 실행 전에 내담자의 동의를 받아야 한다. 그리고 개입에서 요구하는 것을 완수할 수 없었다 해도 내담자가 부끄러움을 느끼지 않게 해주는 것이 특히 중요하다. 상담사는 목표를 향해 나아가는 가운데 만난 그런 정도의 장애는 해결할 수 있을 만큼 관계가 강력하다는 것을 알려주어야 한다. 개입이 실패했다면, 이때는 모든 사람이 재조직하고(regroup), 재평가하며, 앞으로 나아갈 시점이 된다. 이런 과정 그 자체가 매우 치료적이라는 점에 주목해야 한다. 왜냐하면 내담자는 과거 실패했을 때 지지를 받아보지 못했을 것이기 때문이다. 상담사와 내담자 사이의 강력한 작업동맹은 책무성과 지지의 건강한 조합을 제공해야 한다.

종결, 평가, 그리고 추수 개입 계획하기

초심 상담사가 종결에 대해 생각하기는 어렵다. 왜냐하면 이들은 상담을 어떻게 하는지에 너무나 많은 관심을 쏟고 있어서 그 과정을 종료하는 것은 먼 문제로 보이기 때문이다. 그러나 모든 상담의 궁극적인 목적은 성공적인 종결이다. 더구나 상담은 종종 성공적인 해결 없이 종료되어야 한다(예 : 인턴기간의 종료, 규정으로 정해진 상담 횟수에 다다름). 이상적인 종결이든 혹은 그것에 못 미치든, 종결 과정의 중요성과 그 미묘함, 그리고 상담사가 현실적으로 통제할 수 있는 것이 무엇인지 생각해보자.

상담사가 지금까지 성취한 것을 파괴하지 않으면서 어떻게 상담 관계를 종료하는가? 적절하게 수행되었다면, 그 과정은 민감하게, 그리고 사전숙고와 함께 천천히 진행되었을 것이다. 내담자가 설정된 목표를 달성하기 시작하면, 빈 공간이 만들어지고 있다는 것이 분명해진다. 이러한 유혹은 새로운 목표 설정 및 활동을 하며 상담 과정을 계속 이어 가려는 것이다. 그러나 상담을 하게 된 원래의 목적상 이 과정이 적절하지 않다는 것을 내담자가 깨닫기 시작한다. 바로 이 지점에서 내담자에게 위기가 발생한다.

내담자가 이런 각성에 도달하기 오래전부터 상담사는 그 조짐을 깨닫고, 위기를 예상하며, 성공적인 종결을 위한 준비 작업을 해야 한다. 일반적으로 상담사는 평가 과정에 들인 만큼의 공을 종결 과정에도 들여야 한다. **점진적인 종결**이란 바로 이것을 의미한다. 상담 관계가 몇 회기 정도만 지속될 것이라는 점이 드러날 시점이 되면, 상담사는 이 과정이 가까운 미래에 끝날 수 있음을 얘기해야 한다. 이를 위해 "이제 곧 우리 작업이 종결될 것입니다"와 같이 말할 수 있을 것이다.

종결에 대해 미리 얘기하면 내담자가 이를 부인하거나 일시적인 위기에 빠지는 일이 드물지 않게 발생한다. 이 시점까지 내담자는 자신의 문제를 혼자 대면할 생각을 해보지 않았을 수 있다. 만약 그렇다면, 이를 허용하라. 부인(denial)은 회복 과정의 일부이고 곧 사라질 것이다. 그러나 상담사가 부인에 저항하면(내담자에게 자신이 생각보다 더 강하다고 안심시키는 반응 등을 통해) 위기가 더 심화될 뿐이다. 이와 같은 새로운 생각에 내담자가 익숙해져야 한다는 점을 기억하라. 연속되는 회기들에서 이런 생각을 불러일으킬 기회가 다시 올 것이다. 점진적으로, 대부분의 내담자들은 다시 돌아와서 자기가 가진 자원으로 빈 곳을 채우기 시작한다. 그리고 궁극적으로 상담을 곧 끝낼 수 있다고 '결정'한다.

때때로 내담자는 종결 준비가 되었다고 느낄 때조차 안전을 필요로 한다. 이런 안전은 6주, 3개월, 또는 6개월 후의 추수 약속을 잡으면 성취될 수 있다. 약속 날짜가 다가오면, 이 약속을 유지할 필요가 있는지 내담자에게 물어보는 것이 좋다. 만약 그럴 필요를 느끼지 못한다면, 내담자는 전화로 약속을 취소할 수 있다. 그리고 자신이 잘 지내고 있음을 상담사에게 알릴 수 있다. 그러나 만약 새로운 상담의 필요성이 나타나면, 주저하지 말고 약속 날짜 전에라도 전화로 연락할 수 있음을 알려주는 것 또한 필요하다. (Section A.11, Termination and Referral, ACA Code of Ethics, 2014, www.counseling.org/docs/ethics/2014-aca-code-of-ethics.pdf?sfvrsn=4 참조.)

지금까지는 질서정연하고 다소 만족스러운 종결에 대한 진술을 논의했다. 그러나 종결이 늘 이렇게 일어나는 것은 아니다. 어떤 사례에서는 종결이란 단지 부분적으로 유용한 개념이다. 예를 들면 학교 상담사는 어떤 학생과 개인 또는 집단 상담을 끝낼 수 있다. 그러나 그 학생은 여전히 상담사로부터 도움을 받을 수 있다는 점을 안다. 다른 내담자는 아주 복잡한 삶의 문제와 만성적 질병 때문에 병원에 입원을 해야 해서 종결한다. 또 다른 내담자는 다시 술을 마시기 시작해서, 또는 상담센터로 오는 교통편을 놓쳐서 등과 같은 이유로 종결할 수 있다. 이런 경우, 종결은 내담자나 상담사에게 전혀 만족스럽지 못하다. 따라서 만성적 혹은 종종 급성 정신건강문제를 가진 내담자를 보는 상담사는 소진되지 않도록 정기적으로 지지를 받을 수 있어야 한다.

종결은 상담 과정에서 반드시 있는 일이지만, 불행히도 성과에 대한 평가(evaluation)는 그렇지 않다. 그 결과, 상담사들은 상담 실제에서 어떤 것이 효과를 내고 어떤 것은 효과를 발휘하지 못하는지에 대한 믿을 만한 지식을 갖고 있지 못하다(Tracey, Wampold, Lichtenberg, & Goodyear, 2014). 종종 만족도 질문지가 내담자에게 주어진다. 그러나 뭔가 더 필요하다. 증상을 열거하여 양적으로 평가하는 질문을 제시하고 내담자에게 개선 정도를 평정하게 하는 것은 매우 도움이 될 것이다. 특히 상담사가 종단적으로 어느 한 종류의 개입이 다른 종류의 개입보다 더 성공적이라는 결과를 얻는다면 특히 더 도움이 될 것이다. 학교 상담사라면 질문지를 의뢰 교사에게 제시하고 처치 전과 후에 각각 평정하도록 요청할 수 있을 것이다. 상담사가 여러 장면에 걸쳐 어떤 입장을 제시할 때, 이런 종류의 데이터는 의사결정자가 상담의 가치를 이해하도록 하는 데 큰 도움이 될 것이다. 종결과 평가에 관해서는 제12장에서 좀 더 논의할 것이다.

종결 과정 동안 긍정적인 작업관계 유지하기   상담, 특히 좋은 상담은 내담자에게 매우 의미 있는 사건이 될 수 있다. 이때, 상담사와의 관계는 종종 내담자의 삶에서 가장 중요한 관계가 된다. 어떤 상담사들은 이런 말을 들으면 기쁘게 생각한다. 그러나 다른 상담사들은 불편하게 느낄 것이다. 어떤 상담사는 그렇게 짧은 시간 내에 자신이 타인에게 그렇게 중요해질 수 있다는 것을 이해하지 못할지 모른다. 그러나 관계가 중요하다는 것과 모든 관계는 언젠가는 끝나기 마련이라는 사실은 별개의 것이다. 이러한 사실이 관계 역설(relationship paradox)을 낳는다. 즉 관계 형성을 위해 유의미한 노력을 하지만, 그 관계란 시간제한이 있을 수밖에 없다. 하지만, 일반적으로 우리는 그런 관계가 오래 지속되기를 희망한다. 교사와 코치 등과 같은 사람들도 이런 종류의 관계 역설에 빠진다. 차이가 있다면, 교사나 코치는 이전 학생과 운동선수로부터 종종 소식을 듣지만, 상담사는 이전 내담자로부터 소식을 다시 듣지 못한다는 것이다. 이런 사실은 종결에 있어서 가장 큰 도전이 된다. 특히 상담사에게 내담자와의 관계가 의미가 있을 때 더욱 그러하다.

내담자의 관점에서 거절당했다는 느낌 없이 종결에 대해 탐색하는 것은 매우 중요한 일이다. 많은 내담자들이 자신이 감당할 수 있는 것보다 더 많은 거절을 경험해 왔기 때문이다. 내담자의 삶에서 거절이 중요한 주제가 아니라 해도 종결은 중요한 변화이다. 내담자를 포함한 많은 사람들에게 이러한 일을 경험하는 것은 어려운 일이다. 이러한 이유로 종결은 이른 시기에 논의되어야 하고, 상담 관계 전체를 통해 언급되어야 한다. 이뿐 아니라, 종결은 관계에 대해 개관해볼 수 있는 시간이 될 수 있다.

상담사	당신을 만났을 때를 아직도 기억하고 있어요. 당신은 세상에 대해 무척 화가 나 있었죠. 나 또한 그 세상의 일부였지요.
내담자	(웃으며) 맞아요. 그때 전 아주 예의 바르지는 않았죠.
상담사	전 당신이 그렇게 무례하다고 보진 않았어요, 당신에 대해 알려고 하는 데 별로 도움을 주려 하지 않는다고 보았을 뿐이었죠. 우리가 그런 문제를 극복할 수 있어서 기뻐요. 당신이 위험을 감수할 수 있어서 기뻐요.
내담자	저도 그래요.
상담사	그리고 무엇보다 더 기쁜 것은 당신이 더 많은 위험을 감수하면서 이 방 밖 다른 사람들에게 자신을 드러내려 한다는 얘기를 듣는 것이지요.

마지막으로, 앞에서 언급했듯이 종결은 늘 이상적이거나 잘 계획된 것만은 아니다. 이 경우, 종결은 상담사와 내담자 모두에게 관계 취약성을 나타내는 것이 된다. 상담사가 미래에 이 내담자와 함께 작업할 기회를 갖지 못할 것이라고 믿는다면, 상담사는 최소한 동료나 슈퍼바이저와 함께 갑작스러운 종결에 대해 논의할 수 있는 기회를 가져야 한다.

상담에서 내담자의 경험

대부분의 사람들은 인생의 어떤 시점에서 상담을 해보는 것이 유용했었을 것이라고 생각할 것이다. 아마 당신도 당신 삶에서 그런 시점을 찾을 수 있을 것이다. 내담자로서 상담 관계를 시작해보았는가? 만약 그렇다면, 그 관계에서 두려움을 느꼈는가? 희망적이었는가? 필사적이었나? 어떤 사람에게는 도움을 요청하는 것이 쉽지 않다. 어떤 사람에게는 자신이 도움을 필요로 한다는 것을 인정하는 것이 비교적 쉽다. 요약하자면, 내담자는 다양한 강점과 약점을 가지고, 그리고 많은 이유를 가지고 상담을 시작한다. 모든 내담자가 상담에 들어와서 이 과정이 제공하는 이점을 향유할 만큼 힘을 얻는 것은 아니다. 어떤 사람은 자신이 가능하다고 생각했던 것 이상으로 상담이 무언가를 제공한다는 것을 발견한다. 다른 사람들은 실망해서 상담을 그만둔다. 모든 내담자가 도움을 받을 수 있는 것은 아니지만, 상담사가 차이를 만들 수 있는 가장 좋은 방법은 상담의 각 단계마다 내담자에게 주의 깊은 관심을 주는 것이다. 때때로 이 차이는 엄청나다.

평가와 내담자의 경험

자신의 의지로 상담을 찾는 내담자는 전형적으로 오랜 기간 동안 불만족 또는 혼돈 상태로 살아온 사람이다. 전문적인 조력을 추구하기로 함으로써 이들은 통제를 갖기 위해 일정 수준의 통제를 포기한다. 이들의 대부분은 아직 이러한 역설을 이해하지 못한다. 그러나 이들은 이 역설의 한쪽 면, 즉 중요한 개인 정보를 사적인 관계에 있는 사람 이외의 사람과 공유함으로써 통제를 포기한다는 것에 대해서는 매우 잘 알고 있다. 그러므로 대부분의 내담자는 다양한 정도의 양가감정을 가지고 상담에 임한다.

경험이 일천한 내담자는 정확히 무엇을 기대할지 또는 자신들에게 기대되는 것이 무엇인지 모른 채 상담에 온다. 이런 정보 부족 때문에 이들은 불확실성, 취약감, 의문감 등을 느낄 수 있다. 내담자와 상담사 사이의 개인적 또는 문화적 차이는 시작부터 두드러진다. "그녀는 부자 동네 출신 같아 보여.", "그는 매우 보수적으로 보여. 내가 동성애자라는 것을 알게 되면 그는 어떤 반응을 보일지 궁금하네.", "그녀는 좋은 사람이지만 좀 순진해 보여. 내 삶은 아마 그녀에게 충격일거야.", "그는 자녀가 있을 만큼 나이가 들지는 않은 것 같아. 도대체 어떻게 그가 나를 도울 수 있을까?" 이런 내적 생각들은 저항이 아니다. 상담에 대해 알지 못하고 자신이 속한 사회나 문화 맥락 외부의 타인과는 긍정적인 경험을 거의 해보지 못한 사람에게 이런 생각들은 오히려 합리적이며 당연하다.

모든 내담자가 상담이라는 새로운 상황에 잠정적으로 또는 유보적으로 반응하는 것은 아니다. 몇몇 과제 지향적인 내담자는 이미 세 번째 회기에 들어선 것처럼 상담을 시작하며 불안하다거나 불확실하다는 인상을 거의 주지 않는다. 어떤 내담자들은 '경험 많은 내담자'라 불리는데, 이들은 과거에 상담을 여러 번 경험해본 사람들이다. 내담자가 이런 특성을 가지고 있다는 사실이 이미 이들 내담자와 라포를 형성했다는 것을 뜻하는 것은 아니다. 신뢰, 존중, 그리고 안전 문제는 내담자가 상담 과정으로 뛰어드는 동안 일시적으로 잠복한다. 이 문제들은 상담이 목표 설정과 개입을 향해 갈 때 다시 출현할 것이다.

어떤 내담자는 무엇이 또는 누가 문제의 '원인'인지에 대한 강한 흥미를 가지고 있다. 이러한 질문은 너무나 강하게 제기되어서 그에 대한 답만이 해결책인 것처럼 보이기도 한다. 사실, 근심의 원인을 안다고 해서 문제가 해결되는 경우는 거의 없다. 물론 예외는 있다. 그러나 일련의 조건이 왜 존재하는지 안다는 것 그 자체가 저절로 그 조건을 사라지게 하지는 않는다. 이 사실을 아는 것은 여러 상담 목표 중 몇몇을 달성하는 데 중요할 수 있다.

마지막으로, 어떤 내담자는 타인에 의해 의뢰되거나 강제되었기 때문에 상담에 온다. 이런 내담자를 대상으로 하는 평가는 천천히 진행되어야 한다. 그리고 평가에서 관계 측면이 평소보다 더 강조되어야 한다. 요약하면, 상담사는 내담자가 상담 과정에 참여하겠다고 스스로 결정하도록 조력해야 한다. 성취할 수 있는 목표가 많지 않다고 해도 이런 노력이 필요하다. 이런 노력이 없다면, 목표 설정과 개입을 통해 긍정적인 성과를 얻을 가능성은 거의 없을 것이다.

내담자가 상담을 받고자 하는 열망과 준비된 상태에 있든, 아니면 강제된 그리고 화가 난 상태에 있든, 평가에 대한 가장 보편적인 내담자 반응은 자신이 예측한 것보다 더 오래 걸린다는 것이다. 이런 상황은 어떤 내담자에게 그 자체로 그리고 저절로 좌절을 자극할 수 있다. 이들은 당장 필요로 하는 해결책을 찾아 상담에 왔다. 이 사람은 언제 만족할 수 있는 답을 얻게 될까? 이런 이유로 상담사는 자신이 하고 있는 일을 하는 이유와 과정에 대해 명확히 알고 있어야 한다. 정보를 수집하는 것 그 자체가 목적이 아니다. 정보 수집은 호소 문제와 연결되어야 하고, 상담사와 내담자가 목표 설정을 향해 나아가는 데 도움이 되어야 한다.

목표 설정하기와 내담자 경험

앞서 언급했듯이, 목표 설정하기는 그 과정에서 실제 무엇인가가 시도되는 지점이다. 어떤 내담자는 이런 단계에 도달하기를 열망하지만, 다른 내담자는 그 정도가 훨씬 덜하다. 자신의 호소문제와 관련한 고통 감소를 위해 목표를 설정하도록 도우려 할 때 내담자가 머뭇거리는 것은 상담사에게는 잘 이해되지 않는 일이다. 그러나 저항처럼 보이는 이 현상 이면에 뭔가가 있을지 모른다. 많은 내담자들은 인생에서 성공보다는 실망을 더 많이 경험해 오고 있다. 그래서 목표 설정하기는 누군가에 의해 실망하게 되는 또는 실패하게 되는 또 다른 기회를 의미할 수 있다. 평가를 하는 동안 작업동맹이 어느 정도 강하게 유지되었다고 해도, 목표 설정하기는 상담사가 '도움을 줄 것'이라는 훨씬 더 강력한 믿음을 요구한다. 그래서 상담사는 인내해야 하며, 긍정적인 작업관계가 성장하도록 적절한 관심을 주어야 한다.

내담자가 목표 설정하기에 열성적으로 접근할 때 상담사는 더 협력적으로 일할 수 있는 기회를 갖게 된다. 이때는 상담사와 내담자 모두 잠재적으로 보상을 받는 희망적인 시간이 된다. 이런 상황은 내담자가 상담 과정에 참여하여 힘을 얻고 있으며, 상담을 개인적으로 그리고 문화적으로 적절하게 보고 있다는 것을 의미한다. 따라서 이 단계 및 이어지는 단계들에서 이런 상황이 이상적이다.

목표 설정에 관한 한 대부분의 내담자는 열성적이거나 매우 소극적인 태도의 양극단 사이에 위치한다. 만약 상담의 과정 모두를 처음 접하는 내담자라면, 단지 몇 주 전만 해도 거의 어떻게 해볼 수 없다고 생각되었던 문제가 이제 달성할 수 있는 목표로 나타날 수 있는지 의아해 할 것이다. 목표, 특히 처음 논의된 목표들은 너무 평범하게 보일 수 있다. 그래서 변화란 일반적으로 큰 비약이 아니라 일련의 작은 단계로 나뉘어 나타난다는 점을 상담사가 내담자에게 확신시켜 줄 필요가 있을지 모른다. 설명과 내담자의 걱정에 대한 이해, 그리고 지지를 통해 내담자는 개인적으로 의미 있는 목표를 제시할 수 있게 될 것이다. 한 가지 부산물로 내담자는 미래 자신에게 닥칠 수 있는 도전에 대처할 수 있는 삶의 기술 또한 배울 수 있다.

개입과 내담자 경험

개입 단계는 상담이 적정하게 기능하고 있을 때, 새로운 에너지가 그 과정에 유입되는 것으로 파악될 수 있다. 상담사는 이 단계 동안 각 개입에 대한 내담자의 반응을 평가하는 데 주의를 기울여야 한다. 예를 들어 어떤 내담자에게 일주일 동안의 사회적 접촉을 추적하게 하는 개입은 비교적 덜 위협적일 것이다. 그러나 부모나 고용주에게 다른 방식으로 접근해보게 하는 체계적 개입은 내담자를 자신의 취약성 또는 분노와 다시 접촉케 할 수 있다. 이전에 내담자에게 설명하고 내담자가 동의한 목표가 개입과 직접적으로 관련되어 있다고 해도, 개입은 여전히 내담자에게 도전적이고 심지어는 위협적이기까지 한 반응을 유발할 수 있다. 반영 및 지지의 말뿐 아니라 즉시성이 상담사에게 중요한 기술이 되는 것은 바로 이때이다.

어떤 개입은 위협적이 아닐 수 있다. 그러나 이런 개입은 어려운 일이 될 수 있고 훈련이 필요할 수도 있다. 내담자에게 변화가 직선적으로 일어나지 않는다는 점을 종종 상기시켜야 한다. 개입 단계에서 진척(progress) 정도를 평가하는 것은 내담자가 낙담해 있을 때 종종 도움이 된다. 어떤 엄마는 지난주 동안 청소년 딸과 서로를 향해 고함을 질렀던 일로 괴로워하고 있었다. 이때 상담사는 마지막으로 딸과 싸운 후 5주가 지났으며, 상담에 처음 왔을 때 일주일에 두 번은 일어났던 일이었음을 그녀에게 상기시키는 것이 도움이 될 것이다.

내담자는 예측 가능한 시련에서 벗어남에 따라 자신감을 되찾는다. 그리고 새로운 패턴은 더욱 안정화된다. 이때 어떤 내담자는 새로운 종류의 위기, 즉 종결의 위기를 예감하기 시작한다. 이들은 자신과 문제를 다루는 자신의 능력, 그리고 상담 과정에 대해 더 좋게 느낀다. 인지 부조화가 나타날 수 있는데, 이는 다음과 같이 개념화될 수 있다.

상담을 통해 나는 보다 강해졌고, 보다 만족하고, 보다 잘 통제하고 있어. 그래서 나는 지금껏 도움이 되었던 상담을 곧 끝내야 할 필요가 있어. 그러나 상담을 하지 않아도 지금처럼 내가 강하고, 만족하고, 통제할 수 있을지 모르겠어. 내가 정말 바뀐 것인지 아니면 상담이 나를 지탱하고 있는 것인지는 내가 상담을 떠나지 않는 한 결코 알 수 없을 거야.

이런 갈등의 해결은 상담 과정의 성공에 결정적인 역할을 한다. 내담자가 상담을 끝낼 위험을 감수하기로 결정해야 상담이 도움이 되었다는 것을 최종적으로 확정할 수 있다. 이런 점은 두 가지 수준에서 중요하다. 첫 번째, 상담을 통해 얻은 것은 내담자의 실제 환경에서 지지되고 유지되어야 한다. 두 번째, 내담자는 자신을 변화된 사람으로 볼 수 있어야 한다.

종결과 내담자 경험

상담은 다른 삶의 조건과 마찬가지로 영원하지 않다. 성공적인 상담의 결과로 종결이 이루어지게 될 때, 그 과정은 성취와 유감의 공존이다. 보다 자신을 믿고, 더 잘 통합되었으며, 미래 지향적이 되었음을 느끼는 등 내담자는 미래에 대한 낙관을 경험한다. 동시에 내담자는 자신을 주의, 관심, 그리고 노력의 중심이 되게 해주었다는 측면에서 독특했던 중요한 관계와 이제 이별하고 있다. 내담자는 보통 이런 관계를 쉽게 포기하지 못한다. 그래서 종결에는 상실감이 혼합된다. 상담사와 내담자가 종결의 파장을 논의할 때면 이런 두 가지 감정의 동요가 표면에 떠오른다. 상담이 끝나갈 때, 상담사는 두 가지 감정을 수용하고 일반적으로 경험하는 것으로 인정해줄 필요가 있다.

아마도 가장 어려운 종결 상황은 상담이 부분적으로 성공적이었지만 계속되지 못할 때 발생한다. 이런 상황은 상담사 또는 내담자가 멀리 이사를 가게 되거나, 인턴 상담사의 인턴 기간의 만료, 상담료의 부족 등과 같은 일로 발생한다. 이 상황에서 내담자는 상담이 성공적이었을 때보다 더 강렬한 상실을 경험할 수 있다. 이런 상실은 정상적이며, 분노나 공포가 나타날 수 있다. 상담사가 비방어적으로 그리고 관심 어린 태도로 그런 부정적 감정을 인정해주는 것이 중요하다. 비록 불완전한 종결이지만, 가능한 치료적으로 이 종결이 이루어질 수 있도록 하는 것이 상담사의 일이다.

상담의 한 단계로서 종결이 늘 보장되는 것은 아니라는 점을 한 번 더 강조할 필요가 있다. 어떤 청소년은 학교로부터 정학 처분을 받는다. 외래 정신건강 상담소의 어떤 내담자는 두 번 연속해서 상담에 나타나지 않았다. 이런 이유로 그 상담소는 이 내담자와의 상담을 멈추기로 결정한다. 이런 상황은 상담의 끝이긴 하지만 종결은 아니다. 이런 끝은 모든 관련 당사들에게 상실감을 느끼게 하고, 때로는 상담이 사람들의 삶에서 할 수 있는 역할이 제한적이라는 점에서 낙담하게도 한다. 이런 경우, 갑작스러운 끝 이전에 수행된 작업이 내담자의 이후 삶의 어느 지점에서 도움이 되기를 희망해야 할 뿐이다.

요약

모든 관계는 구조를 가지고 있다. 이런 구조는 참여자가 수행하는 역할, 서로가 상호작용할 때 따르는 규칙, 또는 서로 다른 유형의 관계가 어떠해야 하는가에 관한 개념 등의 형식을 취한다. 일반적으로 관계의 구조를 이해하기 전까지는 어떻게 그 관계의 일부가 될 수 있을지 이해하기 어려울 것이다. 이 장에서 우리는 상담 관계를 파악하기 위한 구조를 제공했다. 상담사는 평가 및 조력관계의 형성에서 시작해서 목표 설정하기, 개입을 계획하고 시작하기, 그리고 마지막으로 종결과 평가로 이동해 간다. 이 단계들은 내담자의 참여 없이는 결코 성취되지 않는다. 각 단계 내에서는 많은 것들이 고려되어야 한다. 때때로 두 단계가 중첩되기도 한다. 때로 상담사와 내담자는 멈추어 생각해보고 앞 단계로 되돌아가야 할 때도 있다. 이 모든 단계에 걸쳐, 과정에 대한 평가(즉 관계가 얼마나 잘 발전해 나가고 있는지, 문제가 옳게 정의되었는지, 아니면 설정된 목표가 적절한지 또는 성취할 수 있는 것인지, 개입이 얼마나 잘 작동하고 있는지, 그리고 어떤 욕구가 관계를 끝내는 과정에 남아 있는지 등)는 중요한 활동이다.

마지막으로, 각 단계마다 내담자의 경험을 고려했다. 전형적인 내담자는 시작부터 종결까지의 진행에 어떻게 반응하는가? 어떤 것이 정상적인 기대인가? 이와 같은 상담 경험의 많은 측면은 중요하지만 종종 손에 잘 잡히지 않는다. 그래서 당신은 상담의 진전에도 주목하지만 동시에 내담자의 경험에 주의를 기울이며, 구체적으로 손에 잡히지 않는, 독특한 측면을 듣는 것 또한 중요하다.

실습

I. 상담 과정의 단계

파트너를 정해 상담 관계 역할극을 해보자. 역할극을 해 보고 싶은 단계(즉 평가, 목표 설정, 개입, 종결)를 미리 정하라. 다른 수강생들에게 역할극 장면을 관찰하게 하고, 어떤 단계를 나타내고 있는지 말해보게 하라. 네 단계 모두를 이렇게 해보라. 그리고 다음 질문에 대해 논의를 해 보라 — 상담사의 음성 행동이 모든 단계에 걸쳐 동일한가, 아니면 변화하는가? 당신이 기대하고 있는 변화는 어떤 것인지 기술해보라.

II. 내담자의 문화 정체성

동일한 파트너를 활용하여 평가 단계의 관계에 주목하고 있는 역할극을 해보라. 수강생 중 한 명은 다른 사람과는 다른 문화적 배경을 지닌 사람의 정체성을 가지고 있는 것처럼 하라. 역할극을 실행한 후, 어떤 역동을 경험했는가? 어떤 통찰을 얻었는가? 어떤 문제를 경험했는가? 당신이 발견한 함의는 무엇인가? 당신의 경험을 다른 수강생들과 공유하라. 그리고 이들이 제시하는 추가적인 통찰에 대해 얘기하라.

III. 상담의 종결

파트너를 정하고 상담사 역할을 할 사람과 내담자 역할을 할 사람을 정하라. 그리고 다음과 같은 역할극을 해보라.

당신과 당신의 내담자는 5개월 동안 상담을 해 오고 있으며 이제 정체되는 시점(plateau)에 도달했다. 상담을 시작할 때 얘기했던 호소문제의 대부분은 이제 해결되었다. 내담자의 보고로 판단해보건대, 내담자는 잘 기능하고 있고 이제 상담을 종결할 수 있다. 내담자는 이런 평가에 동의하기도 하고 동의하지 않기도 한다. 내담자는 이제 얘기할 새로운 문제를 가지고 있지 않다. 그러나 마음속 깊이 상담을 끝낸다는 것에 대해 애석해하고 있다(아마도 두려워하고 있을 것이다). 당신은 조기 종결하고 싶지 않다. 그러나 당신은 내담자 스스로가 잘 기능하고 있으며 추가적인 상담을 필요로 하지 않는다는 것을 인식하고 받아들이는지 여부가 중요하다고 여긴다.

역할극을 한 다음, 이 회기 동안 일어날 것으로 보이는 역동에 대해 논의해보라. 당신은 어떤 느낌을 갖는가? 내담자의 느낌은? 당신은 과제에 집중할 수 있었는가? 내담자의 양가감정을 볼 수 있었는가? 내담자가 양가감정을 다루도록 조력할 수 있었는가? 이 관계가 어디로 가고 있다고 생각하는가? 이 딜레마 상황에 대해 ACA 윤리규정에서는 어떻게 규정하고 있는가?

생각해볼 문제

1. 평가는 목표 설정하기와 어떻게 다른가? 평가의 부분은 되지만 목표 설정하기의 부분은 되지 않는 활동으로는 어떤 것이 있는가? 두 단계 모두에 해당하는 활동으로는 어떤 것이 있는가?

2. 내담자와 긍정적인 작업 관계를 시작하고 유지하는 것이 어떤 함의를 갖는지 논의해보라. 긍정적인 작업 관계의 시작 및 유지가 평가에 어떤 영향을 미치는가? 목표 설정하기에는? 개입에는? 종결에는?

3. 상담 개입이 아무런 효과를 보이지 않는 것 같다면, 무슨 문제가 있는 것이겠는가? 그것을 어떻게 알 수 있는가?

4. 어떤 단계에서 상담 관계가 가장 중요한가? 왜 그런가? 당신의 이론적 편향은 당신의 선택에 어떻게 반영되겠는가? 당신의 문화적 배경과 가치는 어떻게 반영되겠는가? 당신의 성은? 당신은 사람들이 행동하고, 생각하는 것, 또는 느끼는 것에 민감하다고 생각하는가? 사람들의 반응을 그 사람의 타고난 특성 때문이라고 귀인할 수 있는 부분은 얼마나 되는가? 현재의 환경적 요인으로 귀인할 수 있는 부분은? 문화적 배경으로 귀인할 수 있는 부분은?

5. 상담을 종결해야 할 때를 어떻게 아는가? 알 수 있는 방법이 한 가지 이상 있는가? 설명하라.

상담 관계 형성하기와 유지하기

이 장의 목적

상담사와 내담자 사이의 긍정적인 관계는 강력한 작업동맹의 세 가지 필수 요건 중 하나이기 때문에, 이 장에서는 치료적 관계를 형성하고 유지하는 것에 대해 다루고자 한다. 상담의 전 과정에 걸쳐, 치료적 관계는 모든 상담사/내담자 상호작용의 중심이므로 이 장의 초점은 이 관계를 향상시키기 위한 상담사 및 내담자의 특성과 기술에 있다.

이 장의 고려사항

- 당신은 많은 관계를 맺어 왔다. 당신의 관계 경험은 어떠했는가? 당신에게 지지적이거나 도움이 되었는가, 아니면 특별한 의미가 있었는가? 그들이 당신의 어떤 욕구를 만족시켰는가?
- 관계의 어떤 부분이 다른 사람에게도 동일한 영향을 미쳤는가? 관계에서 당신의 어떤 부분 또는 당신이 한 어떤 행동이 다른 사람에게 지지적이거나 도움이 되었거나 의미가 있었는가?
- 당신은 얼마나 자기 자신을 잘 알고 있는가? 어떤 점에서 당신은 당신의 남다름을, 당신의 가치를, 자신과 다른 사람들을 바라보는 관점을 발견했는가?
- 당신 가족을 어떤 사회적, 문화적, 인종적 집단과 동일시하는가?
- 당신과 문화적으로 다른 사람과의 관계는 어떠한가? 관계를 조율하기 위해 개인적인 성향을 조정한 적이 있는가? 긍정적인 경험이었는가?
- 당신 가족의 가치는 무엇이었는가? 당신 가족은 친밀성에 가치를 두었는가, 아니면 독립성에 더 가치를 두었는가? 정리정돈 아니면 자율성? 정면돌파 아니면 회피? 접촉 아니면 거리두기? 내향성 아니면 외향성?

상담이 성공적이라면, 내담자는 우리가 그들의 이야기를 경청하고, 소통하려고 노력하며, 진심으로 함께 작업하고자 함을 알 것이다. 이러한 조건을 이끄는 것은 라포와 관계에 포함된다고 볼 수 있는데, 이는 주로 전문적 상담의 맥락 안에서 사용되는 개념이다. 각각은 엄청난 의미와 중요성을 함축하고 있다. 라포란 관계 안에서 '상호 신뢰와 존중'의 조건을 의미한다(*The American Heritage Dictionary of the English Language*, 2012). 라포는 치료적 관계의 시작점 — 즉 치료적 관계를 형성하기 전 최소한의 필요조건이다. 이는 또한 관계의 뿌리로 개념화될 수 있다.

치료적 관계의 특성

Carl Rogers는 인간 중심의 치료적 관계 조건을 제공한 최초의 상담사 중 한 사람이다. 그는 내담자의 성격 변화를 이끌어내는 필요충분조건을 제안했다(Rogers, 1957). 그 조건이란 심리적 맥락에서의 두 사람, 즉 관계에서 불일치 상태에 있는 한 사람(내담자)과 일관되고 통합적인 다른 한 사람(상담사)을 포함한다. 이러한 상태를 넘어서, 관계는 또한 상담사가 내담자에 대한 무조건적인 긍정적 존중과 공감적 이해를 경험하는 것과 이 경험이 내담자에게 소통되고 전달되는 것을 필요로 한다.

일반적으로 효과적인 상담사-내담자 관계를 형성하는 데 있어 중요하다고 여기는 조건은 정확한 공감, 상담사의 진솔성, 내담자에 대한 무조건적인 돌봄 또는 긍정적 존중이다. 다양한 이론적 지향을 가진 사람들이 적어도 동의하는 한 가지가 있다면 바로 효과적인 상담사는 개인적으로 통합되어 있고, 자기를 돌아볼 수 있고, 내담자를 각각의 문화적 배경을 가진 특별한 존재로 귀하게 여길 줄 알며, 내담자가 무엇을 어떻게 경험하고 있는지 이해할 수 있다(또는 적어도 이해하려고 노력한다)는 것이다.

바람직한 상담사-내담자 관계는 내담자가 목표에 도달할 수 있는 가능성을 높이고 건강한 대인관계 모델을 제공하여, 내담자가 상담 세팅 밖에서 관계의 질을 향상시키는 데 활용할 수 있도록 한다. 이것이 바로 대부분의 상담 이론에서 언급되는 상담의 주요 요건이다.

관계맺음 진입 행동 : 초기 장벽

치료적 관계가 어떻게 형성되는지 더 설명하기에 앞서, 낯선 사람들을 만날 때는 언제나 장벽, 이미지 관리에서 말하는 진입 행동(entry behavior)이 존재함을 인정해야 한다. 우리 대부분은 수

년간 형성되어 온 겉모습(layer)을 가지고 있어 사람들을 만날 때 '안전'하게 있을 수 있다. 이러한 겉모습들은 우리의 일부지만 우리가 내면 깊이 느끼는 것보다는 다른 사람들이 우리를 어떻게 보기 원하는지를 더 잘 말해준다. 이 겉모습을 **진입 행동**이라고 하는데 왜냐하면 우리가 관계에 '진입'하고 안전감을 느낀 후에 이는 떨어져 나가기 쉽기 때문이다. 진입 행동은 긍정적으로도 부정적으로도 지각될 수 있다. 부정적 경험으로 인해 적대적이거나 겉으로는 아무렇지 않아 보이는 청소년들은 어떤 진입 행동을 하고 있는 것이다. 유머로 분산시키거나 '웜업이 느리거나', 눈에 띄게 친절하거나, 쉽게 자기를 개방하는 사람. 이 모든 것들이 다른 사람들이 자신을 자기가 원하는 대로 봐주도록 만들기 위한 행동인 것이다.

이러한 행동들이 의도적이라고 해서 의식적이라는 것을 의미하는 것은 아니다. 대신에, 경험과 지속적인 강화와 처벌, 소거에 의해 형성된 습관이다. 예를 들어 적대적인 청소년은 자기가 특별히 말썽을 부리지 않으면 사실상 무시당한다거나 중요한 시기에 믿었던 사람들한테 깊이 상처받아 왔다는 것을 알지도 모른다. 그래서 '겉모습'은 사람들과 관계맺는 방법("날 봐줘!")이거나 숨어 지내는 법("나는 네가 날 알아내서 또 상처 주도록 하지 않을거야")일 수 있다.

상담사 또한 진입 행동을 한다. 어떤 사람은 끝없는 공감자로 보이고 싶어 이런 이미지를 전달한다고 생각하는 행동을 보인다. 또 어떤 사람은 어느 누구보다 자신감 있고 똑똑한 사람으로 아니면 재미있는 사람 등으로 보이고 싶어 한다. 그렇다면 우리의 첫 번째 임무는 자신의 진입 행동을 이해하고 필요하다면 어느 정도 보완하는 것이다. 다시 말하지만, 진입 행동은 자신의 일부가 아니라고 말하는 것이 아니다! 하지만 일반적으로 그다지 치료적이지 않은 몇몇 욕구를 충족시키기 위해 형성되어 왔다. 이러한 경우에, 우리는 이 겉모습을 밀어내고 좀 더 진실된 사람으로 내담자를 만나야 한다.

내담자의 진입 행동은 어떻게 할까? 일반적으로 상담 전반에 걸쳐 관찰은 하되 그 행동에 직접적으로 반응하지 않는 것이 최선이다. 대신, 사람에 대해 반응하려고 노력한다. 적대적인 청소년을 다시 예로 든다면, 행동에 반응하는 것은 내담자에게 존중을 표하라고 요구한다거나, 화를 낸다거나, 아니면 시간낭비라고 생각하는 것이다. 대신에, 사람에 반응하는 것은 이 관계맺음 행동이 이 친구의 삶의 경험에서는 타당한 결과라고 자신에게 말하는 것이다. 이러한 성찰은 그 행동으로 인한 짜증을 가라앉힌다. 그러고 나서 관계를 맺고 평가를 시작하기 위해 다음과 같이 말할 수 있다. "여기 있는 게 그다지 좋아 보이지는 않네. 왜 그런지 이해할 수 있을 것 같아. 아무도 강제로 뭔가를 하는 걸 좋아하지는 않거든. 난 너하고 상담하고 싶지만 네가 원하지 않는 걸 하라고 하진 않을거야." 이런 말들이 마법은 아니다. 변화는 점진적으로 이루어진다. 어떤 진입 행동은 꽤 효과적이어서 일반적인 행동보다 더 오래 지속되기도 한다. 이는 여전히, 우리가 만나는 사람의 일부이다. 진입 행동보다 그 사람을 더 보고자 한다면 다음에서 설명하는 것이 필수적이다.

공감

Rogers(1989)는 정확하게 경험된 공감이란 다음을 의미한다고 했다.

상담사가 내담자가 무엇을 경험하고 있는지 정확하게 감지하고 이를 내담자에게 전달하는 것이다. 공감이 최상으로 기능한다면, 상담사는 단순히 내담자가 알아차리고 있는 것뿐만 아니라 그 이면의 의미까지도 명료히 할 수 있는 내담자의 사적 세계에 아주 깊이 들어간다. 이 가장 특별한 종류의 듣기는 내가 아는 가장 강력한 변화의 힘이다(p. 136).

지금까지 여러 학자들은 공감을 전달하는 것을 강조하면서 공감 언어의 개념을 소개해 왔다. Welch와 Gonzalez(1999)는 상담사가 두 가지 수준에서 의사소통하는 것이 필요하다고 제안했다. 첫째, 상담사는 "내러티브 ― 상황, 사건, 등장인물, 순서, 연관성, 내담자의 삶의 이야기에서 나타나는 주제"(p. 141)를 이해하고 있다는 것을 보여주어야 한다. 내용을 이해하는 것을 넘어서, 공감적인 상담사는 내담자의 내러티브에 내포되어 있는 의미를 이해해야 한다. Welch와 Gonzalez(1999)는 이것을 "이야기의 중요성, 내담자의 삶에서의 의미"(pp. 141-142)라고 했다.

이야기를 할 때 그것을 어떻게 알 수 있을까? 내담자는 종종 그들의 반응을 통해 이에 대한 답을 준다. 상담사가 내담자의 이야기의 내용과 의미를 모두 정확하게 이해했을 때 내담자가 놀라거나 안도하는 반응을 하는 것은 전혀 이상한 것이 아니다. "네, 정확해요!" 또는 "네, 맞아요" 아니면 단순히 바라보는 것과 같은 표현은 상담사에게 잘 따라오고 있다는 것을, 이해한 수준의 정도를 알고 있다는 반응이다.

공감은 또한 2단계로 나누어 설명될 수 있다. Gladding(2012)은 이 단계를 기초 공감(primary empathy), 즉 내담자가 느끼고 경험하고 행동한 것에 대한 기본적인 이해를 전달하는 것 그리고 심층 공감(advanced empathy), 즉 단순히 내담자가 명백히 진술한 것뿐만 아니라 내포하거나 완전히 말하지 못한 것까지 반영하는 것으로 구분했다.

초기 공감 연구자 중 한 사람으로 Robert Carkhuff가 있다. 연구를 위해, 그는 상담사가 내담자를 얼마나 잘 이해하고 소통하는지를 확인할 수 있는 5점 척도의 공감 척도를 개발했다. 이 척도는 내담자가 말한 것보다 더 깊이 느끼고 이해하는 것을 강조한다. 따라서, 1수준은 가장 낮은 수준의 대인관계 기능을 반영하고, 5수준은 내담자가 표현할 수 있는 것 이상의 반응을 제시한다(심층 공감). Carkhuff 척도는 주로 상담사 반응을 평가하는 연구자/관찰자들이 사용한다.

1. 상담사의 반응이 내담자의 표현과 거리가 멀거나 핵심을 벗어나 있다.
2. 상담사가 내담자가 표현한 감정을 반영하지만 중요한 정서가 빠져 있다.
3. 상담사의 반응이 내담자가 핵심적으로 표현한 정서와 의미를 그대로(내담자가 말하는 것을 재진술) 표현한다.
4. 상담사의 반응은 내담자가 표현할 수 있는 것보다 더 깊은 수준의 주요 감정을 추가적으로 표현한다.
5. 상담사의 반응은 내담자가 표현할 수 있는 수준 이상의 핵심적인 감정을 정확하게 표현한다(Carkhuff & Berenson, 1967, pp. 9-10).

Carkhuff는 3수준을 도움이 되는 효과적인 공감의 기초 단계로 간주했다.

공감이 습득되는 상담 반응인지 성격 특성인지 아니면 이 둘의 혼합인지에 대해서는 몇 가지 의문이 있다(Hackney, 1978). 아마도, 모든 인간은 타인과 타인의 고통을 이해하는 능력을 갖고 태어난다. 그렇다면, 인생 초기 경험이 이러한 능력을 발휘하도록 하거나, 휴면 상태로 두거나, 아니면 사라지게 할 수도 있다. 상담사가 되려는 모든 사람이 공감적인 귀로 듣고 내담자의 세계를 대리 경험하듯이 내담자의 이야기에 자신을 투사할 수 있는 것은 아니다. 이런 이유로, 상담 전공에 입학하려면 때로는 잠재된 공감능력이 요구된다. 수련 과정은 이 타고난 공감을 키우고 적절하게 치료적으로 사용할 수 있도록 하는 것이다.

Chung과 Bemak(2002)는 서구 전통적인 관점의 공감은 문화적 차이를 다루는 데 있어 복잡성에 대한 충분한 지식, 인식이나 이해를 통합하지 못한다고 하면서, 문화적 공감능력을 발달시키기 위해 내담자가 다음을 이해하도록 도와야 한다고 권고했다 — (1) 당신이 내담자의 문화에 대해 좀 더 학습하는 데 진심으로 흥미를 가지고 있다는 것, (2) 내담자 문화의 어떤 측면에 대해서는 인식하고 있지만 모든 영역에 대해서는 그럴 필요가 없다는 것, (3) 당신과 내담자 사이에 존재하는 문화적 차이에 대해 진심으로 존중하고 있다는 것, (4) 상담 과정에서 문화적으로 적절한 도움 추구 행동과 기대를 사용하고자 노력하고 있다는 것. 더불어, 문화적 공감은 Rogers(1957)가 제시한 동일한 조건을 요구한다. 어떻게 다른 사람의 세계에 들어갈 수 있는지 다음 예를 보자.

여자가 된다는 게 무슨 말인가? 무슬림에서 여자가 된다는 건 어떤 의미인가? 디트로이트에서 아랍계 미국인이 여자가 된다는 건 어떤 의미인가? 아일랜드에서 여자가 된다는 건 어떤 의미인가? 보스턴에서 아일랜드 사람에게 여자가 된다는 건 어떤 의미인가? 보스턴에 사는 아일랜드 여성은 디트로이트에 사는 아랍계 미국인 여성과 세상을 어떻게 다르게 볼 것인가? 여성 역할에 대한 관점이 자신을 보는 관점에 영향을 미칠까? 가치관에도? 세계관에도?

태생적으로 공감적인 사람으로 태어났다고 해도 공감적으로 이해하는 것을 배운다는 것은 쉬운 과정이 아니다. 이는 마치 당신이 세상을 다른 사람의 눈으로 바라보는 것처럼 당신의 경험을 다른 사람의 경험으로 전환하는 능력을 수반한다. 이는 당신이 비슷한 상황에서 경험했을지도 모르는 감정과 다른 그 사람의 감정을 정확하게 감지하는 것을 의미한다. 이는 단지 명백히 들리는 것을 듣는 것만이 아니라 내담자가 아직 알지 못하는 미묘한 차이까지도 들을 수 있는 숙련된 듣기를 수반한다. 상담사의 공감은 라포를 형성하고, 지지와 수용을 전달하며, 존중과 예의를 표하는 데 기여한다. 이는 상담사와 내담자가 이슈를 분명히 하는 것을 돕고, 내담자의 정보를 수집하는 데 크게 기여한다(Egan, 2014).

진정성

진정성이란 상담사의 마음의 상태를 일컫는다. 상담사가 내담자에게 '단순히 상담사의 역할로서가 아니라 온전한 사람으로서' 대할 수 있음을 의미한다(Holdstock & Rogers, 1977, p. 140). 진정성 있는 사람은 '있는 그대로' 편안하고, 그래서 자신의 경험에 대해 더 일관되고 개방적이다. 진정성 있는 사람은 자극될 '버튼'이 적어서 다른 사람에게 덜 반응적이다. 요약하면, 진정성이 있다는 것은 있는 척하지 않고, 꾸밈이나 역할, 숨기는 것 없이 그대로 존재한다는 것이다. 진정성은 내면의 '소음'으로부터 방해받지 않도록 하기 때문에 상대방을 잘 알기 시작하도록 해준다.

당신이 한 사람으로서 존재하는 것이 불편하다면, 내담자에게 진정성 있게 다가가는 것이 매우 도전적임을 알게 될 것이다.	첫 번째 임무는 자신을 편안하게 받아들이는 방법을 찾는 것이다. 상담사가 되려는 많은 사람들은 내담자 경험을 통해 이를 성취한다.

상담사 역할에 적용하자면, 진정성은 종종 일치성으로 설명된다. 이는 당신의 말과 행동, 감정이 일치한다는 것을 의미한다. 즉 말하는 것이 느끼는 것, 보는 것, 행동하는 것과 부합한다는 뜻이다. 중요한 감정을 감추려고 하거나 동시에 불일치하는 메시지를 보내는 사람은 불일치하게 행동한다. 예를 들면 나는 내담자가 흉측한 상처에 적응하도록 돕는 것을 편안하게 여긴다고 말하면서 내담자를 불편하게 느끼는 기색을 보인다면, 나는 불일치 상태에 있는 것이다. 이러한 불일치는 내담자를 혼란스럽게 하거나 불신을 심어줄 수도 있고, 심지어 수치심이 들게 할 수도 있다. 그러므로 자기인식과 함께 다문화적 자기인식이 상담사에게는 필수적이다.

자발성(spontaneous) 또한 진정성과 관련된 개념이다. 이는 어떤 사회적 여과를 거쳐 반응을 거르지 않고 자신을 쉽게 표현하고 솔직하게 행동하는 능력이다. 이는 모든 것을 내담자에게 말하거나 마음속에 있는 무엇이든 불쑥 말할 수 있다는 뜻이 아니다. 자발성은 당신의 '실제 (realness)'를 내담자에게 전달하고, 내담자가 당신을 이해하고 의미 있는 관계를 형성하는 기초를 제공한다.

진정성 있는 상담사는 내담자에게 종종 더 인간적으로 보인다. 상담사가 어느 정도의 위협적이지 않은 편안함을 가질 때 내담자는 좀 더 개인적인 것들을 나누고 싶어 한다. 상담사의 진정성은 또한 상담사와 내담자 사이의 불필요한 정서적 거리를 줄여준다. 이것이 진정성이 촉진적인 조건이 되는 이유이다.

긍정적 존중

무조건적 긍정적 존중은 Rogers가 말한 긍정적인 성격 변화를 일으키는 필요충분조건 중 하나이다. Rogers는 이를 행동, 태도, 외모와 같은 외형적인 요소와 상관없이 내담자를 고유한 가치와 존엄성을 가진 한 사람으로 보는 것으로 정의했다. 같은 맥락에서, 우리는 이를 내담자에 대한 한 인간으로서의 긍정적 확인으로 본다. 내담자에 대한 긍정적 존중을 경험하는 상담사는 내담자가 누구인지 자신의 관점을 반영할 뿐만 아니라 내담자의 세계관까지도 아우른다. 이는 내담자의 문화적 자기감뿐만 아니라 내담자가 자신의 세계관과 변화에 대한 이해를 구체화한 인생 경험의 다른 측면까지도 통합한다.

공감을 전달하기

공감은 상담사가 경험한 다음 내담자에게 전달된다고 했다. 상담사가 내담자의 세계를 제대로 이해했다는 것은 이것이 내담자에게 되돌려졌을 때만이 관계에서 중요한 역할을 한다. 다음 두 가지 조건이 공감 경험에 수반된다─(1) 상담사가 내담자의 세계를 경험하도록 하는 것, (2) 내담자가 자신의 세계를 다른 사람이 정확히 경험했다는 것을 이해하도록 하는 것

내담자의 세계를 경험하는 데 영향을 주는 조건들

다른 사람의 세계를 경험하려면 집중하기(focusing)와 연결짓기(relating)가 필수 조건이다. 집중하기를 통해 우리는 자기초점적 사고를 멈추고 대신 온전히 다른 사람에게 관심을 돌린다.

자신의 관심사를 내려놓았을 때에만 다른 사람이 당면한 문제를 충분히 경험할 수 있다. 자신의 문제를 내려놓았을 때에만, 마치 다른 사람의 경험을 직접 경험하는 것처럼 다른 사람의 경험에 연결짓기를 시작할 수 있다.

이는 대부분의 상담사에게 쉬운 일이 아니다. Kottler(1991)는 경험한 상담사의 관점에서 이 도전에 대해 다음과 같이 기술한다.

> 일정한 간격으로 내담자가 말하는 것을 무시하고 내 정신세계로 돌아오지 않는 내담자는 하나도 없다. 대부분의 시간이 내담자가 말하거나 행동하는 것에 의해 유발되는 플래시 이미지같은 순식간의 시간이다. 그러나 어떤 내담자들은 특히 함께 하기가 어려워 받아들이기보다 더 자주 외면한다. 물론 이러한 인간적이지만 전문가답지 않은 자기관용적 실수에 대해서는 불편함을 느낀다(p. 99).

분명한 것은, 집중하기는 자기수련 경험이다. 명상을 수련하는 것처럼 연습해야 한다.

집중하기에 대한 자기조절이 어느 정도 이루어져서 내담자의 내러티브를 보다 면밀히 따라갈 수 있다면, 공감적 경험의 두 번째 측면은 다른 사람의 경험에 의미 있는 방식으로 연결짓는 것이 수반된다. 이는 정서적 경험을 하는 것 그 이상이다 — 내담자에 맞추어 내담자의 경험이 어떻게 내담자에게 영향을 미쳤는지, 인간이 느낄 수 있는 감정의 전체 범위에서 상상할 수 있는 것을 말한다. 심층 공감이 내담자가 함축하는 것까지도 알아차리는 것을 수반한다고 앞서 언급했다. 그러한 경우, 공감적 경험은 상담사가 내담자가 전달하고자 하는 것을 해석하거나 적어도 추론할 것을 요구한다. 상담사가 구체적인 의사전달을 넘어서는 함축적인 소통으로 넘어가야 할 때, 실수의 위험도 크게 늘어난다.

공감 전달 관련 기술

우리는 지금 두 사람이 관계에서 친밀한 수준으로 서로 연결되어 있는 그 관계에 대해 말하고 있는 것을 확인할 필요가 있다. 이 과정을 단순히 기술을 구현하는 과정으로 생각하지 않는 것이 중요하다. 그러나 이 연결과 관련이 있는 기술이 존재하는 것 또한 사실이다. 어떻게 쏟아내는 고통스러운 이야기를 듣고 앉아 있는지, 그 이야기에 뭐라고 반응할 것인지, 내담자가 자신의 사적 세계로 끌어들일 때 어떻게 느끼는지 — 이 모든 상담사의 반응은 겉으로도 드러나는 외적 반응과 함께 이루어진다. 주의집중에 자기수련이 요구되는 것처럼, 그 순간의 경험을 외적으로 표현하는 것에도 자기수련이 요구된다. 때로는 내담자가 이야기하는 어떤 것들이 수용하기 어렵더라도 내담자가 당신이 함께 하고, 민감하며, 설명하는 것을 잘 이해하고 수용하고 있다는 것을 알도록 표현해야 한다. 다음에 설명할 음성적, 비음성적 주의집중 반응은 당신의 연민과 이해를 전달함으로써 당신과 내담자 사이의 관계를 형성하는 데 도움이 될 것이다.

관계 형성 기술

어떻게 새로운 내담자와 긍정적인 관계를 맺을 것인가? 자기위로? 전문적 끈기? 이 모든 자질이 중요하지만, 이는 내담자를 만날 때 어떻게 해야 할지를 알려주지는 않는다. 긍정적인 상담 관계를 형성하는 데 기여하는 것에는 다음 음성적, 비음성적 기술을 포함한다.

비음성적 주의집중

제2장에서 언급했듯이, 내담자들은 종종 상담사의 비음성적 행동을 관찰하면서 상담사가 주의를 기울이고 있는지 판단한다. 사실, 상담사가 "자, 이야기해보세요 ─ 잘 들을게요"라고 말한다고 해도, 상담사가 다른 곳을 보고 있다든지, 의자를 뒤로 젖히고 있다든지, 관심없어 보이거나 산만해 보인다면 내담자는 그 음성적 메시지를 믿지 않을 것이다. 음성적 메시지는 간간히 일어나지만, 비음성적 메시지는 연속적이다. 음성적 메시지와 비음성적 메시지가 서로 충돌한다면, 내담자는 보통 비음성적 메시지를 믿는다(Gazda, Asbury, Balzer, Childers, & Walters, 1984). 부분적으로 이는 사람들 사이에 일어나는 너무 많은 의사소통이 언어보다는 비음성적 행동으로 표현되기 때문이다. 효과적인 비음성적 주의집중은 적절한 눈 맞춤, 고개 끄덕임, 얼굴표정, 제스처, 화자와 청자 사이의 간격을 포함한다.

  Ivey, D'Andrea, Ivey(2012)는 다른 문화집단에 대한 비음성적 메시지의 효과 차이를 확인했는데, 일반적으로 '상담' 관련 기술은 전형적은 서구의 비음성적 제스처를 포함하는 경향이 있음을 발견했다. 물론 대부분의 상담 이론이 유럽이나 미국에서 생겨났기 때문에 그럴 만하다. 그러나, 이는 다문화가 예외가 아닌 표준인 21세기를 반영하지는 않는다. 예를 들어 서구의 의사소통 패턴은 들을 때는 눈 맞춤이 증가하고 말할 때는 눈 맞춤이 감소하는데, 아프리카계 미국인들한테서는 다르게 나타났다. 일반적으로 말할 때 눈을 맞추고, 들을 때는 다른 데를 쳐다보았다. 이러한 패턴은 아랍 문화권에서도 나타났다. 그들은 신뢰를 형성하기 위해서 눈 맞춤을 오래 할 것을 기대한다. 비슷하게, 두 사람이 대화를 나누기에 편안한 정도의 신체적 거리는 백인 문화권에서는 팔길이 또는 좀 더 긴 반면, 아랍이나 동양 문화권에서는 15~30cm 정도로 가깝다.

시간의 개념 또한 문화권마다 상당히 다양하다. 북유럽과 서구 문화에서는 일반적으로 정확히 몇 시인지, 언제까지 무엇을 해야 하는지, 시간 약속을 문자 그대로 지켜야 하는지를 강조하는 보다 선형적인 시간관을 갖고 있다. 지중해 및 남미권에서는 시간 약속에 대해 좀 더 편하게 생각하고 10시 약속에 9시 59분 전에 도착하는 것을 그다지 중요하게 생각하지 않는다.

이러한 예들이 문화권에 대한 일반화이고 어쩌면 모든 문화권에는 더 다양한 범위의 행동이 존재하더라도, 이러한 배경 정보는 상담사가 그러한 행동을 해석하는 데 있어서 실수를 줄이는 데 도움이 된다. 또한, "제가 말할 때는 저를 보세요!"와 같은 말을, 대체로 문화적으로 민감하지 않다는 말을, 다른 맥락에서 들을 수 있게 해준다.

당신과 다른 문화권의 내담자가 어떤 행동은 이해할 만하고 어떤 행동은 오해할 여지가 있는지 어떻게 알 수 있는가? 가장 명백한 답은 그 문화를 학습하고 의사소통 패턴을 좀 더 알아가는 것이다. 그러나, 이것은 그 자체로 평생의 연구가 될 수 있다. 차선책은 사람들 사이에 존재하는 문화적 다양성에 대해 높은 민감성을 가지고 그들의 의사소통 패턴을 확인하려고 함으로써, 그들의 고유성을 인정하고 존중하는 것이다. 특히 내담자가 당신과 문화적으로 매우 다른 경우, 관찰되는 비음성적인 행동을 해석하는 것을 조심하라. 주변사람들에게서 익숙해진 것들보다 더 폭넓은 비음성적 의사소통에 편안해지도록 익혀라. 더 나아가, 정말로 당황스러운 게 있다면, 확인을 위해 정중하게 질문하라. 때때로 이러한 노력은 당신과 내담자 사이에 눈을 크게 뜨고 논의할 가치가 있는 주제가 된다.

음성적 주의집중

비음성적 주의집중은 음성적 주의집중으로 뒷받침된다. 내담자에게 하는 말은 그들에 대한 관심을 보여주는 것이다. 음성적 주의집중을 표현하는 여러 가지 방법이 있다. 한 가지 명백한 방법은 내담자가 문장을 끝내도록 하는 것이다. 끼어들어서 내담자의 말을 끊는 것은 온전하게 표현하는 것을 막는다 — 물론 내담자가 두서없이 얘기를 늘어놓는 경우에는 끊는 것이 효과적일 수 있다.

음성적 주의집중을 전달하는 가장 일반적인 방법은 자주 "음음", "그렇군요", "계속하세요"와 같은 짧은 격려어를 사용하는 것이다. 적절히 사용하면, 이 짧은 말이 당신의 관심을 명료하게 전달하고 내담자의 이야기를 독려할 수 있다. 그러나 이러한 표현을 과다사용하게 되면 산만해지고 내담자의 표현을 방해할 수 있다.

또 다른 음성적 주의집중은 말을 따라 하는 것(verbal following), 즉 관여(attending)하는 것이다(Ivey et al., 2012). 내담자가 표현한 내용과 행동을 따라 함으로써 관여한다. 상담사는 대화를 주도하거나 주제를 바꾸기보다 내담자의 말을 따라 하고 수용하고 격려함으로써 침범적이지 않게 이끌어나간다.

관여하는 것은 다양한 방식으로 활용될 수 있다. 이는 단지 한 가지 종류의 반응에 국한되지 않는다. 진술문이 될 수도 있고 질문이 될 수도 있다. 명료화, 재진술, 감정 반영 또는 개방형 질문(제2장 참조)과 같은 어떤 종류의 반응 형식을 취할 수 있다. 관여의 핵심은 내담자가 말하고자 하는 바를 지원하는 것이다.

목소리 또한 의사소통의 강력한 도구가 될 수 있다. 목소리를 효과적으로 사용하는 법을 배우고 내담자의 상황에 따라 높낮이, 크기, 속도, 강약을 조절하는 것이 중요하다. 목소리를 사용하는 데 고려해야 할 중요한 개념은 말로 밑줄긋기(verbal underlining) — 미묘한 크기와 강조의 조정이다(Ivey, 1994). 말로 밑줄긋기는 비음성적 행동의 강도를 내담자와 맞추기 위해 목소리를 사용하는 방법이다. 예를 들어 내담자가 화가 난 상황에 대해 목소리를 높여 얘기한다면, 당신도 중요한 단어에 에너지와 힘을 실어 반응할 수 있다.

마지막으로, Ivey 등(2012)은 음성적 주의집중으로 초점 두기(focus)를 소개했다. 초점 두기는 선택적 주의집중으로 설명될 수 있다. 왜냐하면 상담사가 어떤 말에 반응할지 선택하기 때문이다. 이는 다음과 같은 내담자의 말을 예로 들어 설명할 수 있다.

내담자   나는 그 사람이 내가 논쟁하기를 거부할 때 무슨 생각을 하는지 정말 궁금해요. 그 사람은 우리 가족은 한 번도 그렇게 싸우지 않았다는 걸 알거든요. 우리는 항상 우리 문제를 의논한 다음 어떻게든 타협점을 찾아요.

상담사는 아마 내담자, 내담자의 배우자, 또는 내담자의 가족배경, '문제', 상담사와 내담자가 함께 노력했던 부분을 전달하고자 하는 (바로 우리가 강조한) 상담사의 반응, 아니면 환경 문화적 맥락 어딘가에 초점을 두고 반응할 것이다. Ivey 등은 또한 상담사가 다문화적 상담 이론으로 작업할 때, 초점두기는 개인, 가족, 문화적 이슈 사이의 균형을 반영해야 한다고 주장했다.

내담자의 메시지를 재진술하기

때때로 주의집중을 가장 잘 전달하는 방법은 내담자에게 들은 것을 돌려주는 것이다. 이는 내담자의 말을 간단히 재진술하는 것일 수도 있고, 내담자의 메시지를 다른 말로 바꾸어 진술할 수도 있다. 일반적으로, 상담사의 반응은 내담자의 메시지만큼 복잡하지 않다. 내담자의 메시지는 객관적이거나 인지적인 요소들과 주관적이거나 정서적인 요소들을 포함하고 있다. 인지적 요소는 상황, 사건, 사람, 물건들에 대한 생각과 아이디어를 포함한다. 이는 "무슨 일이 있었나요?"에 대한 답이다. 정서적 요소는 인지적 요소에 수반되는 내담자의 감정이나 기분을 뜻한다. 정서적 메시지는 "일어난 일에 대해 어떻게 느꼈나요?"에 대한 답을 준다. 다음 내담자의 메시지에서 인지적 부분과 정서적 부분을 확인하라.

나는 정말 남편을 좋아하고 존경했어요. 그는 안정, 위로 등의 방식으로 내가 필요한 모든 것을 줬어요. 단지 사랑도 줄 수 있다면. 때때로 함께 있을 때조차 전 외로워요.

이 말의 인지적 부분(일어난 일)은 상당히 분명하다. 내담자는 남편이 좋은 안식처이지만 감정을 표현하지 않는다고 생각한다. 정서적 부분(그 상황에 대해 그녀가 느끼는 것)은 외로움에 대한 정서적 경험이다.

모든 내담자가 인지적 요소와 정서적 요소를 쉽게 알아차릴 수 있게 말하지 않는다. 내담자가 "나는 교수님이 여기서 평균 정도라 생각해요."라고 말할 때처럼 어떤 메시지는 인지적 요소만을 담고 있다. 어떤 메시지는 정서적 부분만 담고 있다. 예를 들어 내담자가 "나는 이 상황에 대해 불쾌하게 느껴요"라고 말할 수 있다. 두 가지 예에서 모두 다른 요소가 빠져 있고 간접적인 질문이나 추론을 통해 확인해야 한다.

내담자의 메시지를 바꿔 말하기

공감은 또한 내담자가 이야기한 핵심적인 부분을 바꾸어 말하는 음성적 반응을 통해 전달할 수 있다. 제2장에서 언급했듯이, 내담자의 메시지를 바꾸어 말하는 반응을 바꿔 말하기(paraphrase)라고 한다.

바꿔 말하기는 내담자가 말한 핵심 단어나 아이디어를 짧고 명료한 형태의 다른 말로 바꿈으로써 어떤 메시지의 인지적 또는 정서적 부분에 선택적으로 주의를 기울이기(초점두기)를 포함한다. 따라서, 정서적 바꿔 말하기는 단순히 내담자가 말한 것을 그대로 재진술하거나 따라하는 것 이상이다. 다음 예에서, 상담사는 잠정적인 반응("~처럼 들리네요")을 하는데 이는 바꿔 말하기를 매끄럽게 만든다. 상담사는 또한 내담자의 "나는 멈출 수가 없어요"를 "당신은 통제할 수가 없군요"로 바꾸어 말하는데 이는 내담자가 좀 더 명료하게 생각하도록 할 수 있다. 바꿔 말하기가 제대로 이루어지면, 내담자는 "네, 정확히 그래요"와 같은 반응을 할 것이다. 잘된 바꿔 말하기는 내담자가 메시지가 잘 전달됐다고 느끼는 것뿐만 아니라, 자신의 주제를 더 깊이 탐색하도록 이끌기도 한다.

정서적 바꿔 말하기는 회상, 내용 확인, 핵심단어와 어구 바꾸기, 내담자 반응 확인의 네 단

[바꿔 말하기]

내담자 내 자신을 이렇게 몰아붙여서는 안 된다는 걸 알고 있지만, 제가 하는 모든 것에 이어지는 생각을 멈출 수가 없어요.	**상담사** 스스로를 질타하는 것을 멈추고 싶지만, 자신의 반응을 통제할 수가 없는 것처럼 들리네요.

계를 거쳐 형성된다. 먼저, 내담자의 전체 메시지를 듣고 상기시킨다. 이 과정은 메시지를 전체적으로 듣고 어떤 중요한 부분을 빠뜨리지 않았는지를 확인하도록 해준다. 둘째, 내담자가 전달하고자 한 메시지의 핵심을 파악한다. 셋째, 내담자가 이를 설명하고자 사용한 핵심 단어나 어구를 다른 말로 바꾼다. 가능한 간결하게 하라. 긴 바꿔 말하기는 요약을 방해한다. 마지막으로, 내담자가 당신이 바꿔 말한 것의 정확성에 동의하거나 동의하지 않는지 확인하는 것을 포함하라. 이는 종종 간단한 질문의 형태로 이루어질 수 있다. 그러나, 상담사는 잠정적인 표현(예 : "~처럼 들리네요")을 쓰거나 자신의 말에 대한 내담자의 비음성적 반응을 확인함으로써 내담자의 생각을 확인하기도 한다.

일부 상담사들은 자신이 틀릴까봐 바꿔 말하기를 주저하는데, 바꿔 말하기는 적극적 경청의 일부이자 상담의 부분이라고 할 수 있다. 항상 옳은 것보다는 내담자가 이야기하는 것을 잘 이해하려는 마음을 전달하는 것이 더 중요하다. 내담자는 어떤 오해든 바로잡을 수 있도록 기회를 주는 한, 대부분 듣고 이해하려는 당신의 노력에 감사할 것이다.

내담자의 생각과 감정을 반영하기

제2장에서 언급했듯이, 감정 반영은 내담자 말의 의미를 포착하려 한다. 거의 우리 모두가 이

[정서적 반영]

내담자 전 이 프로젝트를 6개월째 하고 있어요. 거의 끝나갈 때마다 문제가 발생해서 끝이 안 나는 것 같아요. 얼마나 지겨워 죽겠는지 몰라요.	**상담사** 끝이 보이는 지점에서 모든 것이 수포로 돌아가니 정말 짜증나겠어요.

[인지적 반영]

내담자 이번주 목요일 빼고는 매일매일 일찍 출근했어요. 그날은 버스가 늦게 와서 지각을 했는데, 직장 상사는 또 늦으면 해고하겠다고 말했어요. 버스가 늦은 걸 내가 어쩌냐구요?!	**상담사** 내가 완전히 통제할 수 없는 부분에 대해서는 노력할 만한 가치가 없다고 생각하시는군요.

해하기를 바라는 것이기 때문에, 감정 반영은 치료적 관계를 깊이 있게 만드는 강력한 도구이다.

　감정 반영은 네 단계를 거친다. 첫 번째 단계는 내담자의 감정이나 생각을 알아차리고 억양이나 다른 비음성적 단서에 세심한 주의를 기울이는 것이다. 예를 들면, 다음과 같은 간단한 문장을 다양한 방법으로 말할 수 있고, 그것이 각각 약간의 다른 의미로 전달될 수 있다는 것에 주의하라.

　　"내가 집필할 시간을 내는 게 정말 걱정이야."
　　1. 내가 집필할 시간을 내는 게 정말 걱정이야.
　　2. 내가 집필할 **시간**을 내는 게 정말 걱정이야.
　　3. 내가 집필할 시간을 내는 게 정말 걱정이야.'

　두 번째 단계는 감정을 반영할 것인지 혹은 내용(생각)을 반영할지 아니면 둘 다를 반영할지를 선택하는 것이다. 이 두 번째 단계가 가장 중요한데, 이 선택이 적어도 상담을 어느 정도 이끌어가기 때문이다. 버스가 늦어서 지각한 앞의 내담자의 경우를 들어보면, 상담사는 감정(짜증, 화)을 반영할 수도 있지만, 내담자는 이미 그 감정들을 알고 있을 것이다. 내용 반영을 선택함으로써, 상담사는 내담자에게 이러한 생각을 좀 더 가까이 할 수 있도록 하고, 그러한 생각이 생산적인지 아니면 오히려 문제를 더 키우는 것인지 결정하도록 할 수 있다. 달리 말하면, 감정은 내담자에게 새로운 것이 아니다. 내용 반영이 상담에 대한 새로운 문을 열게 된다.

　세 번째 단계는 감정이나 생각을 기술할 단어를 선택하는 것이다. 이러한 단어들은 내담자가 이야기한 것의 일반적인 의미를 담고 있어야 하지만, 뉘앙스의 미묘한 차이를 더 담아낸다. 마지막으로, 네 번째 단계는 이것을 단순 기술보다는 반영의 태도를 담아 내담자에게 돌려주는 것이다.

심층적 수준에서 반영하기　Carkhuff와 Berenson(1967)이 제안했듯이, 보다 심층적인 공감은 내담자의 감정이나 생각을 더 드러나도록 만든다. Carl Rogers는 이 수준에서의 반영을 종종 했다고 하지만, 우리같은 평범한 사람들이 그러한 반영에 대한 통찰력을 있는 그대로 표현하는 것은 쉽지 않다. 그러나, 심층적 수준의 공감이 이루어진다면 상담 관계를 향상시키는 데 막대한 영향을 미칠 수 있다. 대부분의 숙련된 상담사는 이전 내담자가 "선생님께서 …라고 얘기했을 때 기억하세요?"라고 말하는 것을 들은 적이 있을 것이다. 상담사는 대체로는 기억하지만, 때때로 기억하지 못하는 것도 있을 것이다. 그러나, 핵심은 그 코멘트(종종 이것은 심층적 반영)가 아주 정확해서 내담자가 이로 인해 자신의 인식에 변화를 일으켰다는 것이다. 다른 말로, 심층적 반영은 내포된 감정이나 생각을 비춰줄 뿐만 아니라 더 강렬한 정서나 사고를 반영한다. 이러한 반영은 내담자가 자신의 메시지에 숨기고 있는 것을 강조하고, 보통 이것은 내담자의 통찰 밖에 있다. 결과는 내담자에게 "아하!"하는 순간이고 상담사와 내담자의 관계를 깊어지게 한다.

심층적 반영은 자주 상담사/내담자 관계에 직접적으로 관여한다. 예를 들어 아래 메시지에 내포된 감정을 생각해보자.

내담자   선생님은 왜 거기 앉아서 저만 생각하게 만드는지 모르겠네요.

상담사   *내가 너한테 좀 더 신경써주지 않아서 속상하구나.* [내포된 메시지의 반영]

깊은 수준의 반영은 내포된 감정을 비춰줄 뿐만 아니라 더 강렬한 감정을 반영한다는 것에 주목하라. 가장 효과적인 반영은 내담자가 자신의 메시지에 감추고 있는 것을 강조하는 것이다. 이러한 도전적인 반영이 치료적 관계를 향상시킬지 아니면 해칠지 모를 수 있다. 사실, 둘 다 가능하다. 그러나 상담사가 이러한 메시지를 평가가 아닌 관심과 배려를 담아 전달하고, 그러한 입장을 유지한다면, 긍정적인 성과를 이끌어낼 것이라고 본다.

마지막 주의사항으로, Ivey, Ivey, and Zalaquett(2014)는 이 수준에서 반영할 기회를 포착하는 것이 중요하지만, 특정 순간에는 당신이 관찰한 것에 대해 반영하거나 의견을 전달하는 것이 적절하지 않을 수 있다는 것을 확인했다. 저자들은 특히 내담자가 감정을 인정하도록 돕는 과정에서 타이밍의 중요성을 강조했다. 이 주의는 전반적인 상담 과정에서 중요하다. 그러나, 우리의 경험에 따르면 지금까지 설명한 심층적 수준에서 반영하는 것에 있어 초심 상담사가 특히 더 과감하기보다는 지나치게 소심한 경향이 있다.

진솔성을 전달하는 조건

진솔성 또한 상담사의 음성적, 비음성적 행동을 통해 전달된다. 특히 세 가지 행동 유형이 진솔성 — 또는 진솔성 부족을 전달한다.

1. 일치성(congruence)
2. 개방성(openness)과 신중한 자기노출(self-disclosure)
3. 즉시성(immediacy)

일치성

일치성이란 당신의 말, 행동, 감정이 모두 서로서로 같거나 일관된다는 것을 의미한다. 예를 들어 상담사가 내담자가 말이 많은데 방향성이 없다는 것을 알았을 때, 이것을 인정하고 — 적어도 자신은 — 진짜 관심이 없을 때에는 관심이 있는 척 애쓰지 않는다. 그렇지 않으면 자신의 반응을 숨겨야 하고, 이는 틀림없이 비음성적으로 내담자에게 새어나가게 된다. 대신에, 상담사는 내담자가 상담 회기로 방향을 돌려 제자리로 돌아올 수 있도록 여러 가지 기법을 사용할 수 있다.

민감한 내담자들은 상담사의 불일치가 혼란스럽거나 방해가 된다는 것을 알아차리고 이를 상담사의 자신감 또는 진솔성 부족의 지표로 생각한다. 따라서 상담사의 불일치는 치료적 관계의 형성을 방해한다. 대조적으로, 상담사의 일치성은 내담자와 상담사 양쪽 모두의 치료적 도움 지각과 관련이 있다.

개방성과 신중한 자기노출

개방성은 원래 Rogers가 투명성(transparency)이라고 언급한 개념이다(Meador & Rogers, 1984). 이는 내담자가 상담사의 의도, 동기, 목적을 기꺼이 꿰뚫어볼 수 있도록 하는 마음이다. 그러나 자기노출은 내담자에게 개인 정보를 드러내는 결정을 포함하기 때문에 보다 의도적이다. 많은 상담사들이 개방성이 치료적 관계의 결정적 차원(임계치)이라고 보는데, 이는 개방성이 내담자에게 동질감을 주고 내담자가 변화할 수 있는 주체로서 자신감을 갖도록 하기 때문이다. 자기노출이 내담자가 어떻게 변화가 일어나는지, 내담자의 어려움이 어떻게 다른 사람과 공유되는지 이해하는 것을 돕는다고 하더라도, 내담자가 요구하는 정보를 반드시 공유할 필요는 없다.

자기노출의 성격과 정도는 윤리적·전문적 시사점이 있다. 자기노출의 효과에 대한 많은 연구들은 상반된 결과를 도출해왔다. Donley, Horan, DeShong(1990)는 "본 연구는 상담사의 자기노출이 상담 과정이나 성과에 효과적이라는 가정을 지지하지 않으며, 상담사는 자기노출을 조심해야 한다"(p. 412)고 주장했다. 반대로, Knox, Hess, Petersen, Hill(1997)은 "내담자는 자기노출을 상담 과정에서의 중요한 사건으로 지각한다"(p. 280)고 보고했다. Knox와 동료들은 즉시적인 자기노출과 개인사적인 자기노출을 구분하고, 내담자들은 개인적이고 즉시적이지 않은 자기노출을 가장 의미 있는 것으로 언급했다고 설명했다. 그러나 이들은 "유용한 자기노출이라도 잠재적으로 부정적인 영향을 미칠 수 있다"(p. 281)고 주장했다.

이러한 결과들을 볼 때, 즉각적인(당면한) 사건보다는 역사적인 사건을 강조하고, 그것이 내담자에게 미치는 효과를 주의 깊게 살핌으로써 자기노출을 신중하게 사용하는 것이 바람직하다. 상담사의 개방성은 진솔성과 관련이 있다. 예를 들어 내담자는 때때로 상담사에게 "결혼하셨어요?" "왜 상담사가 되셨어요?" "학생이에요?"와 같은 질문을 한다. 이런 직접적인 질문은 직접적이고 간단명료하며 솔직하게 다루는 것이 가장 좋다. 그러면 이전에 얘기하던 주제로 다시 돌아갈 수 있다. 핵심은 내담자가 상담사에 대해 어느 정도 알아야 할 필요가 있다는 것이다. 그들이 알고 싶은 모든 것을 알려줄 필요는 없지만 어떤 정보는 치료적 관계를 발전시키는 데 필요할 수 있다.

사적인 정보를 지나치게 물어온다면, 내담자의 질문에 반응하는 몇 가지 더 나은 방법이 있다. 예를 들어 다음과 같이 분명하게 말하는 것이 도움이 될 것이다.

- "오늘 자신에 대해 이야기하는 것이 걱정되나 봅니다." [내담자의 불안을 반영하기]
- "저한테 궁금한 게 많으신가봐요." [프로세스 반영하기]
- "잠깐 동인 '뜨거운 의자'를 벗어나니 좋은가요?" [역할 바꾸기에 초점두기]

앞서 설명한 공감적 이해를 전달하는 음성적 기술은 내담자에게 초점을 유지한다. 반면에 자기노출은 초점을 상담사에게 옮겨온다. 상담사가 내담자에게 다른 방법이 있다는 것을 예를 들어 설명하기 위해 의도적 개입으로서 자기노출을 사용한다면, 자기노출은 치료적 목적이 있다. 그러나 자기노출을 사용하는 데는 두 가지 위험이 있다 — (1) 내담자에서 상담사로 초점이 바뀌면 작업동맹도 바꾼다, (2) 내담자에게 상담사의 반응이 적절하거나 '정상적인' 반응이라고 제안하는 것처럼 전달될 수 있다(Moursund & Kenny, 2002, p. 62).

가장 효과적인 자기노출은 내담자의 메시지에 담긴 내용과 정서가 유사한 것이다. 이는 상담사의 자기노출이 내담자가 이야기한 주제와 유사함을 뜻하는 언어 연결(verbal linking), 즉 병렬반응(parallelism)이라고 한다. 다음 예를 보자.

내담자	나는 그냥 아빠가 나를 좀 더 잘 이해해주고 덜 비난하면 좋겠어요. 아빠는 항상 내가 할 수 있는 것보다 더 하길 바라고 내가 아닌 누군가가 되길 바라는 것 같아요.
상담사	부모님의 기대에 미치지 못하는 것처럼 느껴지는 게 어떤 건지 알아요. 내가 그 나이 때 그렇게 느꼈던 적이 있었거든요. [병렬 반응 ○]
상담사	사람들이 저를 못마땅해하거나 내 행동을 비난하는 걸 싫어해요. 가끔 사람들이 좀 더 친절했으면 하고 바라지요. [병렬 반응 ✕]

즉시성

제2장에서 논의했듯이, 즉시성은 상담 회기 내에서 일어나는 생각이나 감정을 수반한다. 즉시성은 오직 상담사와 내담자가 존재하는 가운데 일어나는 것에 관한 것이기 때문에, 이는 언제나 관계에 대한 함의를 지닌다. Cormier, Nurius, Osborn(2013)은 상담사가 즉시성을 사용하는 데 있어 몇 가지 지침을 제공한다.

1. 상담사는 상담 회기에 어떤 일이 일어났을 때 나중을 기다리기보다는 바로 자신이 본 것을 진술해야 한다. 이후에는 그 영향이 사라질 수도 있기 때문이다.
2. 즉시성 진술은 반응의 지금-여기 특성을 반영할 수 있게 현재형으로 이루어져야 한다 (예 : "나는 이게 좀 불편하게 느껴지기 시작했어요.").
3. 상담사는 상담 초기에 즉시성을 사용하는 것이 어떤 내담자들에게는 불안을 야기할 수도 있다는 것을 알아야 한다.
4. 상담사는 즉시성 반응을 사용하는 것이 역전이 이슈를 반영하는 것이 아니라 관계에서 실제로 일어나는 것에 기초하도록 주의해야 한다.

상담사는 내담자가 직접적으로 언급할 때조차 즉시성 이슈를 피하려고 할 수 있다. 특히 자신이 기여하는 관계의 질에 대해 이야기하는 것이 익숙하지 않은 초심 상담사들의 경우가 그러하다. 안타깝게도 즉시성 반응을 피하는 상담사들은 더 조심스러운 관계를 형성하는 경향이 있다.

긍정적 존중을 전달하는 조건

무조건적 긍정적 존중이 수용뿐만 아니라 보살핌과 양육을 포함한다고 하더라도, 이 조건은 비음성적 행동을 지원하는 것과 음성적 반응을 강화하는 것을 포함하여 특정 행동의 적절한 사용을 통해 내담자에게 전달될 수 있는데, 둘 다 내담자에게 관계에 대한 따뜻함을 전할 수 있다.

긍정적 존중과 관련된 비음성적 행동

한 사람이 다른 사람을 따뜻하게 돌본다고 할 때, 이를 가장 분명하게 전달하는 것은 그 사람의 비음성적 행동을 통해서이다. 목소리 톤, 얼굴표정, 눈 맞춤, 매너 있는 몸짓, 접촉… 모든 것이 내담자와 연결짓는 도구로 간주되고, 일부는 신중하게 사용되어야 한다. 제2장에서 강조했듯이, 비음성적 행동 또한 문화중심적이다. 사실, 말하는 것보다 비음성적 행동에 더 주의를 기울이는 문화가 존재한다. 따라서 좋은 상담사라면 문화를, 특히 내담자가 표현하는 문화를 학습하는 학습자가 되어야 한다. 이러한 방식으로, 상담사는 부정확한 메시지를 전달하거나 불쾌감을 주기보다는 치료적 관계를 강화할 수 있는 비음성적 행동을 사용하게 된다.

심지어 같은 문화권에서도, 개별 내담자가 편안하게 느끼는 것에는 다양성이 존재한다. 예를 들어 어떤 내담자의 애착 역사는 신체 접촉에 대해 어떻게 반응하는지를 바꿀 수도 있다. 내담자 간에 존재하는 이러한 다양한 차이들 때문에, 우리는 상담사가 내담자들이 비음성적 행동에 대해 어떻게 반응하는지를 면밀히 살펴볼 것을 제안한다. 상담사가 내담자한테서 어떤 불편함을 알아차린다면, 내담자가 더 편안할 수 있도록 비음성적 메시지를 수정하는 것이 가장 좋다. 이후에, 이 차이들은 즉시성을 활용하여 다룰 수 있다.

수용과 강화 반응

모든 내담자가, 특별히 상담의 초기 단계에, 상담사로부터 필요로 하는 한 가지가 수용(acceptance)이다. 상담사는 판단하지 않고 비난하지 않는 음성적, 비음성적 반응을 통해 내담자에게 수용을 전달한다. 그래서, 내담자가 "또 임신했어요. 벌써 다섯 번째 낙태가 되겠죠. 그런데 전 아빠가 누군지도 모르고 피임약은 사용하기 싫어요"라고 말할 때, 일반적으로는 반감이 들 수도 있을 것이다. 하지만, 내담자와 관계를 형성하고 상담을 통해 긍정적인 영향을 주고자 한다면, 그러한 반응은 오히려 문제를 키울 수 있다. 내담자의 행동에 동의하거나 용납해서는 안 된다.

존중과 수용을 확실히 전달하는 하나의 음성적 기술은 좋은 점을 강화하는 진술, 즉 내담자에 대한 어떤 긍정적인 측면이나 특성에 대해 언급하거나 어느 정도 내담자에게 격려나 지원을 제공하는 진술을 사용하는 것이다.

[강화 반응]

강화 반응은 보통 결과보다는 과정에서 내담자에게 긍정적 피드백을 제공한다. 앞서 내담자의 이야기를 참고하면, 다음이 강화 반응의 예다.

"이런 익숙한 상황이 자꾸 반복된다는 게 너를 속상하게 만드는 모양이네."

"네가 이걸 여기서 얘기한다는 사실이 나한텐 뭔가 달라졌으면 좋겠다는 말로 들린다."

　　강화 반응은 내담자에게도 상담 관계에도 강력한 영향을 미칠 수 있고, 신중하고 진솔하게 사용되었을 때 가장 효과적이다. 아마 항상 좋은 것만 말하는 사람에 대해 갖게 되는 마음을 알 것이다 ― 이러한 말은 너무 자주 사용하면 효과가 사라진다.

치료적 관계의 기능

이 장에서 설명하는 핵심 조건과 관련 기술은 인간중심 접근에서 나온 것이다. 접근방식에 따라 상담에서 관계의 역할에 부여하는 비중에는 차이가 있지만, 대부분의 다른 이론에서도 효과적인 조력을 위해 견고한 치료적 관계의 중요성을 강조한다. 예를 들어 Adler 상담은 내담자와 민주적이고 평등한 관계를 형성하는 것이 필요하다고 강조한다. 행동치료적 접근은 좋은 관계가 내담자에게 잠재적인 강화 자극으로서 중요하다고 설명한다. 현실치료에서 핵심 요소 중 하나인 참여(involvement)의 의미는 상담사가 내담자와 효과적으로 관계 맺는 능력을 기반으로 한다. 일부 가족치료적 접근은 관계를 덜 강조하는 것 같지만, 모든 체계적 접근은 치료의 전제조건으로 내담자와 가족이 참여하는 것을 언급한다.

　　상담사와 내담자 사이의 강력한 관계 동맹은 적어도 세 가지 주요 기능을 한다. 첫째, 치료적 관계는 내담자에 대한 신뢰와 안전한 분위기를 조성한다. 이는 내담자의 걱정, 의심, 주저함을 낮추고 아주 개인적이고 민감한 이야기들을 비판이나 혐오 반응의 두려움 없이 할 수 있도록 촉진한다. 이러한 자기개방이 없으면 관련된 이슈들이 탐색되기 어렵기 때문에, 내담자에게 상담이 도움이 되기 어렵다.

　　둘째, 관계는 강렬한 정서에 대한 매체나 수단을 제공한다. 이는 강한 감정을 표현할 필요가 있는 내담자를 기꺼이 허락하고 보호한다. 종종, 그러한 감정 표현은 그 강도를 줄이고 자기통제감을 키우는 시작 단계이다.

　　셋째, 효과적인 치료적 관계는 내담자가 건강한 대인관계를 경험하도록 한다. 이러한 경험은 내담자가 현실에서 다른 사람과의 관계의 질을 확인하고 향상시키도록 도울 수 있다. 예를 들면 내담자는 내가 어떻게 느끼는지 말하고 원하는 것을 요청하는 것, 문화적 맥락 안에서 다른 사람들과 생각과 감정을 공유하는 것이 괜찮다는 것을 배울 수 있다. 내담자들은 그들의 세계관과 일관되는 더 효과적인 의사소통 형식을 발달시킬 것이다.

치료적 관계의 효과

상담사의 관여 수준에 대한 내담자의 반응은 여러 측면에서 다양할 수 있다. 초기에 어떤 내담자들은 이 대인관계의 질에 대해 기분 좋게 느끼고 만족할 수 있다. 누군가 결국 나를 이해해주고 부담스럽고 고통스러운 이슈를 털어놓을 수 있는 기회를 준다는 것에 안도감을 경험한다. 또한 누군가 그들의 삶에 관여할 만큼 충분한 관심을 가지고 있다는 희망을 갖는다.

그러나 모든 내담자의 초기 반응이 이렇게 긍정적이지는 않다. 상담 환경의 편안함과 친밀감이 익숙하지 않은 어떤 내담자들은 치료 관계가 위협적이거나 침범적으로, 또는 공포스럽게 느껴질 수도 있다. 그들은 상담사의 관심과 염려의 표현으로 그들에게 쏠린 지나친 관심이 불편하고, 역할 거리가 충분하지 않다고 지각할 수 있다.

어떤 내담자들은 상담사의 동기나 진실성에 대해 의문을 가지고, 상담사와 이 관계를 회의적으로 바라볼 수 있다. 그들은 상담사의 의도가 선한 것이라고 믿는 것이 어려울 수 있다. 상담사가 어떻게 그렇게 헌신적으로 자기를 위해 일할 수 있는지 의아할 수 있다. 이 내담자들은 때때로 상담이 어떤 식으로든 자신의 취약점을 악용하는 건 아닌지 확인하려고 하고, 때때로 상담사의 신뢰성에 대한 자료를 수집하기 위해 간접적이거나 혼합된 메시지로 우려를 표현한다. 상담사가 신뢰와 불신의 이슈에 적절히 반응하지 못한다면, 상담사는 여전히 진짜 이슈가 신뢰 부족이라는 것을 모르는 채 관계가 훼손되거나 깨질 수 있다.

상담사는 치료적 관계의 조건과 질이 항상 호의적인 내담자 반응을 이끌어낸다고 가정하는 것에 주의해야 한다. 예를 들어 공감에 대한 현재의 해석은 다양한 요소로 구성된 다단계 과정으로 간주된다(Egan, 2014). 따라서, 공감은 어떤 내담자에게 더 유용하고, 어떤 내담자에게는 덜 효과적일 수 있다. 인간중심 접근의 한 권위자인 Gladstein은 상담 과정에서 공감은 "특정 단계에서 특정 내담자에게 특정 목표에 도움이 될 것이다" 그러나 어떤 경우에는 "긍정적 성과를 방해할 수 있다"고 설명했다(Gladstein, 1983, p. 478).

내담자가 걱정이나 의심을 갖고 치료에 참여할 때, 상담사가 치료적으로 반응하는 것을 멈추거나 내담자와 관계 맺기를 거부하고 철회해야 한다는 것은 아니다. 상담사는 내담자의 반응에 민감하게 주의를 기울이고 내담자의 참조틀과 감정에 조율하거나 따라가는 방식으로 관계를 맺기 위해 노력해야 한다는 것이다. 초기에는 아주 천천히, 너무 밀어붙이지 않고, 암시적이든 명시적이든 내담자의 향상과 변화를 요구하지 않을 것이다. 다음 사례를 읽으면서 치료적 관계의 개념과 기술에 대한 이해를 높여보자(책 전체에 상담 과정의 주요 단계와 전략을 설명하고자 사례를 제시하였다. 사례 예시는 공부한 내용을 적용하는 데 도움이 될 것이다).

관계 형성의 사례 예시

에이미의 사례

에이미는 45살의 여성으로 잦은 두통과 우울에 대한 어떤 신체적 이유를 발견하지 못한 채 의사로부터 의뢰된 내담자다. 의사는 그녀의 증상이 아마 14개월 전 남편의 갑작스러운 사망으로 인한 복잡한 슬픔인 것 같다고 생각했고, 항우울제를 처방하고 경과를 지켜보기로 했다.

에이미는 지역에서 평판이 좋은 초등학교 선생님으로, 아이들을 위해 헌신하고, 좋은 교육을 위한 모든 일에 열심인 사람으로 비춰진다. 집에서는 아이들이며 큰 집을 관리하는 매일매일의 집안일을 겨우 해내고 있다. 남편이 살아 있을 때는 남편이 이러한 일들의 많은 부분을 했던 것 같다.

에이미는 결국 애도상담을 해보는 것에 동의했다. 그러나 첫 번째 상담에서 특별히 수용적인 것 같지는 않았다. 사무실의 가장 멀리 있는 의자에 앉았고, 상담사와 눈맞춤을 하기보다는 바닥을 응시했으며, 상담 시간의 반 정도가 지나도록 한두 단어로 말을 이어 나갔다. 결국 당신(상담사)은 중요한 질문을 던졌다. "에이미, 당신 아이들에 대해 얘기해줄래요?" 그녀는 고개를 들어 눈을 맞추며 대답했다. "두 아이가 있어요. 맥스는 17살, 제니퍼는 12살이에요."

이것이 상담에서 첫 번째 표현 반응이기 때문에, 당신은 이 주제에 머무르기로 한다. 당신은 에이미가 관여한 어떤 것이든 관계를 형성하는 데 중요한 첫 단계라 생각했고, 아이들에 대해 계속 질문을 해나간다. 이 시점에서 아이들은 에이미에게 소중한 현실임이 명백해졌고, 계속해서 아이들에 대해 이야기할 수 있게 된다. 동시에, 당신은 에이미가 주호소문제, 즉 남편의 상실은 너무 고통스러워서 먼저 이야기를 꺼낼 수 없다는 것을 안다.

회기가 끝날 때 즈음, 당신은 에이미에게 다시 만나고 싶은지를 묻고 아이들 사진을 가져올 수 있는지 묻는다. 그녀는 주저했지만, 상담사가 부드럽게 권유하자 동의한다. 에이미가 떠나려고 코트를 입을 때, 당신은 다음 회기에 사진을 가져올 것을 상기시키고 e-mail로 다시 알림을 보내줄지 묻자 "아니요, 괜찮아요"라고 대답한다.

에이미는 10분 늦게 두 번째 회기에 도착했고, 퇴근길에 일이 생겨 늦어졌다고 사과했다. 두 사람은 지난 회기와 같은 의자에 앉아 학교 일이 어떻게 돌아가는지 이야기한다. 에이미는 학부모 컨퍼런스가 곧 개최될 예정이라 부담을 느낀다고 했다. 게다가 그녀는 학생 아버지 한 분이 교통사고로 돌아가셔서 그 학생과 어머니에게 꽤 많이 신경을 쓰고 있었다. 당신은 에이미의 얘기를 주의 깊게 듣지만 더 깊은 탐색질문을 하지는 않는다. 대신, 에이미가 상황을 설명하는 걸 돕는 기본적인 음성적, 비음성적 상담 기법을 사용한다. 그녀가 이 주제를 이야기하는 것이 부담스럽다는 것을 알지만 필요한 것 같다.

이번에는 에이미의 상실을 꺼내는 것은 피하면서 그런 트라우마에 대해 이야기할 만한 안전한 장소라는 것을 알게 되면 이야기할 수 있을 거라고 생각한다. 회기 마지막 즈음, 에이미가 떠날 준비를 할 때, 당신은 다음 회기를 요청한다. 왜냐하면 아직 아이들 사진을 보지 못했고, 아이들의 생활과 학교 상황에 대해 듣지 못했기 때문이다. 에이미는 마지못해 동의하고, 세 번째 회기를 약속한다.

세 번째 회기에서 에이미는 제시간에 도착했지만 너무 지쳐 보였다. 무슨 일이 있냐고 물었고, 그녀는 지난 며칠 동안 잠을 못 잤다고 말한다. 당신은 두 번째 회기에서 그녀가 말했던 학부모 컨퍼런스를 기억하고 묻는다. "학부모 컨퍼런스 시작했어요?" 그녀는 대답한다. "네. 이번주." 그녀를 쳐다보고 묻는다. "그게 스트레스고 계속 잠 못자게 만드는 건가요?"

이 시점에서, 에이미는 흐느껴 울기 시작하고, 의자에서 몸을 당긴다. 그녀는 거의 들리지 않을 목소리로 "그런 것 같아요"라고 말한다. 당신은 반응하지 않고 대신 그녀가 자신의 생각과 감정을 모을 수 있도록 허용하기로 한다. 결국 에이미는 고개를 들고 말한다. "너무 힘들어요." 흐느끼기 시작한다. 그동안 당신은 휴지를 제공하고 지지하는 마음을 보내며 그녀가 울 필요가 있다는 것을 존중한다. "울어도 괜찮아요-서두르지 말라-시간을 충분히 갖고 이 감정과 눈물이 나올 수 있게 하세요." 당신은 따뜻함과 여유를 갖고 반응하면서 에이미가 당신이 그런 강도의 감정을 불편해하지 않는다는 것을 알도록 한다. 설령 그녀는 불편할지 몰라도. "때때로 감정에 압도될 수 있어요. 특히 감정을 오랫동안 담아두었다면요. 할 수 있는 어떤 방법으로든 표현하는 것이 도움이 됩니다."

상담이 진행됨에 따라, 에이미는 자신의 상황에 대해, 상실감, 부적절감에 대해 이야기하기 시작한다. 몇 번이고 되풀이해서, 그녀는 얼마나 자신없게 느끼는지 이야기한다. 당신은 주의를 아이들에게 돌릴 기회로 삼고, 사진을 기억하는지 묻는다. 그녀는 고개를 끄덕이며 서류가방에서 사진을 꺼낸다. 이 시점에서, 당신은 사진을 보기 위해 의자를 그녀 옆으로 옮긴다. 네다섯 장 정도에서, 당신은 제니퍼가 얼마나 그녀를 닮았는지 언급한다. 그녀는 웃으며 고개를 끄덕인다. "맥스는 또 아빠를 쏙 빼닮았어요." 그녀는 다음 상담 회기를 계획하는 것에 동의한다. 이번에는 아주 적극적이진 않지만 적어도 예전처럼 망설이지는 않는다. 그녀는 상담실을 나가면서 돌아보며 말한다. "감사합니다. 기분이 좀 나아졌어요."

사례 토의

이 사례에서 상담사는 내담자가 매우 취약하고, 상담 관계가 이루어진다면 가능한 정서적 공간을 많이 필요로

한다는 것을 재빨리 알아차린다. 동시에, 상담사는 약간의 음성적 상호작용이 일어나기 전까지 관계가 형성될 수 없다는 것도 안다. 결국, 내담자가 아이들을 언급할 때를 실마리로 잡는다. 내담자가 아이들에 대한 질문에 기꺼이 대답함으로써 이 판단은 정확한 것으로 증명된다. 상담사는 이 정보를 가지고 다음 회기에 아이들 사진을 가져오라고 요청한다. 첫 회기에서 상담사는 에이미의 상실을 언급하지 않는다. 대신, 그녀의 현재 삶의 구체적 상황에 초점을 둔다 ― 학교, 학생, 일정. 두 번째 회기에서, 에이미는 감정의 세계에 발을 들여놓고 아버지를 잃은 학생에 대해 조금 이야기한다. 상담사는 너무 빨리 개입해서 에이미가 압도되는 상황으로 물러날 수도 있음을 염려하여, 이것을 에이미가 자신의 상황에 대해 이야기하는 징검다리로 사용하려고 하지 않는다. 대신에, 상담사는 에이미가 상담사가 이야기할 만한 '안전한' 사람이라는 것을 알기를 기대하면서, 공감과 이해하는 마음으로 경청한다. 회기 끝에, 상담사는 에이미에게 이 회기의 목표-아이들 사진을 보여주는 것-가 이루어지지 않았다고 상기시킨다. 이는 에이미가 가치를 두는 방향으로 상담사가 주의를 기울이고, 세심하게 돌보며 반응할 수 있다는 것을 더 강화한다.

아동과 상담 관계

지금까지 우리는 성인과의 라포와 관계에 대해 논의했다. 신뢰의 문제는 본질적으로 부모로부터 분리개별화를 추구하는 청소년 내담자들과는 좀 더 복잡하지만, 우리가 살펴본 많은 부분은 청소년들에게도 적용된다. 그러나 더 어린 아동의 경우에 관계의 문제는 더 다양하다. 아이들은 또래나 보호자 및 성인들과 어려움을 겪고 있을 때 상담에 의뢰될 수 있다. 때때로 부모들은 가족이 스트레스 상황일 때(예 : 가족 중 누군가의 사망 또는 새로운 지역으로의 이동) 아이들을 위해 상담을 찾는다. 아동들과의 신뢰 문제는 낯선 사람을 신뢰할 것인지에 더 가깝다. Henderson과 Thompson(2011)은 아래와 같은 점을 관찰했다.

아이들이 상담사와의 거리를 조절할 수 있다면 상담이 더 잘 되는 것 같다. 성인들은 종종 아이들과 대화를 시작하기 위해 지나치게 공격적이다. 아이들은 어른들과 같은 눈높이에서 이야기

하는 걸 선호하고, 그래서 눈을 맞추고 발을 바닥에 붙일 수 있게 좌석배치를 고려하는 것이 필요하다. 상호작용을 촉진하기 위해 두꺼운 카펫, 안락한 의자, 바닥 베개, 인형, 인형의 집, 장난감 등을 추천한다(p. 45).

다른 발달 과제들도 고려해야 한다. 어린아이는 성인들의 미묘한 의사소통의 많은 부분들을 배우지 못했지만, 구체적인 수준에서 또한 어른 세계의 어휘가 부족하다. 어른의 행동과 어휘를 아이들에게 단조로운 억양으로 말하는 일반적인 실수를 하지 않고 아이들의 것과 맞추는 것이 중요하다.

두 번째 고려사항은 외양에 관한 것이다. 어린아이들에게 어른은 거인처럼 보인다. 이는 아이들에게 무력함과 취약함을 느끼게 한다.

셋째, 아동의 주의집중능력은 어른보다 떨어진다는 것을 기억하는 것이 중요하다. 이는 두 가지 시사점을 가진다. 첫째, 아이들은 한 번에 몇 분 이상 한 주제에 매여 있지 않는다(한 회기 동안 여러 번 주제를 바꿀 수도 있다). 둘째, 상담 시간이 성인이나 청소년만큼 길지 않다. 치료보다 놀이가 더 이루어지는 놀이치료를 사용하면 좀 더 길어질 수 있지만, 그렇지 않다면 20분 정도의 상담 시간이 적절할 것이다. 이 외에도, 아동들과의 라포 형성은 이해, 수용, 아이들을 좋아함, 진솔성 또한 수반된다. 진솔성은 특히 중요하다. 아이들이 당신이 성실하지 않거나 자기를 진지하게 대하지 않는다고 느끼면, 신뢰의 근본이 깨지고 라포가 형성되기 어렵다.

이 제안들은 아이들과 작업을 하는 데 있어 단지 피상적인 수준에 지나지 않는다. 아동상담을 주로 하고자 한다면, Halstead, Pehrsson, Mullen(2011)과 Henderson과 Thompson(2011)을 참고하기를 권한다.

요약

내담자와 치료적 관계를 형성하고 유지하는 데 기여하는 몇 가지 조건과 요소가 있다. 정확한 공감, 상담사의 진솔성, 지지적인 존중 이 세 가지가 치료적 관계를 형성하는 상담사의 자질이다. 이는 상담사의 태도를 통해 전달되고, 바꿔 말하기, 반영, 자기노출, 즉시성, 나누기, 강화 반응과 같은 촉진적인 음성적, 비음성적 기술을 포함하는 특정 상담 기법으로 표현된다.

이러한 정보들을 바탕으로, 내담자의 관계 맺음 행동이 관계 전반에 걸쳐 작동한다는 것을 이해하는 것이 중요하다. 또한 내담자의 세계관에 대해 민감하고 수용적인 것이 중요한데, 이는 인종, 문화, 성별, 라이프스타일, 신체, 나이 변인을 포함한다. 이 독특한 자질은 유용한 상담 관계의 본질을 형성하는 데 중요한 역할을 한다.

실습

I. 주의집중과 공감

이 연습은 두 사람이 짝을 지어 5분 정도 상호작용하는 것이다. 연습이 끝나면 각 상호작용의 영향을 평가하라. 각 상황에 대한 상대방의 반응에 대해 질문하라. 어떤 상호작용을 가장 편안하게 느꼈는가? 어떤 상황에서 멈추거나 떠나고 싶은 마음이 들었는가?

A. 상대방이 말하는 것을 주의 깊게 듣지만, 상대방에게 지루함을 나타내는 비음성적 메시지를 보낸다 — 다른 데 쳐다보기, 낙서하기, 산만하게 보이기 등. 상대방이 관심이 없는 것 같다고 비난하면 관심이 있다고 얘기하지만 — 당신이 들었던 얘기를 해줄 수도 있다 — 계속해서 지루함을 표현하는 비음성적 메시지를 보낸다. 이번에는 이 상호작용에 대해 논의하지 말라.
B. 두 번째 연습에서는, 상대방이 하는 얘기를 주의 깊게 듣고, 관심이 있고 주의를 기울이고 있음을 나타내는 비음성적 메시지를 보낸다 — 눈 맞춤, 고개 끄덕임, 얼굴 표정 등. 상대방의 비음성적 메시지와 어느 정도 맞추기 위한 노력을 하라.

II. 음성적·비음성적 정서 단서를 인식하기

음성적·비음성적 정서 단서를 인식하는 다음 실습을 해보자.

A. 파트너를 정하라. 한 사람은 화자, 한 사람은 응답자이다. 연습이 끝난 후 역할을 바꾸어서 다시 연습한다. 화자는 다음 중 하나의 감정을 선택하라.

　만족스러운, 행복한
　어리둥절한, 혼란스러운
　화난, 적대적인
　낙심한, 우울한

응답자에게 어떤 감정을 선택했는지 말하지 말고 비음성적 표현만으로 그 감정을 묘사하라. 응답자는 화자가 전달하고자 하는 감정뿐만 아니라 감정을 표현하기 위해 사용한 행동까지 인식하려고 노력해야 한다. 연습을 마쳤으면 다른 감정을 선택해서 이 과정을 반복하라.

B. 화자는 다음 목록 중 하나의 감정을 선택한다.

　놀라움
　의기양양 또는 전율(황홀감)
　불안 또는 긴장
　슬픔 또는 좌절
　심각함 또는 진지함
　짜증 또는 신경질

응답자에게 어떤 감정을 선택했는지 말하지 않는다. 한두 문장으로 그 감정이 어떤 것인지 말로 설명하라. 감정 단어 자체를 포함할 수도 있다. 응답자는 두 가지 방식으로 감정을 확인하고자 노력해야 한다.

1. 화자처럼 같은 감정 단어를 사용하여 그 감정을 재진술하라.
2. 다른 감정 단어를 사용하되 같은 감정을 반영하는 단어로 그 감정을 재진술하라. 예를 들면
　화자 : 난 여기 있는 게 좋아.
　응답자 : a. 좋다고?
　　　　　b. 여기 있는 게 기쁘구나.

다른 감정을 골라 연습을 반복하라.

III. 바꿔 말하기와 반영하기

다음 각 내담자의 메시지에 대한 반응을 작성하라.

A. 내담자 : "혼자 집에 앉아 있는 게 지겨워. 그렇지만 혼자 밖으로 나가는 것도 너무 불편한 것 같아."
　1. 메시지의 인지적 부분 : ＿＿＿＿＿＿＿＿＿＿＿
　＿＿＿＿＿＿＿＿＿＿＿＿＿＿＿＿＿＿＿＿＿＿＿
　2. 메시지의 정서적 부분 : ＿＿＿＿＿＿＿＿＿＿＿
　＿＿＿＿＿＿＿＿＿＿＿＿＿＿＿＿＿＿＿＿＿＿＿
　3. 인지적 부분 바꿔 말하기 : ＿＿＿＿＿＿＿＿＿
　＿＿＿＿＿＿＿＿＿＿＿＿＿＿＿＿＿＿＿＿＿＿＿
　＿＿＿＿＿＿＿＿＿＿＿＿＿＿＿＿＿＿＿＿＿＿＿
　4. 정서적 부분 바꿔 말하기 : ＿＿＿＿＿＿＿＿＿
　＿＿＿＿＿＿＿＿＿＿＿＿＿＿＿＿＿＿＿＿＿＿＿
　＿＿＿＿＿＿＿＿＿＿＿＿＿＿＿＿＿＿＿＿＿＿＿

B. 내담자 : "저는 일단 우리가 왜 결혼했는지 모르겠어요."

 1. 메시지의 인지적 부분 : _____

 _____

 2. 메시지의 정서적 부분 : _____

 _____

 3. 인지적 부분 바꿔 말하기 : _____

 _____

 _____

 4. 정서적 부분 바꿔 말하기 : _____

 _____

 _____

C. 내담자 : "일에 대한 압박이 너무 많아요 그렇지만 예상
했었어요."(긴장된 목소리로, 이마를 찡그리며, 손을 비
틀면서 말한다.)

 1. 메시지의 인지적 부분 : _____

 _____

 2. 메시지의 정서적 부분 : _____

 _____

 3. 인지적 부분 바꿔 말하기 : _____

 _____

 _____

 4. 정서적 부분 바꿔 말하기 : _____

 _____

 _____

IV. 자기노출과 즉시성

아래에 4명의 내담자 상황의 예가 있다. A, B에 대해서는 이
내담자에게 할 만한 자기노출 반응의 예를 작성하라. C, D
에 대해서는 즉시성 반응의 예를 작성하라. 작성한 반응을
다른 학생, 동료, 슈퍼바이저와 공유하라.

A. 내담자는 당신에게 뭔가 말하고 싶지만 너무 부끄러운
   것이기 때문에 주저하고 있다고 넌지시 이야기한다.

B. 내담자는 자기가 특정 이슈에 관해 죄책감을 느끼고 있
   는 유일한 사람이라고 믿고 있다.

C. 당신은 내담자와 당신 사이에 엄청난 긴장과 조심스러
   움을 경험한다. 둘 다 우아하고 신중한 태도로 서로를
   대하는 것 같다. 당신은 신체적으로 긴장감을 알아차리
   고 있고 내담자한테서도 비슷한 느낌을 관찰한다.

D. 당신과 당신 내담자는 서로 많이 좋아하고 공통점이 많
   다. 최근에, 내담자의 주호소문제인 진로 미결정에 초점
   을 맞추고 다루는 것보다 다른 이야기들을 주고받는 데
   더 많은 시간을 보내 왔다.

생각해볼 문제

1. 새로운 관계에 어떻게 접근하는가? 당신의 관계맺음 행
   동에 대해 어떤 피드백을 받아 왔는가? 사적인 정보를
   기꺼이 공개하려면 어떤 조건이 만족되어야 하는가?

2. 가족이 아닌 사람들과 상호작용할 때 당신 가족들이 갖
   는 불문율은 무엇인가? 이 불문율이 당신이 내담자와의
   관계 형성에 영향을 주는 것에 대해 어떻게 생각하는가?

3. 당신이 내담자라면, 어떤 관계를 기대하겠는가? 그 관계
   에 어떤 조건을 더할 것 같은가?

4. 과거 선생님, 코치, 상담사들과의 관계에서 문화는 어떤
   역할을 했는가? 과거 경험을 통해 문화가 어떻게 내담

자와의 관계에 영향을 줄 수 있는지에 대해 어떤 통찰을
얻었는가?

5. 문화는 모든 상호작용에서 작용한다고 보는가, 아니면
   단지 나와 다르게 보이는 사람들과의 관계에서만 작용
   한다고 보는가? 전자라면, 당신은 무엇을 간과하고 있는
   가? 후자라면, 문화에 대한 이러한 접근이 어떤 위험 요
   소를 안고 있는가?

6. 우리는 Gladstein(1983)의 반직관적 견해를 이용하여,
   공감이 때로는 내담자가 상담 목표에 도달하는 것을 방
   해할 수 있다고 했다. 이 주장에 대해 어떻게 생각하는
   가? 이러한 경우의 예를 들 수 있겠는가?

내담자 문제 평가하기

이 장의 목적

이 장에서는 상담사가 내담자의 주호소문제를 평가하는 일반적인 과정, 즉 문제를 정의하기 위해 필요한 관련 정보를 수집하고, 내담자의 맥락적 이해를 위해 정보를 개념화하고, 내담자 자원을 고려하는 과정을 검토한다.

상담에서 임상 평가는 내담자를 상담사에게 배정하기 전 접수면접에서 이루어질 수도 있고, 배정된 상담사가 상담 회기 중에 진행하기도 한다. 상담사에게 배정되기 전이라면, 접수면접에서 정보를 얻는 것과 함께 지필 형식의 검사가 포함될 수 있다.

Drummond와 Jones(2010)는 임상 평가에 대해 두 가지 접근을 설명하고 있다 — 심리진단적 접근(psycho-diagnostic method)과 심리측정적 접근(psychometric method). 이 장에서는 심리진단적 접근, 즉 어떤 유형의 상담이 필요한지, 어떤 종류의 개입이 사용되어야 하는지, 상담이 어떻게 진행되어야 하는지를 결정하기 위해 내담자의 문제와 맥락적 상황을 평가하는 것을 살펴볼 것이다. 따라서, 단어 평가(word assessment)는 종종 시험이나 심리검사를 지칭하기 위해 사용되지만, 여기서는 보다 일반적인 형태로, 즉 적절한 상담 목표에 도달하기 위해 내담자로부터 정보를 수집하고 분석하는 것을 의미한다.

이 장의 고려사항

- '문제'를 정의하는 것은 어려운 과정이다. 왜냐하면 각자가 문제를 다르게 보기 때문이다. 상담 전문가는 문제를 어떻게 바라보는가?
- 상담 전문가는 어떻게 내담자의 세계관과 자신의 세계관을 분리해 내담자와 연관될 수 있는 문제를 정의하는가?
- 어떤 종류의 정보가 낯선 사람의 문제를 이해하는 데 유용한가?
- 내담자의 삶에서 중요한 정보를 찾는 것과 단순히 마구잡이식 '낚시' 탐색을 하는 것의 차이를 어떻게 구분하는가?
- 위기 상담과 다른 형태의 상담 사이의 차이점은 어떻게 드러나는가?

이러한 질문은 임상 평가 과정의 근간이고, 상담사와 내담자 모두에게 영향을 미친다. 따라서, 정보를 수집하고 내담자의 주호소문제와 그러한 문제가 발생하는 맥락, 문제 해결을 위해 내담자에게 가능한 대안을 파악하기 위해 그 정보를 종합적으로 이해하고자 할 때 따를 수 있는 일종의 가이드라인을 가지는 것이 유용하다. 평가는 단순한 과정인 것 같지만, 상담사, 특히 전문가에게는 가장 큰 도전일 수 있다. 이러한 이유로 우리는 이 장에서 평가에서의 두 가지 흔한 오류를 설명하고자 한다 ― (a) 개념적 유실(conceptual foreclosure), 그리고 (b) '과정(process)'보다는 '구성(plot)'(즉 이야기 전개)을 따르는 평가 스타일.

대부분의 경우, 내담자는 자신의 삶을 방해하고 있거나 사기를 떨어뜨리는 문제를 해소하는 데 도움을 주는 상담사를 구하기 마련이다. 결과적으로 내담자는 취약한 상태로 상담에 오지만 상담을 통해 향상되기를 기대한다. 대부분의 초심 상담사는 이와 비슷한 기대와 취약성을 안고 새로운 치료적 관계에 들어간다. 상담사의 경우, 취약성은 내담자의 상황을 완화하거나 향상시키기 위해 무언가를 하려고 하는 자기기대에 기인한다. 이 욕구는 상담사가 항상 뭔가를 하지 않는다면 ― 보통 내담자만큼이나 오히려 더 많이 ― 상담은 성공적이지 않다는 생각으로 이끈다. 이러한 부담으로 초심 상담사들은 평가 과정 훈련을 하는 데 어려움을 겪는다. 이들은 가능한 빨리 해결책을 제시하려는 경향이 있다. 또는 내담자의 어려움을 해소하기 위해 문제의 요인들을 규명하지 않고, 양육관계를 맺으려는 강한 욕구를 느끼는 경향이 있는데, 이를 개념적 유실(conceptual foreclosure)이라 한다. 발달 이론에서 유실(foreclosure)이 충분한 탐색 없이 인생의 방향을 결정하는 것을 말하는 것처럼(Erikson, 1968), 상담사 입장에서 개념적 유실이란 내담자의 상황이나 배경의 모든 측면을 충분히 평가하지 않고 내담자의 문제가 무엇인지 결정하는 것이다. 진로 선택에 있어 정체성 유실과 같이, 상담사가 충분한 평가 없이 결정하는 경우도 있다 ― 그러나 이는 기술이기보다는 행운에 가깝다. 평가가 수정되지 않는다면 목표 설정이 시기상조일 뿐만 아니라 심지어 비생산적일 수도 있다.

Seligman(2004)은 "평가 과정은 각 개인의 중요성과 개별성을 인식하는 방법, 그 사람에게 '당신은 특별하고 나는 당신을 더 잘 알고 왜 당신이 당신이 되었는지 이해하고 싶다'고 말하는 방법"(p. 85)이라고 했다. 그러므로, 상담사는 올바른 이해를 위해 가장 참을성 있고, 가장 호기심이 있으며, 가장 매력적이면서 가장 통찰력 있는 사람이어야 하므로, 상담의 전 과정에서 평가는 가장 도전적이다. 즉 개별 상담사는 평가에 도움이 될 수 있는 가능한 많은 자료를 가지고 작업한다. 이 장에서는 기초적인 부분만을 다룬다. 우리는 상담사들이 시간이 지남에 따라 다양한 맥락에서 인간 행동의 이해를 풍부하게 하는 자원들을 구축해 나갈 것을 제안한다. 또한 상담사들이 가장 자주 만나게 되는 호소문제들(예 : 물질남용, PTSD, 불안)에 대해 할 수 있는 한 계속해서 학습하기를 권한다. 이런 방식으로, 상담은 전문지식과 평가기술 사이에서 시너지를 낼 것이다.

평가의 목적

평가는 상담 과정에서 많은 기능을 한다. 관련 내담자 정보를 요구하고 조직하는 체계적인 접근을 제공한다. 또한 내담자의 주호소 문제에 기여하거나 영향을 미치는 주요한 개인적·문화적 상황을 파악하는 데 도움을 준다.

평가는 상담사가 내담자의 세계, 즉 내담자가 세계를 어떻게 지각하고 있는지 또한 내담자가 실제 세계를 어떻게 보고하는지 이해하는 수단이다. 이는 내담자가 경험하는 상황 — 경험의 일부를 구성하는 다른 사람들, 맥락, 시간성, 뿐만 아니라 내담자가 바꾸고 싶어 하는 그 상황이나 사건을 변화시키려는 노력을 탐색하는 과정을 수반한다.

평가는 반응적일 수 있다는 것에 유의하는 것이 중요하다. 즉 문제에 관한 특정 정보를 얻는 과정은 문제를 약간 변화시킬 수 있다. 예를 들어 주변 여자에 대해 지나치게 의식한다고 보고하는 남자 내담자는 상담사와 함께 자신의 행동을 관찰하고 상담 밖에서 보다 면밀히 자신의 행동을 관찰함으로써 자의식이 사라지는 것을 발견할 수 있다. 따라서, 평가는 또한 목표하는 내담자의 변화나 성과에 기여할 수 있다.

평가의 차원

평가는 상담사가 내담자의 어려움에 대해 정보를 수집하고 반영하여 결론을 이끌어내는 모든 것을 말한다. 대부분의 주요 평가요소들은 상담 과정 초기에 이루어지지만, 목표 설정 및 개입 선택에 있어 상담사는 항상 내담자를 더 충분히 이해하려고 하기 때문에 실제로 일부 평가는 상담 과정에서 지속적으로 이루어진다.

공식적인 접수면접

모든 상담 관계가 여기서 제시하는 접수면접 과정으로 시작되는 것은 아니기 때문에 우리는 여기서 공식적인 접수면접을 설명할 것이다. 어떤 세팅(예 : 학교 상담 세팅)은 문제가 발생했을 때 공식적인 접수면접 절차를 거치기보다 학생과 가족에 대한 축적된 정보에 의존하는 경향이 있다. 이것이 이러한 세팅에서 평가 과정이 중요하지 않다는 것을 의미하는 것은 아니지만, 우리가 여기서 고려하는 평가는 공식적인 접수면접, 종종 내담자가 궁극적으로 만나는 상담사와는 다른 사람이 실시하는 접수면접 세팅과 더 관련이 있다.

접수면접에서, 상담사는 주로 내담자 문제의 영역과 범위, 배경, 문제와 관련된 현재 상황에 관한 정보를 얻는 데 관심을 기울인다. 접수면접에서의 가정은 상담 관계가 접수면접 이후에 뒤따른다는 것이다. 그래서, 내담자가 다음 상담에 오지 않을 것으로 생각되는 어떤 이유가 있다면 접수면접은 적절하지 않다. 대부분의 상담사는 접수면접을 60~90분으로 제한하고자 한다. 이렇게 함으로써 상담사는 상담에 대한 책임과 통제권을 가져야 한다. 내담자를 위해 상담 회기를 치료적으로 만드는 명백한 시도는 존재하지 않는다(들어주는 것만으로도 많은 사람에게 치료적이지만). 이런 점에서, 접수면접은 내담자와 관계를 형성하는 과정에 선행하는 부속물과 같다.

접수면접 회기는 정규 상담 회기와 다르기 때문에, 상담사가 내담자에게 접수면접의 목적과 특성에 대해 설명하는 것이 도움이 된다. 다음과 같이 시작할 수 있다. "션, 상담을 시작하기 전에 기초 정보를 얻고자 합니다. 그래서 오늘, 제가 당신을 이해하고, 학교, 직장, 가족 등에 대해 몇 가지 질문을 하는 데 시간을 할애할 거예요. 또 당신이 상담에 오게 된 어려움에 대해 몇 가지 정보를 확인할 거고요. 질문 있나요?" 접수면접자가 내담자의 지정 상담사가 될지 아닐지 모른다면, 당연히 이 또한 내담자에게 이야기하는 것이 필요하다. 내담자가 첫 면접에서 위기에 놓여 있다면, 전형적인 접수면접은 진행하지 않는다. 대신 위기 평가를 수행하고 접수면접이 수행될 수 있을 때까지 내담자의 신체적·심리적 안전을 확보하는 것이 목표가 된다.

접수면접 양식

접수면접 양식은 사용되는 상담센터나 기관에 따라 매우 다양하다. 종합 정신건강기관의 경우, 접수면접 양식은 병력, 가족력(의학 및 정신건강), 직장경력, 과거 또는 현재 약물복용, 법적 문제, 공동거주자를 포함한 현재 주거 상황, 성정체성 등을 포함하여 종합적으로 정보를 수집한다. 달리 말하면, 접수면접은 단순히 내담자의 주호소문제와 이와 관련된 상황에 대한 기술뿐만 아니라, 내담자와 내담자의 과거와 현재 상황에 대한 보다 전반적인 그림을 제시한다.

특정 대상에게 서비스를 하는 상담기관의 경우(예 : 대학 캠퍼스 내 알코올 또는 약물 관련 문제로 의뢰된 학생 또는 성폭행 당한 학생들에게 서비스를 제공하는 상담실), 접수면접 양식은 보다 분명하다. 또한 서술 양식보다는 체크리스트 형태로 제공될 수 있다. 알코올 또는 약물 관련 문제를 보이는 대학생의 예를 든다면, 접수면접자는 불안, 우울, 섭식장애 또는 공격적 행동과 같은 동반 증상이 있는지 확인해야 한다. 이러한 증상 각각은 접수면접자가 체크해야 할 몇 가지 하위 범주가 있다. 물론, 심리치료 및 정신과 치료 기록, 가족력, 사회적 관계, 학업 성적에 대한 정보도 수집한다. 마지막으로, 내담자가 심각한 문제를 보일 때 접수면접에서 일반적으로 확인하는 것처럼, 위기 평가, 특히 자살 또는 살인 위험을 확인한다.

접수면접 결과를 기록할 때 몇 가지 주의할 점이 있다. 첫째, 진단을 내리지 않는 한 진단적 용어를 사용하지 말라. 내담자가 '우울한' 것 같다고 하려면, DSM-5에 기술된 우울증 기준에 따라야 한다. 그렇지 않다면, '내담자는 만성적으로 슬픔을 느낀다고 진술했다'와 같은 비진단적 언어가 적절하다. 또한, 정교한 추론을 피하라. **추론은 추측이다** ─ 때때로 경험에서 우러난 추측이지만, 그럼에도 불구하고 여전히 추측일 뿐임을 명심하라. 부정확한 추론은 상담 초기 단계에서 혼란을 줄 수 있다. 당신의 편향이 보고서에 반영되지 않도록 노력하라. 평가는 심리학적으로도 때로는 법적으로도 방어적이어야 함을 기억하라. 가능한 내담자의 세계를 정확하게 그림을 그리되 내담자 평가와 관련한 상담기관의 지침이 무엇인지 알고 그 지침을 따르는 것이 중요하다.

접수면접을 통해 얻은 정보는 최악의 경우에 중요한 의미를 가진다. 아주 많은 상담사들이 상황을 해결하는 데 필요한 정보가 부족한 채로 내담자의 위기 상황에 직면한다. 초심 상담사들은 관계 형성과 정보 수집 사이에서, 내담자가 자살위험이 있거나, 심한 우울이 있거나 또는 타인을 해칠 위험이 있는 상황에서 필수적인 정보를 수집하는 것을 간과할 수 있다. 그러한 경우, 내담자의 약물복용, 지지체계, 이전의 유사한 위기문제에 대한 주요 정보는 내담자와 다른 사람들의 최선의 이익을 위해 필수적이다.

I. 인적사항

A. 내담자 이름, 주소, 연락 가능한 전화번호. 이 정보는 상담 진행 중에 내담자에게 연락해야 할 상황에서 중요하다. 내담자의 주소 또한 내담자가 생활하는 환경에 대해 어느 정도 알 수 있게 해준다(예: 대단지 아파트, 학생 기숙사, 단독주택, 공공임대).

B. 나이, 성별, 관계 상태, 직업(또는 학교 및 학년), 동거인. 이 정보들도 중요하다. 내담자가 법적으로 소수자인지 알려주고, 이후 상담 회기에 나올 정보들을 이해하는 기초가 된다. 아동의 경우, 가정에서 아동을 돌볼 수 있는 어른의 지원이 가능한지 확인하는 것이 필수적이다.

II. 주호소문제

주호소문제는 내담자가 보고하는 대로 기술하는 것이 가장 좋다. 문제에 행동적인 요소가 있다면 그것 또한 기록한다. 이러한 정보를 수집하는 데 도움이 되는 질문은 다음과 같다.

A. 이 문제가 얼마나 내담자의 일상 기능을 방해하는가?

B. 문제가 어떻게 발생하는가? 이와 관련된 생각, 감정 등은 무엇인가? 관찰 가능한 행동은 무엇인가?

C. 얼마나 자주 문제가 발생하고, 얼마나 오랫동안 지속되어 왔는가? 언제 처음 발생했는가?

(계속)

D. 내담자가 문제를 둘러싸고 있는 사건의 패턴을 확인할 수 있는가? 언제 발생하는가? 누구와? 발생 전후에 무슨 일이 일어나는가? 내담자가 문제가 발생할 것을 예상할 수 있는가?

E. 내담자가 이 시점에 상담을 하기로 결정한 이유는 무엇인가?

III. 내담자의 현 상황

내담자의 일상적인 기능에 대한 배경은 무엇인가?

A. 내담자는 보통 어떻게 하루를, 또는 일주일을 보내는가?

B. 내담자는 어떤 사회적, 종교적, 여가 활동을 하는가?

C. 내담자의 직업적 특성 또는 교육 상황은 어떠한가?

D. 내담자가 지속적으로 다루어야 할 특별한 특성(문화적, 인종적, 종교적, 생활방식, 연령, 신체적 또는 기타 어려움)이 있는가?

IV. 가족사

A. 부모님의 나이, 직업, 성격, 가족역할, 서로 간의 관계, 내담자와의 관계, 다른 형제자매와의 관계.

B. 형제자매의 이름과 나이, 현재 상황, 내담자와의 관계.

C. 가족 중 정신 병력이 있는가? 약물남용? 가정폭력?

D. 보유하고 있는 직업의 수나 이사 횟수(와 이유)를 포함한 가족 안정성에 대한 기술. 이러한 정보는 이후 회기에서 내담자의 안정성 및 관계에 관련된 이슈가 나타났을 때 통찰을 제공한다.

V. 개인사

A. 병력 : 출생 이후 현재까지 어떤 특이한 질병이나 관련된 증상을 포함한다.

B. 교육사 : 고등학교 및 이후 학업 과정을 포함. 정규 과정 이외의 관심과 학교에서 또래와의 관계도 포함된다.

C. 군이력 : 내담자가 전투에 참여한 적이 있는가? 전투에서 돌아왔을 때 내담자는 어떻게 평가를 했는

가? 내담자가 참상을 목격했는가? 부상을 당했는가? 외상후 스트레스장애(PTSD)의 징후가 있는가?

D. 경력 : 어디서 일하는가? 어떤 종류의 일을 하는가? 얼마나 오랫동안 했는가? 동료들과의 관계는 어떠했는가?

E. 성, 관계 이력 : 내담자의 성적 지향은 어떠한가? 성적 지향이 내담자의 가족이나 문화집단, 지역사회에서 문제가 되었는가? 내담자가 맺어 온 관계들은 어떠한가? 내담자는 현재 교제 중인가? 내담자는 자녀가 있는가?

F. 내담자는 상담 경험이 있는가? 그 경험은 어떠했는가?

G. 알코올 및 약물 사용 : 현재 내담자는 술이나 약물을 하는가? 과거에 사용 경험이 있는가? 얼마나?

H. 내담자의 삶에서 개인적 목표는 무엇인가? 이 목표가 주호소문제로 인해 얼마나 복잡하게 얽혔는가?

VI. 접수면접 시 내담자 인상 및 행동관찰

여기서는 옷차림, 자세, 제스처, 표정, 음성, 긴장 등을 포함한 내담자의 용모에 대해 기술한다. 내담자가 접수면접 시 상담사와 상호작용이 되는 것 같은가? 내담자 반응의 적절성, 동기, 온화함, 거리감, 수동성 등. 상호작용에서 느껴지는 어떤 지각적 또는 감각적 특성을 관찰했는가? 내담자가 표현한 일반적인 수준의 정보, 어휘력, 판단력, 추상화 능력은 어떠한가? 생각의 흐름과 대화의 속도는 어떠했는가? 내담자의 말은 서로 논리적으로 연결이 되는가?

VII. 요약 및 총평

여기서는 내담자가 진술한 문제와 이 회기에서 수집된 다른 정보 사이에 존재하는 연관성을 확인하라. 어떤 상담사가 이 내담자와 가장 잘 맞을 것이라고 생각하는가 (당신은 접수면접만 하는 것으로 가정할 때)? 내담자가 이 시점에서 상담에 온 이유가 무엇이라고 생각하는가? 이 내담자가 이 기관에서 제공하는 서비스에 얼마나 적합한가? 상담이 얼마나 필요할 거라고 생각하는가?

문제 정의

접수면접 이후에, 임상적 평가는 그 문제에 대한 보다 폭넓은 정의를 수반한다. 이것은 접수면접의 일부로 시작할 수도 있지만, 그 이후의 한 회기 혹은 두 회기로 계속 이어질 수도 있으며 어떤 경우에는 그 이상 진행될 수도 있다. 문제 정의는 주호소문제의 본질적인 부분과 맥락적인 부분에 대한 구체적인 세부사항들이 나타나기 때문에 접수면접의 정보와는 다르다. 이러한 세부사항들에는 내담자가 처음에 이야기한 것(주호소문제라 불리는)뿐만 아니라, 접수면접이 이루어지는 동안이나 혹은 그 이후의 회기에서 언급되었을 수도 있는 다른 부분들도 포함할 수 있다.

흔히 내담자들은 주호소문제를 그들이 도움 받아야 할 것으로 알고 있으나, 그 후 회기가 진행되면서 그들의 괴로움과 좀 더 밀접한 관계가 있는 다른 것들이 드러남을 깨닫게 된다. 이것은 내담자들에게 충격적일 수 있다. 왜냐하면 그들은 그 문제의 핵심에서 벗어난 피상적인 고민으로 인해 상당한 시간을 보냈기 때문이다. 게다가 내담자들은 종종 신뢰감의 문제를 갖는데, 그들 중 일부는 그 문제에 대해 인지하지 못한다. 그래서 상담이 진행됨에 따라 그들이 상담사를 신뢰할 수 있다고 믿으면, 그들은 자신을 오랫동안 괴롭히던 과거의 매우 고통스러운 순간을 스스로 이야기하게 되는 것을 발견할 것이다. 이것이 바로 우리가 상담의 시작부터 끝까지의 과정에서 치료적 관계의 중요성을 강조하는 이유이다. 또한 평가는 상담에서 지속적으로 이루어져야 하며, 상담사는 내담자로 하여금 더 깊은 이야기를 하지 못하게 하는 개념적인 틀에 갇히지 않도록 해야 한다고 말하는 이유이다. 다음은 내담자 문제를 이해하는 데 도움이 되는 항목들이다.

I. 문제의 구성요소(그 문제가 주로, 그리고 2차적으로 드러나는 방식)

    A. 그 문제와 관련된 감정(평가해야 할 주된 감정 혹은 정서 범주에는 혼란, 우울, 공포, 분노가 포함됨)

    B. 그 문제와 관련된 인지(사고, 신념, 인식/지각, 내적 대화, 반추, 자기대화가 포함됨)

    C. 그 문제와 관련된 행동(내담자뿐만 아니라 상담사를 포함한 타인이 관찰 가능한 독특한 동작)

    D. 그 문제와 관련된 육체적인 혹은 신체적인 불편사항

    E. 그 문제의 대인관계적인 측면(영향력 있는 주요한 타인과 가족, 친구, 친지, 동료, 또래를 포함한 내담자의 대인관계, 주요한 타인이 내담자 혹은 내담자의 문제에 미칠 수 있는 영향)

II. 기여사건의 양식(그 문제를 발생시키고 유지시키는 것처럼 보이는 사건들의 순서나 양식을 내담자가 찾을 수 있는가?)

    A. 언제 그 문제가 발생했는가? 어디서? 누구와 함께?

    B. 그 문제의 시작에는 무슨 일이 있었는가?

    C. 그 문제가 발생하기 바로 직전에는 무슨 일이 일어났는가?

    D. 그 문제의 발생 직후에는 보통 무슨 일이 일어나는가?

    E. 무엇이 그 문제를 더 나아지게 하는가? 무엇이 그 문제를 사라지게 하는가?

    F. 무엇이 그 문제를 더 악화하게 만드는가?

III. 문제의 지속기간(그 문제가 내담자를 방해하거나 내담자의 일상 기능에 지장을 주는 정도)

    A. 그 문제가 얼마나 오랫동안 지속되어 왔는가?

    B. 그 문제는 얼마나 자주 일어나는가?

    C. 그 문제가 발생하고 난 후에 얼마나 오래 지속되는가?

    D. 지금 이 시점에 그 문제를 가지고 상담에 오게 된 이유는 무엇인가?

    E. 그 문제는 내담자의 일상생활에 어떤 식으로 영향을 미치는가?

IV. 내담자의 대처능력, 강점, 자원

    A. 내담자는 어떻게 그 문제에 대처하는가? 어떤 것이 효과적이었는가? 어떤 것이 비효과적이었는가?

    B. 내담자는 (그 외의) 다른 문제들을 어떻게 성공적으로 해결했는가?

    C. 내담자의 변화를 이끌어내는 데 도움이 되는 자원, 강점, 지지체계에는 어떤 것들이 있는가?

    D. 내담자는 어떤 문화적인 가치관을 가지고 있는가? 내담자는 스스로를 어떤 정치사회적 집단에 속해 있다고 여기는가? 어떤 언어를 사용하는가? 성(gender)의 영향은? 내담자가 자란 환경은 어떠한가? 만약 내담자가 종교를 가지고 있다면, 어떤 종교를 가졌는가? 내담자의 관점에서 이러한 각각의 것들이 그 문제에 어떻게 영향을 미치는가?

    문제 정의 면접으로부터 수집된 이러한 정보들과 함께, 상담사들은 또한 심리검사 및 자기평가와 같은 부수적인 자료들을 통해 내담자와 그들의 문제에 대해 추가적인 평가 정보를 얻을 수 있다.

    마지막으로, 문제 정의는 상담사의 이론적 지향, 미국정신의학회의 정신질환의 진단 및 통계 편람, 제5판(DSM-5; American Psychiatric Association, 2013), 그리고 맥락적 현실 등의 다양한 방법으로 파악될 수 있다. 모든 문제가 개인의 내면에서 발생하는 것이 아니라, 오히려 내담자가 그렇게 행동하도록 만든 환경에 의한 것일 수 있기 때문에 맥락적 현실을 아는 것은 중요하다. 예를 들어 미국장애인법(Americans with Disabilities Act)은 환경을 장애인이 신체적 장애와 관련하여 경험하는 문제의 근원으로 여기며 바꾸어야 할 부분이라고 인식한다. 마찬가지로, 비기득권 문화집단을 대표하는 많은 사람들은 내담자의 '문제'에 주된 영향을 미칠 수도 있는 정도의 차별을 경험한다. 또한 어린아이들도 환경이나 상황적인 조건들로부터 오는 문제들을 경험한다. 이러한 경우에는 내담자뿐만 아니라 그 환경도 개입의 목표가 되는 중요한 자원일 수 있다.

아동의 임상 평가

아동을 평가하는 것은 상담사에게 하나의 도전이 된다. 한편으로, 아이들은 신뢰하는 상담사에게 자신의 고민에 대해 이야기하는 것을 어른들보다 덜 주저한다. 반면에, 아이들은, 특히 어린아이의 경우 인과관계나 맥락 안에서 자신의 문제를 설명할 수 있는 인지발달이 부족하다. 결과적으로 아이들의 세계를 개념화할 수 있는 정보를 이끌어낼 수 있는 질문을 구사해야 한다.

취약 아동과 청소년의 접수면접에는 거의 항상 아이에 대해 법적 책임이 있는 어른이 동반된다. 학교상담 장면에서 '접수'는 학교생활기록부, 교사의 의뢰 소견, 학부모와의 면담으로 이루어진다. 예를 들어 교육 장면 밖에서 상담을 하는 아동의 접수면접은 거의 대부분 의료 및 정신건강 이력, 학교 적응, 가족 구조의 변화, 가정폭력 목격을 포함한 외상 이력, 부모의 훈육 관행 등을 포함하는 여러 영역을 다룬다.

접수면접을 떠나, 아동 평가에서 명백한 첫 번째 과제는 아이와 긍정적 관계를 형성하는 것이다. 이러한 관계는 아동의 세계에 대한 특별한 감수성을 필요로 한다. 예를 들어 위협적인 환경에 사는 아이는 낯선 사람과 새로운 관계를 맺는 것을 훨씬 더 꺼릴 것이다. 그러나, 아이들은 당신이 '안전한' 사람이라고 받아들이기 시작하면, 어른들보다 훨씬 더 개방적이고 솔직하다.

아이와 안전하고 믿을 만한 관계를 형성했다면, 접수면접 정보를 적절히 활용하면서 문제 정의 과정을 시작할 수 있다. 아동과의 첫 번째 만남은 이미 아동의 인지 및 정서 상태, 아동의 문제에 기여하는 환경적 요소, 자기관 및 다른 사람들과의 주요 관계를 유도하는 문제 정의 질문으로 이루어짐을 알 수 있다. 말을 잘 하는 아이라면 자기, 가족, 친구, 환경에 대한 개방형 질문에 답할 수 있지만, 그렇지 않은 아이는 구조화된 질문(누가? 무엇을? 어디서? 어떻게? 언제?)이 필요할 수도 있다. 어떤 아동 상담사는 이런 종류의 질문은 가급적 피하고자 하는데 왜냐하면 이런 질문은 내담자의 반응을 제한하여 내담자로부터 얻을 수 있는 정보를 제한하기 때문이다.

아동과의 의사소통 특성을 감안할 때, 상담사가 평가 과정에 들어가기 전에 계획을 세우는 것이 중요하다. 계획 시 아동의 언어발달 수준과 구체적 또는 추상적 개념을 이해하는 능력을 고려해야 한다. 어린 아동일수록 추상적인 개념을 묻는 질문을 이해하지 못한다. 일반적인 반응보다는 구체적으로 질문을 하는 것이 중요하다. 이 모든 것은 아이가 집중할 수 있는 시간 내에 이루어져야 한다. 어린아이들에게는 놀이치료가 평가 도구로도 상담 접근으로도 활용된다(예 : Schaefer, 2011). 놀이치료 활용 시에는 전문적인 훈련이 필요하다.

마지막으로, 고학년 아동이나 청소년의 경우에는 가족구성원, 형제, 또는 또래로부터 경험하는 압력이 있는지 확인하는 것이 중요하다. 그러한 압력은 학생이 상담사에게 협조적으로 반응하는 것을 더 어렵게 만들 수 있다. 가족과 사회관계 전반에 걸친 이슈(예 : 약물남용)를 살펴보기 위해 주제와 함께 가계도와 같은 평가방법을 사용하는 것이 도움이 될 수 있다.

아동의 임상 평가와 관련된 이슈들

주정부 입법부, 사회복지기관 및 아동 복지와 관련된 조력 전문 분야에서 여러 가지 우려가 제기되어 왔다. 이러한 문제 중 많은 부분이 상담 과정에서 드러나는데, 아동 학대, 부모의 이혼, 한 부모 가정, 빈곤 등이 포함된다. 상담사는 아동을 상담할 때 다음과 같은 근본적인 질문에 직면한다 — 아이의 가족 및 사회경제적 지위를 감안할 때, 아이는 잘 기능하고 있는가? 아이는 잘 자라고 있는가, 아니면 걱정스러울 정도의 발달지연이 있는가? 부모가 양육에 필요한 자원이 있는가? 어떻게 자원을 개선할 수 있는가? 요약하면, 아동이 처한 상황적 맥락을 평가하지 않고는 아동에 대한 평가를 할 수 없다. 더 나아가, 상담사는 항상 사회 정의를 지지해야 하지만, 특별히 임상 평가에서의 기대를 조정하여 공감적이면서도 현실적이어야 한다. 빈곤과 안전하지 않은 이웃으로 인해 부담을 느끼는 부모님은 상담사의 판단이 아닌 지지가 필요하다.

환경적 맥락을 평가하는 것과 함께, 상담사는 DSM-5의 진단기준에 따라 아동의 기능 수준을 진단해야 한다. 이 자료는 건강보험회사 및 정부 프로그램이 제공하는 심리/정신의학 서비스에 대한 상환 지침을 준수하는 모든 서비스 제공자가 사용하게 된다. 여기에는 반항적 행동, 동급생 또는 동물 학대, 파괴, 만성적인 거짓말, 도둑질, 주의력결핍 및 학업 실패, 섭식 장애, 자살 위험 및 자폐증과 같은 광범위한 행동까지 적용된다. 진단과 더불어, DSM-5는 세부 유형, 진단적 증상, 유병률, 증상의 발달 및 전형적인 진행과정, 문화 관련 정보 및 증상에 따른 기능상 영향, 그밖에 정신건강 전문가가 정확한 진단을 내리고 상담사가 진단과 관련된 요소들에 대한 이해를 넓히는 데 도움이 되는 모든 것에 대한 논의가 포함된다.

　진단에 따라 상담사의 역할은 다른 사람들과의 협력이 필요할 수 있다―의사, 심리학자, 정신과 의사, 사회복지사, 결혼 및 가족치료사, 법원 시스템 또는 주 아동 복지 시스템. 상담사는 때때로 이러한 다른 서비스를 시작하도록 하는 사람이다. 이러한 일이 생기면, 상담사의 역할은 거의 끝이 없다. 보통 상담사는 아이와 가족에게 주요 서비스 제공자이거나 보조 서비스 제공자로서 참여한다. 주요 제공자로서 상담사는 아이와 상담 관계를 지속하면서 다른 자원들에게 자문이나 협조를 요청한다. 학교 상담사의 역할은 더 큰 치료 계획의 틀에서 학교의 참여를 조정하는 것이다.

커플과 가족의 임상 평가

결혼 및 가족치료에 대한 대부분의 이론은 커플 및 가족과 작업하는 데 있어 체계적인 접근법을 강조한다(제11장 참조). 이러한 접근은 각 개별 구성원의 특성보다는 구성원 간 상호작용에 접근하여 개념적 구조에 대한 질적 변화를 나타낸다. 다르게 표현하면, 질문은 개개인의 생각, 행동 또는 감정이 무엇인지에서 서로의 상호작용에서 무엇이 일어나고 있는지, 상호작용이 어떻게 특정 결과를 만들어내거나 유지하는지로 바뀐다. 그래서, 이 접근은 시스템이 어떻게 기능하는지 그리고 구성원들이 그 시스템 안에서 필요를 충족하고 있는지를 고려하기 때문에 시스템적이라고 한다.

　이러한 체계적인 관점에서 볼 때, 접수면접에서 확인하는 질문들은 식별된 시스템(예 : 가족, 커플, 동료집단)의 구성원 간 음성적, 비음성적 상호작용 패턴을 다룬다. 부부나 가족의 각 구성원에 대한 인구통계학적 정보와 의료 정보를 얻는 것이 여전히 중요하지만, 상담사는 각 개인의 행동이 다른 사람의 행동의 원인과 영향이 되는 방식과 같은 시스템적 요인에 재빨리 초점을 두어야 한다. 대인관계 장면은 시스템 평가의 핵심이다. 이를 반영하는 질문의 예는 다음과 같다.

　"안토니오가 이렇게 할 때마다 어떻게 할 거예요, 니아?

　"니아가 이렇게 반응할 때, 당신이 그다음에 말할 수 있는 건 뭔가요, 안토니오?"

상담사가 "왜 이런 식으로 반응하는가?"라고 묻지 않는다는 것을 기억하라. 왜냐하면 상담사

는 내담자에게 시스템이 실제로 어떻게 기능하는지보다는 의도가 더 적절한지를 생각하도록
하는 것이기 때문이다.

가계도

가족 구조 및 상호작용을 확인하는 한 가지 방법으로 가계도가 있다. 이 다이어그램은 전형적
으로 3세대에 걸쳐 가족 구성원을 나타내는 기호를 사용한다. 그림 5.1은 가계도에서 가장 많
이 사용되는 기호들이 포함되어 있다. 이 활동은 가족들에게 가계도가 어떻게 그려지는지 설명
하면서 시작한다. 그리고 나서 상담사는 직계 가족—예를 들어 아버지와 어머니, 각 자녀 및
각자의 생일에서 시작하여 다양한 가족구성원에 대한 정보를 요청한다. 직계 가족의 자녀는 세
번째(현재) 세대를 구성하고, 부모(어머니 및 아버지)는 두 번째 세대를 구성한다. 여기에 모계
및 부계 조부모(1세대)와 가족 기능에 활발히 기여하는 다른 가족 구성원이 추가된다.

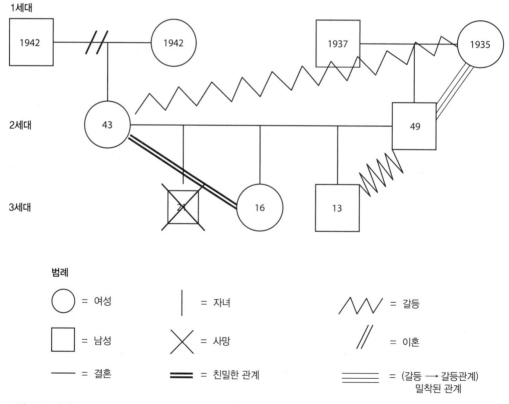

그림 5.1   가계도

가계도를 그리고 나면, 가족구성원들이 가족 내에서 그들의 관계를 어떻게 인식하고 있는지, 자신의 역할과 다른 구성원의 역할을 어떻게 인식하고 있는지, 음성적으로나 비음성적으로 어떻게 포함되거나 배제되는지, 누가 주인공이고 누가 평화주의자인지, 누가 숨었는지 등 가족역동에 대한 통찰을 발달시키는 데 이를 사용할 수 있다. 적어도 가계도는 가족 내에서 친밀한 관계가 어디에 있는지, 융합과 갈등이 어디에 존재하는지 나타낼 수 있다. 가계도를 검토하면 글자 그대로 가족사진이 나온다. 가족 개개인이 가족의 기능에 대한 통찰력을 얻고, 가족구성원이 다른 구성원과 단절했던 관계를 회복하고, 시스템의 패턴을 변화시키는 데 도움이 될 수 있다. 가계도는 Bowen 계열 상담사가 가장 많이 사용하지만, 모든 학교의 가족치료뿐만 아니라 개인 상담에서도 유용한 도구이다.

Thomas(1998)는 가족 역사뿐만 아니라 문화적 기원을 포함하는 다문화 가계도를 설명했다. 이는 가계도에서 사용하는 모든 전통적 정보를 포함하면서, "가족구성원 간 문화적 가치의 차이와 같은 구성원들의 행동에 영향을 미치는 세계관 및 문화적 요인에 대한 평가", 영성/종교가 더해진다(pp. 25-26). 가계도는 평가에서 다양한 문화적 요소, 성역할, 경력(진로 상담사 활용), 군복무를 포함하는 여러 주제에 걸쳐 활용할 수 있다(McGoldrick, Gerson, & Petry, 2008).

평가 정보 사용하기

상담사마다 접수면접과 문제 정의 회기에서 얻은 정보를 사용하는 데 있어 다른 접근법을 사용한다. 어떤 상담사는 행동 패턴을 중요하게 살핀다. 예를 들어 한 상담사는 자신의 내담자가 대학 두 번 중퇴에 군대 다 못 마치고 제대, 여자친구랑 깨진 기나긴 사연들을 포함해서 인생에서 완결하지 못하는 패턴을 갖고 있다고 진술했다. 이러한 관찰은 생각할 거리를 제공한다. 이러한 사건들이 기능적인 패턴인가? 이 사람이 헌신한다면 어떤 일이 벌어질까? 내담자는 자신의 삶의 결과를 보고 자신을 어떻게 생각할까? 내담자는 미래를 어떻게 예측하는가?

상담사가 평가 중 수집한 정보는 상담 목표를 설정하는 데뿐만 아니라 호소문제와 관련하여 적절한 상담전략 및 접근을 계획하는 데도 매우 중요하다. 예를 들어 우울증을 보고하는 내담자는 문제를 주로 인지적인 용어로 설명한다. "전 실패자예요. 전 뭐 하나 잘하는 게 없어요. 사람들이 나를 인정해주지 않으면 견딜 수가 없어요. 뭔가 잘못되면 그건 전부 제 탓이에요." 이 내담자는 사실에 근거하지 않았을 가능성이 큰 잘못된 자기패배적 믿음과 자기인식을 내재화했는가? 상담사는 이 내담자에게 인지, 신념, 내적 대화를 직접적으로 다루는 전략을 사용하기로 결정할 것이다.

대조적으로, 친구를 사귀고, 새로운 관계를 형성하고 관계를 유지할 수 없다는 생각 때문에 우울한 또 다른 내담자를 가정해보자. 이 경우에, 상담사는 대인관계에서 내담자의 행동을 관찰하고, 사람들 사이에서 관계를 다루는 대인기술 습득을 강조하는 행동전략을 사용할 수도 있다.

평가를 제대로 하지 못한 상담사는 내담자의 호소문제에 대한 잘못된 결론을 내고, 이에 따라 잘못된 목표를 설정하고 관련성이 없거나 실행 불가능한 상담 접근이나 전략을 추구할 가능성이 높다. 그 결과, 무작정 되는 대로 상담을 하느라 시간을 낭비할 뿐만 아니라, 결국 내담자가 첫 회기에 가져왔던 똑같은 문제를 안고 떠날지도 모른다.

내담자 평가로부터 얻은 정보들을 이에 알맞은 상담 개입과 연결할 수 있도록, 개입에 관한 장들(제8장부터 제11장까지)에서는 호소문제의 네 가지 구성요소(즉 감정, 인지, 행동, 관계)에 대해 다룬다. 예를 들어 주로 감정을 다루거나 정서에 초점을 두는 개입은 제8장에서 다룬다. 인지 기반 중재는 제9장에서 설명하고, 제10장에서는 행동 중재를 제시한다. 대인관계 또는 조직 중심의 중재는 제11장에서 논의된다.

평가와 관련된 기법

평가는 의도적인 과정이다. 각각의 질문과 설명, 상담사가 하는 모든 논의가 목적이 있다. 내담자의 염려를 평가하는 과정은 현 시점의 상황과 맥락을 모두 고려해야 한다. 내담자가 드러내는 이슈를 둘러싼 세부사항을 이해하는 것이 중요하지만, 내담자가 자신의 세계를 어떻게 이해하고 정의하는지를 만드는 배경 정보 또한 똑같이 중요하다(Seligman, 2009).

내담자 호소문제를 평가할 때, 상담사는 자료 수집 기술뿐만 아니라 제4장에서 설명한 관계 형성 기술이 필요하다. 접수 및 문제 정의 면접에서 가장 많이 사용되는 기법으로는 음성적, 비음성적 주의집중, 바꿔 말하기, 평가 과정을 촉진하는 다양한 질문이 있다. 이러한 기법 중에서 질문하기와 탐색하기는 내담자가 상담에 가져온 것을 소개하고 이끌어내어 촉진하고 추론하는 의도적 도구가 된다. 이러한 유형의 기법들이 서로 어떻게 다르고 어떻게 서로 다른 정보를 이끌어내는지 설명하려면 좀 더 상세히 검토되어야 한다. 그러나, 이 기법으로 넘어가기 전에, 우리는 이 기법의 목적에 있어 중요한 차이점을 소개하고자 한다. 우리의 경험상, 많은 초심 상담사들은 내담자 이야기의 의미보다는 '줄거리'(즉 이야기) 묘사에 현혹된다. 그래서 그들의 질문과 코멘트는 그 사건과 다른 사람들과의 상호작용이 내담자에게 갖는 의미의 상당

부분을 놓친다. 우리는 줄거리보다는 내담자에 초점을 둔 평가를 권한다. 차이점을 강조하기 위해 다음 예시를 보자.

내용 중심 상담 예시

내담자	너무 힘든 한 주였어요.
상담사	이런… 무슨 일이 있었나요?
내담자	직장 상사가 저한테 고함을 지르며 '넌 해고야'라고 말했어요.
상담사	그분이 왜 그런 반응을 보인거죠?
내담자	음… 제가 몇 분 지각을 해서 주요 거래처를 망쳤어요.
상담사	어떻게 망쳤어요? (내담자보다는 이야기에 머무르면서)
내담자	아… 제가 그 사람한테 전화를 하기로 했는데 잊어버렸고, 그 사람이 제 상사한테 전화를 해서 불평을 했죠. 저는 이게 그렇게 큰일이라고 생각하지 않는데 제 상사는 그 사람이 거래처를 옮길까봐 걱정하네요.
상담사	당신이 뭘 할 수 있을까요? (평가와 목표 설정을 끝내기 전에 개입으로 넘어가지 않음)
내담자	모르겠어요. 시간을 돌릴 수 없잖아요.
상담사	상사가 정말 당신을 해고할 거라 생각해요?
내담자	아뇨. 그냥 뚜껑 열려 한 말이라고 생각해요.
상담사	오, 그러면 그밖에 어떤 일이 힘든 한 주를 만들었나요? (하나의 주제를 끝내고 다음 이야기를 탐색한다.)
내담자	글쎄요… 여자친구한테 차였어요.
상담사	그래요? 어떤 마음이에요? (공감적으로 접근할 수 있지만 좋은 시도가 아님. 어떻게 느끼는지 상담사가 어떻게 알 수 있는가?!)
내담자	별로예요, 확실히. 전 우리가 좋았다고 생각하거든요.
상담사	여자친구는 헤어지는 이유가 뭐라고 하던가요? (다시, 내담자를 무시하고 이야기 중심으로 감)

등등…

내담자 중심 상담 예시

내담자	너무 힘든 한 주였어요.
상담사	이런… 뭐가 유난히 힘들었나요? (이전 예시와 거의 비슷하지만, 이 질문은 이야기가 아니라 내담자가 중심에 있다.)
내담자	직장 상사가 저한테 고함을 지르며 '넌 해고야'라고 말했어요.

상담사	기분 나쁘네요. 그때 당신이 무슨 생각을 했는지 기억할 수 있어요? (인지적 관점으로 옮김. 내담자에 머무르면서.)
내담자	그 사람이 넘버원 멍청이(jerk)라는 생각 말고 다른 거요? (웃음)
상담사	예, 다른 거요. 때때로 어려운 순간이 생각하기 좋은 지점이거든요. (내담자에게 질문에 대한 근거를 제공한다.)
내담자	글쎄요… 제가 뭘 생각했는지 정확히 모르겠지만 전 이 직장이 필요했기 때문에 그 순간 실제로 얼어붙었다는 건 기억해요. 나락으로 떨어지고 싶지 않아요. 전에 거기 있었고, 다시 돌아가고 싶지 않아요.
상담사	전에 거기 있었군요. (중요하다고 생각되는 것을 강조하는 재진술)
내담자	네. (생각에 잠긴 듯 보이지만 더 이상 말하지 않음)
상담사	(현재에 머무르기로 선택하면서) 비록 상사가 당신에게 화를 냈을 때 정확한 생각을 기억할 수는 없지만, 이 일이 당신에게 중요하기 때문에 위협당한 느낌을 상기할 수 있네요. 또다시 반복하고 싶지 않은 과거 어떤 것을 반복할까봐 조금 두려웠던 것 같네요. (감정 반영)
내담자	맞아요.
상담사	약간 거리를 두고, 그러한 감정들, 위협적이거나 과거의 실수를 반복할 것 같은 두려움이 여전히 느껴지나요? 당신의 감정을 만날 수 있도록 잠시 시간을 가져요. (여기서 상담사는 정서적인 부분으로 초점을 옮긴다.)
내담자	(잠시 후) 그다지 위협적이지는 않아요. 제 생각에는 상사가 단지 뚜껑 열렸던 것 같아요. 그렇지만 제가 멍청한 짓을 계속하는 것 같긴 해요. 제 여자친구가 이번 주에 헤어지자고 한 것도 그렇고… 전 전혀 눈치 못챘거든요. 예전에도 그랬어요. 그래서 제가 루저같아요. 상사한테도 찍히고 여자친구한테도 차이고.
상담사	꽤 무겁게 느껴지네요. 그래요. 나쁜 한 주를 보냈네요. 우리가 이 두 가지를 좀 더 살펴볼 수 있을까요? 당신이 일을 대하는 방식은 어떤지, 관계에서는 어떤지, 그 안에 뭔가 달라질 수 있는 부분이 있는지… (빨리 더 많은 이야기를 묻기보다는 내담자가 지금까지 나누었던 것들을 돌아보도록 격려한다.)

등등…

요약하면, 상담사는 항상 내담자의 이야기를 쫓아가기보다는 항상 그것이 내담자에게 어떤 의미가 있었는지에 초점을 두어야 하지만, 평가에서는 특히 이야기에 빠지기 쉽기 때문에 더욱 명심할 필요가 있다.

확인질문

때때로 내담자의 반응이 수수께끼 같거나 혼란스럽게 들리면 상담사는 내담자가 말하고자 하는 바가 무엇인지 궁금해진다. 이런 순간에 의사소통하는 것이 중요하지 않다고 가정하거나 추측하기보다는 명확한 설명을 구하는 것이 중요하다. 확인질문(clarifying question)은 내담자가 뜻을 더 분명히 하기 위해 바꾸어 말하는 것을 요청하는 것으로, 여러 방법으로 진술될 수 있다.

확인질문은 따로 설명이 필요 없다. 중요한 점은 질문이 지나치게 혹은 충분하지 않게 사용될 수 있다는 점이다. 확인질문을 지나치게 많이 하는 것은 방해요소가 될 수 있다. 확인질문을 충분히 하지 않는 전형적인 이유는 상담사가 확인질문이 주제를 방해하고, 자신이 좋지 않은 경청자로 내담자에게 비춰질 것이라고 믿고 명확한 설명을 구하는 것을 꺼리기 때문이다. 당신이 정말로 내담자의 생각을 이해하지 못한다면, 내담자가 진행해 나가는 것을 독려하기 전에 명확한 설명을 구하는 것이 중요하다. 그렇지 않으면 부정확한 결론을 도출할 위험이 있다. 또한, 명확한 설명을 구하는 것은 좋지 않은 모습이 아니며 상담사로서의 당신을 잘 반영해주는 것이다.

[평가 관련 핵심 기법]

확인질문
내담자에게 좀 더 자세한 정보를 묻는 질문들(예 : "어떻게 그 일이 일어났는지 더 말씀해주실 수 있을까요?")
- "그 감정을 다른 방법으로 설명해주실 수 있나요? 제가 의미하는 바를 잘 따라가고 있는지 모르겠네요."
- "당신이 '모호하다'라고 말씀하실 때, 그 느낌은 어떠한가요?"
- "제가 이해를 잘 못한 것 같아요. 일련의 사건들을 다시 한 번 설명해주시겠어요?"
- "그것이 당신에게 무엇을 의미하는지 설명할 수 있는 다른 방법이 있나요?"

개방형 질문
더 자세한 세부사항을 요청하면서 내담자로부터 최소한의 반응 이상을 요구하는 질문(예 : "어떻게?")
- "당신에게 특별한 의미가 있는 것은 무엇입니까?"
- "그(그녀)가 당신에게 그런 말을 할 때 어떻게 반응하시나요?"
- "그(그녀)에게 묻는 것을 막고 있는 것이 무엇입니까?"

- "그 퍼즐을 풀 수 있는 한 조각은 무엇입니까?"

폐쇄형 질문
특정 정보를 묻기 위한 도입 질문(예 : "언제?", "어디서?", "누구를?")
- "부모님이 돌아가셨을 때 당신은 몇 살이었나요?"
- "외동이신가요? 형제나 자매가 있으신가요?"
- "현재 약을 복용하고 있으신가요?"
- "상담이나 치료를 받아 보신 적이 있으신가요?"

연결 진술
내담자에게 연결 짓기, 관계 설명 등을 요청하는 진술
- "그러니까 당신이 물러나면, 그가 과민반응을 보일 가능성이 높다는 말이죠. 그렇죠?"
- "앞서 남편 분이 '세심한 관리가 필요하다'라고 말씀하셨는데요. 이것이 '세심한 관리가 필요한' 하나의 예인가요?"
- "도전을 받았을 때 두 번 다 과민반응을 느낀 것처럼 들리는군요. 맞나요?"

(계속)

확인 진술

이해의 정확성을 확인하기 위해 내담자가 설명한 내용을 검증하려는 진술(즉 확인질문의 '다른 측면')

- "제가 잘 이해했는지 확인해볼게요. 당신은 …라고 말씀하셨어요."

- "형제분과의 관계를 '적대적'이라고 말했을 때 저는 당신이 심각해지셨다고 느꼈는데 맞나요?"

- "제가 제대로 이해하고 있는지 확인해보겠습니다. 아이들에게 덜 화내고 싶으신 게 분명하시죠?"

개방형 질문

개방형 질문은 내담자에게 최소한의 단어나 사실적인 대답 그 이상을 요구한다. 개방형 질문은 무엇을, 어디서, 언제, 누구와, 어떻게 라는 단어들과 함께 사용된다. '무엇을?'이라는 질문은 사실과 정보를 요구한다. '어떻게?'라는 질문은 일련의 사건이나 정서에 대해 묻기 위해 사용한다. '어디서?', '언제?', '어떻게?'라는 특정 질문들은 문제를 둘러싸고 있는 맥락을 보여주는 대답을 이끌어내는 것을 가능하게 한다(우리는 이러한 단어들이 폐쇄형 질문에서도 등장할 수 있음을 기억해야 한다). 집중하고자 하는 정보의 유형에 따라 개방형 질문을 사용하는데, 사용되는 단어를 달리하여 내담자로부터 정보를 얻어내는 것이 중요하다. 최소한의 재진술은 개방형 질문을 묻는 더 부드러운 방법이다. 내담자가 방금 말한 것을 한두 단어로 재진술하는 것이다.

| 내담자 | "저는 제가 지쳤다고 생각하기 시작했어요." |
| 상담사 | "지치셨다고요?" |

좋은 개방형 질문은 그 회기에 새로운 에너지를 제공하고 내담자가 다른 방식으로 마음을 터놓는 것을 돕는다. 상담 회기에서 개방형 질문이 특히 유용할 때의 세 가지 특정 사례는 다음과 같다.

1. 접수면접을 시작할 때

   "무슨 이야기를 하고 싶으세요?"

   "어떻게 상담을 받게 되었나요?"

   "이번 주에는 _____와 관련하여 어떤 일이 있었나요?"

   "오늘 어디서부터 시작하고 싶으신가요?"

2. 더 자세히 말하도록 내담자를 격려할 때

   "당신이 통제할 수 없을 때 어떻게 되나요?"

   "이 문제에 관여하고 있는 다른 사람이 누구인가요?"

"그 반응은 언제 알아차렸나요?"

"어떻게 하면 상황이 더 나아질 수 있을까요?"

3. 구체적인 예시를 이끌어낼 때

"이런 일이 생기면 어떻게 하시나요?"

"정확히 어떻게 생각하세요?"

"이런 기분을 느낄 때 어디에 있나요?"

폐쇄형 질문

제2장에서 언급되었듯이, 폐쇄형 질문은 논의의 초점이나 영역을 좁힌다. 따라서, 당신이 특정 정보가 필요할 때(예 : "현재 약을 복용하고 있으신가요?") 폐쇄형 질문이나 목표가 설정된 질문을 사용하여 정보를 얻는 것이 최선이다. 폐쇄형 질문은 '예', '아니요' 또는 특정 사실로 대답될 것이다. 또한 폐쇄형 질문은 상담사에게 불리하게 작용할 수도 있는데, 이는 가장 쉽게 물어볼 수 있는 질문이지만 제한된 양의 대화를 제공하기 때문이다. 이러한 이유로 폐쇄형 질문은 명확성이 필요할 때를 제외하고는 가급적 사용하지 않아야 한다.

연결 진술

상담사의 과업 중 일부는 내담자의 삶에서 작용하는 패턴을 형성했을 가능성이 있는 배경 요소를 이해하는 것이다. 이러한 패턴은 어떻게 내담자가 반응하고 사건에 대해 해석하는지에 대해 중요한 역할을 한다. 이러한 연결점은 내담자에 의해서 감지하기가 어려울 수 있고 심지어는 인식할 수 없을 수도 있다. 결과적으로, 상담의 중요한 측면은 사건, 생각, 감정 및 상황 사이의 연결점을 확인하고 검토해보는 것이다. 이러한 패턴화된 연결점을 인식하고 의식적으로 도전함으로써 내담자는 이것들을 통제할 수 있다. **연결 진술**은 본질적으로 탐구적이고 가설적이지만, 해석과 혼동해서는 안 된다. 연결 진술의 목적은 내담자가 사건, 사고, 느낌 또는 상황을 떠올리고 다른 사건, 생각, 감정 또는 상황 간의 연결을 찾도록 초대하는 것이다. 좋은 연결 진술은 상담 과정 초기에 내담자에게 "아하"하고 반응하게 하는 잠재력을 가지고 있다.

확인 진술

확인 진술은 확인질문의 다른 측면으로서 상담사의 중요한 반응 레퍼토리 중 하나이다. 내담자가 방금 말한 것을 확인하기 위해 질문하기보다는 상담사가 내담자의 상황에 대해 이해한 바를 설명한다. 따라서 확인 진술은 상담사가 내담자의 말을 정확하게 듣고 있으며 회기에 참여하고 있음을 보여주는, 내담자에게 매우 중요한 반응이다. 또한 상담사의 관점에서 볼 때 확인 진술은 내담자가 주제, 느낌 또는 상태에 대한 더 깊은 탐구를 할 수 있게 만든다. 이를 통해 내담자는 자기반성과 자기이해에 더 개방적이게 된다. 평가의 관점에서, 확인 진술은 내담자가 말하는 것을 확인할 뿐만 아니라 내담자의 세계에 대한 상담사의 가설이나 추측을 확인할 수 있다.

내담자 평가의 효과

상담의 평가 단계는 내담자에게 여러 가지 영향을 미칠 수 있다. 접수 또는 문제 정의 면접에 대한 각 내담자의 반응은 독특하지만, 상당히 예측 가능한 몇 가지 내담자 반응 패턴을 묘사할 수도 있다. 이러한 패턴의 일부는 긍정적인 것이며 다른 일부는 부정적이다. 긍정적인 측면에서 내담자의 문제를 평가하면 내담자가 다양한 감정을 경험할 수 있으며, 다음과 같은 반응으로 드러난다.

이해 : "제가 지난 몇 달 동안 얼마나 끔찍한 일이 있었는지에 대해 누군가가 마침내 이해했다고 믿어요."

안도 : "가슴 속에 있는 것들을 털어버리니 정말 기분 좋네요."

희망 : "이제는 기분이 좋아졌고 일을 해낼 수 있을 것 같아요."

동기 : "이제 함께 대화할 사람이 생겨서 계획을 지킬 수 있을 것 같아요."

부정적인 측면에서 평가는 다음과 같은 내담자의 반응과 감정을 초래할 수 있다.

걱정 : "제가 정말 그렇게 나쁜가요? 이 모든 것을 한꺼번에 처리해야 할 일이 너무 많아요. 제가 이 일을 할 수 있고, 다른 모든 일들을 계속할 수 있을까요?"

방어적인 태도 : "이봐요, 제가 느끼기에는 제게 던져지는 질문들이 너무 많아요. 그중에는 너무 사적인 것들도 있어요."

취약성 : "제가 이 일로 인해 그녀를 믿을 수 있는지를 어떻게 알 수 있을까요? 그녀가 감당할 수 있을까요? 그녀는 너무 어려요. 제가 하는 말을 그녀가 혼자만 간직할까요?"

평가 : "제가 정말 엉망이라고 생각하는 게 아닐까요? 미쳤어? 바보야? 정말 뭐가 잘못된 걸까요?"

가능한 반응을 감안할 때 내담자의 걱정을 신중하고 민감하게 평가하는 것이 중요하다. 이상적인 결과는 평가에 대한 내담자의 긍정적인 반응이 부정적인 반응보다 큰 것이다. 이때, 상담사와 내담자 사이의 작업 관계는 위험에 처하지 않으며, 평가는 상담의 유용하고 생산적인 부분이 된다. 상담사가 내담자의 관심사와 직접적으로 관련이 있는 질문을 사용하고 다른 기법과 반응에 비례하여 질문을 사용할 때, 평가에 대한 내담자의 반응이 더 긍정적일 수 있다.

너무 많은 질문을 하는 것은 내담자가 더 방어적으로 반응하고 심문받는다는 느낌이 들게 만든다. 때로는 비음성적 참여 행동, 음성적 강조 또는 재 진술, 반영, 영향을 미치는 진술로 동일한 정보를 수집할 수 있다. 경험이 부족한 상담사는 다른 어떤 반응보다 질문을 더 자주 사용하는 경향이 있는데, 평가를 하는 동안 이런 질문을 하느라 새롭게 배운 다른 기법들을 사용하지 못하지 않도록 특히 주의해야 한다.

접수면접 사례의 예

안젤라의 사례

안젤라는 전임교사로 일하는 중년 여성이다. 그녀는 이혼을 했고 재혼을 하지 않았으며, 2명의 십대 아이들에 대한 양육권을 유지하고 있다. 안젤라가 이 시기에 상담을 받으려고 하는 이유는 자신의 기분을 더 잘 조절하는 법을 배우기 위해서라고 말한다. 그녀는 자신의 아이들이나 학교 학생들에게 종종 이유 없이 '화를 낸다'고 했다. 그녀는 또한 쉽게 울고 자주 '우울함'을 느낀다고 했다.

접수면접

안젤라와 접수/이력 면접에서 다음과 같은 정보가 드러났다.

I. 인적사항

안젤라는 45세의 백인 여성이다. 그녀는 작은 마을 외곽의 이동주택에서 두 자녀(14, 16세)와 함께 살고 있다. 그녀는 이혼한 지 6년이 되었다. 그녀는 고등학교 3학년 학생들에게 영어를 가르친다.

II. 문제 범위

안젤라는 처음에 나타난 문제들(화를 내는 것, 우울함) 외에도, 이혼 및 감정 변화로 인해 자신이 아내이자 어머니로서 실패자라고 느낀다. 자기 자신에 대해서 대체로 부정적으로 묘사한다.

III. 현재의 삶

안젤라의 전형적인 하루 일과는 일어나서, 일하러 가고, 집에 오고, 그녀의 아이들이 식사를 했는지 확인하고, TV를 보거나 시험지를 채점하는 것으로 이루어진다. 주말에 14살인 자녀를 어딘가에 데리고 갈 필요가 없다면 주로 집에 머물러 있다. 그녀는 이웃이 거의 없고, 1~2명의 가까운 친구들만 있으며, 정기적으로 참여하는 어떤 오락, 종교, 사회 활동도 없다. 때때로 페이스북을 확인한다. 하지만 대부분의 어린 시절 친구들이 여전히 결혼을 한 상태이고 그들의 삶에 대해 듣기가 힘들기 때문에, 이는 안젤라에게 대부분 혼란스러운 경험이다. 안젤라는 기분이 우울한 날에는 규칙적인 일상을 수행하는 데 많

(계속)

은 어려움이 있다고 보고한다. 가끔씩 그녀는 병가를 내고 집에 머물며 하루종일 잠을 잔다.

IV. 가족사

안젤라는 세 자녀 중 막내이다. 그녀는 2대째 이탈리아인 가정에서 로마 가톨릭 신자로 자랐다. 그녀는 두 오빠, 어머니와의 관계를 아주 가깝게 묘사한다. 아버지는 항상 잘해 주었지만 친하지는 않다고 했다. 가족은 가까운 곳에 살면서 행사, 생일 또는 축하 행사가 있을 때마다 모인다. 또한 안젤라는 가족 중 가장 어린 아이이자 유일한 소녀로서, 자라면서 부모님과 형제들로부터 보호를 받았고 많은 것들을 받았다고 한다. 현재, 그녀는 부모님과 오빠들로부터 하루 정도 걸리는 거리에 살고 있고 가족 행사에서 그들을 보기를 기대하고 있다. 그녀가 아는 바로는 이모 중 한 분이 만성적으로 우울감을 느끼시지만 그녀의 직계 가족 중 누구도 심각한 정신건강 문제를 겪지는 않았다.

V. 개인 이력

A. 의학적 이력 : 안젤라는 작년에 그녀의 유방에 있는 양성 종양을 제거받는 수술을 하였다. 그녀는 또한 그녀가 애디슨 병으로 진단을 받고 약물치료를 받고 있지만, 종종 처방된 대로 약을 복용하는 것을 잊어버린다. 약은 일반 의사가 처방한 약이다.

주로 정신적으로 고통 받을 때, 안젤라는 수면문제를 겪는다. 그녀는 새벽 2시 혹은 3시 사이에 수면에 어려움을 겪는다. 안젤라는 수면장애와 조울증으로 인해 조기 폐경을 경험할 수도 있다. 체중은 한 달에 5~6파운드 정도 변동한다. 화가 나면 하루 혹은 이틀 동안 적게 먹거나 아무것도 먹지 않는다.

자살 충동에 대해 물었을 때, 안젤라는 절대 자기 자신을 죽이고 싶지 않다고 말했다. 심지어 인생의 최하점인 이혼시기 때도, 그녀는 절대로 인생에서 마침표를 생각하지 않았다고 했다.

B. 교육적 이력 : 안젤라는 영어 학사학위를 소지하고 있고, 교육학 석사다. 그녀는 상위의 지능을 갖춘 것으로 보이며, 자신을 수행과 평가에 대해 지나치게 걱정하는 경향이 있는 양심 있는 선생님으로 묘사했다. 그녀는 때때로 대학원 과정을 수강하여 교사 자격증을 갱신한다.

C. 군 이력 : 안젤라는 군복무를 해본 적이 없다.

D. 직업적 이력 ; 안젤라는 대학을 졸업한 이후 줄곧 고등학교 영어 교사로 일하다, 16년 전 첫 아이가 태어나고 처음 교사직을 '그만두었다'고 말했다. 아이들이 8살, 10살이던 6년 전 이혼하면서 다시 가르치기 시작했다. 현재 일은 적당히 도전이 되지만 경제적으로 보상이 되지는 않는다고 말한다. 일의 안정성과 시간적 여유(여름 휴가) 때문에 일한다. 직장에 특별히 좋은 친구는 없지만 다른 선생님들과의 관계는 만족한다고 보고한다.

E. 성, 결혼 이력 : 안젤라는 그녀의 부모님과 그녀의 오빠로부터 적절한 성교육을 받았고, 그녀의 첫경험은 전남편과 했다. 그녀에게 이것은 이야기하기 어려운 주제이다. 그녀는 성관계에서 남편과 만족스러운 상태였지만 남편은 이혼 전 다른 여자와 성관계가 있었다. 안젤라는 결혼 전 단지 두 번의 연애 경험이 있었고, 둘 다 서로 다른 가치관으로 인해 헤어졌다. 친구를 통해 남편의 바람에 대해 알게 될 때까지 결혼 관계를 좋다고 묘사했다. 아이들은 격주로 아빠를 만나지만, 그녀는 남편과 접촉을 거의 하지 않았다. 자녀들은 아버지와 좋은 관계를 유지하고 있으며, 상황적으로 우울하고 혼란스러운 시기에 아이들을 데려가 돌보아주어 도움을 받았다고 했다. 안젤라는 결혼 생활의 실패로 자신을 비난한다고 반복해서 이야기했다.

F. 상담 이력 : 이혼 기간 동안 우울증으로 상담을 받은 적이 있다(12회기). 자신이 다른 것들을 잘 관리하고 있다고 생각했기 때문에 상담을 중단했다. 항우울제를 복용한 적은 없었고, 복용하고 싶어 하지 않았다. 현재 자신의 감정을 조절하는 능력에 대해 걱정하고 있고, 특히 기분이 언짢고 짜증이 나고 우울할 때, 어떻게 하면 더 잘 대처할 수 있는지를 배우고 싶어 한다.

VI. 안젤라에 대한 상담자의 견해

접수면접을 하는 동안 몸을 구부린 자세, 부드러운 목소리 톤, 얼굴 표정과 움직임에서 안젤라가 힘이 거의 없어 보이고 다소 소극적인 것을 알 수 있다.

> 안젤라는 그녀의 결혼 생활과 성생활에 대해 설명하는 동안 많은 시간 울었음에도 불구하고, 자신의 감정을 통제하는 것처럼 보인다.

접수 내용의 통합

초기 면접 후, 내담자로부터 얻은 정보를 의미 있는 방식으로 종합하는 것이 중요하다. 안젤라의 사례에서, 그녀가 6년 동안 이혼 상태지만 마음속에 이혼문제를 해결하지 못한 45세의 여성이라는 것을 알 수 있다. 기분 변화와 우울한 느낌에 대한 그녀의 걱정은 그녀의 비음성적인 행동뿐만 아니라, 전형적으로 경미한 우울증부터 중간 정도의 우울증에서 보이는 증상과 행동에 대한 음성적 보고로도 입증된다.

- 그녀는 그녀 자신을 실패자로 생각한다. 특히 아내와 어머니의 역할에서 그렇게 느낀다.
- 그녀는 남편이 자신의 행복을 위해 다른 여자를 '필요'로 했기 때문에 이혼에 대한 책임이 있음을 표현한다.
- 그녀는 자신을 부정적으로 묘사한다.
- 그녀는 고통을 겪을 때 에너지와 활동 속도가 줄어드는 것을 경험한다.
- 그녀는 친밀한 관계를 맺고 있는 사람이 거의 없다.
- 그녀는 고통을 겪을 때 약간의 수면장애와 식욕 상실을 경험한다.
- 그녀는 엄마와 선생님의 역할을 제외하고는 미래에 대한 구체적인 목표나 계획을 가지고 있지 않다.

이 상황은 안젤라의 건강상태를 고려하면 더 복잡해진다. 그녀는 의심할 여지없이 염려할 만한 수술을 받았다. 처방된 약을 성실히 복용하지 않기 때문에, 그녀의 기분 변화와 우울증을 더욱 심하고 빈번하게 만드는 상당히 복잡한 내분비학적 문제를 겪고 있다. 또한 폐경기가 기분문제는 아니더라도 불면증의 원인이 될 가능성도 있다.

안젤라의 가족은 강점이다. 그녀는 가족들과 사이가 좋고 그들을 만나는 것을 즐긴다. 강한 가족 유대감이 이탈리아인의 특징이라는 것을 아는 것, 이것은 중요한 지원의 원천이 될 것 같다. 하지만, 그녀의 집과 가족의 집 사이의 거리는 문제가 될 수 있다.

접수면접 이외에도, 상담사는 제시되는 문제에 대한 이해를 발전시키는 것이 중요하다. 여기에는 문제의 요소, 강도 및 안젤라의 우울감과 관련된 통제 변인이 포함된다. 그녀가 접수회기에서 제공한 정보 중 일부는 문제 정의 과정에서 구축할 제안사항이다.

문제 정의 분석

문제의 구성요소

감정 안젤라는 자신의 우울한 감정을 짜증난, 흥분 시키는, '가라앉음' 또는 '축 처짐' 등으로 묘사한다. 스트레스를 받는 동안 일차적인 신체 반응은 식욕 부진과 불면증을 포함한다.

인지 안젤라에게 그녀가 우울감을 느낄 때 구체적으로 어떤 것을 생각하거나 어떤 것에 초점을 맞추는지 묘사하라고 했을 때, 그녀는 '나는 그냥 내가 실패자라고 생각한다', '나는 내가 더 나은 부인, 엄마였으면 좋겠다' 그리고 '나는 내 결혼생활을 유지할 수 있었어야 했는데, 그렇지 않았기 때문에 나는 실패했다'고 생각한다고 답했다.

행동 안젤라는 우울할 때 자신이 하거나 하지 않는 것들을 규정하는 데 어려움을 겪는다. 그녀는 결국 방에 처박혀 있거나, 학생들이나 아이들에게 짜증을 낸다고 말한다. 그녀는 요즘에도 쉽게 운다. 여가 시간에 TV를 보거나 페이스북 계정을 체크하는 것과 같은 수동적인 활동들을 한다고 보고한다.

대인관계 안젤라는 일단 기분이 우울해지면 주변의 누구도 그녀를 그곳에서 끌어낼 수 없을 뿐만 아니라 자신의 감정이나 문제를 공유할 가까운 친구가 없다고 말한다. 그녀는 자신의 우울한 감정이 자녀들과의 관계를 방해한다고 믿는다. 왜냐하면 그녀가 우울증에 빠지면 아이들이 그녀를 피하는 경향이 있기 때문이다. 하지만, 그녀는 아이들이 '그녀의 방식대로' 움직이도록 하려고 자신의 감정을 이용할 수 있다는 것 또한 인정한다.

기여하는 사건의 패턴 안젤라가 이러한 감정들을 유발하는 것이 무엇인지에 대해 다음 사항을 꼽는다.

- 투약 실패
- 자신의 이혼에 대해 상기하거나 상기시키는 것
- 직장에서 나쁜 하루를 보냈을 때
- 자녀 및/또는 전남편과의 문제

그녀는 감정을 멈추거나 더 나아지거나 더 나쁘게 만드는 것은 다음 사항이라고 설명한다.

- 약을 복용하는 것
- 자녀와 함께 즐거운 일을 하기
- 직장에 가기(대부분의 시간을)

- 형제나 부모님께 연락하거나 다른 만남을 갖는 것

문제의 심각성 우울증의 경우, 그것이 상황이나 사건에 대한 장기적이고 만성적인 상태인지 혹은 단기적인 반응인지를 평가하는 것이 중요하다. 안젤라는 이혼 후 6년 동안 전보다 더 자주 우울함을 느꼈다고 한다. 하지만, 그녀는 자신의 결혼 생활 중에도 가끔 우울해지기도 했고, 그녀의 기분을 나아지게 하려는 남편의 시도에 반응하지 않았다는 것을 인정한다. 결국 그녀는 '그는 시도를 멈췄다'고 말한다. 지금 현재에도 그녀가 아프다고 전화를 하거나 학생들과 아이들에게 짜증을 내기도 한다.

내담자 대처 기술, 힘, 자원 안젤라는 그녀의 우울한 감정에 효과적으로 대처하기 위해 어떻게 해야 하는지 모른다. 그녀는 이러한 감정들의 시작과 끝은 대부분 그녀가 통제할 수 없는 것이라고 믿는 것 같다. 그녀는 자신이 훌륭한 학생이었고 현재 좋은 선생님이라고 말한다. 그녀의 장점은 신뢰성과 독립성이다. 운동을 하고 싶다고 결심했을 때에는 인내심과 끈기가 많은 모습을 보였다. 안젤라의 원가족에 대해서는 더 탐구가 필요하다.

위기 평가

위기는 우리의 삶에서 매우 일반적인 상황이 되었다. 개인에게는 생명을 위협하는 의학적 진단, 이혼, 죽음 또는 실직 등이 위기가 될 수 있다. 또한, 위기는 끊임없는 스트레스가 따르는 새로운 상태일 수 있다 — 사람이 갑작스러운 증상을 경험한다면 PTSD에 해당된다. 위기는 또한 신체적 또는 성적 학대, 자연재해 또는 이것들의 조합과 같은 다양한 개인적 손실(실제 또는 상상된)을 포함할 수 있다. 기억해야 할 또 다른 점은 위기가 보는 사람의 눈에 달렸다는 것이다. 상대적으로 탄력성이 낮은 한 내담자에게 이웃 강도는 위기를 유발할 수 있다. 높은 탄력성을 가진 다른 내담자에게는 자신의 집에서 강도가 발생하더라도 대처할 수 있는 능력을 넘어서는 압박감을 느끼는 것은 아니다. 그러므로, 위기는 개인의 전반적인 정서적·정신적 힘과 밀접한 관련이 있다.

요점은, 위기가 사람들이 문제가 일어났을 때 전형적으로 사용하는 심리적 자원과 대처전략을 사용하는 상태라는 것이다. 하지만 상황은 더 나아지지 않는 것처럼 보인다. 이것은 두려운 것이 될 수 있으며 감정을 통제하지 못하게 만들 수 있다. 그러므로, 사람들이 위기로 인해 상담을 받으러 올 때 독특한 저항을 보이는 급박함이 있다.

위기 평가는 내담자에게 세 가지 일을 수행할 것을 요구한다 — (a) 위기 상황에 대한 내담자의 인식의 본질을 파악하고, (b) 위기에 처한 개인의 필요와 장점을 판단하며, (c) 내담자의 회복 환경의 강점과 약점을 결정한다(Collins & Collins, 2005, p. 10). 이 평가는 제3장에서 설명한 대부분의 단계를 포함한다. 고객이 감정적인 위험에 처해 있는지 아니면 물리적인 위험에 처해 있는지를 평가하는 것이 중요하다. 게다가, 목표 설정과 개입 계획과 같은 문제들은 보다 단기적인 관점으로 다룬다.

안젤라의 사례를 고려해보자. 그녀는 위기에 처해 있는가? 좀 더 구체적으로 말하면, 그녀가 자해하거나 감정적인 붕괴의 위험에 처해 있는가? 그녀가 제시하는 문제의 강도는 어느 정도인가? 그녀가 잠재적으로 동원할 수 있는 대처 기술, 강점 및 자원은 무엇인가?

이 짧은 절을 마무리하면서, 위기 상담은 그 자체로 전문 상담 분야라는 것을 기억하라(예 : Collins & Collins, 2005 ; James & Gilliland, 2012 ; Kanel, 2011 ; Wright, 2011). 그러나, 모든 상담사는 위기에 처한 내담자를 만나기 쉽다. 이러한 이유로 위기 평가에 대한 기본적인 사항을 여기서 언급했다. 우리는 모든 상담사가 위기에 처한 사람들과 작업하기 위해 추가적인 자원을 모을 것을 촉구한다.

문제 정의 정보와 상담 계획의 통합 : 안젤라

문제 정의 회기와 초기 회기에서 얻은 정보는 안젤라를 돕기 위해 관련 상담 개입을 선택하고 계획하는 데 직접적인 가치가 있다. 그녀의 경우, 우울증은 두 가지 잠재적인 생리학적 원인, 즉 에디슨 병과 잠재적으로 보이는 폐경에 의해 부분적으로 유지되는 것으로 보인다. 그러므로, 상담 계획 일부에 의사로부터 검진을 받는 것을 포함시켜야 한다. 인지, 대인관계 영역이 그녀의 감정에 주요한 요소이고 원인이 된다는 것은 분명하다. 그러므로 인지 및 대인관계 방식에 초점을 맞춘 상담 개입을 선택하는 것이 중요하다. 인지 재구조, 재해석, 비합리적 사고 분석, 체계 분석, 사회 생활을 증진하기 위한 과제 할당, 그리고 가족 상담 같은 것들의 개입이 모두 유용한 가능성이다(이러한 개입은 제9~11장에 설명되어 있다). 안젤라의 어려움 중 일부는 그녀가 어린 시절과 가족의 문화적 가치에 대해 느끼는 부조화에서 비롯되었을 수도 있다. 이 모든 것은 예비 치료 계획 가설이다. 그러나 일단 진단이 내려지게 되면, 이러한 가설은 상담사가 목표 설정을 향해 나아가도록 돕는다.

요약

평가는 내담자와 내담자가 제시한 호소문제에 관련한 정보를 얻는 데 매우 중요하다. 정보를 수집하는 것의 가치 외에도 평가는 사후 대응적일 수 있다 — 즉 내담자의 변화 과정을 시작할 수 있도록 한다. 평가는 종종 내담자의 배경과 역사에 관한 정보를 모으는 접수면접에서부터 시작한다. 평가는 상담사가 가설을 세우는 상담 초기에 매우 중요하지만, 호소문제와 수반되는 사례개념화가 자주 수정되기 때문에 지속적으로 이루어지는 과정이기도 하다. 구체적으로 평가면접은 문제의 구성요소, 기여한 사건의 패턴, 문제의 강도, 내담자의 대처 기술 등에 관한 정보를 수집한다. 이러한 정보를 얻기 위해 사용되는 기법은 바꿔 말하기, 내용과 감정을 반영하기, 요약하기, 개방형 질문에 중점을 둔 다양한 질문하기 등이 있다.

실습

1. 접수면접

A. 당신의 가족 중 한 사람의 삶에서 최근 또는 지속되어 온 문제를 정하라. 가족 또는 관계 갈등, 친밀감 이슈, 재정 문제, 아니면 직장 또는 학교와 관련된 걱정거리 등이 될 수 있다. 이 문제에 대해 이야기하기 편한 누군가를 선택하라. 당신의 임무는 선택한 가족원의 배경과 역사가 이 문제의 발달과 유지에 어떻게 영향을 미쳤는지 논의하는 것이다. 논의를 위해 이 장의 접수면접 양식을 참고하라.

B. 세 사람이 짝을 이루어 각각 내담자, 상담사, 관찰자를 정하라. 연습과제는 다음과 같다.

내담자 당신의 삶에서 현재 진행 중인 문제를 설명하라.

상담사 내담자와 이 장에서 설명한 대로 접수면접 회기를 수행하라. 가능하면, 녹음하라.

관찰자 역할극 이후 상담사에게 피드백을 하거나 상담사가 접수면접에 어려움을 겪고 있다면 도중에 끼어들어 도움이 되는 단서를 주도록 하라. 돌아가면서 역할을 바꾸어 모든 사람이 한 번씩 역할을 하도록 한다. 소요시간 : 1시간.

2. 문제 정의

A. 실습 1에서 정한 문제를 사용하여 다음을 확인하라.
1. 문제의 다양한 요소
2. 기여한 조건들
3. 문제의 강도
4. 내담자의 자원, 강점, 대처 기술

혼자 할 수도 있고, 팀원 또는 동료, 교수 또는 슈퍼바이저와 함께 할 수도 있다. 이 과정을 진행할 때 몇몇 핵심 단어를 적어두기 위해 이 장의 개요를 참고하는 것이 도움이 될 것이다.

B. 제16장, '이탈리안 가족들'(Joe Giordano, Monica McGoldrick, and Joanne Giordano Klages (2008), in M. McGoldrick, J. Giordano, and Nydia Garcia-Preto (Eds.), *Ethnicity and Family Therapy*, 3rd ed., pp. 616-628. New York, NY : Guilford.)를 읽고, 안젤라의 가족 맥락에서 접수면접 분석을 해보라. 안젤라의 문화적 배경을 통해 무엇을 이해할 수 있는가? 안젤라의 배경과 가족은 어떻게 상담에 유용하게 활용될 수 있는가?

3. 질문

A. 아래 각 질문이 확인질문(clarifying), 개방형 질문(open-ended), 폐쇄형 질문(closed question)인지 확인하고 빈칸에 답을 작성하라.

C = Clarifying

O-E = Open-ended

CI = Closed

_____1. "우울할 때 좋은 점은 무엇인가요?"
_____2. "지난 2년간 건강검진을 받은 적이 있나요?"
_____3. "쉽게 포기하지 않는다고 말씀하시는 거예요?"
_____4. "이 일이 당신의 정서에 어떤 영향을 미치나요?"
_____5. "내버려두는 게 어렵다는 뜻인가요?"
_____6. "자녀가 있나요?"

B. 여기에 5명의 내담자 진술문이 있다. 각 내담자에 대해 질문을 만드는 연습을 하라. 작성한 질문을 동료나 교수와 함께 공유하라.

1. **내담자**(십대) : "이번에 졸업해야 해요. 아니면, 모든 사람들이 절 바보 멍청이로 생각할 거예요."

2. **내담자**(나이 든 남자) : "예전처럼 고정 수입으로 생활하는 게 너무 어렵네요. 그걸 다시 한다면, 완전히 다르게 할 텐데요.

3. **내담자**(어린 소녀) : "전 아빠가 싫어요. 아빠는 항상 절 못살게 굴어요."

4. **내담자**(결혼 4년차 커플) : "단지 우리가 생각했던 방식이 드러난 게 아니에요. 우린 결혼생활이 정말 잘 되기를 바랐어요. 그런데 그렇지가 않아요."

5. **내담자**(중년) : "온 사방에서 지금 너무 많은 압박이 몰려와요 — 가족, 직장, 친구, 뭐든요."

생각해볼 문제

1. 접수면접과 문제 정의 과정은 시간이 많이 걸리고 상담 과정을 지연시키는 것처럼 보일 수 있다. 당신이 사설 정신건강기관의 상담센터장이라고 가정하자. 이 접수면접 과정에 대해 기관장이나 이사회에 어떻게 설명할 것인가?

2. 위기 상황(예 : 최근 성폭력, 사망자가 있는 교통사고에 연루됨, 심각한 만성질환 진단을 받은 자녀가 있는 경우)에 처한 내담자를 상담한다고 가정하자. 완벽한 접수/문제 정의 과정을 수행하고자 전체 회기를 다 보내는 사치를 누릴 수는 없을 것이다. 15~20분 내에 얻을 수 있는 어떤 정보가 가장 중요하겠는가? 다른 동료들과 논의해보라.

3. 아동(6~10세)의 접수면접은 다른 상호작용을 요구한다. 이 연령대에게는 어떻게 접근방식을 달리하겠는가? 어떤 종류의 정보가 필요한가? 이 연령대의 평가를 촉진하거나 가로막는 당신의 특성에 대해 알고 있는가?

4. 평가 과정에 대해 남녀가 다르게 볼 수 있다는 점에 대해 어떻게 생각하는가? 평가의 영향이 내담자의 문화적/인종적 배경에 따라서 다른 경우에 대해서도 생각해볼 수 있는가?

상담 목표 세우기

이 장의 목적

상담사와 내담자가 처음 만나면 두 가지 이야기가 존재한다. 내담자의 이야기는 내담자가 상담에 가져온 것으로, 관계에 대한 걱정, 위기 경험, 진로문제, 남용 및 중독, 불가능에 대한 무력감 등이다. 상담사의 이야기는 상담에서 진행될 내용에 대한 것이다. 성공과 실패를 어떤 것으로 보고 있는지, 내담자의 변화와 성장에 누가 책임을 지고 있는지, 내담자가 주의를 기울이고 탐색하면서 실제로 상담사가 진행할 내용은 무엇인지, 내담자 삶의 더 큰 그림 안에서 상담이 해야 할 역할은 무엇인지, 그리고 정말 바라는 결과를 어떻게 성취할 것인지 등이 여기에 속한다. 이 장에서는 상담사와 내담자가 협력하여 정말 바라는 목표를 어떻게 설정해 나가는지에 대해 살펴보고자 한다.

이 장의 고려사항

- 욕구(needs)와 *기대*(wants) 사이에는 큰 갈림길이 있다. 상담에서 어떻게 욕구와 기대를 차별화할 수 있는가?
- 무엇이 현명한 기대나 목표인지를 누가 가장 잘 판단할 수 있는가? 상담사인가 아니면 내담자인가?
- 어떻게 이런 결정을 하는가?
- 상담 과정에서 목표를 선택하는 것은 어떤 영향을 미치는가?

상담사들(가끔 내담자들)은 "이번 회기는 어디로 가고 있나 모르겠어요", "계속 똑같은 얘기를 맴돌고 있는 것 같아요"라고 불평을 하곤 한다. 평가 과정을 통해서 내담자의 문제에 대해 합리적이고 타당한 개념화가 이루어지고 나면, 내담자가 말한 일반적인 고민을 구체적으로 바라는 목표로 바꾸는 것이 중요하다. 목표는 상담 과정에 방향을 설정해주고 상담사와 내담자 모두가 마음속에 구체적인 계획을 가지고 한 방향에 집중하며 나아가도록 도와준다. 이러한 목표들은 내담자가 상담을 종결할 때 성취하기 원하는 결과를 대표적으로 보여준다. 목표가 없으면 이야기가 샛길로 빠지거나 길을 잃어버리기 쉽다. 목표는 상담사와 내담자가 정확하게 상담을 통해서 무엇을 성취할 수 있고 할 수 없는지를 확인하도록 도와준다. 이런 관점에서 목표 설정은 평가 과정의 확장이라고 볼 수도 있다. 평가 과정 동안을 회상하면서 내담자는 어렵고, 문제라고 느끼고, 잘 다루지 못했던 구체적인 걱정과 문제들에 집중하게 된다. 목표를 설정하게 되면, 상담사의 도움과 함께 내담자는 자신이 문제를 해결하기 원하는 구체적인 방향과 자신이 문제 해결을 위해 해야 하는 구체적인 행동 방향을 확인하게 된다.

목표라는 단어는 꽤 행동적인 단어로 들릴 수 있다. 실제로 행동주의 상담사들은 지속적으로 목표를 언급한다. 그러나 모든 상담은 목표 지향적인 것이라고 생각해야 한다. 간단히 말하면, 목표는 상담사와 내담자 모두에게 상담이 성공적으로 진행되어 왔다는 것을 알려줄 수 있는 상담 과정의 결과를 말한다. 어떤 사례에서는 행동이 가장 측정하기 쉽기 때문에 가능하다면 목표를 행동으로 묘사하는 것이 가장 좋기도 하지만, 목표는 정서 상태, 통찰, 심지어 실존적 평안도 포함할 수 있다. 이 장에서 설명하듯이, 내담자와 상담사가 타협하여 목표를 결정하며, 이렇게 결정된 목표는 상담의 방향성을 보여줄 수 있어야 하고, 적절한 상담 개입을 제시할 수 있어야 한다.

상담 목표의 기능

목표는 상담 과정에서 네 가지 중요한 기능을 한다. 첫째, 목표는 동기를 강화하는 효과가 있다. 내담자들이 자신의 삶에서 정말 원하는 변화를 구체화해보도록 해주면, 목표를 성취하기 위해 더 열심히 달려가려고 한다. 특히 내담자가 목표 설정 과정에 함께 적극적으로 참여할 때 더욱 그러하다.

둘째, 목표는 또한 상담에서 교육적인 기능을 한다. 내담자들이 긍정적이고 성취 가능한 목표를 어떻게 세워야 할지 모르기 때문에 자신의 삶을 성공적으로 이끌어나가지 못하고 있는 경우가 많다. 목표를 설정하게 되면 내담자들은 새로운 삶의 결과를 얻을 수 있게 된다. 목표 설정 과정을 통해서 내담자들은 자신의 삶의 구조를 세우는 방법뿐만 아니라 새로운 관점으로 행동하거나 생각하도록 변화시키는 방법을 배우게 된다. Dixon과 Glover(1984)는 다음과 같이 목표 설정의 효과를 설명하고 있다.

> 문제 해결자가 목표를 설정하고 선택하게 되면, 작업기억에서 반복되고 장기기억에 저장되는 일이 일어날 수 있다. 이렇게 기억된 목표는 그다음에 문제 해결자가 환경과 상호작용할 때 매우 중요한 경험 지식으로 작용한다(pp. 128-129).

이런 사실은 운동선수와 같이 매우 성공적인 수행을 해온 사람들의 예에서 매우 자주 살펴볼 수 있다. 이 사람들은 자기 자신을 위한 목표를 세우고 머릿속에서 반복적으로 이러한 수행을 연습하기 위해 목표를 사용한다. 예를 들어 콘서트를 여는 피아니스트들은 자신이 연주하길 원하는 어떤 방식을 반복해서 기억한다. 챔피언 다이빙 선수들은 경기에 나가서 플랫폼에 올라가기 전까지 자신이 원하는 방식의 다이빙 모습을 계속 연속적으로 머릿속으로 그려본다.

셋째, 목표는 상담에서 **평가적인 기능**을 제공한다. 내담자가 목표로 설정한 결과나 변화의 모습이 구체적으로 있으면, 상담사가 내담자의 구체적인 목표나 결과에 성공적으로 달성하도록 돕기 위해 다양한 상담 개입방법을 평가하고 선택할 수 있다. 목표는 상담이 성공적으로 진행되었다고 판단할 수 있는 지점인 궁극적으로 원하는 결과를 보여주는 것이기 때문에, 상담에서 평가적인 기능을 하도록 해줄 수 있다. 그러므로 최종 목표를 설정하면, 상담사와 내담자는 모두 목표를 달성하기 위한 내담자의 과정을 평가해서 언제까지 목표를 달성할지, 언제 상담 개입 방법을 수정할 필요가 있는지를 결정할 수 있다. 그러나 목표는 내담자가 스스로 자신의 과정을 측정할 수 있도록 정의되어야 한다. 이미 언급한 것처럼, 관찰하기 쉽고 측정하기 쉬운 목표를 사용하는 것이 좋다. 목표가 관찰 가능하고 측정 가능할 때, 내담자는 언제 노력이 성공적이며, 언제 성공적이지 못한 노력을 수정할지 깨달을 수 있다. 더 나아가, 내적 상태는 종종 외적인 행동과 함께 나타난다. 예를 들어 자존감이 낮아서 높일 필요가 있다고 얘기하는 내담자에게 상담사는 자신의 자존감이 높아졌다는 것을 어떻게 깨달을 수 있을지에 대해 물어볼 수 있다. 만약 내담자가 "기분이 더 좋겠죠"라고 이야기한다면, 상담사는 내담자가 기분이 더 좋아지면 무엇을 하는지를 물을 수 있다. 즉 모든 목표가 아주 엄격한 의미에서 **행동**으로 묘사되어야 하는 것은 아니지만, 특히 상담 과정을 평가하거나 목표에 가까워졌다는 것을 내담자에게 이해시키도록 연결시키는 데 있어서는 행동 결과로 목표를 묘사하는 것이 훨씬 도움이 된다.

마지막으로, 목표는 상담에서 **상담 효과의 평가 기능**을 제공한다. 상담 실습 과정에서 제3자가 돈을 지급하는 경우가 늘어나고 있기 때문에, 상담 효과성에 대해 동료 평가를 진행하는 것은 매우 중요하다. 이런 맥락에서, 상담사가 목표를 세우는 것은 형식적인 치료 계획의 일부가 된다. (치료 계획에 대해 더 살펴보려면 제7장을 참조하라.) 목표는 상담사와 내담자의 협의에 의해서 설정되는 것이 일반적이다. 또 다른 목표는 상담사가 상담의 평가 과정에서 나온 자료를 살펴보고 해석한 후에 세울 수 있다.

목표 설정의 파라미터 : 과정 목표와 결과 목표

상담 과정에서 과정 목표와 결과 목표라는 두 가지 목표를 세우게 된다. 과정 목표는 상담사에게 책임이 있으며, 내담자가 변화하기 위해서 필요한 조건인 치료적 관계를 만드는 것을 포함한다. 라포 형성하기, 위협적이지 않은 상담 환경을 만들어주기, 정확한 공감을 하고 전달해주기, 긍정적 존중을 전해주기는 모두 과정 목표로 고려될 수 있다. 이러한 목표들은 모든 내담자 관계에 일반화될 수 있으며 일반적인 목표가 될 수 있다. 제4장과 제5장에서 설명한 것들 대부분이 과정 목표에 해당한다. 내담자를 더 잘 알게 되고 작업동맹이 잘 형성되면, 각 내담자에게 더 알맞은 과정 목표를 세울 수 있다. 예를 들어 글렌에게는 이분법적 사고에 초점 맞추기가 과정 목표가 될 수 있고, 테리에게는 정서적 반응에 상담사가 집중하는 것이 과정 목표가 될 수 있다. 즉 상담사는 매 상담 회기에 과정 목표를 가지고 접근하며, 이 과정 목표들 중 일부는 일반적인 것이고 일부는 각 내담자에게 특수한 것일 수 있다. 그러나 이러한 과정 목표는 함께 합의해서 세운 내담자의 결과 목표와 연결되어 있는 것들이다.

결과 목표 또한 내담자에 따라 다르다. 결과 목표는 내담자가 상담을 통해 성취하기 원하는 변화와 직접적으로 연관되는 목표이다. 내담자가 자신의 고민에 대해 이해하도록 도울 때, 이러한 고민을 해결하는 데 상담이 어떻게 도움이 될 수 있는지를 내담자가 이해하게 해줄 수 있다. 상담사와 내담자는 잠정적인 결과 목표를 함께 만들어 나가기 시작한다. 상담이 진행되어 감에 따라, 문제를 더 깊이 이해하고, 문제를 없애거나 줄일 수 있는 새로운 태도를 취하거나 행동을 찾아 나가면서 초기 목표를 수정해 나갈 수 있다. 목표 설정은 언제나 수정하거나 다시 정할 수 있는 유동적인 과정으로 인식되어야 한다. 결과 목표는 상담사와 내담자가 성취해 나가기를 합의하는 **공유된 목표**여야 한다는 점이 가장 중요한 사실이다.

앞에서 눈에 보이고 관찰 가능한 결과 목표가 평가하기 더 쉽다는 점을 이야기했다. 처음에는 목표가 내적 상태로 진술될지라도(예 : "더 행복하기를 원해요", "항상 화가 나지 않았으면 좋겠어요"), 상담사는 내담자가 이러한 내적 상태를 행동들과 연결시키도록 도와줄 수 있다. 대부분 알고 있듯이 정서적 자기는 인지적 자기, 행동적 자기와 분리되지 않는다. 인간은 복합적 존재이고 행동은 인지와 정서에 대한 단서를 보여준다(예 : "화가 나 보이는군요", "당신 같지 않아요. 무슨 일이 있나요?"). 그러나 머릿속 사고가 너무 혼란스러워서 구분을 하기 어렵거나 정서가 다른 것들을 모두 잠식해버릴 때, 상담사로부터 우리 실제의 어떤 부분을 다른 부분과 연결시켜주는 도움을 받을 필요가 있다. 따라서 내담자의 문제가 통제하기 어렵거나 심각해질 때 내담자가 이러한 문제를 명확한 행동 목표로 찾아보게 한다고 해서 이것이 우리가 행동주의 상담사가 되어야 한다는 것을 의미하지는 않는다. 목표 설정은 내담자와 상담사에게 상담이 올바른 방향으로 가고 있는지를 바라보게 하는 일종의 GPS 역할을 하며 그만큼 굉장히 중요한 작업이다.

예를 들어 내담자의 문제를 자존감 부족으로 이해하고 있는 상담을 생각해보자. 내담자는 굉장히 정기적으로 무가치한 느낌을 표현하고 있다. 당신이 인지행동적 접근을 취하던 현상학적 접근을 취하던 간에, 내담자의 내적 상황을 반영하기 위해 어느 정도 관찰 가능한 상태를 이용할 수 있다. Rogers(1977)는 인간중심상담에 있어서 목표 설정이 미래의 문제를 해결할 수 있도록 하기 위해 내담자를 더 통합적으로 만들어준다고 말했다. 이러한 이론적 관점에서 상담사는 내담자를 위해 목표를 설정해주지는 않지만 내담자가 자신의 목표를 세워 나가도록 돕는다. 낮은 자존감을 가지고 있는 내담자를 위해 인간중심상담 접근에서는 내담자가 자신의 낮은 자존감을 마침내 사라지게 만드는 방식으로 자기실현을 해나가도록 돕기 위해 공감과 무조건적 긍정적 존중을 제공한다. Rogers는 성취하기 위한 행동 목록을 만들지는 않았지만, 목표는 꽤 명확했고 상담은 의도된 것이었다. 게다가 내담자는 변화를 설명하는 새로운 느낌과 행동을 반드시 이야기했다. 요점은 좋은 상담에는 반드시 목표가 있다는 점이다. 대부분의 상담사에게 관찰 가능한 행동을 설정하는 것은 사실상 모든 문제가 사라지는 것과 연결된다("주위 사람들이 당신이 화가 나지 않았다는 것을 어떻게 알게 될까요?"). 이러한 사인을 확인하는 것은 목표 설정의 중요한 부분이다.

결과 목표를 정확하게 기술하면 상담사와 내담자 모두 성취할 방향을 더 잘 이해하게 된다. 이렇게 되면 상담사는 내담자의 문제나 걱정에 좀 더 직접적으로 초점을 맞추게 되고 돌아가며 헤매는 노력을 덜 하게 될 것이다. 구체적인 목표를 향해 작업해 나가면서 깨닫게 되는 장점들은 있다. 내담자가 스스로 그동안 상담에서 무엇을 해 왔는지 더 잘 이해하게 되기 때문에 상담사는 더 직접적으로 내담자의 협조를 이끌어낼 수 있다. 게다가 내담자가 구체적인 목표를 가지고 있을 때 상담사는 적절한 개입과 전략을 더 잘 선택할 수 있게 된다. 결국 상담사와 내담자 모두 목표 설정을 통해서 그동안의 진전을 알게 되고 스스로 보상받는 경험을 하는 더 좋은 상태에 놓이게 된다.

좋은 결과 목표의 세 가지 요소

결과 목표와 차별화된 과정 목표를 설정하고, 구체적이기보다는 현상학적인 상담에 어떻게 목표가 적합한지의 문제를 다루기 위해, 대부분의 상담 상황에서 '좋은' 결과 목표가 무엇인지 그 세 가지 요소를 설명하고자 한다.

첫째, 잘 설정된 결과 목표는 무엇이 변화될지, 변화가 일어날 조건은 무엇인지, 변화의 수준이나 정도는 어떠한지 등을 포함한다. 어떤 내담자는 역기능적인 관계 패턴을 끝내고 싶어 한다. 다른 내담자는 부정적인 자기평가를 줄이기 원한다. 또 다른 내담자는 부모님의 신뢰를 되찾고 싶어 한다. 이러한 상황에서 진전하고자 하는 목표로 (인지적 행동을 변화시키는 것을 포함해서) 행동을 확인해볼 수 있다.

결과 목표의 두 번째 요소는 내담자가 바라는 결과라고 말한 행동이 일어날 조건을 명시하는 것이다. 내담자가 새로운 행동을 시도할 수 있는 상황이나 장소를 주의 깊게 찾는 것이 중요하다. 성공할 희망이 거의 없는 상황을 찾아서 내담자를 실패하도록 하지 말라. 예를 들어 아버지와 긴장 관계를 바꾸고자 작업을 하고 있는 내담자는 아버지가 예민해진다고 알고 있는 추수감사절에 이런 관계 변화를 시도하길 원하지 않을 것이다. 이런 작업을 시작하기에 더 안전한 시기를 찾는 데 훨씬 더 신경을 쓸 것이다.

결과 목표의 세 번째 요소는 적합하고 현실적인 변화의 수준과 정도를 선택하는 것이다. 수년 동안 지속적으로 싸운 부부는 논쟁적인 관계를 피하고 다르게 의사소통하는 것을 배우는 계획을 필요로 한다. 이런 부부에게 갈등을 다시 불러일으킬 수도 있는 '주말 휴가'를 갖는 계획을 세우는 것은 현실적으로 진전을 위한 첫 번째 단계가 될 수 없다. 주말 휴가를 갖는 것이 영원히 비현실적인 계획이라는 말은 아니다. 대부분의 목표가 점차적인 진전을 통해 달성되어야 하며, 이때 상담사의 역할은 내담자가 궁극적인 목표를 향해 나아갈 실현 가능한 다음 목표가 무엇인지를 결정하도록 도와주는 것이다. 이러한 중간 단계는 성공적 목표에 다가가는 근사치이며 매우 중요한 역할을 한다. 중간 단계들을 세움으로 인해, 내담자는 더 달성할 수 있는 목표를 세우고, 성공 경험을 더 자주 하며, 한 번에 한 단계씩 나아가 궁극적으로 극적인 변화를 이룰 수 있게 된다.

구체적 목표를 설정하는 데 생기는 장애물

앞에서 이야기했듯이, 대부분의 내담자들은 구체적이고 명확한 목표를 생각하는 데 익숙하지 않다. 내담자들은 "싸우지 않고 내 자신을 보호할 수 있었으면 좋겠어요"라고 이야기하기보다는 "저는 화를 잘 내죠"라고 표현하는 경우가 많다. 즉 한 사람의 성격이 표현되는 방식보다는 성격 그 자체를 묘사하는 경우가 많다. 따라서 상담사는 내담자가 자신의 성격이 표현되는 방식을 묘사하도록 도울 필요가 있다. 어떤 상황에서 그런 성격이 나오고, 동시에 어떻게 다르게 표현될 수 있는지를 생각해보아야 한다. 구체적이지 않은 고민을 찾아서 이것을 구체적인 목표 진술문으로 바꾸는 일은 쉬운 일이 아니다. 상담사는 내담자가 가지고 있는 문제의 근원을 이해하고 어떤 상황에서 이런 문제가 나타나는지를 생각해야 하며, 그럴 때 구체적인 목표 설정이 가능하다.

　구체적인 목표를 설정하는 데 있어서 상담사와 내담자에게 어떤 일이 일어날까? 첫째, 설정된 목표는 절대로 상담사와 내담자가 문제에 대해 이해하고 있는 수준 이상으로 더 구체적일 수는 없다. 따라서 구체적인 문제에 대한 이해가 없다면 상담 장면에서 목표는 구체적으로 설정되지 않을 것이며 매우 모호해질 것이다. 그러나 구체적이지 않은 목표라도 목표가 전혀 없는 것보다는 낫다.

　내담자는 상담 과정을 통해서 구체적이지 않은 목표에서 목표 설정을 시작하고 궁극적으로 구체적인 목표 설정으로 나아가게 된다. 즉 "행복해지고 싶어요"라는 구체적이지 않은 목표에서 갑자기 "친구를 사귀는 방법을 알고 싶어요"라는 구체적인 목표로 점프하지 않는다. 그보다 "사회적 관계를 맺는 삶을 원해요"라는 중간 단계의 목표 설정으로 넘어갈 가능성이 높다.

　상담사와 내담자가 특정 문제의 근원을 탐색할 때, 문제에 적합한 목표의 내용은 점점 더 명확해진다. 이렇게 되면 구체적인 행동 방향을 확인할 수 있게 되며, 문제를 긍정적인 방법으로 변화시킬 방향을 찾게 된다. 그리고 나서 이러한 구체적 행동은 목표 진술문으로 바꿀 수 있다. 내담자의 문제에 대해 더 구체적인 부분들을 이야기할 때 내담자가 목표 행동을 하게 될 환경에 대해 점점 더 잘 이해하게 되며 목표 행동을 어느 정도, 얼마나 자주 할지에 대해 이해하게 된다. (한 번 더 독자들에게 이야기하고 싶다. 이러한 구체적 목표 행동 설정은 인지행동 상담사들뿐만 아니라 정서중심 상담사들에게도 중요하다.)

목표 설정과 관련된 기법들

상담 목표 설정 활동과 관련해서 두 가지 종류의 기법이 있다. 한 가지는 상담사가 내담자의 목표에 대해 함께 토론하고 이끌어가면서 사용하는 음성적 기법이며, 다른 한 가지는 내담자가 목표를 만들어내고 개념화하도록 도우면서 사용하는 구조화 기법이다. 상담사는 평가 단계 동

[목표 설정 기법]

음성적 기법

상담사는 내담자가 장기 목표와 단기 목표를 설정하도록 돕기 위해 다음의 기법들을 사용한다.

- 시각화 작업은 내담자가 자신의 삶에서 이루고 싶은 변화를 정의하도록 도와준다.
  1. "당신과 벤이 자녀 양육 방법에 대해 동의할 수 있다면 어떻게 삶이 달라질지 상상해보세요."
  2. "지금부터 1년 안에 당신의 삶이 어떻게 달라지길 원하는지 설명해보실 수 있나요?"
  3. "변화하길 원하는 서너 가지 내용을 이야기하셨는데요. 그중에 무엇이 당신의 삶을 가장 좋게 만들어줄까요?"
- 음성적 직면은 내담자로 하여금 깨닫지 못하고 피해온 문제들을 마주하게 도전을 준다.
  1. "학교가 만족스럽지 않다고 얘기했는데요. 그런데 성적은 아주 좋네요."(말한 상황과 행동 간 불일치)
  2. "갈등이 이미 해결되었다고 얘기했는데요. 그런데 그 말을 할 때 목소리에서 어떤 감정이 느껴지지 않았나요?"(말한 감정과 전달된 감정 간 불일치)
  3. "지난번에 패트리스를 다신 보고싶지 않다고 얘기했는데, 지금은 패트리스가 가장 친한 친구라고 얘기하네요."(전달한 두 메시지 간 불일치)
- 확언하기 기법은 특정 목표를 달성하는 데 있어서 상담사의 자신감이나 내담자의 잠재력을 이야기하도록

해준다.
1. 내담자 : 그에게 내가 정말 어떻게 느끼고 있는지를 말할 수 없을 것 같아요. 그렇게 하면 분명 화를 낼거든요.
   상담사 : 그렇게 생각하는 것을 보니, 아마도 그에게 이야기할 긍정적 방법을 찾을 수 있을 것 같네요.
2. 내담자 : 내 자신에 대해 긍정적인 감정을 가질 수 있다는 것은 상상도 못하겠어요.
   상담사 : 만약 이 문제를 직면할 계획을 가지고 있다면 자신을 좋아하도록 이끌어줄 어떤 방법을 찾을 수 있을 것이라고 생각해요.

구조화 기법

내담자가 사고, 활동, 자기평가를 계획하고 구조화하도록 돕는 방법들이다.

- 목표 설정 지도는 달성 가능하고 상호 연결된 목표들 간의 시각화된 연계구조와 한 단계에서 또 다른 단계로 나아가는 방법을 제공한다.
- 시간계획표는 합리적이고 달성 가능한 순서로 활동을 조직화하도록 도와준다.
- 성공적 달성 단계 예측은 내담자로 하여금 가장 성취 가능한 순서로 목표를 조직화하도록 해준다.

안에 내담자가 목표를 설정하는 능력과 통찰을 어느 정도 가지고 있는지 확인해야 한다. 어떤 내담자들에게는 이 과정에서 음성적 가이드를 해줄 수도 있지만, 다른 내담자들에게는 목표를 개념화하는 데 시각적 도움을 줄 수도 있다. 시각적 도구가 내담자 뿐만 아니라 상담사에게도 도움이 될 수 있다. 대부분의 상담사들이 구조화 기법보다 음성적 기법을 더 쉽게 배우는 편인 것 같다. 문제를 여러 부분으로 나누고 구체적으로 단계별 진전을 계획하는 것은 이미 배운 기법이지만, 구조화 기법은 많은 상담사에게 상대적으로 새로운 기법이다.

음성적 기법

상담사는 내담자와 목표 설정 과정을 작업하면서 이전 장에서 설명한 음성적 경청, 반영, 재진

술, 진술문 향상시키기, 다양한 종류 질문 기법 등의 모든 음성적 기법을 사용할 수 있다. 상담사는 이러한 주요 반응들과 함께 시각화, 직면, 격려 반응을 목표 설정을 위해 사용할 수 있다.

시각화 시각화(visualization)를 통해 내담자는 현재 자신의 세계가 어떻게 다르고 앞으로 어떻게 자신의 세계가 달라지도록 만들고 싶은지를 생각해보게 된다. 보통 "내년에 학교를 졸업하면 가장 하고 싶은 이상적인 일이 무엇인가요?"와 같은 초점을 맞춘 질문으로 소개된다. '이상적인 일'에 대해서 물어보는 것은 꿈에 대해 묻는 것과 연결되며, 따라서 상담사는 내담자에게 미래, 관계, 자기개념에 대한 꿈을 그려보도록 요구하는 것이다. 시각화는 어떤 주제와 관련해서든지 사용될 수 있으며, 내담자가 처음에는 이야기하기 꺼렸던 정보들도 말하게 만드는 경우가 많다. 그런데 정말로 어떤 내담자는 현실이 너무 절망적이어서 더 긍정적인 것을 시각화해보는 것이 매우 위험한 작업처럼 보이기 때문에 지금까지와 다른 세상을 그려보는 게 거의 불가능하기도 하다.

직면 가장 유용한 기법 중 하나는 직면(confrontation)이다. 직면이라는 단어는 정서적인 의미 이상의 것을 포함한다. 직면은 '가르치기', '판단하기', '벌주기'와 같은 의미로 잘못 해석되기도 한다. 직면은 내담자가 스스로 보기를 회피하고 있는 인지, 정서, 행동을 마주하게끔 하는 기법으로 보는 것이 더 정확할 것이다. 회피는 항상 내담자의 말에서 불일치의 한 부분으로 표현된다. 이처럼 직면은 내담자로 하여금 모순, 합리화, 변명, 오해를 확인하도록 도와준다. 내담자가 겪는 불일치나 모순은 다음과 같다.

1. 내담자의 말과 행동 간의 불일치(예 : 자신은 꽤 조용한 편이라고 얘기하지만 상담에서는 자유롭게 말을 많이 함)
2. 내담자가 표현하는 정서와 행동 간의 불일치(예 : 편안하다고 말하지만 계속 꼼지락거리고 있음)
3. 내담자가 말한 내용 간의 불일치(예 : 자신의 행동을 바꾸고 싶다고 말하지만 바로 다음에 자신의 행동에 대한 비난에서 부모님이나 다른 사람들에 대한 비난으로 넘어가 버림.)

기술적인 면에서 볼 때 직면은 복합적인 문장으로 이루어진다. "당신은 ~라고 말하는군요. 그렇지만 ~처럼 보이는군요"와 같은 문장으로 구성된다. 즉 직면 기법의 첫 번째 부분은 '당신은 ~라고 말했다'라는 재진술이나 정서적 반영으로 이루어진다. 이 부분은 내담자가 준 메시지를 반복하는 것이다. 두 번째 부분은 모순이나 불일치를 표현하면서, 내담자의 메시지에 대해서 "그러나 ~한 것처럼 보이는군요"와 같은 방식으로 표현한다. 종종 '당신은 ~라고 말했다' 부분은 특히 불일치 메시지가 방금 나타났을 때 실제로 말한 것이기보다는 암시하고 있는 것일 수 있다. 다음은 직면의 예시이다.

내담자	난 정말 모르는 사람들에게 말을 걸 수가 없어요.
상담사	그렇지만 당신은 저를 그렇게 잘 알지 못하는데요.(암시적으로)

직면은 내담자의 메시지를 설명하고 내담자의 행동을 관찰하며 증거를 보여준다. 그러나 직면은 고발하고 평가하거나 문제를 해결하는 것을 의미하지는 않는다. 직면은 다음의 네 가지 목적으로 사용한다.

1. 불일치가 나타날 때 내담자로 하여금 이러한 불일치를 깨닫도록 도우면서 내담자가 더 진솔한 삶을 살도록 노력하는 것을 도와준다.
2. 상담사가 직접적이고 열린 대화의 역할 모델이 된다. 상담사가 모순을 편안하게 확인하면 내담자 또한 더 편안하게 도전을 해볼 수 있다.
3. 직면은 행동 근원적 반응이다. 내담자의 생각이나 감정을 비춰주는 반영과 다르게, 직면은 내담자의 행동을 비춰준다. 직면은 행동 계획이나 변화를 시작하는 데 있어서 유용하다.
4. 변화, 목표 설정과 관련된 갈등을 탐색하는 데 유용하다.

격려 반응　격려 반응(encouraging response)은 내담자에게 "나는 당신 안에 이것을 할 능력 또는 그렇게 될 능력이 있다는 것을 알고 있어요."라고 전달하고자 하는 것이다. 격려는 '당신은 ~할 수 있어요' 또는 '당신은 ~할 수 있을 거예요'라는 어구로 시작하곤 한다. 격려는 상담사가 전달해주는 중요한 말이며, 조심스럽게 사용되어야 한다. 즉 만약 내담자가 그런 행동을 할 수 있을 것이라는 점에 대해서 약간이라도 의심을 갖고 있다면 격려를 사용해서는 안 된다. 격려하는 반응이 충고처럼 들릴지 모르지만, 내담자가 가능한 대안을 찾아내도록 돕는 데 효과적으로 사용될 수 있다. 즉 상담사가 문제 해결책을 제안해주거나 처방해주려는 의도로 격려를 사용하면 문제가 될 수 있다. 이 경우 내담자의 고민을 부인하거나 무시하는 것이 될 수 있다.

구조화 기법

구조화 기법(structuring skills)은 내담자가 목표 설정 과정을 이해하도록 돕는 데 특히 유용하다. 이 장 앞부분에서 얘기했듯이 내담자는 어떻게 목표를 세우고, 얼마나 정확하게 세우며, 어떻게 적절한 목표를 세워야 할지에 대해서 모르는 경우가 많다. 문제에 대한 해결책을 제공하는 목표를 어떻게 설정할지에 대해 배울 필요가 있다. 구조화 기법에는 목표 설정 지도, 시간계획표, 성공적 달성 단계 예측과 같은 시각적 도구를 사용하는 경우가 많다.

목표 설정 지도 목표 설정 지도는 내담자가 어떻게 목표를 세울지 배우도록 돕는 유용한 도구이다(그림 6.1). 이 지도는 목표 설정 과정을 시각적으로 표현해주고 내담자가 변화를 하기 위한 다음 단계들에 초점을 맞추도록 해준다. 첫 번째 작업은 내담자에게 궁극적으로 원하는 목표(주요 목표)를 정하도록 돕는 것이다. 다음으로, 내담자가 이러한 목표를 이루기 위해 해야 할 세 가지(이상) 변화를 찾아보도록 격려한다(하위 목표). 마지막으로, 내담자는 하위 목표 각각을 달성하기 위해 해야 하는 두세 가지 행동을 찾는다(즉각적 과제).

몇 가지 하위 목표를 찾으면 이 목표들을 가장 달성하기 쉬운 것부터 가장 어려운 것까지 순서대로 나열한다. 비슷하게, 하위 목표와 연결된 즉각적 과제들도 순서대로 나열하고 이 순서로 성취해 나간다. 한 가지 하위 목표를 달성하고 다음으로 넘어간다. 하위 목표와 즉각적 과제들로 적은 활동들을 성공적으로 차근차근 달성해 나가면서 변화에 대한 동기와 에너지는 강화되고 유지된다. 항상 하위 목표를 성공적으로 달성하고 나면 내담자가 궁극적으로 원하는 목

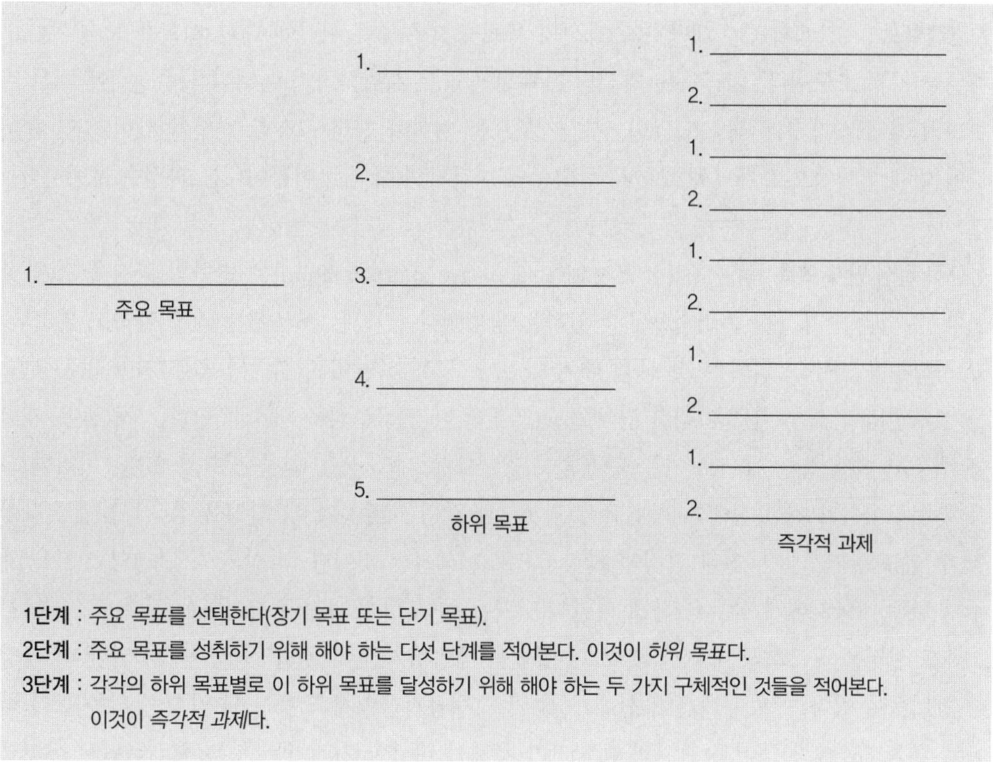
1. 주요 목표
1. 2. 3. 4. 5. 하위 목표
1. 2. 1. 2. 1. 2. 1. 2. 1. 2. 즉각적 과제
1단계 : 주요 목표를 선택한다(장기 목표 또는 단기 목표).
2단계 : 주요 목표를 성취하기 위해 해야 하는 다섯 단계를 적어본다. 이것이 *하위 목표*다.
3단계 : 각각의 하위 목표별로 이 하위 목표를 달성하기 위해 해야 하는 두 가지 구체적인 것들을 적어본다. 이것이 *즉각적 과제*다.

그림 6.1 목표 설정 지도

하위 목표 1:		
즉각적 과제 1:	즉각적 과제 2:	즉각적 과제 3:
목표 날짜 : _____	목표 날짜 : _____	목표 날짜 : _____

그림 6.2 시간계획표

표로 움직여 나가게 된다. 상담에서 하위 목표들이 효과적이 되도록 하는 몇 가지 방법이 있다.

- 현재 내담자가 갖고 있는 자원과 장점에 근거해서 하위 목표를 세워라.
- 내담자가 선택하고 몰두하고자 하는 하위 목표를 세워라.
- 내담자의 삶의 가치와 일치하는 하위 목표를 만들어라.
- 내담자가 성취할 수 있을 만한 즉각적 과제들과 함께 하위 목표를 만들어라.

시간계획표 시간계획표는 내담자가 자신의 목표를 이루도록 시간에 대한 계획을 보여주는 또 다른 시각적 도구이다. 내담자는 자신의 잠재적 성장을 시각화하기 어려워하며 성취에 대한 비현실적 기대를 가지는 경우가 많다. 시간계획표는 얼마나 빨리 그러한 변화가 일어날 것 같은지에 대해 현실적으로 체크해 보면서 상담사와 내담자의 합의를 이끌어내는 과정을 포함한다.

성공적 달성 단계 예측 성공적 달성 단계 예측(successive approximation)은 변화의 과정을 쉽게 달성할 수 있는 단계들을 논리적으로 나열하는 방법이다. 인간은 처음에는 걷고 말하고 읽고 놀고 사람들을 사귀고 일하는 것 등을 배워 나간다. 모든 사람이 이런 경험을 하지만 많은 사람들이 자신의 목표 성취를 이러한 단계들로 쪼개어 나가는 분석을 하지 못한다. 사람들은 개념을 배우고 어떤 특정 목표로 가는 단계들을 찾아내는 데 도움을 받을 필요가 있다. 이러한 교육이 이루어지기 위한 한가지 방법은 그림 6.3과 같이 내담자가 그 과정을 좀 더 쉽게 시각화할 수 있도록 자신이 나아갈 과정을 시각적으로 그려보는 것이다. 과정의 각 단계의 빈칸을 채우기 위해 내담자에게 질문을 하게 되면 내담자는 목표 설정 과정에 참여하게 된다.

목표 설정을 구조화하기 위한 몇 가지 방법을 제안했지만, 과정을 구조화하기 위한 더 다양한 방법들이 있다. 상담사들은 자신에게 잘 맞고 내담자들에게 도움이 될 만한 방법들을 더 찾아볼 수 있다. 예를 들어 상담사와 내담자가 문제를 다양한 기여하는 부분들로 나눠서 살펴보면서, 이러한 부분을 더 궁극적인 방식으로 재구조화하고, 이렇게 하면서 목표와 하위 목표를 나의 궁극적 목표!

나는 3주 후에 어떤 단계에 있을 것인가

나는 2주 후에 어떤 단계에 있을 것인가

다음 주에 어떤 단계에 있을 것인가

현재 나는 어떠한가

그림 6.3   성공적 달성 단계 예측

설정할 수 있다. 이미 앞에서 목표 설정 과정을 GPS에 비유한 바 있다. 사람들이 어디에 가길 원하는지를 입력할 때마다 GPS는 거기에 이르는 하나 이상의 길을 제안한다. 각각의 길을 선택하는 데는 다른 이유가 있으며 다른 길보다 먼저 선택하게 되는 길이 있다. 중요한 점은 운전자가 결국 그 길로 가면 궁극적인 목적지에 도달하도록 해줄 거라는 확신을 갖는 것이다. 이처럼 상담에는 합의한 종결 지점이 있고, 상담사와 내담자는 더 효과적으로 그러한 목표에 다다르는 길을 찾기 위해 함께 작업한다.

목표 설정이 내담자에게 주는 효과

목표 설정 과정은 내담자에게 의미 있는 효과를 줄 수 있다. 내담자가 목표 설정 과정에 저항하는 경우도 있기는 하지만 대부분은 긍정적이고 협조적이다. 구체적 목표를 세우기가 주는 장점은 여러 가지가 있다. 내담자는 자기 자신, 그리고 자신의 기대와 욕구에 대해 더 명확하게 느끼게 된다. 내담자가 자신의 삶에서 중요하지 않은 것들 중에서 중요한 것을 구분해내고, 사소한 것들 속에서 관련이 높은 것을 찾아낼 수 있게 된다. 내담자 스스로 가장 중요한 가치를 가지고 가장 높은 우선순위에 있는 것들을 결정하고 선택하게 해준다. 결과적으로 내담자는 자신이 원하는 것에 대해서 더 잘 알게 되고 명확하게 보게 된다.

　목표 설정은 내담자가 상담에서 문제나 사건에 대응하는 구체적 실행을 시작하는 첫 시작점이 되곤 한다. 문제는 오랫동안 존재할 때가 많다. 목표 설정을 통해서 내담자는 무기력감을 극복하고 자신의 내적 힘을 움직이며 문제 해결로 이끄는 사건의 체인 속에 머무르면서 자기 자신을 더 잘 느낄 수 있게 된다. 결과적으로 내담자는 목표 설정 과정 동안 그리고 목표 설정을 한 후에 큰 성취감을 느끼곤 한다.

목표 설정은 내담자에게 문제와 고민에 대한 다른 시각을 갖도록 해준다. 구체적인 목표를 설정하는 과정은 반응적일 수 있다. 즉 결과를 선택하고 정의하는 행동을 통해 내담자는 자신 안에서 원하는 변화를 이끌어낼 수 있다. 내담자가 목표 설정 과정에 강하게 개입할 때 이러한 결과는 더 잘 일어날 수 있다.

내담자가 목표 설정 과정에 참여하고 이러한 목표를 성취하면 자신의 삶이 어떻게 향상될 수 있을지에 대해 명확히 이해할 때 더 빨리 성장할 수 있다는 데 대해 대부분 상담 전문가들은 동의한다. 상담에서 나타날 결과를 이해하고 이에 몰두할 때 내담자는 이러한 성장과 변화의 과정에 협력하여 참여하게 된다.

상담 관계의 다양한 면에 대한 내담자의 지각을 연구한 결과를 보면 목표 설정의 중요성이 더 잘 나타나 있다(Halstead, Brooks, Goldberg, & Fish, 1990). 연구 결과는 다음과 같다.

내담자는 작업동맹에서 목표와 관련된 부분을 상담사보다 더 강력하게 인식했다. 이러한 결과는 또한 내담자의 개인적 관여의 정도와 연관된다고 해석될 수 있다. 상담사와 내담자는 상담 과정을 이끌도록 도와주는 명확한 목표에 대해 함께 합의하고 이해한다. 상담사의 관점에서 보면 이러한 목표는 내담자를 돕는 과정에서 하나의 신호등이 될 수 있다. 그러나 내담자에게 있어서 특히 상담 초기 회기에서 상담의 목표는 정서적 고통을 안정시켜주는 방법과 직접적으로 연관될 수 있다. 상담에서의 목표는 내담자에게 진정한 희망을 보여주는 것이 될 수 있다. 그러므로 목표가 상황을 극복하게 해줄 것 같은 해결책을 찾을 수 있게 한다는 면에서 내담자는 자신의 목표에 더 강력한 애착을 보이게 되는 것 같다(p. 216).

아동과 함께 목표 세우기

이 장의 앞부분에서 언급했듯이, 아동을 상담할 때는 목표 설정 과정을 대체하는 특별한 방법을 진행한다. 특히 이런 경우 아동의 발달 수준을 이해하고 있어야 한다. 최소한 인지 발달(대부분의 목표들이 미래의 추상적 차원을 이야기하므로, 아동이 추상적으로 사고할 수 있는가?), 정서적 발달(아동이 감정을 알아차리고 감정의 수준을 논의할 수 있는가?), 도덕적 발달(아동이 사회적으로 적절하고 부적절한 목표를 구분할 수 있는가?)를 알아야 한다. 이러한 이유 때문에 발달단계 평가는 목표 설정 이전에 객관적으로 진행되어야 한다. 적절한 평가가 이루어지면 상담사는 아동의 기능 발달 수준을 수용하고 적용해야만 한다.

놀랍게도 아동은 목표 설정을 매우 잘 해나갈 수 있다. 아마도 그건 아동이 자신의 세상과 심리 게임을 하지 않기 때문일 것이다. 아동은 문제의 핵심으로 바로 가며 자신이 달라지고 싶다는 방향에 관해 매우 구체적이다. 더군다나 아동은 자신이 참여할 활동을 제안해서 어른들에게 중요한 역할을 맡기는 것에 익숙하다. 그러나 어떤 아동은 다양한 이유로 인해 어른을 신뢰하기 힘들어한다. 그러므로 상담사는 모든 아동에게 목표 설정이 매우 자연스러울 것이라고 생각해서는 안 된다.

위기와 목표 설정

내담자가 위기 상황에 놓여 있을 때는 목표 설정이 그다지 중요하지 않은 활동으로 생각될 수 있다. 그러나 위기는 어떤 목표가 성취되어야 한다는 것을 의미한다. Collins와 Collins(2005)는 만남이 단회로 이루어질 경우에서도(위기상담에서는 자주 일어나는 사례) 상담사가 특정한 목표 설정의 과정을 거쳐야만 한다고 주장했다. 내담자는 안전해져야 하며, 위기로 인한 위험이 줄어들어야 하고, 내담자가 충분히 안정적이 되며, 내담자가 놓인 환경이 피해를 입히지 않을 정도로 안정적이 되도록 목표를 세울 수 있다. 그리고 내담자는 결과적으로 빠른 시간 안에 자신의 삶의 안정을 도와줄 공식적 자원과 비공식적 지지체계와 연결될 수 있어야 한다. 이러한 세 가지 목표를 달성하기 위해 상담사는 내담자의 인지, 정서, 행동, 환경적 조건들을 접수면접 시간 동안 파악해야 한다.

　이런 중요한 과정 목표들을 넘어서서, 목표 설정은 여전히 내담자 자신이 정말 바라는 결과를 찾아내고 그 목표를 달성하기 위한 단계를 찾아나가도록 돕는 기능을 한다. 내담자가 위기 상황에 놓이면 '목표'는 진짜 '문제'와 관련 없어 보일 수도 있다. 그러나 이러한 목표들은 그렇더라도 본질적인 것이다. 예를 들어 자신의 아내가 교통사고로 세상을 떠난 지 한 달째 제대로 살아가고 있지 못한 남자는 상담을 통해 친척들에게 넘겨놓은 아이들을 데려와서 다시 책임지기 시작할 수 있다. 또한 갑자기 도움이 필요하다고 느낄 때 얘기를 나눌 수 있는 사회적 관계 속 친구들을 찾아보도록 할 수 있다. 이런 방향은 위기 상황으로 인한 슬픔을 직접적으로 다루는 것은 아니나, 두 가지 모두 슬픔으로 인해 직면할 수 있는 구조를 다시 세우기 위해 돕는 일이 된다. 게다가 이러한 사람은 위기 상황에 있기 때문에 이렇게 눈에 보이는 목표는 내담자를 슬픔 이후의 삶으로 직접 이끌어주기 위해 시도하는 목표 설정보다 더 적절하고 치료적인 목표가 된다. 달리 말하면, 위기 상황에 놓인 내담자를 위한 목표 설정은 위기 이후의 삶을 다루는 것이 아니라 위기 그 자체를 다루도록 돕는 것이 될 수 있다.

목표 설정과 문화

목표 설정은 상담 과정에 방향을 알려준다. 목표를 세우는 데 있어서 상담사는 내담자가 살고 있는 문화적 맥락을 고려해야 한다. 그러나 여기에도 오류는 존재할 수 있다. 많은 상담사들은 자신의 가설을 좀 더 민감하게 체크해보지 않고 내담자의 문화에 대해 고정관념의 가설을 부과해버린다. 만약 당신의 내담자가 이탈리아계 미국인, 또는 아프리카계 미국인, 또는 멕시코에서 이주해 온 사람이라면 목표 설정 과정에서 이러한 출신이 무엇을 의미하는가? 이 문화권의 정체성에 관한 질문을 포함하여 완전한 평가 과정을 거치지 않고는 이 질문에 대해 답을 얻기 어렵다. 예를 들어 전반적으로 발달에 관한 기존 문헌들은 가족 발달보다는 개인의 발달을 강조한다. 가족 발달 모델조차도 개별화(Bowen, 1978), 즉 원가족과 함께 살아가고 있는 상황 속에서도 각 구성원이 자기 자신이라는 개인의 모습을 찾아 개별화되어 가는 능력을 강조한다. 그러므로 자신의 원가족에게 너무 의존적인 젊은 여성을 위해서는 개별화가 목표가 되어야 한다는 생각을 쉽게 해보게 된다. 그렇지만 어떤 민족은 다른 민족보다 개별화를 덜 하는 것을 규범으로 여길 수도 있다(McGoldrick, Giordana, & Garcia-Preto, 2005). 그러나 이러한 가정을 가지고 상담에 임할 경우 '조금 아는 것은 오히려 위험할 수 있다'는 말처럼 될 수 있다. 상담사가 내담자(라틴계라고 가정해보자)와 문제에 대해 이해해 나가면서, 내담자가 자신의 문제로 고민할 때 자신이 라틴계 여성이라는 점이 어떤 영향을 미치는지 내담자의 관점에 대해서 물어보는 것이 중요하다. 만약 어떤 것이 있다면, 내담자의 문제와 관련해서 가족은 내담자에게 그가 라틴계 여성이 되는 것에 대해서 어떤 것을 가르쳤는가? 또한 여기서 가장 중요한 부분은 라틴계 여성으로서 자신의 정체성이 목표 설정에 어떻게 영향을 미치고 내담자는 어떤 목표에 몰입하고자 하는가이다. 내담자가 아일랜드계 미국인 또는 보스니아 이주민, 또 다른 어떤 시나리오를 만들 수 있는 문화권에서 왔다면 마찬가지로 탐색되어야 한다. 또한 이러한 민족성이 문화적 계층을 만드는 데 유일한 것은 아님을 명확히 할 필요가 있다. 내담자가 가톨릭 신자이거나 성전환자, 또는 신체적 불구를 가진 사람이거나, 전문가 가족에서 자란 사람이라는 점이 더 중요한 요인이 될 수 있다. 사실 민족성은 어떤 사람들에게는 너무 넓은 개념이어서 전혀 문화적 정체성을 주지 않기도 한다. 대신에 가족보다 자신이 자라온 지역사회가 가치관과 신념을 정의하는 데 더 강력할 수 있다. 예를 들어 부모가 곤경에서 벗어나도록 하기 위해 고군분투한 도시 청소년은 거친 이웃으로부터 문화적 정체성을 더 찾을 수도 있다. 이 경우에 내담자에게 이웃은 사실 목표 설정 과정에서 초점을 맞춰야 하는 어떤 것이 될 수 있다.

  요약해보면, 문화적 정체성과 개인의 정체성은 복잡한 방법으로 통합된다. 따라서 어떤 목표(예 : 통찰)가 어떤 문화권에 있어서 다른 문화권보다 더 적절하다는 개념을 주장하기는 어렵다. 그보다 상담사는 문화가 내담자의 세상을 바라보는 방식에 어떻게 영향을 미쳤으며, 당장의 문제와 목표 설정 과정에 어떻게 연결되는지를 탐색해야 한다. 이러한 과정 목표를 성취하는 마법같은 방법은 없다. 그러나 이 책에서 설명한 기법들은 목표 설정 과정에서 문화적 정체성을 존중하면서 내담자를 도울 수 있도록 하는 데 대안이 될 수 있을 것이다.

목표 설정 과정에서 내담자의 참여

어떤 상담사들은 내담자에게 경청하고 문제에 대한 정신건강 평가를 하며 해결책이나 목표를 처방하는 것으로 목표 설정을 이해하고 있을 수 있다. 사실 그러한 과정은 성공적이지 않을 가능성이 있다. 내담자가 목표를 세워 나가는 과정에 참여해야 하는 것이 상담의 본질이라고 할 수 있다. 그렇지 않으면, 내담자는 방향을 잃거나 더 나빠지고 상담은 역효과를 낳을 수도 있다. 다음의 예는 이러한 부분을 보여준다.

한 초심 상담사가 뚱뚱하고 자신의 외모에 대해 자의식이 강하며 이러한 자의식 때문에 사회적 관계를 만들기 어려워하고 외로운 내담자를 만났다. 상담사는 뚱뚱하다는 문제가 중요한 요인이라는 것을 깨닫고, 의사의 조언하에 일주일에 0.5~1.5kg씩 줄여 나가는 것을 목표로 잡도록 내담자에게 알려주었다. 그러자 내담자는 매우 방어적이 되었고, "당신은 우리 엄마 같이 말하네요"라고 이야기하면서 상담사가 정해준 목표를 거부했다.

목표 설정은 매우 개인적이며 내담자의 입장에서 많은 노력과 헌신을 요구한다. 그러므로 내담자가 이를 성취하기 위해 충분히 희생할 수 있는 목표를 선택해야만 한다. 위의 예시에서 만약 상담사가 더 천천히 나아가면서 내담자가 스스로 몸무게가 많이 나간다는 것의 중요성을 찾고 잠재적으로 몸무게를 줄여나가는 것의 중요성을 깨달았다면 내담자의 저항은 나타나지 않았을 것이다. 이러한 점에서 볼 때, 상담사와 내담자는 달성하고 나면 내담자의 걱정이 줄어들 수 있을 만한 구체적인 목표와 하위 목표를 함께 설정해 나갈 수 있다. 상담 관계의 다른 부분들과 마찬가지로, 목표 설정은 상담사와 내담자 모두가 책임을 지고 가는 상호적인 과정이어야 한다.

목표 설정에 대한 저항

저항은 내담자의 입장에서 고의적으로 미루는 것을 함축하고 있어서(체포에 저항하는 것을 떠올리면 된다), 우리는 저항이라는 단어를 사용할 때 두려움을 갖는다. 때때로 내담자는 단순히 목표 설정에 참여할 수 없거나 참여하지 않거나 변화에 헌신하는 것에 대해 매우 꺼릴 수 있다(이 단어를 더 선호한다). 이런 경우에 상담사는 저항하고 있고 내담자를 다루어야 한다는 생각에 빠져들기 쉽다. 그보다 종종 '저항'이라고 불리는 것이 주제가 되어 상담사는 이러한 상황에서 내담자가 겪는 역동을 탐색해야 한다.

목표 설정에 대한 내담자의 저항을 다룰 때, 그런 행동에는 목적이 있다는 것을 아는 것이 좋다. 즉 내담자가 어떻게 행동하거나 피하는 것은 내담자가 인식하고 있는 원하는 결과를 가져오게 해준다(내담자가 깨닫고 있던 없던 간에). 목표 설정에 저항하는 내담자는 자신의 행동이 어떤 목적을 달성하게 해주기 때문에 그 행동을 수정하기를 꺼릴 가능성이 있다. 만성적인 담배중독자의 예에서 이러한 점을 살펴볼 수 있다. 이 사람은 담배의 중독적 측면과 같은 부정적 영향을 알고는 있지만, 담배가 스트레스로부터 자신을 안정되게 해준다고 믿거나 최근에 담배를 그만두려 했을 때 겪었던 기분 변화에 대해 두려움을 느끼면서 담배 피는 습관을 버리지 못한다.

내담자가 현재의 행동으로부터 얻고 있는 것 또는 현재의 행동을 변화시키기 두려워하는 것이 무엇인지를 찾아내는 것이 상담사의 작업이다. 이렇게 하면서 내담자가 어떻게 자신이 지금 하는 방식보다 더 바람직한 방식으로 원하는 것을 성취할 수 있을지를 결정하도록 도울 수 있다. 예를 들어 어린 학생이 동료들로부터 관심을 끌기 위해 선생님의 권위를 거부할 수 있다. 관심 끌기가 바라는 결과이다. 문제는 이를 얻기 위한 방법이다. 그러므로 더 많은 관심을 끌 수 있는 더 적절한 방법을 발견하는 것은 상담에서 적절한 목표가 된다.

때때로 내담자들은 상담사가 (명백하게 또는 미묘하게) 자신을 어떤 방향으로 끌고 나가려고 한다고 생각하기 때문에 목표를 세우는 시도에 저항하기도 한다. 내담자가 상담에서 어떤 개인적 목표를 설정할 수 없다면, 변화가 일어날 가능성은 매우 적다. 목표 설정 과정에 내담자가 적극적으로 참여하도록 권유하면서 내담자의 저항을 피할 수 있다.

마지막으로, 어떤 내담자들은 자신이 우선시하는 것, 자신의 욕구와 기대에 대해서 말 그대로 혼란스럽기 때문에 목표 설정에 저항하기도 한다. 그들은 자신의 삶에서 무엇이 잘못된 것인지 알고 있지만, 더 나은 삶을 어떻게 얻을 수 있는지에 대해서 그리기 힘들어한다. 이러한 내담자들은 혼란스럽기 때문에, 그리고 자신에게 선택하라고 하고 현재의 현실을 넘어서 바라보라고 하는 암묵적인 요구 때문에 목표 설정에 저항할 수도 있다. 이러한 내담자와 함께 작업할 때는 이들의 혼란을 직접적으로 이해하는 것이 때로는 매우 도움이 된다.

> **상담사**　라완다, 난 당신이 노력하고 있는 걸 알 수 있어요. 그리고 다른 상황 또는 더 나은 상황을 상상하는 게 정말 어렵다는 것을 알고 있어요.

내담자가 자신의 페이스로 움직여 나가도록 허락하면, 목표 설정에 대한 압박이 그들이 이미 가지고 있는 좌절감과 무력함을 더 악화시키지 않을 것이다. 바라는 우선순위, 욕구, 기대를 확인하는 과정 그 자체가 목표가 된다.

다음은 내담자가 목표 설정을 해나가도록 돕는 세 가지 전략이다.

1. 언어 작업. 내담자에게 빈칸이 있는 문장을 완성하도록 요구한다. "나는 ＿＿＿＿＿＿하기를 원해요." "나는 ＿＿＿＿＿＿하지 않기를 원해요." "나는 ＿＿＿＿＿＿할 필요가 있어요." "나는 ＿＿＿＿＿＿하지 않을 필요가 있어요." "나는 ＿＿＿＿＿＿하기를 선택해요." 등.

2. 심상화와 시각화. 내담자에게 자신이 더 나은 상황에 놓여 있는 모습을 상상하고 묘사해 보도록 한다(내담자는 이러한 세상이 실제로 가능하기보다는 상상의 세상이라고 믿을 수 있기 때문에 우리는 **상상 상황**이라는 단어를 사용하지 않는 편이다). 다르게는 내담자에게 내담자가 바라는 특징을 가지고 행동을 하는 어떤 사람을 그려보라고 할 수 있다.

3. 역할극과 시연. 내담자는 역할극을 통해 문제를 재연하는 시도를 해볼 수 있다.

어떤 내담자들은 우선순위와 욕구를 찾으면서 매우 갈등을 겪을 수 있다. 몇 가지 가능한 방향과 선택지를 찾을 수는 있지만 여전히 어떤 방향을 가장 추구하고 싶은지 혼란스럽고 선택하기 어려울 수 있다. 이러한 내담자들은 불편하고 아픈 갈등에 노출되고 싶지 않아서 목표 설정에 저항하기도 한다. 눈앞에 있는 문제를 다루기보다 숨기거나 피하는 것이 더 쉬워 보인다. 이런 내담자와 작업할 때는 명확한 갈등을 보여주는 (앞에서 설명했던) 직면을 활용하는 것이 도움이 되기도 한다.

> **상담사**　루시, 당신은 삶에서 안정감을 얻고 싶다고 말했죠. 그런데 동시에 가족으로부터 일주일에 이틀은 떨어져 있을 수 있는 직업을 고려하고 있다고 말하는군요.

이러한 내적 갈등이 목표 설정 단계에서(또는 그보다 더 일찍) 나타나는 것이 중요하다. 즉 따라가기만 하는 상담 개입은 효과적이지 않을 가능성이 높다.

목표 설정 사례

이 예에서 안젤라(제5장 참조)가 상담에서 원하는 결과 목표를 세우도록 상담사가 어떻게 돕는지를 볼 수 있다. 안젤라는 자신을 실패자라고 생각하면서 우울한 상태에 있는 게 문제라고 설명했다. 안젤라는 의미 있는 활동을 하거나 관계를 맺고 있지 않으며, 전반적으로 부모로서의 역할에서 벗어나 삶의 목적을 상실한 상태이다. 또한 안젤라의 신체적 상태(애디슨 병) 또한 안젤라의 우울한 기분을 촉발하고 유지시킨다.

당신과 안젤라가 고민의 측면들을 살펴본 후에, 당신은 안젤라가 하고 싶어 하는 구체적인 변화를 생각해볼 수 있다. 점차적으로 이러한 변화는 바라는 목표의 윤곽을 보여주게 된다(그림 6.1 참조). 안젤라와 상담사는 목표에 대해 토론하고 다음과 같이 확인한다.

안젤라 사례 계속

I. 결과 목표 1

안젤라는 앞으로 3개월 안에 자기 자신에 대해 매우 더 긍정적이 되길 원한다(측정할 수 없음).

A. 안젤라는 매일 자신에 대해 부정적이고 자기패배적인 생각과 자기대화를 언제 하는지 인식하는 것을 배워야 한다.
  1. 매일 자신에 대해 부정적으로 말하고 생각하는 시간을 적기 시작한다(관찰 가능하고 측정 가능함).
  2. 자신을 우울하게 만드는 일반적인 주제 리스트를 만들기 시작한다(관찰 가능하고 측정 가능함).
  3. 낮 또는 밤 어떤 특정 시간에 더 무너지기 쉬운지 알게 되면, 언제 부정적이고 자기패배적인 자기대화를 하게 되는지 적기 시작한다(관찰 가능하고 측정 가능함).

B. 안젤라는 스스로에 대해 긍정적이고 자기고양적인 문장 목록을 만들어야 한다.
  1. 상담사의 도움으로 자신의 긍정적인 면들에 집중하기 시작한다(측정 가능함).
  2. 3×5 사이즈 카드에 각각의 긍정적인 면들을 적고 가장 무너지기 쉬운 시간 동안 이 카드를 손에 들고 다닌다(측정 가능함).
  3. 부정적이 되었을 때, 긍정적인 면이 적힌 카드를 의무적으로 읽고 부정적인 생각을 극복할 때까지 이 내용에 집중한다(측정 가능함).

C. 안젤라는 기분에 미치는 상황적 영향을 알아보기 위해 가장 자기패배적이고 부정적이 되는 것 같은 상황을 찾을 것이다.
  1. 상담사의 도움과 함께 부정적이고 자기패배적이 되는 경향의 매일의 시간 패턴을 살펴본다(관찰 가능하고 측정 가능함).
  2. 상담사의 도움과 함께 자신의 기분과 관련된 다른 상황 조건들을 살펴본다(예 : 혼자 있을 때, 할 일이 많을 때)(측정 가능함).
  3. 상담사의 도움과 함께 피해야 할 상황을 찾아내고 자기패배적인 상황에 놓여 있을 때 할 수 있는 대안 활동 목록을 만든다.

II. 결과 목표 2

안젤라는 자신의 기분에 영향을 미치는 애디슨 병으로 인한 부정적인 영향을 통제하고 싶다(측정할 수 없음).

A. (만나기를 회피해 왔던) 의사와 약속을 잡고 애디슨 병의 진전 정도에 대해 검사 및 상담을 받는다.
  1. 3일 안에 전화를 해서 2주 안에 만날 약속을 잡는다(측정 가능함).
  2. 지금부터 약속 날짜까지 날짜, 시간, 상황, 감정 지속 시간을 포함하는 우울증 기록을 한다. 만나러 갈 때 이 기록을 가져간다(측정 가능함).

B. 의사의 도움과 함께 안젤라는 어떤 행동 변화, 약 복

용 등이 애디슨 병이 기분에 미치는 영향과 상호작용하는지 살펴보아야 한다.

1. 상담사의 도움과 함께 매일의 습관이 어떻게 변화되어야 하는지에 대한 정보를 활용한다(측정 가능함).
2. 일상생활의 일부가 될 때까지 매일 새로운 활동을 기록해 나간다(측정 가능함).
3. 앞으로 3주간 하루에 적어도 3번은 자신의 기분 강도를 1~10점 척도로 기록한다(측정 가능함).

III. 결과 목표 3

안젤라는 자신의 활동과 관계, 그리고 자신에게 의미 있는 것과 가치를 더 깨닫기를 원한다(측정할 수 없음).

A. 안젤라는 일과 여가 활동, 관계의 상대적 중요도를 확인할 것이다(측정할 수 없음).
   1. 일주일 동안 매일의 일과 여가활동을 살펴보고 기록한다. 그리고 상담사의 도움과 함께 이 활동들을 '즐거운' 또는 '즐겁지 않은' 목록으로 분류한다(측정 가능함).
   2. 통제 가능한 즐겁지 않은 활동들을 변화시키거나 다시 시간 계획을 잡기로 결정한다(측정 가능함).
   3. 상담사의 도움과 함께 즐겁지 않은 활동들을 적어도 보통이거나 아니면 즐거운 일로 만들기 위해 의미를 다시 찾는다(측정 가능함).
   4. 관계에 대해서도 같은 분석을 한다(측정 가능함).
B. 안젤라는 부정적이고 긍정적인 일/여가 활동, 관계 사이에 더 긍정적인 균형을 맞춰 나갈 것이다(측정할 수 없음).
   1. 상담사와 함께 전형적인 주간 계획표를 분석하고 부정적인 활동과 관계의 비율을 확인할 것이다(측정 가능함).
   2. 상담사와 함께 일과 여가와 관계된 긍정적인 활동과 관계의 새로운 자원을 찾을 것이다(측정 가능함).
   3. 상담사와 함께 주간 일/여가 활동, 관계에 있어서 긍정적인 균형을 세우고 유지해 갈 것이다(측정 가능함).

IV. 결과 목표 4

안젤라는 삶의 의미를 찾고 앞으로 2~5년까지의 '계획'을 세우며 이런 계획을 달성하기 위해 일을 하고 있다는 것을 느끼고 싶다(측정 가능 또는 측정할 수 없음?).

A. 안젤라는 자신의 가치에 대해 더 이해하고 어떤 목표와 성취가 자신에게 정말로 중요한지 확인해야 한다는 것을 안다.
   1. 상담사와 함께 자신의 삶의 우선순위에 대해 더 잘 알 수 있는 가치 명료화 활동을 한다(측정 가능 또는 측정할 수 없음?).
   2. 삶의 우선순위와 가장 일치하는지 아닌지를 알아보기 위해 자신이 현재 하는 활동과 우선순위를 살펴보기 시작한다(측정 가능 또는 측정할 수 없음?).
   3. 상담사와 함께 가족 배경이 자신의 상황과 어떻게 연결되어 있는지 생각해본다(가족이 현재 상황에 놓여 있다면 얼마나 좋게 또는 좋지 않게 기능할 것인지)(측정 가능 또는 측정할 수 없음?).
   4. 상담사와 함께 어떤 '가족 해결책'을 현재 자신의 상황에 처방할 수 있을지 생각해본다(측정 가능 또는 측정할 수 없음?).
   5. 상담사와 함께 자신의 현재 세계관과 가족으로부터 어렸을 때 배워 온 세계관 사이에 어떤 가치관 충돌이 있는지 살펴본다(측정 가능 또는 측정할 수 없음?).
   6. 상담사와 함께 자신이 발견한 가치관 충돌을 해결하고자 시도한다(측정 가능 또는 측정할 수 없음?).
B. 안젤라는 자신의 전남편에게서 더 독립적이 되고 싶다.
   1. 우울하다고 느끼는 시간 동안 아이를 책임지는 것에 대해 더 계획을 세운다(측정 가능 또는 측정할 수 없음?).
   2. 아이와 아이 아빠와의 관계를 잠재적인 위협 요인이라기보다는 자신의 삶의 긍정적 요인으로 바라보려고 노력한다(측정 가능 또는 측정할 수 없음?).

이러한 결과 목표들이 세워지는 과정을 주목해보자. 먼저, 이 목표들은 내담자의 구체적이거나 일반적인 고민과 직접 연결되어 있는 전반적인 목표(로마 숫자로 표시한 것들)로 시작한다. 그리고 나서 구체적이고 관찰 가능한 목표(하위 목표-알파벳 대문자로 표시한 것들)를 세운다. 이것들은 안젤라가 각각의 전반적 목표를 성취하는 데 성공한다면 나타나야 하는 것들이다. 마지막으로, 구체적 목표들(숫자로 표시한 것들)을 세운다. 이는 안젤라가 각각의 하위 목표를 성취하기 위해 따라야 하는 것들이다. 이런 방법으로, 목표 설정은 (현재 문제와 관련된) 일반적 목표에서 구체적 목표 그러고 나서 구체적 과제들로 진행해 나간다.

요약

목표 설정은 사람들이 변화해나가는 데 있어서 매우 중요한 역할을 한다. 그러나 상담사를 포함한 많은 사람들이 자신의 목표를 설정하거나 다른 사람들 돕기 위해 목표를 세우는 데 익숙하지 않다. 이 장에서는 상담 과정에서 진행되는 두 가지 종류의 목표에 대해 살펴보았다.

과정 목표는 상담사가 매 회기 세우는 것이며, 결과 목표는 궁극적인 상담의 결과를 의미한다. 이 목표들은 상담에서 사용할 개입과도 연관된다. 목표는 내담자로 하여금 변화하고자 하도록 동기화할 수 있고 상담사의 치료 과정에 대해 평가하도록 도와줄 수 있다. 효과적인 목표 설정은 내담자가 성취하기를 원하는 전반적인 변화, 이러한 성취를 얻기 위해 변화되어야 하는 구체적 상황, 즉시적 목표들을 이루기 위해서 내담자가 해야 하는 즉각적 과제 등을 잘 확인하는 것을 포함한다. 목표는 내담자가 처한 문화적 맥락의 가치와 신념 안에서 변화 과정을 잘 생각해 나갈 수 있는지에 영향을 받는다. 문화적 요인은 목표 설정과 결과에 항상 중요한 역할을 한다. 그러나 이러한 요인들이 상담사와 내담자 모두에게 너무 친숙해서(자기만족과 같은 예처럼) 문화적 요인을 확인하지 못하게 만들 수도 있다. 문화를 모든 상담 관계에 영향을 미치는 요소로 보는 상담사는 이러한 문화적 요소를 덜 놓치게 되는 경향이 있다.

실습

I. 측정 가능하거나 측정 가능하지 않은 목표를 분류하기
안젤라의 네 가지 목표를 살펴보고, 목표와 하위 목표들이 측정 가능한지 아닌지 살펴보라. 조원들과 이에 대해 토론해보라.

II. 내담자의 목표 설정하기
마틴은 대학교 내에서 문제 행동으로 인해 의뢰된 것으로 보이는 내담자이다. 마틴은 2학년이고 지난 주말 공공장소에서 만취 행동을 해서 잡혀왔다. 어떤 남자가 마틴의 여자친구를 관심 있게 쳐다보자, 마틴은 술 취한 상태에서 그 사람과 싸웠다. 처음에는 상담받으라는 제안을 거절했지만, 마틴의 상담사 프랭크는 마틴의 행동이 대학생일지라도 수용 가능한 행동이 아니란 점을 이해하도록 도와주었다. 마틴은 자신이 '성급하게' 행동했고 여자친구와의 관계를 포함한 주변 환경을 과하게 통제하고 있다는 점에 동의하게 되었다. 그는 더 편안해지고 싶어서 술을 마시지만 몇 잔 마신 후에는 공격적이 된다고 이야기했다. 술을 마시지 않을 때는 행복한지 물었을 때 마틴은 "정말 그렇지 않아요. 여자친구랑 나는 많이 싸우죠. 여자친구의 여러 부분들이 마음에 들지 않아요. 여자친구는 작년에 사귀었던 남자와 여전히 친구로 지내고 있고 이것은 나를 화나게 해요. 그녀는 나에게 이런 문제를 극복하라고 말하는데 미치겠어요"라고 대답했다. 프랭크는 마틴과 함께 목표 설정 작업을 하면서 앞으로 성장해 가고 변화해 갈 방향을 다음과 같은 작업을 통해 해나갈 수 있다.

A. 마틴의 상황에 자신을 놓아보자. 그림 6.1의 목표 설정 지도를 사용해서 몇 가지 적절하다고 여겨지는 목표를 적어보라.

B. 당신의 목표리스트는 구체적인가 아니면 모호한가? 이러한 목표에 도달한다면 마틴은 어떻게 그것을 알 수 있겠는가? 목표 성취는 마틴의 생각에 어떤 영향을 미치겠는가?

C. 마틴의 상담사로서 어떠한 과정 목표를 설정할 것인가? 이러한 과정 목표들은 마틴의 문제 해결과 어떻게 연결되는가?

Ⅲ. 문화와 목표 설정

제이미 황은 20대 후반이며 대도시에 살고 있는 아시아계 미국인이다. 당신이 알고 있는 친구가 당신에게 의뢰한 내담자이다. 친구는 제이미가 가족(아내와 아이)을 부양하고 강한 의무감을 느낄 만큼의 충분한 월급을 주는 직업을 얻지 못해 어려움을 겪는 것을 보고 도움을 주고 싶었다. 첫 회기에서 제이미는 자신의 상황을 얘기하기를 다소 꺼렸다. 그는 내향적이고 예의 바르지만 신뢰를 하지는 않는 것 같았다. 상담사는 그를 의뢰한 서로 알고 있는 친구에 대해 얘기하도록 했고, 어느 정도 자신의 직업 이력과 기술에 대해 이야기하려고 했다.

A. 제이미의 상담사로서 과정 목표는 어떻게 세울 것인가? 이러한 과정 목표는 제이미의 문화적 배경에 어떻게 영향을 받는가?

B. 자신을 제이미의 상황에 놓아보자. 그림 6.1에 목표를 적어보라. 상담 과정에서 제이미에게 적절한 목표를 생각해보고 하위 목표와 단기적으로 해야 할 일들을 적어보라.

C. 당신의 목표리스트는 구체적인가 아니면 모호한가? 이러한 목표에 도달한다면 제이미는 어떻게 그것을 알 수 있겠는가? 이러한 과정 목표는 제이미가 목표를 달성하도록 어떻게 도울 것인가?

D. 마지막으로 목표리스트를 보고 제이미가 당신과 같은 인종이라고 생각해보자. 목표를 바꿀 것인가? 만약 그렇다면 당신의 목표리스트가 제이미에게 적합하다고 할 수 있는가? 만약 아니라면 문화적으로 적절하게 반영된 목표를 다시 세워보라.

생각해볼 문제

1. 이 장에서 우리는 목표 설정에 있어서 내담자의 저항에 대해 논의했다. 상담사가 내담자와 함께 결과 목표를 작업하는 데 저항하게 되는 이유에 대해 생각해보라.

2. 어떤 방식으로 결과 목표는 상담사가 내담자의 변화를 확인하도록 도와주는가? 상담 목표를 전혀 설정하지 않았을 때 상담 변화 과정을 무엇으로 측정할 수 있는지 설명해보라.

3. 당신이나 친구가 경험한 현재의 문제 상황을 찾아보라. 어떤 종류의 해결 방법을 생각할 수 있는가? 목표 설정은 과정의 한 부분이 될 수 있는가? 목표 설정이 과정의 한 부분이라는 점에 찬성하는가, 반대하는가?

4. '전형적인' 상담 회기와 위기 상황에 놓인 내담자를 상담하는 회기의 차이점을 생각해보라. 위기 상황에서는 목표 설정을 어떻게 다룰 수 있는가?

CHAPTER
07 | 전략 수립과
개입방법 선택하기

이 장의 목적

상담사와 내담자가 협력하여 상담의 목표를 수립하면, 다음 단계는 내담자의 상담 목표에 맞는 치료 계획을 수립하는 것이다. 이 과정에는 전략을 제공할 뿐만 아니라 현재 당면한 치료의 맥락적 요소들을 드러나게 할 수 있는 사례 전략(*치료 계획*이라고도 함)을 인식하고 이 전략이 도움이 되는 상담 개입을 확인하는 것을 포함한다. 이는 상담사와 내담자 간의 세 번째 갈래, 즉 내담자가 동의한 목표를 달성하는 데 도움이 되는 과업 또는 접근방식에서의 합의를 말한다.

이 장의 고려사항

- 계획은 모든 복잡한 활동의 주요 부분이다. 당신은 계획자로서 무엇을 좋아하는가?
- 계획 없이 복잡한 활동에 참여하게 되면 무엇을 하는가?
- 친구나 동료들과 새로운 관계를 형성할 때 주로 초점을 맞추고 있는 것이 무엇인가? 그들은 무슨 말을 하는가? 그들은 무엇을 생각하는가? 그들은 어떤 활동을 하고 있는가? 또는 특정 사회적 환경에서는 그들이 누구처럼 보이는가?
- 당신이 가장 많이 아는 사람들이 당신과 비슷한가, 아니면 매우 다른가?
- 이 질문들이 상담사로서의 당신과 어떻게 관련이 되는가?

지금까지 상담사와 내담자가 만나는 과정, 치료적인 관계가 형성되기 시작하는 과정, 그리고 문제를 발생시킨 변수들에 대한 평가의 과정에 대해서 설명했다. 이것으로부터 상담 관계에서 성취되어야 할 목표들이 드러난다. 이 장에서는 상담 계획 수립에 도움이 되는 사례개념화 과정을 검토할 것이다. 즉 문제를 파악하고 목표를 설정한다고 해서 반드시 상담사가 취할 접근법을 알 수 있는 것은 아니다. 오히려 상담사는 문제가 원래 어떻게 발생했는지, 그리고 문제가 어떻게 유지될 수 있는지에 대한 다양한 시각을 고려한다. 이 관점은 개념 렌즈로서 전략의 방향을 제시한다. 이 전략은 상담사가 고려해야 할 개입 조건들을 제공한다.

사례개념화의 모델 대부분은 세 가지 구성요소를 포함한다 — (1) 이 계획은 내담자의 다양한 영역에서의 정보를 몇 가지의 분류로 구성하고, (2) 산출물은 내담자의 명확한 이해를 포함하며, (3) 진단 과정과 치료 계획을 용이하게 한다(Seligman, 2004, p. 280).

이러한 각 구성요소는 이론에 대한 상담사의 이해, 내담자와 상담사 모두의 세계관, 상호 동의한 치료적 목표, 현재 문제의 진단, 시간적 지향(과거 지향, 현재 지향), 적절한 치료전략 및 개입의 확인, 그리고 내담자의 특징까지 포함되며, 이들은 치료적 과정에 기여할 수도 있지만 방해할 수도 있으므로 신중해야 하는 과정이다. 따라서 사례개념화는 상담사가 내담자와 함께 작업하기 위해 사용해야 하는 사고의 과정이라고 할 수 있다.

사례개념화의 기술

이론적 기초

상담사는 일반적으로 정서적, 행동적, 인지적 또는 체계적으로 분류될 수 있는 이론적 방향에서 상담을 한다. 이러한 방향은 그 자체가 이론은 아니지만, 대부분의 상담 이론은 이러한 방향 중 한 가지에 주로 초점을 맞춘다. 우리의 목적을 위해, 여러분은 이러한 다양한 방향을 이론적인 바탕으로 생각하면 충분하다.

세계관

우리가 어떻게 인생 경험을 바라보고, 또 어떻게 해석하는지에 따라 문제를 이해하게 되고 정의하게 되기 때문에 세계관은 매우 중요하다. 상담이 진행되고, 경험되는 데 세계관이 영향을 미치는 것은 내담자뿐만 아니라 상담사도 포함한다.

날카로운 진단

사례개념화에는 정신병리학의 식별 또는 배제 기준이 포함되어야 한다.

치료 목표

해결책은 상담의 정의에 분명히 포함된다. 해결책, 또는 목표는 문제 수준의 측면에서 현실적이고 적절해야 한다. 그리고 내담자와 상담사 모두에게 받아들여져야 한다.

시간적 지향

상담사는 문제의 시간 영역, 얼마나 오래도록 지속되고 있는지, 변화를 위해서는 얼마만큼의 시간이 필요한지, 그리고 내담자가 위기 상황에 있는지 여부를 평가할 수 있어야만 한다.

치료 개입

상담가가 선택한 개입은 내담자가 제시한 문제와 비슷한 문제에서 효과가 입증된 것이어야 하며, 전반적 전략들과 일관되어야 한다. 상담사는 선택된 개입의 효과성을 평가하고 필요하면 치료 계획(전략)을 변경할 수 있어야 한다.

내담자 성격과 사회적 배경
내담자의 배경, 대인관계 경험, 그리고 현재 생활 상황

은 상담 과정을 촉진할 수도 있지만 쉽사리 어렵게 만들 수도 있다. 상담사는 내담자가 상담에 참여할 때의 자원과 어려움을 평가할 수 있어야 한다. 여기에, 충동조절이 어렵거나 불안감이 있는 경우처럼 내담자의 개인 특성 또한 사례개념화에 포함되어야 한다.

이론과 사례개념화

상담 이론은 (a) 사람들이 생산적이거나 또는 비생산적인 방식으로 삶을 사는 이유와 (b) 사람들이 변화가 필요할 때 어떻게 자신의 삶을 바꿀 수 있는지에 대한 설명을 제공한다. 이론은 상담사가 상담 과정에서 전경 또는 배경으로 사용할 수 있다. 전경으로 사용할 때 상담사는 내담자의 행동 패턴을 이해하고 설명하는 지침으로 특정 이론을 선택해서 이 행동 패턴이 변화될 수 있는 방법까지 그려볼 수 있다. 이론을 배경으로 활용할 때 상담사는 인지적 일관성에 초점을 맞춰서 사례에 대한 상담의 지침으로서 사용할 수 있을 것이다—즉 내담자의 당면한 주제에 대해 상담사가 이해한 바를 '의미가 통하게' 설명해주는 이론에 의지하게 된다. 어느 쪽이든 간에 상담사는 내담자 개인의 세계를 개념화하기 위한 구성요소 중 하나로 이론을 사용한다. 제1장에서 전문적 상담을 대표하는 이론들에 대해 논의했다. 이 이론들이 다수이긴 하지만, 각 이론별로 한정적인 철학적 관점, 성격 발달 패턴, 변화 과정, 그리고 관계적 측면의 대안 등을 보여준다.

모든 인간은 다섯 가지 힘—감정, 사고, 행동, 대인관계, 그리고 실존 영역, 존재 자체의 경이감과 같은 느낌의 영적이거나 실존적 영역의 어떤 것—을 받아들일 수 있다고 설명하고 있으며 대부분의 경우 이러한 설명은 적절한 것 같다. 각 개인을 이해할 필요가 있을 때는 다른 영역을 이용하기도 하지만 주로 한 가지 영역이 더 잘 드러나는 경향이 있다. 따라서 한 사람은 감정을 존재의 핵심으로 본다. 그러나 다른 사람은 말하는 것보다 자신이 한 것이 무엇인지가 중요하다고 믿는다. 또 다른 사람은 자신의 경험에서 만들어낸 의미가 가장 중요하다고 믿는 반면, 어떤 이는 다른 사람과 그리고 자연과 교감하는 것이 가장 중요하다고 바라보며, 또 다른 이는 영혼과 삶의 목적이 의미의 원천이라고 본다. 자신에게 맞는 이론을 찾는 것은 부분적으로 이론적 선택의 맥락에서 자신을 성찰하면서 결정된다. 또한 상담사의 전문적 훈련 과정과 선택한 모델의 지향에 따라 결정되기도 한다. 이전에 언급했듯이, 우리가 논의하는 개입의 일부는 특정 이론에서만 확인될 수도 있지만, 이 책에서는 가능한 한 큰 그림을 그리려고 시도하여 독자들이 아직 이론을 선택하지 않았을지라도 다양한 개입을 연습할 수 있도록 하고

자 한다.

세계관 및 사례개념화

상담사의 이론적 지향은 자신의 세계관의 영향을 받는다. 제1장에서 세계관은 자기, 타인, 환경, 그리고 대인관계에 대해 갖는 통합적 개념임을 살펴보았다. 한 개인이 갖는 타인에 대한 견해는 문화적으로 매우 광범위한 차이가 나타난다. 다문화 전문가들이 지속적으로 강조했듯이, 모든 상담은 본질적으로 다문화적이다. 인종, 민족, 종교, 사회적 계급, 성별, 성적 취향, 그리고 육체적 능력과 같은 요소가 인간의 경험에 미친 많은 영향들을 생각해보면 이는 명백한 듯하다.

이 다문화적인 관점은 특정 문화에 대한 관심으로 접근할 수 있다. 이를 통해 상담사는 내담자의 특별한 문화적 상태에 대해 인식하고 반응할 수 있다. 또는 문화 간에 유사성을 강조하는 일반 문화 관점에서 접근할 수도 있다. 상담 분야에서 어느 쪽 접근이 더 나은지에 대해서는 아직 논의 중에 있다. 어떤 연구자들은 특정 문화적 접근이 내담자의 개인적 성격과 보편적 인간성을 무시하게 될 수 있음을 우려하지만, 한편으로는 특정 문화적 접근만이 내담자의 본성과 성격을 충분히 드러낼 수 있다고도 주장된다.

이 책에서는 특정 문화 접근이나 일반 문화 접근 중 한 가지를 선택하는 것이 훨씬 쉬울 수도 있지만, 두 가지를 모두 고려하는 접근방식을 선호한다. 정신과 의사들은 상담사의 세계관을 변화시킬 수 있는, 그리고 적어도 역사적으로는 의미 있는, 인종 간에 풍토병이 다르게 나타난다는 다량의 권위 있는 자료들(예 : McGoldrick, Giordano, & Garcia-Preto, 2005)을 작성해 왔다. 그러나 상담사는 개인 내담자와 그의 세계관에 대한 가정을 하지는 말아야 한다. 개인과 문화적 그룹은 진화한다. 그러므로 세계관도 변한다.

그러면 여기서 평가, 목표 설정, 그리고 전략/개입 선택의 일환으로, 문화적으로 확연하다고 밝혀진 세 가지 직접적인 주제들을 살펴보자. 첫 번째는 개인주의적 태도 대 가족이나 공동체 중심의 태도로 묘사된다. 부모님과 함께 살고 있는 30대 젊은 성인을 볼 때 우리의 세계관이 드러나게 된다.

다른 문화권의 내담자와 상담을 할 때, 내담자의 정체성(identity emphasis)이 개인주의 문화와 가족/공동체 문화 안에서 어느 쪽을 강조하는지를 확인하는 것이 중요하다.

앞에서 언급한 청년의 경우, 부모와 함께 사는 것은 재정적 편의를 고려한 결과일 수 있으며, 좌절감과 당혹감을 유발할 수 있다(전형적인 서양 개인주의 관점을 나타냄). 다른 한편으로는 그가 소중하게 여기는 가족 가치의 결과일 수 있다. 부모와 함께 산다는 그 자체만으로 우리에게 많은 것을 말해주지는 않는다.

두 번째로, 인종집단에 따라 개인의 정서적 삶에 대해 기꺼이 공유하려는 정도와 음성적 표현의 정도가 다르다는 것이 밝혀졌다. 물론 모든 문화권에는 내향적인 사람과 외향적인 사람이 포함되어 있다. 그러나 미국과 같이 상담 친화적 환경에서조차 많은 사람들이 자신의 감정을 공유하는 데 큰 어려움을 느낀다. 그러므로 한 상담사의 사례들 간에서의 차이들은 개인적 특성일 수도 있지만 문화적일 수도 있다.

다른 문화권의 내담자와 상담을 할 때, 정서적으로 표현하고 노출되는 것에 대한 내담자의 음성적 표현 지향성과 문화적 가치를 나누는 것이 중요하다.

마지막으로, 많은 심리치료에서 상담의 목표를 정할 때 내담자의 통찰에 크게 의지한다. 이것 역시 분명히 문화에 의해 영향을 받는 것일 수 있다. 예를 들어 Sue와 Sue(2008)는 분노, 좌절, 우울과 같은 감정을 조절하기 위한 동양의 전통적 조언인 '생각하지 말고 계속 바쁘게 움직여라'라는 글이 통찰을 막을 수 있다고 보았다.

다른 문화권의 내담자와 상담을 할 때, 외부 문제에 대한 조치를 취하는 것과는 대조적으로 내적 성찰과 통찰력에 대한 내담자의 지향을 나누는 것이 중요하다.

당면 문제의 개념화

당면 문제의 개념화는 주로 평가 과정에서 이루어지지만, 성공적인 전략과 개입은 내담자가 당면한 문제의 개념화와 관련이 있기 때문에 여기서 다시 다루고자 한다. 선택된 개입방법이 문제의 구성요소와 맞아떨어질 때 최상의 결과를 얻을 수 있다. 따라서, 내담자가 드러내는 문제가 주로 정서나 감정과 관련이 있는 것 같이 보일 경우, 개입은 정서적 불만을 표적으로 삼아야 한다. 마찬가지로, 내담자가 자신의 사고 과정을 사용하여 자신의 상담을 방해하려는 것으로 보이면, 상담사는 인지적 요소를 드러내는 개입을 선택해야만 한다. 그러나 대부분의 내담자 문제는 다차원적이다. ('나는 좋지 않다'라고 끊임없이 자신에게 말하는 것과 같이) 부정적 자기대화 문제라고 단순히 인지적인 문제만은 아니다. ('내 자신이 싫다'와 같은) 정서적 측면, ('차라리 집에 있으면서 TV나 엄청 보는 거나 할래'와 같이) 행동적 측면, 그리고 ('밖에 나갔을 때, 사람들과 마주치는 것을 피한다. 왜냐하면 그들은 내가 이상하니까 이상하게 행동하고, 그래서 다른 사람들이 그에 따라서 내가 이상하다는 것을 발견하게 될거니까'와 같이) 체계적 또는 상호작용 면까지 포함한다.

게다가, 문제가 어느 면을 가지고 있는지를 언뜻 보고 결정하기는 쉽지 않다. 많은 감정을 드러내는 내담자라고 반드시 정서적 개입의 대상이 되는 것은 아니다. 이와 같은 내담자에게 감정은 마지막에 다뤄도 된다는 주장도 있는데, 이는 내담자가 감정에 접근하기 쉽기 때문이다. 탐색해보면, 어쩌면 인지적, 체계적, 또는 행동적 개입들이 내담자의 목표를 성취하는 데 훨씬 더 효과적일 수 있다.

상담의 또 다른 중요한 역동은 비록 문제가 다차원적인 경향이 있지만, 상담을 성공적으로 해내기 위해서 상담사가 모든 측면을 다 다룰 필요는 없다는 것이다. 종종 인지적 측면이 변화되면, 여러 사회적 결과를 가져와 결국 내담자의 상호작용 측면 또한 변화된다("스스로 나의 문제에 대해 좀 더 온화하게 생각할 수 있다면, 걱정도 덜할 수 있고, 덜 부끄러워하며 행동할 수 있다는 것을 발견할 수 있을 거야"). 이러한 생태학적 상호연관성은 문제가 내담자에 의해서 어떻게 경험되는지와 관계없이 긍정적인 변화를 일으킬 수 있음을 시사한다. 그러나 (내담자가 문화적으로 한쪽을 더 지향하고 있는데, 상담사가 다른 측면의 개입을 사용한다거나) 내담자가 정서적인 문제를 경험하고 있을 때 상담사가 행동적 개입을 선택한다면 덜 효과적일 수 있다. 그림 7.1은 서로 다른 관점에서 문제를 어떻게 바라볼 수 있는지 보여준다. 이러한 여러 가지 관점에서 문제에 대한 다양한 정보를 얻을 수 있지만 문제의 더 큰 맥락은 동일하다.

상담 개입에서 다양한 선택이 있을 수 있다면, 상담사는 어떻게 전략을 세울 수 있을까? 모든 길은 로마로 통할까? 이론적 편향을 넘어서, 이 방향을 선택할지 저 방향을 선택할지를 결정하려 할 때 일반적 가이드라인은 다음과 같다. 내담자의 문화적 경험과 그의 문제 이해(상담사가 도와서 궁극적으로 이해하게 된 문제까지 포함된다)와 관련해서 전략의 선택이 적절했다면 그는 좀 더 수용적이 될 것이다. 내담자의 문제에 대한 이해와 상담사의 상담전략 간 불일치는 내담자로 하여금 상담사가 자신을 제대로 이해하고 있지 못한다고 생각하게 만든다. 그러나 상담사의 개입이 오직 한 영역에서만 이루어지는 것은 아니다. 상담이 진행되고 문제의 여러 측면이 내담자에게 분명해짐에 따라, 상담에서 다른 차원들도 다루기 시작할 수 있다. 예를 들어 정서적 반응은 종종 내담자의 자기대화에 의해 강화된다. 정서적인 전략은 내담자의 정서적 반응에 초점을 맞추지만, 부정적 자기대화를 다루는 인지적 개입을 포함할 수 있다. 이

1. 문제는 내담자가 어떻게 느끼게 하는가? 감정이 문제를 바꾸려는 노력에 어떤 영향을 주는가? 감정이 어떻게 문제를 유지하게 하는가? 어떤 다른 감정들이 문제를 변화시킬 수 있는가? 문제와 관련된 감정에 대한 내담자의 문화적 관점은 무엇인가?	2. 문제가 '역할을 할 때' 내담자가 하는 것은 무엇인가? 이러한 행동은 어떻게 문제를 보조하거나 유지하는가? 어떤 행동을 바꿔 문제의 영향을 줄일 수 있는가? 느낌에 반하는 그녀의 문화적 지향은 무엇인가?

내담자의 당면 문제

당신의 내담자는 전문대학 2학기 학생이다. 그녀는 가족 중에서 처음으로 대학에 진학했다. 그녀는 우울로 상담을 받은 경험이 있었고, 이전 상담사는 그녀가 학교에 입학할 수 있도록 도왔다. 한동안 상황이 괜찮았다. 그런데 최근 그녀는 절망적으로 느끼기 시작했고 자퇴를 고려한다. 그녀는 자신이 무엇을 할 수 있는지 모르고 있다. 게다가 남자친구는 그녀가 자퇴하고 자신과 결혼하기를 원한다.

3. 내담자는 어떤 말을 스스로에게 하고 있는가? 그 말이 어떻게 문제의 일부가 되고 있는가? 자기대화에 어떤 문화적 의미가 들어 있는가? 그녀의 문화적 가치가 자신이 만든 자기대화에서 어떤 역할을 하고 있는가? 그리고 대체할 만한 자기대화에는 무엇이 있겠는가?	4. 내담자가 다른 학생들과 맺는 관계는 어떠한가? 남자친구와의 관계는 어떠한가? 선생님들은 이 그림에 어울리는가? 그녀가 학교에 다니는 동안 그녀의 가족은 어떻게 기능했는가? 어떤 면에서 대인관계가 문제를 심각하게 하는가? 그녀가 결혼하도록 영향을 미치는 문화적 기대는 무엇인가?

그림 7.1 내담자의 문제에 접근하는 다양한 방식

예에서, 작업의 기본은 정서적 영역이다. 다른 상담 사례에서 고객의 문제 경험이 행동(예 : 과음)이라면, 상담 계획이 행동 기반이어야 한다. 행동적 중재에는 행동적 구성요소에서의 인지적, 정서적 그리고 체계적/상호작용적 영역들이 적절하게 포함될 수 있다.

때때로 내담자가 말로 표현하는 문제로 인해 문제를 잘 이해하는 데 실패하게 되기도 한다. 따라서 상담사는 전문성을 가지고 성공할 만한 전략을 선택해야 한다. 이런 일이 발생하면 특정 전략을 선택하는 근거를 재검토해야 한다. 예를 들어 한 여성이 자기개념이 약해서 일어나는 문제를 제시했을 때, 상담전략은 그녀의 인지적 자아를 다루는 것이 될 수 있다. 그러나 그녀가 유능해지고, 유능하다고 느끼기 시작하면서 이 새로운 자아가 결혼생활에서의 위기를 초래할 수도 있으며, 이로 인해 최근에 얻은 것들로부터 멀어질 수 있다. 이는 그녀가 덜 자신만만하길 바라고, 그래야 관계에서 우위를 차지할 수 있는 남편의 기대 때문일 수 있다. 이 상황에서 문제는 인지적 그리고/또는 정서적 주제로 경험되어 왔을 것이다. 그러나 그 밑에 깔려 있는 근본적인 주제는 체계적/관계적 문제일 수 있다.

진단 및 사례개념화

당신이 학교처럼 정신건강 시스템 구조 외부의 기관에서 근무할지라도, 정신병리문제를 지닌 내담자를 만날 수 있다. 현실은 학교, 지역사회, 그리고 가족에서 스트레스와 폭력이 증가함에 따라 이 빈도가 늘어나는 것으로 나타난다. 따라서 상담의 초기에 내담자의 정신병리를 확인하거나 배제할 수 있어야 한다(Nelson, 2002). 진단을 받은 내담자를 치료하는 것이 당신의 전문적인 역할인지 여부와 관계없이, 모든 상담사는 정신병리학을 알고 있어서, 병리가 보일 때 적절한 치료 계획에 도달할 수 있거나, 다른 임상가에게 적절하게 의뢰할 수 있어야 한다. 진단의 표준 출처는 정신질환의 진단 및 통계 편람, 제5판(DSM-5, APA, 2013)이다.

진단에 따라 상담사는 정신과 전문의와 협력하여 일하거나 다른 정신건강 전문가와 협의하여 상담할 수 있다. 다른 상담사가 참여하게 될 경우에는 진단에 대한 논의뿐만 아니라 치료 계획까지 상의하는 것이 좋다. 특정 진단에 대한 대체 접근법을 확인하면 상담이 더욱 효율적으로 이루어질 수 있다. 게다가, 다양한 전략들이 논의될 때, 치료팀의 각 구성원들이 특정 개입에 집중할 수 있기 때문에, 팀의 다른 구성원의 업무에 '부딪히지 않고' 진정으로 협력할 수 있다. 이는 예를 들어 내담자가 개인상담과 집단상담을 동시에 받고 있을 때 특히 유용하다. 이러한 양식들은 각각 제공할 수 있는 특정한 개입이 다르므로 내담자가 얻을 수 있는 혜택이 늘어나게 된다.

시간에 대한 지향과 사례개념화

시간은 작업동맹에서 특히 중요한 부분이다. 여기에는 각 회기에 소요되는 시간, 상담 과정에 소요되는 시간, 내담자가 문제를 얼마나 오랫동안 경험해 왔는지, 그리고 문제를 온전히 확인하는 데 필요한 시간 등이 포함된다. 내담자가 위기 상황에서 상담을 찾아오면, 시간이 문제의 중요한 부분에 포함된다. 시간 또한 문화적 영역이 있다. 일부 문화에서는 시간을 친구처럼 여긴다. 또 다른 문화에서는 시간을 통제해야 할 요소로 바라본다.

상담의 목표를 고려할 때도 시간이 꼭 포함되어야 한다. 일부 목표는 단기적인 반면, 다른 목표는 평생의 의미를 가질 수도 있다. 모호함과 과정에 대한 내담자의 허용 정도는 내담자의 시간에 대한 관점을 직접적으로 반영한다. 일반적으로 내담자가 목표를 선택할 때 선택 또는 변화를 하거나, 또는 이 둘(선택과 변화)의 결합인 목표를 선택하게 된다. 선택을 하려는 내담자는 대체로 특정 종류의 행동을 할 수 있는 기회나 필요한 기술이 있다. 다만 자기 스스로 그렇게 하려고 하지 않고 있을 뿐이다. 변하고자 하는 내담자는 변화를 성취하기 위해 필요로 하는 기술, 기회, 또는 행동들이 결핍되어 있을 수 있다. 그러므로, 선택 목표와 변화 목표 사이의 근본적인 대안은 변화가 선택보다 더 많은 시간을 요구하기 때문에 시간 파급 효과(time ramifications)가 있다.

상담을 시작하는 대부분의 내담자 마음속에는 이 상담이 얼마나 걸릴까 하는 질문이 일어날 것이다. 자신의 문제를 해결하기 위해 합리적인 시간은 얼마나 될까? '좋은' 상담사는 그 과정을 좀 더 빠르게 할 수 있을 것인가? 좋은 감정이 돌아올 때까지 얼마나 오래 기다려야 하는가?(또는 나쁜 감정이 흐려질 때까지 얼마나 오래 기다려야 하는가?) 상담이 나에게 적합한 해결책이 아니라고 결정하기까지 얼마나 기다려야 하는가? 이와 같은 질문을 직접 말로 하는 경우는 없지만 대부분의 내담자들이 생각하고 있는 질문이다.

상담사도 시간과 관련된 주제에 대해 생각해야 한다 ― 라포를 형성하는 데 얼마만큼의 시간을 들여야 하는가? 또 평가를 할 때는 시간을 얼마나 들여야 하는가? 목표 설정의 과정에는? 내담자는 상담을 얼마나 오래 할 것인가? 내가 선택한 개입이 효율적인가? 문제에 대한 나의 이해가 가장 효과적으로 이루어졌는가? 진행 경과에 대한 증거를 보기 전에 얼마나 기다리는 것이 합리적인가? 대부분의 상담시간은 얼마나 걸리는가? 이들은 중요한 질문들이다. 이들은 상담사의 이론적 토대, 모호함에 대한 관용, 상담 과정에 대한 신념, 개입에 대한 이해 및 내담자의 차이에 대한 이해를 반영한다.

목표 및 치료 계획

이미 언급했듯이, 목표는 상담사가 전략과 개입을 선택하는 것과 직접적으로 관련이 있다. 목표는 세 가지, 즉 즉시적, 중간, 그리고 장기로 분류될 수 있다(Cormier & Hackney, 2012). 일반적으로 이러한 목표의 조합이 치료 계획에 반영된다. 물론 예외가 있다. 위기 상황의 내담자와 함께 작업할 때는 대부분의 목표는 단기간이어야 하고, 위기 조정에 주력해야 된다. 상담사와 내담자 간의 논의에 의해 목표가 정해지면 치료 계획이 수립된다.

치료 계획은 오래도록 상담 과정의 일부에 포함되어 왔다. 그러나 최근에 정신건강보험의 제3자 환불제(third-party reimbursement)가 많은 정신건강 실무자에게 주요 관심사가 되었기 때문에 치료 계획은 사례개념화의 필수 단계가 되었다. 비록 제3자 환불제를 필요로 하지 않는 상담사에게는 이것이 필요하지 않을 수도 있지만, 그럼에도 불구하고 치료 계획을 준비하는 것은 상담 실제에 매우 도움이 된다.

치료 계획에는 네 가지 유형의 정보가 포함된다 — 문제 또는 진단을 해결하기 위해 수립된 목표, 내담자가 목표를 이루기 위해 고안된 몇 가지 개입(각각에 대한 이론적 근거 포함), 성공을 달성하기 위해 합리적으로 취할 것으로 예상되는 시간(또는 회기 수), 일반적으로 치료 방식이라고 하는 개입을 제공하는 데 사용되는 형식 또는 환경. 이것은 매우 간단하게 보일 수 있지만, 특정 개입들이 최적이 될 수도 있지만 어려움이 되게도 만드는 내담자의 특성, 상담사의 기술, 지식, 그리고 자원, 상담 중 내담자의 지원 체계, 마지막으로 특정 치료에 대한 타 치료와의 비교를 한 연구 증거 등 많은 다른 변수들이 치료 계획을 성공적으로 구성하는 데 고려된다. 부록 B에 치료 계획을 위한 템플릿을 제공했다. 그러나 포괄적인 방식의 치료 계획을 다루는 것은 이 책의 자료 범위를 넘어선다. 그래서 이 중요한 주제에 대한 포괄적인 논의를 위한 다른 자료를 안내한다(예 : Cormier, Nurius, & Osborn, 2013, Seligman & Reichenberg , 2014).

전략 선택

상담사는 내담자의 기대와 선호를 반영한 전략을 선택하는 것뿐만 아니라 내담자가 사용할 수 있는 자원과 특성들을 고려해야 한다. 예를 들어 내담자는 상담실 밖에서 특정 개입을 수행하기에 충분한 자기통제능력을 가지고 있는가? 내담자는 다른 사람의 지원이 충분히 주어지는 환경에서 생활하거나 일하고 있는가, 아니면 전혀 없는 환경에서 생활하거나 살고 있는가? 개입에서 내담자에게 무언가를 하도록 해야 하는가(예 : 심상화와 같은), 더불어 내담자는 이를 수행할 수 있는가? 내담자의 경험이나 세계관을 벗어난 특정 유형의 개입이 있는가? 개입이 발달에 적합한가? 또는 연령에 적절한가?

또한 전략을 제안할 때 내담자가 이전에 자신의 문제를 해결하기 위해 했던 시도들을 고려해야 한다. 문제를 다룰 때, 내담자들은 종종 부적절하거나 도움이 되지 않는 해결책에 도달하곤 한다. 이런 상황이 발생하면, 너무 일반적인 상황이 벌어진다. 해결책들이 문제의 일부가 되는 것이다. 이는 자신의 세상에 너무 많은 압력들이 들어 있어 이완을 무척 어려워하는 사람의 예에서 살펴볼 수 있다. 일상과 압력들로부터 벗어날 필요를 느낀 내담자는 취미, 여행 그리고 독서를 포함한 몇 가지 행동을 시작한다. 곧, 내담자는 이러한 전환이 원래의 문제와 동일한 성격을 띤다는 것을 알게 된다. 취미는 강박적인 활동이 되고, 여행은 특별한 계획을 필요로 하며, 독서는 지난달의 기록보다 많은 도서를 흡수하려는 탐색이 된다. 다시 말하자면, 해결책은 단지 더 많은 압력을 추가할 뿐이다. 결과적으로 문제는 해결책에 의해 악화된다. 그러면 상담사의 전략은 이 역동을 낮추고, 더 이상 무언가를 추가하지 않는 개입을 포함해야 한다.

상담사가 가능한 한 많이 내담자의 세계를 이해하는 것이 매우 중요하다. 또한 내담자가 그 세상에서 경험하고 있는 좌절된 요구를 이해하는 것이 중요하다. 마지막으로, 내담자가 해결책을 찾기 위해 무엇을 생각해보고 해보았는지 이해하는 것이 결정적이다. 이 과정에서 수집한 통찰을 바탕으로 개입 선택에 이를 수 있는 전략을 구성할 수 있다.

상담 개입의 분류

상담 개입 시 문제가 드러나는 주요 분류로는 정서 중심 문제, 인지 중심 문제, 행동 중심 문제, 그리고 상호작용적/체계론적인 문제로 나누어볼 수 있다. 일부 개입은 하나 이상의 영역과 관련이 있다. 그러나 여전히 대부분은 네 가지 분류 중 하나를 주로 사용한다.

정서적 개입(제8장)은 주로 감정(feeling)과 정서(emotion)를 끌어내고 이에 반응한다. 또한 정서적인 상태는 종종 근육과 신체 에너지가 드러나는 것이 포함되기 때문에 문제의 신체적 구성요소에 초점을 둔 신체 인식 활동이 포함될 수 있다.

인지적 개입(제9장)은 자신과 타인에 대한 생각, 신념, 그리고 태도를 다룬다. 이 개입은 내담자가 상황, 사람, 공포, 상사, 배우자 등에 대해 다르게 생각하도록 돕기 위한 것이다.

행동적 개입(제10장)은 내담자가 새로운 행동 또는 기술을 개발하고/하거나 비생산적인 기존의 행동들을 통제하거나 제거하는 데 도움이 된다. 이는 습관, 반복되는 일상, 또는 다른 사람과의 상호작용 패턴을 수정하는 데 사용될 수도 있다.

상호작용/체계론적 개입(제11장)은 다른 사람과의 관계 패턴을 다룬다. 출처는 상호작용 패턴이 확립된 내담자의 가족, 직장, 이웃, 교회 또는 기타 사회적 환경일 수 있다. 특히 패턴이 경직되어 있고, 개개인의 발달을 방해하는 것으로 보이는 경우의 패턴을 확인하게 된다.

표 7.1은 상담사가 이러한 작업을 하기 위해 사용할 수 있는 상담 개입들이다. 앞서 언급된 네 가지 지향으로 분류했으며, 내담자의 모습이 예시로 들어 있어 개입들을 사용할 수 있다. 이 분류 체계는 Hutchins(1982)의 사고-감정-행동[T-F-A(thought-feeling-action)] 모델과 L'Abate(1981)의 감성-합리성-활동[E-R-A(emotionality-rationality-activity)] 모델과 같은 이전의 특정 분류체계를 기반으로 한다.

제5장에서 내담자 문제는 일반적으로 다차원(감정, 사고, 행동, 그리고 다른 사람과의 상호작용 포함)이라는 것을 상기하라. 이와 같은 영역에서 상담 개입을 분류하는 의도는 선택된 개

표 7.1   상담 개입과 관련된 내담자 모습[a]

정서적	인지적	행동적	체계론적
인간중심 상담, 게슈탈트 치료, 신체 자각 치료, 정신 역동치료, 경험적 치료	합리-정서 치료, 인지치료, 현실치료, Adler식 치료	Skinner의 작동 조건화, Wolpe의 역조건화, Bandura의 사회적 학습, 변증법적 행동치료	구조적 가족치료, 전략적 가족치료, 세대 간 체계치료, 여성주의 상담
중재 공감 반응, 긍정적 존중, 인식 기술, 빈 의자, 심상화, 생물에너지학(bioenergetics), 바이오피드백(생리적 기능에 대한 자율적 반응에 대한 정보를 다시 알려주어 그 상태를 임의적으로 바꾸려고 하는 것), 자유연상, 전이 분석, 초점화 기술	*중재* A-B-C-D-E 분석, 과제 배정, 독서치료, 미디어 테이프, 브레인스토밍, 대안 구성하기, 재구성, 스크립트 분석, 문제 정의, 문제 처방하기(역설)	*중재* 지시적 심상화, 역할극, 자기 점검, 생리학적 기록, 행동계약, 자기주장 훈련, 사회적 기술 훈련, 체계적 둔감화, 조건부 계약, 행동 계획, 탈조건화	*중재* 삼각관계 측정, 동맹과 연합, 역할 재구성, 상호작용체계를 명확히 하기, 문제 처방하기(역설), 순서 변경하기, 가계도 분석, 코칭, 경계를 정의하기, 삼각 측량 패턴을 바꾸기
모습 느낌을 이해하는 것이 어려움, 느낌에 대한 혼란, 감정에 대한 두려움, 느낌을 차단, 몹시 방어적임	*모습* (옳고 그름에 대한) 생각의 양분화, 비합리적 사고, 사건에 대한 충동 또는 제한된 설명	*모습* 주요 영역에서의 기술의 부족, 주요 영역에서의 경험 부족, 행동 계획에 따라 수행하는 데 제한적 기능	*모습* 얽매인 또는 분리된 관계, 관계에서 경계와 규칙이 엄격함, 기능적이지 못한 관계 패턴

a   이 치료법 목록에는 다중치료 및 실존치료와 같이 일반적으로 분류를 넘나드는 치료법은 포함되지 않는다. 또한 모든 치료법은 어느 정도 분류를 넘나든다.

전략과 개입 선택을 보여주는 사례 : 안젤라

상담사는 안젤라와 접수 면접을 하며 얻은 정보를 바탕으로 네 가지 영역을 활용하여 안젤라의 불만을 요약했다(표 7.2). 다음으로, 상담사는 이 사례에 대한 상담 전략을 수립하기 위해 여섯 가지 요소를 검토한다.

1. 상담사의 이론적인 지향. 정서적 접근을 선호하는 상담사는 인간중심 이론과 실존주의의 요소들을 포함한다. 상담사는 또한 인간 문제에 대한 체계적 설명에 동의할 수 있다.
2. 상담 경험. 상담사는 공식 상담사 준비 과정 프로그램을 마친 뒤 약 4년 동안 상담을 해 왔으며, 몇 가지 수련 워크숍을 이수했다. 그녀는 몇 명의 우울한 내담자들과 작업을 해 왔다.
3. 문제의 특징. 안젤라의 경우는 정서적, 인지적, 행동

적, 체계적 측면에 의학적 차원이 추가될 수 있다. 그녀의 현재 관심사는 어떻게 그녀의 기분을 좀 더 잘 조절할 수 있느냐 하는 것이다.
4. 문제의 전형적인 반응. 상담사는 훈련과 경험을 바탕으로, 기분이 부적절하다고 느끼는 내담자의 경우에는 지지체계를 꼭 확인해야 하고, 그 기분이 일으키는 결과를 확인하고, 대안적이고 좀 더 촉진적인 행동 패턴을 개발해야 한다는 것을 안다.
5. 목표의 특징. 안젤라는 상담에서 달성하고자 하는 목표를 네 가지 영역(제6장)에서 확인했다. (a) 향후 3개월 동안 자신에 대해 훨씬 더 긍정적이 되고, (b) 애디슨 병이 그녀의 기분에 미칠 수 있는 부정적 영향을 통제하고, (c) 그녀의 일상생활과 관계에서의 의미를 좀 더 잘 알고, (d) 삶의 의미를 느끼고,

앞으로 2~5년간의 어떤 '계획'을 짜서 그 계획을 이루어 나가는 것을 느끼고 싶었다.

6. 내담자의 특성. 안젤라는 개인적으로나 사회적으로 최소한의 수준에서 기능하는 것처럼 보였다. 그녀는 자신의 요구를 이뤄내는 것이 합리적임이 전혀 기대 되지 않는 가정에서 자랐다. 사회적 지지를 만들 수 없을 것 같이 느꼈다. 게다가 삶에서 해야 할 것들이 쌓이기 시작하면 빠르게 압도되었다. 이전 결혼생활에서 남편이 그녀를 용기 내도록 하는 역할을 떠맡았다.

입들이 어떻게 내담자 문제의 구체적 모습들과 맞아떨어지는지 보여주기 위함이다. 이 의도는 치료 과정을 지나치게 단순화하려는 것이 아니다. 이는 특정 내담자의 문제를 다룰 때 상담사가 생각해볼 수 있는 선택 가능한 범주들을 펼쳐 보여주기 위함이다. 게다가 정서적으로 드러난 문제들을 보면 정서적 개입이 더 기능적일 수 있다. 그리고 나머지 세 가지 분류들도 이와 마찬가지로 기능적일 수 있다. 사실, 한 인간을 여러 부분이 합쳐진 것으로 보는 것이 아니라 통합적 인간으로 본다면, 이 네 가지 영역 중 한 가지 개입을 하면 다른 영역의 문제에도 영향을 미친다. 제5장에서 제시한 가상의 내담자인 안젤라를 다시 떠올리며, 작업동맹과 개입 선택이 어떻게 구현될지 살펴보았다.

정서적	행동적
안젤라는 종종 짜증이 나거나, 화가 나거나, 우울하다고 느낀다. 일이 잘못될 경우 자신에 대해 한탄한다. 부적절하다고 느낀다. 자신이 전남편에게 버림받았다고 느낀다.	안젤라는 우울할 때 자신의 방 안에 은둔한다. 자녀와 학생들에게 감정을 드러낸다. 때때로 수면문제가 있다. 사회적 관계를 피한다. 정기적인 여가활동이 없다.

안젤라의 당면 문제
안젤라(제5장)는 자신의 기분을 더 잘 통제하는 방법을 배우기 위해 내방했다. 그녀는 때때로 아무 이유 없이 자녀나 교실의 학생들에게 '버럭 화를 낸다'고 했다. 때때로 잠을 이루기가 어렵다. 자신의 이혼과 기분 변화 때문에 아내나 어머니로서 실패했다고 느낀다. 그녀의 자기묘사는 주로 부정적이다.

인지적	체계론적
안젤라는 부정적인 자기대화를 많이 한다. 이혼이 자기 탓이라고 생각한다. 자신의 기분을 통제할 수 없다는 무능감에 자신을 비난한다. 자신이 자녀들이 필요로 하는 환경을 주지 못한다고 생각한다.	안젤라는 긍정적인 대인관계를 거의 유지하지 못하는 듯했다. 원가족과 접촉이 거의 없다. 다른 사람들을 피하기 위해서 자녀들을 '이용했다'. 압도당한 기분을 느낄 때 전남편에게 아이들을 데려가라고 하며, 그에게 계속 의존했다.

그림 7.2 안젤라 사례의 네 가지 영역 분석

상담 전략의 정의

상담 전략을 구성하기 위한 첫 번째 단계는 사례에 대해 알려진 내용을 종합하고, 이 요소들과 일치하는 행동 계획을 정의하는 것이다. 이 종합을 할 때 네 가지 범주 분석과 상담 전략 수립을 위한 여섯 가지 요소를 모두 고려해야 한다. 다음 사항들을 유념할 수 있다 — (a) 안젤라가 자신의 문제를 정서적(심각한 기분 변화, 부적절한 느낌)으로 제시했으며 상담사도 정서적으로 접근하는 성향이다. (b) 의료문제가 있을 가능성이 있을 경우에는 의사가 확인해야 한다. (c) 안젤라는 자신의 부정적 인지와 연결되는, 자기 자신에 대해 좀 더 긍정적이 되는 것을 목표로 세웠다. (d) 안젤라는 스트레스가 쌓일 때 문제(인지적)뿐만 아니라 다른 사람들(행동적 및 체계적)로부터 철수하여 감정적인 자기로 숨는 경향이 있다. (e) 안젤라의 문제는 체계적 영역과 관련된 대인관계(자녀들, 학생들, 사회생활)로 드러났다. 또한 그녀는 정서적인 어려움에 처했을 때 전남편에게 계속 도움을 요청했으며, 이는 체계적으로 역기능적임을 이어가게 하고 그녀의 자신감을 더욱 약화시키는 경향이 있다.

가능한 전략

상담사는 상담 방향에 대해 몇 가지 실행 가능한 선택을 할 수 있다. 상담사는 안젤라가 이전의 결혼생활(실패 감정)과 심각한 기분 변화에서 몇 가지 해결되지 않은 주제들이 있어서 갱년기 증상과 애디슨 병을 악화시킬 가능성이 있고, 스트레스가 증가되고, 대인관계에서 문제가 발생한다는 가설을 가지고 정서적 맥락에서 작업하기를 선택할 수 있다. 이는 적절한 접근법일 가능성이 높은데, 이는 특히 상담사가 정서적인 경향이 있고, 안젤라가 제시한 최초 호소가 본질적으로 정서적이기 때문이다.

안젤라의 문제는 다른 전략으로 접근할 수도 있다. 상담사는 그녀의 이전 결혼생활에서의 정서적인 부담을 확인하기보다는 안젤라가 자신의 이전 결혼생활을 떠올리도록 현재 어떻게 하는지를 확인하는 것을 선택할 수도 있다. 다시 말하면, 상담사는 체계적이고 인지적인 고리를 확인하여 안젤라의 현재와 과거를 연결하고, 이러한 과정을 하는 동안, 보다 촉진적인 인지적 대응을 구축하려고 애쓸 수 있다. 또한 상담사의 도움을 받아 안젤라는 그녀의 과거, 잠재력, 그리고 대인관계에 대한 자멸적인 생각에 도전할 수 있을 것이다. 이 접근법을 통해 안젤라는 우선순위를 재평가하고, 바꿀 수 없을 것 같았던 그녀 삶의 요소들을 좀 더 긍정적인 쪽에서 바라보고, 더 바람직한 생활방식을 지원할 수 있는 새로운 목표와 활동을 파악할 수도 있다. 상담사가 인지적 상담 접근법에 강한 경향을 보이지 않기 때문에, 이 전략의 구현은 좀 더 어려울 수 있다.

상담사가 사례에 대해 개념화할 수 있는 세 번째 방법은 안젤라가 자기 스스로에게와 자녀들, 학생들, 그리고 다른 성인에게 어떻게 반응하는지에 대한 그녀의 행동 패턴에 초점을 맞추는 것이다. 안젤라가 우울해질 때 뒤로 물러나는 행동을 취하는 것은 그녀의 정서적 반응을 악화시키고, 오히려 문제를 키울 것이다. 안젤라는 개인적으로나 사회적으로 낮은 수준에서 기능하는 것처럼 보였다는 것을 확인했다. 안젤라가 압도되거나, 우울하거나, 자기부정적이라고 느끼기 시작할 때의 행동 패턴들을 확인하고 강화할 수 있도록 도와주는 것이 적절할 수 있다. 그녀가 나선형 패턴으로 우울로 떨어질 때 개입할 수 있다면, 그녀는 바람직하지 않은 정서적 결과를 피할 수 있기 때문이다.

마지막으로, 안젤라의 현재 기능 정도와 원가족에서의 그녀의 역할과 전남편과의 관계 사이에 명확한 연관성이 있는 것으로 보인다. 상담사는 이 연관성을 탐색하려 할 것이고, 이를 위해 안젤라의 대인관계 패턴에서 그녀의 원가족이 보는 상호의존과 가족 화합에 대한 관점을 살펴보려 할 것이고, 그녀가 이 패턴을 자녀들과 학생들에게 어떻게 드러냈는지, 그리고 원가족에서의 상호작용이 다른 성인들과의 관계와 얼마나 비슷한지를 탐색할 것이다. 상담사는 안젤라가 전남편에 의존하면서 이 패턴이 어떻게 반복되었는지 검토하고, 안젤라가 분리와 개별화 대 연결성에 대한 문제를 해결하도록 도울 수 있다. 상담사는 안젤라가 민족(가족) 가치와 충돌하는지 살펴볼 수도 있다. 상담사는 상호작용, 가정, 그리고 가족의 규칙, 역할, 구조에서의 패턴을 드러내려는 수단으로 상담 과정에 자녀들을 포함시킬 수도 있다. 이것은 체계적 가족치료 중 하나를 사용하여 합리적으로 가족과 사회 공동체에 대한 안젤라의 접근 방식을 체계적으로 재평가하게 할 것이다. 상담사가 체계적인 설명을 지향할 경우, 이 접근은 매력적이다. 특히 상담사가 체계적 개입을 사용해본 적절한 경험이 있을 경우는 좀 더 효과적이다.

개입 선택

여기에 설명된 네 가지 전략 각각은 개개의 전략 가정과 일치하는 상담 개입의 목록(repertoire)을 포함한다. 예를 들어 정서적 접근법은 안전하고 이해할 수 있는 환경에서 감정을 탐색하고, 감정에 대한 통찰과 마음챙김, 그리고 궁극적으로는 그러한 감정과 자신에 대한 수용을 강조한다. 내담자 상황에 대한 공감적 이해와 수용과 같은 상담사 활동은 이 전략에서 특징적이다. 비슷하게, 인지적, 행동적, 체계적 접근법 또한 각각의 전략 목표를 향한 상담 개입을 확인할 수 있다. 제8장에서 제11장까지 이러한 개입을 검토하고 이 개입들이 어떻게 전략을 보완하는지 보여준다.

선호하는 전략 선택하기

문제의 특징에 따라 다양한 상담 전략을 사용할 수 있는데, 행동적, 인지적, 정서적, 체계적 또는 이들의 조합으로 구성할 수 있다(예 : 인지-행동적, 인지-체계적). 당신이 무슨 전략을 선택하는지는 아마도 인간 문제에 대한 당신의 개인적 이해와 그들이 어떻게 가장 잘 해결될 수 있는지(당신의 개인적 이론)를 반영할 것이다. 그러나 내담자의 확인된 문제를 전체적으로 특성에 맞게 작업하려면 여러 가지 또는 순서를 갖춘 전략이 필요할 수 있다. 예를 들어 불안은 행동적으로(과업을 완성할 수 없음), 인지적으로(예기 불안), 정서적으로(우울증), 그리고 체계적으로(다른 사람들로부터 정서적으로 소외됨) 경험될 수 있다. 일반적으로 한 가지 이상의 구성요소가 포함되어 있을 때, 개입 또한 둘 이상이 필요하다. 사례개념화를 위해 당신이 선호하는 영역에서 더 많이 접근할 수 있지만, 당신의 개입이 문제의 모든 측면을 다루어야 한다는 것을 알아야 한다.

아동과의 작업을 위한 전략들

아동은 환경에 대한 힘이나 통제력이 거의 없기 때문에 상담 관계에서 특별한 주의를 필요로 한다. 아동이 스스로를 보는 방식(자아존중감)은 환경적인 관련이 반드시 있다. 비슷하게, 아동이 어떻게 행동하는지는 주변의 다른 사람들의 행동과 상호 연결되어 있다. 아동이 환경(가정, 이웃, 또는 학교)을 변화시킬 수 있는 잠재력은 중요한 타인의 관여가 없다면 거의 불가능하다. 결과적으로, 아동의 문제에 대한 어떤 개입 노력이든지 형제, 부모, 친구, 교사, 그리고 다른 성인과의 관계가 반드시 필요하다. 이런 이유로, 상담에서 체계적인 전략을 사용하지 않더라도, 문제에 대한 체계론적 관점을 가지는 것은 적절하다. 체계론적 관점은 관계 패턴과 그에 수반하는 행동적, 인지적 구성요소를 포함한다. 상담사는 아동 개인과 작업하여 아동을 통해 체계적 변화를 이루어낼 수 있다. 그러나 또 한편으로 상담사는 아동의 체계에 참여하는 타인과 작업하여 체계에서의 상호작용 패턴을 직접 변화시키는 것을 시도할 수도 있다.

학교 상담사는 이 체계적인 상담 과정에 세 가지 다른 시스템을 포함시킬 수 있다 — 다른 아이들, 교사와 그 아동, 또는 부모, 교사(들), 그리고 그 아동. 만약에 문제나 목표가 주로 학습과 관련이 있다면, 상담 과정은 학교 안에서 이야기될 수 있다. 그러나 만약 문제가 가족과 관련이 된다면, 상담사의 목표는 부모의 인식과 책임을 일으키는 것이 될 수 있기 때문에 이때에는 가족치료 상담사에게 의뢰하는 것이 적절할 것이다. 지역사회에서 아동 상담을 하는 상담사는 문제를 성공적으로 해결하기 위해서 가족의 참여가 필요하기 때문에 상담 과정에 주요

가족구성원을 포함시키려고 한다.

요약

상담 전략은 대부분의 치료 작업과 변화가 일어나는 계획을 구성한다. 전략적 행동 계획은 상담사의 이론, 경험, 그리고 전문성뿐만 아니라 내담자의 당면 문제, 목표, 그리고 일어난 사건들과 관련된 여러 가지 요인을 반영해야 한다. 아동의 경우, 그들의 세계에서 중요한 타자들이 특히 중요한 역할을 맡는다. 상담사는 문제의 특징과 확인된 목표를 모두 다룰 수 있는 개입을 정할 때 내담자와 함께 작업해야 한다. 내담자의 기대, 선호, 능력, 그리고 자원들은 실행 가능한 전략을 선택할 때 고려해야 할 또 다른 중요한 기준이다.

실습

I. 선택 또는 변화 주제 및 관련 상담 전략들

A. 스스로 또는 파트너와 함께 현재 삶에서 경험하고 있는 주제 또는 문제를 4~6개를 열거하라. 각각이 선택문제인지, 변화의 문제인지 확인하라. 기억해야 할 점은 선택 관련 주제는 당신이 행동 과정을 따를 수 있는 기술과 기회가 있지만 어느 쪽 방향을 따라야 할지에 대해 갈등을 느끼는 것이다. 변화의 주제는 새로운 선택과 행동을 개발하거나, 기존의 선택을 수정해야 하는 것이다. 마지막으로 각 문제에 대해서 선택을 하거나 변경을 할지에 대해서는 당신의 통제하에 있으며, 당신에 의해 시작될 수 있다. 만약에 그렇지 않다면, 이 선택 또는 변화의 일부인 다른 사람을 당신의 삶에서 확인하라.

B. A의 목록에 있는 문제 또는 주제 중 하나에 대해 적절한 개입이 될 수 있는 가능한 전략을 파트너와 함께 또는 소규모 그룹으로 브레인스토밍하라. 다음으로 각 전략의 유용성 정도를 평가하라. 평가를 할 때 제1장에서 설명한 상담 전략 선택을 위한 여섯 가지 지침을 고려하라.
   1. 이 전략이 당신의 (아직 초보일 수도 있는) 이론적 지향과 일치하는가?
   2. 이 전략으로 상담하는 데 전문 지식이나 경험이 있는가?
   3. 이 전략의 전형적인 반응과 효과에 대해 잘 알고 있는가?
   4. 전략이 문제의 특성이나 본질에 맞는가?
   5. 전략이 당신이 원하는 목표의 특징이나 본질과 맞는가?

6. 전략이 당신의 기대와 선호를 충족하는가? 이전의 실패한 해결책을 만들거나 반복하는 것을 피하는가?
   (참고 : 복잡하거나 정교한 상담 전략을 선택할 필요는 없다. 상담 이론과 기술을 아직 접근해보지 않은 경우, 상식적인 접근과 개입을 사용하라. 이 활동에서 강조하는 것은 전략 선택의 과정이지 당신이 실제로 선택하는 전략들이 무엇인지 확인하는 것이 아니기 때문이다.

C. 파트너 또는 그룹과 이 활동을 계속하라. B에서 당신이 선택한 전략이 가장 많이, 그리고 널리 효과적이기 위해서 전략에 대한 다음의 정보를 구성하라.
   1. 합리적 근거 – 이것이 어떻게 작동할지
   2. 전략 안에 상담사의 역할에 대한 묘사
   3. 전략 안에 내담자의 역할에 대한 묘사
   4. 선택된 전략에서 일어날 수 있는 불편감, 부정적 효과, 또는 파생 효과들
   5. 전략의 예상되는 혜택
   6. 이 전략을 사용하는 데 필요한 시간

D. C의 전략 내용을 가지고 역할극을 하라. 한 사람이 내담자의 역할을 하고 문제를 제시한다. 다른 사람이 상담사 역할을 하고, 권장할 만한 전략을 제안한다. 내담자가 제안을 수락하거나 거절할 때 충분한 정보를 가지고 선택을 할 수 있도록 전략에 대한 충분한 정보를 제공한다. 상담사와 내담자 역할을 한 구성원을 뺀 나머지 구성원은 관찰자 역할을 하며, 메모를 작성하여 역할극이 끝난 뒤 상담사에게 피드백해준다. 연습에 대한 그룹 토론을 추가하라.

II. 전략 선택을 위한 문제 구성요소의 관계

이 연습을 위해 세 가지 내담자 사례를 제시한다. 각 사례에 대해 상담의 개입 단계에서 확인해야만 하는 문제의 구성요소를 결정하라. 중요한 구성요소가 하나 이상 있을 수 있다. 또한 각 내담자는 개인 측면, 문화적 측면, 그리고 보편적 측면을 제시한다는 것을 기억하라. 내담자가 어떤 렌즈를 사용하여 상황을 보는지를 확인하면 다른 두 가지도 잊지 않고 확인할 수 있다.

A. 단테는 지난 5년 동안 여러 문제에 처하곤 했던 17세의 8학년 학생이다. 그는 마약에 연루되어 있는 거리의 갱단에 속해 있으며, 마약 활동을 부추기거나 선동한 것과 관련해서 지역 감옥에서 2차례 생활했다. 작년에 그는 갱단을 떠나는 것을 고려했으며 그는 '다시 처음부터 시작하는 것'이라고 표현했다. 그러나 갱단을 떠나는 것은 쉬운 일이 아니다. 그들은 구성원이 떠나는 것을 허용하지 않고 이 규칙을 심하게 강요했다. 단테는 새로 시작하고 싶은 욕구와 그의 새로운 시도에 의해 가능한 결과 사이에서 막혀 있다.

주요 구성요소

정서적 : _____

인지적 : _____

행동적 : _____

체계적 : _____

선호되는 전략(들) : _____

B. 마거릿은 28세의 독신 여성으로 다발성 경화증, 즉 진행성 질환으로 진단받았다. 그녀의 움직임은 지난 6개월 동안 점점 더 나빠져서 점점 더 제한적인 이동만이 가능한 상황에 직면하게 되었다. 이것은 그녀를 좌절시키고 화나게 만들었다. 그렇지만 그녀도 이 질병이 계속 나빠지기만 할 것이라는 것을 알고 있었고, 그녀 스스로 수용하고 적응하기 위해 힘을 내야 한다는 것도 알고 있었으며, 이 상황으로 인해 그녀의 친구나 가족들이 도전받

게 될 것이라는 것을 알고 있다. 그녀는 현재 부모님과 함께 살고 있는데 그들은 (그녀의 생각에는) 그녀에게 너무 많은 동정을 느끼고 있거나 그들의 좌절감을 무관심한 사회로 돌리고 있다.

주요 구성요소

정서적 : _____

인지적 : _____

행동적 : _____

체계적 : _____

선호되는 전략(들) : _____

C. 헤더와 스티브는 결혼 상담을 받기 위해 내방했다. 첫 회기에서 스티브가 주도하며 이야기했고, 헤더는 그가 그들의 문제를 설명하는 사이 무력하게 앉아만 있었다. 그가 문제를 언급할 때, 그는 그녀를 노려보았고, 그녀는 무릎 위의 두 손을 내려다보았다. 마침내 헤더가 폭발하며 이 문제는 스티브가 자신의 가장 친한 친구와 바람이 난 것이라며 소리쳤다. 이때 스티브는 격분하여 상담실을 나가버렸다. 헤더는 울기 시작하고 속수무책에 이르렀다고 말했다. 그녀는 이혼을 원하지 않지만, 이 결혼이 다시 회복될 수 있을 거라 생각하지 않았다. 당신은 헤더에게 이 문제를 집에서 논의한 적이 있는지 물었는데, 고개를 저으며 없다고 한다. 스티브가 폭력적으로 행동한 적이 있는지 질문하자, 그녀가 조용히 "때때로 나를 밀어붙여요"라고 답한다. 그녀가 이 이야기를 그녀의 가족들과 나눠본 적이 있는지 묻자, 그들은 독실한 가톨릭 신자들이기 때문에 그녀가 참고 견뎌야 한다고 믿을 것이고 그녀를 이해하지 못할 거라고 말한다.

주요 구성요소

정서적 : _____

인지적 : _____

행동적 : _____

체계적 : _____

선호되는 전략(들) : _____

생각해볼 문제

1. 훌륭한 상담 전략과 좋지 않은 상담 전략의 특징을 파악하고 논의하라. 당신의 관점에서 볼 때 어떤 요인이 전략을 좋거나 효과적으로 만드는가?

2. 한 개인에게 문화적 가치가 얼마나 큰 영향을 미치는가? 사람들이 그들의 문화적 가치를 어떻게 인식하는 것 같은가?

3. 시도한 해결책이 새로운 문제가 되거나 기존의 문제점을 악화시킨 경험이 있거나 (가까운 관계에서 본) 문제 상황을 생각해보라. 이 질문에 답하는 사람이 이 복잡함을 얼마나 인지하는가? 그 문제는 마침내 어떻게 해결되었는가?

이 장의 목적

누군가에게 왜 사람들이 상담을 받는지 물으면 아마 문제의 원인이 되는 정서를 알기 위해서라는 대답을 들을 것이다. 우리는 심리적 어려움을 겪는 사람들의 상태에 대해 정서적으로 불안정하거나, 정서적 장애가 있거나, 정서적으로 혼란스럽다고 표현한다. 사람들이 겪는 모든 고통의 근원을 정서라고 할 수는 없지만 강한 부정적인 감정이 뭔가 잘못되어 가고 있다는 사인임은 부정할 수 없으며, 이때 외부의 개입은 도움이 될 것이다. 이 장에서는 상담의 과정에서 정서의 역할에 대해 논할 것이고, 특히 내담자의 감정을 식별하는 것을 돕는 상담 개입에 대해 기술하고자 한다.

이 장의 고려사항

• 감정은 사람의 경험을 묘사하는 기본이 되지만 많은 사람들이 본인의 감정을 이해하지 못한 듯 보인다. 특정한 감정을 부인하거나, 감정을 골칫거리나 약함을 드러내는 것이라고 치부한다. 어떤 민족은 감정을 사적인 영역으로 보기도 한다.
• 당신의 견해는 어떠한가? 감정을 노골적으로 드러내는가, 아니면 감추는가? 감정 강도의 연속선상에서 당신은 어디에 위치하는가?
• 감정은 사람들의 문제에 어떤 역할을 하는가? 근원은 무엇이고, 감정으로 인한 결과는 무엇인가?
• 어떤 것에 대해 느끼는 감정을 바꾸기 위해 사람들은 어떤 방법을 사용하는가? 예를 들어 무관심함에서 좋아하는 것으로 감정을 바꾸면 그것은 자신의 세계에 대한 그들의 인식에 반영될 것인가?

사람들은 일이 잘 풀릴 때는 행복을 느끼고, 상실을 경험하면 슬프고, 욕망이 차단되면 화나 좌절감을 느끼고, 다른 사람들과의 접촉이 끊어지면 외로워진다. 많은 경우 감정은 음성적 경험이나 행동을 통해 간접적으로만 접근할 수 있다. 내담자가 느끼는 우울함에 상담사가 접촉하는 것은 음성적, 비음성적 의사소통, 신체 단서, 드러나는 행동을 통해 가능하다. 그러나 감정은 생각이나 행동과 같은 방식으로 조작될 수 없다. 우리는 우리가 싫어하는 사람에 대해서 예의 바르게 행동하도록 훈련(연습)할 수 있으나 그것은 다른 사람에 대한 감정이 바뀌지 않아도 할 수 있는 행동이다. 구성개념을 융합하기 위해 감정은 독자적으로 판단하는 듯하다. 많은 사람들은 삶의 정서적인 부분에 대해 통제력이 부족해 보인다. 사람들은 자신의 감정을 숨기거나 부인하며 스스로 어색하게 느껴질 정도로 감정을 깎아내리곤 한다.

상담이나 심리치료 안에서 감정의 역할은 불안정하다. 감정은 치료적 변화에 수반되지만 영향을 미치지 않는 주변현상처럼 보이기도 하고 변화의 필수적인 증거로 간주되기도 한다. 대부분의 경우에 있어서 인간의 생각과 행동이 감정의 차원에 속한다. 아마 그렇기 때문에 감정은 누군가가 경험하는 문제의 근원이나 중요한 부분이 될 수 있다. 어떤 내담자는 감정에 접근하지 못할 수도 있다. 감정을 억누르는 것은 어린 시절에 훈련된 결과이거나, 압도당할 것 같은 위협을 느낄 정도로 강렬한 감정을 느낀 결과일 것이다. 남자아이는 나약함, 실패, 무력함과 관련된 감정을 부인하도록 배운다. 비슷하게 여자아이는 지배성, 권력, 심지어 지성과 관련된 감정을 부인하도록 배우며 자란다. 완벽주의적인 환경에서 자란 아이가 있다고 생각해보자. 만약 그 아이가 환경적 요구를 내면화하게 되면 완벽하게 되어야 한다는 요구로 인해서 아직 그런 기술이 없는 어린 시절부터 어른이 될 때까지 과도한 위협감과 정서적 어려움을 갖게 될 것이다. 이처럼 잘 알지 못하거나 심지어 감지되지 않은 감정들이 쌓이기 시작하면, 벗어나는 방법을 찾기 힘들 것이고, 상담에 찾아오게 된다.

여전히 사람들은 성역할이 정서적 삶에 지배적인 역할을 한다는 사실, 그리고 특히 감정적이기보다 인지적인 사람들은 무언가를 '숨기고 있는' 것이라는 사실을 인정하기 싫어한다. 사람들은 다르고, 감정이 우리의 삶에 미치는 역할도 각자에게 다르다. 이런 이유로 생각과 행동을 배제하고 감정의 세계만을 강조하는 상담사는 어떤 내담자에게는 맞지 않을 수도 있다. 상담사들은 어떻게 개입할지 선택할 때 여러 가지 선택지를 가지고 있어야 한다.

내담자의 정서적 삶이 문제의 원인인지 평가하려고 할 때 상담사로서 이용 가능한 자원들이 있다. 개인이 정서적 어려움에서 벗어나는 방법을 찾기 위한 능력을 개발하도록 돕고 삶의 요구에 더 잘 대처하도록 하는 것은 많은 치료적 접근의 주요한 목표이다. 정서기반이론은 상담사가 다양하게 개입하는 데 주요한 공헌을 했다. 일반적으로 정서적 지향을 가진 이론들은 정서 알아차림, 탐색, 감정의 통합능력 발달에 크게 의존한다. 그들은 사고 과정이나 행동 패턴을 깎아내리지 않는다. 그들은 오히려 감정적 맥락 속의 사고 패턴, 신념, 행동이 일어난다는 것을 강조한다.

감정의 중요성을 강조하는 이론들

대다수의 정서 혹은 감정에 대한 개입은 현상학적 치료에서 나온 것이다. 현상학자들은 객관적인 사실과 인식은 다르다고 본다. 내적인 인식의 세계가 그의 개인적인 실제가 된다. 이 치료들 중 가장 영향력 있는 것은 Carl Rogers의 인간중심 상담이다. Rogers는 상담 진행은 내담자와의 관계에 의해 영향을 받는다고 설명했다. 이 설명은 상담 과정 척도(Rogers & Rablen, 1958)로 공식화되어 수년간 상담에서 내담자의 변화를 연구하는 데 사용되었다. 이 척도는 변화가 일어날 때 내담자의 반응을 일곱 가지 종류로 설명한다. 일반적으로 내담자는 외부적인 것(일, 친척 등)에 대해 이야기하며 상담을 시작한다. 이는 아마도 아직 불확실한 것에 대한 자신의 노력을 통제하려는 내담자의 방식일 것이다. 다음으로 과거의 감정이나 외부의 감정일지라도 이러한 감정에 대해 이야기하는 방향으로 변화할 것이고, 다시 조심스럽게 전념할 것이다. 세 번째 단계로 내담자는 감정을 정교화하지만 이는 현재의 감정이기보다는 본질적으로 과거의 감정이다(예 : 나는 그녀의 말에 정말 상처받았어요). 네 번째 단계에서 내담자는 현재의 감정에 대해 이야기하기 시작하고, 그 감정을 현재 소유하고 있음을 인정한다(예 : 나는 그녀가 나에게 했던 말 때문에 여전히 화가 나요). 다섯 번째 단계에서는 상담사가 존재하는 가운데 내담자 자신의 현재 감정을 경험하도록 허락한다[예 : 그 생각을 할 때마다 기분 나쁜 감정이 나를 덮쳐요(흐느끼기 시작함)]. 최종 두 단계에서는 내담자가 (1) 이전에 부정했던 감정을 경험하고 (2) 그런 감정에 대해 받아들이고 편안해지기 시작한다. Rogers는 이 과정을 절대 강요하지 않았다. 오히려 내담자가 변화 과정에서 편안하게 느낄 수 있는 속도로 움직이도록 했다.

비록 가장 지배적이긴 하나 인간중심이론만 감정의 중요성을 인식한 것은 아니다. 아마 다음으로 영향을 준 것은 게슈탈트 치료일 것이다. 그다음에 Binswanger, Boss, Frankl, 그리고 May의 실존적 접근법들이 있다. 때로는 Kelly의 개인구성개념 심리학, Gendlin의 경험적 상담, 심리분석적 치료, 생물 에너지 및 핵심 에너지와 같은 신체 작업 요법 등과 같은 다른 치료적 접근법도 정서중심 치료라고 보기도 한다.

상담의 웰니스 모델에는 지적, 정서적, 육체적, 사회적, 영적 건강을 포함하는 다양한 차원이 포함된다(Myers & Sweeney, 2005). 이것은 영적인 접근으로 이름 붙여져 왔는데, 그 의미는 개인의 전체가 상담의 과정에서 고려되고 사용된다는 것을 의미한다. 또한 웰니스는 건강한 삶을 위한 예방적 도구로 강조되기도 한다. 우리의 목적을 위해 정서적, 영적 건강은 상담의 정서적 또는 감정적 차원 내에 존재하는 조건으로 간주한다.

정서적 개입

어떤 측면에서 보면 정서적 개입 기법을 언급하는 것은 철학적 모순이다. 정서중심적인 상담사는 기법보다는 내담자의 인격이나 상담사-내담자 관계를 더 강조한다. 그럼에도 불구하고 정서중심 상담사가 상담 과정 중에 무언가를 하고 있으므로 이 장은 이러한 상담사의 행동에 초점을 둔다. 우리는 제4장에서 정서를 다루는 기본적 기술을 논했다. 이 장에서는 그러한 기술을 적용하고, 정서적 개입에 대한 추가적인 초점을 제공한다. 이러한 개입에 대해 탐색할 때, 상담사와 내담자 사이의 상담 관계를 우선순위에 두지 않으면 상담 개입이 까다롭고 비효율적이 된다는 것을 명심해야 한다.

[정서적 개입 기술]

감정 분류하기
내담자가 탐색된 감정의 종류를 식별하도록 돕기
- 감정 목록 – 내담자가 현재의 감정을 식별하기 위해 사용할 수 있는 감정 체크리스트
- 감정 풍선 – 아동이 사용할 수 있는 연습지

머무르기 기술
신체 자각을 활용하여 일상을 방해하는 감정에 접촉하는 것

역할 바꾸기
내담자가 다른 사람의 입장이 되어 인식하면서 상호작용하는 것을 경험하게 하는 것. 이를 통해 내담자가 꽉 막힌 감정 상태를 넘어서게 하는 것

또 다른 자아 기법
자신 안에 대안적인 혹은 대립되는 감정을 인식하도록 돕는 것

빈 의자 기법
내담자가 감정 상태를 더 알아차리기 위해 자신 혹은 다른 사람과 대화하거나 논쟁할 수 있도록 하는 기법

정서적 개입의 목적

정서적 개입의 주요 목적은 내담자의 감정이나 감정 상태를 (1) 표현하도록 돕고, (2) 식별하거나 구별하며, (3) 변경하거나 받아들이거나, 어떤 경우에는 (4) 담아두는 것이다.

어떤 내담자는 그들의 삶에서 뭔가가 잘못되고 있다는 것을 인식하고 상담에 오지만 그것이 무엇인지 분명히 표현하거나 이야기하지 못한다. 문제나 감정에 대해 말하는 것은 그들에게 새로운 경험일지 모른다. 이 경우는 보통 문제에 대해 터놓고 말하지 않는 가족, 문화적 환경에 속해 있거나, '화내면 안 돼', '울지마', '느끼려 하지마'라는 경고에 의해 감정표현이 좌절되거나 금지된 환경에서 자란 사람들의 경우이다. 아이였던 내담자는 감정을 다루는 기술이나 정서적 민감성이 획득되는 발달단계에 도달하지 못한 것이다. 결론적으로 정서를 표현하고 인식하는 능력이 결여될 수 있고, 감정을 표현해보는 것은 이들에게 도움이 될 수 있을 것이다.

정서의 스펙트럼상 반대편 끝의 경우에, 내담자는 감정적 반응이 너무 지나쳐서 상담에 올 수 있다. 이 경우 감정적으로 과부하되거나, 보호하는 반응으로 감정을 무시해 버리거나 감정을 느끼지 않아 버린다. 그대신에 감정적인 혼란이나 방향상실을 경험하기도 한다. 이런 내담자는 다양한 정서적 반응을 구별하거나 인식하도록 반드시 도움을 받아야 한다. 이런 상태는 이혼이나 가족의 죽음, 신체 질병, 외상후 스트레스장애(PTSD), 혹은 또 다른 삶의 비극, 혹은 더 심각한 정신병리적인 정서적 차단과 같이 오랫동안 정서적 혼란을 겪은 사람에게서 자주 발견할 수 있다. 내담자가 감정에 어떻게 압도되어 있느냐에 따라 상담에서 정서적 개입이 요구될 수도 있고 요구되지 않을 수도 있다. 정서적 개입은 내담자가 그들의 정서를 인식하지 못하거나 구분해낼 수 없을 때 사용된다. 이러한 개입은 내담자가 감정에 접촉하고 있지만 안정을 얻지 못할 때에는 반드시 필요한 것은 아니다. 이 경우 정서 지향적 개입이 아닌 다른 지향적 개입이 내담자의 요구와 잘 맞을 수도 있다.

가장 복잡한 수준의 정서적 개입에서 상담사와 내담자는 감정 상태의 통합이나 변화에 관여한다. 이는 지금까지 받아들일 수 없었던 감정의 수용, 오래된 감정의 재고, 감정 상태의 재정의까지 포함할 수 있다. 이 과정은 내담자가 가족, 일이나 직장, 환경, 문화로부터 자기를 분리해내기 시작하거나 반대로 '나는 누구인가?'라는 질문과 씨름할 때 일어난다.

이 장에서 우리는 감정의 표현과 확인을 가능하게 하는 감정 검사지, 대화, 또 다른 자아 기법, 감정적 차단 식별하기, 대립되는 감정 구별하기, 역할 바꾸기, 빈 의자 기법, 감정에 머무르기 등의 일반적인 정서적 개입 중 몇 가지를 보여주고 설명할 것이다. 이것들이 완전한 것을 의미하지는 않지만 당신은 내담자의 정서적 문제에 접근하기 위한 도구를 갖출 수 있을 것이다.

내담자가 정서를 표현하도록 돕기

감정을 경험하거나 문제와 관련된 감정을 알게 된다고 해서, 자연스럽게 감정을 표현하고 확인하게 되는 것은 아니다. 상담사 역할 중 한 가지는 내담자가 감정의 의미를 포착하고 그 의미를 다른 사람에게 전달 가능한 방식으로 감정을 표현하는 방법을 찾도록 돕는 것이다. 입을 잘 열지 않는 내담자가 말을 할 수 있도록 적절한 환경을 제공하고, 무대를 설정하는 것이 상담자의 역할일 수 있다.

많은 이론가들은 이에 필요한 조건들에 대해 설명해 왔다. 내담자의 상황을 정확하게 이해하고, 내담자를 무조건적으로 존중하는 조건은 제4장에서 논의했었다. 도움이 되는 분위기를 조성하는 것 외에도 제4장에서 설명했던 선택적 주의와 반영적 경청을 통해 상담사는 내담자의 감정적 탐색 과정에 함께할 수 있다.

감정의 탐색은 일련의 음성적 반응 이상의 과정이고, 내담자가 이해하려는 것이 무엇인지와 그 노력에 대한 인정의 개념화를 포함한다. 때로는 그 과정이 내담자가 자신이 말하는 것이 무엇인지를 인식하도록 하는 데 집중시키는 역할을 한다. 게다가 대부분 이러한 작업을 완료한 후의 만족감을 상담사와 내담자가 함께 공유한다. 일련의 행동적 사건이라기보다 과정이라는 것을 고려할 때 내담자와의 음성적 교류에 의존해야 하고, 비음성적 의사소통도 면밀하게 관찰해야 한다.

앞에서 성역할이나 성격에 따라서 감정적 편안함이나 표현에 대한 차이가 있다는 것을 언급했다. 전문적인 문학작품들은 문화적 차이에 따라 정서표현이 다르다는 것을 보여주기도 한다. 정서표현과 관련된 민족적 차이에 대해 알려주는 다양한 자료가 있다(예 : McGoldrick, Giordano, & Garcia-Preto, 2005; Sue, Gallardo, & Neville, 2014). 그런 상황에서 틀에 박힌 간단한 방법을 활용해 전문적인 다문화 상담을 연습할 수 없다. 사람들은 각자 자신의 고유한 문화를 대변하고 이것은 정서와 사람들의 관계를 포함한다. 상담사는 내담자들의 민감성에 균형을 맞추고 내담자와 편견 없이 상호작용하는 것을 배워야 할 것이다.

정서의 비음성적 표현

내담자가 감정을 보이는 주요 방법은 비음성적 표현이나 보디랭귀지를 통해서이다. Ekman과 Friesen(1967)은 비음성적 정보가 고개나 표정의 움직임, 몸의 자세, 움직임, 제스처, 목소리의 질 등 내담자의 의사소통 요소로부터 추론될 수 있다고 했다. 단일 비음성적 표현이 분리되어 단독으로 정확하게 해석될 수는 없지만 각각의 패턴은 더 큰 패턴 또는 형태의 일부로 의미가 있다. 그러므로 내담자 메시지의 비음성적 특성과 음성적 특성 사이에는 관계가 있다. 비음성적 신호는 의사소통에 참여한 개인들, 즉 상담사와 내담자의 관계에 대한 구체적인 정보를 전달할 수 있다. 일부 비음성적 표현은 음성적 표현보다 더 정확하게 정서의 본질과 강도에 대한 정보를 전달한다. 감정의 본질은 주로 턱의 모양, 찡그린 얼굴, 눈을 찌푸리는 것과 같은 머리 부분의 신호로 비음성적으로 정보가 전달된다. 감정의 강도는 머리와 신체 신호 모두로 전달되는데 근육이 경직되는 것이 그 예다.

상담사는 비음성적 신호를 확인하는 것을 선택하거나 선택하지 않을 수 있다. 어떤 경우에 그것을 인식하는 것("당신이 이 문제에 대해 이야기하기 시작했을 때부터 계속 긴장한 듯 보이네요")은 내담자가 자신의 감정 강도를 공유하도록 초대할 수 있다. 또 다른 경우에는 상담사의 관찰이 철저히 거부되거나 방어적인 반응을 불러올 수 있다. 그러므로 인식의 정확성뿐 아니라 타이밍도 상담사가 선택하는 요인이 된다. 내담자를 좀 더 이해하게 되면 내담자의 비음성적 반응에 대해 어떻게 반응할지 결정할 수 있을 것이다.

지각의 정확성은 적어도 비음성적인 표현에 대해서는 문화적으로 상대적인 용어로 간주되어야 한다. 문화적 맥락에서 표현을 배우고, 비음성적 표현이 무엇을 의미하는지에 대한 가정을 지속적으로 확인해야 한다. 웃음은 우월감의 표현인가, 긴장감의 표현인가? 슬픔의 표현 후 입을 닫는 것은 저항을 나타내는 것인가, 부끄러움을 나타내는 것인가? 해석할 때 많은 주의를 기울이며, 자신의 경험을 넘어서는 의미에도 열려 있는 상담사는 실수를 거의 하지 않을 수 있다. Ekman(1993)은 "현재까지 아무도 두려움, 분노, 혐오감, 슬픔, 즐거움의 표현에 대한 상호문화적 불일치에 대한 강력한 증거를 찾지 못했다"(p. 384)고 강조했다. 어떤 감정은 보편적일 수 있으며 이런 사실이 상담사에게 약간 위안이 되기도 한다.

정서의 음성적 표현

많은 종류의 서로 다른 감정들이 있지만 음성적, 비음성적 행동으로 확인할 수 있는 대부분의 감정은 긍정적 감정, 공격적/방어적 감정, 두려움/불안 감정, 영적/실존적인 감정(평화로운 것부터 우울한 것까지 포함)의 네 가지 정신 상태로 구분할 수 있다. 이러한 많은 감정은 특정 감정 단어 사용으로 확인할 수 있다. 게다가 주요 정서 범주마다 하위 범주의 정서가 있다. 감정을 확인하기 위해 단어를 사용할 때 단어가 가끔 더 강렬한 감정이나 실제 의미하는 바와 다른 감정을 가릴 수 있음을 기억하는 것이 중요하다(예 : 어떤 내담자는 그녀가 정말로 두려운 순간에도 새로운 기회에 대해 흥분된다고 말한다). 정서 단어는 문화에 따라 다를 수 있음을 인식해야 한다. 사실 어떤 문화권에서는 특정 정서에 대한 단어가 없을 수 있다. Ekman(1993)은 특정 정서를 나타내는 단어가 없는 경우, 그 문화권에서 그 정서가 존재하지 않는 것을 의미하는 것이 아니라 특정 감정을 나타내는 용어가 부족한 것이라고 설명했다.

긍정적 정신 상태를 나타내는 음성적 표현

긍정적 표현은 자신이나 타인에 대해 좋거나 수용하는 감정을 나타내며 대인관계의 긍정적인 측면을 나타낸다. 내담자 의사소통의 음성적 표현은 감정을 암시하는 단어의 사용으로 드러낸

표 8.1 긍정적 정신 상태를 나타내는 음성적 표현

자율적인	행복한	즐거운	사랑하는/받는	신뢰할 수 있는
할 수 있는	더없이 행복한	아름다운	숭배받는	확신에 찬
인정받는	활기찬	기쁜	인정받는	믿는
공인된	창의적인	즐기는	사랑받는	틀림없는
~할 능력이 있는	큰 기쁨	괜찮은	돌봄	확신하는
자신감 있는	마냥 행복해하는	행복한	소중한	의존하는
확고한	흥분된	충족하는	선택하는	전문적인
이용할 수 있는	화려한	좋은	가까운	믿음
중요한	매력적인	기분 좋은	바라던	희망찬
똑똑한	기쁜	즐거운	친밀한	의지하는
자랑스러운	행복한	만족스러운	호평받는	안전한
존경받는	기쁨을 주는	엄청난	숭배받는	신뢰하는
만족한	즐거운	대단한	좋아하는	
똑똑한	장난기 많은	열심인	사랑하는	
지지받는	섹시한		필요한	
귀중한	자극적인		대단히 귀중한	
가치 있는	황홀한		원하는	
			가치 있는	

다. 예를 들어 어떤 내담자가 상황이나 위치, 사람에 대해 설명하면서 '멋진'이라는 단어를 사용하는 경우 그 사람은 그것에 대해 흔쾌히 받아들일 만하고, 좋고, 호감 간다는 것을 나타낸다. 때로는 그런 반응에 대해서 더 정확하지는 않아도 정서 반응을 전한다. 긍정적 정서를 암시하는 단어들의 예시를 표 8.1에 제시했다. 종종 비음성적 단서는 이러한 긍정적인 정서적 표현과 동시에 일어난다. 가장 흔한 것이 표정과 관련된 비음성적 분위기이다. 입꼬리가 올라가는 것은 미소 짓는다는 것을 드러내고, 눈이 약간 넓어지고 걱정주름이 사라질 수 있다. 또한 신체의 긴장감의 결핍을 알아볼 수도 있다. 수용의 몸짓으로 손바닥을 펴고 팔과 손이 움직일 수 있고, 전달자는 정서 반응의 대상에 닿기 위해 뻗을 수 있다. 내담자가 대상이나 사건에 대해 감정을 묘사할 때 표정이나 손의 움직임이 증가할 수 있다.

공격적/방어적인 상태를 나타내는 음성적 표현

감정은 기능을 제공한다. 공격적/방어적 반응이 제거되어야 할 장벽이기는 하지만 그것은 동시에 개인을 보호하거나 권리나 생존을 위한 투쟁의 신호일 수 있다. 그게 즐거운 경험은 아니지만 많은 내담자들은 그것을 완화하거나 제거하기 위한 아이디어를 상담에서 찾고자 한다. 하지만 그것이 어떤 기능을 하는지 자세히 보지 않고 없애려고 시도한다면 이는 치료적으로 도움이 되지 않는다. 그 감정은 내담자가 겪은 부당함에 대한 결과일 수 있고, 탄력성의 표시일 수 있다. 다른 경우에 그 감정이 상처, 수치감, 부적절함 등과 같은 취약한 반응을 숨기기도 한다. 내담자는 그런 감정 상태의 원인을 어떻게 이해할지에 대한 도움이 필요하거나 그 감정을 공격적이거나 방어적이지 않은 방식으로 단호하게 표현할 수 있는 방법을 배울 필요가 있다. 대부분이 사람들이 공격/방어를 나타내는 단어를 접한 적이 있다(표 8.2).

특정 목소리의 특성은 공격성/방어성과 관련이 있다. 대부분의 경우 목소리가 커지고, 깊어지고, 제한된다. 의사소통에서 직면은 더 빠르고 더 신중하게 이루어질 것이다. 일반적으로 의사소통을 하는 사람은 이러한 정신상태에 있을 때 평소와 다른 출발을 한다. 많은 의사소통 오류가 목소리의 크기나 움직임과 같은 문화 간 불일치 때문에 일어난다. 어떤 민족에서는 위험할 정도로 흥분하는 것이 다른 그룹에게는 주목하는 정도의 수준일 수 있다. 따라서 상담사는 반드시 문화적으로 기민한 폭넓은 렌즈를 통해 의사소통을 필터링하도록 연습해야 한다.

내담자가 갑작스럽게 공격성/방어성을 경험하는 것이 가능하다. 오래된 분노, 깊은 불안전성, 소외감이 너무 규범화되면 이러한 반응적 정신상태를 정상적인 행동으로 수용한다. 따라서 상담사는 내담자가 표면적 수준에서 건강한 삶에서 벗어나고 있다는 점을 자각하지 못하고 있는 점을 알 수 있다. 이 경우 그 상태에 대한 상담사의 인식은 내담자에게 직면처럼 느껴질

표 8.2   공격적/방어적인 상태를 나타내는 음성적 표현

공격적인	엄한	호전적인	방어적인
화난	금욕적인	따지기 좋아하는	대항하는
전멸시키다	잔인한	적대적인	말을 안 하는
논쟁하다	불길한	불평을 달고 사는	주의 깊은
공격하다	끔찍한	전투적인	조심스러운
비판하다	심각한	논쟁을 좋아하는	신중한
파괴하다	성격이 나쁜	동의하지 않는	반대
싸우다	혹독한	성마른	준비된
때리다	인정사정없는	짜증나는	방어적인
상처를 주다	무자비한	소송을 일삼는	억울하게 여기다
기분 상하게 하다	심각한	강경한	저항적인
극복하다	근엄한	열렬한	보류하는

수 있다. "당신은 마치 화난 것처럼 말씀하시네요"와 같은 간단하고 잠정적인 관찰도 방어적인 반응을 불러올 수 있다. 이러한 내담자의 저항은 내담자의 반응을 더 깊고 부드럽게 탐색하는 것이 적절하다는 것을 상담사에게 알려주는 신호가 되기도 한다.

두려움과 불안의 상태를 나타내는 음성적 표현

두려움은 어떤 종류의 위험을 피하기 위한 반응이다. 불안은 어떤 인식된 위험에 대한 더 잠재적이고 일반화된 반응이다. 둘 다 위협적인 상황, 자신, 다른 사람, 관계로부터 철수할 필요가 있음을 나타내는 신호이다. 두려움이나 불안을 경험하는 사람은 고립감도 느낄 것이다. 이러한 반응으로 드러나는 위험의 암묵적인 존재는 상담의 초점이 되기 쉽다. 내담자의 의사소통 속에 있는 두려움과 불안을 드러내는 음성적 사인은 다섯 가지 카테고리로 분류되며 표 8.3에 제시했다.

공격/방어 반응과 신체적 반응은 두려움, 불안과 연합되기도 한다. 얼굴이 놀라움이나 의심을 표현할 수 있으며 몸은 움츠러들거나 행동을 개시할 준비가 된 것처럼 보인다. 호흡속도는 더 빠르고 얕아질 수 있다. 불안과 긴장이 증가하면 실수, 반복, 더듬기, 내용의 누락 등의 언어문제도 증가한다. 정상 속도보다 더 빠르게 말하고, 목소리는 더 조심스러워질 수 있다.

표 8.3 두려움과 불안의 상태를 나타내는 음성적 표현

걱정하는	의심스러운	고통스러운	불신하는	피하는
고뇌에 찬	혼란스러운	불안	혐오의	회피하는
불안	실패	경악하는	싫어하는	부인하는
우려하는	불안한	두려운	의심스러운	탈출하는
긴장하는	막힌 듯한	다친	미심쩍은	도망치는
겁먹은	어리석은	고군분투하는	숨어 있는	무시하는
걱정되는	불확실한	고통스러운	수상한	오래 계속되는

내담자가 두려움을 보일 때 상담사는 그 두려움의 영향을 탐색하고 싶어질 수도 있다. 두려움이 얼마나 현실적인가? 두려운 상황에서 신체적으로 얼마나 위협적인가? 그 상황은 신체적 자아보다 개인의 정체성이나 영적 자아에 더 위협적인가? 두려운 상황에 대한 내담자의 인식은 얼마나 정확한가?

영적/실존적 상태를 나타내는 음성적 표현

지금까지 내담자의 신체적 세계와 직접적 혹은 구체적으로 연결된 정서적 상태(낯선 사람과 말하는 두려움, 특정 사건과 관련된 분노)에 대해 논의했다. 하지만 알다시피 어떤 감정들은 일상적인 사건이나 사람들에 딱 연결된 것 같아 보이지는 않는다. 자기회의, 목적, 삶과 연결되어 있기도 하고, 이 경우 내담자의 반응은 여전히 모호하다 — 불편한, 불안정한, 불안한, 슬픈, 일반적인 파멸의 느낌. 감정 자체가 원인이 되는 사건과 관련이 없는 것처럼 보이기 때문에 많이 불안하게 만든다.

영적, 실존적 정신상태는 건강한 삶에서 고통스러운 삶까지의 스펙트럼 위에 놓여 있다. 사람은 실존적 자기와 일치할 때 평화를 느끼고 가득 찬 희망을 경험한다. 실존적 자기와 동떨어질 경우 환멸과 절망을 경험하게 된다. 그 사이 어딘가에 희망도 절망도 아닌 심적 공간이 있다. 이것이 공허함인데 모호한 불편함부터 안도감에 대한 완전한 갈망의 범위에 걸쳐 있다. Bishop(1995)은 "통제소재, 책임 수용, 신앙, 죄책감과 수치심은 내담자 안에 존재하는 문제에서 역할을 한다"(p. 64)고 관찰했다.

실존주의는 핵심적으로 인간의 상태를 연구하는 학문이다. 실존주의를 신학에 대한 반론이라고 하는 이도 있다. 그러나 영성은 일반적으로 인간보다 더 큰 무언가에 대한 신념을 삶

표 8.4 영적/실존적 상태를 나타내는 음성적 표현

평화로운	희망찬	텅빈	환멸을 느끼는	사라지는
잔잔한	예상하는	버려진	속은	우울한
침착한	확신하는	방황하는	냉소적인	절박한
충족된	믿다	낙담한	실망한	실의에 빠진
사랑하는	자신감 있는	방향성 없는	낙심한	암담한
부드러운	기대하는	끊어진	낙담한	공허한
깊은 생각에 잠긴	충실한	완전히 제정신이 아닌	불만족스러운	허망한
차분한	영감을 주는	낙담한	실패한	우울한
이완된	낙관적인	상심한	기대를 저버리는	희망 없는
만족스러운	신의가 있는	희망 없는	상실	상실
고요한	의지하는	의미 없는	자책하는	시무룩한
감사한	신뢰하는	아무 목적이 없는	도달 불가능한	무력한
사려 깊은	희망을 주는	슬픈	불공정한	침울한
흐트러지지 않은	희망찬	비통한	실행 불가능한	몹시 지친

의 원동력으로 인정하는 용어로 받아들여진다. 영성은 종교나 신앙심과는 구별되는 경향이 있다. 종교는 자아와 신에 관한 제도적 반응으로 볼 수 있다. 영성은 이에 대한 비제도적인 대응이다. 이를테면 영성은 누군가의 삶에서 종교를 대체하려고 찾는 것은 아니지만 사실 종교적으로 소외된 때에 위기를 헤쳐나가도록 돕는다. 유사하게, 종교는 특히 내담자가 삶에서 개인적인 종교적 기반을 인식하고 있을 때 내담자의 영적 문제를 다루기 위한 적절한 방법일 수 있다. Richards과 Bergin(2005)은 영적 개입에 대해 다음과 같이 정의한다.

더 경험적이고, 초월적이고, 보편적이고, 문화를 초월하고, 내부적이고, 정서적이고, 자발적이고, 개인적인 것이다. 사적인 기도, 영적 명상, 내담자에게 개인적 의미가 있는 사진을 통한 영적 상상, 용서를 장려하고, 영적인 일기를 쓰는 것이 그 예다(p. 237).

Morgan(2000)은 상담에 적용할 때 이 문제를 다룬다.

오늘날의 상담사의 과업은 내담자의 영적 관점과 실천을 형성하는 특정한 경험, 공동의 맥락, 역사문화적 요소를 이해하는 것이다. 이 사람은 어떻게 자신의 삶에서 초월성, 더 높은 수준의 힘, 극한 상태를 경험하는가? 영적인 영역에 연결되는 느낌을 받기 위해 살아가는 데 중요한 태도와 가치는 무엇인가? 어떤 연습을 통해 의미를 제대로 찾고 있는 것인가?(p. 174)

Powell(1996)은 주요우울장애라고 진단받고 18개월 동안 치료를 받은 선교사의 딸인 16세의 우울한 여성의 사례를 설명한다. 치료의 초점은 영적 가치를 명확히 하고, 내담자가 인식하지 않거나 슬퍼하지 않았던 상실을 다루고, 부모가 겪고 있는 스트레스와 압박을 이해하는 것이었다. 따라서 누군가의 정서적인 요소로서 영적 개입을 고려하는 것은 적절하다.

만약 내담자가 사회적 접촉으로부터 철수하고, 잘 못자고, 불규칙하게 먹거나 잘 먹지 못하며, 자기에게 과도하게 집착하는 모습을 보이면, 상담사는 자살사고나 자살위험의 평가를 수행해야 한다. 퇴역군인의 위기를 평가하기 위한 자살위험평가 같이 온라인에서 이용 가능한 이 과정에 대한 많은 자료가 있다(http : //www.mentalhealth.va.gov/docs/Suicide_Risk_Assessment_Reference_Guide.pdf).

내담자가 감정을 분류하도록 돕기

어떤 내담자는 자신의 정서를 인식하고 상담에 들어오지만 매우 많고 복잡한 미해결된 감정에 의해 압도되어 있다. 그런 상태는 부모나 배우자, 자식의 죽음, 예상치 못한 이혼, 실직, 성폭력의 트라우마와 같은 삶의 외상 사건에 의해 자극된다. 이러한 외상 사건은 그 사건과 관련된 감정 혹은 훨씬 중요한 사람의 자존감과 관련되는 감정을 자극한다. 일반적으로 사람들은 답변할 수 없는 질문을 해결하고자 시도한다. '왜 이런 일이 일어났을까?', '왜 하필 나에게 일어났을까?', '내가 그걸 예방할 수 있었을까?'

그런 상황에서 상담사의 역할 중 하나는 조력자, 안내자, 지지자의 역할이다. 상담적 개입은 내담자가 복잡한 감정 꾸러미를 열어볼 수 있도록 내담자의 다양한 감정 반응을 인지하도록 돕고, 내담자가 감정을 조절하는 감각을 개발하도록 돕는 역할을 통해 공명판(숙련된 공명판임에도 불구하고)이 되는 것을 포함한다. 내담자가 감정을 분류하는 데 도움이 되도록 간단히 종이와 연필을 사용해 기록해보는 것과 같은 단순한 기법부터 다양한 개입방법이 있을 수 있다.

내담자 문제의 핵심이 정서적 경험의 크기인지, 복잡성인지, 숨기는 것일지 모르지만 이 과정에서는 내담자가 그러한 감정을 관리하고 이해할 수 있는 구조와 시스템을 개발하는 것을 목표로 한다. 이 과정은 보기보다 간단하지 않다. 특히나 경험이 부족한 상담사들은 이러한 과정을 내담자에게 힘든 감정을 직면하라고 논리적으로 주장하는 방식으로 상담을 진행하는 경향이 있다. 그러한 방식은 항상 중요한 부분을 놓치게 한다. 많은 감정, 특히 사람을 상담으로 이끄는 감정과부하는 논리적이지 않다. 우리는 내담자의 모습이 우리가 생각하는 기준에 맞을 때, '당신의 감정이 말이 되네요'라고 말한다. 하지만 우리가 맞다고 생각하는 것과 일치하지 않은 감정에 대해 논쟁하는 것은 도움이 되지 않는다. 오히려 첫 번째 단계로 감정을 현실적이고 타당한 것으로 인정해야만 한다. 그 후에 내담자가 그들을 그렇게까지 만든 내면의 논리를 이해하도록 도울 수 있다. 그렇게 하기 위해서 제9장에서 설명한 인지적 개입의 도움을 받을 수 있다. 그러나 내담자의 정서를 존중하지 않고 너무 빨리 인지적 작업으로 넘어가는 것은 내담자의 경험을 부정하는 것이므로 결국 내담자는 존중하지 않는 것이다.

몇 가지 개입이나 연습, 토론은 내담자가 감정을 구분하는 데 도움을 준다. 어떤 개입도 모든 내담자에게 효과적이다. 따라서 각각의 새로운 내담자가 개인적으로 의미 있거나 수용할 만한 활동을 찾도록 탐색하고 실험해야 한다. 개입방법은 적어보는 연습같이 간단한 것에서 더 복잡한 정서경험의 극적인 재연에 이르기까지 다양하다.

상담 초기에 가장 적절한 전략은 감정의 표현과 분류를 해보는 개입활동을 사용하는 것이다. 이러한 활동들은 상담사의 인식, 내담자의 감정표현 반영, 음성적 진술, 내담자의 정서적 경험에 대한 상담사의 공감을 포함한다. 공감과 감정 반영, 재진술에 대한 설명은 제4장에서 자세히 설명했다. 다른 활동으로는 정서 백분위 차트와 ('내 감정을 설명할 수 없어요'라고 말하는 내담자에게 효과적인) 정서 체크리스트, (어린이들에게 적합한) 정서 풍선이 있다.

모든 상담사가 내담자나 상담사 자신의 감정, 특히 강렬한 감정을 편안하게 느끼지는 않는다는 점은 중요하다. 이는 정서적으로 친화적이지 않은 가족, 정서보다는 인지나 행동에 대해 강조하는 문화적 배경, 내담자가 부인하려 시도하는 개인적인 고통 등으로부터 생겨난 것일 수 있다. Teyber와 McClure(2011)는 이런 상황이 만연하거나, 내담자에 대해 과도하게 주지화하거나, 모든 것이 잘될 거라고 내담자를 안심시키면서 그 순간을 모면하거나, 정서적인 것으로부터 멀어지도록 바꾸는 것 등은 효과적이지 않은 상담사의 반응이라고 설명했다. 대개 이러한 반응은 상담사가 자기를 보호하기 위한 행동이라고 볼 수 있다. 가족문화적 배경과 같이 어떤 맥락에서 이런 패턴이 나타나는지 궁금할 수 있다. Teyber와 McClure는 상담사가 내담자를 과도하게 해석하거나, 내담자에게 의사결정을 하도록 하거나, 상담사가 원치 않는 자기 감정을 줄이기 위한 특정한 행동을 취하도록 압박하며 조종하는 실수를 저지를 수도 있다(p. 224)고 경고했다.

정서 체크리스트

청소년, 성인과 정서에 대한 논의를 하는 효과적인 방법은 정서 체크리스트이다. 이 목록은 내

_____ 버려진	_____ 방향감각을 잃은	_____ 미친
_____ 상실	_____ 의심스러운	_____ 긴장된
_____ 두려운	_____ 공허한	_____ 불쾌한
_____ 화난	_____ 두려운	_____ 격분한
_____ 짜증난	_____ 좌절된	_____ 패닉상태에 빠진
_____ 걱정하는	_____ 격노한	_____ 비관적인
_____ 당황한	_____ 성미가 까다로운	_____ 분개한
_____ 혼란스러운	_____ 시달리는	_____ 슬픈
_____ 방어적인	_____ 가슴아픈	_____ 겁먹은
_____ 우울한	_____ 희망 없는	_____ 회의적인
_____ 절망적인	_____ 상처받은	_____ 슬픔에 젖은
_____ 낙담한	_____ 불안한	_____ 긴박한
_____ 무의미한	_____ 거슬리는	_____ 피곤한
_____ 낙담한	_____ 짜증나는	_____ 불안한
_____ 환멸을 느낀	_____ 외로운	_____ 자신없는

그림 8.1 정서 체크리스트

담자가 상담 회기 내에서 자주 보고하는 전반적인 정서에 대한 체크리스트이다. 상담 시작 전이나 첫 번째 회기 중에 이것을 주고 내담자가 기입하도록 할 수 있다. 내담자는 최근 3개월이나 현재 시점에서 자신의 경험에 대해 설명하는 감정을 확인하도록 요청받는다. 회기 내에서 다음 사항이 이루어진다. 내담자의 응답은 초기 논의와 상담의 관심사를 탐색하는 기초로 사용될 수 있다. 그림 8.1의 정서 체크리스트를 보고 지난 48시간 동안 경험한 모든 감정을 체크해보라.

정서 백분위 차트

어떤 이들은 감정에 집중하는 데 어려움을 겪는다. 이는 감정이 결여되어 있다는 것을 의미하기보다는 감정에 대해 생각하거나 이야기하는 것이 익숙하지 않다는 것을 의미한다. 종종 시각적 자료들은 생각이나 집중을 시작하는 데 도움이 된다. 정서 백분위 차트는 상담 초기에 꽤 효과적인 기법이다. 종이에 2개의 원이 있다. 하나는 파이 모양의 그래프로 여러 가지 다양한 감정 상태가 전체 파이에서 각각 어느 정도 차지하는지 나타낸다. 다른 원은 비어 있고, 내담자에게 자신의 감정을 그리도록 요청한다. 내담자가 개인적인 정서에 이름을 붙이기 어려워하면 정서 체크리스트를 함께 활용할 수 있다. 정서 백분위 차트는 내담자가 감정의 강도나 특정

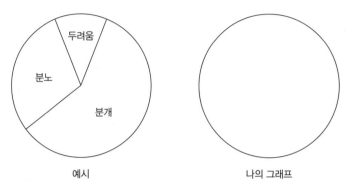

그림 8.2   정서 백분위 차트

정서에 대한 집중을 확인하도록 할 것이다. 또한 상담사는 내담자가 차트에서 확인된 감정들의 상호관계에 대해 논의하도록 내담자를 초대할 수 있다. 이 차트는 기초선상의 실습이나 이후 상담에서 다시 사용할 수 있다.

정서 풍선 차트

어린 아이들은 상담사에게 특별한 문제를 제기한다. 정서인식은 아이가 자라나는 과정에서 발달한다. 어린 아이들은 기쁨, 슬픔, 화밖에 알지 못한다. 아이가 성장하면서 어휘력이 늘고, 그 정서 안에 존재하는 미묘함을 인식할 수 있게 된다. 상담사는 아이의 경험 수준에 맞는 것을 아이와 이야기해야 한다. 장난감이나 아이가 좋아하는 도구를 활용하여 아이들의 정서를 이야기하게 하는 것이 좋다. 정서 풍선 차트가 한 가지 예다(그림 8.3).

활동 시 아이들에게 다음과 같이 이야기한다.

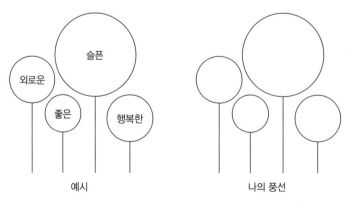

그림 8.3   정서 풍선 차트

사람들은 한 번에 여러 가지 감정을 가질 수 있기도 해요. 어떤 감정은 강렬하고 잊어버리기 어렵지만, 중요하지만 잊어버리게 되는 감정도 있지요. 지금 내가 나눠주는 차트를 이용해서 감정 중에 가장 크고 잊어버리기 어려운 것을 큰 풍선 안에 써 보세요. 다음으로 작은 풍선 안에는 때때로 잊어버리는 감정을 써보세요. 화난, 기쁜, 외로운, 겁나는, 당황한, 자랑스러운, 흥분되는 등으로 풍선에 이름을 붙입니다.

다른 좋은 방법은 기쁜, 슬픈, 화난 얼굴 차트이다. 차트는 아이가 자신의 감정을 가장 잘 설명하는 얼굴을 가리킬 수 있게 해준다. 이러한 많은 자료를 이용할 수 있다. 학교 상담사는 사무실에 그걸 전시하기도 한다. 인터넷으로 상담사가 사용할 수 있는 여러 옵션을 제공하는 웹사이트도 있다.

포커싱 개입

포커싱은 자기성찰을 장려하고 촉진해 내담자 문제를 명확히 하고 개념화하는 데 사용된다. 포커싱은 Gendlin(1981)에 의해 개발되었고 접근에 대한 전체 설명은 다른 연구에도 있다 (예 : Gendlin, 1981; Iberg, 2001). 포커싱은 일반적으로 내담자가 신체의 내적감각을 확인할 시간을 줌으로써 그들의 상황과 접촉할 수 있도록 돕는다. 포커싱의 필수 가정은 신체가 우리의 말보다 더 정확한 지혜를 가지고 있다는 것이다. 우리가 신체 감각에 집중할 수 있는 시간을 줄 때만 새로운 알아차림에 접근할 수 있다고 설명한다.

느껴진 감각이라 불리는 것은 내담자가 가슴이 답답하다거나, 손바닥에 땀이 난다고 하거나, 살면서 무시해 온 공허함의 고통을 표현하는 것이다. 포커싱 개입에서 상담사는 내담자와 조용히 앉아서 느껴지는 감각을 최대한 자세하게 표현하도록 한다. '포커싱은 특별한 종류의 인식으로 들어가는 것이고, 일상적인 인식과 다르다. 그것은 열려 있고, 내부로 향해 있으며, 현재 신체 내적 감각을 중심으로 한다. 포커싱을 할 때, 조용히 스스로에게 '나는 지금 어떤가?'를 물어본다("What Is Focusing?" n.d., para. 5).

상담사는 내담자에게 느껴지는 감각에 접촉하고, 그것을 충분히 탐색하고 들을 수 있는 적당한 시간을 주도록 신경 써야 한다. Iberg(2001)는 상담사의 방해가 포커싱의 효과를 줄이거나 없앨 수 있다고 경고한다. 따라서 내담자가 무엇과 접촉하는지에 대한 성급한 해석은 바람직하지 않다. 대조적으로 포커싱적 개입에서는 궁극적으로 내담자가 Gendlin(1981)이 언급했던 감정 변화로 이끄는 새로운 통찰을 갖도록 허락해야 한다. 즉 새로운 통찰력을 개발하여 내담자의 어려움을 다르게 보고, 더 가볍게 다룰 수 있도록 한다. 포커싱을 지지하는 사람들은 그것이 성공적으로 사용되면 내담자가 다시 한 번 어려움에 직면할 수 있고, 창의성을 증가시킬 수 있다고 주장한다.

포커싱의 사례

그레이스의 사례

그레이스는 5년 전에 비극적인 교통사고로 남편을 잃은 45세 여성이다. 다른 차에 탔던 사람은 빨간 신호등을 무시하고 달렸고, 큰 부상을 입지 않았다. 그레이스의 친구들은 그레이스가 여전히 극심한 고통을 겪고 있다고 보았고 상담을 받아보라고 했다. 첫 회기에서 그녀는 감정에 압도되는 기분과 두 아들의 요구를 보고했다. 그녀는 슬픔, 분노의 소용돌이 속에 있었는데 다른 운전자를 향한 원한, 죽은 남편의 부주의함에 대한 분노, 아들을 잘 돌보지 못한 것에 대한 죄책감과 슬픔도 있었다. 그녀는 이 악순환에 갇힌 것처럼 느끼기 시작했다. 그녀는 합리적이고, 현실적이며, 통제할 때도 있었지만 한 번에 며칠씩 지속되는 슬픔의 구렁텅이에 빠져 있기도 했다. 그레이스나 다른 가족구성원들이 우울이나 자살시도 과거력을 가지고 있는 것은 아니었다. 그녀는 비록 얼마 안 되지만 좋은 시간들을 보내기도 했다. 그녀는 어떻게 이런 날들을 증가시킬지 몰랐고, 어느 정도 개선이 필요한 시기라는 데 동의한다.

이 정보를 바탕으로 상담사는 그레이스가 자살 충동은 보이지 않지만 건강 검진을 위해 주치의와 약속하도록 요청하겠다고 결정했다. 또한 상담사는 내담자가 기분을 말로 어느 정도 표현할 수 있다고 보았기 때문에 기록하는 방법은 불필요하다고 결정했다. 또한 애도 상담의 목표가 그레이스가 자신만의 독특한 방식으로 슬픔에 대처하는 것을 돕는 것이라고 보았다. 그것은 고인이 된 남편과 관계를 유지하는 방법과 남편이 없는 삶에 대한 의미를 재구성하는 것을 포함할 것이다 (Humphrey, 2009).

세 번째 회기 후에 상담사는 그녀가 골칫거리라고 말한 감정을 언급하기 위해 포커싱 기법을 제안했다. 그 과정과 목적에 대한 설명을 한 후 다음 회기에 같이 포커싱 경험을 사용하기로 결정했다. 다음 회기에 온 그레이스는 약간 긴장한 듯 보였지만 이는 곧 사라졌다. 상담사는 회기 중에 분노에 초점을 맞추도록 제안했다. 그레이스가 동의했을 때 상담사는 눈을 감도록 지시했고 몸에 내재된 분노와의 접촉을 시도했다. 상담사는 분노를 분석하려고 하지 말고 그저 따라오도록 충고했다. 침묵이 지나간 후 그녀는 분노에 대한 느껴진 감정을 얻기 위해 시도했고 가슴 위에 무거운 것이 있는 것 같다고 얘기했다. 상담사는 그 알아차림에 머물고 있도록 했고 다른 것이 느껴지지는 않는지 물었다.

그레이스 : 당신도 알겠지만 이건 이상해요. 무게가 더 무거워지는 것 같아요. 하지만 그것은 마치 내 두 팔이 따뜻하게 하기 위해 감싸고 있는 것 같아요.

상담사 : 그래서 당신은 그걸 안고 있나요?

그레이스 : 안고 있는 것 이상이에요. 내가 그걸 보호하는 것 같아요. 분노를 내 가슴에 올려놓고 누워 있고, 내 팔은 그 분노를 감싸고 있어요. 분노를 안고 있는 것과 동시에 내 자신을 숨 막히게 하고 있어요.

상담사 : 상당히 기분이 나쁠 것 같네요. 특히 슬픔과 함께라면요.

그레이스 : (잠시 침묵한 후) 당신도 알다시피 슬픔을 이야기했을 때 나는 더 깊은 곳에서 실제로 고통을 느꼈어요. 내가 고통을 느낄 필요가 없도록 분노가 나를 점령하고 있었는지도 모르겠어요. 그 고통은 너무나 끔찍한 가라앉는 것 같은 느낌이에요. 너무 고통스러워요(눈물이 핑 돌며). 우리 이제 그만할까요?

그레이스와 상담사가 그 경험에 대해 이야기할 때 그레

이스는 그녀의 분노가 슬픔을 막고 있었는지 궁금했다. 그녀는 외로움이 자신을 두렵게 했다고 털어놓았지만 분노가 도움이 되지 않았다는 것을 알았고, 그것은 자신의 아들을 가장 혼란스럽게 하는 듯한 감정이었다. 그레이스와 상담사는 훨씬 더 작업할 것이 많았지만 포커싱이 유용했다는 것을 인식했다. 그레이스가 떠나기 전에 한 말은 분노가 임시적 목발이었고, 그녀가 원했던 것은 아니라는 것을 아는 데 도움이 되었다는 것이다. 이 말을 볼 때 그레이스에게 앞으로 나아가거나 기분을 바꾸는 것이 시작되고 있었다.

Hinterkopf(1998)는 포커싱 개입이 "종교적, 영적인 문제의 교정, 이미 존재하는 영적 경험의 강화, 영성에 대한 새롭고 생기를 주는 연결 등에 사용되며 영적인 건강에 필수적"(pp. 2-3)이라고 제안하며 포커싱 개입 6단계를 설명했다(pp. 52-55).

1. 공간을 정리한다. 내담자가 문제를 인식하도록 돕고, 정신적으로 그것이 현재 존재하지 않는 것처럼 치우고, 그것들이 없어진 효과를 관찰한다.
2. 감정이 느껴지도록 한다. 내담자가 문제의 복잡함 속에 온전히 있도록 하고 그 결과를 얘기하도록 한다.
3. 다루는 방법을 찾는다. 느껴진 감정을 2단계로 설명할 수 있는 표현을 확인한다. '모호한 감각에 접촉한 채로 유지하거나, 잠시 기다리도록 돕거나, 그 알아차림이 사라질 것 같을 때 다시 끌어당긴다' 같은 표현이다.
4. 공명한다. 3단계에서 확인된 표현을 검사하고 만약 적절하다면 느껴진 감각을 더 잘 나타낼 수 있는 표현을 찾는다.
5. 질문한다. 내담자가 스스로에게 질문하도록 한다. '이런 감정을 느끼게 하는 이 문제는 무엇인가?'[Hinterkopf는 이것을 느껴진 감각에 '친절한 경청'(p. 55)을 하는 것이라고 칭했다.]
6. 받아들인다. 내담자가 포커싱으로 인한 감정 변화와 내담자가 경험한 신체 느낌의 변화를 통합하도록 돕는다.

내담자가 감정상태를 통합하거나 변화시키도록 돕기

앞에서 우리는 사람들이 때때로 그들의 감정으로부터 심리적인 거리를 만들어냄으로써 그들의 감정에 대처한다고 말했다. 이것은 외상과 같은 인생의 상황에서 기인하는 다양한 정서적 반응에 의해 폭격을 당한 사람에게 일어날 수 있다. 그것은 또한 사람이 강렬하지만 받아들일 수 없는 정서적인 상황에 직면할 때 발생할 수 있다. 이러한 정서적 거리 두기의 결과로 정서에 반응하려는 즉각적인 대응이 지연된다. 그레이스의 사례와 같이 이것은 애도 과정에서 일어난다. 하지만 적응적인 요구를 지연하는 것은 장기적인 해결책이 아니다. 따라서 슬픔에 젖은 사람은 궁극적으로 상실에 직면하여 상실의 요구방법이 무엇이든 지각을 변화시킨다.

여기서 우리의 목적을 위해 우리는 **역기능적** 정서를 일상적 기능을 방해하는 감정이라고 정의한다. 역기능적 감정을 대체하거나 기능적 감정을 확립하는 것은 복잡한 과정이다. 어떤 이론가들은 그것이 내담자가 나쁜 감정을 급격하게 풀어낸 후 정서적인 안정이 뒤따르는 카타르시스적인 순간이 필요하다고 주장하지만 다른 이론가들은 감정의 확인과 대체를 위한 의식적이고 혹독한 노력을 통해 역기능적 감정이 더 기능적인 감정으로 대체될 때만 일어날 수 있다고 믿는다. 또 다른 이론가들은 역기능적 감정이 존재하지만 내담자에게 인식되지 않고, 내담자가 이런 숨겨진 감정을 온전히 알아차릴 때 비로소 내담자에 의해 그것이 언급되고 다루어질 수 있다고 한다. 이러한 과정 동안 상담사는 내담자를 이끄는 적극적인 참여자이면서 내담자에게 공감적으로 응답하여 역기능적 감정이 인식되고 언급될 수 있다. 다음의 사례는 새로운 감정의 통합을 보여준다.

감정통합의 사례

앨리스의 사례

앨리스는 부모님께 상속받은 집에서 혼자 살고 있는 41세 여성이다. 교사가 되기 위한 과정을 마치기까지 6주를 남겨 놓고, 교생실습 준비를 해내지 못할 것 같다는 의심과 두려움으로 인해 학교를 그만두게 되었다. 이 사건 이후 그녀는 며칠을 침대 속에서 보냈다. 이 기간 동안 아무것도 할 수 없을 정도로 우울했다고 보고했다. 이 일이 있은 후 앨리스는 술집에 취직했다. 앨리스는 교사가 되기 위한 학교로 가기 전에 15년간 은행에서 일했다. 그녀는 항상 선생님이 되고 싶었고, 강사도 그녀가 좋은 선생님이 될 것이라고 말했다. 학교를 중퇴했을 때 이 문제에 대해 상담을 받도록 조언을 받았다. 1년 동안 아무것도 못하고 있다고 느낀 후 그렇게 하기로 결심했다. 아무것도 안 하면서 많은 시간을 보냈지만

어떤 일도 교사 훈련에서 중퇴할 때의 우울보다 심하지 않았다.

몇 번의 상담 후 앨리스의 상담사는 그녀의 자기회의에 대해 언급했다. 포커싱 훈련을 끝내고 그녀는 노동자 계급의 부모님은 좋은 분들이셨지만 그들은 그녀가 직업을 가질 것이라고 생각지 않았고, 대학을 통해 직업을 얻는 것을 보고 놀랐다는 것을 확인했다. 게다가 앨리스는 어릴 때 비만이었고 인기를 끌어 본 적이 없다. 십대 때와 젊었을 때 남자에게 관심 받은 적이 없다. 앨리스와 상담사가 이 작업을 하고 현재 상황과 관련된 자기회의에 대해 훨씬 더 잘 인식하게 되었고, 그것은 어린 시절의 나쁜 기억뿐 아니라 전문가로서 성공할 수 없을 것이라는 두려움으로부터 왔음을 알게 되었다.

앨리스의 상황은 내면의 정서적 흐름이 어떻게 사람의 의식에 침투하며 현재의 목표에 대한 정서적인 수행을 방해하는지를 보여준다. 또한 감정, 사고, 행동의 밀접한 관계뿐 아니라 모순적인 감정상태(가르치는 것을 좋아하지만 교사로서 실패를 두려워함)를 해결해야 하는 필요성을 보여준다. 상담사는 더 이상 그녀를 통제할 필요가 없는 과거를 반영함으로써 앨리스가 숨어 있는 감정을 발견하도록 작업할 것이다. 특히 강사에게서 받은 긍정적인 피드백과 관련되는 자신의 능력에 대한 자신감을 키워야만 한다. 앨리스가 잠시 불안을 느낄 수 있지만 불안의 기원을 알고, 불안감이 긍정적인 감정과 공존할 수 있다면 불안은 훨씬 약해질 것이다.

그러한 내담자의 문제를 다루는 많은 상담적 개입은 인간중심, 게슈탈트, 실존적 상담에서 파생되었다. 이 절에서 우리는 역할 바꾸기, 또 다른 자아 기법, 빈 의자(혹은 두 의자) 기법을 시도할 수 있으며 모두 앨리스에게 적용할 수 있다.

역할 바꾸기

역할 바꾸기는 주로 제11장에 제시된 행동적 개입에 가깝지만 내담자의 정서로 발생하는 상황을 해체하는 통로로 활용될 수 있으므로 여기에도 제시했다. 즉 역할 바꾸기는 내담자가 상황이나 다른 사람에 대해 정서적으로 반응적이 되거나 상황에 반응하는 자신의 정서적 반응을 통찰하지 못하는 경우에 유용한 기법이다. 따라서 역할 바꾸기의 목적은 내담자가 감정에 대해 명확히 하고, 그 감정과 상황을 일반적으로 반영하기 위해 그 상황에 대한 대안적인 견해에 대해 구체적으로 살펴보도록 하는 것이다. 이 기법은 내담자가 사용하는 역기능적이지만 안전한 역할과 태도에 도전하도록 만들기 때문에 초기 저항이 생길 수 있다. 하지만 내담자에게 막혀 있던 부분에 대해 일부러 반대 입장의 역할을 취하도록 격려할 수 있다면, 이 기법은 상당히 효과적일 것이다.

상담사는 역할 바꾸기 규칙을 만들 때 적극적으로 참여한다. 상담사는 내담자가 어떻게 막혀 있는지와 역할 바꾸기에서 이것을 어떻게 정확하게 묘사할지 살펴본다. 다음 사례에서 빈센트는 직장에서 겪는 문제로 인해 상담에 왔다. 상담사는 곧 상사에 대한 빈센트의 정서적 반응에 문제가 있음을 깨달았고, 빈센트가 다른 각도로 갈등을 탐색하는 것을 돕기 위해 역할 바꾸기를 하기로 결정했다. 상담사는 빈센트가 상사와 마주치는 상황에서 상사의 역할을 하도록 했다. 상담사는 또 빈센트의 역할을 하는 데 참여했다.

역할 바꾸기의 사례

빈센트의 사례

빈센트는 '직장 문제'를 해결하기 위해 상담에 왔다. 상담이 진행됨에 따라 빈센트와 상사의 대인관계뿐 아니라 상사에 대한 빈센트의 강한 감정으로 정의된 문제는 더 분명해졌다. 빈센트는 자신이 직장을 좋아함에도 불구하고 상사에 대한 감정이 자주 나타난다는 것을 알았다. 하지만 상담사가 변화를 위한 직접적인 목표를 설정하는 주제를 가져오면 그 탐색은 항상 가망이 없는 것처럼 보였다. 빈센트는 허둥거렸고, 유일한 해결책은 일자리를 바꾸는 것이라는 성급한 결론을 내렸다. 이러한 패턴이 2회기 동안 반복되었고, 상담사는 역할 바꾸기 기법을 하도록 제안했다. 빈센트는 다소 의심스럽게 대답했지만 기법이 무엇과 관련되는지 논의한 후에 참여하는 데 동의했다. 그다음 회기는 다음과 같이 시작되었다.

빈센트 : 나는 이 기법이 무엇을 향상시킬지 모르겠어요. 상사는 무감각하고 내 상황에 대해 하나도 신경쓰고 있지 않을 텐데. 그는 절대 변하지 않을 것이고 그를 위해 일하는 것은 스트레스만 쌓는 일이에요. 여전히 유일한 해결책은 다른 직장을 찾아보는 거라고 생각해요. 미칠 짓이긴 하지만 그가 없는 직장은 다 좋을 것 같아요.

상담사 : 결론을 내리기 전에 지난 시간에 얘기했었던 역할 바꾸기 기법을 적용해봐요. 아무것도 바뀌지 않을지 모르지만 적어도 우리가 상상할 수 있는 모든 방법으로 문제를 확인했다고 할 수 있을 거예요. 해보실거죠?

빈센트 : 물론이죠. 같이 해볼게요.

상담사 : 좋아요. 잠시 완전한 반대입장의 역할을 해볼 거예요. 상사가 되었다고 한 번 상상해봅시다. 제가 당신 역할을 할게요. 우리는 문제에 대해 이야기를 할 것입니다. 가능한 정확하게 상사 역할을 해보세요. 그의 머릿속으로 들어갑니

다. 그런 방법으로 상사가 어떤지에 대해 훨씬 좋은 생각을 할 수 있어요. 저도 같은 방식으로 당신 역할을 할 겁니다. 만약 제가 정확하지 않게 반응한다면 멈추고 제가 어떻게 반응해야 하는지 알려주세요. 준비됐어요?

빈센트 : 준비됐어요. 저는 그를 어떻게 따라야 할지 알아요. 그를 구석구석 잘 알죠.

상담사 : 좋아요. 당신이 상사 역할을 먼저 시작해보세요.

빈센트 : 빈센트, 생산보고서 마감을 또 놓쳤지? 내가 알아. 도대체 뭐하고 있는 거야?

상담사 : 필요한 정보를 구할 수가 없었어요. 당신이 회의에 참석해서 필요한 것을 당신에게 물어볼 수 없었어요.

빈센트 : 도대체 무슨 소리야? 회의하고 있어서 못 물어봤다고? 보고서를 끝내는 데 필요하면 물어봤어야지. 그럴 땐 물어봐. 대신 다음부터 마감은 어기지 마. 알았어?

상담사 : 네, 알겠어요. 그렇지만 어제 당신을 방해했으면 당신은 폭발했을 거예요.

빈센트 : 그래서 어쩌라는 거야? 그래, 자네 말이 맞아. 자네가 일주일 내내 이 문제를 안고 있어서야마 짜증났겠지. 자네가 나를 피하는 것을 알아. 하지만 그게 마감 놓친 거에 대한 변명은 될 수 없어. 그래서 나한테 기대하는 게 뭔가? 나는 이 이 일을 마쳐야 하는 궁극적인 책임이 있어. 날 좀 피하지 마!

상담사 : 음, 빈센트, 그 장면에 대해 어떻게 생각해요?

빈센트 : 괜찮아요. 우리가 왜 이걸 하는지 알겠네요. 그가 화내면 전 정말 괴로워요. 하지만 내가 피하지 말아야 할 때 그를 피했던 부분에 대해서는 한 번도 생각해보지 못했었어요.

상담사 : 그의 분노에 대해 어떻게 반응할지에 대해 도움이 됐나요?

사례에서도 볼 수 있듯이 빈센트는 안전한 역할 바꾸기 상황에서 본인이 상사와 직면하는 것을 피하고 있다는 것을 시인했다. 이러한 시인을 했다고 해서 빈센트가 직장으로 돌아가 새로운 방식으로 대처할 것을 의미하지는 않는다. 그러나 상담은 빈센트가 상사와 일할 때 어떻게 새로운 방법으로 접근할 수 있는지 탐색하는 쪽으로 옮겨 갈지 모른다. 혹은 끝내 직장을 바꿀 수도 있다. 하지만 그 순간동안 빈센트는 상사에 대한 정서 반응에 의해 조종당하기보다 자신을 성찰해볼 수 있다.

또 다른 자아

또 다른 자아 기법은 역할 바꾸기 기법과 비슷하지만 새로운 부분이 있다. Merriam-Webster (2015)의 온라인 사전은 또 다른 자아(alter ego)를 '두 번째 자기, 자신의 다른 버전'으로 정의한다. 스스로 더 잘 인식하고, 더 정직하며, 개인의 동기, 가치, 숨겨진 의제에 대해 더 지각력 있는 자기 성격의 다른 차원을 가지고 있다. 사람의 또 다른 자아는 의무를 무시하거나, 책임을 회피할 때 자신을 괴롭힌다. 따라서 또 다른 자아는 한 사람의 내적 삶에 대해 알고 있는 더 정직한 보고자이다.

이 기법에서 내담자는 자신의 또 다른 자아가 되어 보고, 상담사는 내담자의 공적인 자기인 척한다. 상담사는 내담자의 공적인 자아에 대한 정확한 묘사를 만들 수 있어야 하고, 내담자는 또 다른 자아가 나타날 수 있도록 상담사와 함께 충분히 안전하게 느껴야 하기 때문에 이 기법은 상담 관계 초기에는 사용되어서는 안 된다. 또 다른 자아 기법이 효과적일 때 내담자를 더 정직하게 직면하도록 만든다. 이러한 종류의 자기직면은 상담사에 의한 직면보다 훨씬 효과적이다. 그 결과로 내담자는 문제를 확인할 수 있고, 자기합리화와 자기로부터 동기화되거나 유발되는 감정을 반박하거나, 자기와의 치료적 만남에서 스스로의 동기에 의문을 제기할 수 있다. 다음 사례는 상담 장면에서 또 다른 자아 기법을 한 예로 보여준다.

또 다른 자아의 사례

완다의 사례

완다는 35세의 웨이트리스이고 50세의 자동차 정비공 매트와 결혼했다. 이전 결혼에서 팀이라는 11살짜리 아들이 있다. 그녀는 팀의 정서적·학업적 발달이 걱정되어 상담에 오게 되었다. 팀은 다니는 학교에서 평균 이상의 지능을 가진 것으로 확인되었다. 하지만 성적은 지난 몇 년 동안 나빠지기만 했고 가족의 걱정거리가 되고 있다. 완다는 팀에 대한 걱정을 상담사와 논의하면서 남편이 아들의 욕구를 알아주지 않는 것에 대해 어떻게 느끼는지에 대한 개인적 이슈로 옮겨 갔다. 그녀는 남편에게 화가 났고 아들의 문제는 사라지는 것 같이 느꼈다.

상담사는 완다에게 남편과 아들을 상담에 참여시키도록 요청했지만 완다는 남편이 거절했고, 아들도 학교 일정 때문에 참여할 수 없다고 얘기했다. 상담사는 이런 설명들에 대해 궁금했지만 완다의 판단을 받아들였다. 완다는 밝고 내성적인 내담자여서 또 다른 자아 기법에 적합했다. 그 기법이 완다가 그녀 자신의 정서적 반응에 대해 더 이해하도록 돕는다고 믿어서였다. 상담을 좋아하는 완다는 상담사의 제안을 흔쾌히 받아들였다.

상담사 : 이 기법에서는 제가 당신에 대해 알고 있는 만큼 당신이 될 것입니다. 나는 당신을 정직하고 정확하게 대변하려고 노력할 거예요. 당신은 내가 아직 완전히 알지 못하는 사적인 완다가 되었으면 해요. 또 나는 당신이 가장 진솔한 당신 자신이 되길 바라요. 공적인 당신(상담사)과 사적인 당신(완다의 역할)이 서로 이야기할 거예요. 우리는 논쟁을 할지도 모르지만 그건 괜찮아요. 이해했어요?

완다 : 그런 것 같아요. 해볼게요.

상담사 : 그럼 제가 먼저 해볼게요. (완다가 되어) 나는 팀한테 뭘 해줘야 할지 모르겠어. 그 애는 영리하지만 그애의 능력을 낭비하고 있어.

완다 : (또 다른 자아가 되어) 너는 항상 네가 무엇을 해야 하는지 알아야 한다고 하지만 너는 그러지 못해.

상담사 : 그래. 그렇기 때문에 매트가 도와야 한다고 생각해. 내가 가장 그를 필요로 할 때 없었어.

완다 : 너보다 매트가 팀에 대해 더 많이 알아야 한다고 생각해? 너는 팀에게 책임감을 느끼고 싶지 않구나.

상담사 : 혼자 하고 싶지 않은 것은 아니야. 혼자 할 수 없다고 생각하기 때문이야. 게다가 매트와 팀이 부모자식 관계처럼 지냈으면 하지만 그렇지 않아.

완다 : 네가 매트에게 훈육같은 부모의 중요한 일을 하도록 내버려두지 않기 때문에 그런 일이 안 일어난 거지.

상담사 : 내가 매트가 부모 역할을 하도록 하지 않았다는 게 무슨 의미지?

완다 : 나는 팀이 너보다 매트를 더 좋아하게 될까 봐 매트가 진짜 부모가 되도록 내버려 두는 것이 두려웠다고 생각해. 그래서 매트를 멀리 두었지.

상담사 : 그것은 사실이야. 매트는 팀을 진심으로 걱정할 만큼 팀을 사랑하지 않아.

완다 : 그건 사실이 아니야. 완다. 너도 알잖아. 매트는 팀을 많이 사랑해. 팀을 걱정하고 있고. 하지만 그는 너와 팀의 관계를 더 걱정하고 있어. 그리고 그것 때문에 관여하지 않는 거지.

상담사 : 너가 그런 얘기를 하는 게 너무 싫어.

완다 : 상처가 된다는 것은 알아. 하지만 너는 깨어 있는 게 좋을 거야 완다. 아니면 언젠가 둘 다 잃을지도 몰라.

상담사와 완다는 이 시점에서 기법을 끝냈다. 완다는 매우 자기직면적인 말을 했고, 자신의 폭로에 대한 불편한 심기를 드러내기 시작했다. 상담사는 완다가 포화 수준에 도달하기 시작했다는 것을 감지했고, 그래서 그녀에게 드러났던 생각과 감정을 통합할 시간을 주기로 결정했다. 기법을 멈춘 후, 직면에 대해 논의하는 시간을 가졌다. 논의를 하면서 완다는 긴장을 풀었고, 자신을 더 편안하게 보았다. 이 회기는 완다와의 상담 전환점으로 판명된 매우 중요한 회기였고, 남편이 팀에 대한 사랑과 관심이 있고 자신과 팀의 관계에 대한 관심으로 인해 갈등한다고 믿는다는 것을 처음으로 인정한 회기였다.

빈 의자 기법

빈 의자 기법은 처음에는 게슈탈트 치료자들에 의해 사용되다가 점차 다양한 범위의 이론적 배경을 지닌 상담사들도 많이 사용하고 있는 기법이다. 그것은 내담자가 표면적으로 보여주지는 않지만 내담자의 기능에 영향을 미치는 미묘한 감정에 대해 인식하거나 탐색하도록 돕는 데 사용된다. 이 기법은 (내담자와 내담자과 관련된 다른 사람 사이의) 대인관계문제 혹은 (내담자와 내담자의 다른 자아 사이의) 개인 내의 문제에서 사용될 수 있다.

상담사는 이것이 내담자의 자기나 문제와 관련된 특정 사람 사이의 대본이나 가상의 대화라고 설명하면서 시작한다. 상담사는 자신의 역할은 관찰하고 동작이나 대화를 짜고 때때로 질문하거나 관찰을 나누면서 때때로 중단시키는 것이라고 설명한다. 내담자가 동의하면, 다음 단계는 대화를 나누는 둘이 누가 될지 결정하는 것이다. 이는 내담자가 누구와 대화할지를 의미한다. 그것은 당황한 자신일 수도 있고, 겁먹은 자신일 수도 있으며, 내담자의 부모, 배우자, 내담자와 갈등을 겪는 어떤 사람도 될 수 있다.

상담사는 대화의 요소를 정의하기 위해 인식의 차이나 잠재적 갈등을 통찰할 수 있어야 한다. 다음 단계는 내담자에게 과정이 어떻게 진행될지 설명하는 것이다.

이 기법에서 당신은 돌보는 자기, 화나는 자기 둘 다가 될 것이고, 두 명의 자기는 이야기를 나누고, 두 관점에 대해서 탐색하게 됩니다. 돌보는 자기가 화나는 자기에게 '왜 너는 부모에게 결정에 대해 이야기하고 싶지 않았니?'라고 물어보는 것으로 시작합시다. 그 후에 화나는 자기가 돌보는 자기에게 반응해봤으면 좋겠습니다. 뭘 할지 알겠나요? 도움이 필요할 때 내가 도와줄 것이라는 점을 기억해주세요.

빈 의자 기법의 사례

파울라와 빈 의자 기법

파울라는 20대 중반의 젊은 여성으로 최근에 좋은 직장을 구했다. 게다가 그녀는 수와 무척 만족스러운 친밀한 관계에 있다. 수는 현재 의대에 재학 중이며 내년에 레지던트를 시작한다. 수는 지역 병원에 머물 수 있는 기회가 있으나 다른 주의 특정한 과정의 레지던트를 할 수 있는 기회도 탐색 중이다. 파울라는 이에 대해 감정이 복잡하다. 한편으로 수를 사랑하는 입장에서, 그녀에게 가장 좋은 것을 선택하기 원한다. 이것이 수가 자신이 있는 이 도시를 떠나 더 좋은 수련을 받는 것일지라도 말이다. 다른 한편으로 파울라는 자신의 경력에 대해서 생각을 한다. 특히 파울라의 새 직업을 시작할 때 수가 도와주기를 원하기도 한다.

파울라는 이 충돌하는 감정을 탐색하기를 원했고, 상담사는 이를 다루기 위해 빈 의자 개입을 제안했다. 파울라가 동의했고, 상담사는 이 활동을 설명하고 나서 한 의자에 앉아 있는 파울라에게 수가 떠날 가능성에 관련된 감정을 다른 빈 의자를 향해 설명하게 했다.

파울라 1 : [수가 머물기를 바라는 입장] 파울라 2에게 : 난 정말 그녀가 안 가면 좋겠어요. 잘되어 가는 일들이 있잖아요. 나는 그녀가 여기서 레지던트 과정을 할 수 있는데 굳이 떠나야 하는 이유를 모르겠어요. 나는 정말 그녀의 도움이 필요해요. 바로 지금요(상담사는 파울라에게 반대편 의자에 앉도록 하고 또 다른 파울라가 되도록 안내한다).

파울라 2 : [수에게 가장 좋은 것을 하길 원하는 입장] : 글쎄. 당신은 그 대답을 알고 있잖아요. 여기 남는 것은 아마도 그녀에게 가장 좋은 건 아닐 거예요. 그녀는 다른 곳에서 더 나은 교육을 받을 수 있어요. 그녀는 재능이 뛰어나니까 최고의 교육을 받아야 해요(상담사는 파울라를 다시 의자 1로 이동시킨다).

파울라 1 : 그래도 정말로 그녀가 나를 사랑한다면, 그녀는 머물 수 있을 거예요(의자 2로 다시 이동시킨다).

파울라 2 : 그렇지만 만약 당신이 정말로 그녀를 사랑했다면, 그녀를 풀어주면 더 자유롭게 느껴질 거예요(파울라가 울기 시작한다).

상담사 : 잠시만 쉬지요. 지금 무엇을 알았나요, 파울라?

파울라 : 슬퍼요, 정말 슬퍼요.

상담사 : 알겠습니다. 그 느낌에 머물러보세요. 그 느낌이 당신을 어디로 데려가는지 보세요.

파울라 : 이 의자에서 말이죠?

상담사 : 네.

파울라 2 : (여전히 울며) 슬픔이 깊어져요. 나는 정말로 그녀를 놓아주기를 원하는 것 같아요. 단지 저 때문에 여기에 머물기를 원하지 않아요. 그러면서도 그녀를 보내는 게 힘들어요. 정말 슬퍼요(더 많이 운다).

상담사 : 당신이 느끼는 기분을 받아들이고 잠시 동안 그것이 그대로 있도록 해보세요(침묵).

몇 분 후 파울라는 다시 말하기 시작한다. 그녀는 기분이 좋지는 않았지만 이 문제에 대한 그녀의 감정과 위치에 대해 훨씬 더 명확하게 느꼈다.

상담사는 파울라의 감정에 대해 그녀가 인식하도록 도왔으며 그녀에게서 일어난 감정들을 받아들이도록 장려했다. 빈 의자 개입으로 얻는 뚜렷한 두 가지 이점은 다음과 같다 — (a) 파울라의 방어는 요소들끼리 충돌하는 특징이 있었다. 이들은 대화가 이어짐에 따라 감소하는 경향이 있었고, 그리하여 자신이 쉽게 볼 수 없었던 관계의 요소들을 보게 만들었다. 그리고

(b) 파울라는 겉으로 보기에 양립할 수 없는 두 가지 감정을 수용할 수 있었으며 자기 스스로에게 '이 두 감정 모두가 나다'라고 말하게 되었다.

정서적 개입에 대한 내담자의 반응

이 장을 시작하면서 많은 내담자들에게 자신의 감정을 정확하고 적절하게 표현할 수 있는 자기 성찰적인 기술과 대인관계 기술이 부족하다는 점을 이야기했다. 이것은 이들이 감정을 경험하지 않는다는 것을 의미하지 않으며, 감정을 표현할 필요가 없다는 것을 의미하지도 않는다. 감정을 표현할 수 없는 경우 그 사람은 압력솥 효과를 경험하게 되는데, 이는 울적한 감정들이 쌓여서 긴장과 불안감이 증가하는 것을 말한다. 마침내 감정은 정신장애, 약물남용, 신체적 폭력, 분노 폭발, 또는 다른 사회적·개인적으로 파괴적인 표현과 같은 분출구를 통해 나타나게 된다.

위와 같은 종류의 조건과 매우 제한적인 대안들을 생각해보면, 대부분의 내담자는 감정상태를 표현할 때 안도감을 느낀다. 그러나 이때 어떤 사람들은 자신의 행동에 대해 적혀 있지는 않지만 존재하는 규칙을 위반한 것처럼 생각하며 당혹스러워한다. 상담사는 이 감정에 대해 타당화하여(이 같은 반응은 정상적이며 지나갈 것임을 안내하여) 이 효과를 완화할 수 있다. 때때로 어떤 내담자는 거의 멈추지 않고 계속 현재나 과거의 감정에 대해 말할 것이다. 이는 감정에 대한 댐이 마침내 부서진 것과 같다.

문화는 정서적 개입에 대한 내담자의 반응을 일으킬 때 추가적으로 고려할 사항이다. 비서구 문화권의 내담자는 자신의 감정에 대해 덜 표현하고 심지어는 감정에 관심이 덜한 경향이 있다. 실제로 개인의 문제 해결책으로써 감정을 개방하여 표현하거나, 감정이 변화하는 것이 내담자의 문화적 가치에 반하는 것일 수 있다. 이와 같이 내담자가 자신의 감정을 기꺼이 표현하려 하지 않고 거기에 초점을 맞추려고 하지 않을 경우, 상담사는 제9~11장에서 설명하는 다른 개입들을 사용하는 것이 낫다.

변증법적 행동치료와 동기강화상담에 개입 적용

상담을 공부하는 학생들은 실제 상담사들에 의해 개입이 어떻게 이뤄지는지 이해하는 것이 중요하다. 그러므로 이 장을 시작할 때 변증법적 행동치료(Dialectical Behavior Therapy, DBT)와 동기강화상담(Motivational Interviewing, MI)라는 두 가지 현재 가장 널리 사용되는 상담 접근의 개입들에 대해 논의했다. 정교한 개입은 한 가지 이상의 지향으로부터 구성되기는 하지만 후자(MI)는 그 자체가 하나의 개입이다. 제9, 10, 11장이 비슷한 논의를 하며 마무리된다. 이것이 가장 중요하기 때문에 우리는 이 접근법들 각각의 정해진 목표와 간략한 설명을 제시한다. 분명히 우리는 DBT나 MI의 정의를 하려는 것은 아니다. 우리는 독자들이 아래의 내용에 포함된 참고문헌을 살펴보고 이 접근법들 중 하나에 대한 공부를 시작할 수 있도록 돕고자 한다.

변증법적 행동치료

변증법적 행동치료(Linehan, 1981, Linehan, 1993)는 만성적 자살충동을 일으키는 청소년뿐만 아니라 경계성 성격장애의 기준에 부합하는 이들까지를 상담하기 위해 시작되었다. 초기부터 이 치료법은 광범위한 대상에게 활용되었고, 경험적으로 지지받으며 사용되어 왔다. 매우 분명하게 DBT는 우리가 위협을 받을 때 대응하기 위해 열중한다는 것을 인정하면서 시작한다. 정서조절장애(내담자의 어떤 경향으로 인해 감정을 조절하는 데 어려움을 겪는 경우 그들은 이로 인해 감정 조절 또는 삶의 스트레스에 더 취약해짐)를 겪는 내담자의 경우, 그들의 대응이 그들의 어려움의 일부가 되거나 어려움 그 자체가 된다(예 : Cohn, Jakupcak, Seibert, Hildebrant, & Zeichner, 2010; Selby & Joiner, 2009). Koerner(2012)는 스트레스를 받을 때 우리의 주의는 조여들게 되는(엄격해지는) 과정을 설명했다. 이는 위협을 받을 때 우리는 초점을 좁히게 되고 우리가 대응할 수 있는 선택 범위도 줄인다. 침입자가 우리집에 들어서려 한다고 상상하면 대부분의 우리들에게 이 과정이 일어난다. 정서조절장애를 갖고 있는 내담자의 경우 이와 같은 좁혀진 대응을 일으키는 촉발 요인이 다른 사람의 말이 될 수 있다. 그들의 말이 과거의 정서적으로 학대당했던 환경의 말들을 떠올리게 하는 것이다. DBT의 궁극적인 목표는 내담자가 이와 같은 촉발 요인을 만났을 때 새로운 전략을 배우도록 돕는 것이다.

첫째, 상담사는 내담자를 지지하고, 그들의 정서적 경험을 타당화해야 한다. 지지와 타당화가 이루어지면, 상담사는 내담자에게 고통을 일으키는 다양한 촉발 요인과 고통에 대한 (종종 조절이 되지 않는) 대응을 인지적으로 분석하도록 돕는다. 분석의 과정을 통해 생산적인 선택사항들을 찾아내고, 기술을 훈련하여 조절장애 패턴을 막는 행동으로 변화한다. 일단 조절장애 패턴이 변경되면, 그다음으로는 내담자를 약화시키는 부정적 감정들을 경감시키는 것이다. 동시에 내담자는 과거의 고통스러운 기억과 현재의 어려움을 겪는 상황을 포함한 완전히 제거할 수 없을 것 같은 것들을 인정하고 수용하는 것을 배운다.

DBT의 또 다른 중요한 철학적 배경은 **변증법적**이라는 것이다. 즉 DBT의 전제는 각각의 위치에 그 반대의 것이 포함되어 있다는 것이다(Koerner & Dimeff, 2007). 많은 상담사들이 지금까지 배운 바와 같이, "죽고 싶어요"라는 내담자의 표현에는 "나는 살고 싶어요"라는 진술이 포함된다. 한 번에 한 가지가 더 많이 진실될 수도 있지만 동시에 두 가지 모두 진실일 수 있다. 또 다른 예는 가정폭력 상황에 처한 여성의 정서적 딜레마로, 그녀는 동시에 그 파트너로부터 떠나고 싶기도 하지만 더불어 머물기를 원할 수도 있다. 많은 상담사들은 내담자에 의해 표현된 것의 적절한 변증법이 무엇인지 인식하지 못해서 많은 치료적 오류를 일으킨다. 내담자가 그들 변증법의 양면을 수용하고 종합하는 것을 돕고 변증법의 좀 더 긍정적 측면으로 나아가도록 돕는 것이 DBT의 기본 토대이다.

DBT에서 사용하는 정서적 개입 이 치료법의 이름과는 달리, DBT 상담사는 내담자와 작업할 때 정서적 개입을 활용한다. DBT 지지자들(예 : Dimeff & Koerner, 2007; Miller, Ratthus, & Linehan, 2007)은 내담자에 대한 공감적 이해와 지지를 분명하게 강조한다. 사실, DBT의 전제는 상담사가 지금까지 내담자에게 일어나고 있는 그 고통을 이해하지 못하면 조절장애 행동을 이해하는 것이 불가능하다는 것이다. 내담자가 치료에서의 정서적 고통을 드러낼 수 있도록 돕는 것이 환자의 고통에 대한 대응을 타당화할 수 있는 열쇠다. 예를 들어 내담자가 아동기에 성적 학대의 외상을 경험하고, 그 고통을 다루기 위해 약물을 사용할 수 있다. 이와 같은 내담자와 작업동맹을 맺기 위한 필수 영역은 내담자가 자신의 고통에 대처하기 위해 이 방법을 사용해 왔다는 것을 상담사가 (비록 적당하지 않을지라도) '이해할 수 있다'고 확인하는 것이다. 이와 같이 근본적인 수준까지 상담사가 이해한다고 내담자가 믿을 경우에만 내담자는 상담사에게 마음을 열 것이고, 상담사가 덜 파괴적인 대처방법으로 향할 수 있게 협조할 것이다.

따라서 DBT를 통해 상담사의 과정 목표를 획득하기 위해서는 정서적 개입이 필수적이다. 종종 내담자들은 감정적 어휘가 잘 발달되어 있지 않다. 따라서 이 장의 앞부분에 설명된 개입은 음성적 표현을 구성하고 확장하는 것을 돕는 데 무척 유용할 것이다. 특히 정서초점 개입은 DBT의 목표와 잘 어울린다. 정서초점 개입을 사용하여 내담자가 그들의 정서적인 삶과 그 결과들을 돌아보고 경험할 수 있도록 도울 수 있다. 이 개입은 DBT 안에 포함된 몇 가지 마음챙김 연습들과 유사하다. 마지막으로, 두 의자 기법이나 빈 의자 개입은 내담자의 변증법을 확인하는 것을 돕기 위해 사용될 수 있다.

동기강화상담

DBT와는 달리, 동기강화상담의 창시자(Miller, 1983)는 MI를 완전한 치료로서 소개한 것이 아니라, 오히려 상담에 대한 저항의 일반적 주제들을 다루기 위한 구체적 접근으로 설명했다. MI는 물질남용을 하는 내담자를 치료에 참여시키도록 돕기 위한 방법으로 시작되었다. 이 대상의 저항은 무척 높은 것으로 유명하므로, MI의 중요성이 빠르게 인식되었다. MI 또한 경험적으로 지지되고 있어서 단독으로 그리고 예를 들어 인지행동치료와 같은 다른 특정 치료(Kertes, Westra, Angus, & Marcus, 2011)들과 결합하여 다른 임상집단들에게도 활용되고 있다.

MI를 옹호하는 이들은 저항이 치료에서 '문제'가 아니라 현실을 이해하고 개입할 수 있는 기회라고 생각한다. 비록 치료 자체에 대해 저항이 일어날 수 있지만, 내담자가 변화에 대해 양가적임을 표현한 것일 가능성도(어쩌면 이 경우가 더 많을 것이다) 동시에 있다(Westra & Aviram, 2013). MI를 사용하는 상담사는 저항과 함께 구르는 것(Miller & Rollnick, 1991)을 배운다. 이때 이 양가성에 대해서는 상담사의 비판이 아닌 공감이 필요하다. 내담자의 양면성에 공감하는 것 외에도, MI를 훈련한 상담사는 변화 대화라는 것을 하기 위해 주의 깊게 경청한다. 물론 이는 내담자의 내적 대화의 하나로 현재 당면한 문제에 얽매이지 않고 벗어나려는 욕구를 포함한다. MI에서 분류하는 것에 따르면 현재 무엇인지와 변화가 일어나 무엇이 되어야 하는지 사이의 불일치가 핵심이다. MI 상담사는 내담자의 변화를 위한 동기를 기르도록 돕기 위해 주의 깊게 기회를 만들어서 불일치를 창조하고 극대화한다(Miller & Rollnick, 1991, p. 55). 마지막으로 MI는 본질적으로 논쟁적이지 않고, 드러나게 교육적이지 않다는 것이 중요하다. 즉 MI 상담사는 변화 목소리를 주장하는 것이 맞지 않다. 단지 숙련된 반영적 청취 기술을 사용하여 변화가 없는 것이 내담자가 원하는 것이 아님을 이해할 수 있도록 돕는다. 이 부분에 대한 내담자의 인식은 진정성 있으며, 자기주도적인 동기를 구성하는 열쇠이다. 이는 또한 근본적으로 인본주의적인 MI의 이론적 토대와 일치한다(Miller & Rollnick, 2009).

MI에서 사용되는 정서적 개입   Miller는 MI가 Carl Rogers의 인간중심 치료의 진화라고 생각한다(Miller & Rollnick, 2009). 그러므로 MI를 성공적으로 진행하기 위해서는 변화에 대한 양가성을 경험하는 내담자에게 깊은 공감적 경청을 하는 것이 필수적이다. 이와 같은 공감은 변화 목소리가 나올 때 내담자의 현재 딜레마를 돌볼 뿐만 아니라, 현재와 관련된 정서와 정서의 변화를 주의 깊게 듣는 것을 포함한다. 따라서 이 장에서 언급되었듯이 MI 상담사는 정서의 사인(cues)을 능숙하게 확인해야 한다. "내담자의 정서들을 분류하도록 돕기"라는 제목의 절이 이 작업을 할 때 결정적인 도움을 제공할 수 있을 것이다.

두 번째로, 한 번 내담자의 현재와 되고 싶은 무엇 사이에서 불일치가 발생한 것을 확인하면 상담사는 정서를 포기하고 온전히 인지적 영역으로 이동해서는 안 된다. 그 대신에 상담사는 내담자의 불일치하는 두 쪽 모두를 공감하기 위해서 지속적으로 애를 써야 한다. 상담사는 역할 바꾸기, 또 다른 자아, 또는 빈 의자 개입을 사용하여 내담자의 변화 목소리를 키우려고 할 것이다. 이때 상담사는 예민하고 요구적이지 않은 태도를 유지하며 동시에 변화 목소리가 일어날 수 있도록 공간을 열어주는 것이 중요하다.

요약

이 장에서 우리는 인간의 감정과 그 표현에서 다소 당황스러운 주제들이 무엇인지 확인했다. 정서적 개입은 내담자의 가장 안쪽에 있는 두려움, 희망, 상처, 분노 및 좌절감을 표출하는 데 도움을 주는 노력들로 생각해볼 수 있다. 이런 표현은 종종 내담자에게 감정을 표현하는 방법을 가르쳐주고 감정을 표현할 수 있는 권한을 스스로에게 부여하도록 돕는다. 또 다른 수준으로는 당신은 정서를 표현할 수는 있지만 자신의 감정이 무엇인지 구분하거나 개념화하는 것이 어려운 내담자를 만날 수도 있다. 마지막으로 가장 어려운 수준에서, 상담사는 내담자의 감정상태를 받아들이거나 통합하는 것을 돕게 되거나 감정상태를 변화하는 것을 돕게 될 것이다.

당신이 어떤 수준의 내담자를 만나게 되더라도 인간의 감정은 그 사람의 기능을 통제한다는 것을 인식하는 것이 가장 중요하다. 결과적으로, 상담사가 감정을 다룰 때, 그들은 인간 현실의 중심 근처에서 작업하는 것이다. 따라서 상담사는 내담자를 향한 매우 상처 입기 쉬운 통로가 되는 부분을 만들고 걷는 것이다. 이러한 조건과 내담자가 자신의 내적 세상에 전문가의 도움을 초대하는 것임을 인식하는 것을 잊지 않는 것은 적절하며 필수적이다.

실습

I. 감정을 이해하기

파트너를 선택하라. 한 명이 화자가 될 것이고 나머지 한 명은 듣는 사람이 될 것이다. 말하는 사람은 긍정적 정서, 분노, 두려움, 정서적 고통이라고 확인할 수 있는 네 가지 감정 중 한 가지를 선택해야 한다. 그리고 이를 듣는 사람에게 전달해야 한다. 듣는 사람은 관찰된 모든 음성적 및 비음성적 신호를 종이에 적지만 말하는 사람에게 응답해서는 안된다. 2~3분 뒤 연습을 마쳐야 하며, 듣는 사람은 말하는 사람의 감정상태와 이 선택을 뒷받침하는 신호들을 말할 수 있어야 한다. 화자에게 그 선택이 맞는지 확인하라.

II. 감정 확인하기

이는 음성적 정서 인식을 위한 연습이다. 실제 상담 장면에서 이루어진 내담자의 네 가지 의사소통에 대한 감정상태를 확인하라. 내담자의 응답에 감정상태가 여러 개가 있는 경우 내담자의 관심사와 가장 관련이 있다고 생각되는 반응 옆에 별표(*)를 하라. 감정상태를 확인하고 다른 학생들과 당신의 선택에 대해 논의하라.

A. "글쎄요. 음. 사람들과 함께 있어서, 그리고 그들이 나를 알게 되어서 기뻐요."

B. "그리고, 그리고, 음… 당신도 알다시피, 그들은 항상 그렇게 말해요. 있잖아요. 어떤 사람들은 단지 숫자로만 불리는 것을 좋아하지 않지요 …그러니까… 저도 마찬가지예요."

C. "앞에서 말하는 거요. 저는… 음… 그러니까. 발표하는 거요. 저는 많은 사람들 앞에서 말하는 것이 두려워서 잘 못하는 것 같아요."

D. "제가 그 실험실에서 작업하는 것은 정말로 해로운 것 같아요. 제 말은… 저는 저의 일과 사람들을 즐겨요. 그

렇지만 그 실험실. 그건 저를 걱정하게 만들어요."

Ⅲ. 과정 연습하기

이 연습은 3명이 함께 하게 된다. 한 사람은 첫 번째 응답하는 사람이고, 다른 사람은 듣는 사람이 되고, 세 번째 사람은 관찰자/기록자가 된다. 모든 역할을 두 번씩 반복해서 각각의 사람들이 세 가지 역할 중 하나를 할 수 있도록 하라.

다음은 불완전한 문장들이다. 관찰자 역할은 각 문장을 응답자에게 제공한다. 그리고 응답자의 반응을 기록한다. 응답자는 가능한 생각하지 않고 빠르게 응답해야 한다. (만약 응답자로서 응답이 떠오르지 않으면 '어쩌구 저쩌구'라고라

도 말한다) 듣는 사람은 단순히 응답자를 직접 대면한다 — 바라보고, 듣고, 그리고 받는다. 한 바퀴가 끝나면 응답자가 자신의 정서적 상태를 처리할 수 있는 시간을 주어라.

불완전한 문장.

_____ 1. 나에 대해 당신이 알았으면 하는 것은

_____ 2. 당신이 나에 대해서 몰랐으면 하는 것은

_____ 3. 나에게 화가 나는 것은…

_____ 4. 화가 나면 나는 단지 _____ 싶다.

_____ 5. 나에 대해 슬픈 것은…

_____ 6. 슬플 때 나는 단지 _____ 싶다.

_____ 7. 지금 나는 _____ 라고 느낀다.

생각해볼 문제

1. 내담자의 정서적 상태를 다루는 작업을 할 때 당신을 걱정시키는 것이 있는가? 어떻게?

2. 정서적 개입의 두 가지 목표는 (a) 내담자의 감정상태를 표현하도록 돕고, (b) 내담자의 감정상태들을 인식하고 구별하도록 돕는 것이다. 이는 내담자가 감정을 표현할 수 있을지라도 여전히 감정을 인식하거나 구분하는 것이 어려울 수 있음을 의미한다. 당신이 생각하기에 이게 가능한 것 같은가? 감정의 표현 안에 감정이 무엇인지를 인식하는 것을 포함할 가능성이 있지 않을까? 당신의 급우 또는 동료들과 논의하라.

3. 어떤 비음성적 단서가 분노를 전달하는가? 이 같은 단서가 다른 감정을 전달하는가? 만약 그렇다면, 어떤 감

정인가? 어떤 감정이 전달되는지를 당신은 어떻게 알 수 있는가?

4. 영적/실존적 자기가 정서적 상태라고 생각하는가? 만약 그렇다면, 영적으로 '가득'하거나 영적으로 '비어 있는' 느낌을 설명하기 위해 어떤 말들을 사용하겠는가?

5. 내담자와 역할 바꾸기를 할 때 잠재적인 치료 효과는 무엇인가? 역할 바꾸기 연습에 효과적으로 참여하기 어려운 내담자는 어떤 부류인가?

6. 당신이 취하고 있는 위치(position)를 인식하라. 이제 그 위치 안에서의 변증법을 확인하라. 그렇게 하면 당신의 원래 위치에서 추가적 통찰을 주는가? 급우들과 논의해 보라.

이 장의 목적

지나치게 많이 생각해서 또는 결국 도움이 되지 않는 방식으로 스스로에게 말을 많이 해서, 또는 '나쁜 태도'를 가지고 있어서 어려움에 처한 적이 얼마나 있는가? 이 장에서는 내담자가 생각을 해서 문제에 빠지는 방식을 검토하고, 이러한 상황에서 상담사가 활용할 수 있는 개입에 관해 기술할 것이다. 이러한 개입들은 잘못된 믿음과 태도 또는 사고 패턴을 다루는데, 좀 더 생산적이고 정확한 사고로 바꿀 수 있는 도구를 내담자에게 제공한다. 우리는 이 장에서 다양한 개입을 소개하고 그러한 개입이 상담 장면에서 적용되는 방식을 이야기할 것이다.

이 장의 고려사항

- 많은 사람들은 자신의 생각과 느낌을 구분하는 것을 힘들어한다. "모든 사람이 나를 적대시하는 것 같아"라고 말하는 것을 꽤 자주 듣는데, 좀 더 정확히 말하면 "모든 사람들이 나를 적대시한다고 생각해"가 될 것이다. 사람들은 자신의 생각을 느낌이라고 잘못 명명한다. 당신도 그런가?
- 생각하는 것은 인류가 가지고 있는 매우 특별한 능력이지만, 그 또한 잘못 사용될 수 있다. 이때 사람들은 우울해지고 신체적으로 아파하며 심지어 자살을 생각할 수도 있다. 이러한 어려움에서 어떻게 빠져나올 수 있는가? 처음에 그러한 어려움에 어떻게 빠지게 되는가?
- 생각 때문에 어려움에 빠지는 사람들을 도울 수 있으려면 상담사는 어떤 기술을 갖추어야 하는가?

명상을 해본 사람이라면 누구나 자신의 생각을 떨쳐내는 것이 얼마나 어려운 것인지 이야기할 수 있다. 우리는 우리가 무엇을 느끼고 있는지 늘 아는 것이 아니며, 아무런 인식 없이 행동하는 경우도 있지만, 질문한 사람에게 솔직해지기로 결정했건 아니건 "뭘 멍하니 생각하고 있어?"라는 질문에 대해 늘 답을 가지고 있다. 많은 사람들은 사고 또는 인지라는 것이 우리가 어떤 사람이고 무엇을 하며 어떻게 느끼는지를 이끌어가는 힘이라고 말할지 모른다. 이 관점에 따르면, 가끔 **잘못된 사고**라고 불리는 사고에서의 오류는 우리를 괴롭히는 감정과 행동을 초래할 가능성이 많다. 예를 들어 실패할 것으로 기대하고 있는 한 여성이 있다고 가정해보자. 그녀는 심리적으로 실패할 것을 준비하고 있는데, 결국 실패하는 것에 경도되어 일상에서 발생하는 일들을 바라보고 접근하게 된다. 따라서 실제로도 그녀가 실패할 가능성은 매우 크다. 이 여성을 자존감이 낮거나 또는 자신감이 적은 사람으로 묘사할 수도 있지만, 사실 그녀는 자기파괴적인 마음가짐으로 삶에 접근하고 있다(주요 타인이나 사회에서 이렇게 가르쳤을 가능성이 있다). '제가 할 수 있을 거라고는 생각하지 않아요'라는 관점을 가지고 있는 것이다. 이런 사람들은 자신과 타인에 대한 믿음과 태도, 인식을 변화시키는 데 초점을 두면 도움이 될 수 있다.

제8장에서 언급한 것처럼, 정향성(orientation)과 내담자 간 '부합도(fit)'는 분명할 수도, 그렇지 않을 수도 있다. 특히 우리가 정서적 삶과 인지적 삶을 이야기할 때 한 개인의 강점이 그 사람의 약점이 될 수도 있다. 쉽게 감정을 경험하는 사람은 너무 많이 느낄 수 있고, 다르게 생각하고 행동함으로써 완화될 필요가 있다. 마찬가지로, 생각을 많이 하는 사람은 많이 분석하기 때문에 지나치게 분석하거나 과도하게 곰곰이 생각할 수도 있다. 우리가 이 점을 또다시 지적하는 것은, 어떤 유형의 개입이 가장 유용할지를 결정하는 것은 내담자의 주요 성향일 필요는 없고, 대신 상담사가 문제를 어떻게 개념화하느냐 그리고 어떻게 하면 그 문제를 가장 효율적으로 다룰 수 있느냐라는 점을 독자들에게 주지시키기 위함이다.

상담에서는 매우 광범위한 영역에서 인지적 개입을 적용하고 있다. 이 개입은 불안 감소, 스트레스 관리, 분노조절, 우울, 공포장애, 성기능장애와 같은 문제를 위한 주요 개입으로 적용되어 왔다. 또한 인지적 개입은 이보다 덜 심각한 문제, 예를 들어 발달적인 문제 또는 상황적인 문제로 기술될 수 있는 문제들에게 대해서도 매우 유용하다. 사실, 문제 해결을 하나의 과정으로 생각하면, 문제 해결은 문제를 확인하고(그리고 종종 우리의 감정이 이 과정에서 도움이 된다), 철저히 생각해보고, 어떤 결정을 내리고, 그러한 결정을 시행하는 것에서 시작된다. 우리 대부분은 많은 생각을 하지 않고 이것을 하는데, 우리가 이러한 문제를 다룰 수 없다고 느낄 때(수년간 우리를 괴롭혔던 문제 또는 새롭게 느껴지는 문제), 상담은 하나의 가능성으로 우리의 관심을 끈다. 따라서 인지적 개입은 문제 해결에서의 '철저히 생각하는 것'을 확대해서 내담자가 새로운 통찰을 습득하고 결국 자신의 문제를 해결하기 위한 새로운 대안을 찾을 수 있는 방식으로 고안되었다.

인지 과정의 중요성을 강조하는 이론들

상담 및 심리치료에 대한 인지적 접근으로는 합리적 정서행동치료[rational emotive behavior therapy(REBT); Dryden & Ellis, 2001; Ellis & Dryden, 1997; Ellis & Wilde, 2002], 인지치료(Beck, 1976; Beck, 2011), 교류분석(Berne, 1964; Harris, 1967) 등이 포함된다. 어떤 저자들은 이 이론군에 구성주의적 접근을 포함시키기도 하는데, 사람들이 이 세상에서 자신을 위한 의미를 창조하기 위한 하나의 방식으로 자신의 생각을 계속 수정하고 있다는 구성주의적인 개념에 주목한다(예 : Neukrug, 2007). 전통적인 인지주의자이건 구성주의자이건 생각과 사고 과정을 강조하는 것은 인지치료의 공통된 주제다. 따라서 사고 과정을 변경하도록 고안된 개입들은 인지적 개입이라고 정의할 수 있다.

많은 인지치료자들은 인지행동치료(cognitive-behavioral therapy)라는 용어를 선호하는데, 그 이유는 사고와 행동이 강하게 연계되어 있기 때문이다. 즉 사고의 변화는 행동이 변할 때만 관찰되기 때문이고, 이 둘을 연결시키는 것은 그럴듯해 보인다. 어떻게 상담하는지를 배우기 위한 목적을 달성하기 위해서는, 인지적 개입과 행동적 개입(제10장에서 다룸)을 따로 분리해서 다루는 것이 설득력이 있다.

인지적 개입의 목적

모든 인지적 개입의 전반적인 목표는 사고, 인지, 믿음에 존재하는 오류들을 변경하거나 수정함으로써 정서적 고통과 부적응적인 행동 패턴을 줄이는 것이다. 내담자의 왜곡된 사고가 변하기 시작하고 자신과 타인 그리고 삶의 경험에 대한 대안적인 그리고 좀 더 현실적인 사고방식으로 대체될 때에만 행동과 감정에 변화가 발생한다. 내담자는 외부에서 발생하는 사건이나 자신이 통제하지 못하는 외부 세력에 의한 무기력한 희생자가 아니라 적극적으로 자신의 변화를 주도하는 사람으로 간주된다. 그렇다고 어떤 내담자들이 타인에 의해 희생당한 것이 아니라는 것을 의미하지는 않는다. 좀 더 정확한 의미는, 이것이 자신 및 타인에 대한 관점을 통제하는 만큼 그러한 생각이 변화의 타깃으로 가치가 있다는 것을 의미한다. 인지적 개입에서 통제는 늘 내담자에게 존재한다. 내담자가 자신이 생각하고 있는 방식을 변화시키겠다고 선택할 때에만 변화가 발생한다. 심지어 여기에는 상담 전략의 일환으로 인지적 개입에 참여하기로 결정하는 것이 포함된다.

인지적인 문제에 대한 평가

인지적인 전략들은 특정한 방식의 문제 평가에 상당 부분 의지한다. 우리는 사람들이 자신의 아동기 경험과 개인적이고 문화적인 믿음, 그로 인해 발생하는 태도를 바탕으로 자신의 현실(reality)을 구성한다고 가정한다. 자신 또는 타인에 대한 지각이 왜곡될 경우 그러한 구성은 왜곡될 수 있다. 왜 모든 사람들이 지각을 왜곡하는가? 사람들은 이러한 왜곡된 사고를 부모, 또래, 교사, 또는 사회로부터 배우게 된다. 그런 다음 사람들은 좀 더 정확한 인식과 함께 왜곡된 사고를 자신의 현실 인식에 적용하게 된다. 인지왜곡 평가는 상담사와 내담자가 함께 이러한 지각을 분석하는 작업으로, 결함이나 오류 또는 결론의 기저에 있는 부정확한 생각들을 찾는다. 그러한 순간에만 인지적 개입을 사용해서 생각의 오류를 변화시키고 인지적 결함을 고치며, 부정확한 것을 바로잡을 수 있다.

결함이 있는 믿음과 가정들을 해체하는 것은 복잡한 과제다. Judith Beck(2011)은 이러한 일을 돕기 위해 구체적인 개념을 제공했다. 첫 번째 개념은 핵심 신념(core belief)인데, 깊게 뿌리 박혀 있고 널리 퍼져 있는 믿음을 의미한다. 핵심 신념은 '나는 실패자다', '나는 사랑스럽지 않아', '나는 좋은 사람이 아니야'와 같이 무시무시한 생각을 포함하고 있다. 또한 핵심 신념은 '난 수학을 못해', '나는 사람들과 잘 못 지내'와 같이 부족한 특성에 관한 것일 수 있다. 어떤 사람이 핵심 신념과 관련이 있는 상황에 처할 경우 그다음에 따라오는 것은 중간 신념(intermediate beliefs)인데, 핵심 신념을 공고히 하는 태도, 규칙, 가정들이 여기에 해당한다. 따라서 핵심 신념이 '사회적인 상황에서 나는 좋지 않아'인 사람이 사교모임에 초대되었다면, 그 모임(상황) 이후에 '다른 사람들과 같이 있을 때 어쩔 줄 몰라 하는 것은 당황스러운 일이야'(태도), '사람들이 모이는 상황을 피하는 게 최선이야'(규칙), '함께 모이는 상황에서 다른 사람들과 어울리려고 노력하게 되면 난 바보처럼 행동하게 될 거야'(가정)와 같은 중간 신념들이 따라올 가능성이 크다.

이러한 믿음(종종 우리의 인식 밖에서 발생함) 다음에는 Beck이 말한 자동적 사고(automatic thought)가 따라온다. 이 경우, '이번에는 그 모임에 가지 않을 거야. 분명 아무도 날 보고 싶어 하지 않을 거야'라는 생각이 떠오를 수 있다. Beck은 이 과정에서 감정, 행동, 생리적 상태와 같은 반응(reaction)이 마지막으로 나타난다고 설명한다. 대인 상황을 피하겠다는 결정과 관련해서는, 의심할 여지없이 불편할 상황에 처하지 않아 안도감을 느낄 수 있고, 대인 상황을 피하는 행동이 보상을 받을 수도 있다. 마지막으로, 동요하는 느낌을 가지기보다는 평온한 신체적 상태를 경험하기 때문에 믿음이 더욱 더 강화될 수 있다. 바로 이런 방식으로 확고하게 자리 잡은 믿음이 우리의 생각과 행동을 통제한다. 그러나 안도감을 느끼는 동시에 나 자신에 대해 실망할 수 있는데, 심지어 이러한 믿음 때문에 놓친 것을 슬퍼할 수도 있다. 그러한 느낌들이 얼마나 성가시고 괴로운지에 따라 인지적인 상담 접근을 받아들이는 정도가 달라진다.

내담자가 생각을 표현하도록 도와주기

상담에서의 인지적인 접근들은 내담자로 하여금 자신의 사고 패턴을 인식하고, 내담자의 사고와 내담자의 문제 간 관련성을 평가하며, 비생산적인 사고를 직면해서 그것을 생산적이고 긍정적인 사고로 대체하고, 생산적인 사고를 유지하고 강화하는 데 도움이 되는 상담사의 기술과 전략을 포함하고 있다. 상담사는 내담자가 잘못된 사고 습관 또는 패턴을 학습했고 그러한 사고 패턴의 영향을 인지하지 못한다고 가정한다. 결과적으로, 문제들을 지탱하는 사고 패턴을 변화시키지 않고서는 삶의 문제들을 수정할 수 없다.

[인지적 개입 기술]

A-B-C-D 분석
A(촉발사건), B(신념체계), C(결과), D(논박). 내담자가 자신의 사고 패턴을 분석하도록 돕는다.

인지적 논박(cognitive disputation)
가정(assumptions)과 실제(practice)를 직면시킴으로써 내담자의 사고와 행동 과정에 도전하는 것

데시벨과 반론 기법(decibels and countering interventions)
힘들게 하는 감정과 연계된 사고를 확인하고 교체하는 것

재결정 작업(redecision work)
아이일 때 내담자가 받았던 금지명령을 검토하고(예: "아이처럼 굴지 마") 성인으로서 그러한 명령을 계속 따를지 의식적으로 결정하는 것

인지적 재구조화(cognitive restructuring)
부정적인 자기진술을 확인하고 대체하기

사고 중지(thought stopping)
자신과 타인에 대한 파괴적인/비생산적인 사고를 중단하기

긍정적인 자기대화(positive self-talk)
부정적인 자기대화를 긍정적인(자신감을 세우는) 자기대화로 바꾸기

닻 내림(anchoring)
상황에 대한 비지지적인 반응을 긍정적이고 지지적인 반응으로 바꾸기

(계속)

재구조화하기(reframing)
이전에는 부정적으로 해석했던 사건을 좀 더 건설적이
고 현실적으로 해석하기

위치 잡기(positioning)
내담자를 '이중 구속시키기' 위해(딜레마에 빠뜨리기 위
해) 내담자의 비합리적 관점에 동의하기

치료적 변화에 저항하기
상담 효과에 대한 비합리적인 두려움에 대응하기 위한
하나의 방법으로서, 변화가 즉각적으로 발생하거나 오래
지속되지도 않을 수 있다고 내담자에게 제안하기

의미 만들기(meaning making)
내담자가 사건과 상황에 부여하는 독특한 의미(영적, 실
존적 의미 포함)에 관심 기울이기

　내담자가 잘못된 생각을 말할 때 상담사가 그것을 알아채고, 내담자로 하여금 그 패턴이 잘
못된 것임을 알 수 있도록 돕는 일은 매우 도전이 된다. 그러나 잘못된 사고를 인식한다고 해
서 그것이 반드시 변화로 이어지는 것은 아니다. 오히려 상담사는 내담자가 변화를 가져올 수
있는 전략들을 실행하도록 도와야 한다. 이것은 잘못된 사고를 중지하고 그러한 사고를 생산
적인 사고로 대체하도록 돕는 과제와 연습을 통해 이루어진다.

사고 이끌어내기

인지적인 개입이 적절한지 판단하기 전에, 상담사는 내담자의 생각을 이끌어내기 위한 기본적
인 기술을 연습해야 한다. 상담사는 내담자가 이야기하는 것을 따라가는 것 이상으로 내담자
가 자신의 삶에서 어떻게 의미를 결정하는지를 이해할 필요가 있다. 구성주의적 관점에서 이
것에는 한 개인이 삶에서 발생하는 사건과 상황, 상호작용을 어떻게 해석하는지 등이 포함된
다. 삶을 이해하려고 노력하는 것은 인간의 본성이지만, 그러한 이해가 현실과 가까운 것일 수
도 있고, 아니면 현실과 동떨어진 것일 수도 있다. 그러한 이해를 통해 성장과 발전의 기회가
열릴 수도 있고 아니면 스스로를 파괴하는 것일 수도 있다. 따라서 우선적으로 해야 할 것은,
내담자의 논리를 따라 가고, 그것의 결과를 평가하며, 가능한 내담자가 현실을 검증하는 정도
를 확인하는 것이다.

　결국, 삶에서 발생하는 사건들에 대한 내담자의 사고와 해석, 그 결과를 이끌어내는 것이 중
요하다. 사실, 내담자의 사고를 이끌어내는 것은 내담자의 느낌을 이끌어내는 것과 다르지 않
다. 제2장에서 설명했던 기본 기술인 반영하기, 재진술하기, 요약하기는 내담자의 인지 과정
을 이해할 목적으로 사용된다. 마찬가지로, 제8장에서 설명한 정서적인 개입 기술들은 인지적
탐색을 위해 수정해서 사용할 수 있다. 즉 내담자의 사고 패턴을 확인하고 생각을 분류해서 논

리적인 결론에 초점을 두도록 내담자를 돕는 것이다. 인지적 개입에 대한 전문적인 문헌들은 매우 많고, 이 주제 하나만을 다루는 교재들 역시 많이 있다(예 : Beck, 2011 ; Gregory, 2010). 이 장에서 우리가 달성하고자 하는 목표는, 독자들에게 그러한 개입의 기초적인 사례들을 제시해서 나중에 상담사들이 추가적인 자료와 경험을 바탕으로 확장할 수 있게 하는 것이다.

인지적 개입

변화를 위한 몇 가지 전략들은 인지심리학과 임상심리학에 그 뿌리를 두고 있다. 이들 대부분은 내담자가 기존의 사고 패턴을 수정하고 바람직하지 않은 생각을 피하도록 상기시키거나, 또는 사건들을 좀 더 건설적으로 평가하도록 도와주는 실습들이다. 이러한 전략들은 주로 인지치료 운동의 선구자인 Albert Ellis와 Aaron Beck의 작업에서 가져왔다.

A-B-C-D 분석

A-B-C-D 분석은 합리적 정서치료(Ellis, 1994)와 관련된 인지적 전략으로, Albert Ellis가 1950년대에 만들었는데, Ellis는 상담사가 내담자의 사고 패턴을 분석할 때 사용할 수 있는 공식을 개발했다. 이 분석에서 A는 잘못된 사고 패턴을 시작하는 **촉발사건**(activating event)을 나타낸다. B는 모든 삶의 경험들이 걸러지는 **신념체계**(belief system)를 의미한다. C는 결과(consequence)를 나타내는데, A와 B의 상호작용으로 인해 생성되는 정서적 또는 인지적 결과를 의미한다. 이 세 단계가 공식의 분석 부분에 해당한다. 일단 인지적 오류가 발견되면 상담사는 개입으로 이동하는데, 비합리적 신념 또는 사고 패턴을 **논박**(disputation)하는 것을 포함한다.

합리적인 믿음과 비합리적인 믿음을 구분하는 것은 상담사의 주요 책임이다. 합리적인 믿음은 자료, 사실, 또는 증거로 지지될 수 있고 객관적인 관찰자들에 의해 입증될 수 있다는 점에서 실제로 현실과 일치하는 신념들이다. 합리적인 믿음은 적절한 수준의 결과(C) 또는 정서적 결과를 가져올 수 있는데, 합리적 믿음은 사람들이 목표를 달성하는 데 도움이 된다. 반면, 비합리적인 믿음은 자료나 사실, 증거를 통해 현실에서 지지되지 않는 믿음이고, 객관적인 관찰자들에 의해 입증되지 않을 가능성이 크다.

대부분의 비합리적인 믿음은 Ellis의 잘 알려진, 종종 개정되는 11개의 비합리적인 믿음 중 한 가지 이상의 믿음에 반영되어 있다(그림 9.1). 비합리적인 믿음은 그것의 비합리성을 강조

1. 나는 내가 만나는 거의 모든 사람들로부터 사랑과 인정을 받아야 한다.
2. 내가 가치 있는 사람으로 인식되기 위해서는 하는 모든 일에 대해 완벽한 능력을 갖추고 있어야 한다.
3. 어떤 사람들은 나쁘고, 사악하고, 나쁜 의도를 가지고 있기 때문에 비난받고 처벌받아야 한다.
4. 내가 원하는 방식대로 일이 진행되지 않으면 그것은 끔찍한 재난이다.
5. 불행은 내가 통제할 수 없는 환경 때문에 발생한다.
6. 위험한 일은 큰 걱정거리이기 때문에 늘 그러한 일을 끊임없이 걱정해야 한다.
7. 어떤 어려움과 책임은 직면하는 것보다는 피하는 것이 더 쉽다.
8. 나는 다른 사람에게 의존해야 하고, 누군가가 나를 돌볼 수 있게 해야 한다.
9. 현재 내 행동을 결정하는 것은 과거 경험과 사건들이다. 과거의 영향은 절대 지워질 수가 없다.
10. 나는 다른 사람들이 일으키는 문제와 소란에 대해 엄청 화를 내야 한다.
11. 모든 문제에는 옳고 완벽한 해결책이 늘 존재한다. 따라서 그러한 해법을 찾아야 하고 그렇지 않을 경우 그 결과는 끔찍할 것이다.

그림 9.1 Ellis의 삶에 대한 11가지 비합리적 신념

하기 위해 의도적으로 과장해서 기술했다. 내담자의 많은 생각들은 비합리성의 몇몇 요소들을 포함하고 있고, 11개 중 하나에 부합할 수 있다. Ellis에 따르면, 사람들은 자신의 비합리적인 믿음을 스스로에게 계속해서 주입함으로써 불필요한 정서적 고통을 초래하고 유지한다. 자기 세뇌(self-indoctrination)는 마치 음반의 내용이 그 사람이 알고 있는 유일한 현실이 될 때까지 반복해서 그 음반을 자신의 머릿속에서 듣는 것에 비유할 수 있다. A-B-C-D 분석을 통해, 내담자는 촉발사건(A), 그 사건에 대응하는 믿음(B), 그러한 비합리적인 믿음을 사용해서 촉발 사건을 해석했기 때문에 나타나는 정서행동상의 결과(C)를 인지하는 법을 배우게 된다. 그런 다음 상담사는 결과를 초래한 정서적인 믿음을 논박(D)하는 다양한 방법과, 그러한 비합리적 인 신념을 좀 더 정확하고 합리적인 믿음으로 바꾸는 법을 가르친다.

A에 다가가기　촉발사건은 내담자의 삶에서 불쾌하거나 불행한 상황 또는 사람인 경우가 보통 인데, 이런 상황이나 사람이 존재하기 때문에 내담자가 상담을 찾아오게 된다. 어떤 내담자가 "저는 마케팅 분야에서 경쟁력을 잃었어요", "고용주들은 제가 젊은 지원자들에 비해 경쟁력 이 있다고 생각하지 않아요" 또는 "제 가족은 결코 정상이 아니에요"와 같이 말을 한다. 내담 자가 A를 인식하도록 돕는 과정에서 이러한 외부의 상황이나 사건이 내담자가 경험하고 있는 감정을 일으키지 않는다는 것을 이해시키는 것이 중요하다.

　이때 변화될 수 있는 촉발사건과 변화될 수 없는 사건을 구분하는 것이 중요하다. 변화될 수 있는 사건들에 대해서는 변화를 가져오기 위해 좋은 문제 해결 기술을 사용할 수가 있다. 그러

나 내담자가 통제할 수 없는 상황에 대해서는 사건 그 자체보다는 사건에 대한 반응에 초점을 두는 것이 중요하다.

C에 다가가기   내담자들은 촉발사건이 야기하는 정서적인 결과 때문에 상담실을 찾아온다. 사람들은 나쁘고 불편한 감정을 오랫동안 견디지 못하며, 그러한 감정이 오래 지속될 경우 외부의 도움을 구하려고 한다. 내담자가 상담실을 찾게 만드는 정서적 결과의 예로는 죄책감, 오래 지속된 분노, 두려움, 우울, 불안 등이 있다.

C를 정확히 파악하기 위해 상담사는 내담자가 사용하는 정서 단어와 정서를 표현하고 있는 비음성적인 단서들을 주시해야 한다. 그런 다음 상담사는 촉발사건에 대해 내담자가 무엇이라고 말하고 있는지 내담자에게 질문한다. 상담사는 내담자가 촉발사건에 대해서는 스스로에게 뭐라 말하고 있는지 물어보아야 한다. 특히 내담자들은 그러한 메시지에 담긴 자기평가적인 요소를 인식하지 못한다(예 : "이전의 지위와 동일한 일자리를 구하지 못하는 것은 나에게는 엄청난 좌절이야. 따라서 이전보다 못한 곳에서 일하는 한 나는 불행할거야").

B에 다가가기   B, 즉 내담자의 신념체계를 확인하는 일은 이 특별한 치료적 개입에서 초점을 두고 있는 것이다. 특정 촉발사건에 대한 내담자의 믿음은 두 가지 중 한 가지 형태로 나타날 수 있는데, 합리적인 믿음(RB) 또는 비합리적인 믿음(IB)이 그것이다. 이 둘은 현실과 자신에 대한 내담자의 평가를 나타낸다.

합리적인 믿음은 그것이 자료, 사실 또는 다른 증거들에 의해 지지될 수 있고 객관적인 관찰자들에 의해 입증될 수 있다는 점에서 내담자의 현실과 부합한다. 합리적 믿음은 적당한 결과를 초래하고 파괴적이지 않은 경향이 있다. 사람들의 문제를 초래하는 것은 비합리적인 믿음이다. 비합리적인 믿음이 많을수록 사람들은 더 많은 문제를 경험하게 되는데, 문제의 원인이 자신의 신념체계라는 것을 깨닫지 못한다.

비합리적 신념 논박하기(D)   일반적으로, 내담자는 자신의 신념체계가 문제의 원인라는 것을 확신해야만 한다. 이것은 내담자가 특정 사건에 대해 내린 결론을 의심하고 도전함으로써 이루어진다. 도전할 경우에도 깊숙이 자리하고 있는 비합리적 사고를 반복해서 다루어야 하는데, "현재 상태가 지속되서 실패한 느낌이 들어"라는 진술에서 "내 일자리 때문에 패배감을 느끼기로 내가 선택했어"라는 말로 바꾸기 전까지 반복적으로 다루어야 한다. 선택을 인식하는 지점에서 내담자는 상황에 대한 통제감을 획득하고 이전과는 다른 반응을 자유롭게 선택하게 된다. 논박의 목표는 두 가지다.

1. 비합리적인 신념을 제거한다.
2. 새롭고 좀 더 합리적인 신념체계를 습득하고 내면화한다.

이런 목표를 달성하기 위해 논박은 두 단계에 걸쳐 일어난다. 우선, 모든 비합리적 신념을 문장 단위로 검토하고 도전하는 것이 일어나야 하고, 두 번째는 비합리적 신념을 좀 더 합리적이고 생산적인 신념체계로 대체해야 한다. 논박은 인지적일 수도 있고(내담자의 사고에 기초함) 또는 상상에 기초한(삶이 어떤 지에 대한 내담자의 상상을 활용) 것일 수도 있다.

A-B-C-D 분석을 적용한 사례로 이동하기 전에, 우리는 이 절차가 인지적인 틀에서 작업하기 위한 Beck(2011)의 전략과 어떻게 유사한지 독자들이 관찰했으면 한다. 비록 강조하고 있는 것이 조금 다르기는 하지만, 두 가지 접근은 잘못된 믿음의 원인과 그 결과에 대해 비슷한 견해를 가지고 있다.

아래 제시된 제임스의 사례는 A-B-C-D 분석을 일정 기간에 걸쳐 사용할 수 있음을 보여주고 있다. 내담자와는 15회기 동안 매주 상담을 진행했다.

A-B-C-D 분석 사례

제임스의 사례

제임스(30세)는 박사과정 학생으로 내년에 학위를 마치고 미국 남부에서 대학교수로 일하고 싶어 한다. 그는 8살 때 베트남 가족과 함께 미국으로 이민을 왔고, 남동생과 여동생이 각각 1명, 2명씩 있다. 제임스는 장남으로서 늘 가족에서 특별한 위치를 차지했고, 이로 인해 그가 표현한 것처럼 '완벽한 아들'로서 막중한 책임을 느끼고 있었다.

제임스는 어렸을 때 성적이 뛰어나 부모가 사립 고등학교에 보냈는데, 가계에 많은 부담이 되었다. 제임스는 전액 장학금을 받고 명망 있는 사립대학에 진학했지만, 성적이 좋지 않아 3학년 때 장학금이 중단되었다. 이 일로 제임스는 수치심을 느꼈고, 부모님의 실망으로 인해 수치심은 더욱 가중되었다. 이때 두통이 시작되었고, 이후 대학 시절 내내 두통이 더 심해져 급기야는 편두통 진단을 받았다.

결국 의사의 추천으로 상담을 받으러 왔을 때 제임스는 상담이 압박하는 경험이라고 느껴 2회기 후에 거의 상담을 그만둘 뻔했다. 상담사는 상담을 계속하라고 격려해주었고, 의사가 상담을 추천한 것은 약물만으로는 편두통이 나아지지 않는다는 것을 의미한다고 말해주었다. 이때 제임스는 진지하게 상담에 임하기로 결심했다. 제임스는 편두통과 함께 자주 우울감을 느낀다고 보고했다. 상담사는 제임스의 문제가 제임스의 생각 때문에 발생한 것으로 가정했고, 제임스의 사고 패턴을 추적하기 위해 A-B-C-D 분석이라는 방법을 사용하자고 제안했다.

상담사는 제임스에게 과제를 부여하면서 상담을 시작했는데, 자신의 정서적 고통을 초래한다고 생각되는 상황을 파악하는 일이었다. 제임스는 즉각적으로 "학부에서 망치지 않았다면, 부모님께서 여전히 인정해주셨을 거예요"라고 말했다. 이때 상담사는 제임스가 그 진술문을 탐색하도록 도와주었고, 변화를 위한 힘이 있는지 판단하도록 도와주었다. 제임스는 바로 그 이유(변화) 때문에 박사과정을 공부하고 있는 것인데, 명절에 집에 오면 부모님께서는 자신이 또 실패하기를 기다리고 있는 것처럼 느껴졌다. 이것이 늘 편두통을 가져왔고 집에 방문한 내내 계속되었다. 따라서 우선 부모님께서 변하지 않는다면 본인에게는 바꿀 힘이 없다고 말했다. 상담사는 이 지점에서 다음과 같이 제임스를 직면했다. "그런데 당신은 지금 매우 힘든 박사과정에서 잘하고 있어요. 그렇지 않아요?" 제임스는 이 말에 동의했다. 상담사는 제임스가 두 가지 모순된 시각, 즉 자신은 실패자이고 학자라는 모순된 생각을 동시에 가지고 있음을 지적해주었다. 상담사는 A-B-C-D 방법을 활용해서 언제 제임스의 생각이 스스로를 힘들게 하는지, 그런 생각이 특정 패턴을 지니고 있어서 결국에는 실패를 예상하게 하고 우울과 편두통을 경험하게 하는지를 인식하도록 도와주었다. 또한 상담사는 시간을 할애해서 제임스의 수행이 썩 좋지 않았던 해에 관해 이야기하게 했는데, 몇 가지 독특하고 힘들었던 상황이 있었고, 이것이 제임스의 수행에 좋지 않은 영향을 미쳤다. 그러므로 이러한 사건이 계속 반복될 것이라는 가정은 비합리적인 것으로 명명하는 것이 타당했다. 제임스도 결국 수긍했다.

이 지점에서 상담사와 제임스는 제임스의 믿음과 사고 또는 자기대화에 대해 작업할 준비가 되어 있었다. 상담사는 어떤 신념은 불필요한 수준의 정서적 고통을 야기할 수 있는데, 특히 자기파괴적인 믿음 또는 외부의 증거로 지지될 수 없는 신념들이 그렇다고 말해주었다. 상담사는 제임스가 가지고 있는 몇 가지 비합리적 믿음의 예를 설명해주었고, 그런 다음 좀 더 합리적이고 스스로를 고양하는 믿음과 대비시켰다. 새로운 학업적 도전에 직면했을 때, 제임스는 학부 때 경험했던 장학금 중단의 문제로 되돌아갔다(촉발사건). 상담사는 '나는 실패자야', '부모님이 더 이상 나에게 믿음을 가지고 있지 않은 것은 내 잘못이야'와 같은 생각들(신념체계)이 자기파괴적이고 부정확하다는 점을 제임스에게 말해주었다. 이러한 생각들이 스트레스를 증가시켰고 결국 편두통에 이르게 한 것이었다(결과). '학부에서는 망쳤어. 하지만 그렇다고 미래마저 실패한 것이라는 것을 의미하지는 않아', '전액 장학금을 놓쳤지. 하지만 난 졸업을 했고 여전히 괜찮아'와 같은 생각이 실제 존재하는 증거와 더 부합했고, 따라서 더 합리적인 생각이었다(논박). 또한 상담사는 제임스가 다음과 같은 생각을 연습하도록 도와주었다. "학부 성적이 훌륭하지 않았다고 반드시 화를 내고 우울해야 한다는 것을 의미하는 것은 아냐."

제임스가 조금씩 상담사의 개입이 없이도 자신의 비합리적인 믿음을 논박하고 상상을 통해 다른 느낌과 반응으로 전환할 수 있게 되면서, 상담사는 제임스가 실생활에서 새로운 방법으로 생각하고 행동할 수 있도록 돕기 위해 고안된 체계적인 과제를 제시했다. 제임스는 이 과제를 수행하면서 상담사와 지속적으로 논의를 통해 자신의 신념체계에 있는 취약한 지점을 인식할 수 있었고, 그러한 생각을 좀 더 합리적인 자기대화로 대체할 수 있었는데, 좀 더 긍정적인 감정을 느끼게 되었다. 이 과정이 진행되면서 부모님과의 관계가 좋아졌고, 이전처럼 부모님이 자신을 힘들게 하지 않았으며, 따라서 미래에 대해 좀 더 낙관적이 된 자신을 발견하게 되었다. 제임스는 더 편안해졌고, 자신의 상황을 더 많이 통제하게 되었으며, 자신의 생각이 비합리적일 수 있다는 점과, 과거처럼 그런 생각을 '구매하지' 않을 것이라고 생각하게 되었다. 제임스가 이 과정을 스스로 해 나갈 수 있다고 결정하면서 상담은 종료되었다.

인지적 논박

인지적 논박(cognitive disputation)은 설득과 직접적인 질문, 논리적 추론을 사용해서 내담자가 자신의 비합리적 신념을 논박하게 한다. 이것은 상담에서 '왜?'라고 묻는 질문들이 유용한 몇 가지 경우 중 하나다. 인지적 논박은 특정 유형의 질문에 의해 주도된다.

그것이 괜찮은 논리인가요?

그것이 사실인가요? 왜 그렇지 않은가요?

그것을 입증할 수 있나요?

왜 그렇죠?

지나치게 일반화하고 있을 가능성은 없나요?

그 말이 무슨 의미죠?

당신의 친구가 그렇게 자기파괴적인 생각을 가지고 있다면, 당신은 수용하겠습니까?

어떤 방식으로 그런가요?

그것은 그럴듯한 증거인가요?

왜 그런지 저에게 설명해주세요.(예 : '왜 그렇게 바보같은지', '왜 당신이 대학에 속하지 않는지')

어떤 행동을 증거로 제시할 수 있나요?

왜 그것이 그래야만 하죠?

어디에 그렇게 적혀 있나요?

당신 생각에 불일치하는 점이 있다는 사실을 이해할 수 있을까요?

그것이 당신이 한 사람으로서 어떻다는 것을 의미하는 건가요?

그것이 논리적으로 맞는 건가요?

당신이 특별하다고 생각하는 것에 어떤 잘못이 있을까요?

당신이 ~하지 않는다면 어떻게 당신이 파괴된다는 거죠?

왜 당신이어야 하나요?

최악의 상황을 생각해보죠. 당신은 아주 나쁜 일을 하고 있어요. 왜 당신이 그것을 하면 안 되는 거죠?

어디에 증거가 있나요?

만일 ~이라면 어떤 일이 발생할까요?

당신이 그것을 끝까지 고수할 수 있을까요?

당신이 그렇게 믿는 한 어떤 느낌이 들까요?

과학자가 됐다고 생각해보죠. 자료들은 무엇을 보여주고 있나요?

상담사들은 인지적 논박을 사용할 경우 내담자의 방어적인 태도가 발생할 수 있음을 알아야 한다. 또한 내담자의 반응, 특히 비음성적 단서에 민감해야 한다. 내담자들에게는 합리적 사고와 비합리적 사고를 구분하는 것이 어려운 일이기 때문에, 상담사는 논박 과정이 어렵게 느껴질 수 있음을 이해해야 한다. 이러한 현상이 발생하면, 상담사는 인내심을 갖고 비합리적 사고와 합리적 사고의 차이를 몸소 보여주는 것이 필요하다.

Humphrey(2009)는 내담자가 자신의 비합리적 신념과 대화하게 하는 논박 기법을 제안했다. 따라서 상담사가 내담자의 분신으로 기능하는 것이 아니라 내담자가 직접 하는 것이다. 이것은 인지적 논박 과정의 훌륭한 두 번째 단계가 될 수 있는데, 우선 상담사가 자신의 파괴적인 사고를 도전하는 법을 본으로 보여준 다음 사용할 수 있다.

상상 논박 상상 논박(imaginal disputation)은 내담자의 상상에 의존하는데 특히 합리적 정서 심상(rational-emotive imagery, REI)으로 알려진 기법에 의존한다. 이 기법은 심상자극의 정서적 결과는 실제 자극에 의해 발생하는 결과와 유사하다는 가정에 근거한다. 두 가지 방식으로 이 기법을 적용할 수 있다. 첫째, 내담자는 자신이 문제가 되는 상황에 처해 있다고 상상하고(A), 그런 다음 보통 그러한 상황에서 경험하는 정서적 혼란을 경험하려고 애쓴다(C). 상담사는 내담자에게 이것이 발생하면 상담사에게 손을 들어 신호를 보내라고 안내한다. 내담자가 신호를 보내면, 상담사는 내담자가 스스로에게 말하고 있는 문장(비합리적인 문장)에 초점을 맞추라고 요청한다. 그런 다음, 극단적인 생각에서 중간 정도의 생각으로 바꿀 것을 지시하고 결과적으로 느끼는 감정에 주목하라고 지시한다. 이 과정에서 상담사는 내담자가 실생활에서 실천해야 할 인지적 변화를 지금 하고 있는 것이라는 점을 알려준다.

REI를 적용하는 두 번째 방식은, 내담자로 하여금 문제가 되는 상황에 처해 있다고 상상하게 한 다음, 이 상황에서 다르게 느끼고 행동하고 있는 자신을 상상해보라고 요청한다. 내담자가 다른 감정과 행동에 대한 이미지를 갖게 되면 즉시 상담사에게 신호를 보내라고 말해준다. 그런 다음 상담사는 다른 감정과 반응을 만들어내기 위해 스스로에게 무엇을 말하고 있고 어떻게 생각하고 있는지에 주목하라고 요청한다. 이때 상담사는 실생활에서도 이러한 종류의 문장, 즉 생각을 함으로써 다른 결과가 나타날 수 있다는 점을 말해준다.

REI는 처음에는 '이상하게 느껴지는' 합리적인 생각과 정신적인 이미지를, 이내 적절한 것으로 느끼게 만드는 훌륭한 치료 기법이다. 전문가들은 이 기법이 최대의 효과를 갖기 위해서는 내담자가 적어도 1주일 또는 2주일 동안 매일 여러 차례에 걸쳐 REI를 사용해야 한다고 말한다.

REI를 사용하는 상담사는 이 기법이 사용 즉시 성공할 것이라는 기대를 하지 않도록 미리 경고하고, 오히려 심상 기법을 사용하는 도중에 나타나는 새로운 감정과 반응이 처음에는 다소 이상하게 느껴질 수 있음을 알려주는 것이 필요하다. 어떤 내담자들은 REI를 하는 도중에 산만한 생각들이 떠올라서 방해가 된다고 보고한다. 이때 이러한 생각들이 스쳐 지나가도록 허용하고 무시하라고 격려하면서, 산만한 생각을 억지로 떨쳐내지 말라고 말해주는 것이 도움이 된다. 또한 어떤 내담자들은 심상 과정 동안 분명하고 생생한 이미지를 떠올릴 수 없어서 REI를 하는 것이 힘들다고 보고한다. 강한 이미지를 만들어내는 것이 이 기법의 성공에 절대적으로 필요한 것은 아니다. 매일 연습하면서 내담자가 계속해서 합리적인 자기대화와 이로 인한 새로운 감정과 행동에 힘주어 초점을 맞추는 것이 중요하다.

[데시벨 기법]

데시벨 기법[데시벨은 '비합리적 신념을 둔감화시키기' (DESensitizing Irrational BELiefS)를 의미한다]은 내담자로 하여금 자신을 혼란스럽게 만드는 생각을 인식하게 하고 동시에 그런 생각의 결과로 파생되는 힘든 감정을 제거하는 데 사용한다. 이 기법은 보통 상담 회기 중에 소개되고 매일 과제로 부여된다. 내담자는 매일 10분 동안 다음 다섯 가지 질문을 스스로에게 하고, 자신의 반응을 종이에 적거나 녹음하라고 요청받는다.

1. 나는 어떤 비합리적인 신념을 줄이고 무뎌지고 싶은가?

2. 이 생각이 잘못되었다는 것을 입증할 어떤 증거가 존재하는가?
3. 이 생각이 사실이라는 것을 입증할 어떤 증거가 존재하는가?
4. 반드시 가져야 한다고 생각하는 것을 가지지 못했을 때 실제로 나에게 일어날 수 있는 최악의 일은 무엇인가?(또는 내가 가지지 말아야 한다고 생각하는 것을 가지게 된다면)
5. 내가 반드시 가져야 한다고 생각하는 것을 가지지 못했을 때, 나는 어떤 좋은 일을 발생하게 할 수 있는가?(또는 가지지 말아야 하는 것을 가졌다면)

매일 데시벨 기법을 사용하고, 이것에 대한 자기강화의 형태로 즐거움을 가져다줄 수 있는 활동에 참여한다면 데시벨 기법은 더욱 효과적일 것이다.

[반론 기법]

반론 기법은 그 과정이 데시벨 기법과 유사하다. 내담자는 다음 여섯 가지 '규칙'을 사용해서 말로 또는 글로 자신의 비합리적 신념에 대한 반론을 확인한다.

1. 반론은 반드시 잘못된 믿음을 직접적으로 반박해야 한다. 예를 들어 비합리적인 믿음이 "내 아내가 나를 떠난다면 나는 실패자야"라면, 반박하는 문장은 "내 아내의 행동은 내 자신의 성공이나 성취와는 별개의 것이다" 정도가 될 것이다.

2. 반론은 현실을 반영하는 믿을 수 있는 진술이어야 한다. 예를 들어 합리적인 또는 믿을 수 있는 진술은 "꽤 괜찮은 직업을 가지기 위해서는 꼭 고등학교에 갈 필요는 없어"가 아니라 "꽤 괜찮은 직업을 갖기 위해서는 고등학교에서 모든 과목에서 A를 받을 필요는 없어"일 것이다.

3. 오랜 세월 비합리적 신념이 가졌던 효과를 무력화하기 위해서는 가능한 많은 반론을 만들어내는 것이 중요하다.

4. 내담자는 반론을 만들고 자신의 것으로 소유한다. 내담자가 반론을 만들 때 상담사의 역할은 코칭하는 것으로 제한된다. 이 규칙이 중요한 이유는, 내담자들은 자신이 만든 반론에 더 많이 관여하는 경향이 있기 때문이다. 또한 내담자마다 효과적인 반론이 다 다르다.

5. 반론은 간결해야 한다. 장황하고 긴 반론은 잊어버리기 쉽다. 가장 효과적인 반론은 몇 단어로 요약할 수 있다.

6. 반론은 적극적이고 정서적으로 강하게 진술되어야 한다. 내담자가 반론을 시도했지만 설득력이 없다면, 상담사는 내담자에게 그 반론을 콧소리로 반복해서 말하게 하고, 그런 다음 아무런 감정 없이 기계적으로 말하고, 그런 다음 활기차게 자신의 폐를 공기로 채우면서 열정적으로 새로운 생각을 말하게 한다. 이 방법을 사용해서 내담자에게는 지울 수 없는 기억을 만드는 데 도움을 줄 수 있다.

반론을 만든 다음에는 내담자가 상담 회기 중에, 회기와 회기 사이에 집에서 반론을 연습을 하는데, 반론의 지혜에 대해 내담자 스스로 확신을 가질 때까지 연습한다. 이것이 발생하면 내담자의 사고 패턴이 비합리적이고 역기능적인 사고에서 합리적이고 기능적인 사고로 바뀐 것이다.

[금지명령과 재결정 작업]

교류분석(TA; Berne, 1964)에서 흥미로운 개념 중 하나는 개인의 인생각본(life script)의 일부가 된 부모의 금지명령(injunction)이다. 어떤 명령들은 순하다("늘 네가 할 수 있는 최선의 것을 해야 해"). 그러나 어떤 것들은 피해를 초래하는데, 다음과 같은 역기능을 초래한다.

가까이 오지(하지) 마.
느끼지 마.

성공하지 마.
실패하지 마.
관심의 중심에 있지 마.
놀지 마.
성장하지 마.
네가 되지 마.
건강하지 마.

교류분석에 따르면, 아이들은 삶에 관해 배웠던 금지명령에 기초해서 초기 결정을 내린다. 아이들은 무의식적으로 많은 명령들을 '배우는데', 그러한 명령들은 명령을 내리는 어른들의 불안정성을 반영하고 있다. 재결정 작업(redecision work)은 내담자가 어렸을 때 받아들였던 구체적인 명령들을 인식하고, 현재 삶에서 그러한 명령이 가지고 있는 효과를 재검토해서, 그러한 명령에 따라 계속해서 살고 싶은지 아니면 새로운 결정을 내리고 싶은지를 판단하도록 돕는 것이다. 이 기법을 적용할 때는, 더 이상 사실이 아니고 타당하지 않은 오래된 금지명령에 수반되는 생각이나 믿음에 특히 관심을 기울인다. 그런 다음에는 새로운 결정을 지지하는 새로운 또는 이전과는 다른 신념과 사고로 대체한다.

내담자의 현재 행동이 많은 상황에서 부적절하고, 그러한 행동이 머릿속에서 반복적으로 재생되고 있는 하나 이상의 부모 메시지를 반영하는 것처럼 보일 경우, 재결정 작업은 특히 도움이 된다.

금지명령과 재결정 작업에 대한 사례 예시

켈리의 사례

켈리는 40세의 기혼 여성으로 2명의 십대 자녀가 있고 변호사로 일하고 있는데, 자신이 왜 이렇게 피곤하고 패배감을 느끼며 전반적으로 소진되었는지 이해할 수 없었다. 그녀는 작년에 위궤양으로 힘들어했고, 18개월 전쯤에는 정말로 불행하다고 느끼기 시작했는데, 나아지기를 원했지만 그렇지 못했다. 켈리는 모든 일에서 완벽하려고 노력했지만, 가족이나 친구한테 도움을 요청하는 것을 고려하지 않았고, 도움이나 지원이 부족한 것에 대한 짜증과 분노 또한 표현하지 않았다.

두 번째 회기에 상담사는 켈리에게 눈을 감고 어린 시절 집에서 자라는 것이 어떠했는지 기억해보라고 요청했다. 그런 다음 상담사는 어머니가 켈리에게 하지 말라고 했던 말이나 행동 또는 엄마가 했던 말 중에 부정적인 것이 있으면 떠올려보라고 요청했다. 켈리에 따르면, 어머니는 늘 그녀에게 어떤 도움이 없어도 처음에 올바르게 하라고 말했다. 켈리는 자신의 어머니가 완벽주의자이면서 독립적인 여성으로서, 자신의 욕구는 전혀 없는 것처럼 보였고, 늘 다른 사람들을 위해 일하는 사람이었다고 말했다.

상담사가 켈리에게 아버지는 무슨 말과 행동을 했는지 기억하냐고 질문했을 때, 아버지는 늘 "말을 하지 마라. 다른 사람들이 너를 화나게 해도 그 사람들에게 화를 내서는 안 된다"라고 말했다고 기억했다. 켈리는 자신의 아버지가 겉으로는 매우 평온한 사람이었고, 감정을 많이 드러내지 않았다고 말했다. 아버지는 50세에 심장질환으로 사망했다.

상담사는 켈리가 어렸을 때 들었지만 현재의 삶에서도 여전히 듣고 있고 따르고 있는 명령을 확인하도록 도와주었다. 켈리는 세 가지 명령을 확인했다.

도움을 요청하지 말고 욕구나 약점을 보이지 마라.
처음에 모든 것을 올바르게 해라.
화내지 마라.

또한 켈리는 '최대한 열심히, 독립적으로 일하면서' '모든 부정적인 느낌을 내 안에 간직하기로' 결심했다고 말했다.

상담사는 이러한 결정이 켈리가 아이였을 때는 어떻게 도움이 되었는지 탐색하도록 도와주었다. 예를 들어 켈리는 어머니를 즐겁게 하는 법을 배웠고, 오류 없이 일을 해내고 어머니를 괴롭히지 않음으로써 어머니로부터 인정받을 수 있었다. 마찬가지로, 켈리는 '아빠를 꼭 닮은 아이로서 화를 내지 않으면서 일을 처리할 수 있어서' 아버지를 즐겁게 하고 인정을 받을 수 있었다.

여성주의 관점에서 상담사는 가부장적인 문화에서 자란 것이 어떻게 이런 종류의 명령을 만들어내고 강화할 수 있는지 켈리가 인식하도록 도와줄 책임이 있다. 따라서 켈리의 재결정 작업의 일부는, 켈리가 자신의 가족과 문화에서 배웠던 관점이 '자신의 위치를 지키고' '착한 딸'이 되게 한 방식이었다는 인식을 발전시키는 것이었다. '여성이 되는 것'의 일부분은, 켈리가 한 사람으로서 가지고 있는 온전한 잠재력을 실현하지 못하게 했던 사회적인 명령들을 재평가하는 것이다.

상담사와 켈리는 이러한 두 가지 결정이 그녀의 현재 삶에 유용한지, 방해하고 있는지를 생각해보았다. 켈리는 독립적으로 일하려 하고 자신의 감정을 담아두려는 성향이 스스로에게 심각한 스트레스를 초래할 뿐 아니라 가족 및 친구들과 멀리 거리를 두게 한다고 결론을 내렸다. 켈리가 이러한 결정을 바꾸고 싶다고 말했을 때, 상담사는 켈리에게 어떤 새로운 결정이 도움이 되고 현실적일 수 있는지 파악하도록 도와주었다.

이후 몇 회기에 걸쳐 켈리는 계속해서 열심히 일하는 사람이 되겠다고 결심했지만, 자신의 스트레스가 특정 수준에 도달할 경우 도움을 요청하고 부정적인 감정을 표현하겠다고 결정했다. 상담사는 그러한 계획을 방해하거나 도움이 되는 특정한 생각에 주의를 기울이면서 새로운 결정을 이행할 계획을 세우도록 도움을 주었다. 켈리는 다음과 같은 생각들이 자신의 계획을 방해할 수 있다고 말했다.

나에겐 도움을 요청한 권리가 없어.
내 스스로 할 수 있어야 해.
내 감정이나 욕구 때문에 다른 사람에게 부담을 주어서는 안 돼.

켈리와 상담사는 이 계획을 지원하기 위한 대안적인 생각들을 떠올려보았다.

나는 타인에게 도움을 요청하고 도움을 받을 만큼 가치가 있는 사람이다.
모든 것을 나 혼자서 하는 것은 비현실적이다.
나는 가족과 친구들이 내 삶에 더 관여하기를 원한다.

남은 회기 동안 상담사는 계속해서 켈리가 자신에게 했던 새로운 결정에 따라 자신의 계획을 이행하도록 격려했다. 점차 켈리는 자신이 세운 계획을 성공적으로 이행하는 것을 방해하는 것은 다른 사람이 아니라 본인임을 깨달았다. 켈리는 계속해서 자신이 내린 새로운 결정을 지지하고 수행하는 방법을 사용했다.

인지적 재구조화

인지적 재구조화(cognitive restructuring, CR)는 인지적 교체(cognitive replacement)라고도 불리는데, 내담자의 비합리적 또는 부정적인 자기진술(보통 이러한 생각들은 너무 습관적이기 때문에 자동적 사고로 간주된다)을 확인하고 수정하며, 중립적인 또는 긍정적인 자기진술문으로 교체하도록 도와주는 것을 포함한다. 이 개입은 도움이 되지 않는 생각을 불러일으키는 독특한 사안이 있을 때 더 자주 사용될 가능성이 있다. 따라서 운동선수가 높은 수행을 할 때 느끼는 불안(high-performance anxiety)을 수정하거나, 부부치료에서 부부의 비현실적인 기대를 수정하거나, 섭식장애를 가지고 있는 내담자를 위해 음식과 관련된 생각을 수정할 때 사용되어 왔다. 또한 인지적 재구조화는 아동·청소년 및 노인들의 우울을 치료할 때 성공적으로 사용되어 왔고, 진로 미결정에 영향을 미쳤으며, 공포증과 공황장애를 치료할 때, 그리고 자존감을 향상시키는 데 성공적으로 사용되어 왔다.

　인지적 재구조화는 내담자가 문제가 되는 상황에 있을 때 일반적으로 떠오르는 생각을 탐색하면서 시작한다. 이러한 생각에는 스스로를 고양하는 생각과 자기파괴적인 생각이 모두 존재할 수 있다. 상담사는 문제가 되는 상황 이전과 발생하는 동안 그리고 이후에 떠오르는 구체적인 생각을 파악할 수 있도록 폐쇄형 질문을 사용한다. 내담자가 구체적인 생각을 떠올리는 것을 힘들어하면, 상담사는 내담자에게 문제가 발생할 때 머리에 떠오르는 것을 주시하고 그러한 생각을 글로 적어보라고 요청한다.

　문제 상황에서 내담자가 자신의 생각을 확인하도록 돕기 위한 또 다른 방법은, 일반적으로 내담자가 어려움을 경험하는 상황을 가시적으로 머리에 떠올리고, 마음속에서 일어나고 있는 내적인 대화를 묘사하라고 요청하는 것이다. 예를 들면 다음과 같다. "비행기를 탄다고 상상해보세요. 당신이 자리를 찾을 때, 찾았을 때, 앉을 때, 그리고 안전벨트를 착용할 때 마음에서 어떤 대화가 진행되는지 귀를 기울여보세요. 이러한 일련의 사건 속에서 당신 스스로에게 어떤 종류의 말을 하나요?"

　인지적 재구조화를 사용하기 위해서는 내담자가 어느 정도의 준비 또는 구조화가 되어 있어야 한다. 구조화가 되어 있지 않은 내담자는 생산적인 기여자가 될 수 없고 그 과정은 효과적이지 못할 것이다. 시작하면서 상담사는 자동적 사고가 무엇인지 설명하고 그 사례를 제시하며, 이러한 생각이 좀 더 생산적이고 합리적인 생각으로 교체되는 과정을 설명해주어야 한다. 다음은 상담사가 어떻게 인지적 재구조화 기법을 소개하는지를 보여주고 있다.

[인지적 재구조화 소개하기]

우리 모두는 자동적 사고를 하고 있습니다. 제가 자동적 사고를 하고 있을 때는 합리적인 사고보다는 습관적인 생각을 반복하고 있을 가능성이 큽니다. 예를 들어 방안을 거닐고 있을 때 저는 무심코 "넌 정말 형편없어!"라고 말할 수 있을 겁니다. 좀 더 합리적인 생각은 "잠깐만. 서두르면 일을 망치게 돼"일 겁니다. 우선 당신이 해야 할 일은, 이러한 침묵의 세력을 인식하는 것입니다. 당신이 그 문제를 직면할 때 당신이 보통 이야기하는 것을 살펴보고, 부정적인 자기진술을 적어보세요. 그런 다음 그런 생각을 반박할 수 있는 합리적이고 좀 더 정확한 진술문을 떠올려보기 바랍니다. 결국에는 그런 부정적인 진술문을 중립적인 또는 긍정적인 진술문으로 교체하고 싶을 겁니다. 그런 생각들로 교체하고 교체된 생각들이 일상이 되면 우리의 목표는 달성된 겁니다. 당신은 스스로를 공격하지 않을 것이고, 당신에게 있는 진정한 힘이 나타날 수 있습니다.

내담자의 자기진술이 파괴적이고 자신감을 잠식할 때 인지적 재구조화는 강력한 도구가 될 수 있다. 부정적인 자기대화는 이런 문제를 야기하지 않는 대신, 그러한 문제를 유지하게 하고, 줄어들거나 사라지지 못하게 방해한다(Beck, 2011).

대처 사고를 소개하고 사용하기 내담자가 특정 상황을 둘러싸고 있는 부정적 자기진술 또는 생각을 확인한 다음에는, 다양한 대처 진술 또는 사고(반박하는 사고라고도 불림)로 대체하는 학습 과정이 시작된다. 이것은 이 장 후반부에 기술할 사고중지 절차에서 사용하는 주장적 사고와 내용이나 기능 면에서 유사하다. 인지적 재구조화 기법이 성공하기 위해서는 대처 사고가 결정적인 역할을 한다. 부정적인 또는 비합리적인 자기진술을 인식하는 것이 필요하긴 하지만, 내담자가 양립할 수 없는 자기진술과 행동을 만들어내지 못한다면 지속적인 변화가 나타나지 않을 것이다.

대처 사고를 소개할 때 상담사는 대처 사고가 내담자의 감정과 행동에 미치는 중요성과 역할을 강조해야 한다. 내담자가 대처 사고와 비대처 사고의 차이점을 이해할 수 있도록 상담사는 각각에 대한 사례를 제시하는 것이 좋다. 가끔은 내담자에게 다양한 대처 사고를 가르치는 것이 도움이 된다. 예를 들어 문제가 되는 상황이 발생하기 전에 내담자는 특정 유형의 대처가 도움이 된다고 생각할 수 있다. 문제 상황이 발생하는 동안에는 (배웠던) 대처 사고를 사용해서 어려움에 직면하거나 대처할 수 있다. 상황이 종료된 후에도 내담자는 대처 사고를 학습할 수 있는데, 스스로를 격려하거나 또는 문제 상황이 발생하기 이전에, 도중에, 그리고 이후에 무엇을 배웠는지 반성적으로 생각해볼 수 있다.

[대처 사고의 예]

자기파괴적 진술 : 나는 이 비행기가 무서워.　　　　　**대처 진술** : 이 비행기는 방금 전에 항공안전전문가로부터 검사를 받았어.

자기파괴적인 사고에서 대처 사고로 전환하기　대처 사고를 확인한 후 내담자는 지금까지 사용했던 자기파괴적인 사고를 대처 사고로 전환하는 방법을 배워야 한다. 이것은 쉬운 일도 자연스러운 과정도 아니다. 일단 내담자가 자기파괴적인 사고가 자신을 어떤 식으로 방해하는지 알게 되면 대처 사고를 연습해야 한다. 처음에는 상담사가 이 과정을 어떻게 진행하는지 본을 보여주면 내담자에게 도움이 된다. 예를 들어 중요한 구직면접을 준비하고 있는 내담자를 위해 상담사가 다음과 같이 말할 수 있다.

자, 저는 여기 앉아서 그 사람들이 제 이름을 부르는 것을 기다리고 있습니다. 너무 오래 기다리지 않으면 좋겠는데. 진짜 긴장되네요. 날려버리면 어쩌지? (자기파괴적 사고) 그런데, 잠깐만! 그건 도움이 되지 않아. (대처하는 단서) 어느 정도 기다릴 가능성이 더 많아. 그리고 여기 앉아서, 긴장 풀고, 정신 차리고, 심호흡도 몇 번 할 수 있고, 중요한 건, 내가 강조하고 싶은 것을 검토할 수 있을 뿐 아니라 내가 이 사람들에 대해 뭘 알고 싶은지도 생각해볼 수 있다는 거야. 나도 이 사람들을 평가할 거니까. 일방향 도로는 아니잖아. (상황이 발생하기 전에 계획의 형태로 대처 사고가 수립됨)

좋아. 이제 내 이름을 부르는군. 이제 진짜 내 차례야. 와! 다리가 후들거리는데. 좋은 인상을 주지 못하면 어쩌지? (자기파괴적 사고, 대처에 대한 단서) 이봐! 난 최선을 다할 거야. 그리고 이 면접에서 무엇을 배울 수 있을지 두고볼 거야. (대처 사고)

사고 중지하기

사고 중지하기(thought stopping)는 부정적인 자기대화나 자기파괴적인 사고에 경도된 내담자들과 작업할 때 상담사가 가장 먼저 시도하는 개입일 가능성이 높다. 사고 중지하기는 특정 사고나 일련의 사고를 방해하는 과정으로서, 스스로에게 그러한 사고를 중단할 것을 명령한다. 이것은 마치 내담자가 자신의 상상 속에 그런 생각을 중단하라고 명령하는 '작은 지휘관'을 세우는 것과 같다.

긍정적인 자기대화

자기대화(self-talk)는 우리가 우리 자신과 대화를 하는 것으로, 사람들이 많이 하는 것이다. 우리는 보통 우리 안에서 일어나는 독백에 의식적으로 초점을 맞추지는 않는다. 이러한 독백이 우리 자신과 동기 및 행동과 관련해서 부정적인 방향으로 흐를 때 마음에 장애물이 된다. 간혹 내담자들은 이러한 부정적인 자기대화 패턴에서 빠져나오는 방법을 모르는 경우가 있다. 최근에 당신 자신이 불쌍하다고 느낀 적이 있다면, 아마도 당신은 그런 부정적인 느낌을 갖게 만든 내적인 대화를 가졌을 가능성이 높다.

긍정적인 자기대화는 기존의 부정적인 패턴을 인식하는 것을 포함하고 있는데, 부정성(negativity)이 내담자의 정신적 과정을 통제하고 있다는 내적인 경고와 함께 짝을 이루어 존재한다. 이럴 경우에만 내담자가 부정성을 긍정적이고 사실에 기초한 자기대화로 교체하려고 시도하게 된다. 따라서 이 개입에는 평가 과정과 교체 과정이 포함된다. 아마도 부정적인 자기대화의 가장 좋은 예는 신뢰와 관련된 문제를 가지고 있는 사람에게서 찾아볼 수 있을 것이다. 도전에 직면했을 때 "나는 그 사람을 믿을 수 없어" 또는 "여기에 있는 사람 중 그 누구도 나에 대해 관심이 없기 때문에 이건 잘 안 될 거야"라는 식으로 자기대화가 진행될 것이다. 이런 판단은 정확한 것과는 거리가 멀다. 사실, 그 사람은 다른 유사한 상황에서 반대되는 증거를 많이 가지고 있을 수도 있다. 상담사의 지원을 통해 이러한 자각이 표면으로 떠올라야 하고 내담자는 이를 수긍해야 한다.

일단 내담자가 수긍하면, 상담사는 습관적으로 나타나는 반응들이 부정확한 경우가 더 많고, 따라서 경험에 바탕을 둔 반응으로 교체해야 한다는 것을 내담자가 이해할 수 있도록 도와주어야 한다. 내적인 자기대화는 그 뿌리가 매우 견고하기 때문에, 상담사는 이 과정을 시작하기 전에 내담자에게 이러한 사실을 여러 번 상기시켜주어야 한다.

닻 내림(Anchoring)

내담자의 확고한 인지적 패턴을 변화시키려고 조력할 때 부딪히는 문제 중 하나는, 그러한 패턴이 마치 자동적인 반응처럼 굳어졌다는 것이다. 그러한 반응은 의식적으로 나타나는 것이 아니다. 따라서 내담자가 그런 반응을 인지하거나 심지어 예상하는 것조차 어려울 수 있다. 닻(anchors)은 상담사와 내담자가 모두 동의한 신호로서, 부정적인 자기평가와 같이 임박한 바람직하지 않은 반응을 내담자에게 알려준다. 닻은 외적인 것일 수도 있고(예 : 시각적, 행동적, 청각적) 내적인 것일 수도 있다(예 : 느낌). 그러한 닻이 인지되면 내담자의 주의는 환기되고 새롭게 학습한 행동으로 반응할 수 있다. 예를 들어 자기이미지가 약한 사람은 불안 또는 임박한 운명을 많이 경험하는데, 이런 느낌이 닻일 수 있다. 이때 상담사는 내담자에게 다음과 같이 조언할 수 있다. "처음에 불안을 느꼈을 때 즉시 스스로에게 다음과 같이 질문해보세요. 나 스스로에게 무엇이라고 말하고 있는가? 지금 나는 무엇을 생각하고 있는가? 이때 당신이 일반적으로 하는 방법 대신에 우리가 함께 연습했던 문장으로 교체해보세요." 또한 닻은 물리적인 것일 수 있다. 예를 들어 선생님 중 한 명에 대해 부정적인 감정을 가지고 있다고 인정한 청소년이 있다면, 그 교사의 방에 있는 물체를 사용해서 자신의 생각을 점검해보고 비합리적인 사고에 도전해서 좀 더 중립적인 사고로 교체하도록 요청할 수 있을 것이다. 이렇듯 닻을 기반으로 해서 생각을 교체하는 것을 상담 회기 중에 연습해야 한다. 이 연습에는 상담사가 내담자의 부정적인 진술을 말하고, 내담자는 그런 진술을 다른 것으로 대체하는 것을 포함할 수 있다 (예 : 아니, 스미스 선생님은 퀴즈를 따로 치러야 하는 상황에서 나를 공정하게 대하셨어").

재구성하기

재구성하기(reframing)는 상황을 다르게 바라보고 생각해보는 유연한 기법이다. 상담 맥락에서 이것은 삶에 대한 낙천적 관점 그 이상을 의미한다. 사실, 재구성하기(재공식화라고도 불림)는 문제를 다시 정의해서 실현 가능한 해결책으로 향하게 하는 상담사의 시도라고 볼 수 있다. 많은 이론가들이 이 방법을 선호했는데, 실존주의자부터 전략적인 가족치료자들까지 다양하다. 때로는 재구성하기를 통해 해결할 수 없는 문제를 해결할 수 있는 문제로 다시 정의하거나, 특정 문제가 전혀 문제가 아니라고 바라보게 된다. 어떤 경우에는, 재구성하기를 통해 사람 또는 문제에 대한 근거 없는 가정을 제거하고, 당면한 문제에 신선하고 오염되지 않은 관점을 갖게 된다. 가장 간단한 형태로는 해석할 필요가 있는 비교적 단순한 생각 또는 의견의 형태를 취하는데, 현재 가지고 있는 것과는 다른 해석을 제공한다.

치료적 재구성을 통해 불쾌한 동기나 행동을 서툴지만 좋은 의도를 지닌 것으로 다시 정의할 때 효과가 있는데, 이를 통해 특정 행동은 개인적으로도, 그리고 사회적으로도 수용될 수 있게 된다. 또한 이 기법은 내적인 문제를 다루고 있는 개인 내담자나 대인관계문제를 가지고 있는 사람들을 대상으로 활용될 수 있다. 재구성이 효과적이기 위해서는 대안으로 제시한 의미가 신뢰할 수 있고 좀 더 직접적으로 동기를 다룰 수 있느냐가 관건이다. 따라서 엄마의 고압적인 행동은 자신의 사랑을 전달하지 못하는 무능력으로 바라볼 수 있고, 아이의 강박적인 행동은 엄마의 양육 책임을 가볍게 하려는 아이의 시도로 간주될 수 있다. 이렇게 신뢰 기준이 충족되는 경우에만 내담자가 새로운 의미를 수용하고 오래된 역기능적인 의미를 버릴 수 있게 된다. 이것이 발생한 이후에야 긍정적인 목표를 달성하기 위한 좀 더 적절한 방식을 고려할 수 있게 된다.

재구성하기의 주요 이점 중 하나는 이것이 상담사의 공감 없이는 도달할 수 없다는 것이다. 즉 수용될 수 없는 행동 이면에 존재하는 수용할 만한 동기를 상담사가 이해할 수 있을 경우에만 상담사가 그 상황에서의 치료적 재구성에 도달할 수 있다. 우리는 이러한 형태의 재구성에 익숙한데, 예를 들어 학교 상담사는 크레이그의 소란스러운 행동이 관심을 끌려는 잘못 인지된 전략임을 알고 있다. 다른 종류의 재구성으로는 내담자의 분노를 '자신의 삶을 통제할 수 없을 때 느끼는 두려움'으로 재해석하는 것, 내담자가 다른 사람들에 대해 매우 높은 기대를 가지고 있다고 말하는 것을 '사람들을 멀리함으로써 관여나 상처 또는 실망으로부터 안전하려는 시도'로 이해하는 것이다. 상담사는 내담자의 현재 생각보다는 자신의 재구성이 진실에 더 가깝다고 믿는 것이 중요한데, 그렇지 않다면 재구성을 해서는 안 된다. 재구성은 내담자를 희생해서 추측하는 것이 아니다.

마지막으로, 재구성과 해석의 차이에 관해 논할 필요가 있다. 해석은 일련의 사건이나 진술문을 들여다본 다음 그것에 대해 상담사가 어떤 결론을 제공하거나 내담자에게 제공하라고 요청하는 것이다. ("당신은 전 아내와의 연락이 잘 되었다고 했는데, 직후에 뭔가 일이 잘못 되고 있다는 말을 하고 있어요. 이 상황이 어떻게 이해되시나요?" 또는 "전 아내와 연락한 것은 좋았지만 혹시 그때 아이들과 관련해서 당신에게 더 많은 것을 요구할 것 같아서 그것이 두려웠던 것인지 궁금합니다."). 즉 해석은 내담자가 아직 결론을 내리지 않았을 때 사건에 대해 생각해볼 수 있는 방식을 내담자에게 제공하는 것이다. 반면, 재구성하기는 내담자의 현재 개념화를 꺼내서 그러한 개념을 바꿀 수 있을 뿐 아니라 그것을 극적으로 바꿀 수 있는 생각을 소개하는 것이다. ("회사에서 승진하지 못했기 때문에 당신은 스스로를 실패자라고 계속해서 부르고 있어요. 하지만 저는 거기서 아주 훌륭한 일을 하고 있는 누군가를 보고 있어요. 자신의 근무시간을 늘려서 누군가가 집에 가서 아이의 생일을 축하해주기 위해서요. 당신은 더 두둑한 월급봉투를 원하겠죠. 하지만 당신이 실패했다고 부르는 것을 저는 다른 것들을 소중하게 여기는 것으로 부를 거예요. 그게 아마도 더 중요한 것일테니까요.")

2차 개입

지금까지 우리가 이야기한 대부분의 것들은 어느 정도 이해할 수 있는 논리에서 빌려왔다. 즉 자신이 가치가 없고 누구도 자신을 사랑하지 않을 것이라고 말하고 있는 내담자가 사실은 사

랑할 가치가 있는 사람인 경우다. 다른 종류의 인지적 개입들은 완전히 논리를 뒤집는다. 원래 이것들은 2차 변화(second-order change)라고 불렸던 것들이다(Watzlawick, Weakland, & Fisch, 1974). 예를 들어 어떤 사람이 목표를 달성하지 못했을 때 더 열심히 노력해야 한다는 것은 꽤 논리적이다. 그런데 더 열심히 노력하는 것이 문제의 일부일 수가 있는데, 가령 당신이 다른 사람들보다 더 열심히 노력할 때 다른 사람들을 판단하게 되고, 유머를 잃게 되고, 당신 자신의 목표에만 지나치게 초점을 두어서 퍼즐의 많은 부분을 간과하고 있을 수 있다. 따라서 이러한 난관을 해결하기 위해서는 '더 부드럽게' 일하는 전략이 필요하다. 이러한 역설적인 생각이 '더 열심히'라는 이전의 전략보다 더 논리적이라고 생각할 경우에만 바람직한 성과가 도출될 수 있다. 즉 효과적이지 않은 내담자의 일차적 사고(더 열심히 일한다)를 해체하고 내담자와 함께 생산적인 2차 사고(더 부드럽게 시도한다)를 구성하는 것은 상담에서 도전이 되는 일이다.

우리가 생각하는 모든 것이 이성적이지는 않다는 것은 그리 놀랄 만한 것이 아니다. 오히려 이렇게 생각하는 것이 논리적인 것처럼 보인다. 의심받거나 도전받지 않을 경우 우리 대부분은 우리의 인지 과정이 합리적이라고 생각한다. 그렇다면 어떻게 내담자의 비합리성을 도전하고 2차 해결책을 자극할 수 있을까? 여기서 우리는 몇 가지 2차 개입을 소개할 것이다. 행동적 또는 체계론적인 변화를 다루는 것들은 제10장과 제11장에서 다룰 것이다.

치료적 진전에 저항하기

치료적 진전에 저항하는 것은 일종의 2차 개입으로서, 변화에 저항하라고 내담자에게 주의를 주는, 즉 내담자가 너무 빨리 좋아지고 있다고 경고하는 형태를 취할 수 있다. 이러한 방식으로 이 개입을 사용하면 자제시키기(restraining)라고 부른다. 이 개입을 통해 변화에 저항하는 내담자에게 예방적인 처방을 제공하는데, 단독으로 사용될 수도 있고 아니면 좀 더 복잡한 개입의 일부분으로 사용될 수 있다. 상황을 개선하기 위해서는 무엇을 해야 하는지 상담사가 대략적인 윤곽을 그릴 수 있는 경우가 많다. 하지만, 고려하고 있는 변화에 대해 상담사가 경고나 주의를 추가로 제시할 수 있다. 예를 들어 내담자가 너무 급속하게 좋아지고 있고 따라서 변화의 속도를 줄여야 한다고 내담자에게 경고를 줄 수 있다. 사실 그것이 실제로 변화인지 아니면 가짜 변화인지 염려가 되는 상황이라면, 그런 경고는 현명하다. 그런 다음 내담자가 안 좋아지는 경우가 발생하게 되면, 이런 일이 일어날 수 있다고 이미 상담사가 경고했었고 지나치게 걱정하지 말라고 내담자에게 주의를 주었기 때문에, 내담자는 덜 걱정하게 된다. 내담자가 더 안 좋아지는 일이 발생하지 않는 것이 더 좋겠지만, 사실 이런 2차 개입은 가끔 효율적인 치료적 진전을 가져오기도 하는데, 그 이유는 이 개입이 저항하는 성향이 있는 내담자에게는 인지적 딜레마를 만들어내기 때문이다.

위치 잡기(positioning)

지나치게 스스로를 부정적으로 말함으로써 오히려 다른 사람들로부터는 긍정적인 말이나 동정을 이끌어내는 사람들을 만난 적이 있을 것이다. 예를 들어 어떤 공무원이 자신은 조직적이지 못하다고 말함으로써 자신의 조직력에 대해 다른 사람들로부터 칭찬을 이끌어낼 수 있다. 또는 사실 그렇지 않은데 모든 사람이 자신을 미워한다고 주장하는 사람이 있다. 만일 이러한 일이 상담에서 발생했을 때, 상담사는 내담자의 부정적인 자기평가에 '동의'할 수 있다. 2차 개입을 논하는 이론가들에 따르면, 만일 내담자가 다른 사람들을 조작하기 위해 이러한 위치를 견지해 왔다면(이것은 종종 의식 밖에서 일어나는 일이다), 이러한 위치에 대해 상담사가 동의하는 것은 어떤 식으로든 내담자에게는 충격으로 다가올 수 있다. 이때 내담자는 바로 이것이 내담자가 진짜로 믿고 있는 것임을 인정하거나, 아니면 자신이 믿고 있는 것을 새로운 시선으로 바라보고 상담사의 '부당한' 평가로부터 자신을 방어하게 될 것이다. 어떤 식으로든, 이러한 딜레마는 상담을 보다 긍정적인 방향으로 이끌고, 상담사와 좀 더 진정성 있는 상호작용을 가능케 한다. 어떤 저자들은 상담사가 그런 부정적인 말을 과장해서 말하면 개입의 효과가 배가된다고 주장하는데, "제가 그렇게 나쁘지는 않은데요!"라는 반응을 내담자로부터 불러일으킨다(Dowd & Milne, 1986).

[위치 잡기 반응의 예]

내담자 : 저는 그저 나쁜 엄마일 뿐이에요. 전 계속 일을 망쳐요. 제가 아무리 노력을 해도, 다른 사람들을 밀쳐내는 일만 하게 돼요.

상담사의 위치 잡기 반응 : 더 좋은 엄마가 되는 것은 당신 능력 밖의 일이라고 말씀하시는 것처럼 들립니다. 아마도 이제부터는 당신 이외에 아이들을 돌볼 수 있는 사람이 있는지 찾아봐야 할 것 같습니다. 그래야 다른 곳에서라도 아이들의 필요를 충족시킬 수 있을 테니까요.

이 절을 마무리하면서 2차 개입과 이전에 언급한 개입들 간의 차이점을 강조할 필요가 있다. 인지적 논박이나 재구조화 같은 개입은 내담자에게는 좀 더 즉각적이고 투명하게 다가온다. 이를 통해 상담사는 내담자의 생각에 도전하는데, 꽤 분명한 방식으로 도전을 한다. 2차 개입

은 훨씬 더 미묘하고, 종종 세 단계로 진행된다. 첫 번째 단계는 상담사의 개입으로, 이것이 내담자에게는 이해되지 않을 수 있다. 두 번째 단계는 첫 번째 단계의 결과로 나타나는 인지적 이동(cognitive shift)인데, 상담 목표를 달성하기 위해 바람직하다. 그다음 세 번째 단계는 상담사와 내담자가 이 개입을 생각해보고 처리하는 시간으로서, 당면 문제에 대한 내담자의 이전 논리보다 더 논리적이고 생산적인 곳으로 내담자를 이끌었는지 생각해볼 수 있다.

의미 형성 기법

우리는 핵심 상담 기술들을 검토하면서 내담자에게 무언가의 의미를 공유하도록 요청하는 것의 중요성을 다루었다. 어떤 사건이나 조건, 그 밖의 다른 것들에 부여한 의미를 이해하는 것은 내담자를 이해하는 긴 여정이다. 따라서 이것은 기초적인 수준에서 내담자로 하여금 의미를 형성하도록 조력하는 것이 된다.

이러한 핵심적인 기법을 넘어, 우리는 여기서 의미를 만드는 것을 강조하려고 하는데, 여기에는 특정 문제가 내담자에게 제기하는 실존적 또는 영적인 딜레마가 포함되어 있다. 만일 상담사가 이러한 문제를 다루기를 주저한다면, 내담자의 고통은 연장되고 썩 도움이 되지 않는 조력활동에 그칠 가능성이 있다. 몇몇 저자들은 치료의 중심 주제로서 영적인 측면에서 의미를 형성하는 것을 논한다(예 : Aten, McMinn, & Worthington, 2011; Richards & Bergin, 2005). 자신의 상담 실무가 실존적/영적인 문제에 초점을 두건 그렇지 않건, 의미를 형성하는 개입을 요청하는 내담자나 상황이 존재한다.

영적인 내담자를 위한 의미 형성하기

많은 내담자들에게는 심리적인 것과 영적인 것 사이에 뚜렷한 구분이 없다. 신성(Deity)(또는 알코올중독자 모임에서 선호하는 명칭은 Higher Power)을 믿는 내담자들에게 영적인 영역은 치유를 위해 필요하고 결실이 많은 영역이지만, 이것은 상담사가 영적인 문제를 다루는 것을 편안해하고 관련 기술을 갖추고 있을 경우에 가능한 일이다. Aten, McMinn과 Worthington(2011)이 편찬한 교재에서는 일곱 가지 영적 개입을 소개하고 있다ー기도, 용서 증진하기, 명상, 마음챙김, 요가, 성전, 영적 일지 작성하기. 나아가 각각의 개입은 동양과 서양의 영적 전통을 토대로 논의되고 있다. 우리는 독자들이 이러한 종류의 교재를 읽어보고 영적인 개입에 대해 충분히 이해하기를 권하는데, 모든 교재가 인지적인 측면에 초점을 두고 있는 것은 아니다.

성전 영적인 위기에 대한 인지적 접근의 한 예는, 내담자가 자신의 문제와 씨름하면서 의미 있다고 느꼈던 성전을 공유해달라고 요청하는 것이다. 내담자에게 관점이나 희망을 준 작품이 있다는 것은 무엇을 의미하는가? 만일 내담자가 낯선 종교적 전통을 이야기하고 있다면, 상담 사는 주의 깊게 경청하되 상담사 자신의 영적인 신념에 따라 섣부르게 결론을 내리지 않는 것이 중요하다. 더욱이, 이러한 인지적 기법을 사용할 때는 다양한 의미가 나타날 수 있도록 충분한 시간이 필요하다. 상담사는 계속 질문을 던짐으로써 내담자가 영적인 작품에서 얻은 메시지를 심리치료에 토대를 둔 개입과 연결시켜야 한다. 예를 들어 부정적인 생각이 내담자의 정신세계를 괴롭힐 때는, 내담자가 가장 좋아하는 경구를 스스로에게 말하게 함으로써 부정적인 생각을 대체할 수 있을 것이다. 이렇게 내담자의 영적인 삶을 인정함으로써 의미 있는 방식으로 상담을 향상시킬 수 있다.

비영적인 내담자를 위한 의미 형성하기

모든 내담자가 활발하게 영적인 삶을 영위하는 것은 아니지만, 그렇다고 내담자가 의미를 추구하는 것을 막지는 못한다. 특히 상실이나 외상을 경험한 내담자를 위해서는 의미를 형성하는 개입이 매우 가치 있는 것으로 밝혀졌다(예 : Currier, Holland, & Neimeyer, 2008; Haugen, Splaun, Weiss, & Evces, 2013). Wong(2010)은 "미래는 이전보다 더 혼란스럽고 불확실한 것처럼 보인다"(p. 85)는 것이 일반적인 경험이라고 말했다. Haugen 등(2013)은 모든 사람들이 '총체적 의미(global meanings)'라고 하는 것을 가지고 있다고 설명했는데, 세상과 다른 사람들, 그리고 자신에게 기대할 수 있는 것이라고 설명했다. 상황이 자신의 총체적인 의미와 갈등을 겪을 때, 사람들은 안정감을 느끼는 장소로 되돌아가려고 시도한다. 이러한 노력에도 스트레스가 줄어들지 않는다면, 결국 외상후 스트레스장애(PTSD) 증상이 나타날 수 있다. 따라서 상담사는 어떤 사건 또는 일련의 사건들이 내담자에게 가지는 겹겹의 의미들에 관심을 가져야 한다. Haugen 등(2013)은 비록 어떤 사건이 불러일으키는 고통이 명백하게 보인다고 하더라도 그 사건에서 정확히 무엇이 고통을 유발하고 있는지에 초점을 맞출 필요가 있다고 제안했다. 이렇게 삶에서 일어났던 것의 의미를 해체해봄으로써 내담자는 자신의 총체적인 의미가 얼마나 많이 공격을 당했는지 이해할 수 있고, 적절한 정서적 작업을 통해 생존 가능한 의미를 새롭게 형성할 수 있다.

은유와 의미 형성하기

은유 사용은 종교를 가지고 있는 사람들에게는 익숙한 것인데, 종교 작품에서 은유를 사용하는 것이 일부 원인이 된다. 또한 은유를 사용하는 것은 모든 변화가 외부로부터가 아니라 개인 내부로부터 발생한다는 철학적 입장과 일치한다. 신성한 것에 영감을 받았건 아니면 세속적인 것에 이끌렸건, 그것이 성전이건 아니면 일반적인 시이건, 은유는 내담자로 하여금 결론을 이끌어내고 문제에 대한 통찰을 얻기에 충분할 만큼 맥락적으로 상이한 시나리오를 제공한다. Pearce(1996)는 "비록 은유가 인지적이고 지적인 영역에 의해 제공되고 이해된다는 사실에도 불구하고, 은유는 정의적인 영역에서 기능한다"(p. 3)고 주장했다. 그는 은유의 치료적 가치에 대해 다음과 같이 주장했다.

> 정확히 은유가 인지와 정서라는 두 세계에 걸쳐 있기 때문에, 은유는 감정의 세계에서 사고 과정을 촉진한다. 은유는 무의식적인 영역에 있는 자신의 위치에서 행동의 변화를 개시한다. 은유는 내담자로 하여금 고통스럽고 해결되지 않은 경험을 변형시킬 수 있게 하는데, 그 사건들의 의미를 결정적인 시점 위로 이동시키기 때문에 가능하다. 결국 운명이 향상되거나 삶의 좌표가 향상되게 한다(p. 3).

> 은유를 사용하게 되면, 대부분의 경우 내담자는 통찰과 의미를 얻을 수 있는 기회를 갖게 되고, 상황이나 조건을 상이하고 좀 더 의미 있는 방식으로 바라보게 된다. 예를 들어 다툼이 많은 커플이 호전적인 입장에서 벗어나도록 조력하는 상담사가 있다면, 두 승려가 다투고 있는 다음과 같은 이야기를 들려줄 수 있을 것이다.

> 두 명의 승려가 깃발에 관해 논쟁을 벌이고 있었어요. 한 승려는 "그 깃발이 펄럭이는 거야"라고 말했고, 다른 승려는 "바람이 펄럭이는 거야"라고 말했죠. 논쟁은 계속되었어요. 큰 스님이 우연히 옆을 지나가게 되었는데, 승려들에게 다음과 같이 말했죠. "바람도 아니고 깃발도 아니다. 너희들의 마음이 펄럭이는 것이다"(Reps, 1981, p. 114).

이 이야기에는 설명이 포함되어 있지 않다. 대신, 상담사는 그 커플로 하여금 이 이야기에서 그들의 의미를 찾으라고 요청하는데, 예를 들어 "우리 각자는 우리가 옳아야 한다는 욕구 때문에 마음이 혼란한 것일까요?"라고 물어볼 수 있을 것이다.

은유는 일반 사람들의 이야기나 동화 속에도 등장한다. Pearce(1996)는 Freud가 증상들을 명명하고 분류하기 위해 민간에서 내려오는 이야기, 동화, 그리고 다른 형태의 공상작품들을 참고한 사실을 상기시켰다. Bettelheim(1976)은 자신의 저서인 은유 사용법 : 동화의 의미와 중요성(*The Uses of Enchantment: The Meaning and Importance of Fairy Tales*)에서 동화에서 은유를 사용한 것을 확장했다. 그는 아동이 동화를 읽으면서 인생의 위대한 미스터리들을 사회적으로 용인된 방식으로 배우게 된다고 주장했다. 그러나 성인 또한 동화를 다시 읽으면서 자신의 신념과 가치, 맹점에 대한 통찰을 얻을 수 있다. 내담자는 습득한 의미가 무엇인지 이야기해야 한다. 만일 특정 은유나 이야기에서 어떤 의미나 적절함을 찾아볼 수 없다면 상담사가 해야 할 유일한 일은, 화제를 다른 곳으로 돌리는 것이다.

의미 형성하기 사례 예시

타샤의 사례

타샤는 소매업에 종사하는 26세 여성으로서 우울한 상태에서 상담실에 찾아왔다. 그녀의 우울증은 2개월 전에 아버지가 심장마비로 갑자기 별세하면서 시작되었다. 그 사건 이후로 타샤는 무너졌고 결국 일자리를 잃게 되었다. 현재 어머니와 함께 살고 있는데, 아버지의 죽음 이후 어머니는 괜찮다고 말했다. 타샤에게 의사를 찾아가라고 권한 것도, 상담을 추천한 것도 타샤의 어머니였다. 현재 타샤는 항우울제를 복용하고 있다.

접수면접과 두 번째 회기 이후 타샤는 "어떤 사람들은 나쁜 짓을 하고도 들키지 않는데 저만 처벌을 받는 것이 부당해요"라고 말했다. 그 회기 후반부에 상담사가 타샤의 이 말을 상기시키면서 좀 더 자세히 말해달라고 요청했다. 타샤는 주저하다가 같은 말을 반복했다. 다음 회기에 상담사는 타샤 아버지의 갑작스런 죽음 이야기를 다시 꺼냈고, 그 당시 어떤 생각이 들었는지 말해달라고 부드럽게 요청했다. 타샤는 모든 것이 자신의 잘못이라는 생각이 들었다고 말했다. 상담사는 이 말에 대해 더 많은 이야기를 나누고 싶었지만, 타샤는 더 이상 이야기를 나누는 것에 저항했다. 그녀가 죄책감에 대해 언급했고 접수면접 시 자신을 가톨릭 신자라고 말했기 때문에, 상담사는 타샤에게 독실한 신자라고 생각하는지 물었다. 타샤는 자신이 신앙생활을 하고 있지만, 몇 년 동안은 독실하지 않았다고 말했다. 상담사는 타샤에게 다음 회기에 좋아하는 성경구절을 가져올 수 있는

지 물었고, 타샤는 이것에 동의했다.

타샤는 예수가 우물에서 어떤 여인을 만나는 장면을 선택했는데, 그 여성은 간통한 여인으로 알려져 있었다. 이 이야기에서 예수는 그 여성을 용서했고 더 이상 죄를 짓지 말라고 말했다. 상담사는 기다렸고, 타샤는 자신이 이 구절을 선택한 것이 우연이 아니었다고 말했다. 타샤는 고등학교 3학년 때 사귀던 남자가 '자신을 이용했다'고 말했다. 단 한 번 성관계를 가졌는데 임신이 되었다고 말했다. "어떻게 해야 할지 몰랐어요. 제가 이야기를 하면 부모님께서 죽었을지 몰라요. 그래서 낙태를 했어요. 그건 살인이었어요! 그리고 이제 신께서 제 아버지를 데려갔어요."

많은 일이 타샤와 상담사 앞에 기다리고 있었다. 분명한 것은, 타샤가 비난과 심각한 상실로 인해 고통스러워하고 있었고, 이 사건들에 부여하는 의미가 매우 커서 그녀에게 심각한 영향을 미치고 있다는 것이었다. 또한 타샤에게는 충격적인 사건을 이야기함에 있어서 상담사의 직접적인 질문에 답을 하는 것보다는 성경구절을 사용하는 것이 훨씬 더 쉽다는 것이 명백해졌다. 상담사는 타샤가 잠재되어 있는 다른 의미들을 발견할 수 있도록 조력할 예정인데, 특히 타샤의 신념체계 안에서 용서의 의미를 발견하도록 도울 예정이다. 상담사는 인지적 논박의 측면을 활용할 예정이지만, 영적이고 종교적인 의미 형성 안에서 진행할 예정이다.

인지적 기법에 대한 내담자의 반응

내담자의 반응은 두 가지 중 하나인데 인지적 기법에 환상적으로 반응하거나 아니면 완전히 의미 없다고 느낀다. 인지적 기법에 긍정적으로 반응하는 내담자들은 꽤 지적이고, 아이러니를 이해할 수 있고, 덜 파괴적인 증상들을 호소하고, 심상 또는 내적인 대화를 만들어낼 수 있고, 논리적인 사고의 힘에 가치를 두는 사람들이다. 인지적 접근을 어려워하는 내담자들은 위기에 처해 있거나 증상이 보다 더 심각하고, 상담 관계에서 상당한 정도의 정서적 지지를 원하거나 필요로 하는 사람들이며, 정보를 감각적으로 처리하고, 문제에 감정적으로 반응하고 결정하는 사람들이다. 인지적 기법에 저항하는 내담자들에게는 인지적 기법을 성공적으로 사용하는 것이 어렵다. 다른 유형의 기법들이 더 유용할 수 있다.

이렇게 다양한 반응과 함께, 인지적인 기법을 소개하자마자 나타나는 다른 종류의 전형적인 반응들이 있다. 이러한 반응을 예상할 수 있다면 그것들이 발생했을 때 좀 더 잘 대응할 수 있을 것이다. 한 가지 반응은, 상담사가 인지적인 기법을 사용할 때 사용하는 명칭 또는 어휘와 관련이 있다. 상담사가 내담자의 생각이나 신념을 비합리적, 잘못된, 또는 논리적이지 않은 것으로 묘사할 때, 종종 내담자들은 자신의 생각뿐 아니라 자기 자신이 공격을 당하고 있다고 생각하게 된다. 어떤 유형의 내담자들에게는 더 그럴 수 있다(예 : 반항적인 10대, 불안정한 성인). 또한 상담사와 내담자 사이에 적절한 수준의 치료적 동맹이 미처 발달하지 않은 상태에서, 상담사가 매우 직설적이고 적극적이면서 직면적인 상담 스타일을 사용하는 가운데 이러한 용어들을 제시한다면 내담자가 부정적으로 반응할 가능성은 더욱 크다.

상담사는 내담자의 부정적인 반응을 몇 가지 방식으로 우회할 수 있다. 한 가지 방법은 임상적인 용어를 사용하는 것을 피하는 것이다. 예를 들어 십대 청소년 내담자에게는 생각이 비합리적이라는 말보다는 생각이 '혼란스러운, 뒤죽박죽'이라고 말하는 것이 좀 더 현명할 수 있다. 이런 함정에 빠지지 않는 또 다른 방법은, 내담자의 어떤 믿음이 합리적인지(또는 비합리적인지)를 평가하는 위치에서 벗어나는 것이다. 대신, (내담자가 할 수 있다면) 내담자가 이 절차를 수행하도록 맡기면, 힘겨루기의 가능성은 줄어들고 두 사람 간의 오해를 줄일 수 있게 된다.

두 번째로 나타날 수 있는 내담자의 반응은, 외부 사건이나 다른 사람들이 아니라 내담자의 생각이 문제의 원인이라고 말하는 상담사를 처음에 불신하는 것이다. 내담자는 "그녀만 아니었다면(또는 그 일만 없었다면) 제가 이런 식으로 느끼지 않았을 거라고 말씀 드렸는데요"라고 말할 수 있다. 사실, 초기 면접에서 많은 내담자들은 자신의 생각을 제외한 모든 것들이 문제를 일으키고 있다고 생각한다. 이들의 눈에는 부모, 배우자, 원가족, 어렸을 때 어떻게 자랐는지, 무의식적 자료 등이 문제로 보인다.

그렇다면 어떻게 내담자의 불신을 예민하고 유익한 방식으로 다룰 수 있을까? 한 가지 방법은, 시간을 할애해서 인지적 기법에 대한 이론적 근거를 설명해주는 것이다. 이를 통해 이런 전략이 과연 어떤 것인지를 내담자에게 개념적으로 설명해줄 수 있다. 상담사는 임상적인 민감성을 갖고 이것을 하는 것이 필요한데, 내담자의 생각을 비난하거나 부정하는 것을 피해야 한다. Meichenbaum(1977)은 다음과 같이 말했다.

이론적 틀을 설명하는 목적은 내담자의 문제에 관한 특정 설명이 타당하다는 것을 확신시키는 데 있는 것이 아니라, 오히려 내담자가 자신의 문제를 특정 관점으로 바라보고 이어지는 상담에서 이 것을 수용하고 협력하도록 내담자를 격려하는 데 있다(pp. 150-151).

인지적 기법이 효과가 있으려면, '상황과 사람들이 문제와 감정을 초래한다'는 내담자의 이론을 반박하고, 결국 생각이 어떻게 바람직하지 않은 느낌과 행동을 만들어내는지를 설명해야 한다. 이렇게 설명할 때 현실에서의 사례나 비유를 사용하면 좀 더 도움이 된다. 예를 들어 McMullin과 Giles(1981)는 다음과 같은 사례를 활용했다.

제 딸이 세 살이었을 때, TV에서 방영한 괴물쇼를 시청하면 무서워하곤 했어요. 다섯 살 때는 같은 쇼를 보고는 미친 듯이 웃어댔죠. 상황은 같았는데, 결과는 완전히 달랐어요. 왜 이런 일이 일어났다고 생각하세요?

뉴욕에 사는 사람이 친구를 만나러 텍사스에 갔어요. 그들은 사막에서 운전하고 있었는데, 뉴욕에서 온 친구가 도로에 바위가 있다고 생각하고는 미친 듯이 운전대를 돌리려고 했어요. 그러자 텍사스에 사는 친구가, "진정해. 그건 덤불이야."라고 말했어요. 뉴욕에서 온 친구를 당황스럽게 만든 것이 바로 덤불을 보고 그가 생각했던 것이라는 사실이 이해가 되시나요?

두 남자가 전날 밤에 과식을 하고 그다음 날 아침에 속이 안 좋다고 느꼈어요. 한 친구는 놀라서 의사를 찾아갔고, 다른 친구는 기분이 나아질 때까지 쉬고 있었습니다. 첫 번째 남자는 스스로에게 꽤 무서운 것을 말하고 있었습니다. 당신은 그것이 어떤 생각이라고 보세요?(p. 34)

한편, 상담사는 내담자에게 자신의 어떤 생각이 느낌에 영향을 미치는지 자신의 삶 속에서 사례를 말해달라고 요청할 수 있다. 또 다른 기법은 어린 시절에는 믿었지만 나이가 들어 청소년이나 어른으로서 더 이상 사실이 아니라고 생각하는 신화나 동화 또는 미신에 대해 이야기하라고 요청할 수 있다.

마지막으로, 인지적 기법들이 내담자의 느낌이나 행동에 바람직한 결과를 가져오지 않을 가능성은 얼마든지 있다. 인지적 개입을 반복해서 사용한 후에도 내담자의 고통이 경감되지 않는다면, 내담자의 문제에 대한 상담사의 초기 평가를 다시 검토해야 한다.

변증법적 행동치료와 동기강화상담에 인지적 기법을 적용하기

변증법적 행동치료에 사용되는 인지적 기법

변증법적 행동치료(Dialectical Behavior Therapy, DBT)는 인지행동치료로 묘사된다. 따라서 DBT 상담사들이 인지 기법을 사용하는 것은 분명하다. 제8장에서 설명한 것처럼, 일단 내담자가 정서적 고통(또는 역기능)을 어떻게 경험하는지 상담사와 내담자가 인식하고 나면, 부정적인 감정을 촉발한 것(즉 사건과 생각)이 무엇이고 이러한 감정에 대한 습관적인 반응(생각과 행동)이 무엇인지 분석하게 된다. Koerner와 Dimeff(2007)는 내담자로 하여금 자신의 고유한 논리(dialectics)를 이해하도록 조력하는 것을 설명하면서, "대화를 통한 인지적 수정을 특별히 강조하는데, 이를 통해 자신의 고유한 입장에 내재된 모순을 경험하게 된다"(p. 10)고 설명했다. 다른 말로 하면, 다른 이론가가 "비합리적 사고"로 부를 수 있는 것을 DBT 치료자들은 거의 모든 삶의 문제에 내재된 논리(dialectic)로 바라본다.

둘 간에 손발이 잘 맞기 때문에, DBT 치료자들은 이 장에서 설명한 대부분의 인지적 기법들을 어느 시점에서든 사용하게 된다. 치료적 변화에 저항하기와 같은 2차 개입은 예외다. 위치 잡기 반응 또한 예외인데, 이것은 DBT 치료 계약의 전제와 이론적으로 충돌한다. 이 계약의 전제조건은 협력적이면서 내담자와 상담사 간에 투명함을 기초로 한다.

동기강화상담에 사용되는 인지기법

제8장에서 강조했던 것처럼, 비록 동기강화상담(Motivational Interviewing, MI)이 시간제한적인 개입이고 완성된 형태의 치료는 아니지만, 우리가 이 장에서 제시한 기초적인 기법보다는 더 복잡하다. 우리 생각에는 MI가 상당 부분 정서적 기법을 사용하되 인지적 기법을 선별적으로 결합해서 사용하는 것처럼 보인다. 나아가 MI는 온전히 인본주의라고 주장하는 치료만큼 비지시적이지가 않다. 오히려 MI를 사용하는 상담사들은 필요할 경우 피드백과 충고를 제공한다(Miller & Rollnick, 1991). 이런 기법들은 인지 캠프에 속한다.

이 장에서 기술한 인지적 기법 가운데 사고 이끌어내기, 비합리적 사고 논박하기, 금지명령과 작업하기로 독자들의 관심을 유도하고자 한다. 비록 MI에서는 Albert Ellis가 하는 것처럼 비합리적인 사고를 다루지는 않지만, 대부분의 저항에는 비합리성이 담겨 있다(예 : 두 명의 십대 청소년을 둔 지나치게 통제적인 어머니가 다음과 같이 말하는 경우다. "나는 내 아이들이 스스로를 신뢰하기를 원해요, 하지만 아이들이 올바르게 하고 있다는 것을 제가 확신해야 합니다."). 또한 변화에 대해 이중적인 감정을 가지고 있는 내담자들은 오래된 명령에 통제당한다. 따라서 내담자가 자신이 어떠해야 하는지에 대한 명령을 인지하도록 도와주는 것은 금지명령과 변화의 목소리 사이에 있는 불일치를 강화하는 일환이 될 수 있다.

마지막으로, MI를 사용하는 많은 상담사들이 재구성하기 기법을 사용한다. 이 기법은 이미 들은 내용을 재구조하는 능력을 통해 구현되곤 하는데, 특히 공감적인 재구성을 통해 보다 깊은 진실에 주의를 기울인다면 내담자는 덜 주저하면서 변화로 나아갈 수 있다. 비록 MI가 내담자의 저항을 다루기는 하지만, 상담사가 2차 개입을 사용하면서 저항을 다루는 것을 격려하지는 않는다.

요약

이 장에서는 경험적으로 지지된 상담개입들을 살펴봤는데, 내담자로 하여금 어떻게 자신의 생각이 문제를 초래했고, 이러한 생각을 어떻게 도전해서 좀 더 건설적인 방향으로 수정할 수 있는를 설명했다.

이러한 유형의 상담에서 중요한 것은 평가 과정이다. 비합리적 사고패턴을 확인하는 것에는 상담사의 의사소통기술이 포함되어 있는데, 반면 비합리적 패턴을 수정하기 위해서는 특정한 상담기법이 요구된다. 요점은, 대부분의 비합리적 사고패턴이 매우 습관적이어서 내담자들은 그것을 자기파괴적이라고 인정하지 않는다는 것이다. 따라서 상담사가 담당해야 할 주요한 역할 중에는 내담자가 이러한 역기능적인 패턴을 인지하도록 돕는 것을 포함하고 있다.

효과가 입증된 기법에는 실제 논박과 상상 논박이 포함되어 있다. 이 전략들은 주로 RETB와 인지행동치료에 이론적 근거를 두고 있다. 역기능적인 사고패턴을 변화시키기 위해 상담사는 적극적으로 인지재구조화 기법을 사용해야 하는데, 예를 들어 대처 사고 소개하기, 사고중지, 긍정적 자기진술 연습, 닻 내리기 등이 있다.

역기능적인 사고패턴을 수정하는 일에는 좀 더 섬세한 개입이 필요한데, 창의적이면서도 가끔은 역설적인 사고와 인지적인 이중구속(double-binds)을 사용하게 된다. 이 기법들에 대해서는 Watzlawick, Weakland와 Fisch(1974)가 2차 개입으로 설명하고 있다.

마지막으로, 인지적인 접근 내에서 작업할 때 중요한 것은, 내담자가 자신이 처한 상황의 의미를 이해하고 가끔은 그 의미를 해체하도록 도와주는 것이다. 내담자에 따라서는 그들이 가지고 있는 생각의 실존적 또는 영적 의미를 다루는 것을 포함할 수 있고, 이러한 맥락 내에서 추가적으로 또는 대안적인 의미를 찾는 것이 포함될 수 있다.

실습

I. 개인적으로 경험한 문제를 가지고 A-B-C-D 분석을 수행하라.

A. 계속해서 강하고 불쾌한 감정을 유발하는 외부 사건(사람 또는 문제가 되는 상황)을 떠올려보라. 그 상황에서 당신이 보통 하는 생각을 적어보고 그것을 검토해보라. 이 상황이 힘든 감정을 초래한다고 믿나요? 그렇다면, 이 상황에 관해서 다른 생각 또는 새로운 생각을 적어보세요. 예를 들어, "나 메시지"를 사용해서 "이 상황이

또는 그 사람이 나를 _____하게 만들어"가 아니라 "나는 _____하게 느껴"라고 적어보세요.

B. 힘들거나 불쾌한 감정을 떠올려 보고 그것들을 적어 보세요. 그런 다음, 어느 정도로 심한지 1점에서 10점까지 강도를 적어보세요(1 = 심하지 않다. 10 = 매우 심하다).

C. B단계에서 적은 각각의 감정에 대해, 그 감정이 일어나기 이전 또는 감정을 경험하는 동안에 생긴 어떤 생각 또는 자기대화가 있으면 적어보세요. 만일 이 작업이 힘이 들면, 다음과 같이 스스로에게 질문을 던져 보세요.

"내가 이런 식으로 느낄 때 내 마음 속에서는 어떤 생각이 들지?" 또는 "이런 느낌이 들기 전에 또는 느끼면서 나는 어떤 생각을 하지?"

각각의 감정과 관련된 생각들을 적어보세요. 적은 것을 검토해보면서, 그런 생각들이 합리적이고 사실인지(RB) 아니면 비합리적이고 잘못된 믿음인지(IB) 구분해보세요. 기억할 것은, 만일 그 생각이 자료나 사실 또는 증거에 의해 지지될 수 있고 객관적인 목격자에 의해 입증될 수 있다면 그것은 RB입니다. 만일 지지될 수 없다면, 그것은 IB입니다.

실제 상황에서 C단계를 지속해야 할 상황이 발생할 수도 있습니다. 이렇게 고통스런 감정들이 실제로 나타나면, 감정을 둘러싸고 있는 생각을 인식해보세요.

D. C단계에서 적은 각각의 비합리적인 신념을 한 문장씩 검토하고 도전해보세요. 다음과 같은 질문을 사용해서 각각의 믿음에 도전해보세요. "뭐가 그렇게 만든 거지?" "증거가 있어? 좀 더 과학적이 되 볼까? 지지하는 자료를 찾아보자. 그것에 대한 증거가 어디에 있지?"

다음으로, 목록에 있는 각각의 비합리적 신념에 대해 적어도 두 개의 반대되는 입장을 떠올려보세요. 반대되는 입장은 잘못된 믿음에 대해 완전히 정반대되지만 현실을 반영한 믿을 수 있는 진술임을 기억할 필요가 있습니다. 각각의 반대진술은 가능한 간결하게 만드세요. 그런 다음 반대진술문을 반복해서 소리 내어 읽어보세요. 처음에는 기계적으로, 다음에는 가능한 힘을 줘서 감정을 실어 읽어보세요. 마지막으로, 속삭이거나 마음속으로 반대진술을 말해보세요. 앞으로 2주 동안 실제 상황에서 반대진술문을 사용하세요. 비합리적 신념이 떠오를 때마다 반대진술문을 속삭이거나 마음속으로 떠올려보세요.

E. 앞으로 몇 주 동안은 이 방법을 사용하면서 어떤 효과가 있는지 살펴보세요. 행동에 어떤 효과가 있으면 적어보세요. 새로운 또는 변화된 반응이 있는지, 감정에 변화는 없는지, 새로운 감정이 생겼는지, 기존의 감정이 변화되었는지 살펴보세요. B단계에서 작성한 감정의 강도나 빈도에 어떤 일이 생겼는지 확인해보세요.

II. 교류분석 재결정 작업

이 장에서 설명한 금지명령 목록을 사용해서 당신이 자라면서 들었던 것이 있는지 확인해보세요. 당신에게 해당되는 명령이 목록에 없거나 또는 변형된 형태가 목록에 있을 수 있습니다. 이러한 명령이 현재 당신에게 얼마나 도움이 되는지 평가해보세요. 그 명령이 부정적인 결과(약하게라도 부정적인)를 초래하고 있나요? 부정적인 결과들을 적어보세요. 이점을 기억하면서, 현재 당신의 삶에서 더 도움이 될 수 있는 쪽으로 명령을 다시 작성해 볼 수 있을까요?

III. 인지적 재구조화

당신 자신을 위해 또는 다른 사람을 위해 이 활동을 할 수 있다.

A. 비생산적인 사고패턴 때문에 일이나 행동이 바뀌었거나 방해받은 적이 있었는지 생각해보세요. 예를 들어 사람들 앞에서 발표를 하거나, 구직을 위한 면접 상황이거나, 힘든 사람을 만났거나, 또는 시험을 보는 것 등이 이에 해당된다.

B. 앞으로 2주 동안, 이러한 상황 이전에, 중간에, 그리고 이후에 들었던 생각들을 적어보세요. 상황이 발생할 때마다(그러한 상황에 대해 생각하거나 또는 그 상황을 예상할 때마다) 생각을 적어보세요. 이러한 생각이 부정적인지 또는 자기파괴적인지 확인해보세요.

C. B단계에서 작성한 목록에 포함된 부정적인 또는 자기파괴적인 사고 각각에 대해, 이것과 양립할 수 없는 또는 대처하는 생각을 만들어 보시오. 문제가 되는 상황 이전에, 중간에, 그리고 이후에 당신에게 도움이 되는 대처 사고를 만들어보시오. 대처 사고가 당신에게 적합한지 확인하시오. 한 번 그 생각을 해 보고 어떤지 살펴보시오. 실제로 하는 것처럼 소리 내어 읽어 보시오. 적절한 수준의 강도와 감정을 실어서 연습해 보시오.

D. 부정적이고 파괴적인 생각에서 대처하는 생각으로 이동하는 연습을 의도적으로 해 보시오. 자기파괴적인 생각이 떠오르면 하나의 신호로 생각하고 대처하는 생각을 사용하시오. 우선, 이 상황을 소리 내어 이야기 해보고, 나중에는 이렇게 변경하는 것을 소리 내지 않고 속으로 해 보시오. 필요하다면 역할극을 통해 이 작업을 해 보시오. 현실에서 힘든 상황이 발생하면 이 과정을 시도해 보시오.

IV. 인지적 개입전략 적용

이 연습에서 당신은 여섯 명의 내담자에 관한 설명을 제공받는다. 이 정보에 기초해서 각각의 내담자에 대해 인지적 전략이 적합한지 아닌지 결정하라. 그 결정에 관해 설명해보라. 아래에 제시된 예를 살펴보라.

예 : 내담자는 2학년 남자아이로 학교에서 행동화 문제(acting out)를 보이고 있고, 지적인 능력에 한계가 있기 때문에, 학년 수준에 해당되는 공부를 하는 것을 힘들어 하고 있다.

이 내담자에게는 인지적 개입이 적합하지 않다. 발달 연령과 지적 능력의 한계 때문에, 잘못된 생각에 논리적인 추론을 체계적으로 적용하는 것이 이 아이에게는 너무 힘든 일이 될 것이다.

A. 내담자는 대학교 4학년 남학생이고, 최근 학점이 떨어졌고 이것이 내년 대학원에 진학하는데 영향을 미칠까봐 우울해하고 있다.

B. 내담자는 6살 남자 아이로 독자다. 교사의 말로는 아이가 교실에서 다른 아이들과 지내는 것을 힘들어 하고 대부분 혼자 시간을 보낸다. 아이의 부모는 이전에도 아이들과 어울리는 것이 매우 제한적이었고 가끔 이런 일이 일어났다고 말했다.

C. 내담자는 중년 남성으로 가족이 이 남성을 상담에 의뢰했다. 내담자와 이야기를 하면서 내담자가 하는 말이 '엉성하고' 일관되지 않은 것처럼 느껴졌다. 가끔 내담자는 성현들의 교훈에 따라 행동한다고 말했다.

D. 내담자는 중년여성으로 초등학교 교사로 재직 중이다. 최근에 지역사회 위원회 위원으로 선출되었는데, 앞으로 친절하지 않은 청중 앞에서 발표할 생각을 하니 끔찍하다고 말했다. 실수를 하지는 않을지, 할 말을 잊어버리지는 않을지, 아니면 당황스러운 일을 당하지는 않을지 계속해서 걱정을 하고 있다.

E. 내담자는 12세 중학교 1학년 학생으로 자발적으로 상담사를 찾아와서 학급에 있는 다른 여학생들만큼 예쁘지도 똑똑하지도 않아서 슬프다고 말했다.

F. 내담자는 72세 은퇴한 여성으로, 은퇴한 남편이 계속해서 자신에게 의존하는 것을 불평하고 있다. 내담자에 따르면, 남편은 아내의 도움이 없으면 일을 마무리하지 못하는 것처럼 보인다. 내담자는 방어를 잘하고, 현재 이 문제에 대해 자신이 어떤 감정을 가지고 있는지 알지 못하는 것 같다. 또한 확고한 신념을 가지고 있는 것처럼 보이는데, 이러한 신념을 다소 독단적이고 완고한 방식으로 표현한다.

생각해볼 문제

1. 모든 인지적 개입의 기본 가정은, 생각이 감정과 행동을 초래한다는 것이다. 이 가정에 대해 당신은 어떻게 생각하는가? 내담자에게 인지적 기법을 적용할 때 당신의 생각은 어떤 영향을 미치는가?

2. 당신 생각에 인지적 기법에 적합하다고 판단되는 사람들의 특성에 관해 논하라. 어떤 종류의 내담자 또는 문제에 대해 인지적 기법들이 적절하지 않겠는가?

3. 인지적 전략을 사용하는 것에 대해 내담자들은 어떤 방식으로 저항하겠는가? 이런 저항적 행동은 무엇을 의미하는가? 당신은 이것을 어떻게 다룰 수 있겠는가?

4. 2차 개입에 대한 당신의 생각은 무엇인가? 당신은 어떤 조건에서 이 기법을 사용할 것인가? 어떤 조건에서 사용하기를 꺼릴 것 같은가?

5. 당신은 심리적인 것과 영적인 것이 어느 정도로 서로 분리된 영역이라고 생각하는가? 동료와 함께 이 주제에 대해 이야기해보라.

이 장의 목적

우리의 행동은 대부분 새롭지 않다. 사실, 우리의 행동 패턴은 그것이 어떻게 신발을 신건, 어떻게 식사를 하건, 강아지를 산책시키건, 또는 돈을 지불하건, 그것에는 역사가 있어서 지금처럼 행동하기 시작한 것이 언제인지 기억할 수 없다. 이러한 행동 패턴은 우리의 삶에서 강력한 힘을 가지고 있는데, 우리의 삶을 덜 복잡하게 만들 뿐 아니라 변화에 저항하게 만든다. 우리는 이 장에서 역기능적이고, 덜 효과적이며, 또는 필요 없게 된 행동 패턴을 어떻게 바꿀 수 있을지에 관해 이야기할 것이다. 어떤 패턴은 내담자의 목표, 희망, 또는 욕구를 방해하는 행동들과 관련이 있다. 다른 패턴들은 내담자의 상호작용 패턴에는 없는 것이어서, 소망하는 목표나 바람 또는 욕구를 충족시키지 못하게 된다. 아마도 이 장에서 가장 중요한 부분은, 이러한 변화 과정에서 내담자의 책임을 강조하고, 내담자의 목표를 달성하기 위해 내담자와 상담사가 어떻게 함께 일을 하는지다. 이 장에서 설명할 행동 기법을 사용해 다양한 증상을 다룰 수 있는데, 여기에는 공포 반응과 같은 정서적 증상을 포함해서 강박적인 사고 패턴과 같은 인지적 증상, 행동/체계적 패턴 등이 포함된다.

이 장의 고려사항

- 행동은 인간 존재의 한 부분으로서, 자신이 어떻게 느끼고 있고 무엇을 생각하고 있으며 내가 누구인지를 다른 사람들에게 전달한다. 행동은 관찰을 통해 타인들에게 전달되기 때문에 사람과 사람을 연계하는 소통의 통로가 된다.
- 행동은 도구 또는 수단인데, 사람들은 행동을 통해 성취하고 수행하며, 자신이 세운 목표를 다른 방식으로 달성한다.
- 행동은 한 사람의 실패, 실수 또는 실망의 원인이 될 수 있다.
- 행동은 한 사람의 내적 자기가 외부로 표현된 것이기 때문에, 가끔은 행동이 그 사람과 관련이 없는 것처럼 보일 수 있다. 내담자의 많은 문제들이 행동으로 표현되는데, 종종 내담자의 문제를 다루는 최선의 접근은 행동 변화를 다루는 것이다.

우리는 지금까지 감정과 사고가 인간의 문제와 어떻게 관련이 있는지를 살펴보았고, 정의적, 인지적 기법들이 이러한 문제들을 어떻게 경감시킬 수 있는지에 관해 검토했다. 우리는 이 장에서 행동 패턴으로 자리 잡은 문제들을 다룰 것이다. 이러한 행동 패턴에는 사람들이 하는 것 또는 하지 못하는 것이 포함된다. 사람들의 습관이 그들의 목표와 야망, 또는 가치를 성취하는 것을 방해하거나 부정적인 결과로 이끌 때, 행동적인 개입을 통해 내담자가 그러한 습관을 수정하도록 도울 수 있다. 행동 기법은 학습이론에 기초를 두고 있다. 따라서 행동 기법은 종종 기술 개발로 간주되고, 상담에서의 교육적인 측면을 활용한다.

내담자들은 다양한 영역에서 기술이 부족할 수 있는데, 다소 경미하고 그리 끔찍하지 않은 것에서부터 매우 심각한 영향을 미치는 것까지 다양하다. 예를 들면 한 중년 남성이 아버지 앞에서 자신의 주장을 이야기할 수 있기를 원한다. 이 사람은 아버지와 함께 있을 때를 제외하면 관계 문제로 힘들어하지 않는데, 휴일에 부모님 집에 방문할 때 문제가 발생한다. 이와는 대조적으로 자신의 아내와 아이들과의 관계에서는 매우 만족하고 있다. Pinto, Rahman과 Williams(2014)는 최근 감옥에 수감된 여성들에게 옹호 기술을 가르치는 프로그램을 소개했다. 이 프로그램에서는 새로운 대인관계 행동뿐 아니라 기본적인 리더십 기술을 가르쳤는데, 이 프로그램에 참여해서 여성들이 힘을 얻고, 수감생활을 성공적으로 영위할 수 있게 하는 것이 목적이었다. 내담자가 처한 상황과 상담사가 기꺼이 행동 기법을 사용하려는 의향에 따라, 학습하게 될 삶의 기술들이 삶을 향상시킬 수도, 삶을 변화시킬 수도 있다.

매우 많은 기법들이 그 특성과 초점 측면에서 '행동적'이라고 분류될 수 있지만, 아마도 가장 흔한 것은 모방학습(사회적 모방), 기술훈련(시연 또는 역할극 포함), 이완훈련, 체계적 둔감, 자기관리 실습 등이 있다.

행동 기법과 이론

대부분의 행동 기법은 세 가지 행동 학파에 그 기원을 두고 있다—고전적 조건형성(classical conditioning)이라고 불리는 Pavlov의 초기 개념, 이후 B. F. Skinner가 Pavlov의 작업을 수정해서 조작적 조건형성(operant conditioning)으로 불리는 것, 그리고 사회적 모델링이라고 불리는 Albert Bandura의 접근.

고전적 조건형성은 Pavlov의 동물 실험을 바탕으로 주창되었는데, 이 실험에서는 학습이 어떻게 발생하는지를 이해하고자 했다. 기본 가정은 새로운 조건들이 환경에서 발생할 때 행동이 변한다는 것이었다. 개들이 문에서 종이 울리는 것과 먹이가 담긴 그릇을 연합하기 시작했을 때, 개들은 종이 울릴 때마다 먹이가 주어질 것으로 기대하기 시작했다. 이것을 인간의 언어로 이야기하면, 오븐에서 파이 냄새가 나는 것이 가장 좋아하는 친척이 도착한다는 것(그리고 맛있는 파이를 먹는다는 것)을 의미할 경우 그 파이 냄새가 그 사람의 기분을 변화시킬 수 있다는 것을 말한다. 학습에 대한 이 모델은 인간의 가장 기본적인 생리적 반응을 다루는 경향이 있었다.

B. F. Skinner는 실험실에서 수행한 일련의 연구를 통해 인간 행동에서 자주 발견할 수 있는 좀 더 복잡한 학습 패턴을 설명했다. 동물을 사용해서 학습 패턴을 연구했는데, 특정 행동 또는 기술이 어떻게 습득되는지를 관찰했다. Skinner는 새롭게 습득된 기술이 어떻게 보상을 받느냐에 따라 세련되어지고, 향상되며, 조성될 수 있음을 발견했다. 이러한 접근을 조형 (shaping)이라고 부르며, 다음과 같은 원리에 바탕을 두고 있다.

> 미래에 사건이 발생할 가능성은 과거 유사한 사건이 어떤 결과를 가져왔느냐와 직접적으로 관련이 있다.

대부분의 부모들은 아이들이 잠들 시간에 고분고분해서 들려준 이야기가 다음 날 저녁에는 아이들을 고분고분하게 만드는 유인가가 된다는 것을 알게 된다. 아이들은 고분고분하게 행동하면 기분 좋은 일, 즉 보상이 따라온다는 것을 학습한다. Skinner는 이것을 조작적 조건형성 (operant conditioning)이라고 불렀다. 아이가 자라면서 특히 아이를 양육하는 것이 힘들어질 때, 바람직한 목표(그것이 아이가 방을 청소하는 것이건 숙제를 하는 것이건)에 가까운 행동을 보상하는 것이 중요하다. 즉 완성된 과제와 보상을 짝짓는 것뿐 아니라, 완성된 작업으로 향하는 과정에 있는 행동과 보상을 짝짓는 것이 중요하다. 행동이 한꺼번에 변하는 것이 어렵기 때문에, 이러한 조작적 조건형성이 중요한 의미를 지니게 된다.

Bandura(1969)는 Skinner와 Pavlov의 모델이 모두 기본적인 것이긴 하지만, 인간의 학습이 어떻게 일어나는지를 완전히 설명하는 것은 아니라고 생각했다. 그는 대부분의 사람들이 '안전한' 방식으로 학습한다고 추론했다. 즉 다른 사람들이 학습하는 것을 관찰하고 그들의 행동을 모방한다는 것이다. 대부분의 아이들은 이 방식이 실제로 통한다는 것을 알게 된다. 즉 어른들로부터 칭찬을 받는 다른 아이들의 행동을 따라한다. Bandura는 이러한 접근을 사회적 학습(social learning)이라고 불렀다. 이는 관찰학습(observational learning), 대리학습(vicarious learning), 모방학습(imitation learning)이라고도 한다. 이 방식은 모델(다른 사람 또는 어떤 것)을 활용하는데, 주의를 기울여 모델을 관찰하고 그런 다음 모델의 행동을 모방한다. 모델의 영향력이 클수록 학습은 그만큼 더 빨리 일어난다. 아이들은 그들이 매력적이라고 생각하는 모델인 다른 아이들을 따라하는 경향이 있다. 어른들은 광고에 영향을 받는데, 광고에는 인기 있는 운동선수나 방송인들이 등장한다.

이 세 가지 접근 모두 인간 학습에 대한 실험실 연구에 기초를 두고 있다. 사람들은 새로운 것을 배울 때 이 세 가지 패턴을 모두 사용한다. 따라서 행동 변화가 요구될 때 이 세 가지 접근들이 유용할 것이라는 주장은 설득력을 가진다. 이러한 이론적 근거를 바탕으로 행동 기법을 상담 과정에 소개하는 것이다.

행동 개입들은 공통된 가정과 요소를 가지고 있다.

- 부적응적인 행동(바람직하지 않은 개인적 또는 대인관계상의 결과를 만들어내는 행동)은 종종 학습된 결과다.
- 학습 원리를 사용해서 부적응적인 행동을 약화시키거나 소거할 수 있고, 적응적인 행동을 강화하거나 증가시킬 수 있다.
- (적응적이건 부적응적이건) 행동은 특정 상황에서 발생하고, 이런 상황에 선행하고 이런 상황 이후에 따라오는 특정 사건과 기능적으로 관련이 있다. 예를 들어 어떤 내담자가 대부분의 상황에서는 공격적이지 않은데, 어떤 상황에서는 공격적일 수 있다. 따라서 행동치료자들은 '공격적인'과 같은 인위적인 형용사를 사용해서 내담자를 명명하는 것을 피하려고 한다. 대신, 내담자가 공격적인 행동을 하느냐 하지 않느냐를 강조하는데, 어떤 상황에서 사건들이 공격적인 반응을 촉발하는지, 그러한 공격적인 반응을 강화하거나 약화시키는 사건들은 무엇인지를 강조한다.
- 명료하게 치료 목표를 정의하는 것이 이러한 개입의 전반적인 효율성을 위해 중요하고 각 내담자별로 정의하는 것이 중요하다.
- 행동 기법은 과거나 미래보다는 현재에 초점을 두고 있는데, 내담자의 문제나 고민에 적합한 기법을 선별한다.

행동 개입을 적용할 경우 가장 큰 효과를 볼 것 같은 내담자들은 다음과 같은 특성을 가지고 있다.

- 강한 목표 지향성 — 목표를 달성하고 결과를 얻는 것에 동기화된 사람들
- 행동 지향성 — 적극적이고 목표에 초점을 둔, 상담 과정에 참여하고 싶은 욕구가 강한 사람들
- 뚜렷한 몇 가지(2~3개)의 행동을 변화시키는 데 관심을 가지고 있음

행동 기법은 학교나 정신건강기관 또는 단기상담 상황에서 매우 폭넓게 사용되고 있고 적합하

다고 알려져 있다.

행동 개입의 목표

최근 들어 행동의 정의가 타인이 관찰할 수 있는 외현적인 사건이나 행동뿐 아니라 생각, 신념 및 감정과 같이 은밀하고 사적인 사건들을 포함(이것들이 명료하게 구체화될 수 있을 때)하는 것으로 확장되었지만, 이 장에서는 주로 겉으로 드러나는 행동에 초점을 둘 것이다. 행동 개입의 목표는 소위 적응적인 행동(내담자가 진술한 목표를 충족시키도록 내담자를 돕는 행동)을 증가시키는 데 있다. 뿐만 아니라 소망하는 성과에 반하는 행동(예 : 몸무게를 줄이는 것을 소망할 때 건강에 해로운 과자를 먹는 것)들을 약화시키거나 소거하는 것을 포함한다.

　매우 다양한 상황에서 행동 개입을 적용해 왔는데(학교, 기관, 기업 및 산업체, 교정기관), 다양한 문제를 다루기 위해(학업상의 문제, 동기 및 수행의 문제, 결혼 및 성적 역기능, 기술 부족, 불안), 그리고 부적응적인 습관을 개선하기 위해 사용되어 왔다(예 : 과식, 흡연, 약물남용, 지연행동). 이 장에서 우리는 주로 일반 대중에게 유용할 것으로 보이는 행동 기법에 초점을 두고자 한다. 여기에는 대인 모델링, 시연 및 기술 훈련 접근, 이완훈련, 체계적 둔감법, 자기관리 개입 등이 포함된다.

[행동 개입 기술]

행동 기술
행동 묘사하기
행동 과제의 복잡성을 내담자가 이해하도록 조력하는 것, 과제를 연속적인 행동으로 쪼개기

행동 수정하기
행동 패턴을 변화시키는 것이 적절하다고 판단될 때 행동 패턴을 수정하도록 조력하는 것

계약하기
내담자가 변화를 위해 헌신하고, 시간을 지키고, 기록하도록 돕는 것

지지하기, 강화하기
내담자가 목표를 향해 어느 정도 나아갔는지를 평가하고 인지하도록 돕기

행동 개입
사회적 모델링
다른 정보원을 사용해서 내담자에게 어떻게 변하고 무엇이 변해야 하는지를 가르치는 것, 이 범주에 속하는 개입에는 외현적 모델링, 상징적 모델링, 은밀한 모델링 등이 있다.

역할극, 시연
모의실험을 통해 새로운 행동과 음성적 의사소통 등을 검토하고 연습해보는 것, 연습과 피드백에 의존한다.

불안 감소법
특정 자극에 학습된 불안 반응에 대항하는 방법으로, 근

(계속)

육이나 운동감각에 대한 통제권을 확보하도록 돕는 것

증상 처방

증상을 피하려고 시도하기보다는 증상에 관여하도록 가르침으로써 행동에 대한 통제권을 다시 찾도록 돕는 것

자기관리

시간을 두고 행동 패턴을 관찰하고 관리하는 법을 배우도록 돕는 것. 여기에는 자기모니터링(자신의 행동을 관찰하고 기록하기), 자기계약(상담실 밖에서 행동을 변화시키기 위해 노력하겠다고 스스로에게 다짐하기), 자기보상(행동 목표가 달성되었을 때 스스로에게 보상을 주는 방법을 배우는 것) 등이 있다.

기본적인 행동 기술

행동의 변화를 꾀하는 상담사들은 매우 다양한 기술을 사용하는데, 여기에는 행동 및 행동 변화를 개념화하는 방법이 포함되어 있다. 우선 행동을 기술하는 것부터 시작한다.

행동 묘사하기

행동을 기술하거나 또는 해체하는 것은 보는 것처럼 쉽지 않다. 운동선수와 코치들은 행동을 묘사하는 것에 매우 탁월한데, 이들은 특정 행동 절차(예 : 농구에서 자유투를 성공적으로 넣는 것)를 매우 많은 하위 행동으로 쪼갠다. 따라서 자유투를 설명할 때는 선수의 발이 어디에 위치해야 하고, 공을 던지는 리듬과 공이 그물에 접근할 때 어떤 궤적을 그려야 하는지 설명해야 한다.

그러나, 만일 당신이 농구팀에 속해 있고 자유투 성공률이 낮다면, 우선 코치가 해야 할 일은 현재 선수의 행동을 분석해서 '모범적인' 자유투에 가깝게 행동을 재구성해야 한다. 내담자로 하여금 행동의 변화를 일으키도록 조력하는 상담사 역시 동일한 일을 수행한다. 결과적으로, 상담사는 행동분석을 어떻게 하는지, 어떻게 행동 패턴을 재구성하는지 이해해야 한다.

행동 수정하기

앞서 언급한 것처럼, 많은 사람들은 단순히 행동적으로 사고하지 않는다. 상담사가 내담자로부터 행동 변화 과정에 들어가겠다는 다짐을 얻기 전에, 내담자는 특정 목표 행동과 그 결과 간의 관계를 인식해야 한다. 따라서 다음과 같이 말하고 있는 스스로를 발견할지도 모른다, "매번 할 때마다 이런 일이 발생하는 것 같습니다. 동의하시죠? 일어난 것을 당신이 좋아하지

않기 때문에, 이런 패턴을 깨는 방법을 생각해봐야 할 것 같습니다." 이렇게 말한다고 해서 문제가 해결되는 것은 아니다. 요점은, 내담자에게 변화를 위한 전략을 가르치는 것뿐 아니라 내담자가 행동 변화 과정을 이해하도록 돕는 것이 필요하다는 것이다.

계약하기

지금까지 몇 차례에 걸쳐 내담자가 상담 목표에 헌신하겠다고 다짐하는 것이 중요하다는 점을 언급했다. 한 가지 입증된 방법은 상담 계약을 맺는 것이다. 사람들은 계약을 맺으면 좀 더 헌신하는 특성이 있는 것 같다. 계약은 상담사와 내담자 사이에 맺게 된다. 흥미로는 것은, 계약 시 내담자가 자신의 이름으로 서명할 경우 더 효과가 있다는 것이다(예 : Smith, 1994). 이 행위에 어떤 법률적인 것이 있는 것은 아니지만, 내담자에게는 심리적으로 많은 차이가 있는 것 같다. 내담자가 계약에 서명하는 것과 상관없이, 함께 계약 조건을 적어보는 것이 중요하다.

지지하기, 강화하기

내담자가 오랫동안 가지고 있던 행동을 변화시키는 힘든 과정을 시작할 때, 종종 내담자에게는 지지와 강화가 필요하다. 이것은 "넌 할 수 있어" 또는 "좋은 시도였어"라고 말하는 것처럼 간단한 것일 수 있다. 내담자에게 이런 피드백을 주지 않는다면 어떤 내담자들은 자신이 잘못하고 있다고 해석하거나 아니면 실패하고 있다고 해석할 수 있다. 이런 지지적인 말들을 지나치게 많이 사용하는 경우도 있는데, 이럴 경우 그런 말들은 효과를 상실하거나, 내담자가 가지고 있는 기준보다 상담사가 더 낮은 기준을 가지고 있는 것처럼 비칠 수 있다.

행동적 개입 사용하기

사회적 모델링

사회적 모델링과 관련된 대부분의 작업은 Bandura(1977)가 시작했거나 또는 자극했다. 지금까지 세 가지 접근 또는 모델이 등장했는데, 명백한 모델, 상징적 모델, 그리고 은밀한 모델이 그것이다. 각각의 접근을 내담자에게 사용할 수 있다.

명백한 사회적 모델링(overt social modeling)은 학습할 행동이나 개선할 행동을 보여주는 한 명 이상의 사람을 모델로 사용한다. 명백한 모델은 현장에서 관찰할 수 있는(*in vivo*라고도 불림)

모델 또는 이후에 관찰할 수 있도록 녹음한 모델일 수 있다. 이것을 명백한 모델이라고 부르는 이유는 이 모델이 관찰되거나 모방할 어떤 사람이라는 것이 분명하기 때문이다.

상징적 사회적 모델링(symbolic social modeling)은 만화주인공이나 공상소설에 등장하는 주인공, 도식, 이야기, 또는 슬라이드 등을 포함한다. 새로운 컴퓨터 소프트웨어 사용법을 익힐 수 있도록 돕기 위해 만든 훈련 비디오가 좋은 예가 될 수 있다. 단계별로 사람들을 가르치는데, 최종 목표는 나중에 비디오를 보지 않고서도 이 과정을 반복할 수 있는 것이다.

은밀한 모델링(covert modeling)은 학습에서 상상을 활용한다. 이전에 우리는 이런 정신적 과정 때문에, 은연중에 실시하는 개입이 행동적인 것이 아니라 인지적인 것이 된다고 언급한 바 있다. 하지만 너무나 많은 행동주의 상담사들이 이 과정을 언급하기 때문에, 우리는 규칙을 깨고 이것을 이곳에 제시하고자 한다. 은밀한 모델은, 그것이 사람이든, 만화주인공이든, 아니면 도식이 있는 그림이건, 보여지는 것이 아니라 상상한 것이다. 은밀한 모델들은 내담자 자신(자기모델링으로 불림)이 될 수도 있고, 또는 점점 더 솜씨가 좋아지면서 해당 행동을 나타내는 어떤 사람일 수 있다. 상상 속의 시나리오를 지원하기 위해 다양한 단서(예 : 구체화시키는 감각 이미지 또는 내적인 반응들)가 제공될 수 있다.

생생한(명백한) 모델링   생생한 모델링에서는 내담자가 있는 가운데 원하는 행동 반응이 수행된다. 생생한 모델은 상담사, 학교 교사, 또는 상담집단에 있는 내담자의 친구가 될 수 있다. 상담사는 보통 역할극을 통해 모범이 되는 행동을 보여주는데, 상담사는 내담자가 되어 내담자가 다른 식으로 반응할 수 있는, 행동할 수 있는 것을 보여준다.

생생한 모델링은 학교 상담사, 재활상담사 또는 가족상담사들이 가장 다용도로 사용할 수 있는 도구다. 시나리오는 매우 다양한데, 청소년들이 갈등 관리 방법을 이해할 수 있도록 돕는 것에서부터(분쟁이 끝나고 난 후 또래친구가 갈등을 어떻게 관리하는지 보여주는 비디오 시청하기), 오랜 기간 실업상태로 지내면서 정신장애를 가지고 있던 성인이 좀 더 강한 자기주장 기술을 배우는 것(같은 프로그램에 있었던 사람 중에 성공한 사람이 있을 경우 이들이 내담자들에게 발표를 함), 가족구성원들이 새로운 의사소통방법을 배우도록 돕는 것까지 다양하다. 상담사가 담당하는 역할에는 배우부터 무용수 또는 내레이터(이야기꾼)까지 매우 다양하다. 다음 페이지에는 상담사가 내레이터로 역할을 하는 모델링 회기가 등장한다. 이 장면은 12명의 7학년 학생들이 참석하는 집단지도회기를 담고 있다. 상담사는 '진로 학습을 위한 도서관 활용하기' 프로젝트에 속한 6명의 학생들과 함께 일을 해오고 있다. 나머지 6명은 이 집단에 새로 들어왔고 막 프로젝트를 시작했다.

[중학생을 대상으로 생생한 모델링 사용하기]

상담사 : 오늘 우리 집단에 사람들이 새로 왔어. 서로 알고 있을 것 같은데. 편의상 내가 너희를 '고참'으로, 너희는 '신참'이라고 부를게. 지금까지 고참들은 직업을 배우는 프로젝트에 참여해 왔어. 나는 고참들에게 지금까지 무엇을 했는지 보여 달라고 요청할 생각이야. 이때 *어항*(fishbowl)이라고 부르는 것을 사용할 거야. 그 말은 고참들이 작은 원 안에 앉아 있는 걸 의미해. 나머지 사람들은 원 밖에 앉아 있으면서 고참들이 그 프로젝트에 관해서 이야기하는 걸 지켜볼거야. 15분 정도 이걸 하고 그런 다음에는 자리를 바꿀거야. 신참들은 원 안으로 들어가고 고참들은 원 주변에 앉을거야. 질문이 있니? [긴장된 소음, 의자 옮기는 소리, 사람들이 점점 안정되고 있음. 고참들은 이 실습에 익숙하다. 이들은 몇 주 전에 자신들이 신참 역할을 할 때 이 실습을 한 적이 있다.]. 이제, 모두 준비가 되면, 고참! 난 너희들이 "진로를 선택하는 50가지 방법 — 모든 것이 도서관에 있음"이라는 주제에 대해 서로 이야기를 나눴으면 좋겠어.

고참들 : [처음에는 서서히 토론이 시작되는데, 직업을 찾기 위해 도서관을 어떻게 이용하는지에 관해 이야기한다. 집단의 구성원들은 자신이 처음에 어떻게 시작했는지, 누가 도서관에서 올바른 책을 찾도록 도와주었는지, 어떤 책이 가장 도움이 되었는지, 어떤 것을 찾을 때 컴퓨터 직업 소프트웨어가 더 좋았는지, 어떤 직업들은 무엇이 재미있었는지 등에 관해 이야기를 나눴다. 농담도 많이 했다. 훌륭한 학습 경험처럼 보이지는 않았지만, 직업에 대해 배우는 것이 재미있을 수 있고, 직업 관련 정보를 얻기 위해 도서관은 꽤 괜찮은 곳이라는 것이 핵심이었다. 또한 그들은 사서에게 다가가서 무엇을 요청해야 하는지 아는 과정을 학습했다. 15분이 흐른 후 상담사가 개입해서 어떤 이야기들이 나왔는지 요약해주었고, 고참과 신참이 서로 자리를 바꾸라고 요청했다. 자리를 바꾸면서 몇 명은 불평하고, 놀리고, 장난쳤다.]

상담사 : 자 신참들, 너희 차례야. 고참들에게 너희들이 무엇을 할 수 있는지 보여줘. 이번 주제는 '직업에 대해 배우려고 내가 도서관에서 하려는 일'이야.

신참들 : [신음 소리가 더 컸다. 농담, 의자 움직이는 소리. 천천히 이야기가 시작되었다. 어떤 아이들은 농담을 했고, 모두 웃었다. 마침내, 어떤 아이가 분위기를 잡고 자신은 우주비행사가 되는 것에 관해 찾아보고 싶다고 말했다. 모든 아이들이 웃었다. 상담사가 개입해서 아이의 질문을 칭찬해주었고, 다른 아이들에게는 이 아이가 우주비행사가 되기 위해 필요한 것들을 찾는 데 도움을 준다고 가정하고 계획을 세워보라고 요청했다. 집단은 다소 진지하게 시작했고, 고참들이 이야기했던 정보들이 다시 제시되었는데, 이번에는 우주비행사가 되는 것을 알아보는 것에 초점이 맞춰졌다.]

생생한 모델링은 내담자에게 기술이 부족하다고 판단될 때 특히 유용하다. 모델이 어떤 행동을 보여주면 내담자는 그 반응을 새롭게 습득하고, 바람직한 기술을 배우는 것을 방해하던 반응을 대체한다. 예를 들어 좀 더 적극적으로 자신을 드러내기를 원하는 내담자가 있다면, 역할극 상황에서 상담사나 또래가 그러한 행동을 보여주는 것을 관찰하면 도움이 된다. 다음에서는 상담사(모델)와 (좀 더 적극적이고 싶어 하는) 내담자 간의 대화를 보여주고 있는데, 한 회기가 특정한 방식으로 진행될 수 있음을 보여준다.

[주장적인 반응 모델링하기]

상담사 : 낸시, 오늘은 역할극을 해보자. 우리 자신이 아니라 다른 누군가가 돼서 행동하는 건데, 어떤 사용할 수 없는 물건을 동네 가게에 반납하는 상황이야.

낸시 : 끔찍한데요. 물건을 가게에 반납하고 싶지 않아요.

상담사 : 알아. 하지만 네가 속이 뒤집히지 않고 그런 일을 하고 싶다고 말했잖니. 걱정하지마. 내가 네 역할을 하고 너는 가게에서 일하는 사람 역할을 할거야. 괜찮지?

낸시 : (미소를 띠며) 글쎄요. 약간 괜찮네요. 좋아요.

상담사 : 네가 먼저 시작해. 나한테 어떤 도움이 필요한지 물어봐줘.

낸시[점원으로서] : 저기요. 제가 뭘 도와드릴까요?

상담사[낸시로서] : 네. 제가 딸의 아이를 위해 세례복을 샀는데요. 아이가 태어난 다음에 제 딸이 너무 옷이 작대요. 가능하면 이거 교환하고 싶은데요.

낸시[점원으로서] : 산 지 얼마나 됐죠?

상담사[낸시로서] : 두 달 전에요. 그런 거 같아요. 반납이 30일이라는 걸 알아요. 하지만 다른 물건으로 교환할 수 있었으면 좋겠어요.

낸시[점원으로서] : 글쎄요. 다른 물건으로 교환하고 싶다니까. 가능할 것 같습니다.

역할극 이후 상담사와 낸시는 방금 있었던 상호작용에 관해 이야기했고, 그런 다음 두 번째 역할극을 진행했는데 이번에는 낸시가 자신이 되고 상담사는 가게 점원이 되어서 역할극을 했다. 그런 다음 두 사람은 낸시가 한 것을 평가했고 몇 가지 방식에서 향상된 것을 확인했다. 세 번째 역할극이 이어졌는데 이번에도 낸시는 자신의 역할을 했다. 세 번째 역할극에서 낸시는 훨씬 더 좋아졌고 스스로도 성공적이었다고 느꼈다. 내담자가 참여자인 생생한 모델링에서는 배우로서 가상의 상황에 참여하려는 내담자의 의향에 크게 영향을 받는데, 곧 닥칠 실제 상황으로 가정하고 시연을 할 수 없다면 더욱 그렇다. 특히 내담자가 위축되어 있으면 다른 사람들을 참여자로 활용하고 싶을 수도 있다.

상징적 모델링 비록 살아 있는 모델이 내담자에게 많은 영향을 미치지만 이들을 활용하는 것이 때로는 어려운데, 그 이유는 학습할 행동이 정확히 드러나도록 상담사가 통제할 수 없기 때문이다. 이것을 보완하기 위해 많은 상담사들이 상징적 모델을 사용하는데, 비디오 또는 오디오에 녹화되어 있거나 영화화되어 있는 것을 사용해서 학습할 행동을 소개하고 제시한다. 예를 들어 학업습관을 향상시키고 싶어 하는 내담자에게 상징적 모델을 활용할 수 있다. 성공한 사람들의 효과적인 학업습관과 학문적인 노력을 읽는 것은 내담자가 바람직한 행동을 파악하는 첫걸음이다. 그런 다음 내담자는 효과적으로 공부하고 있는 사람들을 보여주는 비디오를 시청하거나 녹음된 것을 청취할 수 있다. 일단 효과적인 상징적 모델이 확보되면 쉽게 저장되고, 미래에 동일한 내담자 또는 다른 내담자들에게 계속해서 사용할 수 있다.

은밀한 모델링 이미지화하기라고도 불리는 은밀한 모델링(covert modeling)은 배우고 싶은 행동을 보이는 장면을 내담자가 상상하는 것이다. 상상으로 만든 모델은 내담자일 수도 있고 다른 누군가일 수도 있다. 첫 단계는 그 상황과 바람직한 반응들을 묘사한 대본을 작성하는 것이다. 예를 들어 만일 회피적인 내담자가 자신의 파트너와 좀 더 성공적으로 의사소통하는 것을 배우고 싶어 한다면, 내담자가 성공적으로 대화하는 장면을 만들 수 있을 것이다. 다음과 같은 상황이 전개될 수 있다.

> 금요일 저녁이다. 영화관에 가고 싶은데, 파트너는 지금 매우 피곤해한다. 파트너가 피곤한 것은 알고 있지만, 영화가 재미있고 기분을 좋게 해줄 거라고 제안한다. 파트너는 잠시 생각한 뒤 가겠다고 말한다.

이미지화하기는 두 가지 목적을 가지고 있다 ― 적절한 행동에 초점을 맞추고, 성공한 이미지를 사람 마음속에 구축한다. 이 모두가 바람직한 결과다. 종종 이 기법은 운동선수들을 코치할 때 사용한다. 이밖에도 스트레스 상황에서 평온을 유지하는 법을 배워야 하는 사람, 첫 잔 받는 것을 피하는 법을 배워야 하는 사람, 자신의 파트너에게 냉소적인 말을 건네는 것을 피하는 법을 배워야 하는 사람을 코치하는 데 이 기법을 사용할 수 있다.

모델 제시 방법 학습할 행동을 제시하는 방식은 내담자가 그 행동에 주의를 기울이고 그것을 기억하는 능력에 영향을 미칠 수 있다. 내담자를 관여시키는 방식으로 학습할 행동을 제시하는 것이 중요하다. 발표의 앞부분은 학습할 행동이나 활동의 특징에 대한 지시문이나 단서를 포함해야 한다. 또한 행동을 제시하기 전에 왜 모델링을 사용하는지 그 이유를 내담자에게 설명해야 한다.

모방될 행동은 행동을 제시하는 과정에서 내담자가 경험할 수 있는 스트레스를 최소화해야 한다. 제시되는 자극이 고통스럽고 불안을 야기한다면 내담자의 관찰능력이나 처리 또는 기억하는 것을 방해할 수 있다. 이런 이유 때문에 상담사는 모델에 대한 내담자의 반응을 수시로 점검해야 한다.

복잡한 행동 패턴은 좀 더 작고 쉽게 이해할 수 있는 순서로 쪼개어 제시해야 한다. 너무 많은 행동 또는 지나치게 복잡한 모델을 한꺼번에 내담자에게 제시하면, 학습이 일어날 가능성은 매우 줄어든다. 학습할 행동을 제시할 때, 제시하는 요소와 속도가 적절하고 효과적인지, 그리고 내담자가 학습할 행동의 주요 요소를 알아챘는지 확인할 필요가 있다.

학습할 행동이 완성된 이후에 또는 그것을 보여주는 동안 그 행동을 다룰 것을 추천한다. 예를 들어 주도권을 갖고 적극적으로 행동하는 것을 상담사가 보여주는 상황이라면, 상담사는 잠시 멈춰서 해당 상황에서 수동적으로 행동하는 것과는 어떤 점에서 차이가 나는 것인지를 설명할 수가 있다.

목표 행동을 연습하면 모델링의 효과가 증가한다. 상담 회기 중에 연습하는 것뿐 아니라 삶 속에서 해당 행동을 연습하도록 내담자에게 과제를 부여할 수 있다. 내담자가 자기주도적으로 연습할 경우 실제 삶의 장면으로 목표 행동이 일반화될 수 있다. 만일 내담자가 특정 행동이나 활동을 수행하는 것을 어려워한다면, 보조도구나 소품 또는 상담사의 코칭이 도움이 될 수 있다.

모델링과 자기효능감 자기효능감은 어떤 상황을 다룰 수 있는 능력이나 자신감에 대한 내담자의 지각, 또는 어떤 과제를 성공적으로 수행할 수 있다는 지각을 의미한다. 자기효능감은 모델링 개입의 효과에 영향을 미치는 주요 변인인 것으로 나타났다(Bandura, 1988). 내담자가 단순히 살아있는, 상징적인, 또는 은밀한 모델을 관찰하고 바람직한 결과를 얻기 위해 기술을 습득할 것으로 가정하는 것만으로는 충분하지가 않다. 내담자는 "스트레스와 변화, 의심의 순간에도 불구하고 필요한 행동을 수행할 수 있고 실패에 직면해도 견딜 수 있다는 충분한 자기효능감(자신감)을 획득해야만 한다"(Rosenthal & Steffek, 1991, p. 75). 따라서 모델링 개입은 성과를 강조할 뿐 아니라 자기 자신에 대한 태도와 믿음 또한 강조하도록 고안되어야 한다. 자기효능감은 포괄적인 개념이 아니다. 즉 자기효능감은 일반적인 자신감을 반영하는 것이 아니다. 대신 특정 목적을 달성하는 것과 관련된 자신감을 의미한다. 예를 들어 Ozer와 Bandura(1990)는 여성들에게 자기방어 기술을 가르치기 위한 모델링 프로그램을 개발했다. 이 프로그램은 다양한 자기방어 기술을 모델링하는 것뿐 아니라, 위기 상황에서 여성 자신의 자기방어 기술에 대한 신뢰를 습득할 수 있는 방법 또한 포함하고 있다.

바람직한 모델의 특징 내담자들은 자신과 비슷하다고 생각되는 사람으로부터 더 잘 배우는 경향이 있다. 모델을 선정할 때는 동년배, 성별, 사회계층, 민족적 배경, 태도 같은 문화적인 특징들을 고려해야 한다. '딱 맞는' 사람을 선정할 수 없을 경우, 내담자의 문화에 민감하고 존중해준다면 유사하지 않아서 발생하는 간극을 메울 수 있다(예 : Atkinson, Casas, & Abreu, 1992). 즉 여성주의자인 남성 상담사가 여성주의자인 여성 내담자를 성공적으로 상담할 수 있는 것이다. 또한 자신이 가지고 있는 특권을 잘 인지하고 있는 중산층 흑인 상담사가 경제적으로 취약한 흑인 내담자를 상담할 수가 있다. 주요 문화 정체성들을 연계하는 것은 여러 단계에 걸쳐 나타나는 과정이다. 따라서 상담사는 자신이 내담자를 위해 신뢰할 만한 모델인지 주의 깊게 판단해야 한다.

모델링에 관한 초기 저술에서 Meichenbaum(1971)은 숙달된 모델보다는 대처하는 모델이 내담자에게 더 도움이 될 수도 있다고 제언했다. 즉 내담자는 완벽하게 일을 수행하는 모델보다는 수행하는 것을 두려워하거나 힘들어하는 모델을 더 강하게 동일시할 수 있다. 또한 내담자는 한 명 이상의 모델에 노출될 때 더 많은 것을 학습할 수 있다. 모델의 따뜻함과 배려 또한 모델링의 효과를 촉진한다.

모델링을 통해 내담자에게 바람직한 변화가 나타나지 않았다면, 상담사는 선발했던 모델(들)의 특징과 제시 형태를 재평가해야 한다. 많은 경우, 모델링은 내담자가 새로운 반응을 배우는 데 또는 두려움을 소거하는 데 충분한 단서를 제공할 수 있다. 또한 모델링과 함께 목표 행동을 연습하게 되면 더 큰 효과가 나타날 수 있다. 연습은 상담 회기 중에 하는 역할극이나 시연을 통해, 또는 과제를 부여함으로써 수행할 수 있다.

역할극과 시연

역할극과 시연은 바람직한 행동을 모사하거나 실제로 생생하게 나타냄으로써 행동 변화를 촉진한다. 역할극과 시연을 적용할 때는 다음과 같은 요소들이 공통적으로 포함된다.

1. 내담자가 자신, 타인, 사건 또는 일련의 반응을 재연함(reenactment)
2. 재연할 때 현재, 지금 여기를 사용함
3. 점진적 조형(shaping) 과정을 사용하는데, 처음에는 덜 힘든 장면을 연기하고 다음에는 좀 더 어려운 장면을 연기함
4. 상담사나 다른 사람이 내담자에게 피드백을 제공함

치료 목적에 따라 역할극은 감정을 드러내거나 또는 감정의 정화를 위해 사용할 수 있다. 또한 역할극은 내담자의 자기인식을 증진하는 데 자극제가 될 수 있다. 이어서 행동 변화를 촉진하기 위한 방편으로 역할극에 관해 논하고자 한다.

행동 변화의 방편으로서 역할극 시연은 역할극과 연습을 활용하는데, 새로운 기술을 학습하는 것을 돕고, 위협적이고 불안을 야기하는 상황에서 좀 더 효과적으로 행동하는 것을 돕는다. 시연은 주로 다음과 같은 세 가지 상황에서 사용한다.

1. 내담자가 어떤 상황을 다루는 데 필요한 기술을 가지고 있지 않아서 그 기술을 학습해야 한다(기술 습득).
2. 내담자가 그러한 기술을 사용하는 데 적절한 상황과 시간, 적절하지 않은 상황과 시간을 구분하는 법을 배워야 한다(기술 촉진).
3. 불안 때문에 학습한 기술이 드러나지 않는다면, 내담자의 불안 수준을 충분히 감소시켜서 내담자가 학습한 기술을 사용하도록 해야 한다(기술 탈억제).

가령 내담자가 다른 사람들에게 자신을 더 많이 개방하고 싶어 하지만 어디서부터 어떻게 시작해야 할지 막막해한다고 가정하자. 이때 내담자는 자신을 개방하는 것과 관련해서 자원이 부족할 수 있다(기술과 지식의 부족). 따라서 내담자는 새로운 형태의 의사소통 기술을 배워야 한다. 또는 내담자가 필요한 소통 기술은 가지고 있지만, 언제 어떤 방식으로 그러한 자기개방 기술을 사용해야 하는지 명료화하고 구분하는 법을 배워야 할 필요가 있을 수 있다. 많은 내담자들이 기술은 가지고 있지만 부적절한 방식으로 그것을 사용한다. 어떤 사람은 흥미가 없는 사람에게 너무 많은 정보를 개방하기도 하고, 많은 관심을 보이는 사람에게 자기개방을 하지 않는 경우도 있다. 다른 경우에는 내담자가 느끼는 불안 때문에 이러한 기술이 억제되고 있을 수 있다. 내담자는 시연을 통해 불안반응에 대한 통제력을 획득할 수 있다.

시연의 연습효과에 더해서, 시연은 내담자가 실제 삶의 현장에서 어떻게 행동하는지를 보여줄 수 있다. 예를 들어 내담자가 어떤 행동이나 상호작용을 묘사한 것과 실제로 어떻게 행동하느냐는 다를 수 있다. 이렇게 불일치하는 것들은 상담 회기 중에 개선될 수 있다. 전문가들은 역할극을 통해 내담자가 보이는 행동이 내담자가 말로 표현하는 것보다 훨씬 더 정확하다고 믿는다. 이로 인해 역할극이 평가 과정에서 중요한 부분을 차지하게 된다.

역할극을 사용해서 시연을 할 경우 일련의 점진적인 연습들로 그 절차를 구성하는데, 내담자는 바람직한 행동을 시연함에 있어서 우선 다룰 수 있으면서도 부작용이 없는 상황부터 시작한다. 행동주의자들은 이 과정을 점진적 접근(successive approximation)이라고 부르는데, 복잡한 기술의 쉬운 부분을 학습한 후 그다음 어려운 부분으로 이동하면서 학습하는 것을 말한다. 시연은 난이도에 따라 또는 느끼는 스트레스의 정도에 따라 위계적으로 그 순서를 정할 수 있다. 한 상황을 연습한 다음 좀 더 고급의 기술을 요하는 장면으로 이동한다. 각각의 장면을 연습할 때 그 장면은 내담자의 실제 환경에서 발생하는 것과 매우 유사해야 한다. 이러한 상황들을 현실감 있게 모사하기 위해서는 상담사가 소품을 활용해서 가능한 정확하게 그 장면에 포함된 인물을 묘사해야 한다. 이때 내담자의 새로운 행동 또는 이전과는 다른 행동과 함께 그에 대해 있을 법한 상대방의 반응 또한 포함되어야 한다.

시연은 공공연하게 또는 은밀하게(상상으로) 진행될 수 있다. 둘 다 꽤 효과가 있어 보인다.

내담자가 이 두 가지를 모두 사용하면 도움을 얻을 수 있을 것 같다. 우선 내담자가 상상으로 연습한 다음, 상담사와 함께 해당 시나리오를 실제 행동으로 보여줄 수 있다. 암묵적 시연은 과제로도 부여할 수 있다. 내담자가 좀 더 어려운 상황에서 사용할 만큼 특정 기술에 익숙해져 있고 상담사 또한 내담자가 보고하는 것과 유사한 것을 관찰했다면, 내담자가 좀 더 어려운 장면을 시연하도록 요청할 수 있다.

피드백은 역할극 및 시연 기술에서 중요한 위치를 차지하는데, 내담자가 연습하면서 부딪히는 문제와 성공을 인식하게 해준다. 피드백은 건설적이고 구체적이며 잠재적으로 내담자가 바꿀 수 있는 행동을 지향해야 한다. 또한 피드백에는 적절하게 구사한 기술에 대한 긍정적인 코멘트가 포함되어야 한다. 내담자가 연습한 것을 녹음했다면 그것을 재생하면서 피드백을 제공할 수 있다. 이렇게 녹음 또는 녹화한 내용을 재생하면서 피드백을 제공하게 되면, 말로만 피드백을 제공할 때보다 좀 더 객관적인 평가가 이루어질 수 있다. 피드백을 제공하는 초기에는 내담자에 대한 당신의 평가가 좀 더 중요하다고 느끼겠지만, 궁극적으로는 내담자가 좀 더 정확한 자기평가를 시작하는 것이 바람직하다.

기술 훈련

기술 훈련은 우리가 이미 다루었던 몇 가지 개입(모델링, 시연, 점진적 접근, 피드백)으로 구성된다. 기술 훈련은 다양한 문제를 대상으로 실시할 수 있는데, 문제해결 기술, 의사결정 기술, 의사소통 기술, 사회성 기술, 주장 기술, 그리고 다양한 대처 기술이 이에 해당된다. 기술 훈련 프로그램을 개발하기 위해서는 우선 학습할 기술의 구성요소를 파악해야 한다. 그런 다음, 구성요소들을 학습 순서에 따라 배열해야 하는데, 덜 힘든 것에서 더 어려운 것으로 또는 덜 스트레스를 받는 것에서 좀 더 스트레스를 느끼는 것으로 진행할 수 있다. 그런 다음 훈련은 각각의 기술요소를 모델링하면서 진행되는데, 내담자로 하여금 모델의 행동을 모방하게 하고, 이에 대한 피드백을 제공하며, 필요할 경우 이 과정을 반복하게 한다. 대부분의 기술에 대해 훈련 절차가 있는데, 상담 장면에서 배울 수 있고, 전문적인 상담 문헌이나 온라인에서도 찾아볼 수 있다. 훈련 절차 개발에 관해서는 자기주장 훈련을 한 예로 제시하고자 한다.

자기주장 훈련은 다른 사람들과 상호작용하는 것을 방해하는 사회적 불안을 극복하기 위한 한 가지 도구이다. 자기주장 훈련이 필요한 사람들은 어릴 때부터 자신의 권리보다 다른 사람들의 권리가 더 우선한다고 배웠다. 일반적으로 자기주장 기술에는 요청하는 기술, 요청을 거절하는 기술, 의견을 표현하는 기술, 긍정적이고 부정적인 감정을 표현하는 기술, 대인 상호작용을 시작하고 유지하며 종료하는 기술 등이 있다. 자기주장 훈련 시 우선 내담자가 좀 더 주장적이 되고 싶은 상황을 확인하고, 어떤 주장 행동이 해당되는지 파악하며, 내담자는 무엇을 말하고 어떻게 행동하고 싶은지를 확인한다. 내담자가 아무런 불안을 느끼지 않으면서 주장적이 될 수 있을 때까지 모델링과 역할극을 계속한다. 그런 다음, 과제를 부여해서 상담에서 학습한 기술이 상담실 밖의 상황으로 전이될 수 있게 한다. 내담자가 원하는 기술을 상담실 밖에서 보여줄 수 있다면 이 과정은 성공한 것으로 볼 수 있다. 성공한 자기주장은 다른 상황으로 일반화되는데, 내담자는 조력이나 피드백이 없어도 더 쉽게 주장적이 된다.

한 예로, 현재 데이트하고 있는 남성과의 관계가 불편하다고 보고한 여성 내담자를 생각해 보자. 내담자에 따르면, 가끔 상대방이 신체적으로 너무 강하게 다가오는데, 자신은 이 사람을 정말로 좋아하기 때문에 이 문제로 상대방의 기분을 상하게 하고 싶지 않다. 현재 우리 사회에서 데이트 강간이 빈발하고 있다는 점을 고려하면, 지금이 내담자가 자신을 보호할 수 있는 기술을 배워서 현재 사귀고 있는 남자친구와의 관계에서건 아니면 미래의 관계에서 성폭력 희생자가 될 가능성을 줄일 수 있는 좋은 기회이다. 이 경우 당신은 우선 내담자가 첫 번째 단서, 즉 내담자가 불편하다고 인식하는 것을 파악하도록 도와주어야 하는데, 이 내담자에게는 가시화작업(visualization work)을 적용할 수 있다. 또한 내담자가 하고 싶은 행동을 방해하는 비합리적 신념을 다루기 위해 인지적 작업이 필요할 수도 있다. 예를 들어 이 내담자는 자신의 남자친구를 화나게 만들고 싶어 하지 않을 수 있는데, 왜냐하면 이로 인해 남자친구가 헤어지자고 할 수 있고 이럴 경우 이것이 그녀에게는 일종의 상실로 여겨질 수 있기 때문이다. 이런 문제가 해결된 후에야 기술 개발 단계로 이동할 수 있다. 이러한 개입이 매우 중요한데, 종종 내담자들은 행동하는 능력을 훼손시키는 두려움이나 생각을 가지고 있다. 우선 상담사는 이러한 두려움과 생각을 다루어야 하는데, 그렇지 않으면 행동 개입이 지나치게 성급해서 실패할 가능성이 높다. 이후 단계로 진행하는 것이 적절할 경우, 내담자로 하여금 주장적으로 행동하는 것이 힘들었던 상황을 떠올려보게 하고, 좀 더 주장적인 반응을 보여주고, 내담자가 새로운 행동을 연습하게 하고, 피드백을 제공한다. 마지막으로, 내담자는 남자친구가 조성한 환경보다는 개인적으로 덜 취약한 환경에서 새로 배운 기술을 연습해보는 것이 바람직하다. 예를 들어 내담자가 이미 봤지만 썩 좋아하지 않았던 영화를 함께 보자고 권하는 친구에게 '아니'라고 말할 수 있는데, 이 행동 역시 내담자에게는 과거에 하지 않으려고 했던 행동일 것이다. 실제 생활에서 연습하고, 반응들에 주목하고(일지로 작성하며), 어떻게 진행되고 있는지 상담사인 당신과 상의하는 일은, 내담자가 궁극적인 목표에 이르도록 도와주는 중요한 단계들이다.

기술 훈련 사례

앤드루의 사례

앤드루는 27세 백인 남성으로, 지적장애자들을 위한 집단가정에서 생활하고 있다. 이곳의 슈퍼바이저인 필은 몇 가지 사회성 기술을 증진시키는 것에 대해 상담사와 이야기해보는 것이 어떨지 앤드루에게 제안했다. 필은 앤드루가 이 집에서 매우 소심하고, 이로 인해 다른 사람들이 앤드루를 이용한다고 보고했다. 앤드루가 원가족에서 생활할 때 앤드루의 부모는 앤드루를 지나치게 보호했고, 앤드루 대신 의사결정을 했으며, 외부세계와의 모든 상호작용을 돌봐주었다. 앤드루의 아버지에게 심장마비가 왔을 때 앤드루의 부모는 앤드루가 독립해서 살아야 한다고 결정했고 따라서 이 집단가정에 지원하게 된 것이었다. 앤드루는 이곳에서 4개월을 지냈는데, 충분히 행복했고, 다른 거주자들을 좋아하고, 그들이 자신을 놀리는 것을 상관하지 않는다고 말했다. 그러나 필은 미래에 앤드루가 이 사람들을 늘 좋아하지 않을 수 있고 다른 방식으로 상호작용하는 것을 배우고 싶을 수 있다고 제안했다. 앤드루는 새로운 것을 배우는 것도 괜찮다고 동의했다.

이 주택에 배정된 상담사인 프레드는 우선 기술훈련 과정을 설명하면서, 상당한 정도의 역할극이 실시될 것이라고 말해주었다. 앤드루는 재미있을 것으로 생각했고, 프레드는 한 회기 또는 두 회기 정도 필을 상담 회기에 초청해도 되는지 물었는데, 앤드루는 이 아이디어를 매우 좋아했다. 필의 도움으로 프레드와 앤드루는 기술이 부족해서 불리했던 상황들을 목록으로 작성할 수 있었다. 여기에는 자기주장이 포함되었고, 다른 것들은 좀 더 아웃사이더로서의 명성을 더해준 앤드루의 대인 경험 부족에 관한 것이었다.

결국, 앤드루와 프레드는 (필의 도움으로) 지난 몇 주 동안에 앤드루가 사회성 기술이 부족했던 몇몇 '순간'들을 확인했다. 일단 목록을 작성한 후, 프레드는 앤드루와 함께 가장 쉬운 것부터 가장 어려운 것까지 순서를 정했다. 여기서 앤드루는 목록의 첫 번째 상황을 시도할 준비가 되어 있었다. 프레드는 가장 쉬운 상황에서 앤드루와 역할극을 진행했다. 이때 프레드는 앤드루의 역할을 하면서 새로운 행동을 모델링해주었다. 그런 다음 앤드루가 새로운 행동을 연습했는데, 자신이 기대했던 것보다 훨씬 더 재미있다고 보고했다. 프레드는 매 연습회기를 따라가면서 단서들을 제공해주었다. 그런 다음 그들은 앤드루가 새로운 기술을 연습할 수 있는 상황이 다음 날 언제 일어날 수 있을지 확인했다. 필은 앤드루의 허락하에 앤드루가 어떻게 진행되고 있는지 살폈고, 이어지는 상담 회기 초입에 앤드루가 어떻게 행동으로 옮겼는지 프레드에게 보고했다. 세 번째 보고에서 필은 앤드루가 집단가정에서 새로운 친구를 사귀었고, 모든 일이 잘 진행되고 있다고 말했다. 앤드루의 미소가 동의한다는 것을 암시했다.

기술 훈련 중에 상담사가 역할극을 몇 번 하지 않고 종료하는 경향이 있는데, 아마도 상담사는 내담자가 그 새로운 기술을 편안해한다고 가정하기 때문일 것이다. 또는 상담사는 해당 시나리오에 포함된 다른 사람이 예상치 않은 반응을 보일 때 내담자가 어떻게 이것을 다룰 수 있을지에 관해 이야기를 하고 싶을 수 있다. 예를 들어 앤드루는 다른 사람들의 반응을 예상해본 경험이 매우 적었다. 따라서 앤드루가 다른 거주자들에게 기술을 시도할 때 상황이 잘 전개될 수 있도록 프레드는 앤드루에게서 나타나는 각각의 기술에 대해 여러 다른 방식으로 반응해야 했다.

불안 감소 방법

많은 내담자들이 두려움이나 불안 등 강한 부정적인 감정 때문에 도움을 청한다. 연구자들이 몇 가지 유형의 불안을 확인했는데, 우선 신체 불안(somatic anxiety)은 긴장되고, 손에 땀이 차거나, 맥박이 빠른 형태로 나타나고, 인지적 불안(cognitive anxiety)은 집중하기 힘들거나 침범적이고 반복적이며 공황상태의 재난적 사고로 나타나고, 수행 또는 행위 불안(performance or behavioral anxiety)은 불안을 유발하는 상황을 피하는 것으로 나타난다.

어떤 불안은 유용한 것으로 간주되는데, 실제로 성공적인 수행으로 이끌 수 있다. 하지만 그것이 견디기 힘들거나 불편한 정도라면 그것을 느끼는 사람은 도움을 요청해야 한다. 불안을 감소시키기 위한 다양한 전략이 존재한다. 이 장에서 우리는 일반적으로 사용되는 행동 기법 중에서 두 가지, 즉 이완 훈련과 체계적 둔감법을 설명하려고 한다.

이완훈련 행동주의 상담사들이 가장 일반적으로 사용하는 이완훈련은 소위 점진적 이완 (progressive relaxation) 또는 근육이완(muscle relaxation)이라고 부르는 것들이다(Jacobson, 1939). 근육이완은 일반화된 불안과 스트레스, 두통 및 심인성 통증, 불면증, 고혈압 및 당뇨병과 같은 만성질환을 다루거나, 그러한 문제를 다루는 기법들을 보완하기 위해 사용되어 왔다. 이완훈련은 종종 단기 상담과 함께 사용된다. 이완은 상담사와 신뢰관계를 형성하고 상담사의 역량을 믿게 하는 효과적인 방법이 될 수 있다. 또한 근육이완은 다음 절에서 다룰 체계적 둔감법의 주요 요소이기도 하다.

불안을 다루기 위한 방법으로 근육이완을 사용할 때의 기본 전제는, 근육이 긴장되면 불안과 스트레스가 악화하거나 증가한다는 것이다. 게다가 이완과 불안은 서로 양립할 수 없는 상태다. 결국, 사람들은 단서나 자기암시를 사용해서 근육을 이완하고 이를 통해 불안의 정도가 줄어드는 경험을 하게 된다. 이러한 절차에는 다양한 근육을 긴장시켰다가 이완시키고, 근육이 긴장된 것과 이완된 것의 감각적인 차이를 인식하고, 긴장된 근육을 풀고 암시함으로써 더 큰 이완을 유도하는 것 등이 포함된다. 이 과정 내내 상담사가 제공하는 코멘트로 인해 자기암시가 향상되는데, 내담자로 하여금 유쾌하고(이완된) 무겁거나 따뜻한 감각 등에 주의를 기울이게 한다. 상담사의 도움으로 이 절차를 몇 번에 걸쳐 한 다음, 내담자는 녹음된 지시문을 하나의 안내자로 활용하면서 가능하면 매일 혼자서 이것을 연습하라고 지시받는다(상업적으로 제작된 CD와 DVD가 존재하기도 하고, 어떤 방식으로 근육을 이완시키는지를 내담자에게 가르치는 회기를 내담자의 휴대전화에 저장해서 집에서 연습할 때 사용하라고 권유할 수 있다).

이완훈련은 주의를 분산시키는 불빛이나 소음이 없는, 방해받지 않는 조용한 환경에서 실시해야 한다. 가능하다면, 내담자는 긴 소파나 기댈 수 있는 의자 또는 바닥에 패드를 깔고 눕는 것이 좋다(마지막 방법은 집단으로 이완훈련을 진행할 때 가장 실용적이다). 상담사는 이완훈련을 실시할 때 조용하고 차분한 목소리 톤을 사용해야 한다. 이 과정에서 각 단계(특정 근육을 긴장시키고 이완시키기)는 10초 정도 소요하고, 그다음 10초 동안 멈춘다. 전체 과정은 20~30분 정도 소요되는데, 서두르지 않아야 한다. 아래에 예를 제시했다.

[근육이완을 통한 긴장 풀기]

첫째, 당신의 몸을 이완시키세요. 눈을 감고 당신의 몸을 있는 그대로 내버려두는 상상을 해보세요. (잠시 멈추고) 이제 얼굴 근육으로 갑니다. 첫째, 가능한 활짝 미소를 지어 보세요. 더 활짝. 풀고. (멈춘 다음) 좋습니다. 이제 다시 미소를 지어보세요. 미소를 지어보세요. (멈추고) 푸세요. 이제 눈과 이마로 가보죠. 할 수 있는 한 꽉 인상을 써보세요. 싫은 표정을 지어보세요. 꽉. 더 꽉 해보세요. (멈추고) 풉니다. 좋아요. 긴장했을 때와 이완했을 때의 차이를 주목해보세요. 긴장을 풀 때 따뜻한 것이 근육 안으로 흘러 들어가는 것을 느껴보세요. 자, 다시 찡그린 얼굴을 만들어보세요. 더 꽉 표정을 지어보세요. (멈추고) 풉니다. 푸세요.

얼굴의 근육을 모두 푸세요. 눈 주위, 눈섭, 입 주위도. 얼굴이 점점 더 부드러워지는 것을 느껴보세요. (정지) 당신의 얼굴이 점점 더 이완되는 것을 느껴보세요.

자, 이제는 손에 집중해보죠. 주먹을 쥐고, 꽉 쥐어보세요. 더 꽉. 꽉 쥔 상태에서 손의 긴장을 느껴보세요. (정지) 이제 푸세요. 손의 긴장을 풀고 편히 쉬세요. (정지) 긴장했을 때와 이완되었을 때의 차이를 기억해두세요. (정지) 자, 다시 주먹을 쥐어보세요. 꽉. 더 꽉. 푸세요. 떠나보내세요. 손에서 긴장이 서서히 떠나가는 것을 느껴보세요. (정지)

이제 양손을 손목 뒤로 젖혀서 양팔 하단부의 근육이 팽팽해지게 해보세요. 더 꽉. 푸세요. 다시 손과 팔에서 긴장이 떠나가는 것을 느껴보세요. 긴장을 내보내면서 따뜻함이 근육으로 들어와서 긴장을 대체하게 됩니다. (정지) 다시 손목 뒤로 양손을 젖히고 팔에 긴장을 느껴보세요. 더 꽉 합니다. 풀고. 따뜻함이 긴장을 대체하는 것을 느낍니다. 풉니다. 더 푸세요. 더 깊이. 좋습니다.

이제 팔 상단부로 이동합니다. 양팔을 가슴 쪽으로 당겨서 이두근을 팽팽하게 합니다. 더 팽팽하게 합니다. 더. (정지) 푸세요. 팔을 내립니다. 긴장이 흘러나오게 합니다. 따뜻함이 흘러 들어갑니다. 긴장을 풉니다. 더 깊이. 팔이 더 많이 이완되게 합니다.

이제 어깨로 가보죠. 어깨를 들어서 양쪽 귀에 닿도록 합니다. 긴장을 느껴보고 그대로 멈춥니다. 더 들어보세요. (정지) 이제 풉니다. 내보내세요. 긴장이 떠나가는 것을 느껴보세요. 더 깊이. 좋습니다. 다시 어깨를 들어봅니다. (정지) 풉니다. (정지) 푸세요. 당신의 손, 팔, 어깨, 얼굴에 있는 근육들을 느껴보세요. 그 느낌을 떠나보내세요. 더 깊이 풉니다. 더 깊이.

이러한 근육들이 이완되면 당신의 관심을 가슴 근육으로 이동해보세요. 긴장시켜보세요. 더 강하게. (정지) 풉니다. 다시. 가슴 근육을 더 꽉 조여보세요. 더 꽉. (정지) 풉니다. 푸세요. (정지) 이제는 배에 있는 근육으로 갑니다. 배를 꽉 조여보세요. 더 강하게. 더 꽉. (정지) 풀고. 근육에서 긴장이 나오는 것을 느껴보세요. 근육들이 점점 부드러워지는 것을 느껴보세요. 풉니다. 따스함을 느껴보세요. 풉니다. (정지) 자, 다시 복부 근육을 조여보세요. 좋습니다. 더 꽉. 푸세요. 풉니다. 차이를 느껴보세요. 좋습니다.

이제는 엉덩이로 이동합니다. 엉덩이를 꽉 조여서 긴장감을 느껴봅니다. 긴장하고 있는 것을 느껴보세요. 더 꽉. 풉니다. (정지) 다시 조입니다. 더 꽉. (정지) 푸세요. 몸 전체를 이완시킵니다. 몸에서 긴장감이 빠져나오는 것을 느껴봅니다. 따뜻함이 몸속으로 흘러 들어가는 것을 느낍니다. 따스함이 긴장을 몰아내는 것을 느낍니다. 떠나보내세요. 풉니다. (정지)

(계속)

이제 다리로 갑니다. 발가락들을 머리쪽으로 당겨서 종아리 근육을 팽팽하게 합니다. 팽팽하게 합니다. 푸세요. 발가락을 내립니다. 근육이 풀리는 것을 느낍니다. 다시 합니다. 종아리 근육을 팽팽하게 합니다. 발가락을 머리 쪽으로 당기세요. 더 팽팽하게. (정지) 풉니다. 좋습니다. 근육이 점점 부드럽고 따뜻해지는 것을 느껴보세요.

양쪽 다리를 쭉 뻗어 보세요. 할 수 있는 데까지 쭉 뻗으세요. 쭉 뻗습니다. (정지) 풉니다. 다리를 풉니다. 차이를 느껴보세요. 다리 근육을 이완시킵니다. 이 느낌에 집중해 보세요. 다시 다리를 쭉 뻗습니다. 발가락을 세우세요. 쭉 뻗습니다. 뻗으세요. (정지) 푸세요. 다리를 내리세요. 풉니다. 더 깊이. 따뜻한 느낌이 몸속으로 들어가는 것을 느껴보세요. 긴장을 내보내고, 다리를 더 깊이 이완시킵니다. 더 깊이. 몸 전체에서 긴장을 내보내세요. 느껴봅니다. 이 느낌을 기억하세요. 풉니다.

이제 모든 근육을 다시 해보겠습니다. 제가 각각의 근육을 부르면 해당 근육에 긴장감이 남아 있는지 살펴보세요. 만일 있다면 내보내세요. 근육을 완전히 부드럽게 합니다. 모든 긴장을 밖으로 내보는 것을 상상합니다. 얼굴에 집중하세요. 얼굴에 긴장이 있는지 살펴보세요. 있으면 밖으로 내보냅니다. 얼굴을 부드럽게 만듭니다. 손

으로 갑니다. 손가락 끝에서 긴장을 내보냅니다. 손에서, 팔에서 긴장이 밖으로 나가는 것을 떠올려봅니다. (정지) 어깨로 가보죠. 아직 팽팽하고 긴장하고 있나요? 그렇다면 느슨하게 해보세요. 문을 열고 밖으로 내 보내세요. 그러면 그 공간이 따스함으로 채워질 겁니다. 이제 가슴으로 갑니다. 긴장이 남아 있는지 살펴보세요. 배로 이동해서 팽팽한 느낌을 내보내세요. 더 부드럽게. 엉덩이로 가보죠. (정지) 엉덩이에서 긴장감이 느껴지면 밖으로 내보내세요. 다리로, 종아리로, 발로, 발가락으로 하나하나 내려갑니다. 모든 긴장을 떠나보냅니다. 잠시 조용히 앉아서 이완된 느낌을 경험하고, 긴장감이 사라진 것을 느껴보세요. 몸이 무거워지고 부드럽고 이완된 것을 느껴보세요. (정지) 계속 눈을 감고, 마음속에 이 기억을 저장해두세요. 이렇게 이완된 느낌이 어떤 것인지를. (정지)

눈을 뜨기 전에 현재 당신이 얼마나 이완되어 있는지 생각해보세요. 0~5점 사이에서 어디에 위치하는지 생각해보세요. 0점은 완전히 이완되어서 전혀 긴장감이 없는 상태입니다. 5점은 극도로 긴장해서 전혀 이완되지 않은 상태를 의미합니다. 현재 당신이 어디에 있는지 제게 말해주세요.

체계적 둔감법   체계적 둔감법은 Wolpe(1958, 1990)가 개발한 불안감소 기법으로, 고전적 조건형성 학습 원리에 기초하고 있다. 이러한 유형의 학습은 중립적인 사건 또는 자극과 반사적인 반응을 불러일으키거나 초래하는 자극(예 : 불안)을 짝을 짓는(가까이에서 함께 발생하는) 것을 포함한다. 둔감화(desensitization)는 반조건화(counterconditioning)를 사용하는데, 반조건화는 어떤 유형의 반응을 다른 종류의 반응으로 대체하기 위해 학습을 활용하는 것으로 내담자가 더 높은 수준의 불안이나 두려움에 둔감해진다. 둔감화에서는 중화시키는(counteracting) 자극, 예를 들어 이완과 같은 자극을 사용해서 단계적으로 불안을 대체한다. Wolpe(1982)는 이 과정을 다음과 같이 설명했다.

근육이완을 통해 내담자에게 불안을 억제하는 생리학적 상태가 발생한 후, 내담자는 잠시 동안 약하게 불안을 유발하는 자극에 노출된다. 그러한 노출이 반복되면 그 자극은 점차 불안을 일으키는 능력을 상실하게 된다. 비슷한 방식으로 계속해서 더 강한 자극을 다룰 수 있다(p. 150).

둔감화는 종종 공포증(명백한 외부 위험이 존재하지 않는 상황에서 두려움을 경험함)이나 구체적인 외부 사건으로부터 발생하는 다른 장애들을 위한 치료로 채택된다. 특히 유용한 경

우는, 내담자가 상황에 대처하거나 바람직한 반응을 수행할 수 있을 만큼 충분한 기술을 가지고 있지만, 불안 및 이에 수반되는 각성으로 인해 수행하는 것을 회피하거나 평균 이하로 수행할 때이다.

그러나 둔감화가 부적절한 경우는, 표적이 되는 상황이 기본적으로 위험하거나(예 : 등산) 또는 그러한 표적 상황을 다룰 수 있는 적절한 기술이 부족할 경우다. 후자의 경우에는 모델링, 시연, 기술 훈련 접근들이 좀 더 바람직할 수 있다. 상담사는 특정 내담자의 불안이 비합리적인지 또는 정말로 위험한 상황 때문에 발생하는 것인지 또는 기술 부족 때문인지를 확인해야 하는데, 호소하는 문제를 주의 깊게 평가할 필요가 있다. 또한 둔감법이 효과가 있으려면 보통 내담자가 이완할 수 있고 심상 기법에 참여할 수 있어야 하는데, 이완이나 심상 기법 이외의 다른 기법들 또한 가끔 사용된다.

이 기법은 3개의 기본 단계를 포함하고 있는데, 내담자와 호소 문제, 불안의 강도에 따라 평균적으로 10~30회기에 걸쳐 진행된다.

1. 깊은 근육이완 훈련
2. 감정을 유발하는 상황을 나타내는 위계 구성
3. 위계에 있는 항목을 상상하면서 이것을 이완된 상태와 짝짓는 방식으로 단계적으로 이행함

이 세 단계에 더해 종종 네 번째 단계가 추가되는데, 실제(in vivo) 두려움을 느끼는 상황에서 진척 사항을 검증하는 것이다. 예를 들어 차량 사고 이후에 운전하는 것이 두려워진 내담자가 첫 번째 단계로서 한가한 주차장에서 차에 시동을 걸고 앞뒤로 천천히 운전한다. 만일 이일로 스트레스를 너무 많이 느끼면, 처음에는 차에 친한 사람을 태우고 시작할 수 있을 것이다. 이어지는 각 단계에서 발생하는 불안 수준을 상담사와 검토해야 한다. 필요하다면, 내담자가 실제로 아무런 불안을 느끼지 않는다고 보고할 때까지 심상작업을 반복하는 것이 좋다.

이후에는 깊은 근육이완 훈련을 시행한다. 만일 내담자가 근육이완에 참여할 수 없다면 다른 형태의 이완 훈련, 예를 들어 요가나 명상과 관련된 이완 훈련을 시행할 수 있다.

위계 구성 위계 구성(hierarchy construction)은 불안이나 두려움처럼 둔감화시켜야 하는 조건화된 감정을 불러일으키는 다양한 상황을 확인하는 것이다. 위계 구성은 내담자에 내재한 것, 예를 들어 통제를 상실한 것 같은 느낌뿐 아니라 내담자 외부의 것, 예를 들어 뱀이나 항공기 등을 포함한다. 상담사와 내담자는 상담 회기 중에 이러한 상황을 상의할 수 있고, 또한 내담자는 생생하게 발생하는 것들을 기록하면서 그것들을 추적할 수 있다. 각각의 상황이 확인되면

각 상황을 색인카드에 적는다.

　내담자 문제의 정도나 특성에 따라 둔감화에 사용할 수 있는 세 가지 유형의 위계가 있는데, 공간-시간, 주제, 또는 개인적인 위계가 그것이다. 공간-시간 위계(spatio-temporal hierarchy)는 두려움을 느끼는 대상으로부터의 거리와 같은 물리적, 공간적 차원과 관련이 있는 항목, 또는 두려움을 느끼거나 피해야 할 상황(예 : 시험을 치름) 전에 남은 시간과 같이 시간 차원과 관련이 있는 항목으로 구성된다. 공간-시간 위계는 특히 특정 사물이나 사건 또는 사람에 대한 내담자의 불안을 줄이는 데 유용하다.

　주제 위계(thematic hierarchy)는 감정을 유발하는 상황과 관련된 서로 다른 변수(para-meters)로 구성된다. 예를 들어 높이에 대한 내담자의 두려움은 단지 땅에서부터 얼마만큼 떨어져 있느냐가 아니라, 높이 상황을 둘러싼 맥락적 단서(예 : 사고방지용 레일이 없는 절벽)에 따라 더 클 수도 있고 더 작을 수도 있다. 내담자의 대인 불안 또한 서로 다른 대인 상황의 유형과 특성에 따라 다를 수 있다.

　개인적 위계(personal hierarchy)는 내담자가 어떤 개인적인 역사를 가지고 있는 구체적인 사람이나 상황에 대한 기억 또는 불편한 생각을 나타낸다. 개인적 위계는 상실과 관련된 상황(예 : 직장을 잃음)이나 관계의 종결(예 : 사망이나 이혼, 이별)로 유발된 조건화된 감정을 둔감화시키는 데 꽤 유용할 수 있다. 또한 개인적 위계는 내담자에게 혐오스러운 사람이 된 특정인에 대한 회피 행동을 탈조건화시키는 데 사용될 수 있다. 일반적으로 개인적 위계는 내담자의 불안에 전혀 영향을 미치지 않는 항목부터 시작하고, 그런 다음 내담자가 높은 수준의 불안을 느끼는 지점까지 불안자극을 상향 이동해 나간다. 내담자 불안의 잠재적인 원인으로는 비난에 대한 민감성, 개인적인 관계를 잃을 것 같은 두려움, 바보처럼 보일지도 모른다는 두려움 등이 포함된다.

　어떤 유형의 위계를 사용하건 각각의 위계는 10~20개의 서로 다른 항목으로 구성된다. 각각의 항목을 별도의 색인카드에 기록한 후, 불안 유발 정도에 따라 작은 것에서부터 가장 크게 불안을 유발하는 순서로 카드를 배열한다. 이렇게 순서를 정하는 절차는 점수를 부여하고 간격을 정하는 방법을 사용해서 촉진될 수 있다. 점수를 매기는 방법이 몇 가지 있지만, 일반적으로 가장 많이 사용되는 것은 불안의 주관적 단위 척도(Subjective Units of Disturbance Scale, SUDS; Wolpe & Lazarus, 1966)이다. 이 척도는 0~100점까지 분포하는데, 0점은 완벽하게 침착하거나 전혀 감정을 경험하지 않는 상태를 의미하고, 100점은 공포 또는 극단적인 감정을 의미한다. 각 항목에 대한 내담자의 반응 강도를 0~100점 사이에 해당하는 숫자로 말하라고 요청한다. SUDS의 모든 수준에 해당하는 항목이 존재하면 일반적으로 위계는 효과적이다. 2개의 항목이 10점 이상 차이가 난다면, 아마도 다른 항목을 중간에 끼워 넣어야 할 것이다.

일단 위계가 구성되고 근육이완 또는 변형된 것을 내담자에게 훈련시켰다면 결합(pairing) 과정을 시작할 준비가 된 것이다. 이런 측면의 체계적 둔감화는 아래와 같은 단계로 요약할 수 있는데, 이는 Wolpe(1990)가 제시한 것을 수정한 것이다.

1. 당신과 내담자가 신호 보내는 과정을 상의하고 합의하게 되는데, 이를 통해 내담자는 불안이 언제 느껴지기 시작하는지 당신에게 알려줄 수 있다. 일반적으로는 불안이나 다른 조건화된 감정을 경험하면 내담자가 집게손가락을 세운다.

2. 그러면 당신은 이 훈련을 사용해서 내담자에게 이완 상태를 유도한다.

3. 내담자가 깊이 이완되었을 때, 첫 번째(감정을 가장 작게 유발하는) 위계 항목을 내담자에게 설명하고, 내담자가 그 항목을 상상하도록 요청한다. 만일 내담자가 불안 신호를 보내지 않으면 처음에는 그 항목을 약 10초 동안 짧게 제시한다. 만일 내담자가 이완된 상태를 유지하면 그 장면을 상상하는 것을 멈추고, 이완된 상태를 유지하거나 또는 즐거운(편안한) 장면(예 : 여름날 해변)을 상상하라고 요청한다. 이 장면에 약 30초 동안 머무른다.

4. 첫 번째 불안위계 항목으로 돌아가서, 그것을 다시 한 번 설명하고, 약 30초 동안 머무른다. 두 번째 제시할 때에도 처음 제시할 때만큼 자세히 설명해야 한다.

5. 내담자가 아무런 불안을 보고하지 않으면, 단계 3과 4를 반복하거나 위계상 두 번째 항목으로 이동한다. 보통 한 항목은 SUDS 0점에 이르기 전까지 3~10번 정도 반복한다. 이전 회기에 둔감화된 장면들이 이어지는 회기에 다시 제시될 필요가 있을 수 있다.

6. 내담자가 집게손가락을 들어 불안 신호를 보내면, 즉시 이완 과정으로 돌아가서(단계 2) 내담자가 충분히 이완될 때까지 실시한다. 그런 다음 내담자가 전혀 불안을 느끼지 않았던 낮은 수준의 위계로 되돌아가서 과정을 다시 시작한다. 점차적으로 불안을 경험했던 위계 수준으로 돌아가서 작업을 한다. 다시 불안을 느끼면, 이 과정을 반복한다. 보통 2번 또는 3번 정도 반복하면 내담자는 불안을 느끼지 않고 이 수준의 불안위계를 통과할 수 있다. 만일 내담자가 특정 항목에 대해 계속해서 불안을 경험하면, Cormier와 Nurius(2003, p. 561)는 동일 항목을 제시해서 발생하는 지속된 불안을 제거하기 위해 상담사가 적어도 세 가지 것을 할 수 있다고 주장했다 — (1) 불안을 적게 유발하는 새로운 항목을 불안위계에 추가한다, (2) 같은 항목 또는 이전 항목을 짧게 내담자에게 다시 제시한다, (3) 상상하는 과정에서 내담자가 장면을 수정하는 것은 아닌지, 아니면 마음이 그곳에서 벗어난 것은 아닌지 평가한다.

아무런 불안을 나타내지 않는 내담자에게 반응할 때 주의해야 할 것이 있다. 보통 상담사는 내담자의 이완된 상태에 대해 "좋습니다" 또는 이와 비슷한 말로 반응하게 된다. 이때 상담사의 의도는 "당신이 해야 할 것을 하고 있습니다"를 내담자에게 전달하는 것이지만, Rimm과 Masters(1979)는 이러한 반응이 오히려 정반대의 효과를 불러올 수 있다고 지적했다. 즉 내담자가 불안하다는 신호를 보내지 않는 반응을 강화함으로써 결국 이 과정을 방해할 수 있다는 것이다. 이런 이유 때문에, 내담자가 불안이 없다고 말하지 않는 한 상담사가 아무런 반응을 하지 않는 것이 더 좋다.

새로운 둔감화 회기는 직전 회기에 성공적으로 마무리한 항목부터 시작해서 아무런 불안을 경험하지 않는 항목으로 끝을 낸다. 매 회기 이러한 결합 과정은 보통 3~5개의 위계 항목을 성공적으로 끝내면 종료하거나, 20~30분 정도(아동의 경우 10~15분) 경과한 후 종료한다. 가끔 내담자가 더 오랜 시간 집중할 수 있고, 5개 이상의 항목을 성공적으로 완성하기도 한다.

몇 주 동안 계속해서 체계적 둔감화를 실시할 수 있기 때문에, 매 회기 당신이 무엇을 했고 내담자는 무엇을 성공했는지 정확히 기록해두는 것이 중요하다. 위계 중 어떤 항목을 완수했고, 항목을 몇 번 제시했는지, 마지막 두 항목은 몇 초 동안 제시했는지, 각각에 대한 SUDS 점수를 기록한다. 회기 중에 어떤 불안도 없이 항목들을 성공적으로 완수하면, 내담자가 실제 생활에서도 과도한 불안이나 불편함 없이 그러한 항목들을 직면할 수 있다고 가정할 수 있다. 하지만 둔감화 과정의 75~80% 정도가 성공적으로 완수되기 전까지는, 실제 생활에서 위계 상황을 직면하지 않도록 주의를 줄 필요가 있다.

불안 감소 사례

캐롤의 사례

캐롤은 두 달 전에 근처 레스토랑에서 집으로 오는 도중에 강도를 당했다. 그 사건을 잊으려고 노력했지만, 두려움 때문에 생활에 지장이 초래되어 상담을 받게 되었다. 캐롤은 30대 중반의 건강한 여성으로서, 걷고 달리는 것을 즐기고 '비교적 안전한' 환경에서 살고 있다고 보고했다. 그녀에게 강도짓을 한 그 사람은 다른 사람을 상대로 강도짓을 하다가 붙잡혔다. 그 사건이 발생하기 전에는 캐롤이 두려움을 느낀 적이 없었는데, 현재는 심지어 대낮에도, 특히 어두워진 후에는 산책을 하거나 조깅을 할 때 뒤를 살피게 된다고 보고했다. 캐롤에게는

작은 강아지 한 마리가 있는데, 아무런 걱정 없이 저녁에 강아지와 산책을 할 수 있으면 좋겠다고 말했다. 캐롤은 강도를 당한 것이 자신이 생각했던 것보다 더 많은 영향을 미쳤고, 그것에 대해 합리적으로 생각하려고 노력했지만 성공적이지 않았음을 알고 있었다. 캐롤은 상담사가 제시하는 방법에 개방적이다.

상담사는 캐롤에게 체계적 둔감법을 제안했고 그 과정을 설명해주었다. 우선 두 사람은 캐롤을 두렵게 만드는 자극의 위계를 작성했다. 위계를 작성한 다음, 상담사는 이완 기법을 사용했고, 이어서 위계상 가장 밑

에 있는 항목을 제시하였다. 캐롤은 위계상 가장 밑에 있는 항목에 대해서도 이완된 상태를 유지하는 것을 힘들어했다. 상담사와 더 이야기를 나눈 결과, 캐롤이 처음부터 아예 시작을 하지 못했다는 것이 명백했다. 즉 첫 번째로 시도한 위계는 캐롤이 자신의 아파트를 나서려고 문에 다가가는 것이었다. 사실 캐롤의 불안은 이것보다 적어도 30분 전에 시작되었다는 것인데, 저녁 뉴스가 시작되고 뉴스가 끝나면 강아지를 데리고 산책 나가는 시간이 될 때 불안이 시작되었다.

몇 회기 동안 캐롤은 자신의 두려움을 극복하기 위해 매우 열심히 작업을 했다. 캐롤은 낮에 밖에 나가 산책을 하거나 조깅하는 것을 상상하기 시작했고 마침내 저녁에 산책 나가는 것으로 이동했다. 불안을 느낄 때 이완된 상태로 되돌아가는 것을 도와줄 수 있는 이미지가 무엇인지 물었을 때, 캐롤은 자신의 강아지와 상호작용하는 것을 선택했는데, 강아지는 늘 캐롤을 미소 짓게 하는 존재였다. 따라서 캐롤이 위계상 새로운 단계에 이르러 불안을 경험하고 집게손가락을 들어 올렸을 때, 상담사는 캐롤에게 강아지인 바이올렛을 떠올리라고 말했다.

캐롤의 상황은 복잡했는데, 강아지 때문에 체계적 둔감법의 초기 단계 동안 밖으로 산책 나가는 것을 완전히 피할 수만은 없었기 때문이었다. 따라서 상담사의 제안에 따라 캐롤은 역시 강아지를 소유하고 있는 이웃에게 자신의 상황을 설명하고 좀 더 안정을 찾으려고 상담을 받고 있는 중이라고 말하면서, 자신의 강아지를 데리고 함께 산책을 나갈 수 있는지 물어보았다. 캐롤의 요청은 받아들여졌고, 밖에 나갈 준비가 되었을 때만 혼자 산책을 나가기 시작했고, 처음에는 낮에만 나가다가 나중에는 일몰 시간에 맞춰 산책을 나가기 시작했다. 또한 캐롤은 자신의 이웃에게 강도당한 일을 말했고, 무엇이 안전하고 그렇지 않은지에 관해 좋은 대화를 나눴다. 캐롤은 강도를 당하던 날 저녁 시간에 늦게 혼자서 산책을 나갔던 것이 조금은 바보같은 일이었다고 결론을 내렸다. 따라서 체계적 둔감법에 참여하는 동안 캐롤은 자신의 행동에 관한 다른 의견을 받아들였고, 행동을 다소 변경했다. 예를 들어 일몰 이후에 강아지를 데리고 산책을 나가야만 할 경우에는 자신이 살고 있는 거리에서 위아래로 산책하기로 결정했다. 상당한 정도로 캐롤의 불안이 향상되었을 때 상담이 종결되었다. 캐롤은 최근 강아지와 산책 하던 중 어떤 남자가 자신에게 다가왔는데, 불안 수준이 상대적으로 낮았다고 보고하면서 기뻐했다. 그 남자가 자신을 지나친 이후 뒤를 돌아볼 필요를 느끼지 않아 더 기뻤다고 보고했다.

증상 처방 : 2차 행동 개입

증상 처방(symptom prescription)은 일반적으로 역설적 개입(paradoxical interventions) 범주에 속한다. Worden(1994)은 가족치료의 맥락에서 내담자의 증상을 제거하는 것은 가족의 **평형상태**(homeostasis), 즉 가족구성원들에게 익숙해진 패턴과 관계를 위협할 수 있다고 주장했다. 우리는 이것이 개인에게도 유효하다고 믿는다. 즉 한 가지 행동을 변화시키는 것은 소위 내담자들을 그들의 게임 밖으로 던져버릴 수 있다고 생각한다. 따라서 내담자가 어떤 행동을 변화시키려고 열심히 노력하는 만큼 무언가가 내담자의 그러한 노력을 방해하는 것처럼 보인다. 이때 역설적인 기법을 소개하는 것이 도움이 될 수 있는데, 처음에는 그것이 비합리적으로 보일 경우에도 그렇다(대부분 2차 개입이 그렇게 보인다).

어떤 사람에게 "자연스럽게 행동해"라고 말하는 것이 역설의 좋은 예가 될 수 있다. 정의상 당신은 당신 자신을 자연스럽게 만들 수 없다. 내담자를 조력하는 방법 중 하나는 해당 문제를

'배당하는' 것인데, 이는 역설적이게도 내담자의 노력으로 해결하는 것을 방해하는 것을 깨도록 도와준다. 예를 들어 불안해하는 내담자에게 편리한 시간대(즉 일상적인 활동을 방해하지 않는 시간대)에 더 불안을 느껴보라고 지시를 하고 내담자가 이 지시를 따르면 내담자는 불안을 자신의 통제하에 두는 것이 되는데, 이는 지금까지 내담자가 하지 못했던 것이다. 이런 식으로 불안이 통제될 수 있음을 발견하는 것이 증상을 통제하는 첫 번째 단계이다.

증상 처방에 적합한 문제들은 내담자가 전혀 통제감을 느끼지 못하는 것들인데, 강박적인 걱정이 좋은 예가 될 수 있다. 예를 들어 내담자가 불면증으로 힘들어하고 있고, 지금까지 여러 방법을 사용해서 해결하려고 시도했지만 효과가 부족했다고 가정해보자. 불면증은 과도한 강박적 반추(rumination)를 수반하는 경향이 있다. 보통 내담자들은 "잠자리에 들었을 때 생각을 멈출 수가 없어요"라고 불평한다.

이런 불평을 들었을 때 상담사는 해당 증상(불면증)을 처방할 수 있는데, 이 경우에는 내담자가 잠자리에 들지 않으려고 노력하는 것이다(다른 과제를 하도록 요구받을 수 있음). 이 개입의 요점은, 자연스럽게 나타나는 과정(잠에 드는 것)을 통제하려고 노력할 때 자기 자신과 싸우는 함정에 빠질 수 있다는 것이다. 자연스러운 것과 정반대되는 것(눈을 뜨고 있는 것)을 통제하려고 할 때는 어떤 식으로든 그 사람의 내적인 과정을 조작하는 것이 되는데, 그 사람이 자연스럽게 되도록 둘 수가 있다. 또 다른 예는, 자주 사용되면서 상당한 정도의 성공을 거두는 것인데, 너무 일찍 위기를 이겨낼 것을 기대하지 말라고 경고하는 것이다. 해당 증상을 처방함으로써—이 경우 위기가 줄어들지 않을 것이라는 내담자의 두려움—상담사는 실제로 내담자가 더 빨리 위기를 극복하도록 도움을 줄 수 있다. 이것이 바로 우리의 정신세계가 가지고 있는 역설적인 특징이다.

증상 처방은 잠재적으로 효과가 많은 기법이다. 하지만 명백히 해로운 증상의 경우에는 내담자에게 처방하지 말아야 한다. 부모를 대상으로 자신의 아이에게 창피를 주라고 처방해서는 안 되고, 중독된 사람에게 술을 마시라거나 아니면 다른 종류의 위험한 행동을 하라고 처방을 내려서는 안 된다.

자기관리

자기관리 기법은 내담자의 책임을 강조하는 참여자 모델에 기초를 두고 있는데, 조력 과정에서 내담자의 관여를 강조한다. 자기관리는 궁극적으로는 중개인으로서의 상담사를 제외하면서 성공의 가능성을 증폭시킬 수 있는데, 그 이유는 내담자가 변화 과정에 직접적으로 관여하기 때문이다.

내담자에게는 자기관리 기법이 가장 사용하기 쉽고 가장 효과적인 도구 중 하나이다. 그러나 이 기법을 소개하고 구조화하는 것은 상담사의 책임이고, 내담자는 이 기법과 이점을 충분히 이해해야 한다. 자기모니터링, 자기보상, 자기계약은 가장 빈번하게 사용되는 자기관리 기법들이다.

자기모니터링 자기모니터링에는 두 가지 과정이 포함된다—자기관찰과 자기기록. 자기관찰(self-observation)은 내담자가 자신의 행동에 포함된 여러 측면에 주목하거나 변별하는 것이다. 자기기록(self-recording)은 내담자가 무엇을 하고 있는지를 기록하는 매우 구체적인 절차이다. 종합하면, 자기모니터링에는 내담자가 표적행동(예 : 부적절한 습관이나 자기파괴적인 생각 또는 감정)을 세고 조절하는 것이 포함되어 있다. 자기모니터링 과정은 자극-반응 연합을 깨고 문제가 되는 행동을 의식 또는 인식으로 끌어올림으로써 문제 행동을 방해하는 것처럼 보이는데, 이때 그 행동을 이행할지를 결정할 수 있다. 대부분의 체중감소 프로그램에서는 자기모니터링을 활용한다.

자기모니터링 개입의 첫 번째 단계는 모니터할 또는 변화될 행동을 선택하는 것이다. 일반적으로는 내담자가 하나의 행동만을 세면서 시작할 때 더 좋은 결과가 나타난다. 자기모니터링은 긍정적이거나 바람직한 행동의 빈도는 증가시키고, 부정적이고 바람직하지 않은 행동의 빈도는 감소시키는 것처럼 보이는데, 반응성(reactivity)효과라고 한다. 긍정적이지도 부정적이지도 않은 중립적인 행동을 자기모니터링할 경우 일관되지 않은 행동 변화가 나타난다. 따라서 내담자가 가치를 두거나 변했으면 하는 행동을 내담자가 모니터하는 것이 중요하다.

모니터링 방식은 내담자가 처한 환경 맥락과 모니터링할 행동의 특성에 따라 다르다. 일반적으로 내담자에게는 행동이 얼마나 자주 일어나는지, 특정 조건이 얼마나 오랫동안 지속되는지 세라고 요청한다. 만일 어떤 행동이 얼마나 자주 발생하는지에 관심이 있다면 빈도를 세는 것이 적절하다. 그러나 특정 행동 패턴에 소요되는 시간을 줄이고 싶다면, 전화로 이야기하는 데 소요되는 시간, 공부하는 데 드는 시간, 컴퓨터 게임을 하는 데 보내는 시간, 또는 다른 활동에 참여하는 데 보내는 시간의 양을 기록하는 것이 적절하다. 내담자가 행동의 시간과 빈도를 모두 기록할 수도 있다.

관찰할 행동이 질적일 경우(예 : 더 좋거나 또는 더 나쁘거나, 더 냉정하거나 따뜻하거나, 더 행복하거나 또는 더 슬프거나), 0점과 7점이 각각 양극단인 척도로 사용할 수 있다. 내담자에게는 자신의 행동이 0~7점 사이에서 어디에 해당되는지를 평가하도록 요청한다. 예를 들어 상담사는 내담자에게 다음과 같이 말할 수 있다. "0점부터 7점 사이에서 현재 당신이 느끼는 자신감은 어느 정도인가요?"

자기모니터링의 타이밍이 변화에 영향을 미칠 수 있다. 만일 내담자가 모니터링할 행동(흡연)의 빈도나 지속 시간을 줄이고 싶어 한다면, 담배에 불을 지피기 전에 그 사건을 기록하는 것이 좀 더 효과적이다. 만일 목표가 모니터링하는 행동의 빈도나 시간을 증가시키는 것이라면(예 : 긍정적인 자기진술), 행동이 발생한 다음에 기록하는 것이 더 효과적이다.

행동을 세는 것은 자기모니터링의 첫 번째 단계다. 두 번째 그리고 첫 번째 단계만큼 중요한 단계는 일정 기간 동안 관찰한 행동의 패턴을 그려보는 것인데, 이렇게 하지 않으면 분명하게 보이지 않을 향상된 정도를 확인할 수 있다. 또한 내담자는 최종 목표보다는 쉽게 달성할 수 있는 매일매일의 목표를 설정할 수 있다(점진적 접근). 내담자는 일주일간 모니터링한 행동을 모아 선그래프에 그려볼 수 있다. 기록을 통해 초기 변화를 유도하는 데 성공했다면, 변화를 유지하기 위해 내담자가 계속해서 기록하는 것이 도움이 된다. 내담자가 계속해서 자기모니터링하려는 노력을 보상한다면 모니터링에 대한 동기는 증가한다.

자기보상 자기보상(self-reward)은 바람직한 반응이나 행동이 발생한 다음에 의도적으로 스스로에게 보상을 주는 것이다. 자기보상은 외부로부터 제공되는 보상과 동일한 방식으로 영향을 미치는 것 같다.

내담자에게 자기보상을 어떻게 사용할지 가르칠 때 세 가지 요인을 고려해야 한다 — (a) 올바른 보상을 선택하기, (b) 어떻게 보상을 주는지 알기, (c) 언제 보상을 주는지 알기. 보상은 사물, 다른 사람과의 접촉, 활동, 이미지, 아이디어, 또는 긍정적인 자기대화(self-talk)가 될 수 있다.

자기보상은 정상적인 인간의 행동이다. 쇼핑을 가서 새 운동화를 보면 "저 운동화를 사서 운동할 거야"라고 스스로에게 말하곤 한다. 이 상황에서의 문제는 자기보상을 미리 결정한 것이 아니라, 바람직한 행동이 발생하기 전에 주어졌다는 것이다. 즉 어떤 행동을 증가시키고 싶다면 행동이 발생한 후에 당신 자신에게 보상을 주어야 한다는 것이다. 따라서 이때 좀 더 적절한 접근은 "일주일에 네 번 운동할 거야. 첫 2주 동안 운동하고 나서 새 운동화를 살 거야"라고 말하는 것이다.

자기보상이 반드시 물건일 필요는 없다. 자신의 성공을 생각하면서 기분 좋게 산책을 하게 되면 이것도 자기보상이 될 수 있다. 또한 영화나 TV 쇼를 보는 것일 수도 있다. 즉 바람직한 변화를 약화시키지 않는 한 내담자가 보기에 즐거운 것이 강화물이 될 수도 있다(예 : 2주 동안 흡연을 하지 않은 것에 대한 보상으로 흡연을 하는 것은 좋은 생각이 아니다).

내담자에게 소위 보상 메뉴라고 하는 것을 만들어보라고 요청할 수 있는데, 작은 것부터 아주 큰 것까지 내담자가 가치를 두고 받고 싶어 하는 보상물의 목록이다. 이러한 보상은 현재의 강화물(current reinforcers)(먹거나 읽는 것과 같이 매일 일어나는 즐거운 것)과 잠재적 강화물(potential reinforcers)(친구들과 저녁을 함께 먹거나 또는 여행을 같이 가는 것과 같이 미래에 일어날 수 있는 만족스럽고 즐거운 것)로 정의할 수 있다.

내담자가 선택하는 보상은 강력한 것이어야 하지만 지나치게 가치 있는 것이 아니어야 한다. 왜냐하면 목표 행동을 달성하지 못했을 때 내담자가 보상물을 포기할 수 있기 때문이다. 즉 강화물은 그것을 얻기 위한 노력이 가치가 있을 만큼 충분히 강력해야 하지만, 동시에 반드시 얻어야 할 만큼 필수불가결한 것이어서는 안 된다.

만일 내담자가 물질적인 보상을 선택했는데, 즉각적인 강화를 위해 그 보상을 가져올 수 없다면, 내담자는 다음과 같은 중간 단계의 보상을 고려해볼 수 있다.

1. 주요 타인에게 자신의 행동을 이야기해서 격려를 이끌어낸다. 사회적 강화는 내담자가 강화를 받을 수 있는 별도의 기회를 제공하고 충동이나 유혹을 물리치도록 도와줄 만큼 강력하다.
2. 바람직한 행동이 발생할 때마다 점수를 준다. 일정한 점수가 쌓이면 좀 더 큰 강화물과 교환한다. (토큰으로도 불리는) 점수들은 꽤 쓸모가 있는데, 다양한 강화물을 사용하는 것이 가능해지고, 행동을 점진적으로 향상시키는 것이 용이해진다.

자기계약 자신의 행동을 파악할 수 있고 자신의 행동에 책임감을 느끼는 내담자라면 자신의 현재 행동이 뭔가 바람직하지 않은 결과를 초래하고 있음을 인정한다. 이들은 결과가 어떻게 달라질 수 있는지 이해할 수 있다. 그런 결과에 변화를 주기 위해서는 그런 결과를 만들어내는 행동을 바꿔야 한다는 것을 인식할 수도 있고 그렇지 않을 수도 있다. 그것이 무엇이건 행동 변화도 천천히 발생할 수 있다. 따라서 내담자의 행동 변화를 가져오는 것은 쉬운 일이 아니다. 우선 내담자가 변화에 헌신하는 것이 중요하다.

행동계약은 내담자의 협력과 헌신을 얻기 위한 유용한 기법이다. 점점 더 많은 이론적 접근들에서 행동계약을 사용하고 있지만, 이 기법은 행동주의자와 현실치료 상담사들에 의해 대중화되었다. 계약에는 내담자가 바람직한 목표를 달성하기 위해 어떤 행동을 할지 동의한 내용이 상세히 담겨 있다. 계약은 내담자를 위해 중요한 구조를 제공한다. 내담자에게 따라야 할 '지도'와 내담자가 지닌 역량 안에서 밟아야 할 단계를 제공해주는 것과 함께, 계약은 내담자로부터 일정한 정도의 헌신을 이끌어낸다. 계약서에는 행동 단계를 둘러싼 조건들이 기술되어 있다—내담자가 어디에서 그런 행동을 할지, 어떤 방식으로 내담자가 그런 행동을 수행할지, 그리고 언제 그 작업을 완수할지. 이런 계약 조건을 글로 상세히 기록하고 내담자가 서명하기 때문에, 우리는 이런 기법을 자기계약(self-contracting)이라고 부른다. 가장 효과적인 계약은 내

담자에게 온전히 수용될 수 있고 매우 구체적이며 실현 가능한 단기간의 목표를 반영하는 조
건들을 구비하고 있다. 종종 자기계약이 자기보상과 결합될 때 성공할 가능성이 크다.

아동·청소년들과 작업할 때 자기계약 기법이 매우 유용한데, 그 이유는 조건들이 매우 구체
적이기 때문이다. 아동에게 계약을 적용할 때 몇 가지 추가적인 지침들을 고려할 수 있는데,
다음과 같은 것들이 포함된다.

1. 요구되는 행동은 아동이 파악하기 쉬운 것이어야 한다.
2. 전체 과제는 하위 과제로 쪼개고, 각각의 요소나 하위 과제를 완성할 때마다 보상을 제공
   해야 한다. 각각의 표적 행동이 연속해서 나타난 이후에 다른 단계들이 추가될 수 있다.
3. 변화를 위해 작업하는 아동의 관심을 유지하기 위해서는 큰 보상을 드물게 제공하기보다
   는 작은 보상을 자주 제공하는 것이 더 효과적이다.
4. 자기계약의 경우, 아동·청소년이 통제하는 보상이 어른들이 제공하는 보상보다 더 효과
   적이다. 예를 들어 어떤 아동이 점심 시간까지 연습문제를 다 풀었다면 자신에게, 또 자
   신을 위해 다양한 형태의 보상을 제공할 수 있는데, 예를 들어 쉬는 시간을 갖거나 도서
   관에 방문하거나 또는 그림을 그릴 수 있을 것이다. 이를 통해 아동은 자신의 일에 대해
   통제감을 갖게 된다.
5. 보상은 목표 행동이 나타나기 전에 제공되는 것이 아니라 이후에 제공된다. 아동은 보상
   에 해당하는 것을 누리기 전에 해당되는 행동을 완수할 것에 동의해야 한다.
6. 내담자는 해당 계약을 공정하다고 생각해 일의 정도 및 소모한 에너지와 결과로서 얻게
   되는 이익 또는 성과가 균형을 이루어야 한다.

자기관리에 대한 내담자의 헌신   자기관리 기법을 효과적으로 사용하는 데 있어서 관건은, 내담
자가 규칙적이고 일관되게 이 기법을 사용하는 것이다. 내담자들은 특정 조건이 갖추어졌을
때 자기관리 프로그램을 수행할 가능성이 높은데, 다음과 같은 조건들이 이에 해당한다.

1. 자기관리 프로그램을 사용하면 투자하는 시간과 노력 등 내담자의 비용에 상응하는 이익
   과 긍정적인 결과가 제공된다.
2. 내담자는 변화에 대한 자신의 능력을 신뢰한다. 신념은 현실을 창조하기 때문에, 변화가
   가능하다는 믿음이 있을 경우 내담자는 변화 과정에서 더 이상 진전이 없다고 생각할 때
   또는 예상치 못한 어려움에 봉착했을 때 더 열심히 노력하게 된다.
3. 내담자가 자기관리 기법을 사용한다는 것은 자신의 수행 기준을 따른다는 것을 의미하
   지, 상담사나 다른 주요 인물들의 기준을 반영한다는 것이 아니다. (한 가지 주의사항 :

가끔 상담사들이 특정 목표를 제안하고, 우리 사회 또한 목표를 제시하는 것 같다. 이렇게 외부에서 빌려온 목표들은 자기관리 노력에 반하는데, 내담자가 자신에게 이질적인 기준에 부합하도록 행동하는 법을 배우고 있다면 더욱 그렇다.)

4. 계획에서 멀어지려는 유혹을 받을 때 내담자는 자신의 목표가 무엇인지 상기한다. 이런 측면에서 내담자가 늘 가지고 다닐 수 있는 글이 있다면 도움이 된다.

5. 만일 내담자가 은밀하게 탈출 계획을 가지고 있다면(예 : "친구들이 방문할 때를 제외하고는 매일 공부할 거야.", "일요일을 제외하고 다이어트를 할 거야."), 이것을 명문화해야 한다. 은밀하게 세운 탈출 계획은 잘 고안된 자기관리 프로그램에 대혼란을 야기할 것이다.

6. 자기관리 프로그램은 목표 행동의 습득뿐 아니라 유지를 지향한다. 이를 위해서는 내담자의 생활양식을 고려해야 한다.

7. 주변 사람들의 역할이 부정적이지 않고 긍정적이라면, 주변 사람들의 지원과 조력은 내담자가 이 프로그램을 사용하는 것을 강화할 것이다. 동료나 친구들은 내담자가 자기관리전략을 규칙적으로 사용하고 유혹에 저항하라고 스스로에게 상기시키는 것을 강화함으로써 내담자가 목표를 달성하도록 도와줄 수 있다.

8. 내담자의 자기관리 프로그램이 진행되고 있는 동안에 상담사는 내담자와 최소한의 접촉을 유지한다. 내담자가 자기관리 프로그램을 성공적으로 이행하는 데 있어서 상담사의 강화는 꽤 중요하다.

당신은 말로 승인하거나 또는 진척되는 것을 인정해줌으로써 쉽게 강화를 제공해줄 수 있다. 자기관리 프로그램이 진행되는 동안 내담자가 정기적으로 당신에게 연락하게 하라. 이를 통해 즉각적으로 내담자를 격려할 수 있고, 필요하다면 프로그램에 결함이 있을 경우 그것을 수정할 수 있다.

자기관리 사례

카림의 사례

카림은 14세 소년으로 능력검사에서는 매우 높은 점수를 얻었지만 학교에서는 계속해서 자신의 능력 수준에 못 미치는 점수를 받았다. 그는 자신의 학교성적이 나쁜 주된 이유가 '진짜 노력을 하지 않아서'라는 점을 인정했다. 상담사가 이것의 정의와 예를 제시해 달라고 요청했을 때, 카림은 과제를 집에 가지고 가는 일이 드물고, 그렇게 하더라도 하지 않는다고 말했다. 또한 책을 들여다보는 일이 드물고 시험 준비를 하지 않는 경우도 가끔 있다고 말했다. 보다 직접적으로는 카림의 이웃에서 발생한 일련의 사건 때문에 자신의 행동을 변화시키고자 상담사를 찾아왔다. 대학에 가고 싶다고 결심했고, 학교성적을 끌어올리지 못할 경우 대학 진학에 부정적인 영향을 미친다는 것을 깨닫기 시작했다. 카림은 '나쁜 학습관'이라고 스스로 부른 것을 바꿀 방법을 몰라 걱정하고 있었다.

상담사는 카림이 새롭게 발견한 목표를 지지해 주었고 *자기관리*라고 부르는 전략의 근거와 과정을 설명해주었다. 상담사는 수행 목표를 구체적으로 설정하고 그 이행 과정을 점검하는 데 있어서 상담사가 아니라 카림 자신이 주도적으로 책임 있게 해야 한다고 설명해주었다. 상담사는 카림이 이 과정을 시작하도록 도와주었고, 카림에게 도움이 필요할 때마다 지원을 아끼지 않겠다고 확인시켜 주었다. 이것이 카림에게는 마음이 들었는데, 등 뒤에서 공부를 더 잘하라고 말하는 사람들은 수없이 많았다고 말해주었다.

카림에게는 기초 지식이 거의 없었기 때문에, 우선

상담사는 카림이 자기계약의 일환으로 스스로에게 세우고 싶은 현실적인 목표가 무엇인지 이야기해보라고 요청했다. 상담사는 카림이 자기모니터링과 자기보상 과정을 설정하는 데 도움을 주었다. 카림은 자기계약을 위해 다음과 같은 목표와 행동 단계를 설정했다.

목표 : 앞으로 9주 동안 과제 수행 비율을 20~85% 사이로 향상시키기

활동 단계 : 배정된 과제를 매일 기록하고 매일 어디에서 과제를 할 것인지 시간과 장소를 정하기. 금요일에는 월요일 숙제를 하고, 토요일에는 학교과제를 하지 않고, 대신 일요일에 과제를 검토하고 다음 날 학교 수업을 위해 교재를 정리하기

또한 카림은 강화물 설문지를 작성하고, 자신의 활동 단계를 강화할 목적으로 사용할 수 있는 8개의 잠재적인 보상을 선택했다. 카림은 자기계약에 보너스 조건을 포함시켰는데, 85%를 초과해서 과제를 완성하면 추가로 보상을 주는 것이었다. 카림의 자기계약은 그림 10.1에 제시되어 있다.

상담사는 카림에게 진척상황을 확인하는 데 사용할 수 있는 자기모니터링 시스템을 설명해주었다. 상담사는 카림이 일지에 매번 숙제를 했다는 것을 기록으로 남길 것을 제안했다(큰 포스터에 한 달 동안 매일 카림이 완성한 숙제의 퍼센티지를 보여주는 온도계처럼 생긴 그래프가 그려져 있다). 또한 상담사는 숙제를 다 한 후

계약자 이름 : _____카림 L_____

계약 일시 : _____2/5/15_____

다음과 같은 것을 할 것임

계약 목표 현재 0%인 숙제 완성을 85%까지 향상시켜 성적을 올리는 것

활동 단계 1a. 숙제 노트를 사서 매 수업이 끝난 다음 책상을 떠나기 전에 배당된 과제를 노트에 기록한다.

1b. 집에서 다른 활동을 하기 전에, 노트에 적어 놓았던 과제를 기록 포스터에 옮겨 적는다.

2a. 내 방을 치우고 지하실에 있는 오래된 책상을 내 방으로 옮겨와서 작업 공간으로 활용한다.

2b. 매일 오후 4시 이전에 과제를 시작해서 끝날 때까지 중단하지 않는다(저녁을 먹어야 하면 식사를 마치고 와서 끝낸다).

3a. 기록 포스터에 어떤 과제를 끝냈는지 기록하고, 매 주말에 달성한 퍼센티지를 기록해 둔다.

3b. 월요일 오전 7시 45분에 상담사에게 내 기록을 가져가서, 수업 시작하기 전에 내가 어떻게 향상되었는지 검토한다.

보상 1. 오후 10시에 스포츠 뉴스를 시청한다.

2. 학교 수업 종료 후 오후 4시까지 음악을 듣는다.

3. 금요일 저녁에 친구들과 당구를 한다.

4. 토요일 저녁에 영화관에 가서 영화를 본다.

5. 친구 칼렙과 논다.

6. 피자를 주문한다.

계약을 검토할 날짜 : _____2/12/15_____

서명 : _____카림 L(내담자)_____

_____Miss Bancroft(상담사)_____

그림 10.1 행동 자기계약

다른 사람에게 확인받고 싶은지 물었는데, 카림은 필요하지 않다고 답했다. 마지막으로, 상담사와 카림은 매주 월요일 오전에 만나 카림의 모니터링 차트(말아서 사물함에 비치하기가 쉬움)를 보여주는 것에 동의했다. 그림 10.2에 카림의 첫 주 일지가 제시되어 있다.

점수판

이름 : _____ 카림 _____

행동 기록 : 1. 숙제 관리 _____
          2. 숙제 완성 _____

주차 : 2월 5일

요일	과제	수행	보상
월	영어(읽기)		
	수학(문제풀이)	✓	
	생물(실험실 보고서)	✓	음악 듣기
	역사(읽기)		
화	영어(없음 — 월요일 것 읽기)	✓	
	수학(문제풀이)		
	생물(일기)	✓	음악 듣기
	역사(문제)	✓	스포츠 뉴스 보기
수	영어(읽기)	✓	음악 듣기
	수학(없음)		
	생물(문제)	✓	스포츠 뉴스 보기
	역사(읽기)	✓	칼렙과 놀기
목	영어(퀴즈 준비)	✓	
	수학(문제풀이)	✓	음악 듣기
	생물(읽기)	✓	스포츠 뉴스 보기
	역사(문제)	✓	
금	영어(주제)		
	수학(시험 준비)	✓	음악 듣기
	생물(읽기)	✓	스포츠 뉴스 보기
	역사(퀴즈 준비)	✓	피자 주문

완성 정도 : 19개 중 15개 완성

그림 10.2 과제 기록

카림은 자기관리전략이 효과가 있다고 생각했다. 몇몇 조건들이 이 성과에 기여했다. 카림의 동기가 꽤 컸고, 다른 사람들이 자신을 점검하는 것을 원치 않았고, 합리적인 목표와 활동 단계를 선택했다. 또한 상담사를 좋아했고, 상담사 역시 카림을 좋아하면서 카림의 목표와 동기 및 계획을 분명하게 지지했다. 또한 상담사는 월요일 오전에 만나는 것을 신성시 하면서 이를 지켰다.

행동 기법에 대한 내담자의 반응

행동 기법은 내담자들에게 매우 호소력을 지니고 있는데, 특히 상담 초반부에 내담자가 동기 부여되어 있어서 자신이 처한 상황에서 무언가를 하고 싶어 할 때 매우 매력적으로 느껴진다. 구체적이면서 상세하고 행동을 강조하기 때문에 마치 중요한 것이 내담자를 위해 진행되고 있다고 느끼게 한다.

상담 과정이 진행되면서 내담자는 이미 고정되어 있는 확고한 행동 패턴을 변화시키는 것이 어렵고 때로는 고통스러운 일이라는 것을 깨닫게 되는데, 이로 인해 내담자가 행동 기법에 대해 느끼는 매력은 점차 약해진다. 행동 기법을 성공적으로 사용하기 위해서는 매일매일의 연습과 과제, 정확한 기록 등 내담자의 시간과 에너지 그리고 인내가 필요하다.

행동 기법을 적극적으로 활용하는 상담사는 잠재적인 함정이나 실망에 대응하기 위해 긍정적인 관계와 활동에 대한 헌신을 통해 내담자와 함께 개입해야 한다. 상담사가 행동적인 접근을 활용할 때는, 행동 기법에서 요구하는 것을 내담자가 따랐을 때 이를 강화하는 방법을 찾아내야 한다. 다양한 방식으로 내담자가 따르게 할 수 있는데, 긍정적으로 기대하게 하고, 특정 기법의 사용법과 이점에 대해 상세한 지시문을 제공하고, 내담자가 해당 기법을 시연하게 하고, 내담자로 하여금 변화가 가져오는 혜택을 상상하고 탐색하도록 도와준다.

변증법적 행동치료에 기법을 적용하기

변증법적 행동치료에 사용되는 행동 기법

변증법적 행동치료(Dialectical Behavior Therap, DBT)에서는 정서적 개입과 인지적 개입을 활용하는데, 그 이유가 정서적 정화나 통찰이 목표여서가 아니다. 오히려 DBT의 기본 전제는, 일단 내담자가 상담사를 적절하게 신뢰하고 상담사가 자신을 이해한다고 느끼면, 상담의 진짜 목표는 새롭고 건강한 대안을 제공하는 생활기술(life skills)을 발달시키는 것임이 명백해진다는 것이다. 따라서 행동 변화는 DBT의 요체이고, 기술이라는 단어는 DBT 문헌 전체에 걸쳐 치료의 바람직한 성과로 묘사된다(Dimeff & Koerner, 2007; Miller, Rathus, & Linehan, 2007).

DBT를 주요 상담전략으로 활용하는 프로그램에서는 집단 작업이 기술개발을 위한 맥락인 경우가 종종 있다. 따라서 이 장에서 역할놀이, 시연, 피드백 수용 등을 설명한 부분은 DBT 치료자들의 작업을 묘사하는 것이기도 하다. 물론, DBT를 표방하는 상담사들이 개인상담에서도 동일한 행동 기법을 활용할 수가 있다. 집단작업이건 아니면 개인상담이건, 일단 기술개발 단계에 이르면, 이장에서 다룬 모든 기법을 사용할 수 있다. DBT 치료자들은 자신이 선호하는 행동 변화 기법을 개발하는데, DBT 관련 문헌들은 매우 다양한 임상집단에서 그러한 기법을 어떻게 활용할 수 있는지 설명하고 있다. 이 장에 제시된 내용은 상담사의 사용목록을 개발하기 위한 입문서로 도움이 될 수 있다.

요약

이 장에서는 행동 지향적 접근에 기반을 둔 다양한 상담 기법들을 살펴보았다. 이 기법들은 내담자의 행동을 직접적으로 수정하는 데 초점을 맞추고 학습 원리를 바탕으로 행동 변화를 촉진한다.

모델링과 시연 기법은 주장훈련, 직장면접기술 훈련, 사회기술 훈련과 같은 기술 훈련 프로그램의 주요 요소이다. 이러한 기법들은 특정 상황에서 기술이 부족하거나 또는 효과적인 기술이 부족할 때 가장 유용하다.

체계적 둔감법과 같은 불안감소 전략은 극심한 두려움이나 걱정, 불안을 다루는 데 유용하다. 근육이완은 단일 전략으로 사용되거나 아니면 체계적 둔감법의 일부분으로 사용된다. 내담자가 이러지도 저러지도 못하고 바람직하지 않은 습관에서 빠져나오지 못할 때, 그리고 증상 자체가 어떤 식으로든 위험하지 않을 때, 증상을 처방하는 것 또한 고려할 만한 기법이다.

자기관리 프로그램에 대한 인기는 커지고 있고 성공 또한 거두고 있다. 내담자가 자신의 변화 프로그램에 대해 주도권을 쥐고, 상담사는 이 과정에서 촉진자로서 행동한다. 자기관리 프로그램의 공통 요소로는 자기모니터링, 자기보상, 자기계약이 있다.

실습

I. 모델링

어떤 물건을 팔거나 특정 메시지를 전달하기 위해 유명인을 사용한 광고 중에서 최근 TV나 휴대전화에서 본 것을 떠올려보라. 이 사람의 어떤 면이 이 사람을 매력적인 모델이 되게 했을까? 광고주가 이 사람을 선택할 때 어떤 특징을 고려했을까? 개인적인 특징과 문화적인 특징을 함께 생각해보라. 이에 관해 옆에 있는 사람과 이야기를 나누어보라.

II. 시연

짝과 함께 시연을 시도해보라. 한 사람은 내담자의 역할을, 다른 사람은 상담사의 역할을 맡는다. 내담자는 특정 기술을 습득하거나 아니면 두려움을 없애기를 원한다고 가정하라. 상담사는 시연 기법을 사용해서 내담자가 목표를 달성하도록 도와준다. 기억할 과제들은 다음과 같다.

A. 목표 행동을 자세히 기술한다.

B. 기술을 사용해야만 하는 또는 두려움이 감소되어야 하는 상황을 정한다.

C. 상황을 위계적으로 배열하되, 가장 쉽고 가장 적은 불안을 야기하는 상황에서 시작해서 점점 더 어렵고 복잡하고 위협적인 상황으로 이동한다.

D. 위계상 첫 번째 상황을 시작하되, 내담자로 하여금 표적 반응에 대한 은밀한 시연에 참여하게 한다. 그런 다음 내담자에게 시연을 분석하도록 요청한다.

E. 동일한 상황을 사용해서 내담자가 역할극(외현적인) 시연에 참여하게 한다. 이 연습의 장점과 한계에 대한 피드백을 내담자에게 제공한다. 가능하다면 음향 또는 영상 기록물을 분석한 것과 함께 피드백을 제공한다.

F. 시연 중에 언제 내담자가 해당 기술을 나타냈고 불안이 감소했는지를 판단한다. 이 상황을 실제 상황에서 시연하는 과제를 부여한다.

G. 다른 상황을 가지고 단계 D부터 F까지 반복한다.

III. 이완

3명 정도로 조를 구성해서 집단구성원을 위해 근육이완 훈련을 실시한다. 이 장에서 검토한 지시문을 따라도 된다. 과정을 마친 후 역할놀이 파트너와 다른 관찰자들로부터 피드백을 받는다. 다음과 같은 종류의 피드백을 구할 수 있다.

A. 당신 목소리 — 음색, 빠르기, 크기

B. 이 과정을 이끌어간 속도

C. 당신이 사용한 지시문의 명료함

이 기법을 연습하고 다른 사람으로부터 피드백을 받은 후에, 지시문을 전달하는 자신을 녹음해서 스스로에게 피드백을 줄 수 있다.

IV. 체계적 둔감법

다음에 기술된 내담자 중 한 명을 택해서, 내담자에 대한 가설적인 위계를 작성해보라. 위계를 작성한 다음 동료나 강사에게 자문을 구하라.

내담자에 대한 설명

1. 내담자는 5년 동안 사귄 사람과 헤어진 후 스트레스를 많이 경험하고 있다.
2. 내담자는 발표할 시간이 다가오면서 발표에 대해 점점 더 불안을 느끼고 있다.
3. 내담자는 다른 사람들이 있는 상황에서 불안을 느낀다.
4. 내담자는 집에서 멀어질수록 점점 더 불안을 느낀다.

V. 자기관리

이 실습은 자기관리 프로그램을 사용해서 당신의 조력 행동을 수정하는 데 도움을 주기 위해 고안되었다.

A. 변화되었을 때 당신을 더 좋은 상담사로 만들어줄 한 가지 행동을 선택하라. 이 행동은 폐쇄형 질문 대신 개방형 질문을 사용하는 것처럼 밖으로 드러나는 행동일 수도 있고, 내담자를 만나는 것과 관련해서 염려하는 생각의 횟수를 줄이거나 상담사로서 당신의 잠재력에 대한 긍정적인 생각을 증가시키는 등 은밀한 것일 수도 있다.

B. 1~2주 동안 해당 행동이 얼마나 일어났는지 기록해서 기준선(baseline) 점수를 확인하라. 기준선은 자기관리 개입을 적용하기 이전에 해당 행동의 현재 수준을 나타낸다.

C. 기준선 자료를 얻은 후에는, 의도적으로 자기모니터링을 활용해서 (목표에 따라) 해당 행동을 늘리거나 줄여야 한다. 기억할 것은, 반응을 감소시키기 위해서는 사전행동 모니터링을 사용하고, 행동을 증가시키기 위해서는 사후행동 모니터링을 사용하는 것이다. 이것을 약 2주 동안 실시하라. 원하던 방향으로 행동이 변했는가? 그렇다면, 몇 주 더 자기모니터링 기법을 사용해보라. 그림이나 그래프를 사용하면 진전된 상황을 가시적으로 볼 수 있다.

D. 당신이 원하는 행동 변화와 관련해서 자기보상 계획이나 자기계약 기법을 사용하라.

E. 단계 D 동안 발생한 행동의 빈도를 기록하라. 그런 다음, 이 자료를 단계 B, 즉 기준선 자료와 비교하라. 어떤 변화가 일어났는가?

생각해볼 문제

1. 행동적 접근에서는 많은 부적응적 행동들이 학습을 통해 습득되었다고 가정한다. 당신은 이런 가정에 대해 어떻게 생각하는가?

2. 상담을 통해서는 어떤 방식으로 학습이 발생하는가?

3. 당신은 행동 기법을 사용하면서 얼마만큼 실제(real) 문제를 다룬다고 생각하는가? 아니면 단순히 증상만을 다룬다고 생각하는가?

4. 어떤 상담 장면에서 행동적 접근이 가장 도움이 될 것으로 생각하는가?

이 장의 목적

제8장부터 제10장은 정서, 사고, 행동에 영향을 주는 상담 개입에 대해 논의이며, 이러한 논의들은 문제가 한 개인 내담자에게 있다는 가정에 기초한다. 그런데 이러한 관점이 옳긴 하지만 완전하지는 않을 수 있다. 말하자면, 우리가 존재하는 체계는 그 자체로도 충분히 강력한 힘을 갖는다. 체계론적 개입은 일반적으로 가족 상담과 가장 관련이 많기 때문에 가족을 예로 들어 설명해보자. 예를 들어 항상 너무나 '미성숙해서' 그의 아내를 놀라게 하고 그의 부모님이나 형제들이 있을 때 한두 시간만 지나면 너무 짜증을 부리는 30대 중반의 아들이 있다고 생각해보자. 체계론적 이론가들은 오래전부터 그의 원가족 내에서 형성되어 온 역할과 규칙들이 그를 습관적인 행동으로 이끌어낸다고 말할지도 모른다. 가족이 대체로 우리가 속한 가장 강력한 체계이기는 하지만 대인관계가 패턴화되는 다른 장소들(예 : 일터, 사교모임, 교회 등)도 체계론적으로 개입하면 좋을 개인적 문제를 만들어낸다. 그것은 우리가 원가족에서 배운 역할들이 이러한 다른 세팅들에서도 가능하기 때문이다.

체계론적 개입은 물론 가족 상담에서 가장 쉽게 실행될 수 있기는 하지만, 개인 상담에서도 체계론적으로 작업하는 것이 가능하다(물론 더 도전적이기는 하지만). 우리는 이 장에서 이 두 가지를 모두 보여주고자 한다. 또한 가족 상담이 단순히 체계론적 개입에만 의존하는 것이 아니라는 점도 기억하는 것이 중요하다. 제8장에서 제10장까지에서 주로 다룬 내용은 가족과 커플 상담사들에 의해 활용되는 부분이다. 체계론적 개입은 체계 간의 그리고 체계 내 구성원들 간의 변화를 바람직한 성과로 간주할 때 사용된다.

체계론적 개입은 정서적, 인지적, 또는 행동적 접근이라고 묘사된 접근들과는 다른 가정에서부터 출발한다. 이 장에서 구체적으로 다음과 같은 명제를 가정하는 다양한 상담 개입에 대해 검토할 것이다 — (a) 인간의 문제는 개인이 아니라 오히려 개인이 기능하는 체계에 기초하여 발생한다. (b) 체계의 어느 한 부분의 변화는 체계의 모든 부분에 영향을 미친다. (c) 체계론적 개입은 체계뿐만 아니라 좀 더 큰 차원에서의 문화적 맥락을 고려해야 하는데 이는 이들이 서로 연관되어 있으며 종종 체계의 성격과 가치를 결정하기 때문이다.

이 장의 고려사항

• 체계론적 사고의 핵심이 되는 생각은 문제 행동을 포함한 모든 행동은 체계에 뿌리를 둔다는 것이다. 이러한 생각에 대한 비판 중 하나는 이러한 생각이 개인의 문제에 대해 본인이 져야 할 책임을 덜어준다는 것이다. 당신은 이러한 생각들에 동의하는가? 이러한 생각들은 각 개인들의 상담 참여에 어떤 영향을 끼칠 것 같은가?

• 체계론적 상담사는 꽤 활동적이고 통찰보다는 변화를 강조하는 경향이 있다는 점을 주목하라. 당신은 이러한 접근으로부터 어떤 이점들이 있다고 예측하는가? 혹은 어떤 문제점들을 예견하는가?

• 가족 이외의 사회적 구성단위에서 어떠한 문제들에까지 이러한 개입이 적용될 수 있겠는가? 가족이 초점이 되는 개입과 비교해볼 때 어떤 과정적 측면에서의 차이점이 있다고 생각하는가?

체계론적 사고에서 가족과 다른 사회적 체계들은 타고난 구조를 갖고 이러한 체계들은 규칙, 역할, 경계, 그리고 행동 패턴들에 의해 지배를 받는다. 구조가 가지고 있는 이러한 특성은 각 구성원들에게 그들의 가족 체계에 어떻게 참여하는지에 대한 정보를 제공한다. 개인은 가족 밖에서도(대체로 이것은 개인의 인식 밖에서 일어나지만) 아주 유사한 체계적 특성을 기대한다. 다른 강력한 대인관계적 체계도 물론 개인에게 영향을 미친다. 특히 가족 자체가 약하거나 분리되어 있는(유리된) 체계일 때 어떤 체계들은 가족보다도 더욱 강력할 수도 있다.

체계론적 특성

1. 응집력 있는 대인관계적 체계들은 자기지속적 특성을 발달시킨다. 심지어 체계가 개인 구성원의 요구를 만족시키지 못하더라도 체계의 필수적 부분(구성원)들은 연대하여 체계를 유지하고자 하고, 그로 인해 체계의 보존(항상성)은 기능을 하는 데 있어서 가장 중요한 동기가 된다. 건강한 체계들은 개인의 요구에 맞출 수 있을 만큼 유연하다. 이러한 특성은 성숙해 가는 아동들의 독립성 요구에 가족이 맞추어 가는 과정에서 자주 관찰된다. 덜 건강한 체계는 더 경직되어 있으며 유연성이 부족하다. 이러한 체계의 좋은 예로서 범죄집단을 들수 있는데 범죄집단은 그들의 구성원들이 자주적으로 행동하도록 허용하지 않는다.

2. 응집력 있는 체계의 내부 조직은 체계의 '규칙'에 의해 정의된다. 체계 규칙(systemic rule)이란 용어는 개인 구성원들 간의 상호작용을 위한 완곡한 표현이며, 구성원들은 행동을 지배하는 규칙이 존재한다는 점을 예측할 수 있다. 예를 들어 매일 저녁 아버지가 집에 귀가할 때의 방식(아버지가 이메일을 확인하거나 맥주를 마실 때까지는 아무도 아버지를 방해하지 않는다), 혹은 특정 아동이 훈육을 받는 방식(오직 어머니만 아동을 훈육한다)들이 체계 규칙의 예다. 이러한 규칙들은 체계를 유지하고자 하는 가족의 추진력에 기여한다. 규

칙들이 깨질 때, 그 규칙을 깬 사람은 전체 체계 혹은 지정된 규칙 집행자와 상대해야 할 것이다. 예를 들어 만약 아버지가 불평을 일삼는 사람이라면, 아버지를 건드려서 좋지 않은 분위기를 촉발할 자극을 통제하려는 규칙이 생길 것이다. 독단적으로 행동하는 가족 구성원들에게 규칙을 지키게끔 압력을 가함으로써 괜히 아버지의 성질을 건드리지 않게 할 것이다.

3. **대부분의 개인들은 체계 안에 장착되어 있는 체계의 네트워크 안에서 기능한다.** 한 개인이 어떻게, 혹은 왜 그렇게 기능하는지를 이해하기 시작하면, 사회적 의미의 가족 단위 이상의 무언가가 관여되어 있음을 깨닫게 될 것이다. 가족 또한 다른 종류의 체계 내에서 기능한다. 이러한 체계 중 하나는 가족의 문화적 유산이다. 이러한 문화적 유산은 가시적으로 분명하게 나타날 수도 있고 혹은 가족의 기념일 패턴을 통해서만 드러날 수도 있다. 단순히 민족성이나 인종뿐만 아니라 사회경제적 지위, 종교, 능력 등까지 포함하는 관점을 가질 때, 더 크고 상호 연결된 체계들이 각 가족의 규칙들과 역할들에 영향을 미친다는 점이 분명하다.

   개인이 체계의 네트워크 안에서 기능하는 또 다른 방식은 체계 안에 속한 서로 다른 하위체계들에 초점을 두는 것이다. 예를 들어 가족 내에서 형제자매들끼리는 그들이 부모와의 관계에서 가지고 있는 규칙과는 다른 규칙을 가지고 있다. 부모는 부부로서 갖는 또 다른 규칙세트가 있다. 다른 체계들도 마찬가지다. 우리는 좋아하는 동료를 대할 때와 다른 동료들을 대할 때 다르다. 우리는 내담자와 상호작용할 때와 슈퍼바이저와 상호작용할 때 서로 다른 패턴을 형성한다. 이러한 체계의 규칙들은 필요하며, 그렇지 않을 때 세상은 너무나 무작위가 되고 목적이 없는 세상이 될 것이다. 이러한 점을 살펴보았을 때, 중요한 사실은 체계가 개인에게 영향을 끼치지 그 반대가 아니라는 점이다.

4. **역기능적 체계는 경직된 경계를 발달시키는 경향이 있다.** 체계(예 : 이웃 같은 사회적 단위로부터 구별되는 가족체계)를 규정하는 심리적 경계는 체계의 정체성을 확인하고 유지시킨다. 역기능적 체계들은 더 큰 취약성을 경험하기 때문에, 체계의 성향은 더 경직되고 변화에 저항하게 된다. 그러므로, 역기능적 가족은 유연한 경계를 가진 가족보다 변화를 더 어려워한다. 특히 역기능적 가족이 가족 정체성과 결속에서 문화적 차원이 포함될 때 특별히 문제가 될 수 있으며(예 : 이탈리아계 미국인 가족), 문제의 강도는 심화될 수도 있다. 앞에서 범죄 조직에 대한 언급에서 살펴본 것처럼 다른 체계들도 또한 경직될 수 있다. 군대 같은 조직은 개인이 체계 규칙에 저항하면 너무 많은 위험을 감수해야 하기 때문에 원래부터 경직되게 설계되었다고 주장할 수 있다. 많은 전역 군인들이 민간인의 생활에 재적응하는 데 있어서 힘든 시간을 보낸다는 사실은 체계가 얼마나 강력한 힘을 갖

는지에 대한 증거가 된다.

이 장에서 우리는 가족 구성단위 밖과 개인들 간에 사용할 수 있는 체계론적 개입의 활용방법에 대해 살펴볼 것이다. 상담을 할 때, 당신은 내담자(들)에 의해 제기된 이러한 이슈(들)가 특성상 주로 체계적인 특성을 지니는지 평가해야만 한다. 가능하다면, 모든 관련된 가족구성원들(종종 핵가족 전체를 의미한다)을 포함시키는 것이 필요할지도 모른다. 이렇게 함으로써 당신은 가족체계 자체(가족의 각 개인 구성원들이 아니라)를 내담자로 보게 된다. 체계를 다룰 때, 당신의 개념적 접근은 지배하고 있는 규칙, 구조, 체계 내의 체계, 그리고 다른 생태학적 요인들에 대한 인식을 반영해야 한다.

만약 내담자의 문제가 체계적인 특성을 가지고 있는데, 당신은 개인과 작업하고 있다면, 체계적 관점으로 상담하기 위해 상담실 안에 가상의 체계라도 만들어 상담하는 것이 필요할지 모른다. 이러한 것은 물론 전체의 체계와 작업하는 것보다 훨씬 더 도전적이다(어떤 이는 성공하기 어렵다고 할지도 모른다). 하지만 열성적인 내담자와 작업한다면, 체계의 원칙은 그 내담자에게 도움이 될 것이다.

체계의 중요성을 강조하는 치료

가족체계치료의 시작은 Gregory Bateson이 처음 가족 내 조현병과 대인관계 기능 간의 관계에 대해 연구하던 1950년대로 거슬러 올라간다. Bateson의 초기 생각에 자극을 받아서 그후 20년 동안 가족체계의 기능에 대한 새로운 생각들이 폭발적으로 대두되었다. 이러한 생각들은 구체적으로 개별화된 가족치료학파들로 발전했다. Framo(1982)와 Zuk(1975)를 포함하는 대상관계학파, 가족 내의 의사소통을 강조했던 Satir(1972)와 치료에서 가족구성원들이 그들의 감추어진 세상을 탐색할 기회를 기대했던 Whitaker(Witaker & Bumberry, 1988)로 대표되는 경험적 가족치료, Bowen(1978)의 세대 간 가족치료, Minuchin과 Fishman(1981)의 저서에서 정체성이 분명해진 구조적 가족치료학파, 다양한 이론가들과 치료자 그룹을 아우르는 전략적 개입 가족치료 학파 등이 이에 포함된다. 전략적 가족치료 학파는 팔로알토(Palo Alto)에 있는 Mental Research Institute(MRI)에 소속된 이론가들과 치료자들의 연구와 저서로 인지도를 얻었다. 이들 치료자들에는 Jackson(1961), Haley(1963, 1973, 1976, 1980), Weakland, Fisch, Watzlawick, Bordin(1974)이 포함된다. Haley는 이후에 워싱턴 DC에 자신의 가족치료연구소를 설립했는데 이곳에서 그와 Cloe Madanes는 체계론적 사고를 그들 나름의 독특한 형태로 변형, 발전시켰다. 좀 더 최근에는 체계론적 이론이 사회적 구조주의 모델(Anderson, 1997;

deShazer, 1991), 그리고 내러티브 접근(White, 1995)으로 확장되었다.

앞에서도 언급했듯이, 가족은 대부분의 개인들에게 문화를 전달하는 메커니즘이다. 따라서 어떠한 체계론적 개입도 가족이 존재하는 생태계에 주의를 기울이지 않고서는 고려할 수 없다. Rigazion-DiGilio(1993)에 의해 관찰되었듯이, "민족성은 가족과 개인이 그들의 증상을 이해하고 어떻게 해석하는지, 조력자에 대해서 어떠한 태도를 갖는지, 어떠한 치료 방식을 선호하는지를 결정하는 여과지같은 역할을 한다"(p. 338). 따라서 가족의 구조와 사회적 조직은 문화적, 민족적 요인에 의해 강력하게 영향을 받으며, 그로 인해 미국 문화에서 가족들 간에는 폭넓은 차이가 발생한다는 점을 인식하는 것이 중요하다(McGoldrick, Giordano, & Garcia-Preto, 2005). 미국 중산층 백인 가족이 수용할 만한 치료적 개입이 다른 많은 미국 가족들에게는 생소하거나 전혀 적합하지 않을 수도 있다. 예를 들어 Berg와 Jaya(1993)는 체계론적 치료자들이 자신의 독립과 개별화를 위해 가족으로부터 자신의 길을 쟁취해 나가는 젊은 청년들이 가지고 있는 중산층의 기준을 당연하게 받아들이는 일이 잦다는 점을 지적했다. 그러나 이러한 가족과 달리 동양계 미국인 가족들은 가족에게서 배제되는 것은 절대로 피해야 할 것으로 본다. 따라서 독립과 개별화는 이들 가족들에게 훨씬 더 약한 개념이다.

체계론적 기법과 개입

[관계 형성과 평가]

가족에 합류하기
상담사가 가족의 개별 구성원과 연결되면서도 체계를 아우르는 중립성을 확인하는 과정

구조화하기
가족이 상담 과정 동안 지켜야 할 기본 규칙 확립하기

돌아가며 질문하기
가족구성원 중 한 명에서 다른 구성원이 주어진 질문에 대해서 어떻게 대답할 것이라고 예측하는지를 질문함으로써 정보를 얻는 방법

상호작용을 촉진하고 관찰하기
체계를 이해하고 각 구성원들이 그 체계에 어떻게 기여하는지를 분석하기 위해 가족구성원들 간의 상호작용을 연출하는 방법

가족 구조 평가하기
상호작용 관찰 결과에 기초하여 연합(coalitions), 삼각관계(triangulation), 가족 내에서 누가 희생양으로 작용하는지를 확인하기. 가계도가 이러한 결정을 내리는 데 활용될 수 있음

가족 기능 평가하기
어떻게 가족구성원들의 역할이 작용하는지, 어떠한 방식

(계속)

으로 감정들이 표현되는지, 어떻게 권력이 행사되는지 들을 포함해서 가족 내에서 다양한 기능을 확인하기 위해 수집된 자료를 활용하기

체계론적 개입
의사소통 자각 높이기
가족과의 의사소통을 증가시키는 개입의 하나로서 개인 구성원들이 가족 내에서 그들의 반응들을 여과시키는 내적 과정을 이해하도록 돕는 개입

공유된 의미
기족구성원들 간의 적극적 경청 과정 가르치기

역할극
가족의 의사소통 패턴을 깨뜨리기 위한 목적으로 내담자로 하여금 문제가 되는 이슈 주변에서 발생하는 그들의 전형적인 의사소통에 참여하게 하기

협상과 갈등 관리
서로 알고 있는 논쟁거리에 대해 계속해서 불만만 토로

하기보다 해결책으로 이끌 수 있게끔 서로 협상하는 방법을 상담사가 가르치기

가족 구조
위계를 조정하고 경계를 세우기
습관적이고 역기능적인 일련의 과정을 방해함으로써 가족이 새롭고 건강한 패턴을 만들 수 있도록 하기 위한 개입

실연(Enactment)
가족구성원들에게 일련의 만성적인 역기능적 사건들이 일어나노록 촉신한 후에 상담사가 개선을 위한 제안을 가지고 개입하는 방식

증상 처방하기
가족이 통제할 수 없다고 여기는 것을 처방함으로써 가족이 이럴 수도 저럴 수도 없는 딜레마 상황에 놓이도록 하는 2차적 개입. 증상 처방하기는 기능적 위계를 다시 세울 수 있게 도울 수 있음

치료적 관계 세우기와 체계의 이슈 평가하기

치료적 관계 형성과 평가를 위해 제4장과 제5장에서 다루었던 기법들은 가족 또는 다른 체계 단위의 구성원들과 상담할 때도 적합하다. 여기에서는 특히 체계에 적합한 기법들을 추가적으로 다루고자 한다. 교재의 내용을 덜 복잡하게 하기 위해서 대부분의 경우 가족을 체계 단위(system unit)로 명명한다. 따라서 독자들은 사회적 단위나 거주단위를 포함한 다른 단위에도 이와 같은 기법이나 개입의 적용을 고려할 수 있다.

가족에 합류하기

가족에 합류하는 것은 당신이 체계로 '진입'하는 과정이다. 이러한 초기 단계에서 당신은 체계에 속한 각각의 구성원과 접촉하고 중립적 위치에서 의사소통을 하게 된다. 이러한 과정은 각각의 가족 구성원들과 말로 인사하거나 악수를 하는 등의 간단히 인사를 나누는 것이다. 이러한 교류를 하는 목적은 가족 구성원들이 개인적으로 당신에 대한 존재를 알 수 있도록 하는

데 있다. 가족의 가장 어린 구성원까지 포함한 모든 사람들이 이 교류에 포함되는 것이 중요하고 가족구성원 모두의 목소리를 들어야 한다. 합류하는 과정에서는 공감적 관계에 관련된 조건들을 내포하지는 않는다. 그러나 합류는 작업을 하기 위한 관계를 형성하기 위해 필수적이다. 이러한 합류가 평가를 시작하기 전에 이루어져야 하는 것이 중요하다.

합류에 대해서 Nichols과 Schwartz(1994)는 다음과 같이 설명했다.

> 특히 가족구성원들 중에서 권력을 가진 구성원이나 화난 구성원들과 합류하는 것이 중요하다. 가족치료가 쓸데없는 짓이라고 생각하는 아버지나 쫓겨나 범죄자처럼 느끼는 화난 십대 자녀의 관점을 수용하기 위한 특별한 노력과 수고가 필요하다. 뿐만 아니라 특히 뭔가 작업이 이루어지려고 할 때, 이러한 구성원들과 좀 더 자주 재연결하는 것이 중요하다(p. 229).

합류는 가족구성원 중 특정 구성원에 맞추는 것을 의미하지 않는다. 오히려, 특정 구성원의 영향력이 부정적이거나 위압적일 때조차도 시종일관 모든 가족원을 당신이 인정하는 것이 중요하다.

구조화하기

이 책의 앞부분에서 우리는 내담자를 위한 상담 오리엔테이션의 중요성에 대해 논의했었다. 이와 동일하게 가족이나 혹은 다른 체계 조직과도 이러한 오리엔테이션을 하는 것이 중요하다. 가족치료의 초창기에 Napier와 Whitaker(1978)는 상담사가 내담자와 협력하여 '구조화를 위해 투쟁(battle for structure)'할 마음을 얻는 것의 중요성을 강조했다. 이러한 방식으로 내담자가 속한 체계의 강점을 인정하고 과정과 내용 모두에 관련되는 기본 규칙을 만들어가는 것의 중요성을 설명한 것이다. 당신이 가족구성원 하나하나를 존중한다는 사실을 보여줌으로써 당신이 소개하고 촉진하려는 것, 즉 구조화가 발생하게 된다. 더 나아가, 당신은 매 회기에 참석하는 것이 중요하며, 언제 회기를 시작하고 언제 마치는지, 어떠한 종류의 상호작용이 적절한지 등 과정에 관한 중요한 규칙들을 정립해야 한다. 예를 들어 당신이 누군가를 괴롭히는 것은 용인되지 않으며 싸움이 악화될 때는 멈추도록 할 것이라는 점을 말과 행동으로 보여주는 것은 중요하다. Patterson, Williams, Edwards, Chamow, Grauf-Grounds(2009)가 강조했듯이, 치료적 환경은 '안전의 우산(an umbrella of safety)'이라는 특징을 가져야만 한다. 그들은 또한 구조가 상담 자체를 넘어설 수도 있음을 강조한다. 즉 적어도 가족 내에서 더 나은 의사소통 기술이 형성되기 전에는 특정 주제에 관한 논의가 상담에서 제한될 수 있음을 조언해야 할 때도 있다.

순환 질문하기

순환 질문하기(circular questioning)는 당신이 가족 내에서 패턴을 알아차리게끔 돕는 평가방법인 동시에 치료적 도구이다. 이 기법을 사용할 때 가족 구성원 중 한명에게 문제와 관련해서 다른 구성원의 행동을 묘사해보라고 요청한다. 예를 들어 당신은 페트리나가 휴대전화 사용에 대해 완강히 버틸 때 어머니가 어떻게 반응하는지를 아버지에게 설명해달라고 요청할 수 있다. 이러한 기법을 통해 당신은 가족구성원들이 이 문제를 유지하는 과정에서 각자 어떤 역할을 하고 있는지에 관한 중요한 정보를 얻을 수 있을 뿐 아니라, 이 특정 문제와 관련하여 그들이 어떻게 상호 연결되고 있는지에 관한 체계론적 통찰을 가족구성원들에게 제공할 수도 있다. Patterson과 그의 동료들(2009)은 순환 질문하기를 사용하면 문제를 둘러싼 생각과 감정, 행동들이 파악된다는 점이 중요하다고 강조한다. 그러므로 이 예에서, 페트리나가 어머니에게 반항하고 아버지에게 지지를 구할 때, 어머니가 어떻게 반응하는지에 대해 질문할 수 있다. 이때 아버지는 어머니가 아버지로 인해서 어떻게 기분이 상하고 부모로서 실패자라고 느껴지는지에 대해 새롭게 알게 된다. 어머니는 자신의 문제가 Petrina와 관련해서라기 보다는 오히려 아버지와 관련이 있다는 점을 좀 더 분명하게 알게 될 것이다.

개인들과 작업하는 장면에서도 체계론적인 개입이 유용한데, 즉 당신은 문제가 발생하는 체계에서 타인이 어떤 행동을 하는지에 대해 개별 내담자에게 질문할 수 있다. 물론 당신은 그 내담자에게 다른 사람의 동기나 타인에게 기대하는 변화에 대해 질문할 수는 없지만, 내담자의 기억을 통해서 문제에 대해 암시적으로 추적함으로써 최소한 체계 내에서 내담자가 가지고 있는 역할이 분명해지고 변화를 촉진할 만한 개입으로 이어질 수도 있다.

내담자는 자신의 역할을 변화시키는 것이 체계의 역동을 긍정적 방향으로 바꾸는 데 큰 힘이 된다는 것을 점점 더 깨닫게 될 것이다. 정리해보자면, 순환 질문하기는 문제의 순환적 인과관계(circular causality of the problem)가 무엇인지에 대한 통찰을 제공할 수 있으며, 더 나아가 좀 더 정확한 평가가 가능하도록 한다.

상호작용을 촉진하고 관찰하기

가족이든 다른 체계이든 그 집단을 함께 부르면 구성원들 간에 일어나는 상호작용을 관찰할 수 있는 기회를 얻게 되고, 그로 인해 체계가 어떻게 기능하는지 이해하는 데 중요한 기회를 얻게 된다. 하지만 단순히 구성원들이 함께 온다는 것이 그들이 모두 참여하도록 하게 한다는 것은 아니다. 구성원들이 모두 참여하도록 하기 위해서는 구성원들 간에 상호작용을 촉진하고 연출해야만 한다. 가장 분명한 예시는 각 구성원이 다른 구성원에서 보이는 특정한 반응을 해보도록 하는 것이다. 예를 들어 가족들은 대체로 가족을 설명해주는 책임을 맡고 있는 대변인이 있는 경우가 많기 때문에, 대변인이 설명한 것에 대해 각자가 좀 더 첨가할 것이 있는지를 묻거나, 상담사가 가족 시나리오를 묘사하고 나서 각 구성원들에게 그 시나리오에 자신의 역할을 묘사해보도록 할 수 있다. 다음의 예시에서 나타난 역동을 살펴보자.

한 가족이 청소년 딸을 어떻게 할 수가 없어서 상담에 왔다. 부모들은 딸이 명절 저녁 모임에 가족과 함께 가지 않겠다고 했던 사건에 대해 보고했다. 상담사는 가족에게 위기가 저절로 발생한 것처럼 그 시간으로 돌아가서 그 사건을 회상해보도록 요청했다. 상담의 안전과 기본적 규칙이 있기 때문에 이 작업은 실제 실연을 통해서가 아니라 좀 더 탐색적 작업으로 이루어졌다. 상담사는 이따금씩 멈추어서 종종 각 구성원들에게 그 순간 무슨 생각을 하고 있었는지 물었다. 그 가족에게 가장 통찰력 있는 구성원 중 한 명은 그 딸보다 한두살 나이가 어린 남동생이었다. 아들은 누나와 엄마 사이에 일어나는 악의 없는 의사소통이 위기의 시작인 것 같다고 말했다. 아들이 그렇게 말하자 놀란 그의 가족들은 그 외에는 아무도 그때 그걸 알아차지지 못했지만 그의 말이 맞다고 동의했다. 이런 종류의 체계론적 문제 해결은 상담의 평가 단계에서 매우 유용하며 향후 변화를 이끌어낼 의미 있는 목표를 세우는 기초가 된다.

가족 구조 평가하기

앞에서 언급했듯이, 체계들은 그 체계를 예측하도록 하는 역할과 규칙들을 발달시킨(그리고 역할과 규칙이 주어졌다고 보이지만) 사람들의 역동적 상호작용들이다. 체계론적 개입을 사용하기에 앞서 당신은 가족 간 상호작용을 좌우하는 가족 구조와 역할에 대한 평가를 해야 한다. 다음에서 이러한 평가들에 대해 살펴보자.

공간 사용 매번 회기에 앞서 상담사는 각 구성원이 앉을 수 있도록 상담실에 의자를 충분히 준비한다. 가족구성원들이 상담실에 들어올 때, 그들이 편한 대로 앉도록 한다. 상담사는 누가 누구 옆에 앉는지, 두 사람이 동일한 의자에 앉으려고 할 때 어떻게 조율하는지, 누가 의자를 옮기는지(거리를 좁히거나 넓히거나)를 면밀하게 관찰한다. 이러한 가족 역동의 초기 표현은 체계 내에서 역기능적 요소를 포함하는 가족체계의 메타포로서 이해된다.

회기가 진행되면서 상호작용들을 통해서 하위체계들이 좀 더 분명하게 드러나고 상담사는 특정 가족구성원들에게 의자를 바꾸라고 요청할 수도 있는데, 이렇게 함으로써 분리된 하위체계들 간의 경계를 물리적으로 조정하게 된다. 대안적으로 만일 상담사가 가족이 한 구성원을 제외시키고 있다고 느낀다면 상담사가 물리적으로 그 제외된 구성원 옆으로 가서 앉을 수도 있다. 이렇게 함으로써 상담 장면에서 가족의 역동을 재배열한다. 상담이 진행될수록 각 구성원들은 이러한 재배열 활동을 알아차리게 되고 이러한 수정이 가족 상호작용의 역동을 변화시키는다는 점을 이해하기 시작한다. 하지만 평가 단계에서는 상담사가 단순히 가족구성원들 간에 자연적으로 일어나는 동맹이 어떻게 작용하는지 혹은 구성원들 간에 어떤 경계들이 있는지를 평가한다.

연합 확인하기   경계에 대한 논의는 자연스럽게 연합의 주제로 연결된다. 연합이란 한 집단의 두 명의 구성원들 간의 동맹을 말한다. 이러한 연합은 두 사람이 적극적으로 서로에게 동의하거나 지지하는 것을 보여줌으로 매우 분명하게 드러날 수도 있고 혹은 자주 눈맞춤을 하거나 비음성적 제스처로도 미묘하게 확인될 수도 있다. 대체로 연합은 세 번째 가족구성원(예 : 아버지에 맞서는 어머니와 자녀, 세 번째 아이에게 맞서는 두 아이들)에 대항하며 형성된다. 연합은 가족구성원들에게 기능적으로도 작용한다. 연합은 힘이 없는 것으로 보여지는 누군가를 지지하거나 한 사람을 배제시킨다. 어떤 연합들은 필요하기도 하고 적절하기도 하다. 예를 들어, 부모가 자녀를 건강하게 양육하기 위해 서로 연합을 한다. 연합은 경계들을 규정하며 가족 역동에 강력한 영향을 미친다. 집단 경계들을 확인하고, 인정하며, 그 영향력을 이해하는 것이 중요하다. 따라서 상담사는 체계 내에서 발생하는 연합과 경계에 주의를 기울이고 인식하고 있어야 하며 어떤 경계가 기능적인지, 어떤 경계는 부정적 영향을 미치는지 밝힐 수 있어야 한다.

삼각화와 희생양 만들기   삼각화(triangulation)와 희생양 만들기(scapegoating)는 모두 가족 내의 스트레스를 약화시키기 위해 다른 사람을 관여시키려는 시도들이다. 삼각화는 2자관계에서 스트레스가 있을 때 제3자를 끌어들여 관여시키는 것을 의미하다. 이것은 매일 직장에서 자주 발견할 수 있는 인간의 공통적인 행위이다(예 : 직장에서 두 사람 사이에 의견이 일치하지 않을 때, 제3자를 찾아가 의견을 구하는 것)(Worden, 1994). 이런 현상은 자주 발견되지만, 이러한 역동이 연합체를 구성하게 될 때 문제가 된다(예 : 직장에서 두 사람이 연합하여 다른 한 사람에게 대항하는 경우). 다른 것은 몰라도 삼각관계는 최소한 2자관계 있는 사람들이 그들이 가지고 있는 차이를 극복할 능력이 없다는 점을 시사한다. 가족 내의 삼각화가 세대 간의 경계를 넘어서 발생할 경우, 그것은 언제나 역기능적이다. 가장 쉽게 찾아볼 수 있는 현상으로는 이혼 상황에서 자녀를 삼각관계에 끌어들이는 경우인데, 부모는 상대 배우자에 대항하여 자녀와 연합을 형성하려고 시도한다. 그러한 역동은 평가 단계에서 비교적 쉽게 밖으로 드러낼 수 있다.
    특정 체계에서 삼각화가 발생하고 있음을 보여주는 또 다른 표식은 내담자 중 하나가 상담사를 삼각관계에 끌어들이려고 하는지 여부이다. 즉 문제가 무엇인지, 특히 누가 문제인지에

관해서 상담사가 어느 한쪽 관점에 동의하게끔 하려는 명시적 또는 암묵적 시도가 이루어진
다. 이것 역시 평가단계에서 상담사에게 유용한 정보이며, 여기에서 상담사의 중립성이 강조
된다.

희생양 만들기는 삼각화의 변형된 형태인데(Worden, 1994), 이것은 가족 중 한 사람을 다른
모든 가족의 골칫거리로 비난하는 현상으로 정의된다. 이러한 파괴적인 역동은 특정 가족구성
원의 특정 행동(심지어 특정 구성원의 존재!)만 아니라면, 우리 가족은 아무런 문제가 없을 것
이라는 메시지와 함께 가족들의 모든 분노와 좌절을 그 가족구성원에게 향하게 한다. 불행하
게도, 희생양이 된 구성원은 이 메시지를 받아들이며 더욱 더 큰 문제를 일으키며, 그 결과 가
족들은 더욱더 높은 화력으로 그 구성원을 비난한다. 우리는 이런 체계상의 역동이 가족뿐 아
니라 다른 체계에서도 발생한다는 점을 다시 한 번 강조하고자 한다. 그 어떤 체계에서든 그
체계 내의 구성원들은 희생양을 만듦으로써 타인과의 관계에서 겪는 진짜 문제를 다루기보다
다른 곳으로 주의를 돌릴 수 있게 된다. 희생양 만들기는 평가 단계에서 삼각화보다 더 분명하
게 드러난다. 사실 가족이 상담실을 방문하는 이유로 지목되는 바로 그 사람이 희생양[지목된
내담자 또는 IP(identified patient)]이다. 삼각화나 희생양 만들기가 나타날 때에는 대부분 경계
선의 재설정이 필요하며, 때때로 2차적 개입(second-order intervention)이 필요할 경우도 있다.
이 두 가지는 모두 이후 장에서 설명할 것이다.

체계 평가에 가계도 활용하기 우리는 제5장에서 가족사가 개인의 문제와 연결되어 있기 때문에
개인 상담에서도 가계도를 사용하는 것이 도움이 된다는 점을 논의했다. 가족 상담에서 가계
도는 가족구성원들이 공유하고 있는 내적, 관계적 유산을 검토해볼 수 있는 독특한 경험을 가
족들에게 제공한다. 가계도는 가족 관계에 내재된 개인적이고 사적인 역사를 펼쳐내며(예 :
단절, 이혼, 십대 임신, 학대, 우울 등), 체계 내에서 한 사람이 기능하고 있는 방식에 관해 가
족들이 어떻게 왜곡하여 이해하고 있는지를 알게끔 돕는다(McGoldrick, Gerson, & Petry,
2008). 또한 가계도는 체계 내의 자원을 찾아내는 데도 사용될 수 있다(예 : 모두에게 존경받
는 사람, 성공적인 직장경력, 훌륭한 양육 기술, 회복탄력성 등). Estrada와 Haney(1998)는 가
족의 문화적 측면을 다루는데, 특히 이민 가족들에게 사용할 것을 강조했다.

빈틈없는 상담사는 가족을 대상으로 가계도를 사용함으로써 수집할 수 있는 정보뿐 아니라,
그러한 정보들이 가족 내에서 공유되는 방식에 관한 정보, 예컨대 확대가족 내에서 누구의 의
견이 가장 권위 있게 여겨지는지, 확대가족 내에서 비밀스러운 역할, 희생양 역할, 그리고 연
합 등이 수행되고 이루어지는지 등에 관한 정보도 수집한다. 요약하면, 가족을 대상으로 가계
도를 사용하는 것은 상담사에게 풍부한 평가 경험이 되며, 가족구성원들의 눈도 뜨게 하는 아

주 특별한 방법이 될 것이다.

체계의 기능에 관한 평가

마지막으로 Brock과 Barnard(1999)는 가족이 겪는 어려움에도 불구하고 효과적(심지어 최고의 수준)으로 수행되는 기능에 대한 평가의 중요성을 강조했다. 그들은 검토되어야 하는 6개 영역의 기능을 다음과 같이 제시했다 ― (a) 상호보완적인 역할(각 개인이 수행하고 있는 새로운 역할, 공유된 역할 등을 포함한 역할들), (b) 감정표현(가족의 정서적 색조, 가족들 간에 감정을 표현하는 방법, 상호 간 민감성 등), (c) 상호의존성/개별화(즉 자율성 또는 상호 연대가 지지되는 정도), (d) 영향(각 구성원들이 서로에게 영향을 미치는 정도 포함), (e) 의사소통(즉 가족들 사이에서 생산되는 많은 양의 음성적·비음성적 정보가 전달되고 또 받아들여지는 방법들), (f) 기능하고 있는 하위체계(즉 구성원들에게 정서적이고 기능적인 지지를 제공하는 하위 소규모 체계들).

하나의 체계가 어떻게 잘 기능하고 있는지에 관해 평가할 때 겪는 어려움 중 하나는 체계의 역기능에 관련된 진술에 빠져들지 않는 것이다. 가장 역기능적인 체계조차도 때때로 어떤 목표들은 달성한다. 이런 부분에 대한 평가는 상담사 중립성의 일부이면서 동시에 전략적 조치의 일부이다. 왜냐하면, 이 부분의 평가는 상담의 이후 단계에 상담사가 의지할 수 있는 정보를 제공하기 때문이다.

체계 평가에 관해 마지막으로 강조하고 싶은 점은, 다른 체계보다 가족들이 체계적 상담을 받는 경우가 가장 많은 이유는 체계를 변화시킨다는 것이 어렵고 체계 내 구성원들의 많은 노력을 요구하기 때문이다. 가족들은 대체로(불행하게도 항상 그런 것은 아니지만) 문제를 해결하고 하나의 가족으로서 자신들의 기능을 개선하려는 동기가 높다. 특히 문제가 심각할 때는 더욱 그렇다. 다른 체계들은 각 개인이 그 체계에 헌신하고 있는 정도만큼의 동기만 가진다. 누구나 곧 떠날 수 있는 직장 같은 환경에서 체계의 문제를 해결하기 위해 가족만큼 전념하기는 어렵다. 비교적 건강한 사람들로 구성되어 있지만 구성원들 사이에 부정적 역동이 작동하는 체계들이 체계적 작업으로부터 특별히 많은 이득을 얻을 수 있다. 그러나 각 개인들이 자신의 권한이 거의 보장되지 않고 충성심을 체험할 수 없는 건강치 못한 체계는 체계적 개입의 좋은 대상이 될 가능성이 적다.

목표 설정하기

평가에 관한 논의와 마찬가지로 제6장에서 다룬 목표 설정하기와 관련된 정보는 체계적 접근을 가지고 작업할 때도 적용된다. 하지만 체계 단위로 작업하기 위해서는 특정 요소들이 추가되어야 한다.

목표 설정 전 사전작업

각 가족 구성원인 자신의 관점에서 문제를 바라보기는 하지만 대체로 그 문제가 행동으로 나타나는 것에 대해서는 동의를 한다. 예를 들어 아버지는 십대 아들의 행동을 버릇없다고 보는 반면, 아들은 아버지가 위압적이라고 경험한다. 하지만 상담사의 도움을 통해 그들은 그 문제를 '자주 그들이 폭발적인 논쟁을 한다'라고 문제를 정의할 수 있었다. 따라서 문제는 각자의 나쁜 태도보다는 싸움의 빈도가 된다. 만일 논쟁이 특정 주제로 흐르는 경향이 있다면, 예를 들어 아들이 차를 가지고 나가서 너무 늦게 들어온다면, 문제는 너무 늦은 귀가로 정의될 수 있겠다. 이 단계에서 너무 서두르지 않는 것이 중요하며 기꺼이 한 가지 문제가(혹은 적어도 한 번에 하나씩) 상담에서의 목표로 정의되고 그 문제가 적어도 한사람의 문제가 아니라 가족 구성원들 간의 상호작용 결과라는 것이 확인되도록 협상과 재협상이 이루어져야 한다. 다시 말해 평가에서 목표 세우기로 전환하기 위해서 상담사는 각 개인들이 문제(들)를 한 개인의 문제가 아닌 체계의 문제로 재구성하도록 해야 한다.

뿐만 아니라 상담사는 지금까지 실패해왔던 시도들과 관련된 정보를 수집하는 것이 필수이다. 이렇게 하는 데는 여러 가지 이유가 있다. 첫째, 구성원들이 문제를 해결하기 위해 노력한 각자의 시도들을 들음으로써 가족체계에 대한 많은 정보를 알 수 있다. 이러한 정보는 가족을 위해 적절한 개입을 확인하기 위한 시도를 할 때 필수불가결하다. 둘째, 실패했던 해결책에 대해 논의를 하게 되면 그 가족은 해결하기 힘든 문제가 있다는 사실을 확인하게 된다. 셋째, 이 과정을 통해 가족이 지금까지 노력해 왔다는 점을 상담사가 존중한다는 사실을 분명히 하게 된다. 상담사는 "여러분이 이 문제를 진지하게 생각하고 있으며 이미 이 문제를 해결하기 위해서 꽤 많은 에너지를 들여왔다는 사실을 알겠습니다. 저는 지금까지 성공하지 못했던 시도들을 하라고 해서 여러분을 힘들게 하지는 않겠습니다"라고 말할 수 있다. 이러한 상담의 과정을 통해 상담사는 그 가족이 작용하는 방식을 관찰하고 가족 내에서 동맹의 메커니즘을 통해 가족 내에서의 힘의 분배를 확인하는 또 한 번의 기회를 갖게 된다.

현실적 목표 설정하기

가족과 상담사가 문제를 체계적으로 재구성하는 것만으로는 충분하지 않다. 가족은 어느 정도의 향상이 치료적 성공으로 간주될 수 있을지에 대한 합의점을 도출해야만 한다. 성공에 대한 기술은 문제에 대한 기술만큼이나 구체적이고 잘 정의되어야만 한다. 앞에서 아버지와 십대 아들과 관련해서 논의되었던 사례를 예로 들어볼 때, '너무 잦은 논쟁'이라는 문제를 '더 나은 관계'라는 성공의 측정치로 바로 전환시키는 것은 적절하지 않다(관계의 질은 빈도와 동일한 카테고리가 아니다). 오히려 적절한 목표는 '매일매일 논쟁에서 일주일에 한 번 논쟁하는 것으로 줄이기'로 정하는 것이 적절하다. 일단 논쟁이 통제할 수 있게 되면, '함께 좀 더 많은 여가시간 보내기' 등과 같은 긍정적 목표로 작업하는 것이 적절할 것이다. 논쟁의 횟수를 줄이는 것은 더 함께 즐길 수 있는 시간들을 보내는 것에 추가되어 결과적으로 더 나은 관계를 갖게 하도록 할 것이다. 하지만 더 나은 관계를 만드는 것은 측정될 수 없는 것이기 때문에 따라서 적절한 상담의 목표로 간주될 수 없다. 목표와 하위목표 세우기에 관한 더 많은 정보를 위해서 제6장의 내용을 다시 한 번 살펴보기 바란다.

목표 세우기를 위한 재구성에 대한 사례 예시

멜라니와 척의 사례

척은 멜라니가 자신과 사회적으로 반대의 성향을 가져서 끌렸다 — 그는 내성적인데, 멜라니의 사교적 능력을 동경했다. 멜라니는 척이 '강하고 조용한 타입'이어서 매력을 느꼈다. 그녀는 척의 신사다운 면도 좋아했는데, 그러한 면은 지금까지 그녀가 만났던 많은 남자들과 다르게 보였다. 1년 정도의 만남 후 그들은 결혼했다. 두 사람 모두 상대편이 갖지 못한 성격특성을 가지고 결혼생활을 하기 시작했기 때문에 그 두 사람은 미래에 대해 낙관적으로 생각했다.

결혼생활 1년이 지나면서 멜라니는 가족이나 친구들과 함께 나갔을 때 척이 자신에게 비판적이라고 생각했다. 척은 자신이 예전과 달라진 게 없다고 생각했지만, 멜라니는 그가 '멀어졌다'고 묘사했다. 얼마 지나지 않아 멜라니는 집에서도 동일하게 느꼈고 그녀는 그들이 충분히 가깝지 않게 되었다고 믿었다. 척은 멜라니가 기대하는 만큼 자신을 표현하지 않았다. 멜라니에 말에 의하면, 그는 그녀가 대부분의 부부들이 서로 공유한다고 믿는 하루 동안 있었던 사소한 일들을 함께 공유하지 않았다. 척이 얘기하도록 하기 위한 시도로 그녀는 점점 더 많은 질문들을 하게 되었다. 척은 심문받는다고 느꼈고 멜라니가 자신과 더 비슷하면 좋겠다고 바라기 시작했다. 그는 또한 멜라니가 그들의 문제에서 그가 잘못이라고 본다고 믿었다. 이러한 믿음은 종종 그를 더 무뚝뚝해지게 했고 그를 화나게 했다.

10년이 지난 후, 멜라니는 남편의 패턴에 대해서 드러내고 불쾌해했다. "당신은 나에게 아무것도 말하지 않아요. 당신은 생판 모르는 사람과 함께 사는 게 어떤지 알아요?" 척은 점점 더 거리를 두게 되었다. 멜라니는 잔소리하는 역할을 하게 되고 척은 숨어버리는 역할을 하게 되었다.

> 멜라니와 척이 상담에 올 무렵에 그들은 그들이 너무 멀어져서 회복이 불가능하다고 믿었다. 그들은 상담 내내 그들의 성격에 대해서 말하고 서로가 얼마나 다른지에 대해 이야기했다. 그들은 심지어 두 아이들이 그들처럼 다르다고 보았는데 한 아이는 다른 아이에 비해 너무 외향적이고 사교적이라고 보았다. 물론 그들은 모두 아이들에 대해 헌신적이었지만 그들이 서로 잘못된 사람과 결혼했다는 결론에 이르렀다고 이야기했다. 상담사는 조심스럽게 합류하고 평가를 한 후에야 상담사는 개인 *내*적 문제라기보다는 체계의 문제로 재구성하기 시작했다 ─ 즉 상담사는 긴 시간 동안 마치 그들의 이전 모습들의 캐리커처처럼 되어 버린 패턴들을 하나씩 풀어내도록 그들을 도왔다. 멜라니와 척은 이러한 패턴들을 변화시키고 자녀들을 위해 결혼을 유지하는 데 강하게 동기화되었다. 그들은 지난 수년 동안 갇혀 있었던 '비난 게임'이 아닌 대안적 방법들에 열심을 다했다. 그들은 첫 번째 목표를 귀가 후에 서로가 상호작용하는 방식을 변화시키는 것으로 정했다. 척은 점심시간에 멜라니에게 전화를 걸어서 아침 동안 있었던 일에 대해 함께 이야기하고 귀가 후에는 적어도 몇 분이라도 대화를 해 보도록 할 수 있겠다고 제안했다. 멜라니는 이러한 계획을 기쁘게 받아들였다. 상담사는 다음 주중에 적어도 세 번 이렇게 해보고 어떠했는지를 다음 시간에 와서 이야기하라고 제안했다.

척과 멜라니의 어려움들은 대체로 각자가 결혼생활로 가지고 왔던 개인적 특성들의 산물이다. 즉 그러한 어려움들은 이 부부가 그러한 문제들의 체계론적 특성에 대한 자각이 부족했기 때문에 복잡해지고 심화되었다. 다시 말해 척의 내향성이나 멜라니의 외향성 자체가 문제가 아니었다. 그보다는 거리두기와 쫓아가기(pursuing)라는 예측 가능한 패턴, 그리고 상대방의 역할에 대한 부정적인 반응들이 그들을 불행하게 만들었다. 서로의 특성을 비난하기보다는 서로가 어떻게 상호작용하는지를 문제로 보았기 때문에 그들은 만족스러운 결혼을 유지할 수 있도록 변화할 수 있다는 희망을 가질 수 있었다.

외연화 문제에 대한 관점을 바꾸는(reframe) 다른 방법이 하나 더 있는데, 그 방법을 이야기치료 접근을 하는 상담사들은 외연화(externalization)라고 지칭했다(Goldenberg & Goldenberg, 2008). 이 방법은 관점 바꾸기는 간단해 보이지만, 가족에 큰 영향을 끼칠 수 있다. 문제가 역기능적 가족 내에 있거나 가족 내의 개인에 병리의 형태로 있는 것이 아니라 가족 밖에 있다는 식으로 묘사하는 것이다. 그렇게 되면 가족들은 구성원 서로를 공격하기보다 외부에 있는 위협의 극복이라는 목표를 위해 서로 협력하게 된다. Goldenberg와 Goldenberg는 우울에 대한 관점을 바꾸어 그것을 가족구성원의 삶을 통제하려는 시도라고 명명했던 사례를 제시했다. 그 사례에서 우울이라는 문제는 가족 외부에 있는 것이며, 하나의 인격체인 것처럼 묘사되었다. 그렇게 함으로써 가족들은 우울을 환영하지 않음은 물론 그들은 우울을 정복해야 하는 외부의 침입자로 간주함으로써 그것을 '공격'할 수 있었다. "문제를 가족구성원 밖에 있는 것으로 간주함으로써 가족은 그 문제에 빠져 허우적거리는 것이 아니라 생각하는 방식을 바꾸고 그 문제를 다루는 새로운 방법을 개발하는 데 더욱더 효과적으로 협력할 수 있었다"(p. 424).

요약하면, 우리는 목표 설정에 대해 설명하는 이 절에서 관점 바꾸기에 대해 설명하고 있다. 왜냐하면 관점 바꾸기는 체계가 고유의 생명력을 갖고 있고, 개인은 체계의 현재 상태를 유지하려고 한다는 사실을 가족(또는 다른) 체계가 이해하게끔 하는 핵심적인 방법이기 때문이다. 체계의 구성원들이 이 사실을 이해하게 되면, 체계를 변화시키려고 할 때 체계 자체에 초점을 맞춘 개입을 할 것이다. 여기서는 관점 바꾸기를 체계에 초점을 맞춘 개입의 하나로 설명하고 있지만, 이 개입은 이미 제9장에서 인지적 개입의 하나로 소개되었음을 기억하라. 이 개입은 체계의 구성원들 각자가 사건을 다른 방법으로 '보게끔' 돕는 데 사용될 수 있으며, 그렇게 함으로써 더 심층적이고 긍정적인 변화를 가져오기도 한다.

체계론적 개입

이 장의 나머지 부분에서는 체계에 초점을 맞춘 다양한 개입에 대해 논의할 것이다. 가장 많은 분량을 차지하는 첫 번째 부분은 체계 내에서의 의사소통이라는 중요한 과제를 주로 다룬다. 그다음에 우리는 체계의 구조를 바꾸는 다양한 방법을 찾아볼 것이다. 마지막으로 우리는 2차적 체계 개입(second-order systemic intervention)이라는 중요한 주제를 다룰 것이다.

의사소통 패턴 바꾸기

가족이나 집단의 역기능은 다양한 측면으로 접근할 수 있다. 어떤 때는 근본적인 문제가 구성원 간의 깊은 오해 때문에 발생한 것으로 보이기도 한다. 이러한 오해는 각 구성원들의 기대, 체계 내의 역할 또는 책임 등과 관련된 수 있다. 의사소통 기술이 부족해서 의사소통이 붕괴 또는 실패한 것으로 보일 때 상담사는 통찰이나 기술을 가족 또는 여타 체계의 구성원들에게 가르치거나 개발하는 여러 가지 개입을 사용할 수 있다. 의사소통이 주요 초점일 때, 대부분의 개입방법들은 명료한 의사소통방법 가르치기, 의사소통 패턴 분석하고 해석하기, 그리고 더 효율적인 의사소통을 위한 상호작용 촉진하기 등으로 구성된다.

의사소통 기술 개발

의사소통 기술 개발은 대체로 의사소통 기본 규칙의 소개로부터 시작한다. 사실 이러한 '규칙'은 명료하고 간결한 메시지를 주고받기 위한 지침이다. 게슈탈트 접근, 현실치료 접근, 교류분석, 합리적 정서치료 접근은 모두 이러한 규칙을 강조한다. 뿐만 아니라 미네소타 커플 의사소통 프로그램(Minnesota Couples Communication Program)(Miller, Wackman, Nunnally, & Miller, 1989)은 의사소통 규칙의 훈련에 기여했다. 효과적인 의사소통 규칙은 꽤 단순하다. 그 규칙은 (a) 말하는 사람을 단수로 표현하기, (b) 자신을 위해 말하기(즉 당신 자신의 체험에 국한해서 의사소통하기), (c) 의도하는 당사자에게 직접 말하기 등이다.

이러한 지침들이 단순하지만 숙달하기는 어려운 경우가 많다. 특히 그 지침들이 개인의 습관이나 문화적인 의사소통 패턴을 거스를 때는 더 어렵다. 결과적으로 새로운 패턴을 습득하기 위해서는 학습, 시연, 평가, 그리고 지속적인 연습이 필요하다(이에 대해서는 제10장에서 논의했다). 예를 들면 어떤 사람은 '나'라는 대명사를 거의 사용하지 않는 의사소통 스타일을 발달시킨다. 대신 구체적인 대상을 지목하지 않은 2인칭('너희', '여러분', '너네')이나 집합적 대명사('우리' 또는 '사람들')를 사용한다. 이런 상황은 조지와 그의 아내 베스의 짧은 대화에 잘 나타나 있다.

베스	조지, 내일 어머님 뵈러 갈 때 아이들도 데리고 갈 거예요?
조지	아이들이 안 가고 싶어 하는 거 당신도 알잖아.
베스	글쎄요. 사실 전 잘 모르겠어요. 그냥 어머니가 아이들을 한 달 넘게 못 만나신 것 같아서요.
조지	어떻게 되나 한번 보자고.

상담사는 조지가 '아이들이 안 가고 싶어 하는 거'라고 말했을 때, 그는 자신의 생각이나 반응을 말하지 않았다는 점을 지적할 수 있다. 조지는 Miller 등(1989)이 책임을 덜 지는(under-responsible) 방식이라고 명명한 방식으로 말하고 있다. 책임지는 의사소통이란 게슈탈트 접근의 소유권 주장하기(claiming ownership)와 같다. 다시 말하면, 만약 조지가 "나는 지난번 방문이 아이들이 바라던 만큼 좋지는 않았지만, 할머니를 방문하는 일의 중요성을 이야기하고 싶어"라고 말한다면, 그것은 성인으로서 내리는 의사결정의 근거로 아이들을 활용하지 않고, 스스로 책임을 지는 태도를 보이는 것이다.

책임을 덜 지는 의사결정은 하나의 스타일이다. 이런 방식이 책임을 회피하는 의도를 반영할 수 있지만, 반드시 그런 것도 아니다. 상담사는 조지의 스타일과 그 스타일이 가져오는 결과에 대한 조지의 자각을 높이기 위해 조지와 베스를 동시에 작업할 수 있다.

의사소통의 다른 유형은 간접적인 메시지이다. 베스는 자신의 이야기 마지막 부분에 "제 생각에는 조지가 정말로 아이들을 고려하고 있는 것 같지는 않아요"라는 간접적인 메시지를 추

상담사 : 조지, 당신이 "아이들이 안 가고 싶어 하는 거 당신도 알잖아"라고 말했을 때, 아이들을 대신해서 이야기한 건가요, 아니면 당신의 생각을 말한 건가요?

조지 : 제 생각인 것 같은데요. 지난번 우리가 할머니 댁을 방문한 후, 집에 돌아오는 차 속에서 재키가 엄청 불평이 많았잖아요.

상담사 : 그것에 대해 베스와 이야기를 나누었던가요?

조지 : 아니요. 그러지 않은 것 같아요. 할머니 댁 방문에 대해 베스가 이야기를 꺼내기 전까지는 잊고 있었어요.

상담사 : 이 상황을 좀 더 직접적으로 다룰 방법을 생각해볼 수 있나요?

조지 : 네. 아마 제가 그 일에 대해 베스에게 이야기하고 재키에게도 말해야 했던 것 같네요.

상담사 : 저도 그렇게 생각해요. 그리고 당신도 재키의 반응을 핑계로 당신 어머니 댁에 정기적으로 방문하는 일을 피하고 있는 것은 아닌지도 스스로 물어볼 수 있을 것 같아요.

조지 : 정곡을 찌르셨네요. 당신 말이 맞는 것 같아요.

상담사 : 베스, 조지가 어떤 생각을 하고 있는지 알게 되니 뭔가 좀 다른가요?

베스 : 음… 조지가 자신의 생각을 이야기해줄 때가 훨씬 좋아요. 그리고 제 생각에는 이 문제가 재키보다는 조지의 문제인 것 같아요. 재키는 할머니를 사랑하거든요. 그리고 재키는 지난번 돌아오는 차 속에서 자신이 기분이 나빴다는 이유로 아빠가 할머니 댁에 데리고 가지 않는다는 사실을 알면 기분이 나쁠 것 같아요. 그리고 자아크는 또 어떻구요? 그가 할머니를 만나지 말아야 하는 것은 아니잖아요. 제 생각에는 죠지가 정말로 아이들을 고려하고 있는 것 같지는 않아요.

가했다. 자신이 답변 속에 이 의견을 추가함으로써 베스는 상담사에게 하는 것 같지만 실제로는 조지에게 자신의 이야기를 전하고 있었다. 의사소통에서 말하는 이가 의도한 대상에게 직접 말하는 것이 책임 있는 의사소통이다. 다른 사람(자녀, 친구, 동료 등)을 통해서 메시지를 전하면, 그는 또다시 책임을 덜 지는 스타일을 사용하고 있는 것이다. 이런 경우 상담사는 베스에게 아래와 같이 말할 수 있다.

상담사 : 베스, 당신은 제 질문에 대답을 했지만, 그 후에는 조지가 들어야 하는 어떤 것을 저한테 말한 것 같아요.

베스 : 무슨 뜻이지요?

상담사 : 당신은 조지가 어머니 댁을 방문하기 싫어하는 이유가 아이들보다는 자신의 문제 때문인 것 같다는 당신의 의견을 제게 말했어요. 제 생각에는 당신은 그 이야기를 죠지가 듣기 바랐던 것 같은데요. 그렇지 않나요?

베스 : 글쎄요. 아마 그런 것 같아요.

상담사 : 그러면 조지를 바라보면서 그에게 말해보세요.

베스 : 이제는 이미 그가 알고 있잖아요(베스는 책임을 받아들이기 주저하고 있다).

상담사 : 알아요. 하지만 연습이니까 한번 해보세요.

베스 : (조지를 향해서) 나는 당신이 어머니와의 문제를 다루고 싶어 하지 않는 것 같다는 생각을 한동안 해 왔어요. 당신은 지난번에 아이들을 데리고 어머니 댁에 갈 때 정말 가기 싫었던 것 같아요. 아이들은 당신을 짜증나게 한 것 같고요. 이 모든 것들에 대해 당신에게 이야기하고 싶었지만, 아마 내가 피하고 있었던 것 같아요. 이 부분에 대해서는 미안해요.

이 지점에서 상담사는 2개의 의사소통 스타일에서 어떤 일이 일어나고 있는지, 그리고 책임을 덜 지는 스타일이 어떻게 모호함, 혼동, 좌절을 초래하는지에 관해 함께 되새겼다. 이것은 교육시간의 일환이며, 시연만큼이나 중요하다. 이 시간 동안 상담사는 각 사람의 스타일과 그 스타일이 가져오는 결과, 그리고 상대편에게 끼치는 영향을 평가할 수 있다.

자각 : 명료한 의사소통의 선행 요소

Miller 등(1989)은 배우자나 가까운 사람과 하게 되는 효율적인 의사소통의 기초를 형성할 수 있는 한 가지 개입을 소개했다. 그들은 자각의 바퀴(Awareness Wheel)를 소개했는데, 그것은 각 사람이 타인이나 상황에 대한 자신의 반응을 파악하게끔 돕는다. Miller 등은 각 사람이 자신에 대해 스스로 명료하게 자각하지 못하면 그것을 타인에게 명료하게 전달할 수 없다고 가정한다. 우리가 모든 것을 완벽하게 자각하는 경우는 드물지만, 자각 수준을 구분해봄으로써 우리는 자신이 하는 반응의 핵심을 알 수 있고, 그렇게 함으로써 좀 더 충분히 자각할 수 있고, 타인과 의사소통할 수 있는 좀 더 좋은 위치에 서게 된다. 자각은 외부 자료를 감각(sensing)하거나 자각의 영역으로 받아들이는 것으로부터 시작된다(예 : 타인이 하는 이야기를 듣거나 타인의 얼굴표정을 보는 것). 그다음 단계는 자료에 대한 사고(thinking, 자신의 감각을 통해 받아들인 것들에 관한 해석)이다. 앞에서도 언급했듯이 사고 다음에는 감정(feeling)이 뒤따른다. 사고와 감정에 접했을 때, 사람은 자신이 원하는 것에 대한 아이디어를 가지게 된다. 따라서 이 네 번째 수준의 자각은 의도(intending)라고 부른다. 끝으로 가장 마지막 수준의 자각은 행위(doing)인데, 여기서의 행함은 실제 겉으로 보이는 행동을 하거나 하지 않는 것과는 무관하다. 페그라는 사람의 자각 수준에 관한 예를 아래에 소개했다.

감각 나는 네 얼굴에서 불쾌해하는(짜증내는) 표정을 본다.

사고 나는 당신을 화나게 한 무언가를 하지 않았나 생각한다.

감정 나는 이 생각으로 인해 긴장되고 불쾌해진다.

의도 나는 당신이 내게 더 친하고 따뜻해지기 원한다.

행위 나는 당신에게 내가 뭔가 화나게 한 일이 있는지 물을 것이다. 만약 내가 화나게 했다면, 나는 사과할 것이다. 만약 내가 화나게 한 것이 아니라면 당신의 하루를 유쾌하게 하기 위해 내가 무엇을 할 수 있을지 질문할 것이다.

그러나 대화에서 상대편이 아래와 같이 답했다고 가정해보자.

감각 내가 집 현관을 들어서자마자 내 휴대전화가 울렸다. 페그가 사무실에서 전화를 했다.

사고   나는 페그가 아주 사소한 일로 전화를 한다고 생각했고, 그래서 나는 그 전화를 받지 않기로 했다.

감정   나는 이미 직장에서 너무 많은 시간을 보냈기 때문에 화가 나 있었고, 나는 자신과 가족을 위해 시간을 갖고 싶었다.

의도   나는 가능한 한 빨리 이 일을 지난 일이라고 잊어버리려고 했지만, 나는 페그에게 퇴근 시간 이후에 내게 전화를 한 타당한 이유를 설명하라고 따지려고 했다.

행위   나는 페그에게 다가갔지만, 그는 불안해보였다(감각, 그래서 또 다른 주기의 자각이 시작됨)

커플들의 삶에서 이런 순간이 발생했을 때, 그들이 각자의 현실을 공유할 수 있다면 이런 일은 쉽고 빠르게 안정될 수 있을 것이다. 만약 그렇게 하지 않는다면 그들은 의사소통에서 문제가 점점 악화될 것이다. 자각의 바퀴는 의사소통문제가 발생하는 순간에 그 문제를 해결할 수 있는 매우 효과적인 개입이다. 이 방법은 친밀한 관계뿐 아니라 어떤 사람이 무엇인가 오해받는 그 어떤 상황에서도 활용될 수 있다.

다음으로 넘어가기 전에 우리는 자신의 자각에는 쉽게 조율하는 한편 상대편의 자각에는 덜 조율하는 성향이 있음을 지적하고자 한다. 우리 중 어떤 사람은 자신의 정서적 삶에 대해 매우 민감하면서도 우리가 무엇을 원하는지(의도하는지)를 진술하기 어려워한다. 또 다른 사람은 행동 지향적이어서 적절한 사고나 감정 부분은 건너뛰고 그들이 하고자 하는 것들을 신속하게 알아차린다. 당신이 어떤 사람에게 이 개입을 사용할 때, 당신은 그 사람과 그의 대화상대를 위해 그들이 잘 자각하지 못하는 부분을 깨닫게 하고 그 부분을 강화할 수 있다.

마지막으로 강조할 것은 자각이 항상 '깔끔(neat)'하지는 않다는 점이다. 즉 한 가지 이상의 자각이 공존하기도 한다. 그 결과 상반된 느낌도 발생한다. 예를 들면 피터는 새 직장을 얻었지만 그 직장 때문에 덴버로 이주해야만 했다. 그는 새로운 기회가 생겨서 흥분했고 콜로라도로 이주하는 것도 좋았다. 그러나 피터는 석 달 전부터 제리와 데이트하기 시작했고, 두 사람은 정말 잘 지냈다. 제리는 뉴욕에 직장이 있었고, 이사하기도 싫어했다. 그들은 헤어지기로 했고, 피터는 앞으로 잘 될 수도 있었던 관계를 잃는다는 것 때문에 매우 슬퍼하고 있었다. 따라서 그날그날 어떤 일이 일어나는지에 따라 피터는 새로운 상황의 행복한 측면을 자각할 때도 있었지만, 제리와 그들이 누렸던 관계를 그리워할 때도 있었다. 이처럼 상충하는 내면 상태를 잘 정리하는 것이 중요한데, 그렇게 해야 피터가 새로 만나는 동료들과 혼란스러운 의사소통을 하지 않을 수 있다.

공유된 의미

정확하고 책임 있는 의사소통은 효과적인 의사소통 패턴이라는 목표의 반쪽만 달성할 수 있다. 어떤 메시지가 명료하고 책임 있는 방식으로 전달되었지만, 듣는 사람이 그 메시지를 잘 이해하지 못한다면 의사소통은 실패한다. 이러한 현상은 메시지가 지나치게 위협적이거나 메시지를 듣는 사람이 다른 일에 몰두하고 있거나 또는 그 메시지의 의도에 대한 지각이 차단되었을 때 발생한다. 메시지를 전하는 사람은 듣는 사람으로부터 어떤 종류이든 최소한의 피드백을 받지 못하면 메시지의 전달 여부를 알 수 없다. 다시 말하면 말하는 사람은 듣는 사람이 (a) 말 자체를 들었는지, (b) 말한 의도를 정확히 들었는지를 알아야 한다. 이러한 필요성 때문에 Miller 등(1989)은 공유된 의미(shared meaning)라는 두 번째 개입을 제안했다. 공유된 의미 개입은 곧 느린 속도로 대화하는 것과 같다. 상담사는 말하는 사람(메시지를 부호화하는 사람)에게 메시지 내용을 몇 개(2~3개 이내로)로 나누어 전하게 한다. 그 후 말하는 사람은 "당신은 내가 어떤 말을 한 것으로 들었나요?"라고 묻는다. 듣는 사람(부호를 해독하는 사람)은 메시지의 주요 부분을 자신의 언어로 반복하고, 마지막에 "이것이 당신이 말하고자 했던 건가요?"라고 되묻는다. 메시지가 정확하게 이해되었다면, 말하는 사람은 의사소통의 다음 단계로 넘어간다. 만약 메시지가 정확하게 이해되지 않았다면, 듣는 사람은 자신이 들었던 내용을 되돌아보며 다시 말해보는데, 이때에도 말하는 사람이 사용했던 용어가 아닌 자신의 용어로 말해본다. 이때 상담사는 그 과정을 면밀히 모니터함으로써 메시지가 정확하게 해독되지 않았음에도 말하는 사람이 그것을 묵인하고 지나가지 않게끔 해야 한다. 과거에 복잡한 일을 많이 겪었거나 의사소통을 잘 하지 못하는 사람은 메시지의 의미를 정확하게 파악하기까지 2~3회 이상 이런 과정을 반복하기도 한다. 공유된 의미라는 과정은 매우 간단해 보이지만, 체계적 의사소통 과정에서 잘못된 의사소통을 유발하는 일종의 가정들을 되돌아보게끔 자극한다. 친밀한 관계를 맺고 있는 사람들이 좀 더 정확하게 의사소통하고 상대방으로부터 이해받고 있다는 느낌이 들기 시작하면, 그들의 관계에서 좀 더 긍정적인 감정이 스며 나오기 시작한다.

이 개입은 개인 상담에서 상담사와 내담자 사이에서도 사용될 수 있다. 많은 내담자들은 누군가가 자신이 하는 연습에 함께해주지 않으면 자신의 의사소통이 얼마나 모호한지 잘 깨닫지 못한다. 이 개입이 성공하면, 내담자는 이 개입의 핵심 부분을 자신의 개인적 삶에 적용할 수 있게 된다. 최소한 그들은 자신의 했던 말의 의미를 상대가 잘 이해했는지 질문하고 그렇게 함으로써 자신의 태도가 열려 있음을 상대방에게 알려주는데, 이러한 점들은 체계적 측면에서 긍정적인 결과를 낳는다.

앞서 언급했듯이 의사소통은 개인이 삶에서 어떤 체험을 했는지에 따라 복잡해질 때가 많다. 위협적이지 않은 의사소통이라도 잠재적으로 체계에 속한 문제를 뒤흔들어 놓을 수 있어서, 전문적 도움 없이는 체계에 속한 구성원들의 문제 해결을 어렵게 만들기도 한다. 예를 들면 수제트는 과거에 자신이 겪었던 어려움 때문에 그녀의 파트너인 배리가 대화에 관심이 없다는 결론을 내렸다. 그 결과 수제트는 배리와 대화할 필요가 생기면 방어적 태세를 취했다. 배리에 대한 수제트의 지각이 옳든 그르든 상관없이 방어적으로 대화했을 때, 그녀는 배리의 특정한 반응을 촉발했다. 부분적으로는 수제트가 제공한 자극에 의해 촉발된 배리의 반응 때문에 그녀는 자신의 생각이 옳았다고 결론을 내릴 만한 더 많은 이유를 갖게 되었다. 이러한 일련의 사건은 체계의 특성 때문에 발생하는 것이다. 상담사는 비효율적인 의사소통이 체계의 특성에서 촉발되는 순간을 잘 포착해야 하며, 비효율적 의사소통이 체계의 특성에서 촉발될 때에는 의사소통의 질 자체보다는 체계측면의 문제를 다루는 방법을 개발해야 한다. 이를 위해서 상담사는 커플(또는 부모-자녀, 또는 삶 속에서 경험을 가지고 있는 2자 관계)을 관찰하고 패턴을 발견하며 발달하고 있는 패턴이 형성된 과정에 개입할 수 있다. 그러나 문제가 (패턴화된 것이 아니라) 특정한 환경과 상황에 고유한 것이라면 역할극을 통해 전형적인 대화 상황을 재연하게끔 함으로써 관찰하는 방법이 가장 효과적이다.

역할극

이 책의 제8장과 제10장에서 이미 역할극 또는 역할실연(role enactment)이 개인 상담에서 유용한 개입 중 하나임을 논의했다. 역할극은 가족이나 다른 체계에서도 사용되는데, 이 방법으로 의사소통 패턴을 관찰하고 변화시킬 수 있다. 당신은 가족구성원 중 한 사람에게 문제가 되는 상황을 역할극으로 표현해보라고 하거나, 반대편 사람들이 역할을 하게 해서 그 사람들이 각자의 생각을 피력하는 방법을 보게끔 할 수도 있다. 여기에서 역할극의 목적은 의사소통 기술을 가르치는 것이다. 따라서 역할극은 공유된 의미를 가르칠 때 필요한 자각 수준을 높이는 데 필요한 사전조건으로 활용될 수 있다. 내담자는 그들이 집에서 하려고 할 때에는 너무 어려웠는데, 상담실이라는 환경에서 가족들의 이야기를 경청할 수 있다는 사실을 깨달으면서 놀랄 때가 많다.

역할극은 체계가 가지고 있는 구조(예 : 기능적 경계선이 있는 지점, 융합이 있는 지점 등)를 밖으로 드러낼 때도 사용된다. 이러한 역할극은 대체로 실연(enactment)이라고 불리는데, 이것에 대해서는 이 장 후반부에서 논의하겠다.

협상과 갈등 관리

많은 사람들은 협상이나 의사결정은 의사소통이 와해될 것 같은 시점에 필요하다고 생각한다. 가족 상담에서 협상은 과정의 문제와 가족의 문제가 관여된 지속적인 과정이다. 따라서 상담 장면은 상담사가 가족 간의 협상 기술을 관찰하고 가족들에게 의사소통과 협상 기술을 개발할 수 있는 전략을 가르칠 이상적인 기회를 제공한다. 상담사에게는 가족의 개별 구성원이 협상하거나 갈등을 다루는 법을 원가족으로부터 어떻게 습득했는지 탐색하는 것이 중요하다. 그렇게 함으로써 가족 또는 문화적 차이가 현재의 가족 내에서 작동하고 있는 방식을 논의할 수 있다.

결혼생활에서 겪는 갈등은 신체적 건강의 악화와 상관이 있음은 이미 잘 알려져 있다(Gottman, 1993). Gottman(1991)은 Levenson과 했던 일련의 공동연구에서 결혼생활의 갈등이 결혼 불만족, 별거, 이혼 등에 끼치는 구체적인 영향을 검토했다. 그의 연구 결과는 갈등이 불거진 시점부터 발생하여 예측할 수 있는 방식으로 전개되는 일련의 사건들이 있음을 시사했다. 일련의 사건의 예들은 다음과 같다. 갈등이 불거진다. 그러면 남편은 신체적으로 불편해지고 듣는 입장으로 물러날 뿐 아니라 정서적으로 철회함으로써 아내에 대해 담을 쌓는다. 아내는 남편이 쌓은 담을 혐오하여 남편에게 좀 더 가까워지고 다시 정서적으로 관여하려고 시도하는 반응을 보인다. 이 일이 실패하면 아내는 비난과 경멸을 퍼부으면서 자신도 역시 관계에서 철회하는데, 이렇게 되면, 남편의 두려움이 자극된다. Gottman은 "남편이 부부 사이의 긴장된 상호작용으로부터 철회하는 것은 그에 상응하는 아내의 철회를 예측하는 전조이다. 양측이 모두 철회하고 방어적이 되면 그 부부관계는 별거와 이혼으로 향하게 된다"(p. 5).

한편, Gottman(1991)은 긴장감이 고조된 부부갈등이 "애정, 유머, 긍정적 문제 해결, 동의, 동조, 공감, 적극적인 비방어적 경청"(p. 5)과 같은 긍정적 표현에 의해 상쇄된다면, 활성화된 긴장감은 감소하고 갈등도 철회보다는 양질의 접촉이라는 방법으로 해소된다는 사실을 발견했다. 부부는 효과적인 타협과 갈등관리 기술을 학습하기 위해 많은 도움이 필요하다(Gottman & Silver, 2011), 그런데 그 학습 과정에는 중재 역할을 수행하는 제3자(상담사)가 필요하다.

가족회의 Gottman, Notarius, Gonso, Markman(1976)은 협상 기술을 증진할 수 있는 개입 방법을 개발했다. 개입의 명칭은 가족회의(family meeting activity)지만, 이 개입은 가족이 아닌 다양한 형태의 체계나 집단에서도 사용될 수 있다. 이 활동은 (a) 불만 말하기 시간, (b) 주제 설정, (c) 문제 해결의 세 단계로 구성된다. 상담사는 모든 가족구성원이 불평이나 불쾌감을 말할 수 있으며 이러한 불만은 사실이라기보다는 각자가 보는 방식임을 설명하는 것으로 이 개입을 시작해야 한다. 각 구성원이 표현하는 불만은 그 순간, 그 상황, 그 관계에 대해 각자가 가지고 있는 각자의 관점에 불과하다. 그리고 그것들은 바뀔 수 있지만, 만약 무시되면 더 악화될 수도 있다. 각 사람의 관점은 존중되고 개방되는 것이 중요하다. 상담사는 불만 말하기에 관한 규칙을 소개함으로써 각 사람의 협조를 얻을 수 있다(그림 11.1).

모든 구성원들이 자신의 불만을 말할 시간을 가진 후(이 시간에는 상담사의 격려가 필요할 수도 있다), 두 번째 단계, 즉 주제 설정 단계로 넘어간다. 주제 설정의 목적은 이전 단계에서 표현된 불만들의 상대적인 중요성을 평가하고, 그중에서 구성원들이 생각하기에 해결되어야 하는 1~2개 정도의 주제를 선택하는 것이다. 이 과정에서 상담사는 적극적 중재자가 되어서 특정한 불만의 구체적 측면을 정의하게끔 도와준다.

특정한 불만을 확인하고 규정했다면, 집단은 문제 해결 단계로 옮겨 간다. 이 단계는 불만사항을 해결할 긍정적인 행동을 확인하고 계약서를 작성하는 단계인데, 이 계약서는 (a) 각 구성원들이 수정해야 할 행동을 구체화하고, (b) 그런 바람직한 행동의 빈도를 증가시킬 보상을 구체화한다.

요약하면, 이 장에서 논의된 다른 갈등 관리 방법처럼 이 방법도 관련된 사람들의 관계 역동(또는 체계)을 변화시킬 수 있는 잠재력을 가지고 있다. 그런데, 이 개입들은 모두 개입의 한 요소로 내담자의 구체적인 행동에도 초점을 맞추고 있다. 따라서 이 개입들은 한 가지 이론적 접근만 기초한 것으로 보기보다 여러 접근이 혼합된 형태(체계적 접근과 행동적 접근)로 이해해야 할 것이다.

해야 할 것	하지 말아야 할 것
다른 가족구성원들에 대해 가지고 있는 불만을 명료하고 구체적으로 진술하라.	다른 사람이 틀렸다는 것을 보여줌으로써 자신을 변호하지 말라.
불만을 말할 때는 정직하고 건설적인 방식으로 하라.	부루퉁해지거나 철회하지 말라.
불만을 들을 때는 그 불만을 타당한 감정으로 듣고 수용하라.	상대가 말하는 불만에 대해 자신의 불만으로 반응하지 말라.
	상대가 말하는 것의 의미를 알고 있다고 가정하지 말라. 올바로 아는지 확인하라.

그림 11.1 '해야 할 것'과 '하지 말아야 할 것'

체계의 속성을 변화시키기

우리는 지금까지 체계 변화를 촉진하는 대인 간 의사소통 기술에 초점을 맞추어 논의했다. 이러한 기술들은 체계 내에서 필요한 대인 기술이기도 하지만, 다양한 체계를 넘나들면서 적용될 수도 있다. 즉 우리가 의미 공유 방법으로 가족과 대화하는 방법을 학습했다면, 직장이나 다른 사회적 관계와 같은 장면에서도 효과적인 의사소통이 가능하다. 따라서 이러한 '체계에 초점을 맞춘' 개입은 그것을 학습한 개인에게도 크게 도움 된다. 이제는 좀 더 체계 측면에서 효과를 확인할 수 있는 개입, 예컨대, 특정 체계의 속성을 변화시키는 개입에 대해 알아보겠다.

위계와 경계 설정을 변화시키기

체계의 구조란 상호작용 패턴, 이러한 패턴을 지탱하기 위해 생성된 규칙과 역할, 그리고 이런 규칙과 역할로 인해 파생된 동맹관계 등을 의미한다. 모든 구조는 가족 또는 집단 내의 교류로부터 발생하는데, 그 교류가 반복되면 행동의 패턴이 형성된다. 상호작용 패턴이 공고하게 형성되면, 그때부터 그 패턴은 상호작용을 어떻게, 언제, 누구와 할 것인지를 가족구성원들에게 명령하기 시작한다. 예를 들어 한 아이가 넘어졌고 무릎이 벗겨져 엄마에게 달려가 위로를 받고 안정을 취했다. 이런 장면이 반복되면 엄마와 아이 사이에는 양육과 보호라는 동맹관계가 형성된다. 그 결과 엄마는 양육하는 태도(역할)를 배우고, 아이는 다쳤을 때 엄마를 찾는 것을 배운다(규칙). 이와 같은 엄마와 아이 사이에 생긴 동맹관계는 가족 내에서 하위체계를 구성한다.

모든 가족체계는 상호작용 패턴, 규칙, 역할, 그리고 동맹에 의해 결정되는 하위체계를 가진다. 부부라는 하위체계는 당연히 하위체계의 시작점이다. 첫아이가 태어나면 두 가지 사건이 발생한다. 배우자라는 하위체계는 부모 하위체계라는 새로운 체계로 변화한다. 그리고 모-아동, 부-아동이라는 하위체계가 등장한다. 하위체계는 경계에 의해 다른 하위체계와 구별된다. 이후에 태어나는 자녀, 조부모, 그리고 다른 친척들은 대가족 구조 안에서 동맹관계를 형성하는데, 그 결과 여러 개의 하위체계가 형성되며, 개인은 하나 또는 그 이상의 하위체계에서 중요한 역할을 맡게 된다. 가족 구조는 체계적 과정뿐 아니라 무작위적인 과정을 거쳐서도 발달한다. 결과적으로 가족은 이러한 규칙과 하위체계가 어떻게 이렇게 강력해졌는지 설명할 수 없고, 어떻게 변화시킬 수 있는지 몰라서 자주 당황하게 된다.

체계의 구조가 가진 중요한 측면 중 하나는 위계이다. 자신들을 평등주의자라고 생각하는 가족이라 하더라도, 누군가 주도적인 위치에 서는 것은 중요하다. 가족에 대한 평가 단계에서 상담사는 자녀들이 부모와 동등한 정도의 힘을 가지고 있거나(편평한 위계), 또는 **부모화된 자녀**라고 불릴 만한 상태, 즉 부모보다 더 강력한 힘을 가지고 있는 상태(불일치한 위계, Patterson et al., 2009)에 있다는 사실을 발견할 수도 있다. 이러한 상황은 전형적으로 부모가 자녀를 지도해야 하는 책임을 감당하지 않거나 여러 가지 이유로 그런 책임을 수행할 능력이 없을 때, 또는 자녀가 스스로 성인으로 성장할 능력이 실제보다 크다고 오해하는 경우에 발생한다. 위계가 편평하거나 불일치하다는 판단이 서면 상담사가 해야 할 첫 번째 과제는 가족 내 성인들이 가족의 기능을 위해 져야 할 책임을 감당할 만큼 능력이 되는지 가늠하는 것이다. 예를 들면 부모가 약물을 남용하고 있고, 양육의 책임을 감당하지 않고 있다면, 가족체계의 구조를 변화시키기 위해 이러한 파괴적인 행동을 그만둘 의지가 있는지를 먼저 가늠해야 한다. 변화를 위한 의지가 있다고 판단되면, 그다음에는 위계의 재구조화를 위해서 거의 필수적인 요소인 경계를 설정해야 한다.

　　경계 설정이라는 개입은 상담사가 두 가지 방향으로 하게 되는데, 하나는 개별 구성원들 또는 하위체계들 사이에서 경계의 투과성을 증진하는 것이고, 다른 하나는 경계를 분명하게 하는 것이다. 이 개입은 상담 회기 중에 할 수 있으며, 이후에는 경계선 조정을 강화하기 위해 과제를 부여한다. 예를 들면 가정에서 방과 후 활동이나 숙제의 수행, 취침 시간 등에 대해 지나치게 많은 '결정권'을 가지고 있는 아홉 살 난 외동딸이 있다고 하자. 상담사는 상담을 하는 중에 딸이 부모 사이에 앉아서 부모가 상담사나 서로에게 이야기를 할 때 자주 끼어드는 장면을 보았다. 경계 설정의 첫 단계로 상담사는 자리 배치를 다시 해서 그 아이가 더 이상 부모 사이에 앉지 않게 할 수 있다. 또한 상담사는 상담 중에 그 아이가 부모가 이야기할 때 끼어들지 않게끔 '규칙'을 정하고 지키게끔 할 수도 있다. 물론 이것은 시작에 불과하다. 경계는 자연스럽게 발생하는 현장 상황에서 형성되는데, 바로 이 상담 장면이 실제 작업이 일어나는 현장 상황이 된다. 상담사는 부모에게 변화시키고 싶은 자녀의 행동(예 : 취침 시간 지키기)을 선택하게 하고, 그것이 실행되는 데 필요한 도움을 제공한다. 그렇게 함으로써 지금까지 작동해오던 체계의 속성을 변화시킨다. 사실상 상담사는 부모 하위체계의 주변에 경계를 설정하게끔 돕고 있는 것인데, 그 경계는 자녀가 유아기부터 시작해서 지금까지 자라면서 조금씩 무너뜨려 온 것이었다.

　　상담사는 경계 설정을 강화하기 위해 물리적 공간을 활용할 수 있다. 예컨대 부모가 자녀라는 하위체계에 간섭하거나 침범함으로써 그 시스템을 존중하지 않는 것으로 보이면, 상담사는 침범하는 부모에게 상담실 한쪽 구석에 있는 '성인 관찰자' 그룹으로 와서 상담사와 함께 있자고 제안할 수도 있다. 왜냐하면, 아이들이 "요즘에는 부모 세대와 다른 생각을 하고, 우리가 생각지도 못한 해결책을 가지고 있을 수도 있기 때문이다"(Minuchin & Fishman, 1981, p.

149). 성인 관찰자 그룹을 만듦으로써 상담사는 부모를 자녀 하위체계로부터 끌어내어 관찰자의 역할을 부과했다. 그 누구도 효과적인 관찰자이면서 동시에 참여자가 될 수는 없기 때문에 상담사는 자녀로부터 부모를 떼어냄으로써 새로운 경계를 설정했다.

상담사가 하위체계 간의 경계를 반영하는 공간적 관계를 조절하는 다른 방법도 있다. 상담사가 하위체계가 작동하는 방법을 관찰하기 위해 상담실 내 가족들의 자리배치를 활용하는 방법에 대해서는 앞에서 설명했다. 가족 구성원들의 자리배치를 변경하여 공간적 배열을 바꿈으로써 상담사는 물리적 공간에 표현되는 경계에 변화를 가할 수 있다. 엄마, 십대 아들, 그리고 양부로 구성된 가족이 상담하고 있는 장면을 떠올려보자. 그런 식으로 가족이 형성된 지는 약 12개월이 지났다. 이 기간 동안 엄마는 한쪽에는 자신과 자신의 아들, 그리고 다른 쪽에는 양부를 배치하여 명확한 경계를 설정했다. 양부의 의자를 양아들 옆으로 옮김으로써 상담사는 가족체계에 상징적으로 개입했다. 더 나아가 상담사는 엄마에게 양부와 아들 간의 상호작용을 관찰하게끔 하고 양부와 아들 간의 상호작용을 격려하면서 엄마는 적극적인 관여를 하지 못하게끔 할 수 있다.

가족 구조 변화의 목적은 습관적이고 역기능적인 연속행동이나 패턴을 중단시키고 그렇게 함으로써 가족들이 반드시 새로운 패턴을 형성하게끔 하는 것이다. 상담사의 도움이 함께 제공된다면, 이러한 새로운 패턴은 개인의 욕구 충족이나 가족관계를 위해 좀 더 기능적이고 건설적인 것이 될 수 있다.

Szapocznik과 Kurtines(1993)는 구조적 가족 상담 접근에서 각 개인은 그 가족의 맥락 내에

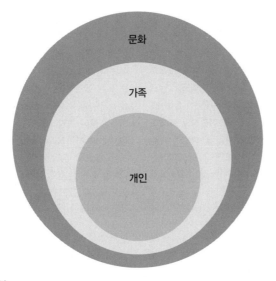

그림 11.2 맥락 속의 개인

서 이해되어야 하고, 전체 가족은 가족이 속한 문화의 맥락 내에서 이해되어야 한다는 점을 발견했다. 그림 11.2에서 보듯이 각각의 맥락은 서로 중복된다. 히스패닉계 가족들을 연구했던 연구자들은 가족을 단지 히스패닉 문화의 맥락뿐 아니라 문화적으로 다중적(pluralistic)이거나 다문화적(diverse)인 맥락에서 조망했을 때 그 가족이 더 잘 이해됨을 알게 되었다. 예를 들면 그들은 이 가족이 겪는 갈등은 히스패닉 문화에 강하게 연결된 세대에 의해 발생했는데, 그러는 동안 자녀들은 좀 더 광범위한 이중문화적 정체성에 빠른 속도로 동화되었다. 나이 든 세대는 좀 더 강력한 연대감을 갖기 위해 노력하는 반면 젊은 세대는 좀 더 많은 자유를 얻기 위해 투쟁했다. 그러한 역동은 다양한 인종의 이주민 가족에서 자주 발견되는 익숙한 현상이다.

위계의 변경과 경계 설정의 사례

글로리아와 브래드포드 브룩스의 사례

글로리아와 브래드포드는 최근에 결혼했다. 두 번째 결혼인 글로리아는 첫 번째 결혼에서 낳은 11살 난 딸, 데니스를 데리고 있었다. 브래드포드에게는 이번이 첫 번째 결혼이었다. 글로리아는 5년 전 이혼했으며, 전남편은 2주에 한 번씩 데니스를 만나러 왔다. 글로리아는 그를 '그냥 괜찮은' 아빠라고 묘사했다. 글로리아와 데니스는 매우 친밀했으며 글로리아의 표현으로 '여자들끼리의 일'을 둘이서 즐겼다. 브래드포드는 때때로 자신이 외부인이라는 느낌을 받았는데, 특히 소위 TV에서 '여자들' 프로그램을 보고 있을 때 더욱 심하다고 했다. 그래도 그들은 매우 지지적인 관계를 유지했다. 브래드포드는 좋은 남편과 양부가 동시에 되는 방법을 배우고 싶다고 했다. 데니스는 브래드포드에게 공손했으며 그를 많이 좋아한다고 했다. 글로리아는 이혼하고 브래드포드를 만날 때 브래드포드와 많은 시간을 보냈기 때문에 데니스가 많이 힘들었을 것이라고 했다. 글로리아는 자신의 재혼이 데니스에게 얼마나 힘들 것인지에 대해 민감했다.

최근 브래드포드가 직장에서 특별히 힘든 일을 마치고 집으로 돌아온 날, 그는 글로리아와 함께 있기를 많이 원했다. 그가 귀가했을 때, 글로리아와 데니스는 부엌에서 데니스가 학교에서 겪었던 일에 대해 웃으면서 이야기하고 있었다. 그가 무엇이 그렇게 재미있는지 물었을 때, 처음에는 그의 질문이 무시됐고, 그 후에는 그것은 비밀이라는 말을 데니스로부터 들었다. 브래드포드는 바로 집을 뛰쳐나갔다. 한 시간 후 그가 집에 돌아왔을 때, 글로리아는 "왜 그랬어요?"라고 물었다. 브래드포드는 그가 정말 노력하고 있었지만, '여자들 사이에는 비밀이 있다'는 사실이 지켜졌다고 말했다. 그는 또한 글로리아에게 지난번 글로리아와 데니스가 자신의 의견을 묻지도 않고 이번 여름휴가를 어디로 갈지 정했을 때나 그밖에 다른 사소한 일에서 자신의 의견이 무시될 때 자존심이 상했던 경험을 말했다. 글로리아는 브래드포드를 정말 사랑했고, 결혼생활이 얼마나 빨리 나빠질 수 있는지도 알았기 때문에 그녀는 함께 상담사를 만나자고 제안했다.

이 사례에서 가족체계는 아직 브래드포드를 받아들이는 데 어려움을 겪고 있다. 더욱이 지금까지 그의 위치는 그의 양녀인 데니스보다 힘이 약한 자리에 있다. 이런 일이 생기게 된 이유는 충분히 이해할 수 있지만, 그가 가족에서 주도적인 위치에 있다는 느낌을 갖지 못하는 이 상황은 글로리아나 브래드포드의 결혼에 건강한 것은 아니다. 따라서 배우자 체계 주변의 경계는 강화되어야 하며, 그렇게 함으로써 가족의 의사결정은 그 하위체계 내에서 일차적으로 이루어질 필요가 있다. 그렇다고 해서 글로리아와 데니스가 가족 내에서 그들의 특별한 공간을 갖지 말아야 한다는 의미는 아니다. 엄마와 딸로서 그들의 주변에 경계가 유지되는 것은 중요하다. 그러나 목표는 이 경계가 지금까지보다는 좀 더 투과가 가능한 정도로 유연하게 하는 동시에 글로리아와 브래드포드 주변의 경계 역시 좀 더 투과가 가능해지게끔 하는 것이다. 상담사는 글로리아와 브래드포드가 배우자라는 특별한 관계와 데니스의 엄마와 양부로서 갖는 책임을 강화하는 새로운 패턴을 형성하게끔 도울 것이다. 작은 변화—작지만 브래드포드는 무척 좋아했던 변화이다—의 하나로, 그들은 시청하고 싶은 넷플릭스 시리즈를 함께 결정하고 일정을 계획했다. 또한 그들은 브래드포드에게 영향을 끼칠 그 어떤 결정을 내릴 때, 데니스도 적절히 의견을 제시할 수 있지만, 최종적으로는 브래드포드와 글로리아가 내리는 것에 대해 동의했다.

실연

평가를 설명한 부분에서 우리는 가족구성원들이 기능하는 방법을 관찰하기 위해 그들이 상호작용을 실제로 해보게끔 하는 것이 매우 중요하다고 했다. 개입의 일종인 실연은 파괴적인 상호작용을 지속시키기보다 체계가 작동하는 것을 관찰하고 개입하는 데 도움이 된다. 뿐만 아니라 부정적인 상호작용에 개입함으로써 상담사는 그 상호작용을 좀 더 긍정적인 결과를 낳게끔 전환할 수 있다(Butler, Davis, & Seedall, 2008). 한 가족의 예를 들어보자. 아버지는 아들이 자신에게 도전하면 화를 내고 무섭게 했다. 그런 일이 일어나면 엄마는 아들을 말리고 남편을 달랬다. 이러한 패턴이 반복됨을 관찰한 후, 이런 일이 다음에 또 일어나면, 상담사는 엄마가 끼어들기 전에 먼저 개입해서 아들의 이야기를 들은 아버지가 화내거나 무섭게 하지 않는 방법으로 반응하게끔 도와주어야 한다. 이 개입이 성공한다면, 엄마는 자신이 평화유지자 그리고 소음기 역할을 했다는 점과 이제는 그 역할이 필요치 않음을 알게 된다. 그 후 상담사는 엄마에게 남편과 자녀와의 관계에서 자신이 어떤 다른 역할을 할 것인지에 대해 탐색할 수 있다.

아래에 제시된 캘빈과 지넷의 가족상담 사례에서 상담사는 그들의 문제에 대한 각자의 지각을 알아차리게 하는 방법으로 실연을 사용한다. 실연을 위해 아버지와 어머니가 직장에서 돌아온 이후의 장면이 선택됐다.

실연을 보여주는 사례

캘빈과 지넷의 사례

상담사 : 캘빈, 당신과 지넷이 직장에서 집으로 돌아왔을 때의 장면을 하나 연출해주면 좋겠어요. 아이들도 집에 있다고 가정하지요. 그리고 그들이 있을 법한 자리에 그들을 세우세요. 그들을 세울 때 서로 이야기는 하지 마시고. 일단 특정한 자리에 가족들을 세운 후, 그들이 무엇을 하고 있어야 하는지 알려주세요. 제가 원하는 것을 이해하시겠어요?

캘빈 : 글쎄요. 이렇게 말하면 되는 건가요? "지넷, 당신은 아이들에게 소리를 치고 있어" 뭐 이런 건가요?

상담사 : 그것이 지넷가 주로 하는 일이라면 맞아요. 그리고 아이들에게도 어떤 행동을 하고 있으라고 말해주세요.

캘빈 : 좋아요. 지넷, 거실에 앉아서 마티니를 마시고 있어요. 뷰(7세), 캐런(9세)과 아래층에 내려가서 만화영화를 보고 있어. 그리고 뷰, 너와 캐런은 내가 집에 들어오면 거실로 와. (캘빈은 현관을 통해 집에 들어오는 것처럼 하고, 두 아이는 뛰어 올라오는 것처럼 연출했다) 이제 나는 엄마 옆에 앉고, 너희 둘은 이야기를 시작하면서 내 관심을 끌려고 해봐. 엄마와 나는 이야기를 나누려고 하는데, 너희 둘은 우리에게 이야기를 걸려고 하지(두 아이는 멋쩍은 듯이 뭔가에 대해 이야기를 시작했다. 캘빈과 지넷는 대화를 시도하지만, 아이들은 대화를 마무리하게끔 놔주지 않는다).

상담사 : 좋아요. 자, 이제 무슨 일이 일어나지요?

캘빈 : 흠… 지넷와 제가 아이들을 무시하려고 하면 아이들은 결국 싸워요. 만약 우리가 대화하려는 노력을 중단하면 저는 화가 나지요.

상담사 : 여러분, 좋아요. 캘빈이 방금 말한 장면을 실제로 해보지요.

가족구성원들은 각자 자신이 맡은 역할을 했다. 캘빈은 자리에 앉자마자 지넷과 이야기를 시작하고 뷰는 엄마에게 질문하면서 끼어들었다. 캘빈은 지넷가 대답할 때까지 기다렸고 대답을 마치면 뷰는 다른 질문을 했다. 캐런이 등장하는데, 그는 뷰가 감자칩을 혼자 다 먹어버렸다고 말했다. 지넷은 대답을 하는데, 여기에서 초점이 되는 단위는 지넷과 아이들이라는 점이 분명하게 드러났다. 인내심을 발휘하고 있던 캘빈은 아이들에게 자신이 엄마와 대화할 수 있게끔 돌아가서 각자 하던 일을 하라고 했다. 아이들이 돌아간 후, 지넷은 캘빈에게 우리가 하루 종일 아이들로부터 떨어져 있었으니 아이들도 부모와 함께 있을 시간이 필요할 것이라고 말했다. 캘빈은 짜증을 내면서 자신도 아내와 함께 있을 시간이 필요한데, 그것을 알아채지 못하는 아내를 비난했다.

이 장면을 연출한 후, 지넷과 캘빈은 그들의 반응에 대해 이야기를 나누었다. 지넷은 캘빈이 자신과 시간을 가지고 싶은데 아이들이 계속 끼어들어서 시간을 가지지 못했다는 사실에 다소 놀랐다고 말했다. 그녀는 끼어드는 아이들이 캘빈이 느끼는 만큼 성가시지는 않다고 했다. 대신 그녀는 자신에 대한 캘빈의 반응(이런 장면은 그들의 집에서 일상적이었다)은 그가 직장에서 힘든 하루를 보냈기 때문이라고만 생각하고 있었다. 한편 캘빈은 지넷과 함께 하고 싶은 자신의 마음을 그녀가 이해하지만, 그래도 자기 대신 아이들을 돌보는 일을 선택하는 것으로 생각했다고 말했다. 그는 그녀의 선택이 하루 종일 아이들과 떨어져 있는 것에 대한 죄책감 때문에 나오는 반응이라고 가정하고 있었다. 그들은 각자의 지각을 이야기하면서 상대편의 욕구, 동기, 오해 등을 깨닫게 되었다.

이와 같은 상호작용을 통해 상담사는 부부간 타협이 방해될 때 각자가 사용하는 방법을 관찰해서 찾아낸다. 이 과정은 역기능적인 연속행동 패턴 자체에 대한 자각과 그 패턴을 유지하는 행동에 대한 자각을 포함한다. 또한 이 과정은 경계선에 대한 자각과 그 경계선이 문제 있는 연속행동 패턴을 촉발하는 방식에 대한 자각을 포함한다. 가족의 상호작용에 대한 평가가 구체적인 치료적 개입을 보장하는 것은 아니다. 그러나 당신은 가족의 경계를 지적하고 그것들이 특정 상호작용에서 어떻게 작동하는지 보여줄 수 있을 것이다.

상담 회기에서 실연을 활용하여 경계선 수정하기 어떤 연속행동 패턴이 역기능적 상호작용을 유지하는 것처럼 보이는지 평가한 후, 상담사는 가족들의 관심을 그 패턴에 집중하게끔 한다. 아래의 예에서 부모는 발끈하는 성질을 보이는 3세 아이를 진정시키려고 한다. 상담사는 우선 상황을 관찰한 후 나중에 개입했다.

엄마 : 웬디, 자리에 앉아!(힘을 주어 말했다. 웬디는 더 크게 운다.)

아빠 : 웬디, 엄마가 뭐라고 했는지 들었지. (엄마는 웬디를 그녀의 무릎에 앉히고 달래기 시작한다. 웬디는 계속 울면서 엄마를 때리기 시작한다. 아빠는 상담사를 돌아보면서 어쩌겠냐는 듯 어깨를 으쓱한다.)

상담사 : 아빠는 아무것도 안 하실 건가요? 아빠는 웬디가 우리를 계속 방해하게끔 놔둘 건가요?

엄마 : 글쎄 말이에요. 뭔가 좀 해봐요.

아빠 : (엄마에게) 내가 좀 안아볼게. (엄마는 웬디를 아빠에게 건네준다.)

아빠 : 웬디, 이제 그치지 않으면 다른 방으로 보낼 거야. (웬디는 그만두지 않는다.)

상담사 : (엄마에게) 아빠가 정말 웬디가 울음을 그치기 전까지 다른 방에 보낼 건가요?

엄마 : 모르겠어요.
(아빠는 웬디를 데리고 대기실로 갔다가 돌아온다. 웬디는 5분간 크게 운다.)

엄마 : 가서 좀 들여다봐야 한다고 생각지 않아요?

아빠 : 나도 모르겠어.

상담사 : 웬디는 밖에서 다치지는 않을 거예요. 접수 담당자가 웬디를 잘 돌볼 거예요.

아빠 : 맞아요. 웬디는 그저 화가 난 거예요.

이 상호작용에서 상담사는 부모에게 이 문제를 직면하게끔 했다. 엄마는 개입을 하려고 하고 아빠는 철회한다. 상담사는 아빠에게 이 문제에 계속 관여하게끔 했다. 아빠는 아이를 다른 방으로 보내겠다는 위협으로 이 문제에 관여했지만, 그 어느 것도 끝까지 마무리되지 않았

다. 그 지점에서 상담사는 엄마에게 아빠가 정말 그가 아이이게 위협한 것을 실행할 것인가를 질문하면서 긴장도를 높였다. 이 개입은 아빠에게 도전이 되었고, 그는 실제 자신의 계획을 마무리했다. 이 부부는 웬디가 다른 방에서 우는 강도를 높였을 때 약해지기 시작했다. 상담사는 그들의 딸이 괜찮을 것이라고 안심시켰고, 이 의지의 싸움에서 그들이 승리하고자 하는 결심을 회복했다.

가족 조각 가족 조각(family sculpture)은 또 다른 형태의 실연이다. 이 개입은 가족들에게 가족 내의 역동을 물리적으로 보이라고 요구한다. Zimmerman(1998)은 한 남성이 아내와 자신의 원가족 사이에 끼어 있는 것을 묘사한 가족 조각에 대해 설명했다. 이 설명에서 그의 아내는 자신의 한쪽 팔을, 원가족은 자신의 다른 쪽 팔을 당기고 있었다. 이 상황에서 남편에게 유발되는 딜레마는 이와 같은 물리적인 묘사를 통해서 더욱 선명해질 수 있었다. 많은 가족(또는 체계)의 역동은 물리적으로 묘사될 수 있고, 그렇게 함으로써 구성원들에게는 강력한 통찰을 제공할 뿐 아니라 그 체계가 좀 더 기능적인 것이 되기 위해서 어떤 구조적 변화가 필요한지에 대한 논의를 촉진할 수 있다.

2차 개입

증상 처방하기

체계에 대한 2차 개입은 전략적 가족치료 접근이 가장 먼저 제안했다. 2차 개입은 역설적인 특성을 가지고 있는 지시의 형태를 띠며, 증상을 처방함으로써 가족구성원들을 치료적인 이중구속의 상태에 빠지게 한다. 제9장에 소개했듯이 역설적 지시는 많은 문제들이 논리법칙을 따르지 않는다는 점에서 그 근거를 찾는다. 따라서 전형적인 논리법칙을 따르는 해결책은 핵심을 완전히 놓치기 때문에 그 해결책은 작동하지 않는 경우가 많다. 예를 들면 어떤 청소년이 통행금지 시간을 어겨서 주말 동안 집에서 근신처벌을 받았다고 하자. 일단은 문제가 다루어졌다고 볼 수 있다. 그러나 그가 통금 시간을 다시 어긴다면 어떻게 되는가? 그 문제의 논리적인 해결책은 한 주 내내 근신처벌을 받는 것일 수 있다. 이 예에서 처벌이 바람직한 효과를 낳는다고 말할 수 있는가? 처벌은 미래에 좋은 행동을 증진시키려는 의도로 주어진다. 그런데, 결과는 그렇지 않았다. 이런 종류의 해결책은 같은 것을 더 많이(more-of-the-same)에 해당하는 해결책이며, 이 해결책은 때때로 잘 작동하지 않는다. 특히 진짜 문제가 체계의 문제이고, 개인의 행동은 문제에 빠진 체계가 보이는 외적 표현에 불과할 때 이런 종류의 해결책은 작동하지 않는다. 당신은 청소년으로 하여금 통금 시간을 어기게 놔두는 것은 오히려 위험한 개입이 아 닐까 생각할지 모른다. 물론 그럴 수 있다. 그러나 관련된 사람들이 누군지에 따라(이 지점에 서 평가는 매우 중요하다) 늦은 시간에 위험한 행동에 관여하려는 청소년의 욕구가 적은 경우 도 있다. 어쩌면 그 청소년은 과보호하는 부모를 애태우고 있는 것일 수도 있다. 또한 부와 모 사이에서조차 자녀의 통금에 대해 의견이 있을 때, 자녀가 통금 시간을 지키지 않는 것은 현재 잘 작동하지 않는 부모 하위체계에 관해 자녀가 경고를 주는 무의식적인 방법일 수도 있다. 따 라서 이 청소년에게는 2주 동안 통금 시간을 스스로 정하고 사전에 부모에게 알려주게끔 하는 것이 지금까지 사용했던 방법보다 훨씬 더 효과적일 수도 있다. 뿐만 아니라 이 방법은 부모 사이의 문제를 드러나게 할 수 있는데, 이것 역시 체계 측면에서 얻을 수 있는 긍정적인 효과 이다.

증상 처방하기 사례

마를라의 사례

마를라는 에드와 던 사이에서 태어난 10살 된 딸이다. 에드와 던은 2년 전 이혼했지만, 에드는 마를라와 계속 가까웠고 자주 만났다. 그러나 두 달 전 에드가 직장에 서 승진하여 100마일 정도 떨어진 곳으로 이동하게 되 면서 상황은 달라졌다. 그는 가능한 한 마를라를 계속 방문했고 최소한 일주일에 세 번씩 전화했지만, 그의 새 로운 직장에서 해야 할 일이 매우 많았다. 그래서 마를 라가 에드로부터 전화를 기다려도 전화를 받지 못하는 날이 많아졌다.

마를라는 훌륭한 학생이었고 선생님들은 그녀를 '즐 거움'이라고 여겼다. 그러나 아버지가 직장 때문에 이 사한 후, 마를라는 교실에서 독립적으로 해야 하는 과제 를 하지 않는 경우가 많았다. 최근 마를라가 공상에 빠 져 있는 것처럼 보였을 때 선생님은 마를라에게 무슨 생각을 하고 있는지 물었다. 마를라는 새로운 도시에서 외로워할 아빠를 걱정한다고 말했다. 선생님은 이 내용 을 던에게 전했고, 던은 에드와 의논했다. 그 결과 그는 마를라를 더 많이 만났고 마를라를 안심시키려고 했다. 이런 패턴이 한 달 정도 지속되었지만, 마를라는 크게 달라지지 않았고, 계속 주의가 산만해 있었다. 에드는

마를라를 안심시키기 위해 더 자주 전화해서 학교생활 을 잘하라고 격려했다. 마를라는 앞으로 노력하겠다고 했지만, 상황은 더 나아지지 않는 것처럼 보였다.

다음에 에드가 방문했을 때, 던과 그는 상담사의 도 움을 받기로 했다. 상황을 들은 상담사는 새로운 방법을 시도해서 지금까지 빠져 있던 패턴을 깨뜨릴 수 있을지 실험해볼 의향이 있는지 물었다. 그리고 이 계획에는 선 생님도 반드시 참여해야 한다는 점도 알려주었다. 제안 된 계획은 다음과 같은 것이었다. 첫째, 마를라가 학교 에서 아무것도 하지 않을 때 선생님은 '아무것도 하지 않아도 괜찮은데, 그 이유는 비록 과제를 하지 않으면 이번 학기를 망치겠지만, 그래도 아버지를 걱정하는 것 이 학교 과제보다 더 중요하기 때문'이라고 전해야 한 다. 즉, 선생님은 마를라가 자신의 시간을 어떻게 사용 할지의 '선택'에 대해 전적으로 존중하고 아무런 염려 를 보이지 않아야 했다. 뿐만 아니라, 상담사는 에드에 게 최선을 다해서 정기적 스케줄에 따라 마를라에게 전 화하는 노력을 하라고 지시했다. 또 다른 중요한 점은 그가 마를라와 이야기할 때, 마를라의 학교행동에 대해 확인하지 말라고 했다. 만약 마를라가 그 주제를 꺼내

(계속)

면, 아빠는 주제를 바꾸기로 했다. 던과 에드는 이 전략 의 역설적인 지혜를 이해했다. 운이 좋게도 마를라의 선 생님은 이것이 부모가 원하는 것이라면 자신도 그 역할 을 맡기로 동의했다.

여러분도 예상할 수 있듯이, 이 전략을 사용하기 시작한 두 번째 주말부터 마를라의 학교과 제 수행 수준은 개선되었고 에드가 이사하기 이전의 모범생으로 되돌아갔다. 요약하면, 그녀 의 실패와 그녀에 대한 염려에 맞추어 조직되어가던 체계가 결국 강한 부모-자녀 관계에 조율 해서 조직되었던 처음의 체계로 되돌아갔다. '염려하기'라는 증상을 처방함으로써 그 염려하 는 행위가 가지고 있던 힘, 즉 마를라가 원한 아버지와의 유대를 강화시켰던 그 힘을 잃었다. 이사를 했지만, 여전히 에드가 그와 함께 있을 수 있다는 것을 보여주었을 때, 그 증상은 불필 요해졌다.

다른 예로, 어떤 사람이 상담에서 체계와 관련된 문제를 호소했다. 내담자가 개인일 때에도 역설적인 지시는 체계를 변화시키는 힘을 발휘할 수 있다. 채리티는 과도하게 관여하는 부모 로부터 분리하여 자신의 삶을 살고자 하는 대학원생이었다. 채리티는 재정적인 측면(대출)에 서 부분적으로 부모에게 아직 의존하고 있었지만, 그는 부모들이 자신에게 '그녀가 어떻게 하 고 있는지' 점검하기 위해 거의 매일 전화하면서 자신의 삶을 시시콜콜하게 간섭한다고 느꼈 다. 부모가 매일 하는 전화 때문에 그녀는 자신감이 저하되고 그녀의 삶에 대한 부모의 통제는 지속되고 있었다. 상담의 일차적인 목표는 부모로부터 정서적인 거리를 확보한 후, 자신의 삶 에 대해 책임을 지는 성인의 삶을 스스로 꾸려가는 것이었다. 상담사는 다음과 같은 역설적인 처방을 제안했다.

지금부터 당신이 저와 함께 실험을 한 가지 하면 좋겠어요. 아마 이 일은 좀 낯설고 또 위험하다 고 느껴질 수도 있어요. 이제부터 일정 기간 동안 당신이 부모에게 지나치게 의존해보세요. 매 일 그분들이 전화하기를 기다리지 말고, 당신이 먼저 전화해서 당신의 삶을 어떻게 감당해야 할 지에 관한 질문들을 먼저 하는 거예요. 심지어 하루에 한 번 이상 전화를 하세요. 당신의 부모가 당신이 원하지 않는 조언을 하기 위해 전화를 할 때는 당신이 그들의 도움이 얼마나 많이 필요 한지 알려드리세요. 그리고 그들이 전화를 끊지 못하게 하고 당신이 생각할 수 있는 만큼 최대 한 구체적이고 사소한 질문들을 하세요. 이것을 한 달 동안 시도하세요. 그러면, 당신은 그들과 의 관계에서 매우 극적인 변화를 볼 수 있을 겁니다.

처음에 채리티는 이 처방을 받아들이기를 꺼렸다. 이 처방은 자신의 삶을 완전히 잘못된 방 향으로 끌고 가는 것처럼 보였지만, 결국 시도해보기로 했다. 일주일 후, 그녀는 처방을 그대로 따랐지만, 변화라고는 부모님이 전화를 덜 하는 정도였는데, 그것마저도 자신이 전화를 더 많이 하기 때문이라고 했다. 2주가 지난 후, 채리티는 자신이 전화를 하면 부모님이 다소 물러서는 것 같다고 말했다. 하지만 그들은 채리티에 대해 더 많이 염려하는 것처럼 보였다.

3주 후 채리티는 아주 긍정적인 마음으로 상담실을 방문했다. 부모님은 주말에 채리티를 방문했고, 그가 성인으로서의 책임을 잘 감당하지 못하는 것 같아 매우 염려스럽다고 말했다. 그들은 채리티가 스스로 내려야 하는 결정에 대해 더 이상 자신들에게 의존해서는 안 된다고 주장했으며, 채리티가 이 문제에 대해서 상담받을 것을 제안했다. 부모님의 입장에서 그들은 상담비를 내줄 수 있지만 삶의 사소한 결정에 대해서는 도와주기 어려우며, 채리티는 부모에게 전화해서 도움을 구하는 일을 그만두어야 한다고 했다. 지금 상황에서 그들이 원하는 것은 '그저 그 주의 안부를 이야기하는 정도'로 토요일 아침에 전화해주는 것이라고 했다. 채리티는 "임무완료!"라고 말하면서 이야기를 맺었다.

체계론적 개입에 대한 내담자의 반응

앞서 말했듯이 대부분의 사람들은 문제가 자신이든 아니면 그들과 함께 생활하거나 일하거나 함께 노는 개인에게 속해 있다고 생각한다. 이런 이유 때문에 체계에 초점을 맞춘 개입은 그들에게 안심이 되거나 반대로 저항을 불러일으킨다. 이러한 초기 반응에도 불구하고 체계 측면의 개입은 우리가 인간의 복잡한 네트워크를 만들고 그 속에 참여하며, 일단 네트워크가 형성되면 그것은 효과적인 개입이 없는 한 지속되는 성향이 있다는 사실을 깨닫게 한다. 그러나 체계에 초점을 맞춘 개입은 내담자들을 자유롭게 만들며, 때로는 그들의 새로운 행동으로 인해 다른 사람들이 변화하는 모습을 보고 아주 기쁘고 신나는 느낌을 가지게 한다. 그들과의 관계에서 너무 완고하거나 너무 권위적이거나 또는 너무 약해서 달라지지 않는다고 생각했던 사람들이 그들의 반응 때문에 덜 완고하고 덜 권위적이며 덜 약해지는 변화를 보인다.

체계에 초점을 맞춘 개입에 대해 내담자가 자주 보여주는 반응은 그들이 속했던 체계가 상호작용의 '규칙'을 따르고 있다는 점에 대한 놀라움이다. 이 점은 마치 그들에게 완전히 새로운 차원의 현실이 열리는 것 같으며, 내담자들에게 강한 호기심을 유발한다. 이와 유사하게, 내담자들 역시 소수 민족의 가족들이 서로 유사한 패턴을 가지고 있다는 점을 알게 되면서 놀라곤 한다(McGoldrick, Giordano, & Garcia-Preto, 2005). 내담자들은 원가족 내에서 구성원이 단절(cutting-off)하는 일이 다른 인종집단에서는 드문 편인 반면, 그들이 속한 인종집단에서 심심치 않게 일어난다는 사실을 알고 깜짝 놀란다. 이러한 통찰을 통해 그들은 자신의 배경과 그들이 가족이나 다른 가까운 사람들에 대해서 가지고 있던 가설에 대해 좀 더 잘 '이해하게' 되며, 지금까지와는 완전히 다른 행동들을 고려하는 새로운 자유를 얻게 된다.

변증법적 행동치료에서 사용되는 체계론적 개입

변증법적 행동치료(DBT)는 개인 상담을 위해 개발되었다. 그러나 비교적 초기 저작부터도 개인 상담 내담자를 위해 개발된 기법들이 가족체계를 변화시키기 위해 설계되었다는 점은 분명하게 강조되었다. 예를 들어 청소년들이 부모로부터 새로운 반응을 끌어내기 위해 부모와 상호작용하는 새로운 방법을 학습한다면, 이것은 분명히 체계에 초점을 맞춘 것입니다. 몇몇 DBT 저자들은 아예 가족 상담을 위한 DBT에 초점을 맞추기도 했다(Fruzzetti, Santisteban, & Hoffman, 2007; Hoffman, Fruzzetti, & Swenson, 1999; Miller, Glinski, Woodberry, Mitchell, & Indik, 2002; Woodberry, Miller, Glinski, Indik, & Mitchell, 2002). 이들은 DBT를 가족이라는 '집단'에 적용하는 것은 전통적인 DBT에서 이루어진 집단작업의 자연스러운 연장이라고 보았다. 가족을 대상으로 하는 대부분의 작업들이 구성원 간의 상호작용을 변화시키는 취지로 이루어지기 때문에(예 : 새로운 기술의 습득), 이러한 주장은 꽤 타당하다.

한편, 체계적 관점을 접근하는 DBT 상담사들은 이 장에 소개된 체계에 초점을 맞춘 개입방법을 사용하지만, 모든 개입이 DBT와 대응하는 것은 아니라는 사실을 이해해야 한다. 예를 들어 Fruzzetti 등(2007)에 의하면 구조적 가족치료에 내재된 개입은 DBT와 대응하는 한편, 전략적 가족치료에 내재된 개입들은 그것들이 가지고 있는 역설적인 특성 때문에 DBT와 대응하지 않는다. 이 장에 설명된 개입 중에서 가족 내 의사소통 패턴의 수정을 강조하는 개입과 체계의 구조를 수정하는 데 초점을 맞추는 개입들은 DBT와 대응한다. 그러나 2차적 변화를 위한 개입들은 DBT와 잘 대응하지 않는다.

요약

앞서 언급했듯이 체계적인 개입은 전통적인 상담 이론이나 성격 이론에서 유래된 것이 아니다. 그것들은 훈련받은 많은 상담사들이 독특하면서 효과적이라고 생각하는 생태학적 현상학에서 유래되었다. 체계적 관점은 인간 행동에 대한 아래의 가정에서부터 시작한다 — (a) *체계의 안정성*이라고 알려진 체계의 자기유지 성향, (b) 경직된 경계를 발달시키는 역기능적 체계의 성향, (c) 반복된 행동적 상호작용 패턴으로 규정되는 체계적 '규칙'에 의해 좌우되는 내면적 체계조직 등이다.

체계에 초점을 맞춘 이 접근에서는 다른 모든 접근처럼 개입뿐 아니라 평가도 강조된다. 체계에 초점을 맞춘 상담사가 자주 하는 경고 중 하나는 문제가 정확히 규정되기 전에는 치유될 수 없다는 점이다. 체계적 사고는 커플이나 가족과 상담할 때 특별히 적합하다. 가족을 자기강화적이고 자기보존적인 생태체계로 생각하지 않고서는 가족상담의 많은 개입들을 이해할 수 없다. 따라서 우리는 당신이 가족과 상담하고 가족 상담적 개입을 활용할 계획이 있다면 가족체계적 접근에 대해 많은 연구를 할 것을 제안한다.

끝으로 지금까지 했던 이야기들이 개인 차원의 병리 같은 것은 없다거나 우리는 상대편의 행동에 대해서도 책임을 져야 한다는 것을 암시하는 것은 전혀 아님을 강조해야 할 것 같다. 익명의 알코올 중독자 모임(AA)은 우리가 건강할 것인지 아닌지, 타인을 학대할지 아닐지 등에 대해 개인적 차원에서 선택을 해야 한다고 가르친다. 체계에 초점을 맞춘 개입은 타인과의 관계에 내포된 문제만을 다룬다. 이것은 '양자택일'의 상황이 아니라 '모두 다'의 상황이다. 우리는 개인으로도 작동하고 체계의 구성원으로도 작동한다. 이 책에 소개된 개입들은 후자에 일차적으로 주목한다.

실습

1. 당신의 원가족을 생각하라. 종이에 당신 부모의 이름을 쓰라. 그리고 형제자매의 이름을 추가하면서, 부모가 가장 많이 동일시한다고 생각하는 형제자매의 이름을 부모 이름의 가장 가까운 곳에 쓰라. 가족 내에 작동하는 하위 체계를 연결하는 선들을 그려보라.

2. (이것은 두 부분으로 구분되는 학습활동이다.) 3~4명의 학급구성원으로 집단을 구성하고 그 집단을 가족이라고 생각하라. 각 사람은 가족 내에서 역할을 하나씩 맡는다 ─ 부, 모, 큰형(누나) 등. 이 '체계'에서 가족은 회의를 해서 해변으로 가는 주말 휴가계획을 세워야 한다. 계획이 최종적으로 확정되면, 당신의 역할에서 빠져나와 회의했던 과정과 체계를 분석해보라.

학습활동의 두 번째 부분에서, 가족들은 첫 번째 활동에서 했던 역할을 맡아 반복한다. 그러나 두 번째 부분에서는 한 구성원이 역기능적 구성원(최소 수준의 기능만 함)의 역할을 맡는다. 이런 조건에서 휴가계획을 세우기 위한 회의를 반복해보라. 이번에도 역시 계획이 확정되면 역할에서 빠져나와 의사소통 과정과 체계를 분석해보라. 역기능적 구성원은 체계를 어떻게 바꾸어 놓았는가? 각 구성원들의 역할은 이러한 변화에 어떻게 적응했는가?

3. 멜라니와 척의 사례에서 그들의 문제는 결혼이라는 관계 속에 각자가 가지고 들어온 개인적 특성의 산물로 규정되었다. 멜라니와 척이 그들의 관계에 긍정적 효과를 얻기 위해 필요한 목표를 2~3개 설정해보라.

생각해볼 문제

1. 학급의 소집단에서 당신이 가장 작업하기 어려운 유형의 가족문제는 무엇이라고 생각하는지 토의하라. 그 문제를 토의하면서 그 문제를 다루기 위해 개인 또는 가족 중에서 무엇을 대상으로 작업할 것인지 생각해보라.

2. 이 장에서 우리는 가족체계를 생태학적 체계와 비교했다. 이 두 가지는 어떤 점에서 유사한가? 소위 빈 둥지 증후군 예를 사용하여 설명해보라.

3. 같은 사무실에서 10여 년간 함께 일해 온 동료들로 구성된 집단에서 어떤 종류의 체계적 규칙이 발달할 것 같은가? 이러한 규칙은 얼마나 쉽게 변화 가능한가?

4. 이 장에서는 목표를 설정할 때 내담자가 수행하는 역할에 대해서는 상대적으로 덜 주목했다. 이러한 접근은 개인 상담에 비해 상담 목표를 설정할 때 구성원들에게 탐색을 덜하게 되는데 그 이유는 무엇인가?

CHAPTER

12 | 종결과 평가

이 장의 목적

종결은 상담의 네 번째이자 마지막 단계로, 내담자가 도움을 받는 의존적 상태에서 상담이 없이도 자립하여 기능하게 되는 전환 과정이다. 이 장에서는 종결이 발생하여 간혹 내담자가 다른 정신건강 전문가들에게 의뢰될 필요가 있는 경우, 상담 과정, 상담사의 역할과 책임상에 영향을 주는 역동들에 대해 논의하고자 한다. 상담의 모든 단계를 거치면서 꼭 기억해야 하는 것은 상담 관계의 궁극적인 목표는 성공과 종결이라는 점이다. 이 장에서는 상담 성과와 종결이 어떻게 달성되는지에 대한 내용을 주요하게 다룰 것이다.

이러한 전환 과정을 통해 상담사는 내담자를 돕는 것을 넘어서 내담자와의 작업을 평가하는 기회로 이용해야 한다. 상담사들은 어떠한 형태의 평가 없이, 내담자들에게 가장 효율적이고 유익한 것을 제공하는지와는 상관없이 그들의 전략들과 방법들을 반복하는 듯하다.

이 장의 고려사항

- 상담의 시작과 종결은 민감한 사람들에게 특별히 문제가 되곤 한다. 그들은 좋은 시작의 중요성을 더 잘 인식하며, 생산적이고, 보상이 되며, 의미 있는 관계가 합축하는 것을 특별히 잘 알아차린다.
- 상담의 시작과 종결 관련 주제에서 당신은 어느 위치에 서 있는가? 당신이 경험했던 관계들의 시작과 끝은 어떤 의미가 있는가? 당신은 종결을 긍정적인 경험으로 생각하는 경향을 가졌는가?
- 상담사로서 내담자의 처지를 이해할 수 있는가? 내담자에게 종결은 어떻게 보일 수 있는가?
- 내담자들이 종결을 가장 건설적인 방식으로 보게 하는 방법은 무엇인가? 상담사로서 당신이 내담자가 건설적인 방법으로 종결을 볼 수 있는 능력을 향상하려면 어떻게 할 수 있는가?
- 평가는 종종 비판으로 여겨진다. 당신은 다른 사람으로부터 피드백을 구하는 경향이 있는가? 또는 그것을 피하는가? 실망스러운 피드백은 어떻게 다루고 있는가? 긍정적인 피드백은 어떻게 다루고 있는가?

제3장에서 우리는 상담의 네 가지 단계 중 하나인 종결에 관해 설명했다. 종결은 치료 과정의 일부로 기능하며 단순히 상담 관계에서 중요한 한순간만은 아니라는 것을 보여준다. 종결의 역동들은 이 단계의 치료가 얼마나 중요할 수 있는지에 대한 징후이다. 연구자들은 종결을 '상실 경험', '성공지수', '그동안 삶에서 겪었던 여러 작별인사의 요약', 슬픔과 즐거움, 자부심과 성취감 등의 혼합물, 그리고 '변화를 가능케 하는 성장 경험'으로 묘사해 왔다. Teyber와 McClure(2011)는 종결을 '내담자가 관계에서 경험하게 되는 첫 번째 긍정적 이별'이라고 묘사했다(p. 440). 우리가 종결을 어떻게 묘사하든 간에 놓아줌, 상담에서 얻은 것을 믿음, 부분적으로만 검증된 기술들이 가지고 있는 미래의 잠재력을 직면할 때 겪는 정서적 강약은 내담자에게 중요한 순간으로 체험된다.

상담사는 성공적인 상담 관계가 끝났을 때 자부심과 후회를 경험하기도 한다. 또는 만약 상담 관계가 약간 덜 성공적이었다면, 상담사는 아마도 미해결된 것처럼 느끼거나, 상담이 수행된 방식에 대해 의심스러워할 수도 있다. 이 장에서는 종결을 치료 단계로 간주하고, 종결할 때 누가 종결을 결정하게 되는지에 대한 사안, 종결 과정에서의 문제들, 성공적인 종결의 특징들을 다루고자 한다.

종결 단계

종결은 하나의 결말이기보다는 한 가지 조건에서 다른 조건으로의 전환 과정 그 자체이다. Pate(1982)는 이러한 관점에서 종결을 다음과 같이 서술했다.

상담을 충분히 유능한 한 개인이 다른 한 개인에게 자신의 삶의 문제를 해결할 수 있도록 도움을 받는 과정으로 이해할 때, 종결은 트라우마가 아니라 내담자가 성장해 나아가는 또 다른 단계가 된다(p. 188).

상담사와 내담자는, 어느 정도까지는 상담 관계가 시작되는 때부터 그것이 언젠가는 끝날 것을 알게 된다. 그러나, 상담이 궁극적으로 끝나게 될 것이라는 것을 아는 것이 의사결정을 위한 기준을 제공하지는 않는다. 이는 다음과 같은 문제를 제기한다. "상담의 종결 시점을 결정하는 요인은 무엇인가?" 이 질문에 대한 답변은 이론적인 관점 및 상담사-내담자 상호작용 모두에 기초하여 이루어진다.

종결 결정 요인

상담사들은 종결을 위한 적절한 기준에 대해 나름의 생각을 가지고 상담을 시작한다. 현상학적 접근을 하거나 사설 상담실에서 일하는 상담사들은 이 과정을 각 내담자에게 상당히 맞추는 경향이 있다. 특히 보험에서 상담 기간을 제한하지 않는다면, 상담 목표는 행복을 막는 주요 심리적 장애물을 다룰 내담자의 준비도에 따라 장기 또는 단기로 설정할 수 있다.

또 어떤 상담사들은 제3의 지불인이나 직장에서 상담이 비교적 단기로 종결될 수 있을 것이라고 기대하기 때문에 제약을 받는다. 이런 상황에 처한 상담사들은 내담자가 구체적인 목표를 향해 개선되고 있음을 근거로 상담이 지속될 필요가 있음을 정당화할 준비를 해야 한다.

끝으로 단기상담의 관점을 채택하여 상담하는 어떤 상담사들은 그들이 하는 상담의 주요 기능인 증상 제거에 초점을 둔다. 그들은 간혹 내담자가 상담에 다시 돌아오더라도, 단기상담이 더 현실적이며, 내담자가 새롭게 배운 기술들을 자연적인 상황에 즉각적으로 적용해보게 하는 기회를 허용한다고 생각하는 경향이 있다.

이와 같은 예들에서 상담 종결 시기에 관한 질문에 대한 대답은 상담사의 이론적 입장과 현실적인 제약에 의해 좌우된다. 그러나 내담자의 의견이나 상담사의 판단과 같은 다른 요소들도 종결을 결정하는 데 중요한 역할을 한다.

종결 결정 요인 : 내담자와 상담사의 의견

실질적인 측면에서는 종결이 적절하다는 것을 내담자, 상담사, 그리고 상담 과정이 보여주면 상담은 끝나게 된다. Teyber와 McClure(2011)는 상담이 끝나게 되는 시점과 관련하여 아래와 같이 매우 실용적인 답변을 제공하고 있다.

> 치료자들은 다음 세 가지 출처의 내담자 변화에 대한 보고들이 수렴될 때 내담자들이 종결할 준비가 되었음을 안다 ― (1) 내담자가 지속적으로 기분이 나아지며, 오랜 갈등 상황에 좀 더 적응적인 방법에 반응할 수 있고, 내담자 스스로가 이전에 사용하지 않았던 새로운 반응을 할 수 있음을 발견하게 될 때, (2) 내담자가 오랫동안 대인관계에서 다루던 방식이나 부적응적인 관계 행동 양식을 보이지 않고, 새로우며, 더욱 직접적이고, 평등주의적인 현실에 기반한 방법을 지속하여 치료자에게 반응하게 될 때, (3) 내담자의 중요한 사람들이 내담자에게 이전과는 다르다는 의견을 주거나, "당신은 이전에 이렇게 한 적이 전혀 없었어요"와 같이 언급할 때(p. 44).

위에 언급된 형태의 수렴은 실용적일 뿐만 아니라 최선이다. 우리는 보통 종결이 그렇게 명확하지 않다고 주장할 수 있다.

내담자가 종결을 원할 때 내담자들은 여러 가지 이유로 종결을 결정할 수 있다. 그들은 상담 목표가 성취되었다고 여길 수 있다. 또한 그들은 관계(또는 상담사)가 도움이 되지 않거나 심지어 해롭다고 여길 수도 있다. 상담 지속을 위한 경제적인 수입이 부족하거나, 상담을 위한 보험이 끝났을 수도 있다. 내담자가 새로운 지역으로 이주하거나, 학생의 경우 학교를 졸업할 수도 있다. 종결에 대한 내담자의 이유가 무엇이든 간에, 상담사의 법적, 윤리적인 책임은 내담자의 결정으로 종결되지 않는다는 점이 강조되어야 한다. 상담 종결 이후 다른 서비스가 추천될 때, 종결 전 상담이 제공되어야 하는 요건을 포함하여, 상담 종결에 관한 윤리적인 기준들은 매우 명확하다[American Counseling Association(ACA), 2014, *Code of Ethics*, Section A. 11].

상담사가 종결할 때 보통, 상담사가 상담이 종결에 접근하고 있다는 생각을 먼저 이야기하게 된다. 이러한 결정은 상담 목표의 달성 여부에 기초하거나 상담사의 전문성이 내담자의 필요를 충족시키지 못하고 있다는 것이 분명해지면서 내려질 수 있다.

상담이 행동적 또는 다른 형태의 계약에 근거를 두고 있을 때, 계약에 포함된 목표나 조건을 기준으로 하여 진전된 정도는 상담을 종결해야 하는 시점에 관해 분명히 알려준다. 내담자들은 상담 기반의 변화를 경험하는 최적의 상황에 있음에도 불구하고, 변화를 알아차리는 것이 필요한 객관적인 위치에 항상 있지는 않다. 따라서, 상담사는 내담자에게 다음과 말할 수도 있다. "○○씨는 이루려고 했던 모든 것을 달성했다고 생각하나요?" 보통 상담사는 종결이 이루어지기 전 몇 회 동안의 회기에서 이러한 현상들을 볼 수 있다. 그때 종결에 관한 생각을 소개하는 것이 적절하며, 그렇게 함으로써 내담자가 상황의 전환에 대해 적응할 기회를 갖게끔 돕는다. 꽤 단순한 관찰을 통해 다음과 같이 말할 수도 있다. "앞으로 서너 번 정도 회기를 더 갖게 된다면, 우리의 작업을 마칠 수 있다고 생각해요." 이것은 일종의 사전 고지(an early warning)로서, 진전된 사항과 목표 평가에 관한 논의의 장을 열고, 상담 이후 삶이 어떻게 전개될지에 대한 내담자의 관심에 초점을 맞추어 간다.

때로는 사례가 진행되면서 상담사는 내담자의 문제가 상담사들이 보유하지 않은 기술이나 특성을 요구한다는 점을 인식할 수도 있다. 이를테면 몇 번의 회기 후에 한 내담자의 섭식장애에 대한 분명한 증후들이 나타날 수 있는데, 만약 상담사가 그런 조건의 치료 절차에 익숙하지 않다면, 그 내담자는 섭식장애에 대해 능숙하다고 인식되는 전문가에게 의뢰되어야만 한다. 이런 경우 종결 대신 취할 수 있고 또 대체로 선호되는 대안으로서 상담사가 내담자의 문제에 구체적으로 관련된 추가적인 슈퍼비전을 받는 방법이 있다.

종결이 받아들여지지 않는 경우 중 하나는 내담자가 제기한 문제로 상담사가 가치관의 딜레마에 빠지는 경우이다. 미국상담학회(American Counseling Association, ACA)의 윤리강령

(*Code of Ethics*)은 이러한 경우에 대해 매우 분명하게 명시하고 있는데, 상담사들은 추가의 훈련과 슈퍼비전을 받아야 하며, 상담사의 가치관이 내담자가 상담 목표로 향한 진전을 저해해서는 안 된다고 명시하고 있다. 상담사의 가치관이 내담자의 진전을 저해하는 것은 사실상 불공정하고 윤리를 위반하는 행위이다(ACA, 2014, *Code of Ethics*, A.11.b).

조기 종결 조기 종결은 상담 경험이 많고 부족함을 떠나서 상담사들을 더욱 의기소침하게 만드는 상황 중 하나이다. 대체로 조기 종결은 거의 작업동맹이 형성되기 전에 발생한다. 이러한 상황은 여러 가지 조건이 작용한 결과일 수 있다. 한 가지 중요한 이유는 내담자의 준비도이다. Smith, Subich, Kalodner(1995)는 '사전 고려 단계'이거나 변화에 대한 낮은 잠재력을 가진 내담자들은 숙고 단계에서 상담을 시작하는 사람들보다 첫 번째 회기 이후에 바로 종결하는 경우가 많다고 보고한다. 상담 초기의 종결이나 조기 종결을 발생시키는 다른 원인으로는 성, 인종, 또는 다른 문화적 요인들과 관련이 있을 수 있다(Kim, Lee, Chu, & Cho, 1989; Lim, 1994; Tata & Leong, 1994).

때때로 상담사들은 적절한 순간에 도달하기 전에 상담 종결을 제안한다. 많은 내담자들은 종결문제에 관해서 상담사에게 심하게 의존하기 때문에 내담자들은 상담사의 권고에 따를 수 있으며, 그 결과 상담 관계는 조기에 종결되기도 한다. 상담사들이 종결을 하고 내담자를 다른 전문가에게 의뢰할 수 있는 몇 가지 타당한 조건이 제안되어 왔다. 이와 같은 적절한 상황을 제외한 아래의 세 가지 조건은 상담에서 부적절한 조기 종결을 야기할 수 있다.

1. 상담사가 내담자와의 관계에서 불편함을 경험한다.
2. 상담사가 문제를 정확하게 인지하고 개념화하지 못한다.
3. 상담사가 정확하게 문제를 이해하지만, 그 문제에 압도된다.

개인적인 불편감은 친밀감에 대한 공포나 강력한 상담 관계의 경험 부족에 기인할 수도 있다. 이러한 상황은 좋은 슈퍼비전을 받으면서 상담에 계속 노출되는 것과 알아차림을 통해 저절로 개선될 수 있다. 만약 상담사의 사례개념화 기술이 부족하거나 모든 문제에 대한 상담사의 접근이 상황을 축소하는 것이라면, 그 결과는 조기 종결로 이어질 가능성이 큰데, 그 이유는 상담사가 내담자를 이해하지 못하고 있기 때문이다. 이 상황에서는 분명히 정신건강 전문가가 되려고 하는 상담사의 결정에 대한 재평가를 요구하고 추가적 훈련이나 슈퍼비전이 상황을 개선할 수 있을지 등을 재검토해야 한다. 조기 종결의 세 번째 이유는, 상담사가 정확하게 내담자의 문제를 사례개념화했지만 상담사가 내담자 문제의 복잡함에 의해 압도되기 때문이다. 이러한 문제가 발생한다는 것은 상담사들이 충분한 슈퍼비전을 받지 못하고 있다는 것을 의미할 개연성이 크다. 정신건강 전문직에서 슈퍼비전은 상담사가 능력을 갖추기 위해 꼭 필요한 것으로 가정한다(Bernard & Goodyear, 2014). 너무 많은 경우에, 상담사들은 자신이 최소한의 능력에 도달했을 때 슈퍼비전을 끝낸다. 그래서 그들은 자신의 능력을 지속적으로 개발하지 못한다. 그 결과, 더욱 어려운 내담자가 나타났을 때 종결을 포함한 상담의 모든 단계에 영향을 끼친다.

훈련 중이거나 이직하는 상담사의 경우는 특별히 유의해야 한다. 대개 상담 수련생들은 대학의 학기 또는 6개월 과정의 실습과목이나 인턴십 환경에서 서비스를 제공한다. 상담 수련생이 특정한 날에 수련과목이 끝날 것과 내담자들을 종결하거나 다른 상담사들에게 의뢰해야 한다는 것을 알게 되었을 때, 윤리지침은 첫 번째 회기에서 이미 종결 시점이 정해져 있음을 내담자에게 알려야 한다고 지시한다. 이렇게 함으로써 내담자는 단기 상담을 할지, 혹은 의뢰를 하게 되는 조건에서 장기 상담을 할지, 혹은 상담 관계에서 이러한 종결에 대한 제한이 없는 다른 상담사와 상담을 할지 선택할 수 있게 된다.

종결 보고서

단기 상담이든 장기 상담이든 상담 진행에 관한 요약 보고서는 몇 가지 이유에서 적절하고 권고되며 심지어 의무화되기도 한다. 내담자가 후속 상담이 필요할 경우, 종결 보고서는 상담에 대한 내담자의 반응에 대한 정확한 요약과 개입의 구체적인 유형들을 제공한다. 만약 내담자가 다른 전문가들(예: 사회복지사, 정신과 의사) 또는 사법기관에 정보를 제공해 달라고 상담사에게 요구한다면, 상담 과정 보고서는 그러한 정보를 준비하는 데 필요한 기초를 제공한다.

상담 사례는 보통 두세 장으로 요약될 수 있고, 상담사의 이름, 주소, 상담 시작 날짜와 종결 날짜, 상담 회기 수, 문제에 대한 진술, 진단명(진단서가 있다면), 상담 개입방식 및 상담 효과, 상담이 끝난 이후 상담 관계에 대한 내담자의 반응, 종결에 대한 내담자의 반응, 그리고 상담 성과에 대한 상담사의 평가에 관한 내용이 포함되어야 한다. 종결 보고서는 비밀문서로, 내담자의 동의 없이 유출할 수 없다(부록 B, 세부조항 B-5와 B-8 참조).

과정으로서의 종결
- - - - - - - - - - - - - - - - - - - -

종결 과정은 몇 가지 단계를 거친다. 첫 번째로 상담사와 내담자가 만들어가는 상담 과정 및 목표가 달성된 정도에 대한 신중한 평가의 단계이다. 이 평가의 결과에 따라 상담사는 두 가지 방향, 즉 종결 또는 다른 상담사에게 의뢰하는 것 중 하나를 채택하게 된다. 종결이 적절한 선택이라고 가정했을 때, 상담사와 내담자는 그동안 성취한 것에 대한 논의, 그러한 성취가 미래의 상황에 끼칠 영향들, 추후 상담에 관한 계획, 그리고 작별인사 등의 후속 절차를 밟게 된다. 대체로 종결 과정은 인지적인 논의 중간중간에 관계의 정서적인 측면에 관한 언급을 하면서 진행되는 특징을 보인다. 종결이 적절하고 제대로 끝나게 될 때, 종결 과정은 건설적이고 긍정적인 특성을 갖는다.

진전도를 평가하기

Quintana(1993)는 종결하는 동안 평가의 역할에 대해 다음과 같은 의견을 제시했다.

> [a] (평가의 역할이) 특별히 상담사와 내담자에게 중요한 기회가 될 수 있는데, 이 과정을 통해 내담자의 성장에 영향을 미치는 상담 관계를 갱신하고 전환하는 중요한 기회가 된다. 이러한 전환이 발생하려면, 내담자들은 좀 더 성숙하게 기능하기 위해 밟아 왔던 단계들에 대해 알아야 한다. 아마도 내담자에게 가장 중요한 것은 치료자가 그들의 성취를 인정하고 타당화하는 것이다(p. 430).

도움이 필요한 관계에서부터 좀 더 자주적이고 정상적인 삶으로 전환되었다는 것은 곧 상담 성과가 이후에도 지속되고 있다는 것과 관련된다. 만약 상담에 관한 동의가 내담자가 확인한 구체적인 상담 목표에 근거해서 이루어졌거나 어떤 형태의 상담계약이 상담 초기에 체결되었다면, 변화에 대한 평가는 꽤 공식적인 형태로 이루어질 수 있다. 설정된 개별 목표들은 논의의 주제가 되고, 목표와 관련된 변화들이 확인되며, 그러한 변화가 가져온 환경의 변화들 역시 나열되고 검토된다. 이렇게 접근함으로써 상담사와 내담자는 상담 성과를 검토하는 과정에 일종의 구조가 있음을 느낄 수 있다. 커플이나 가족 상담에서의 상담 평가는 훨씬 더 복잡할 수 있는데, 상호작용 영향에서의 체계적인 변화뿐만 아니라 각 구성원의 변화가 고려되기 때문이다.

진전도를 요약하기

상담의 진전도 평가를 상담사가 요약해줄 필요가 있다는 점을 다시 한 번 강조하는 것은 사실 불필요해 보일 수 있다. 하지만, 요약을 하는 두 가지 이유가 있다. 첫째로 자신의 진전을 타인으로부터 또는 다른 관점에서 듣는다는 것은 자신이 말하는 것과 매우 다르다. 대부분의 내담자는 상담사가 해주는 말이 새로운 정보가 아닐 때라도 상담사가 해줌으로써 도움을 받는다.

어떤 내담자는 다음과 같이 말했다. "나는 상담에서 성과가 있다는 것을 알고 있었습니다. 그러나 그 사실을 당신이 직접 말하는 것을 들을 때에도 확실히 도움이 되었습니다." 상담사가 그 내담자의 성과를 타당화하고 상담 목표들에 도달하기 위한 모든 단계에 대한 공을 내담자에게 돌리도록 내담자들을 격려한다면, 상담 관계를 내면화하기 위한 내담자들의 노력은 향상된다.

요약을 하는 두 번째 이유는 어떤 상담 성과가 강화될 필요가 있거나 내담자에 의해 모니터링될 필요가 있을 때, 상담사는 몇 가지 주의를 줄 수 있기 때문이다. 이것은 진전이 이루어진 상태를 유지하거나 일반화하기 위한 내담자의 추후 노력과 관련이 있다.

변화를 일반화하기

상담을 통해 간접 또는 직접 발생한 변화를 확인했다면, 상담사와 내담자는 어떻게 새로운 행동, 태도, 또는 관계가 내담자의 세계로 일반화될 수 있을지 논의하는 단계로 넘어가야 한다. 상담 과정 내 이러한 단계는 내담자가 즉시적 성과를 넘어서 잠재적 성과로 확장시키도록 하기 위해 필요하다. 상담사는 내담자에게 "당신이 습득한 이 사회적 기술들을 어떤 다른 상황에 사용할지 예상할 수 있을까요?", "만약 다음 달에 당신의 남편이 새롭게 골치 아픈 행동을 한다면, 당신은 어떻게 이것을 다룰 수 있을까요?"라는 질문으로 이 단계를 시작할 수 있다. 일반화하는 단계의 기본 목표는 내담자가 학습한 기술과 새로운 태도를 문제를 촉발시킨 원래의 상황이 아닌 새로운 상황에 적용하는 의지와 능력을 확인하기 위함이다.

후속 조치 계획하기

상담에서의 후속 조치는 종결 이후 상담사와 내담자 사이에서 발생하는 전문적인 연락의 속성 및 횟수와 관련이 있다. 어떤 상담 접근은 다른 접근들보다도 후속 조치를 더 많이 강조한다. 이를테면 어떤 치료자들은 가족의 주치의처럼 개인 상담이나 가족치료를 하는 위치에 선다. 수년간 그들이 담당하는 사람들은 새로운 요구들과 문제들을 마주할 것이며, 이러한 상황들에 대한 요구로서 상담에 다시 오게 될 것이다. 이러한 접근에 의하면, 어떤 사람들은 그들의 정상적인 삶을 훨씬 어렵게 만드는 복잡한 삶의 역사를 가진 채 성인기로 접어든다는 사실을 인정한다. 따라서 상담 서비스는 간헐적이지만 내담자 삶의 상당한 부분에까지 관여하면서 제공될 수 있다고 본다. 다른 접근들, 특히 대부분 자기실현을 강조하는 경우, 상담을 발달상의 경험으로 보게 되며, 그 목적은 내담자의 성장 및 새로운 문제들을 더욱 효과적으로 다룰 가능성이 실현되도록 하는 데 있다. 이런 관점에서는, 물론 내담자가 다시 돌아오는 것을 막는 것은 아니지만, 그들이 다시 올 것이라고 기대하지는 않는다.

또한 사후관리는 윤리적인 측면을 갖는다. 비록 상담사와 내담자가 종결을 할 수 있는 충분한 진전이 있다는 것에 동의할 때도, 상담사는 (a) 내담자가 추수 상담 서비스를 이용할 수 있도록 하는 것과 (b) 내담자에게 추수 상담을 위한 연락 및 예약 방법을 설명하는 것이 적절하다. 더구나, 이러한 관계는 종결이 적절하지만 나중에 불안을 경험할 수도 있는 내담자에게 효과적인 개입이 될 수도 있다. 그런 내담자들에게 상담사가 3~6개월 정도 후에 '체크업(checkup)'을 제안하는 것은 도움이 될 것이다. 이런 제안에 대한 내담자의 반응에 따라, 상담사는 상담 약속을 잡거나, 내담자가 필요할 경우 상담 약속을 위한 연락을 하도록 권유할 수 있을 것이다. 이런 제안은 내담자에게 안전감과 관계에 대한 지속성을 줄 수 있으므로 효과적인 연결성을 갖는 개입이다. 상담사는 또한 내담자에게 추수 상담이 필요없을 경우 전화해서 취소해주면 고마울 것이라고 제안할 수도 있다. 우리의 경험상 내담자들은 상담 약속을 하는 것과 그것을 취소하는 것에 대한 책임을 져야 한다. 내담자들이 상담 약속을 취소하게 될 때하는 전화통화는 내담자의 대처방식에 대해 추후에 확인할 수 있는 정보를 제공한다.

만약 상담 성과가 내담자가 상담 이후에 하기로 결정한 활동을 포함한다면, 상담사는 그러한 목표가 성취되었는지 상담사에게 알려줄 것을 원할 수도 있다. 예를 들어 내담자가 진로를 바꾸려고 하고, 그 과정에 일자리 면접을 포함하고 있다면, 상담사는 그 면접 결과나 진로 변경의 진행 과정에 대해 알려줄 것을 내담자에게 요청할 수 있다.

종결 절차가 없을 때

우리는 앞서 조기 종결에 대한 좌절에 대해 언급했었다. 종결 절차를 밟을 수 없는 장면들도 있다. 이런 현상이 분명히 나타나는 대표적인 장면은 상담이 학생들의 전반적 발달목표와 함께 엮여 있는 학교 상담 장면이다. 학교 상담사들은 특정 '학년' 또는 동급 집단에 배치되어, 학교 내에서 그 학생들의 진전도를 지속적으로 살펴본다. 학교 상담사들에게는 상담의 종결보다는 다음 학년으로의 진급이나 졸업이 좀 더 일반적인 구조이다.

물론 예외사항도 있는데, 다른 지역으로 이사를 하게 되는 학생이나 학교 밖의 정신건강 전문기관으로 의뢰되는 학생들은 학교 상담 내에서 종결하게 되는 경우로 포함된다. 그러한 경우들은 이 장의 내용이 적합하다.

종결이 일반적이지 않을 때 상담사들이 주의해야 할 사항은 상담 진전도 평가의 실행을 게을리할 수 있다는 점이다. 상담에서 특정한 문제를 다루게 되었을 때, 상담사는 내담자와의 작업에서 가능한 한 구체적인 방식을 가지고 상담 목표 달성과 관련한 진전사항을 다루어 진행하도록 주의를 기울여야 할 것이다. 상담사는 내담자가 자신과 비슷한 방식으로 진전도와 일반화를 이해할 것이라고 결코 가정해서는 안 된다. 게다가 종결은 아니지만 여름방학처럼 오랜 기간 만나지 못하는 경우에도 종결에서 다루는 주제와 유사한 주제를 논의함으로써 그 기간을 계획할 필요가 있다. 요약하자면, 모든 상담사는 종결이 영구적인 것이 아니더라도 시작, 중간, 그리고 끝을 갖는 내적 구조를 가지고 작업해야 한다.

의뢰 과정

다른 전문가에게 상담 사례를 의뢰하게 되는 두 가지 경우는 (a) 의뢰가 추가적(additive)인 경우, 다시 말해 상담사는 한 내담자와의 상담을 종결할 의도가 없지만, 상담 서비스를 제공할 수 없는 경우, 그리고 (b) 수많은 이유로 인하여 상담사가 부득이하게 특정 내담자와의 작업을 할 수 없게 되어서 다른 상담사들에게 의뢰가 필요해진 경우이다.

추가적 의뢰

추가적 의뢰를 하는 데는 여러 가지 이유가 있다. 내담자들은 진로상담에서 도움을 받거나, 영양사로부터 의견이 필요하거나, 정신과 의사로부터 약물에 관련한 자문이 필요할 수도 있다. 예를 들어 주요 치료자가 상담을 지속하는 동안, 대부분의 정신건강기관들은 내담자의 문제로 정기적으로 자문할 수 있는 정신과 의사를 보유하고 있다. 이런 경우 우리는 협조와 정보 공개라는 중요한 문제에 당면한다. 예외사항들이 존재할 수도 있겠지만, 대다수의 경우 상담사들이 내담자들에게 서비스를 제공하고 있는 특정의 다른 전문가들 자문을 구하는 것은 중요하다. 그러므로, 상담사들은 추가적 의뢰를 목적으로 내담자가 서명한 정보제공 동의서를 준비해 두어야 한다.

만약 정보 공개 동의서에 내담자가 서명했다면, 그것은 의뢰 이유를 설명하고, (아직 그런 관계가 수립되어 있지 않다면) 전문적 관계를 수립하기 위해 제2의 전문가를 접촉하는 데 매우 효율적일 수 있다. 또한 상담사는 다른 전문가가 그들의 전문직 수행에서도 내담자의 동의서를 받도록 할지를 결정할 수 있으며 이를 통해 내담자를 위해 전문가들 간에 정보를 공유하는 순환 구조를 만들어낼 수 있다. 이런 정보 공유가 조직들(기관, 병원, 학교) 내에서 일반적임에도 불구하고, 조직들 간에 수행되기 위해서는 더 많은 노력을 해야 한다.

종결이 포함된 의뢰

내담자 의뢰는 종결의 특별한 형태 중 하나이다. 상담사가 다양한 이유로 특정 내담자와 더는 작업할 수 없게 되었을 때 의뢰가 발생한다. 예를 들어 상담사가 사례평가를 지속하면서, 상담사의 역량을 넘어선 내담자의 문제가 뚜렷해지는 것을 발견하게 된다면, 내담자는 필요한 전문지식을 갖춘 상담사에게 의뢰되는 것이 보장되어야 한다(ACA *Code of Ethics*, Section A.11. a). 흔히 볼 수 있는 또 다른 이유는 해당 상담사가 장기 휴가를 받거나 타 기관의 다른 직책으로 옮기거나 아니면 고용된 현재 위치에서 통근하기에는 어려운 곳으로 재배치되는 경우들이다. 이상적으로 다른 전문가에게 내담자를 의뢰하는 것은 다음과 같은 몇 가지 단계를 거친다 — (a) 의뢰에 대한 필요성 확인, (b) 잠재적인 의뢰 자원에 대한 평가, (c) 의뢰를 위한 조율, (d) 의뢰를 위한 내담자 준비.

의뢰의 필요성 의뢰가 빈번하게 발생하는 이유는 내담자가 어떤 전문화된 형태의 상담이 필요했기 때문이다. 이는 내담자가 심각한 증상들을 보이는 것을 의미하지는 않지만, 의뢰가 필요한 사례가 될 수도 있다. 내담자는 상담사가 제공하지 않는 특정 형태의 상담이 필요할 수 있다(예 : 진로 상담, 노인 상담, 외상후 스트레스장애 전문가). 내담자들은 상담과 관련한 다양한 형태의 정보를 갖고 있지는 않으므로, 상담사는 특정 요구에 빈틈없이 맞추고 자신의 능력에서는 양질의 서비스를 해야 한다.

또한, 내담자는 몇 가지 잘 알려진 잠재적인 문화적 요인들인 성, 민족성, 종교, 또는 성적 지향과 관련하여 특별한 조건을 요구하거나 선호할 수도 있다. 특정한 요구들은 상담 초기에 분명해지거나, 상담 관계의 나중에 분명해질 수도 있다. 그런 요구들이 나타나게 되면, 상담사는 그것들에 대해 대응해야 하는 책무가 있다.

내담자들은 다른 전문가에게 의뢰하는 것이 적절하다고 처음 제안할 때 저항할 수도 있다. 내담자들은 자신의 문제와 취약성을 공유하게 되는 위험을 모두 감수한 후에 또 다른 사람과 같은 과정을 겪어야만 하는 것을 선호하지 않을 가능성이 크다. 만일 상담사가 분명하게 설명해주고 내담자의 질문에 명확하게 답변해주면서 내담자의 양가감정을 지지해준다면 이러한 저항은 대체로 덜해질 것이다.

잠재적인 자원들에 대한 평가 상담사가 지역사회 내 의뢰를 받을 수 있는 잠재적인 자원들에 대한 정보를 파악하고 있는 것은 중요하다. 어떤 지역사회들은 공공기관과 전문가들, 제공되는 서비스들, 수수료, 의뢰가 수행되는 방법이 수록된 정신건강 서비스 안내책자를 출판하기도 한다. 또 다른 명백한 자원은 인터넷이다. 해당 도시나 지역의 정신건강 상담사, 결혼 및 가족치료사, 심리학자, 또는 정신과 의사에 대해 검색을 한다면, 자격증을 소지한 전문가들과 그들의 전문 분야들에 대한 목록을 얻을 수 있을 것이다. 그런 목록들이나 안내책자들은 이름과 소속기관보다 좀 더 많은 정보를 제공할 수도 있다. 예를 들어 '결혼, 가족, 아동, 개인'이라고 검색하면 다음과 같은 결과를 볼 수 있다.

심리치료/상담
Ralph T. Marcus 박사
심리치료 센터
- 결혼생활 개선
- 이혼 및 사별
- 가사 조정
Meridian 센터에서 가까운 위치
예약 문의 : 555-5555

위의 목록에서 바로 습득할 수 있는 정보는 무엇인가? Marcus 박사는 더 나은 결혼생활을 위한 상담, 결혼생활, 이혼의 어려움 극복, 가족갈등문제들을 위한 심리치료를 제공한다. 알려지지 않은 정보로는 (a) Marcus 박사가 받은 수련의 종류, (b) 심리학 또는 관련 정신건강 분야의 박사학위 소지 여부 및 그가 속한 주에서 정신건강 개업상담사로서 자격 여부, (c) 치료적 접근(예 : 개인 대 가족, 이론적 접근), (d) 숙련 정도 또는 다양한 종류의 문제들에 대한 상담 성공률 등이 있다. 어떤 질문들에 대한 해답을 찾는 최선의 방법은 다른 자원들을 찾아보는 것이다. 이것이 부족하다면, 상담사는 Marcus 박사에게 연락하여 어떤 질문을 할 수도 있을 것이다. 필요한 정보를 얻게 된 후에, 상담사는 Marcus 박사에게 의뢰를 받을 수 있는지와 그가 선호하는 의뢰 절차는 무엇인지에 관련하여 물어봐야 한다. 시간이 흐르면, 상담사들은 직접 경험을 토대로 한 의뢰 자원들의 목록을 축적할 수 있다. 어떤 목록들은 내담자를 의뢰해야 하는 필요가 발생할 때, 단연코 최고의 자원이 될 수도 있다.

의뢰를 하는 것은 법적 파급력을 갖는다. 특정한 정신건강 공급자에게 의뢰가 내담자에게 긍정적인 경험으로 입증될 것이라는 확실성은 누구도 장담할 수 없으므로 의뢰 정보들 가운데 내담자가 선택하도록 하는 것이 가장 좋을 것이다. 그런 식으로, 내담자는 개인적 특징들과 전문적인 자질들이 자신이 지각한 필요들에 가장 가까운 한 전문가를 선택할 기회를 얻게 된다. 만약 의뢰하는 상담사가 오로지 한 명의 잠재적인 의뢰정보를 내담자에게 제공하고 그것이 문제가 있는 경험으로 드러나게 된다면, 그 상담사는 자신의 책무를 다했다고 말할 수 없다.

의뢰를 조율하기 내담자가 또 다른 전문가에게 의뢰될 때마다, 상담사는 의뢰가 성공적으로 이루어지고 내담자에게 과중한 부담이 없길 바랄 것이다. 만약 상담사가 과도하게 걱정이 되거나, 내담자가 의뢰를 받아들 수 없다고 생각한다면, 내담자의 우려에 대한 특별한 주의를 기울여야 한다. 게다가 의뢰가 성공적으로 이루어지려면, 의뢰할 전문가에게 상담사가 연락을 취하고 의뢰 과정에서 활용할 수 있는 정보를 제공해야 한다.

내담자 준비시키기 의뢰와 관련하여 내담자를 준비시키는 것은 의뢰 과정에 대한 세부사항들과 새로운 전문가와 작업하는 것에 대한 내담자의 걱정을 포함한다. 상담사가 의뢰하는 전문가와 사례에 대해 의논하고, 내담자가 고통스러워하는 사항들이 반복되지 않도록 내담자를 안심시킬 수 있다면 도움이 된다. 또한, 상담사가 잠재적 새로운 전문가(들)의 개인적 특성, 전문가적 자질, 전문가의 의뢰에 대한 수용성 등 구체적인 정보들을 내담자에게 말해주는 것도 도움이 된다. 의뢰에 대한 세부사항들은 내담자가 새로운 상담사나 필요한 전문지식을 가진 전문가에게서 무엇을 기대할지를 확인하도록 돕는 것을 포함한다.

의뢰받는 전문가와의 의사소통 내담자에게 의뢰를 추천하기 전에 잠재적으로 의뢰를 받을 수 있는 전문가들의 수락 여부를 확인해야 한다. 내담자 의뢰를 수락하는 전문가를 찾게 되면, 사례에 대한 정보 전달이 필요하다. 의뢰받는 상담사는 보통 사례 요약 보고서를 요구한다. 앞에서 설명한 종결 보고서는 이런 요구조건을 충족하기에 충분한 정보를 제공한다. 그러나 어떤 자료를 보내기 전에, 내담자로부터 정보를 공유해도 괜찮다는 서명과 동의를 받아야 한다. 사설기관의 종사자들은 상담사가 다른 특정 영역의 전문가, 관련 기관, 담당 관청에 내담자가 서명, 동의한 서면 정보를 전달하도록 권한을 주는 의뢰 양식을 만들어야 한다.

종결의 방해 요인

상담은 상담사와 내담자 모두를 위한 친밀하고 가치 있는 개인적인 경험으로, 관계의 끝맺음에 관한 생각은 상담사와 내담자에게 모두 유쾌하지 않을 수 있다. 상담사의 관점에서, 한 내담자가 성장하며 장애물을 극복하고 달성하도록 돕는 것은 엄청나게 보람 있는 경험이다. 게다가 상담사-내담자의 관계는 개인적 차원뿐만 아니라 전문적인 차원의 양상을 취한다. 상담사들은 내담자들을 좋아하기 시작하고 내담자들의 인간성과 개인 특유의 진가를 알게 된다. 따라서, 관계를 유지하는 데 있어서 어떤 개인적인 투자가 있을 수 있다. 내담자들은 가족관계

에서 발생했기를 바라던 방식들을 상담사와 경험하게 된다. 이와 관련해서, 종결은 종종 매우 소중한 한 사람과의 이별을 의미한다.

그러나 Quintana(1993)는 이에 대한 경험적 뒷받침이 부족하다고 제시하면서, 종결을 위기 상황의 개념으로 본 것에 대해 이의를 제기했다. 다시 말해, 내담자들에게 있어서 종결이 매우 힘들고 어려운 과도기일 것으로 추정하는 상담사들은 내담자들의 삶에서 자신의 역할을 과대 평가하는 것일 수 있고, 심지어는 발생하지 않았어도 되는 위기를 만들었다는 죄책감을 갖게 되기도 한다. 대신에 Quintana는 "성별, 민족성, 인종 전반에 걸쳐 적용이 가능한"(p. 429) 모 든 내담자에게 성장과 발전을 장려하는 하나의 변화로서 종결의 대안적 정의를 주장했다.

종결에 대한 내담자의 저항

종결 경험과 그것이 내담자에게 미치는 영향에 대한 이론 및 실증적인 문헌이 많이 쓰였다. 종결이 미치는 영향에 대한 이론적인 개념은 경험적인 증거와는 상충하는 것으로 보인다. 예 를 들어 정신분석적 접근에 따르면, "가장 바람직한 것은 내담자가 서서히 끊도록 하는 상 황으로, 결국에는 자신의 한계를 받아들이고 이루어질 수 없는 바람들을 기꺼이 포기하게 되 는 것이다"(Lorand, 1982, p. 222). 그의 종결에 대한 이론적인 견해를 밝힌 보고서에서, Quintana(1993, p. 427)는 "내담자들에게 애도 반응과 관련한 신경증적인 정서적, 인지적, 대 인관계적, 그리고 방어적인 반응들의 과잉이 예상되며 종결에서 어떻게 나타나는지 [그리고] 내담자의 반응들은 … 치료 초기에 생성된 긍정적인 성과를 압도하기에 충분히 강렬하다"고 서술했다. 하지만, Quintana는 종결이 내담자의 반응들에 미치는 영향에 대한 연구에서 아래 와 같이 서술하고 있다.

내담자의 종결에 대한 반응의 빈도와 강도는 상실에 대한 본질적인 위기를 반영하지는 않는다. 연구 결과들(Marx & Gelso, 1987; Quintana & Holahan, 1992)은 단지 극소수의 내담자들이 상담의 종결 이후 심리적인 위기를 경험하고, 그 위기는 분명히 상실보다는 오히려 내담자가 지 각하는 실망스러운 수준의 상담 결과에 초점을 두고 있는 듯하다(1993, p. 427).

내담자가 종결에 대한 반응이 어떻든 간에 상담사는 내담자의 종결에 관한 걱정의 수준을 평가하고 치료적으로 반응하는 것이 적절하다.

종결에 대한 상담사의 저항

내담자가 상담 과정에서 합리적인 중단에 이르게 되었음에도, 상담사가 내담자와의 종결에 저항하는 것은 놀라운 일일 수도 있다. 하지만, 대다수 상담사의 저항은 이해할 만하다. 상담사는 내담자와 진정한 인간적 애착을 형성한다. 사실, 내담자라는 사람에 대한 상담사의 투자가 성공적인 상담의 전제조건 중 하나라는 의견에는 이의를 제기할 수도 있다. 이것이 관계의 일부라면, 관계를 놓은 것은 정서적으로 충격을 준다. Goodyear(1981)는 종결이 발생할 때 상담사를 상실 경험에 이르게 하는 상황들을 파악했다. Goodyear는 긍정적인 작업 관계 이외에도, 좀 더 효과적이지 못했던 상담에 대한 죄책감이나 불안한 감정을 갖게 된 사례, 상담사에게 독특한 학습 경험의 끝을 의미하는 종결 사례, 그리고 종결이 상담사의 개인적 삶에서 해결되지 않는 이별을 촉구하게 된 사례들을 포함했다.

상담 수련생에게는 명백한 저항을 지적할 수 있는 슈퍼바이저가 있을 수 있다. 그러나, 전문적인 상담사는 어떻게 하는가? 대다수 숙련된 상담사들은 어느 정도 의식의 수준에서 내담자와의 관계가 꽤나 중요하게 되었다는 것을 알아차린다. 이는 상담사가 동료 자문이나 슈퍼비전을 받는 것이 적절하고 바람직하다는 신호이다. 인간적인 상담사일수록, 전문적인 실제에서 개인적인 부분이 관여되는 것에 대해 더 민감하다. 상호 간 논의와 슈퍼비전을 통해 일정 수준의 객관성을 유지해줄 수 있는 동료를 갖는다는 것은 가치 있는 자산이 된다.

종결 사례 예시

알렉스의 사례

34세의 증권 중개인인 알렉스는 회사의 인원 감축 결과로 14개월 동안 실업 상태에 있다. 그는 이러한 딜레마를 새로운 방향으로 진로를 변경할 수 있는 기회로 여기고자 노력했다. 그러나 그는 두 가지 이유로 상담을 받기로 결심했다. 그가 다양한 분야의 재취업 상담을 받았음에도 불구하고, 사실상, 자신의 잠재력에 대한 불확실함이 커졌으며, 새로운 진로를 향해 가는 것을 원하는지 알 수 없었다. 이러한 불확실성과 더불어, 지난 몇 달 동안 알렉스는 자신이 내쳐지는 것과 가까운 친구로 여겨 왔던 상사가 재취업을 어떻게 다루었는지에 대해 속상함이 커져 갔다. 한 사설 심리치료집단에서 보여진 사례는 다음과 같다.

1회기

첫 회기에서, 상담사는 비밀유지, 상담 녹음의 필요성, 자신이 속한 정신건강 전문가들과 만나는 정기적인 협의회에서 동료 슈퍼비전을 받는다는 내용을 포함하여 알렉스가 기대할 수 있는 상담조건을 소개하며 시작했다. 또한 상담사는 자신이 '단기'치료를 하며, 따라서 내담자는 10회기를 계약하게 된다는 점을 알렸다. 만약, 종결 시점에서도 내담자에게 미해결 문제가 있으면, 추가적인 단기간 상담이 연장될 수도 있다.

(계속)

상담사 : 알렉스, 회기마다 우리가 하게 될 것 중 하나는 상담 진전도를 평가하고 그것이 당신의 목표를 어떻게 반영하고 있는지에 관한 것입니다. 당신은 이미 광범위하게 진로검사를 해 왔으므로, 저는 그 결과를 요청하는 것에 대해 당신의 허락을 구하고자 합니다. 진로검사 내용은 우리가 매주 할애하는 내용의 일부가 될 것입니다. 자, 당신은 이 10주 탐험을 어떻게 시작하고 싶나요?

알렉스 : 실례되는 말씀이지만, 선생님이 10주 이내에 제 모든 문제를 해결할 수 있을지 모르겠습니다.

상담사 : 당신 말이 물론 맞을 수도 있지만, 저 혼자 하는 게 아닌, 우리 둘이 하게 되는 작업이 될 것입니다.

알렉스 : 여전히, 저는 그게 가능할지 모르겠어요. 저는 1년이 좀 넘게 이미 그 문제에 대해 진땀을 흘려왔어요.

상담사 : 네. 바라건대, 더욱 효과적이고 새롭게 당신의 문제를 보는 방법을 발견할 수 있을 겁니다. 그러나 우리가 고심할 필요가 있는 첫 번째 문제는 미래 또는 분노에 대한 것입니다.

알렉스 : 그래요. 저를 여기 오게 한 것도 저의 미래에 대한 것이죠.

상담사 : 네. 그러나 당신의 미래와 관련해서 올바른 결정을 하는 능력에 영향을 미치는 자신감 부족과 화나는 감정을 생각해봤나요?

4회기

4회기가 끝나갈 무렵 알렉스가 종결에 관한 주제를 이야기하기 시작했다.

알렉스 : 오늘은 정말 피곤한 회기였어요.

상담사 : 그래요. 우리는 많은 것을 다루었죠. 당신이 좋은 진전을 이루었다고 생각해요.

알렉스 : 그렇죠. 저는 그것 때문에 기분이 좋기도 하지만, 걱정되기도 해요.

상담사 : 걱정시키는 좋은 느낌은 무엇인가요?

알렉스 : 아, 그것은 좋은 느낌은 아니에요. 저는 그저 무언가 무척 빨리 지나가고 있다는 것을 알았고, 우리는 6번의 회기가 더 남았네요. 선생님이 설정한 10회기 만에 '짠, 해결되었어요' 하

고 좋아진다는 생각에 확신이 없어요.

상담사 : 우리가 시작했을 때, '짠, 해결되었어요'라고 말하지 않았어요. 그리고, 우리는 10회기 이상 되었을 때, 다시 재조정할 수 있어요. 하지만 너무 빠르게 결론에 이르도록 하지 맙시다. 대체로 내담자들이 몇 주 동안 진전에 대한 좋은 감정을 느낄 때, 그 감정은 믿을 만하답니다. 이 문제에 대해 꺼낸 것이 반가워요. 10주라는 기간의 거의 중간 과정에 있기 때문입니다. 우리가 그즈음에 종결할 거라는 것만 인식하고 있으면 됩니다.

상담사는 종결 과정에 대한 내담자의 의식을 확장하는 기회를 얻었다. 사실상, 이런 대화는 종결 과정에 대한 시작점이 된다. 인식의 씨앗은 심어졌고, 내담자는 그 상담의 마무리 단계에서 그 인식을 받아들였다. 3주 뒤에, 그 인식은 성장하고 성숙해졌다.

7회기

이번 상담의 거의 끝에서 나온 내용으로, 어렵고 중요한 회기이며, 상담사는 내담자에게 종결의 주제를 다시 소개했다.

상담사 : 자, 오늘 어려운 작업을 했네요, 알렉스. 오늘 회기를 어떻게 느끼고 있나요?

알렉스 : 솔직히 말하자면, 너무 지치네요. 그러나, 오늘 한 작업에 대해 매우 좋은 느낌이에요. 제가 집한테 느끼는 화나는 감정을 극복해서 좋았어요. 그것은 정말 방해가 되었었거든요.

상담사 : 약 한 달 전쯤에, 당신의 호전에 관해 너무 낙관적으로 느끼는 것이 두려움 중 하나라고 언급했었어요. 여전히 그렇게 느끼나요?

알렉스 : 언제 그랬었죠?

상담사 : 오. 4회기 때의 기록에서 확인되는데, 단지 10회기 내에 호전될 수 있음을 믿을 수 없다고 말하는 것을 들을 수 있었어요.

알렉스 : 음, 여전히 그것은 의문이긴 합니다. 그러나, 예전에 그랬던 것보다 지금은 더욱 선명해진 느낌을 받아요. 불안하게 느끼지는 않아요.

상담사 : 종결이 곧 다가오는 것을 생각할 때 불안한가요?

알렉스 : (웃으며) 아, 선생님 아직 3회기가 남았잖아요.

저는 오늘 종결 준비가 안 되었어요. 그러나, 나락으로 떨어지지 않는다면, 10회 연장이 필요하지 않을 거라고 생각해요.

상담사 : (빙그레 웃으며) 그럴 거예요. 만약 10회기를 더 추가하게 된다면, 아마도 당신이 얻게 되었던 기반(ground)을 잃기 시작할 수도 있어요.

알렉스 : 그게 무슨 뜻이죠? 상담을 너무 오랫동안 지속하면 기반을 잃게 되나요?

상담사 : 그렇게 생각해요. 부모님과 헤어질 때, 훈련을 마칠 때, 일을 그만둘 때, 그리고 우리의 경우에는 상담을 마치게 되는 시간이에요. 만약, 우리가 종결의 시간이 왔을 때, 그렇게 하지 않는다면 당신은 상담 과정에 더욱 의존하게 될 것이며, 그것은 자멸적이에요.

위 대화 예시에서, 상담사는 적절한 종결의 치료적 효과를 보여줄 수 있었고 그래서 종결이 정상적으로 발전하는 성장의 과정이 되는 듯하다. 이는 내담자의 모든 두려움을 제거하는 것이 아닌, 결코 재앙이 아닌 상황으로 종결에 이르게 한다. Quintana(1993)는 상담사가 종결을 가치 있는 관계를 상실하는 것이 아닌 성장으로 재구조화함으로써 종결을 잘 촉진할 수 있다고 제안한다. 동시에, Quintana는 다음과 같이 강조한다. 상담사들은 "내담자들이 상담에 대한 요구가 더 이상 없어졌다고 암시하지 않도록 주의해야 한다… (왜냐하면) 향후 치료는 내담자의 계속되는 발전을 지지하거나 촉진하는 하나의 방법으로 선택되도록 남겨두어야 하기 때문이다"(p. 430).

9회기

상담사는 종결에 대한 주제를 꺼내며 회기를 시작했다.

상담사 : 자, 알렉스, 이제 다음 회기가 마지막 회기군요. 우리가 어떻게 시간을 사용하면 좋을까요?

알렉스 : 우리는 비겼고, 연장전으로 갈 수 있겠어요.

상담사 : 네, 맞아요. 당신의 약점은 여전히 강점과 같다고 말할 수 있어요.

알렉스 : 아, 저는 그렇게 믿지 않고, 선생님도 그런 것 같아요. 저는 그렇게 생각하지 않아요.

상담사 : 그래요. 저는 전혀 그렇게 생각하지 않아요. 사실, 당신의 강점은 실제적이고, 많은 약점은

상상된 것이라고 생각해요.

알렉스 : 네, 저는 그렇게 느껴요. 하지만, 선생님이 그렇게 말씀하시는 것을 들으니 역시 좋네요. 아마도 이것은 오늘 제가 하고 싶었던 것 이야기 같아요.

상담사 : 무슨 뜻이죠? 강점에 대한 것을 말하는 건가요?

알렉스 : 네. 제 인생에서 원하는 것이 무엇인지 알았어요. 대학원에 관한 생각은 옳은 것 같고, 지난주에 면접을 봤어요.

상담사는 의도적으로 9회기를 시작할 때 종결에 대해 꺼내 놓으며, 내담자가 상담 관계의 임박한 이별에 대한 감정을 처리하는 시간을 갖도록 했다. 내담자는 의미 있는 관계가 끝나는 것에 대한 불안함에 대해 곱씹었을 수도 있었다. 아니면, 그는 이번 회기에서 연장을 합의할 수 있었거나, 토론과 검토를 통해서 깨달아 얻은 성과를 확고히 할 수도 있었다. 이 내담자의 경우, 마지막 대안(깨달아 얻은 성과를 확고히 함)을 선택했다.

10회기(마지막 회기)

내담자는 이번 회기가 마지막 회기임을 얘기하면서 회기를 시작했다.

알렉스 : 네. 이번이 그거네요.

상담사 : 무슨 뜻인가요?

알렉스 : 이번이 마지막 시간이네요. 또 보게 될 거예요. 제 생각엔 그래요.

상담사 : 저도 그렇게 생각해요.

알렉스 : 그동안 좋았어요. 우리가 시작했을 때, 이렇게 효과가 있을 것이라고는 정말로 확신하지는 않았어요. 그러나, 효과들이 나타나기 시작했어요. 오, 그런데 짐과 저는 지난 금요일 저녁에 술을 마시러 갔어요. 그를 다시 보는 것은 좋았어요. 그리고, MBA 과정[경영학 석사] 신청서를 작성하게 되었어요.

상담사 : 좋은 생각이네요. 짐이 당신에게 전화했나요? 아니면, 당신이 그에게 전화했나요?

알렉스 : 제가 그에게 전화했어요. 그리고 그건 좋았어요. 그에게 연락하면 나를 도와줄 수 있을 거라고 생각했어요.

(계속)

[상담 후반부]

상담사   오늘 끝나기 전에, 앞으로 6개월 정도 후에 알렉스 당신에게서 소식을 들었으면 한다는 걸 알았으면 좋겠어요. 잠깐 전화를 걸어서 어떻게 되어 가는지 말하는 것도 좋을 것 같아요. 그렇게 할 수 있어요?

알렉스   물론이죠. 혹시 제가 때때로 추가 접종(booster shot)이 필요하다면요?

상담사   만약 그렇게 되면, 저에게 전화하고 약속을 잡으면 됩니다.

마지막 회기에서, 상담사는 내담자가 6개월 후에는 연락하도록 하여 비공식적으로라도 진전을 보고하도록 해서 전환 단계를 돕는 가교를 제공했다. 이것은 내담자를 위한 것뿐 아니라 상담사를 위한 것이기도 하다. 왜냐하면 다음과 같이 말하는 것이기 때문이다. "나는 단지 예약 기록부와 나의 의식으로부터 당신을 떨어뜨리는 것이 아닙니다. 당신은 *부재중*인 내담자로 남을 겁니다." 게다가, 만약 후속 요구들이 발생할 것을 대비하여, 상담사는 내담자가 나중에 필요로 하는 연락을 하도록 종결 구조를 제공했다. 이런 사실을 다 알 거라고 생각되지만, 사실 내담자들은 종종 이런 특권을 당연하게 받아들이지 않거나 이런 움직임을 꺼리기도 한다. 사실, 내담자가 돌아오도록 초대하는 것은 내담자의 만족도를 증가시키고 고통을 경감하는 결과를 가져올 수 있다.

상담 평가

지금까지 이 장에서 우리는 내담자와의 상담 관계가 끝나는 시점에서 내담자들을 돕는 방법을 논의해 왔다. 상담의 종결 시점에서 우리가 의무라고 말할 수도 있는 또 다른 중요한 기회가 있다. 그것은 당신이 제공한 상담이 가장 최선의 것이었다는 점을 알 수 있도록 해주는 자료들을 통해 상담을 평가하는 것이다. 안타깝게도, 상담 평가는 다른 주제들만큼 전문적인 연구에서 주목을 받지는 못해 왔다. 하지만, 이 글을 읽는 당신이 고려할 수 있는 몇 가지 방법이 있다.

증거기반 치료

비록 평가 자체가 아니더라도, 하는 일에서 자신감을 높이는 방법의 하나는 전문적인 연구자로 남는 것이다. 증거기반(evidence based)이라는 용어는 매우 잘 알려졌으며, 그것은 단지 특정 치료집단에서의 치료 성과만을 의미하지는 않는다. 특정 세팅에서의 증거기반치료(EBP)를 강조하는 것에 대한 비판이 있지만 상담사들은 여전히 자신이 속한 분야에서의 연구를 잘 알아야 한다. 특히 특정 임상집단을 대상으로 작업하는 경우에는 더더욱 그렇다. 요약하자면, 수행하고 있는 일을 평가하는 한 가지 방법은 지속해서 전문지식을 평가하는 것이다. 수련 프로그램은 상담 수련생에게 실습을 시작하기에 충분히 포괄적인 지식을 제공한다. 그러나 그 지식은 경력이 오래될 때 이러한 지식이 충분하지는 않다. 증거기반치료는 특정 진단이나 특정 집단에서 성공적인 것으로 밝혀진 여러 개입이 최근 어떠한지를 파악하기 위한 시작 지점이다.

그러나, 증거기반치료에 대한 문헌들이 좋은 시작점이기는 하지만 충분하지는 않다. 전문가 조직에 회원이 되는 것은 실무를 위한 지속적인 문헌들에 가까워지도록 해준다. 상담은 광범위한 자원이 필요한 심오한 직업이므로, 탁월하고 싶은 상담사들은 혼자서 해서는 안 된다.

끝맺음 면접

끝맺음 면접(exit interviews)은 내담자에게 제공했던 상담의 피드백을 얻는 비교적 쉬운 방법이다. 마지막 회기의 일부로, 상담사들은 상담 성과목표보다는 과정 목표에 대해 논의하는 데 시간을 쏟는다. "우리는 지난 몇 달 동안 함께 작업해 왔고, 회기들이 항상 모두 같지는 않았어요. 작업 중에 특별히 도움 되었던 것을 기억해낼 수 있겠어요?" 상담사가 개입의 목록을 작성하고 내담자에게 평가를 부탁하는 것이 한결 좋을 것이다. "○○씨와 함께 작업하는 동안, 저는 회기들 중간에 ○○씨의 생각과 감정과 관련한 과제를 주었어요. 또한, 빈 의자 기법을 실행했고, 그것들을 살펴봤을 때 ○○씨의 말의 앞뒤가 안 맞는 생각들과 관련한 것들을 작업하여 다루었지요. ○○씨가 회상했을 때, 상담 목표에 도달할 만큼 특별히 도움이 되었던 것이 있을까요?"

물론, 특별히 상담이 비교적 성공적이었다면, 내담자는 끝맺음 면접에서 상담사를 기쁘게 하길 원하며, 모든 것이 훌륭했다고 말하는 위험이 있을 것이다. 그러므로 상담사는 다음과 같이 부탁한다는 요구 사항을 표현해야만 한다. "제가 내담자들에 대한 접근이 전부 결실이 있길 바랄지라도, 제가 하는 모든 것이 똑같은 도움이 될 수 있다고 생각하지 않아요. 저는 ○○씨가 우리가 함께했던 작업이 좋았다고 생각하는 것을 알아요. ○○씨가 생각하기에, 우리가 했던 작업 중 거의 도움이 되지 않았던 것과 어떤 이유로 그랬는지 간단히 말해주세요. 그렇게 의견 주시면 감사하겠습니다."

끝맺음 면접을 수행하는 다른 두 가지 방법이 있다. 첫 번째는 다른 누군가가 끝맺음 면접을 실시하도록 준비하는 것이다. 이때 전문직 종사자로서 상담사를 평가하는 것이 아닌, 상담 서비스 개선에 대한 바람을 표현하는 것으로 구조화하는 것이 중요하다. 마지막으로, 피드백에 대한 서면 양식을 내담자에게 작성하도록 요청하는 것이다. 서면 양식이 유용하게 되려면, 상담사가 각 내담자에게 사용된 특정 개입과 관련된 질문을 포함시켜서 양식을 각 내담자에게 맞게 만들어야만 한다. 너무 포괄적인 양식들은 상담사들의 치료적 임상 개발에 도움이 될 수 있는 피드백을 제공하지 못한다.

내담자 만족도 조사

상담센터에서 사용되는 일반적인 피드백 도구는 내담자 만족도 조사이다. 개입들에 대한 구체적인 피드백을 주는 것은 아니지만, 그 조사는 상담의 전반적인 취지와 내담자에게 상담이 도움이 되었는지에 대한 정보를 제공한다. 대체로, 그 형식들은 문항들을 나열하고, 내담자들은 '매우 그렇다'에서 '매우 그렇지 않다' 사이에 표시한다. 대부분 이 문항들은 상담 사무실의 일반적인 분위기, 상담사의 의사소통에 의한 내담자에 관한 관심, 내담자에 대한 존중, 상담사의 자신감, 그리고 상담이 도움이 되었는지, 상담센터를 다른 사람에게 추천할 의향이 있는지 등의 내용을 포함한다.

만족도 조사가 너무 광범위하여 개입의 전문성을 높이는 데 도움이 되지 못하더라도, 가치가 없는 것은 아니다. 예를 들어 그 조사는 상담사와 문화적으로 다른 사람들이 유사한 사람들만큼 호의적으로 반응하는 지를 확인하는 데 사용될 수 있다. 상담사는 뚜렷이 다른 개입이 내담자의 전반적 만족도에 있어 차이를 가져오는지를 확인하기 위해 만족도 조사를 사용할 수도 있다. 다시 말해서 가장 포괄적인 피드백이라도 피드백이 전혀 없는 것보다 유용하며, 때때로 그것은 상담사 발전에도 유용한 패턴을 확인할 수 있게 한다.

현재 내담자 만족도 조사를 사용하지 않는 이들은 다양한 상담센터의 모델들을 온라인으로 접속하여 쉽게 확인할 수 있다.

의뢰 의견

적절하고 가능하다면, 상담에서 최초 의뢰를 제공했던 사람들로부터의 의견들은 매우 가치가 크다. 학교 상담사들은 종종 그들의 노력에 대한 비공식적인 피드백을 받을 수 있더라도, 상담사의 입장이 변호될 필요가 있을 때, 좀 더 공식적인 피드백이 훨씬 더 유용할 수 있다. 의뢰 이유를 명시하는 형식과 상담 성과(상담이 도움이 되었는지) 등 평가에 관한 후속 형식은 부록 B-9와 B-10에 포함되어 있다. 이러한 형식들은 학교에서 인턴상담원들에게 사용되기 위해 만들어졌지만, 어떤 학교 상담 전문가들에게도 유용하게 쓰일 수 있다. 유사한 형식들은 '사내'나 '조직 내' 의뢰를 위한 것으로 사용될 수 있다고 주장하는 바이다.

사후관리

사후관리는 앞서 내담자에게 혜택을 제공하기 위한 것으로써 다루었지만, 상담사에게도 유익한 점을 제공하는 데 사용될 수 있다. 혹자는 내담자들이 몇 달이 지난 후에 그들이 받았던 상담을 좀 더 객관적으로 평가할 수 있다고 주장할 수도 있다. 이것은 상담사들의 업무 수행능력을 향상하도록 피드백을 받는 또 다른 기회라는 것이다. 경험이 더는 생생하지 않을 때 무엇이 도움 되었는지 듣는 것은 피드백에 신뢰성을 더해준다. 게다가, 관계에 대한 약간의 거리를 가지면서, 내담자들은 전혀 도움 되지 않았던 것에 대한 피드백도 기꺼이 줄 수 있을 것이다. 사후관리는 전화면담이나 우편조사로 수행될 수 있다.

요약

종종 종결은 상담사와 내담자가 성공적인 관계를 결론짓게 되는 순간으로 이해된다. 우리는 이런 견해와 다르게 종결을 상담 과정의 한 단계로서 광범위한 정의로 대체하고자 한다. 하나의 과정으로서 종결은 긍정적인 변화가 굳혀지고 자기 의존으로의 전환이 실현될 때로 볼 수 있다. 이런 관점에서 볼 때, 성공적인 상담에서 평가, 목표 설정, 개입 단계들만큼 종결도 중요할 수 있다.

많은 바람직한 결과들은 종결에 대해 의논하는 것으로부터 생긴다. 내담자는 새로운 강점과 기술을 점차 알아가고, 상담사는 새로운 강점과 기술의 습득을 강화하여 미래의 요구와 기대 및 두려움과 우려를 고려할 수 있게 된다. 이런 과정은 미해결 과제를 다루고 설명하고 성취감을 향상한다. 이 모든 것에서, 상담사는 내담자의 행복이 보호되고 유지되는지 살펴볼 책임이 있다. 다른 전문가에게로 의뢰 종결이 발생할 때, 상담사는 상대방 전문가가 의뢰를 순조롭고 민감성 있게 처리하는지 살펴볼 중요한 책임이 있다.

성공적인 종결은 치료 일부로 보아야 한다. 이것 없이는 매우 인상적인 상담 성과도 내담자의 인식에서 약해지고, 미래에 필요한 상담에 부정적인 영향을 미칠 수도 있다.

****

종결의 내용을 다룬 이 장은 또한 이 책의 마지막 부분이다. 장차 독자들이 안목을 가질 수 있길 바라며, 논의를 '종결(terminate)'하고자 한다. 우리 책은 당신의 상담사로서의 초기에 도움이 될 수 있도록 노력을 기울였다. 여기서 제시된 기술과 개입을 오랜 시간 동안 사용하길 바란다. 당신이 그렇게 하는 만큼, 우리는 치료자들의 경험 자체만으로는 전문성과 상관이 없다는 Tracey, Wampold, Lichtenberg, Goodyear(2014)의 최근 연구 결과를 공유하게 되는 것이다. 연구들에 대한 그들의 분석 결과로 볼 때, 그들은 다음과 같이 제안했다. 경험만 하는 것이 아니라 상담사로서 자신의 수행에 대한 피드백을 구하고 확신을 갖기보다는 자신의 접근에 대한 질문을 가지는 태도가 더 생산적이다. 다시 말해 슈퍼비전을 받으며, 가능한 많은 출처로부터 피드백을 구하려는 시도를 하고, 지속해서 내담자와 수행한 작업에 대한 가정에 도전하는 것은 더욱더 좋은 상담사가 되기 위한 행동과 기질의 최고 조합일 수 있다. Tracey 등(2014)에 의해 제시된 보고는 자신의 수행에 대해 끊임없이 성찰하는 습관이 숙련된 상담사가 되는 데 중요하다고 주장한 Schön(1987)의 선행 연구를 강화한다. 우리는 이 탐구 과정에서 여러분들이 잘해내기를 바란다.

실습

1. 구성원들을 세 집단으로 나누고 각 집단의 구성원들에게 상담사, 내담자, 또는 관찰자의 역할을 맡도록 한다. 관찰자의 책임은 상담사와 내담자가 연습하는 동안 그들의 행동을 기록하는 것이다. 상담사와 내담자는 다음 목록들의 한 역할을 선택하도록 한다. 다른 사람들에게 당신의 역할을 밝히지 않도록 한다.

상담사	내담자
종결을 저항함	종결을 저항함
종결을 격려함	종결을 요구함
종결에 대해 불확실한 태도를 보임	종결에 대해 불확실한 태도를 보임

당신이 고른 역할을 사용하여 10분 동안 모의 상담 회기를 수행하라. 역할을 마친 후에는 서로의 반응에 대해 토론하라. 관찰자는 자신이 관찰한 역동을 각자에게 피드백하라.

2. 다음의 역할극에서 한 사람은 상담사, 두 번째는 내담자, 그리고 세 번째로 관찰자/기록자이다.

> 내담자는 한 심리학자에게 의뢰되었다. 의뢰된 이유는 상담사가 이 내담자의 문제가 자신의 훈련과 능력 수준을 넘어선다고 깨달았기 때문이다. 내담자는 2회기 동안 상담사를 만나 왔다.

이 역할극을 10분간 수행하라. 역할극을 했던 구성원들끼리 상호작용의 역동을 논의하라. 내담자에 영향을 미치는 경험으로부터 무엇을 배웠는가? 상담사에게는? 대인관계 기술에 요구되는 것은 무엇인가?

생각해볼 문제

1. 종결에 대해 일찍 논의하는 것의 장단점은 무엇인가?

2. 종결에 관한 생각을 점진적으로 소개할 필요가 있는 내담자는 어떤 유형인가? 그 이유는 무엇인가?

3. 이 장에서는 조기 종결 관련 사항들이 언급되었다. 조기 종결을 이끄는 조건들은 무엇인가? 모든 것은 상담사에 의해 조절 가능한가?

4. 종결에 관한 상담사의 저항에 대해 논하라. 당신은 내담자의 종결에 저항을 일으킬 만한 어떤 특성을 가지고 있는가?

5. 의뢰가 종결과 유사하게 되는 방식을 논하라. 상담사의 책임과 관련하여 의뢰와 종결은 어떻게 다른가? 의뢰와 종격에서 대인관계적 역동은 무엇인가?

6. 어떤 조건들이 당신으로 하여금 자신의 상담에 대해 평가를 촉진하게 하는가? 어떤 조건들이 평가를 구하지 않도록 하는가? 평가를 친숙하게 할 수 있는 가능성을 높이기 위해 무엇을 하겠는가? 평가를 구하는 것을 단념시키는 조건들은 무엇인가? 우호적인 평가로 남는 조건의 가능성을 증가시키는 것은 무엇인가?

부록 A

통합적인 실습훈련

상담을 배우는 일은 다른 복잡한 과제를 학습하는 것과 유사한 면이 있다. 그 일은 일련의 기술을 습득하고 하위과제를 숙달하며 궁극적으로는 모든 것을 통합적인 형태로 종합하는 것들을 포함한다. 아마 당신은 자동차 운전을 배우는 과정이 어떠했었는지 기억할 수 있을 것이다. 처음에는 자동차를 운전한다는 것만 생각해도 엄청난 일로 여겨질 것이다. 하지만 운전이 익숙해지게 되면 당신은 운전하면서 그 과정에 대해 거의 주의를 기울이지 않게 되는데, 그 이유는 그 과정이 매우 익숙하고 당신의 한 부분이 되어버렸기 때문이다. 초기에 운전을 배운다는 엄청난 생각에서부터 시작해서 지금 비교적 편안하고 수월하게 운전하는 상태에 이르기까지 당신은 운전과 관련된 다양한 기술을 연습하고 숙달했다. 운전대를 다루는 법, 가속기를 사용하는 법, 변속기를 사용하는 법, 제동장치를 밟는 법, 그리고 이 모든 일을 수행하면서 다른 운전자들을 관찰하는 법 등을 학습했다. 뿐만 아니라 당신은 ─ 비록 하룻밤 사이는 아니었지만 ─ 비교적 짧은 기간 내에 이 모든 것을 습득했다.

이제는 당신이 몇 가지 상담 기술과 전략을 통합, 즉 당신이 개별적으로 습득한 것들을 의미 있는 방식으로 통합할 시점이다. 이런 연습의 목적은 여러 부분을 하나의 개념적 틀 속에서 이해함으로써 당신이 조력 과정에 대해 좀 더 잘 이해하게끔 도우려는 데 있다. 이와 동시에 상담에서 사용되는 여러 가지 상담의 도구와 단계를 종합할 수 있는 능력은 단순히 연습 경험 이상의 것이 될 것이다. 특히 당신이 아직 실제 내담자를 대상으로 그러한 도구를 적용할 수 있는 실전이나 직장이 없는 경우에는 더욱 그러할 것이다.

역할연습과 같은 모의연습은 위협이 적은 조건에서 학습할 수 있는 매우 가치 있는 방법이 될 수 있지만, 삶의 괴로움과 힘든 정서상태에서 기대, 안심, 두려움을 모두 가지고 당신 앞에 앉아 있는 내담자와 실제로 만나서 상호작용을 하는 것을 대신할 수는 없을 것이다. 실제 상담 경험이 축적되면서 당신이 개인적으로나 전문적으로 성장하고 발달하는 것과 함께 상담의 도구와 단계에 대한 당신의 이해와 통합의 수준이 높아질 것이다.

이 부록에서 우리는 이 책에 제시했던 기술과 전략들을 의미 있게 통합하는 데 도움이 되는 다양한 연습들을 소개했다. 뿐만 아니라 우리는 당신이 이러한 활동을 완수한다면 오랜 시간에 걸쳐 내담자와의 실제 상담 경험이 쌓여 가면서 상담 과정을 더 잘 이해할 수 있게 될 것이라 믿는다.

연습 1

이 연습에서, 우리는 세 사람의 내담자 사례를 제시할 것이다. 각 사례를 읽은 후 제시되는 질문에 답하라. 답을 하면서 상담 과정의 네 단계에서 나타날 문제들을 지적하고 각 문제들을 효과적으로 다룰 방법에 대한 아이디어를 제시하라. 당신은 이 자료를 읽으면서 아이디어를 메모하거나 이 자료에 관한 브레인스토밍을 위해 파트너나 소집단을 활용할 수 있다.

사례 1. 레아는 20세 여성으로 정신건강센터에 상담을 신청했다. 그녀의 호소문제는 직장을 유지하기 어려울 정도로 불안하다는 점이었다. 레아는 과거에 코카인을 복용한 적이 있었지만, 1년 이상 약물을 사용하지 않았다고 했다. 그녀는 어머니, 그리고 18개월 된 딸과 함께 살고 있었다. 그녀는 딸의 아버지가 약물을 사용하고 있었기 때문에 그와는 거의 만나지 않았다. 레아는 자신의 불안 때문에 생활 수준이 더 나아지지 않는 것이라 믿고 있었다. 일을 하고 싶은 마음과 더불어 레아는 고등학교 2학년 때 학교를 그만두었기 때문에 검정고시를 합격하고 싶어 했다.

사례 2. 율 부부는 결혼한 지 2년이 되었다. 그들은 모두 60대이고 두 번째 결혼이었다. 그들은 모두 배우자와 사별한 지 10년이 안 되었다. 부부는 그들이 이 두 번째 결혼에 대해 깊이 생각하지 않고 '서두른 것 같다'고 하면서 염려했다. 그들은 모든 문제에 대해 끊임없이 다투고 있다고 했다. 그들은 '문명인'의 태도로 대화하는 법을 잊은 것 같다고 했다. 아내는 자신의 끊임없는 잔소리 때문에 남편이 화를 낸다고 했으며, 남편은 자신이 친구들과 시간을 너무 많이 보내서 아내를 짜증나게 하는 것 같다고 했다.

사례 3. 아서는 스미스 초등학교에 다니는 4학년 학생이다. 그는 여러 가지 일에서 '문제를 일으키는' 아이였다. 아서는 다른 남자아이들에게 싸움을 건다는 사실을 인정했다. 그는 이유도 없이 자신도 모르게 갑자기 그들을 때린다고 했다. 싸움이 일어난 후에야 그는 자신의 분노가 손을 통해 표현되는 것을 알아차렸다. 아서는 자신의 행동 때문에 다른 아이들이 그를 피한다는 것을 알고 있었지만, 친구관계를 유지하고 싶었다. 그는 어떻게 자신의 욱하는 성질을 다스림으로써 친구들을 잃지 않을 수 있는지 알 수 없었다.

관계 형성과 평가

1. 이 내담자와의 좋은 관계와 효과적인 조력관계를 형성하려고 할 때 발생할 수 있는 구체적인 문제에 대해 기술하라.

2. 제시된 내담자들 중에서 그들의 문화적 배경(인종이나 사회경제적 지위 측면)에 대해 특별한 가정을 갖게 된 내담자가 있는가? 당신의 가정이 잘못된 것을 알게 되었다면 내담자에 대한 당신의 평가는 달라질 것 같은가?

3. 상담을 시작할 때 이 내담자는 상담사에게 어떤 특정한 방법으로 반응할 것 같은가? 몇 회기가 지나면 그 반응은 어떨 것 같은가?

4. 이 내담자의 주요 문제 영역이 무엇인 것 같은지 기술하라. 정서적, 행동적, 인지적, 관계적 측면을 고려하라.

5. 내담자의 주요 강점, 자원, 대응 기술은 무엇인 것 같은가?

6. 내담자의 역기능적 행동 또는 문제행동이 가지고 있을 수 있는 이득을 찾아낼 수 있는가?

목표 설정

7. 이 내담자가 상담에서 추구하는 것이나 얻으려고 하는 것은 무엇인가?

8. 이 내담자에게 가장 이상적인 성과는 무엇이 될 것 같은가?

9. 당신이 이 내담자에 대해서 고려하고 있는 성과와 내담자가 생각하고 있는 성과가 어떻게 다른가? 그 차이가 크다면 상담 과정에 어떤 영향이 있을 것 같은가?

개입전략

10. 특정 내담자에게 가장 유용하다고 생각하는 개입전략을 가능한 많이 나열하라. 그리고 당신이 그러한 개입전략을 선택한 이유를 설명하라.

11. 당신이 나열한 목록에 있는 개입전략들의 근간이 되는 이론적 접근은 무엇인가?

12. 정서적, 인지적, 행동적, 체계적 전략 중에서 당신은 대체로 이 내담자에게 어떤 전략을 선호하고 있는가? 왜 선호하는가? 또 왜 선호하지 않는가?

종결과 추수상담

13. 내담자가 종결할 준비가 되어 있다는 사실을 시사하는 표식들에는 어떤 것을 생각해볼 수 있는가?

14. 상담 장면에서 이루어진 학습 결과를 실제 환경으로 전이시키는 계획을 수립하기 위해 당신은 내담자를 어떻게 도울 수 있겠는가? 내담자가 처한 환경 속에서 어떠한 잠재적인 장애물이 있을 것인가?

15. 상담이 종결된 후, 당신은 내담자의 변화 과정을 확인하기 위해 어떤 사후관리를 하겠는가?

연습 2

일련의 역할연습 상담 회기를 수행하기 위해 연습 1에 제시된 3개의 사례 중 하나를 선택하라. 그리고 앞으로 5주간 당신과 정기적으로 만날 수 있는 동료나 급우의 도움을 구하라. 그 사람이 수행해야 할 과제는 위에 제시한 3개의 사례에 등장하는 내담자 중 한 내담자의 역할을 맡아 상담 회기 중에 내담자가 '되어서' 상담에 참여하는 것이다. 당신의 과제는 앞으로 5주간 이 사람을 정해진 시간에 만나 상담을 진행하는 것이다.

1회기와 2회기는 효과적인 상담 관계를 형성하고 제5장에 제시된 정보들을 사용하여 당신의 내담자에 관한 평가를 실시하는 것에 중점을 두어야 할 것이다. 3회기에는 제6장에 제시된 과정과 기술을 활용하여 내담자가 상담 목표를 정하게끔 하라. 4회기에는 확인된 문제와 정해진 목표를 기초로 제8장에서 제11장에 제시된 기법 중 1~2개를 선택하고 그 기법을 적용해보라. 그리고 이 회기에서 종결을 위해 내담자를 준비시켜라. 마지막 회기인 5회기에서는 내담자가 회기를 요약하고 조력 과정을 평가하며 실제 생활로 돌아간 이후에 있을 변화를 위한 계획을 수립하게끔 하라. 상담 과정을 종결하고 추수상담을 계획하라.

당신의 회기를 동영상으로 촬영하라. 각 회기 이후 다음에 제시된 상담 기술 체크리스트(Coun-seling Skills Checklist, CSC) 중 적합한 영역을 적용하여 당신의 행동을 평가하고 점수를 매겨보라. 당신의 강사나 슈퍼바이저는 당신의 수행 수준을 평정할 수 있다. 당신이 이미

숙달한 기술과 조력 과정은 어떤 것들인지, 어떤 영역이 개선과 연습이 필요한지 결정하기 위해 당신 스스로 평가할 수도 있지만, 당신의 '내담자'도 평가할 수 있다.

상담 기술 체크리스트

상담 기술 체크리스트(CSC)는 6개 부분으로 나뉘어 있다―(I) 관계 형성 과정, (II) 평가, (III) 목표 설정, (IV) 개입방법의 선택과 적용, (V) 종결과 평가, (VI) 개인적 기술 요약. CSC는 매 회기를 마치면서 상담의 특정 단계에 관련된 기술을 사용했는지 여부를 살펴보는 데 사용될 수 있다.

상담 기술 체크리스트 사용법

CSC는 각 질문에 대해 '그렇다', '아니다', '관련 없다' 중에서 가장 적합한 것에 표시를 하는 방식으로 점수를 매긴다. 각 문항에서 '그렇다'는 바람직한 반응, '아니다'는 바람직하지 않은 반응을 의미한다.

각 회기의 면담을 관찰하고 평정한 후, 평정 결과를 검토해보라. 가장 미흡한 영역을 찾아내서 그 문제를 개선하기 위한 목표를 설정해보라. 그러한 목표에 도달하기 위해 밟아야할 단계를 2~3개 나열해보라.

1부 : 관계 형성 과정

1. 상담사는 내담자와 눈 맞춤을 유지했다.

   그렇다   아니다   관련 없다

2. 상담사의 표정은 내담자의 기분을 반영했다.

   그렇다   아니다   관련 없다

3. 상담사가 말하는 음조에 다소 변화가 있었다.

   그렇다   아니다   관련 없다

4. 상담사는 내담자가 목표로 향하고 있는 주제나 행동을 했을 때, 그것을 강화하기 위해 간헐적으로 음성 반응(예 : "음음")을 했다.

   그렇다   아니다   관련 없다

5. 상담사는 내담자가 제시한 주제를 탐색하는 언어 반응을 했다.

그렇다   아니다   관련 없다

6. 상담사의 음성적 반응의 주어는 대체로 이름이나 '당신'이라는 대명사를 사용해서 내담자를 지칭했다.

그렇다   아니다   관련 없다

7. 상담사의 음성적 반응에서 주제가 분명하고 합리적인 방향으로 전개되었다. 즉 상담사는 장황하거나 두서없지 않았다.

그렇다   아니다   관련 없다

8. 상담사는 내담자의 감정을 반영했다.

그렇다   아니다   관련 없다

9. 상담사는 이해하려고 하는 의도를 음성적으로 진술했다.

그렇다   아니다   관련 없다

10. 회기 중에 상담사는 구체적인 피드백을 최소한 한 번 이상 해주었다.

그렇다   아니다   관련 없다

11. 상담사는 내담자의 강점이나 잠재력에 대해서도 반응을 보여주었다.

그렇다   아니다   관련 없다

12. 상담사는 내담자에 대한 자신의 호감이나 좋은 인상을 알리는 반응을 했다.

그렇다   아니다   관련 없다

2부 : 평가

1. 상담사는 내담자의 기본적인 인구학적 배경에 관한 질문을 했다.

그렇다   아니다   관련 없다

2. 상담사는 내담자에게 현재의 문제를 설명하거나 그 문제의 배경이 될 만한 정보를 기술하도록 요청했다.

그렇다   아니다   관련 없다

3. 상담사는 내담자에게 문제를 나열하고 우선순위를 정해보라고 했다.

그렇다   아니다   관련 없다

4. 각각의 문제에 대해 상담사와 내담자는 다음 영역을 탐색했다.

a. 문제의 정서적 영역

그렇다   아니다   관련 없다

b. 문제의 인지적 영역

그렇다   아니다   관련 없다

c. 문제의 행동적 영역

그렇다   아니다   관련 없다

d. 문제의 체계적 영역

그렇다   아니다   관련 없다

e. 문제의 문화적 영역

그렇다   아니다   관련 없다

f. 문제의 심각도(예 : 빈도, 기간, 심한 정도)

그렇다   아니다   관련 없다

g. 문제의 촉발요인

그렇다   아니다   관련 없다

h. 문제의 결과 또는 이득

그렇다   아니다   관련 없다

5. 상담사와 내담자는 내담자가 그 문제를 해결하기 위해 이전에 시도했던 방법을 논의했다.

그렇다   아니다   관련 없다

6. 상담사는 내담자가 문제를 해결하기 위해 사용할 수 있는 강점, 자원, 대응 기술 등을 찾아
보라고 요구했다.

그렇다   아니다   관련 없다

3부 : 목표 설정

1. 상담사는 자신의 행동을 어떻게 변화시키고 싶은지 말해보라고 했다.

그렇다   아니다   관련 없다

2. 상담사와 내담자는 상담 목표에 관해 동의했다.

그렇다   아니다   관련 없다

3. 상담사는 구체적이며 관찰 가능한 방식으로 목표를 설정했다.

그렇다   아니다   관련 없다

4. 상담사는 목표를 달성하기 위해 전념할 것을 말로 진술하게끔 요구했다.

그렇다   아니다   관련 없다

5. 내담자가 변화에 저항적이거나 무관심한 경우 상담사는 그 부분을 내담자와 논의했다.

그렇다   아니다   관련 없다

6. 상담사는 목표로 나아가기 위해 취할 수 있는 단계를 최소한 하나라도 구체화해볼 것을 요청했다.

그렇다   아니다   관련 없다

7. 상담사는 생각해볼 수 있는 몇 가지 대안을 내담자에게 제시했다.

그렇다   아니다   관련 없다

8. 상담사는 내담자가 목표 달성을 위해 필요한 행동계획을 세울 수 있게끔 했다.

그렇다   아니다   관련 없다

9. 상담사와 내담자가 설정한 행동계획들은 구체적이면서 현실적이었다.

그렇다   아니다   관련 없다

10. 상담사는 회기에서 내담자가 행동계획들을 미리 해보고 연습할 기회를 제공했다.

그렇다   아니다   관련 없다

11. 상담사는 행동계획의 실행과 관련하여 피드백을 제공했다.

그렇다   아니다   관련 없다

12. 상담사는 내담자가 상담 장면 밖에서 수행한 행동계획의 진전도나 결과를 관찰하고 평가하게끔 격려했다.

그렇다   아니다   관련 없다

4부 : 개입방법의 선택과 적용

1. 상담사는 내담자가 설정한 목표에 기초하여 몇 가지 가능한 개입방법을 제안했다.

그렇다   아니다   관련 없다

2. 상담사는 각 개입방법의 하위요소, 시간, 장점, 약점 등에 관한 정보를 제공했다.

그렇다   아니다   관련 없다

3. 상담사는 상담에서 사용될 개입에 관해 선택할 기회를 내담자에게 제공했다.

그렇다   아니다   관련 없다

4. 상담사는 한 가지 이상의 개입방법이 선택되었을 때 그 방법들이 적용될 순서에 대해서 설명했다.

그렇다   아니다   관련 없다

5. 상담사는 각 개입방법들이 기초하고 있는 원리를 알려주었다.

그렇다   아니다   관련 없다

6. 상담사는 선택된 개입을 사용하는 방법에 대해 상세한 지침을 제공했다.

그렇다   아니다   관련 없다

7. 상담사는 선택된 개입들이 적용되는 방식에 대해 내담자가 이해했는지 확인했다.

그렇다   아니다   관련 없다

8. 개입방법이 덜 분명한 경우, 상담사는 가능한 한 신속하게 그 개입에 대해 설명하고 알려
주었다.

그렇다   아니다   관련 없다

5부 : 종결과 평가

1. 상담사와 내담자는 달성하고자 했던 목표의 달성도를 평가하거나 측정하는 일을 했다.

그렇다   아니다   관련 없다

2. 상담사와 내담자는 전체 조력 과정을 통해 발생한 내담자의 진전도를 요약했다.

그렇다   아니다   관련 없다

3. 상담사는 종결이 적절하다는 표식이나 행위를 확인했다.

그렇다   아니다   관련 없다

4. 상담사와 내담자는 상담시간에 습득한 것들을 내담자의 생활에 적용하고 전이시키는 방법
에 관해 논의했다.

그렇다   아니다   관련 없다

5. 상담사와 내담자는 종결 후에 내담자가 맞닥뜨리게 될 장애물이나 걸림돌을 확인하고 그
러한 장애물을 다룰 수 있는 방법에 관해 논의했다.

그렇다   아니다   관련 없다

6. 상담사는 어떤 형태의 추수관리 계획을 내담자와 논의했다.

그렇다   아니다   관련 없다

7. 상담사는 자신의 상담에 관한 내담자의 피드백을 요청하거나 다른 대안적인 평가절차를
밟았다.

그렇다   아니다   관련 없다

6부 : 개인적 기술 요약

지침 : 당신이 관찰한 상담면접에서 상담사가 사용한 기술들에 모두 체크(✔)하라. '정성평가'라고 되어 있는 부분에는 이 기술의 사용에 관한 질적인 평가를 기록하라. 예를 들면 이 기술이 얼마나 적절하고 효과적으로 사용되었는지 등을 기록하라.

상담 기술	정성평가
주의 기울이기(비음성적)	
주의 기울이기(음성적)	
바꿔 말하기	
내용의 반영	
정서의 반영	
자기노출(개방)	
즉시성	
속도 맞추기	
개방형 질문	
폐쇄형 질문	
명료화 질문	
직면	
공감	
요약	
잠재력 강화	
해석	
정보 제공	
시범보이기	
시연/연습	
피드백	
정서적 개입(구체적으로)	
인지적 개입(구체적으로)	
행동적 개입(구체적으로)	
체계적 개입(구체적으로)	
상담 종결	

부록 B

상담실제에서 사용할 양식 및 지침

B-1   접수면접 기록지(Client Intake Form)

B-2   접수면접 기록지(확장형)(Extended Client Intake Form)

B-3   상담 회기 보고서(Counseling Progress Notes — Continuing Sessions)

B-4   상담계획서(Outpatient Treatment Plan, OTP)

B-5   정보공개 동의서(Consent to Release Confidential Information)

B-6   상담 녹음 및 녹화에 대한 동의서(Permission to Audio- or Videorecord Counseling Interviews)

B-7   오디오 및 비디오 분석 양식(Audio or Video Critique Form)

B-8   종결 보고서(Termination Summary Report)

B-9   학교 상담 의뢰서(Referral to the School Counselor)

B-10   학교 상담 서비스 평가(Evaluation of School Counseling Services)

B-11   상담 수련생 평가서(Evaluation of Counselor Trainee Skills*)

* 내담자 작성

사례번호 _____

날짜 _____

의뢰자 _____   전화번호 _____

접수면접 기록지

이름 _____   주민번호 _____

주소 _____   생년월일 _____

_____   성별 :   남   여

전화번호 (H) _____   (W) _____

(C) _____

직장 _____   근속연수 _____

내방 이유 _____

_____

_____

투약사항 _____

_____

_____   날짜

이전상담 경험?   있음   없음   상담기간 _____

상담사명 _____

비상연락망

연락자 _____   관계 _____

주소 _____

_____

전화번호 (H) _____   (W) _____

(C) _____

내담자 확인

나는 비상시 _____ (상담사)가 위 사람에게 연락할 것을 허락합니다.

서명 _____   날짜 _____

* 상담사 작성

부록 B-2

사례번호   _____

날짜   _____

의뢰자   _____   전화번호   _____

접수면접 기록지(확장형)

이름   _____   주민번호   _____

주소   _____   생년월일   _____

      _____   성별 :   남   여

전화번호 (H)_____   (C)_____   (W)_____

직장   _____   직위   _____

재직기간   _____   최종학력   _____

경력사항   _____

      _____

주호소문제   _____

      _____

      _____

비상연락망

연락자   _____   관계   _____

주소   _____

전화번호 (H)_____   (C)_____   (W)_____

알러지   _____

의료보험 :   예   아니요   보험번호   _____

보험사   _____

가족사항 : 미혼   기혼   이혼   재혼   자녀 _____명

자녀의 성명/연령 _____

현재 복용 중인 약물 :   있음   없음

약물/용량 _____   기간 _____   의사명 _____

약물/용량 _____   기간 _____   의사명 _____

약물/용량 _____   기간 _____   의사명 _____

(계속)

부록 B-2 (계속)

신체 증상 호소 :　　　　있음　　　　없음

수면　　_____　　　악몽, 땀　_____

두통　　_____　　　위　　　_____

심장　　_____　　　체중　　_____

혈압　　_____　　　공황발작　_____

호흡곤란　_____　　식욕　　_____

스트레스 완화를 위한 알코올 및 약물 사용 여부 :　　예　　　아니요

빈도　　_____

안정성 초기 평가

	매우 좋음	좋음	보통	나쁨	매우 나쁨
초점	____	____	____	____	____
자기상	____	____	____	____	____
용모	____	____	____	____	____
언어능력	____	____	____	____	____
정서 기능	____	____	____	____	____
인지 기능	____	____	____	____	____
대인관계	____	____	____	____	____

내담자 첫인상 평가

공격적인 _____　용모단정한 _____　자기주장적인 _____　매력적인 _____

의존적인 _____　우울한 _____　수줍은 _____　병약한 _____

거부적인 _____　친절한 _____　사교적인 _____　철수하는 _____

의욕 있는 _____　산만한 _____　충동적인 _____　논쟁적인 _____

내담자의 호의적인 요소

_____

_____

_____

내담자의 약점을 보완하는 요소

_____

_____

_____

부록 B-2

내담자 향상을 촉진할 상담사 특성

_____

_____

_____

내담자 향상을 저해할 상담사 특성

_____

_____

_____

날짜 _____   접수자 _____

배정 _____

배정 상담사 _____   날짜 _____

부록 B-3

상담 회기 보고서

상담사 _____   날짜 _____

슈퍼바이저 _____   내담자* _____

　　　　　　　　　　　　　　　　　　　　　　　*성 또는 사례번호

이번 회기의 목적(목표)은 무엇이었는가?

회기 내 역동을 기술하라(내담자에 대한 상담사 반응과 상담사와 내담자 간 상호작용).

이번 회기에 논의된 핵심 주제를 요약하라. 누가(상담사 또는 내담자) 먼저 각 주제에 대한 논의를 시작했는지 명시하라.

이번 회기에 드러난 회기 내용 또는 내담자 성장 배경과 관련된 문화적 또는 발달 사항에 관한 정보를 기술하라.

이번 회기 목표는 어느 정도 달성되었는가?

변화(또는 내담자 문제에 대한 사례개념화 확장)를 설명하라.

부록 B-3

내담자에 대한 상담계획의 변화(또는 확장)를 설명하라.

임상 평가(DSM-5 코드)에 대한 변화가 있다면 기술하라.

다음 회기 목표는 무엇인가?

슈퍼바이저와 상의하고 싶은 질문 :

상담사 서명 _____   슈퍼바이저 서명 _____

상담계획서

상담사 _____

내담자 _____ 생년월일 _____ 나이 _____ 성별 : 남 여

주민등록번호 _____ 전화번호 (W) _____ (H) _____

(C) _____

A. 초기 평가   날짜 _____

주호소문제

_____

_____

촉발사건

_____

_____

관련 병력

_____

_____

정신상태 평가(적절한 것에 체크하라)

용모	판단력	안정성	지적능력	기억력
적절한	양호한	안정적인	우수	양호한
부적절한	손상된	변하기 쉬운	보통	손상된
평가 보류	평가 보류	불안정한	낮은	평가 보류

B. 진단 평가(DSM-5) [V 코드 포함, 가능한 모든 진단을 포함하라.]

_____

_____

_____

요약

_____

_____

_____

부록 B-4 (계속)

C. 상담계획

상담 유형   통찰/정서   체계/대인관계   인지/행동

목표 1 _____

　기간 _____

　목표 달성 지표 _____

　하위목표 A _____

　　개입전략 _____

　　기간 _____

　　대안전략 _____

　하위목표 B _____

　　개입전략 _____

　　기간 _____

　　대안전략 _____

　하위목표 C _____

　　개입전략 _____

　　기간 _____

　　대안전략 _____

목표 2 _____

　기간 _____

　목표 달성 지표 _____

　하위목표 A _____

　　개입전략 _____

　　기간 _____

　　대안전략 _____

　하위목표 B _____

　　개입전략 _____

　　기간 _____

　　대안전략 _____

　하위목표 C _____

　　개입전략 _____

　　기간 _____

　　대안전략 _____

부록 B-4 (계속)

D. 치료 업데이트 1 날짜 _____

목표(위 참조) 진전도 소견

목표 1 1 2 3 4 5 (달성) _____
  하위목표 A 1 2 3 4 5 _____
  하위목표 B 1 2 3 4 5 _____
  하위목표 C 1 2 3 4 5 _____
목표 2 1 2 3 4 5 (달성) _____
  하위목표 A 1 2 3 4 5 _____
  하위목표 B 1 2 3 4 5 _____
  하위목표 C 1 2 3 4 5 _____

E. 치료 업데이트 2 날짜 _____

목표(위 참조) 진전도 소견

목표 1 1 2 3 4 5 (달성) _____
  하위목표 A 1 2 3 4 5 _____
  하위목표 B 1 2 3 4 5 _____
  하위목표 C 1 2 3 4 5 _____
목표 2 1 2 3 4 5 (달성) _____
  하위목표 A 1 2 3 4 5 _____
  하위목표 B 1 2 3 4 5 _____
  하위목표 C 1 2 3 4 5 _____

F. 종결 보고 날짜 _____

목표(위 참조)	목표기준 달성				종결 사유
	예	부분	아니요	소견	____ 목표 달성
1. _____	____	____	____	_____	____ 내담자 종결
2. _____	____	____	____	_____	____ 내담자 이사
3. _____	____	____	____	_____	____ 비효과적인 상담

상담사 서명 _____ 날짜 _____

슈퍼바이저 서명 _____ 날짜 _____

정보공개 동의서

나(내담자 성명) _____ 는, (주민번호) _____

(내담자 주소) _____

(상담사명/기관명) _____ _____ 이(가)

_____

_____

_____(정보공개 목적 기입) 목적으로

다음 정보를 _____(성명/기관명)에게 공개하는 것에 동의합니다.

* 정보 내용

_____

_____

_____

* (정서문제와 관련된 상담 정보 및 진단 증상의 치료에 사용된 진단과 개입 포함)

또한 본인은 이에 대한 조치로 이미 이루어진 범위를 제외하고는 언제든지 이 동의를 철회할 수 있으며, 본 동의는 아래 정해진 날짜에 자동적으로 철회됨을 이해했습니다.

동의 만료일 _____

시행일자 _____, 20 _____.

내담자 서명 _____

(부모, 보호자, 위임자 서명) _____

부록 B-6

상담 녹음 및 녹화에 대한 동의서

나는 <u>(수련기관명)</u>_____ 을 대표하여 <u>(상담사명)</u>_____가 상담 내용을 녹음 또는 녹화하는 것에 동의합니다. 이 기록은 위 기관 수련 중인 상담사의 슈퍼비전 제공 목적을 위해서만 사용됩니다. 이 기록은 위 기관 상담사와 본 상담기관/학교 출신 상담사들에게만 공개됩니다. 또한 전문적 소견이 필요할 경우에 한해 다른 정신건강 전문가와의 컨설팅에도 적용됩니다. 그밖에 교육기관이 녹음을 다른 용도로 사용하고자 하는 경우, 먼저 허가 요청을 받아야 하고, 이 동의서와 그 동의서는 별도로 작성됩니다.

(내담자 서명) _____   (날짜) _____

(목격자 서명) _____   (날짜) _____

내담자가 18세 이하일 경우, 부모 또는 법적 보호자 또한 이 동의서에 반드시 서명합니다.

(부모 또는 법적 보호자) _____   (날짜) _____

부록 B-7

오디오 및 비디오 분석 양식

상담사 _____   날짜 _____

내담자* _____   성별 _____   상담 회기 _____

* 성 또는 사례번호

상담 양식 : 개인 _____   집단 _____   가족 _____   기타 _____

상담 회기의 각 오디오 또는 비디오에 대해 다음 질문에 응답하십시오. 이 양식은 주로 교육 목적으로 사용되며 평가로 간주되어서는 안 됩니다.

내담자의 주호소 문제

_____

_____

문제에 대한 이론적 개념화

_____

_____

이 회기의 상담 목적/목표는 무엇입니까? 각각에 초점을 두고 이론적 근거를 설명하십시오.

_____

_____

회기를 촉진한 음성적 또는 행동적 개입을 작성하십시오.

_____

_____

회기를 방해한 음성적 또는 행동적 개입을 작성하십시오.

_____

_____

이번 회기를 다시 할 수 있다면, 무엇을 달리 하겠습니까?

_____

_____

부록 B-8

종결 보고서

상담사 _____ 날짜 _____

슈퍼바이저 _____ 내담자* _____

* 성 또는 사례번호

초기 내방 이유

_____

_____

총 회기 수 _____ 시작일(날짜) _____ 종결일(날짜) _____

상담계획이 다음과 같이 이루어졌음

_____

_____

_____

다음과 같은 측면에서 성과가 있었음

_____

_____

_____

다음과 같은 이유로 종결함

_____

_____

_____

마지막 회기 내담자 상태

_____

_____

_____

_____에 의해 의뢰가 이루어짐

상담사 서명 _____ 슈퍼바이저 서명 _____

부록 B-9

학교 상담 의뢰서

학생명 _____ 날짜 _____

학년 _____ 의뢰인 _____

학생에 대한 주요 관심사

____ **학업 발달**
    학업의 질, 학업능력, 시간 관리, 학업 관리

____ **성격 발달**
    자기인식/수용, 행동 관리, 정서 관리, 개인적 안전, 건강, 생존

____ **경력 개발**
    졸업 후 진로 선택에 대한 인식, 직업 지식, 졸업 후 진로 목표, 목표 달성 과정 참여도

____ **사회성 발달**
    또래관계, 어른-학생 관계, 다양성 인내/수용, 규칙 및 권리 존중

다음 관찰사항에 체크하세요

I. 학업성취도
____ 학업의 질이 낮거나 낮아지고 있음
____ 학점이 낮거나 낮아지고 있음
____ 종종 학업을 완수하지 못함
____ 과제를 제출하지 않음
____ 학업 지속이 어려움
____ 동기가 낮음
____ 조직능력이 낮음
____ 과제가 학생에게 도전이 되지 않음

II. 수업 태도
____ 수업시간에 자주 떠듦
____ 다른 학생들을 방해함
____ 주의 이목을 끔
____ 수업시간에 잠
____ 부정행위를 한 적이 있음
____ 자주 화장실을 감

III. 기타 관찰된 행동
____ 지속적인 규칙 위반
    예 :
____ 친구들과 다툼
____ 친구들로부터 거부당하거나 기피됨
____ 지속적으로 성인과 교제하려 함
____ 자주 철회를 함
____ 자주 짜증을 냄
____ 완벽주의
____ 우울(슬픔/눈물로 나타남)
____ 개인 위생 무시
____ 부정적임
____ 불규칙한 행동/기분 변화
____ 부적절한 성행동/언어
____ 신체적으로/음성적으로 다른 사람을 학대함
____ 자주 양호실을 찾음
____ 자주 부상을 당함
____ 자해에 대해 이야기함
____ 자해를 한 적이 있음

과목	교사	성적	지각	결석

____ 징계 횟수
____ 구류(유치) 횟수
____ 정학 횟수

다른 훈육 정보
_____
_____

기타 관련 정보(성적 등)
_____
_____

조치
____ 정보 수집/평가   ____ 개인 상담   ____ 집단 상담   ____ 조언
____ 자문 _____   ____ 교실 강의   ____ 기타

부록 B-10

학교 상담 서비스 평가

학교 상담사가 작성

성명 _____ 날짜 _____

의뢰자 _____

학생과의 관계 _____

_____(학생)는 다음과 같은 문제로 _____ 상담 서비스에 의뢰합니다.

___ 학업 발달   ___ 경력 개발
    학업의 질   졸업후 진로 선택에 대한 인식
    학업능력   직업 지식
    시간 관리   졸업 후 진로 목표
    학업 관리   목표 달성 과정 참여도
___ 성격 발달   ___ 사회성 발달
    자기인식/수용   또래관계
    행동 관리   어른-학생 관계
    정서 관리   다양성 인내/수용
    개인적 안전, 건강, 생존   규칙 및 권리 존중

저는 학생과 다음 활동을 실시했습니다.

의뢰인이 완성

(의뢰서에서 확인한) 아래 항목에 대해 학생의 진전도를 표시하시오.

	주호소문제 더 나빠짐		진전 없음		진전됨	
_____	1	2	3	4	5	6
_____	1	2	3	4	5	6
_____	1	2	3	4	5	6
_____	1	2	3	4	5	6
_____	1	2	3	4	5	6

소견

_____

의뢰인 서명 _____ 날짜 _____

부록 B-11

상담 수련생 평가서*

학생 _____ 학기 _____

지도교수 _____ 개인 슈퍼바이저 _____

1=매우 노력 요함   2=다소 미흡   3=보통(평균)   4=우수   5=매우 우수

관계/평가 기술

	해당 없음	낮음				높음
1. 신중하게 듣고 내담자에 대해 잘 이해한다.	N	1	2	3	4	5
2. 진솔하고 따뜻하다.	N	1	2	3	4	5
3. 내담자와 함께 한다.	N	1	2	3	4	5
4. 내담자를 존중하고 타당화한다.	N	1	2	3	4	5
5. 내담자의 문화적 맥락을 적절히 고려한다.	N	1	2	3	4	5
6. 내담자의 발달적 맥락을 적절히 고려한다.	N	1	2	3	4	5
7. 유머와 자기노출을 포함하여 대인관계 강점을 적절하게 사용한다.	N	1	2	3	4	5
8. 내담자와 공유하는 다양한 감정 및 이슈에 대해 편안하다.	N	1	2	3	4	5
9. 적절한 때 내담자에게 지지를 제공한다.	N	1	2	3	4	5
10. 적절한 때 내담자에게 도전한다.	N	1	2	3	4	5
11. 내담자가 보이는 주호소문제를 따라간다.	N	1	2	3	4	5
12. 회기 정보를 의미 있는 구조에 맞게 구성할 수 있다.	N	1	2	3	4	5
13. 평가에 영향을 줄 수 있는 문화 및 발달상의 이슈를 인식한다.	N	1	2	3	4	5
14. 평가 시 문제행동에서 정상성을 인식할 수 있다.	N	1	2	3	4	5
15. 문제를 형성하고 유지하는 다양한 구성요소와 순서를 고려하여 내담자를 지원할 수 있다.	N	1	2	3	4	5
16. 내담자 이슈의 인지적 요소를 인식할 수 있다.	N	1	2	3	4	5
17. 내담자 이슈의 정서적 요소를 인식할 수 있다.	N	1	2	3	4	5
18. 내담자 이슈의 행동적 요소를 인식할 수 있다.	N	1	2	3	4	5
19. 내담자 이슈의 사회체계적 요소를 인식할 수 있다.	N	1	2	3	4	5

목표 설정 능력

20. 적절한 과정 목표를 확인한다.	N	1	2	3	4	5
21. 내담자가 문제를 현실적인 성과목표로 전환하도록 도울 수 있다.	N	1	2	3	4	5
22. 내담자가 목표를 세부목표로 나눌 수 있도록 도울 수 있다.	N	1	2	3	4	5

(계속)

부록 B-11 (계속)

개입 기술

23. 회기 중 적절한 페이스를 유지한다.	N	1	2	3	4	5
24. 질문을 능숙하게 사용한다.	N	1	2	3	4	5
25. 비지시적인 개입을 능숙하게 사용한다.	N	1	2	3	4	5
26. 회기를 의미 있게 이끌어갈 수 있다.	N	1	2	3	4	5
27. 적절한 직면을 사용할 수 있다.	N	1	2	3	4	5
28. 정서적 개입을 적절히 사용할 수 있다.	N	1	2	3	4	5
29. 인지적 개입을 적절히 사용할 수 있다.	N	1	2	3	4	5
30. 행동적 개입을 적절히 사용할 수 있다.	N	1	2	3	4	5
31. 사회체계적 개입을 적절히 사용할 수 있다.	N	1	2	3	4	5
32. 다양한 내담자들과 효과적으로 작업할 수 있다.	N	1	2	3	4	5

전문성

33. 상담에 영향을 줄 수 있는 개인적 이슈(역전이/병렬 과정)를 알아 차린다.	N	1	2	3	4	5
34. 슈퍼비전에 대해 개방적이다.	N	1	2	3	4	5
35. 자신의 한계를 과잉반응 없이 인정한다.	N	1	2	3	4	5
36. 관찰자 역할 시 동료들에게 도움이 된다.	N	1	2	3	4	5
37. 내담자 역할 시 다양한 삶의 상황에서 공감을 보여줄 수 있다.	N	1	2	3	4	5

기타 실습 측면

38. 집단 슈퍼비전 참여	N	1	2	3	4	5
39. 문서 작업	N	1	2	3	4	5

강점 영역 관련 소견

개발 중점 영역 관련 소견

최종성적 _____ 실습 가능 여부 : 예 _____ 아니요 _____

학생 _____ 지도교수 _____ 날짜 _____

* Janine M. Bernard 개발(1998년), 2015년 개정.

참고문헌

Alcott, L. (1988). Cultural feminism versus post-structuralism: The identity crisis in feminist theory. *Signs, 13*, 405–436.

American Counseling Association. (2014). *ACA Code of Ethics.* Alexandria, VA: ACA Press.

The American Heritage Dictionary (5th ed.). (2012). Boston, MA: Houghton Mifflin.

American Psychiatric Association. (2013). *Diagnostic and statistical manual of mental disorders* (5th ed.). Washington, DC: American Psychiatric Press.

Anderson, H. D. (1997). *Conversation, language, and possibilities: A postmodern approach to therapy.* New York, NY: HarperCollins.

Aten, J. D., McMinn, M. R., & Worthington, E. L., Jr. (Eds.). (2011). *Spiritually-oriented interventions for counseling and psychotherapy.* Washington, DC: American Psychological Association.

Atkinson, D. R., Casas, A., & Abreu, J. (1992). Acculturation, ethnicity, and cultural sensitivity. *Journal of Counseling Psychology, 39*(4), 515–520.

Bandura, A. (1969). *Principles of behavior modification.* Englewood Cliffs, NJ: Prentice Hall.

Bandura, A. (1977). *Social learning theory.* Englewood Cliffs, NJ: Prentice Hall.

Bandura, A. (1988). Self-efficacy conception of anxiety. *Anxiety Research, 1*, 77–88.

Barnland, D. C. (1975). Communication styles in two cultures: Japan and the United States. In A. Kendron, R. M. Harris, & M. R. Key (Eds.), *Organization of behavior in face-to-face interaction* (pp. 427–456). The Hague: Mouton.

Beck, A. T. (1976). *Cognitive therapy and the emotional disorders.* New York, NY: International Universities Press.

Beck, J. S. (2011). *Cognitive behavior therapy: Basics and beyond* (2nd ed.). New York, NY: The Guilford Press.

Berg, I., & Jaya, A. (1993). Different and same: Family therapy with Asian-American families. *Journal of Marital and Family Therapy, 19*, 31–38.

Bernard, J. M., & Goodyear, R. K. (2014). *Fundamentals of clinical supervision* (5th ed.). Upper Saddle River, NJ: Pearson.

Berne, E. (1964). *Games people play: The psychology of human relationships.* New York, NY: Grove Press.

Bettelheim, B. (1976). *The uses of enchantment: The meaning and importance of fairy tales.* New York, NY: Knopf.

Birdwhistell, R. (1970). *Kinesics and context: Essays on body motion communications.* Philadelphia, PA: University of Pennsylvania Press.

Bishop, D. R. (1995). Religious values and cross-cultural issues. In M. T. Burke & J. G. Miranti (Eds.), *Counseling: The spiritual dimension* (pp. 59–71). Alexandria, VA: ACA Press.

Bordin, E. S. (1979). The generalizability of the psychodynamic concept of the working alliance. *Psychotherapy: Theory, Research, and Practice, 16*, 252–260.

Bowen, M. (1978). *Family therapy in clinical practice.* New York, NY: Jason Aronson.

Brock, G. W., & Barnard, C. P. (1999). *Procedures in marriage and family therapy* (3rd ed.). Boston, MA: Allyn & Bacon.

Butler, M. H., Davis, S. D., & Seedall, R. B. (2008). Common pitfalls of beginning therapists utilizing enactments. *Journal of Marital and Family Therapy, 34*, 329–352.

Carkhuff, R. R., & Berenson, B. G. (1967). *Beyond counseling and therapy* (2nd ed.). New York, NY: Holt, Rinehart and Winston.

Castonguay, L. G., Constantino, M. J., & Holtforth, M. G. (2006). The working alliance: Where are we and where should we go? *Psychotherapy, 43*, 271–279.

Chung, R. C. Y., & Bemak, F. (2002). The relationship of culture and empathy in cross-cultural counseling. *Journal of Counseling and Development, 80*, 154–159.

Cohn, A. M., Jakupcak, M., Seibert, L. A., Hildebrandt, T. B., & Zeichner, A. (2010). The role of emotional dysregulation in the association between men's restrictive emotionality and use of physical aggression. *Psychology of Men & Masculinity, 11*, 53–64.

Collins, B. G., & Collins, T. M. (2005). *Crisis and trauma: Developmental-ecological intervention.* Boston, MA: Lahaska Press.

Combs, A. (1986). What makes a good helper. *Person-Centered Review, 1*(1), 51–61.

Corey, G. (2011). *Issues and ethics in the helping professions* (8th ed.). Pacific Grove, CA: Brooks/Cole.

Cormier, S., & Hackney, H. (2012). *Counseling strategies and interventions* (8th ed.). Boston, MA: Allyn & Bacon.

Cormier, S., & Nurius, P. S. (2003). *Interviewing and change strategies for helpers* (5th ed.). Pacific Grove, CA: Brooks/Cole.

Cormier, S., Nurius, P. S., & Osborn, C. J. (2013). *Interviewing and change strategies for helpers— fundamental skills and cognitive behavioral interventions* (7th ed.). Belmont, CA: Brooks/Cole.

Currier, J. M., Holland, J. M., & Neimeyer, R. A. (2008). Making sense of loss: A content analysis of end-of-life practitioners' therapeutic approaches. *Omega, 57,* 121–141.

Deffenbacher, J. L. (1985). A cognitive–behavioral response and a modest proposal. *The Counseling Psychologist, 13,* 261–269.

deShazer, S. (1991). *Putting differences to work.* New York, NY: Norton.

Dimeff, L. A., & Koerner, K. (Eds.). (2007). *Dialectical Behavior Therapy in clinical practice: Applications across disorders and settings.* New York, NY: Guilford Press.

Dixon, D. N., & Glover, J. A. (1984). *Counseling: A problem-solving approach.* New York, NY: Wiley.

Donley, R. J., Horan, J. J., & DeShong, R. L. (1990). The effect of several self-disclosure permutations on counseling process and outcome. *Journal of Counseling and Development, 67,* 408–412.

Dowd, E. T., & Milne, C. R. (1986). Paradoxical interventions in counseling psychology. *The Counseling Psychologist, 14,* 237–282.

Drummond, R. J., & Jones, K. D. (2010). *Assessment procedures for counselors and helping professionals* (7th ed.). Upper Saddle River, NJ: Pearson/Prentice Hall.

Dryden, W., & Ellis, A. (2001). Rational emotive behavior therapy. In K. S. Dobson (Ed.), *Handbook of cognitive–behavioral therapies* (2nd ed.; pp. 295–348). New York, NY: Guilford.

Egan, G. (2014). *The skilled helper: A problem-management and opportunity-development approach to helping* (10th ed.). Belmont, CA: Brooks/Cole.

Ekman, P. (1973). Cross-cultural studies of facial expression. In P. Ekman (Ed.), *Darwin and facial expression.* New York, NY: Academic Press.

Ekman, P. (1993). Facial expression and emotion. *American Psychologist, 48,* 384–392.

Ekman, P., & Friesen, W. V. (1967). Head and body cues in the judgment of emotion: A reformulation. *Perceptual and Motor Skills, 24,* 711–724.

Ellis, A. (1994). *Reason and emotion in psychotherapy.* New York, NY: Citadel Press.

Ellis, A., & Wilde, J. (2002). *Case studies in rational emotive behavior therapy with children and adolescents.* Upper Saddle River, NJ: Merrill/ Prentice Hall.

Estrada, A. U., & Haney, P. (1998). Genograms in a multicultural perspective. In T. S. Nelson, & T. S. Trepper (Eds.), *101 more interventions in family therapy* (pp. 269–275). New York, NY: Haworth Press.

Framo, J. (1982). *Family interaction: A dialogue between family therapists and family researchers.* New York, NY: Springer.

Fruzzetti, A. E., Santisteban, D. A., & Hoffman, D. A. (2007). Dialectical behaviour therapy with family. In L. A. Dimeff & K. Koerner (Eds.), *Dialectical behaviour therapy in clinical practice: Applications across disorders and settings* (pp. 222–244). New York, NY: Guilford Press.

Gazda, G. M., Asbury, F. S., Balzer, F. J., Childers, W. C., & Walters, R. P. (1984). *Human relations development: A manual for educators* (3rd ed.). Boston, MA: Allyn & Bacon.

Gendlin, E. T. (1981). *Focusing* (rev. ed.). New York, NY: Bantam.

Gladding, S. T. (2012). *Counseling: A comprehensive profession* (7th ed.). Columbus, OH: Merrill.

Gladstein, G. (1983). Understanding empathy: Integrating counseling, development and social psychology perspectives. *Journal of Counseling Psychology, 30,* 467–482.

Goldenberg, I., & Goldenberg, H. (2008). *Family therapy: An overview* (7th ed.). Pacific Grove, CA: Brooks/Cole.

Goodyear, R. K. (1981). Termination as a loss experience for the counselor. *ThePersonnel and Guidance Journal, 59,* 347–350.

Gottman, J. (1991). Predicting the longitudinal course of marriages. *Journal of Marital and Family Therapy, 17,* 3–7.

Gottman, J. (1993). A theory of marital dissolution and stability. *Journal of Family Psychology, 7,* 57–75.

Gottman, J. M., & Levenson, R. W. (1992). Marital processes predicative of later dissolution: Behavior, physiology, and health. *Journal of Personality and Social Psychology, 63,* 221–233.

Gottman, J. M., Notarius, C., Gonso, J., & Markman, H. (1976). *A couple's guide to communication.* Champaign, IL: Research Press.

Gottman, J. M., & Silver, N. (2011). *The seven principles for making marriage work.* New York, NY: Random House.

Gregory, B. (2010). *CBT skills workbook: Practical exercises and worksheets to promote change.* Eau Claire, WI: PECI, LLC.

Hackney, H. (1974). Facial gestures and subject expression of feelings. *Journal of Counseling Psychology, 21,* 173–178.

Hackney, H. (1978). The evolution of empathy. *The Personnel and Guidance Journal, 55,* 35–39.

Halstead, R. W., Brooks, D. K., Goldberg, A., & Fish, L. S. (1990). Counselor and client perceptions of the working alliance. *Journal of Mental Health Counseling, 12,* 208–221.

Halstead, R. W., Pehrsson, D.-E., & Mullen, J. A. (2011). *Counseling children: A core issues approach.* Alexandria, VA: ACA Press.

Hansen, J. T. (2004). Thoughts on knowing: Epistemic implications of counseling practice. *Journal of Counseling and Development, 82,* 131–138.

Harris, T. (1967). *I'm OK, you're OK: A practical guide to Transactional Analysis.* New York, NY: Springer.

Haugen, P. T., Splaun, A. K., Weiss, D. S., & Evces, M. R. (2013). Integrative approach for the treatment of Posttraumatic Stress Disorder in 9/11 first responders: Three core techniques. *Psychotherapy, 50,* 336–340.

Henderson, D. A., & Thompson, C. L. (2011). *Counseling children* (8th ed.). Belmont, CA: Brooks/Cole.

Hill, C. E. (2014). *Helping skills: Facilitating exploration, insight and action* (4th ed.). Washington, DC: APA Press.

Hinterkopf, E. (1998). *Integrating spirituality in counseling.* Alexandria, VA: American Counseling Association.

Hoffman, L. (2006, December). Understanding psychology's diversity in a postmodern perspective: Theoretical orientations, specialties, and the role of dialogue. *Postmodernism & Psychology's Diversity.* Retrieved from www.postmodernpsychology.com /Topics/Postmodernism_Psychologys_Diversity.html

Hoffman, P. D., Fruzzetti, A., & Swenson, M. D. (1999). Dialectical behavior therapy: Family skills training. *Family Process, 38,* 399–414.

Holdstock, T. L., & Rogers, C. R. (1977). Person-centered theory. In R. J. Corsini (Ed.), *Current personality theories* (pp. 125–151). Itasca, IL: F. E. Peacock.

Humphrey, K. M. (2009). *Counseling strategies for loss and grief.* Alexandria, VA: American Counseling Association.

Hutchins, D. E. (1982). Ranking major counseling strategies with the TFA/Matrix system. *The Personnel and Guidance Journal, 60,* 427–431.

Iberg, J. R. (2001). Unconditional positive regard: Constituent activities. *Rogers' therapeutic conditions: Evolution, theory and practice, 3,* 155–171.

Ivey, A. E. (1994). *Intentional interviewing and counseling* (3rd ed.). Pacific Grove, CA: Brooks/Cole.

Ivey, A. E., D'Andrea, M., & Ivey, M. B. (2012). *Theories of counseling and psychotherapy: A multicultural perspective* (7th ed.). Thousand Oaks, CA: Sage.

Ivey, A. E., Ivey, M. B., & Zalaquett, C. P. (2014). *Intentional interviewing and counseling: Facilitating client development in a multicultural society* (8th ed.). Belmont, CA: Brooks/Cole.

Jacobs, E. E., Masson, R. L., Harvill, R. L., & Schimmel, C. J. (2012). *Group counseling: Strategies and skills* (7th ed.). Belmont, CA: Brooks/Cole.

Jacobson, E. (1939). Variation of blood pressure with skeletal muscle tension and relaxation. *Annuals of Internal Medicine, 2,* 152.

James, R. K., & Gilliland, B. E. (2012). *Crisis intervention strategies* (7th ed.). Boston, MA: Cengage Learning.

Jessop, A. L. (1979). *Nurse-patient communication: A skills approach.* North Amherst, MA: Microtraining Associates.

Kanel, K. (2011). *A guide to crisis intervention* (4th ed.). Boston, MA: Cengage Learning.

Kertes, A., Westra, H. A., Angus, L., & Marcus, M. (2011). Client experiences of cognitive behavioral therapy for generalized anxiety disorder: The impact of adding motivational interviewing. *Cognitive and Behavioural Practice, 18,* 55–69.

Kim, S. C., Lee, S. U., Chu, K. H., & Cho, K. J. (1989). Korean-Americans and mental health: Clinical experiences of Korean-American mental health services. *Asian American Psychological Association Journal, 13,* 18–27.

Klopf, D. W., Thompson, C. A., Ishii, S., & Sallinen-Kuparinen, A. (1991). Non-verbal immediacy differences among Japanese, Finnish, and American university students. *Perceptual and Motor Skills, 73,* 209–210.

Knapp, M. (1978). *Nonverbal communication in human interaction* (2nd ed.). New York, NY: Holt, Rinehart and Winston.

Knox, S., Hess, S. A., Petersen, D. A., & Hill, C. A. (1997). A qualitative analysis of client perceptions of the effects of helpful therapist self-disclosure in long-term therapy. *Journal of Counseling Psychology, 44*(3), 274–283.

Koerner, K. (2012). *Doing Dialectical Behavior Therapy: A practical guide.* New York, NY: Guilford Press.

Koerner, K., & Dimeff, L. A. (2007). Overview of Dialectical Behavior Therapy. In L. A. Dimeff & K. Koerner (Eds.) *Dialectical Behavior Therapy in clinical practice: Applications across disorders and settings* (pp. 1–18). New York, NY: Guilford Press.

Kottler, J. A. (1991). *The compleat therapist.* San Francisco, CA: Jossey-Bass.

L'Abate, L. (1981). Classification of counseling and therapy theorists, methods, processes, and goals: The E-R-A Model. *The Personnel and Guidance Journal, 59,* 263–265.

Lazarus, A. A. (1966). Behavioral rehearsal vs. non-directive therapy vs. advice in effecting behavior change. *Behavior Research and Therapy, 4,* 209–212.

"Learn Focusing: What Is Focusing?" (n.d., para. 5). *The Focusing Institute.* Retrieved July 15, 2015, from www.focusing.org/learn_focusing.html#what

Lin, J. C. H. (1994). Americans stay in psychotherapy? *Journal of Counseling Psychology, 41,* 288–291.

Linehan, M. M. (1981). A social–behavioral analysis of suicide and parasuicide: Implications for clinical assessment and treatment. In H. Glaezer & J. F. Clarkin (Eds.), *Depression: Behavioral and directive intervention strategies* (pp. 229–294). New York, NY: Garland.

Linehan, M. M. (1993). Cognitive–behavioral treatment of borderline personality disorder. New York, NY: Guilford Press.

Loganbill, C., Hardy, E., & Delworth, U. (1982). Supervision: A conceptual model. *The Counseling Psychologist, 10,* 3–42.

Lorand, S. (1982). *Techniques of psychoanalytic therapy.* New York, NY: St. Martin's Press.

Lynch, T. R., Chapman, A. L., Rosenthal, M. Z., Kuo, J. R., & Linehan, M. M. (2006). Mechanisms of change in dialectical behavior therapy: Theoretical and empirical observations. *Journal of Clinical Psychology, 62,* 459–480.

Marx, J. A., & Gelso, C. J. (1987). Termination of individual counseling in a university counseling center. *Journal of Counseling Psychology, 34,* 3–9.

McGoldrick, M., Gerson, R., & Petry, S. (2008). *Genograms: Assessment and intervention* (3rd ed.). New York, NY: Norton.

McGoldrick, M., Giordano, J., & Garcia-Preto, N. (Eds). (2005). *Ethnicity & family therapy* (3rd ed.). New York, NY: The Guilford Press.

McMullin, R. E., & Giles, T. R. (1981). *Cognitive–behavior therapy: A restructuring approach.* New York, NY: Grune & Stratton.

Meador, B. D., & Rogers, C. R. (1984). Person-centered therapy. In R. J. Corsini (Ed.), *Current psychotherapies* (3rd ed., pp. 142–195). Itasca, IL: F. E. Peacock.

Meichenbaum, D. (1971). Examination of model characteristics in reducing avoidance behavior. *Journal of Personality and Social Psychology, 17,* 298–307.

Meichenbaum, D. (1977). *Cognitive-behavior modification: An integrative approach.* New York, NY: Plenum.

Merriam-Webster Online Dictionary. (2015). Retrieved July 20, 2015, from the Merriam-Webster Online Dictionary website: www.merriam-webster.com/dictionary/alter%20ego

Miller, A. L., Glinski, J., Woodberry, K. A., Mitchell, A. G., & Indik, J. (2002). Family therapy and dialectical behavior therapy with adolescents: Part I: Proposing a clinical synthesis. *American Journal of Psychotherapy, 56,* 568–584.

Miller, A. L., Rathus, J. H., & Linehan, M. M. (2007). *Dialectical Behavior Therapy with suicidal adolescents.* New York, NY: The Guilford Press.

Miller, S., Wackman, D. B., Nunnally, E. W., & Miller, P. (1989). *Connecting.* Minneapolis, MN: Interpersonal Communication Programs.

Miller, W. R. (1983). Motivational interviewing with problem drinkers. *Behavioural Psychotherapy, 1,* 147–172.

Miller, W. R., & Rollnick, S. (1991). *Motivational interviewing: Preparing people to change addictive behavior.* New York, NY: The Guilford Press.

Miller, W. R., & Rollnick, S. (2009). Ten things that motivational interviewing is not. *Behavioural and Cognitive Psychotherapy, 37,* 129–140.

Minuchin, S., & Fishman, H. C. (1981). *Family therapy techniques.* Cambridge, MA: Harvard University Press.

Morgan, O. J. (2000). Counseling and spirituality. In H. Hackney, *Practice issues for the beginning counselor.* Boston, MA: Allyn & Bacon.

Moursund, J., & Kenny, M. C. (2002). *The process of counseling and psychotherapy* (4th ed.). Englewood Cliffs, NJ: Prentice Hall.

Myers, J. E., & Sweeney, T. J. (Eds.). (2005). *Counseling for wellness: Theory, research and practice.* Alexandria, VA: American Counseling Association Press.

Napier, A., & Whitaker, C. A. (1978). *The family crucible.* New York, NY: Harper and Row.

Nelson, M. L. (2002). An assessment-based model for counseling strategy selection. *Journal of Counseling and Development, 80,* 416–421.

Neukrug, E. (2007). *The world of the counselor* (3rd ed.). Pacific Grove, CA: Brooks/Cole.

Nichols, M. P., & Schwartz, R. C. (1994). *Family therapy: Concepts and methods* (3rd ed.). Boston, MA: Allyn & Bacon.

Norcross, J. C., & Wampold, B. E. (2011). Evidence-based therapy relationships: Research conclusions and clinical practices. *Psychotherapy, 48,* 98–102.

Okun, B. F. (2015). *Effective helping: Interviewing and counseling techniques* (8th ed.). Stamford, CT: Cengage.

Ozer, E. M., & Bandura, A. (1990). Mechanisms governing empowerment effects: A self-efficacy analysis. *Journal of Personality and Social Psychology, 88,* 472–486.

Pate, R. H. (1982). Termination: End or beginning? In W. H. Van Hoose & M. R. Worth (Eds.), *Counseling adults: A developmental approach.* Pacific Grove, CA: Brooks/Cole.

Patterson, J., William, L., Edwards, T. M., Chamow, L. & Grauf-Grounds, C. (2009). *Essential skills in family therapy* (2nd ed.). New York, NY: Guilford Press.

Pearce, S. S. (1996). *Flash of insight: Metaphor and narrative in therapy.* Boston, MA: Allyn & Bacon.

Pedersen, P. B. (1991). Multiculturalism as a generic approach to counseling. *Journal of Counseling and Development, 70,* 6–12.

Perls, F. (1969/1976). *Gestalt therapy verbatim.* New York, NY: Real Person Press/Bantum.

Pinto, R. M., Rahman, R., & Williams, A. (2014). Policy advocacy and leadership training for formerly incarcerated women: An empowerment evaluation of ReConnect, a program of the Women in Prison Project, Correctional Association of New York. *Evaluation and Program Planning, 47,* 71–81.

Powell, J. (1996). Spiritual values clarification. In F. H. McClure & E. Teyber (Eds.), *Child and adolescent therapy.* Ft. Worth, TX: Harcourt Brace.

Prochaska, J. O., & Norcross, J. C. (2014). *Systems of psychotherapy: A transtheoretical analysis.* Stamford, CT: Cengage.

Quintana, S. M. (1993). Expanded and updated conceptualization of termination: Implications for short-term individual psychotherapy. *Professional Psychology, 24,* 426–432.

Quintana, S. M., & Holahan, W. (1992). Termination in short-term counseling: Comparison of successful and unsuccessful cases. *Journal of Counseling Psychology, 39,* 299–305.

Reps, P. (1981). *Zen flesh, Zen bones.* Garden City, NY: Doubleday.

Richards, P. S., & Bergin, A. E. (2005). *A spiritual strategy for counseling and psychotherapy* (2nd ed.). Washington, DC: American Psychological Association.

Rigazio-DiGilio, S. (1993). Family counseling and therapy. In A. Ivey, M. B. Ivey, & L. Simek-Morgan (Eds.), *Counseling and psychotherapy: A multicultural perspective.* Boston, MA: Allyn & Bacon.

Rimm, D. C., & Masters, J. C. (1979). *Behavior therapy: Techniques and empirical findings* (2nd ed.). New York, NY: Academic Press.

Rogers, C. R. (1957). The necessary and sufficient conditions of therapeutic personality change. *Journal of Consulting Psychology, 21,* 95–103.

Rogers, C. R. (1977). *Carl Rogers on personal power: Inner strength and its revolutionary impact.* New York, NY: Delacorte Press.

Rogers, C. R. (1989). A client-centered/person-centered approach to therapy. In H. Kirschenbaum (Ed.), *The Carl Rogers reader* (pp. 135–152). Boston, MA: Houghton Mifflin.

Rosenthal, T., & Steffek, B. (1991). Modeling methods. In F. H. Kanfer & A. P. Goldstein (Eds.), *Helping people change* (4th ed., pp. 70–121). New York, NY: Pergamon.

Satir, V. (1972). *Peoplemaking.* Palo Alto, CA: Science and Behavior Books.

Schaefer, C. E. (2011). *Foundations of play therapy* (2nd ed.). Hoboken, NJ: John Wiley.

Schön, D. A. (1987). *Educating a reflective practitioner.* San Francisco, CA: Jossey-Bass.

Selby, E. A., & Joiner, T. E., Jr. (2009). Cascades of emotion: The emergence of borderline personality disorder from emotional and behavioral dysregulation. *Review of General Psychology, 13,* 219–229.

Seligman, L. (2004). *Diagnosis and treatment planning in counseling* (3rd ed.). New York, NY: Plenum.

Seligman, L. (2009). *Conceptual skills for mental health professionals.* Upper Saddle River, NJ: Pearson Merrill.

Seligman, L., & Reichenberg, L. W. (2014). *Selecting effective treatments: A comprehensive, systematic guide to treating mental disorders.* Hoboken, NJ: John Wiley.

Sexton, T. L., Whiston, S. C., Bleuer, J. C., & Walz, G. R. (1997). *Integrating outcome research into counseling practice and training.* Alexandria, VA: ACA Press.

Smith, K. L., Subich, L. M., & Kalodner, C. (1995). The transtheoretical model's stages and processes of change and their relation to premature termination. *Journal of Counseling Psychology, 42,* 34–39.

Smith, S. E. (1994). Parent-initiated contracts: An intervention for school-related behaviors. *Elementary School Guidance & Counseling, 28,* 182–187.

Sue, D. W., Gallardo, M. E., & Neville, H. A. (2014). *Case studies in multicultural counseling and therapy.* Hoboken, NJ: John Wiley.

Sue, D. W., & Sue, D. (1990). *Counseling the culturally different: Theory and practice* (2nd ed.). New York, NY: Wiley.

Szapocznik, J., & Kurtines, W. M. (1993). Family psychology and cultural diversity: Opportunities for theory, research and application. *American Psychologist, 48,* 400–407.

Tata, S. P., & Leong, F. T. L. (1994). Individualism–collectivism, social-network orientation, and acculturation as predictors of attitudes toward seeking professional psychological help among Chinese Americans. *Journal of Counseling Psychology, 41,* 280–287.

Taussig, I. M. (1987). Comparative responses of Mexican-Americans and Anglo-Americans to early goal-setting in public mental health clinics. *Journal of Counseling Psychology, 34,* 214–217.

Tepper, D. T., & Haase, R. F. (1978). Verbal and nonverbal communications of facilitative conditions. *Journal of Counseling Psychology, 25,* 35–44.

Teyber, E. & McClure, F. H. (2011). *Interpersonal process in therapy: An integrative model* (6th ed.). Pacific Grove, CA: Brooks/Cole.

Thomas, A. J. (1998). Understanding culture and worldview in family systems: Use of the multicultural genogram. *The Family Journal, 6*(1), 24–32.

Tracey, T. J. G., Wampold, B. E., Lichtenberg, J. W., & Goodyear, R. K. (2014). Expertise in psychotherapy: An elusive goal? *American Psychologist, 69,* 218–229.

Watzlawick, P., Weakland, J., & Fisch, R. (1974). *Change: Principles of problem formation and problem resolution.* New York, NY: Norton.

Welch, I. D., & Gonzalez, D. M. (1999). *The process of counseling and psychotherapy: Matters of skill.* Pacific Grove, CA: Brooks/Cole.

Westra, H. A., & Aviram, A. (2013). Core skills in motivational interviewing. *Psychotherapy, 50,* 273–278.

Whitaker, C. A., & Bumberry, W. M. (1988). *Dancing with a family: A symbolic–experiential approach.* New York, NY: Brunner/Mazel.

White, M. (1995). *Re-authoring lives: Interviews and essays.* Adelaide, South Australia: Dulwich Centre Publications.

White, P. E., & Franzoni, J. B. (1990). A multidimensional analysis of the mental health of graduate counselors in training. *Counselor Education and Supervision, 29,* 258–267.

Wilks, D. (2003). A historical review of counseling theory development in relation to definitions of free will and determinism. *Journal of Counseling and Development, 81,* 278–284.

Wolpe, J. (1958). *Psychotherapy by reciprocal inhibition.* Stanford, CA: Stanford University Press.

Wolpe, J. (1982). *The practice of behavior therapy* (3rd ed.). New York, NY: Pergamon.

Wolpe, J. (1990). *The practice of behavior therapy* (4th ed.). New York, NY: Pergamon.

Wolpe, J., & Lazarus, A. A. (1966). *Behavior therapy techniques.* New York, NY: Pergamon.

Wong, P. T. P. (2010). Meaning therapy: An integrative and positive existential psychotherapy. *Journal of Contemporary Psychotherapy, 40,* 85–93.

Woodberry, K. A., Miller, A. L., Glinski, J., Indik, J., & Mitchell, A. G. (2002). Family therapy and dialectical behavior therapy with adolescents: Part II: A theoretical review. *American Journal of Psychotherapy, 56,* 585–602.

Worden, X. X. (1994). *Family therapy basics.* Pacific Grove, CA: Brooks/Cole.

Wrenn, C. G. (1962). The culturally encapsulated counselor. *Harvard Educational Review, 32,* 444–449.

Wright, H. N. (2011). *The complete guide to crisis & trauma counseling: What to do and say when it matters most!* Ada, MI: Bethany House Publishers.

Young, M. E. (2012). *Learning the art of helping* (5th ed.). Upper Saddle River, NJ: Merrill.

Zimmer, J. M., & Anderson, S. (1968). Dimensions of positive regard and empathy. *Journal of Counseling Psychology, 15,* 417–426.

Zimmer, J. M., & Park, P. (1967). Factor analysis of counselor communications. *Journal of Counseling Psychology, 14,* 198–203.

Zimmer, J. M., Wightman, L., & McArthur, D. I. (1970). *Categories of counselor behavior as defined from cross-validated factorial descriptions.* Final Report, Project No. 9-A-003. Washington, DC: U.S. Department of Health, Education, and Welfare, Office of Education, Bureau of Research.

Zimmerman, T. S. (1998). Sculpting stepfamily structure. In T. S. Nelson, & T. S. Trepper (Eds.), *101 more interventions in family therapy* (pp. 33–35). New York, NY: Haworth Press.

Zuk, G. (1975). *Process and practice in family therapy.* Haverford, PA: Psychiatry and Behavioral Science Books.

찾아보기

Harold (Dick) Hackney

Harold (Dick) Hackney 박사는 시라큐스대학교의 상담전공 명예교수로서 미국 국가공인 전문상담사이며 미국상담학회(ACA)의 상담 전문가이다. Hackney 박사는 상담자 교육 및 슈퍼비전협회(Association for Counselor Education and Supervision)의 회장을 역임했으며, 미국상담학회의 운영위원을 지냈다. 또한 그는 전국 전문상담사 인증위원회(National Board for Certified Counselors, NBCC)와 연계된 전문상담사 자격인증 및 교육센터(Center for Credentialing and Education)의 회장을 역임했다. 그는 상담사 훈련, 차세대 유망 상담교수 훈련, 연구방법론, 상담 과정, 그리고 상담 이론 등을 전문 영역으로 삼고 있다. 그의 저술활동은 학교 상담사, 결혼 및 가족상담사로 지냈던 경험과 상담 과정에 관한 연구들을 기초로 이루어졌다. 시라큐스대학교로 옮기기 전까지 그는 퍼듀대학교와 페어필드대학교에서 교수로 재직했다.

Janine M. Bernard

Janine M. Bernard 박사는 시라큐스대학교의 상담 및 상담자 교육전공 명예교수로서 미국 국가공인 전문상담사, 임상 슈퍼바이저이며, 뉴욕주 정신건강 상담사 면허를 가지고 있다. Bernard 박사는 미국상담학회(ACA)의 상담 전문가이며, 미국심리학회 장기 회원이기도 하다. 그녀는 또한 전국 전문상담사 인증위원회(NBCC)의 회장을 역임했다. 그녀는 임상 슈퍼비전, 상담사 훈련, 다문화 슈퍼비전, 전 생애발달 등을 그의 전문 영역으로 삼고 있다. 시라큐스대학교에서 학과장으로 선임되기 전까지 그녀는 퍼듀대학교와 페어필드대학교의 교수로 재직했다.

역자 소개

김동민

서울대학교 교육학과 석사(교육상담 전공)
미국 위스콘신대학교 매디슨 캠퍼스 박사(상담심리 전공)
현재 중앙대학교 사범대학 교육학과 교수

김은하

서울대학교 교육학과 석·박사(교육상담 전공)
현재 단국대학교 교육대학원 교육학과 교수

서영석

미네소타대학교 석·박사(상담심리 전공)
현재 연세대학교 교육학부 상담교육전공 교수

정여주

서울대학교 교육학과 석·박사(상담 전공)
현재 한국교원대학교 교육학과 교수

최한나

미국 오하이오주립대학교 석사(임상상담 전공)
서울대학교 교육학과 박사(교육상담 전공
현재 숙명여자대학교 교육학부 교수